U0503213

编委会成员

衢州汉墓研究

衢州博物馆　编著

文物出版社

北京·2015

图书在版编目（CIP）数据

衢州汉墓研究／衢州博物馆编著．—北京：文物出版社，2015.12

ISBN 978-7-5010-4460-3

Ⅰ．①衢…　Ⅱ．①衢…　Ⅲ．①汉墓—研究—衢州市
Ⅳ．①K878.84

中国版本图书馆CIP数据核字（2015）第285302号

衢州汉墓研究

编　　著：衢州博物馆

责任编辑：黄　曲
封面设计：程星涛
责任印制：陈　杰

出版发行：文物出版社
社　　址：北京市东直门内北小街2号楼
邮政编码：100007
网　　址：http：//www.wenwu.com
邮　　箱：web@wenwu.com
经　　销：新华书店
印　　刷：北京鹏润伟业印刷有限公司
开　　本：889mm×1194mm　1/16
印　　张：28.75　插页：2
版　　次：2015年12月第1版
印　　次：2015年12月第1次印刷
书　　号：ISBN 978-7-5010-4460-3
定　　价：300.00元

The Research on the Tombs of Han Dynasty at Quzhou

by

Quzhou Museum

Cultural Relics Press

Beijing · 2015

前　言

衢州历史悠久。据考古调查表明，其历史最早可追溯到中更新世到晚更新世。近年来，省市文物部门在衢江两岸发现有旧石器时期遗存多处，并采集了部分石器，从石器特征推测，距今约30～40万年就有远古人类在此繁衍生息。2010年和2011年在衢州境内的龙游县先后发现了距今约8000～9000年的新石器时代早期的青碓遗址和距今约9000～11000年的荷花山遗址。自上世纪70年代始，在三衢大地上我们陆续发现了大量新石器时代以来的遗址、墓葬和窑址，从中我们可以看出，衢州先民的生活和生产地域逐步发展扩大，也从落后愚昧一步步走向先进与文明。

衢州博物馆作为一个集收藏、研究、对外展示于一体的地市级综合性博物馆，对于挖掘研究本地区的历史文化，使其研究成果更好地为当今社会服务是我馆的职责所在，作为一馆之长，我理应担当起这一责任。十年前就构想，在位之时要组织专业人员对具有地方特色的古陶瓷、古建筑、古墓葬、恐龙化石等方面进行一些专题研究，并将成果结集出版。2012年4月，本人古陶瓷类的学术专著《衢州古陶瓷探秘》出版发行，并获衢州市政府社会科学优秀成果二等奖，得到社会和同仁的赞誉。可喜的是，长江后浪跟前浪，衢州古建筑类的专著已尘埃落定，目前已由本馆副馆长陈昌华完成书稿，近期将与读者见面。喜事来临不可挡，2012年10月，衢州市人力资源和社会保障局根据中共衢州市委、衢州市人民政府《关于切实加快四省边际人才强市建设的意见》，发文《市专家工作站申报工作通知》，通知指出，有条件的单位可聘上级专家合作项目研发。当本馆办公室童丽娟主任将文件送我审批时，我如获至宝，真是一个百年难遇的好机会，原计划的古墓葬研究和恐龙研究等项目不是还没着落吗？因申报时间非常之紧，我略作思考，即电话与浙江自然博物馆严洪明馆长联系，请求恐龙博士金幸生副馆长给予支持，严、金两位馆长当即答应此事。但根据申报要求，必须有被聘专家签署意见和盖印才行，由于当时他们均在台湾，办理手续不便。我怕延误如此美事，又与浙江省文物考古研究所李小宁所长联系，要求聘请浙江文物系统发掘古墓数量最多的胡继根研究员合作研究古墓葬项目，李所长当即拍板同意。为此，我又与胡继根老兄联系，说明意向，胡兄当即应允，并迅速办妥有关书面手续，我馆随即填写申报书上报。2012年12月20日，中共衢州市委人才工作领导小组下达《关于公布衢州市专家工作站的通知》（衢委人才［2012］8号），衢州博物馆胡继根专家工作站名列其中。我馆经过一段时间的筹备，于2013年5月正式成立胡继根专家工作站。胡继根任站长，我任副站长，馆中有7位同志和龙游县博物馆2位同志为工作站成员，并对各成员作了具体的分工和安排。从此拉开了衢州汉代墓葬研究的序幕。

三年来，在浙江省文物考古研究所领导和衢州市委人才办的支持下，在工作站全体人员、浙江省文物考古研究所马竹山、盛文嘉同志及龙游县博物馆有关同志的共同努力下，如期完成了《衢州汉墓研究》的编撰工作。全书分概况、分述、综述、衢州汉墓全貌四章。共收录衢州地区自1972年至2014年以来文物部门组织考古发掘的149座汉墓的相关信息，并按时代划分为五期，最早可到西汉武帝元狩五年（公元前118年），最晚可延续到东汉中晚期。

衢州汉墓和我国其他地区汉墓相比，其丧葬习俗大同小异，但也具有自己的特点。一是衢州境内汉墓墓地多数选择在低矮黄土丘陵顶部较为平缓的坡地上。二是其墓室结构形制基本是土坑和券顶砖室两类：土坑墓见多数，均为竖穴土坑，长方形为多；券顶砖室墓其平面有长方形、凸字形、中字形、T字形等多种。三是其葬俗可分为单葬、合葬和族葬三种形式：单葬最为流行；合葬有同穴合葬和异穴合葬，同穴合葬多为夫妻合葬，异穴合葬一般两座墓左右并列，墓向一致；族葬墓为某一氏族墓群，一种形式是身份高的墓葬位居中心位置，其余墓葬则环绕周围，另一种形式是异穴合葬墓位居中心位置，其余各单葬墓围绕四周。其葬具大多为木棺，少数采用木椁。

再从随葬物品来看，衢州汉墓出土器物绝大多数以陶瓷器为主，另有少量铜器、铁器、石器、玉器和料器等。其陶瓷器形以盘口壶、罐、罍等日常用器为主，鼎、盆、瓿、敞口壶等礼器次之，少量的灶、井、房屋模型、家畜等明器偶尔伴出。其装饰常见于器物盖面、口唇、颈部、肩部、腹壁、耳、铺首面与足面等部位，并采用刻划、切削、模印、拍印、堆贴等多种装饰技法。陶器以硬陶和高温釉陶为主，其中高温釉陶采用淋釉法施釉。瓷器以青釉瓷为主，少数为褐釉瓷，且均采用浸釉法施釉。

在项目研究中，我们对衢州地区汉代墓葬结构形制、出土随葬物品和丧葬习俗进行了对比分析，得出了如下几点结论：一是墓内注重以卵石承接或导出墓内渗水的防潮做法，与先秦时期的土墩墓具有一定渊源关系；随葬品中的瓿、罍、坛等与战国时期的同类器物相类似，并具有明显的传承和发展关系；另有部分陶瓷器制作仍采用泥条盘筑法、拍印纹饰技法，高温釉陶与原始瓷的关系等都包含着较多的越文化因素。二是大约在战国中期始，浙江境内出现了浅土坑墓，往后逐渐加深并形成深竖穴土坑墓，其墓内独木舟式的葬具也逐渐被箱状的棺椁所替代，这种广泛采用的土坑形制和箱状葬具又充分体现了楚文化遗风。三是“事死如事生”的丧葬观念和厚葬之风，择高而葬的墓地选择标准，合葬和族葬的埋葬习俗，以及墓内普通随葬鼎、盆、壶、钫等整套代表封建社会等级制度的陶制礼器也充分表现出具有中原风格的汉文化因素。

特别值得一提的是，墓葬出土随葬品中有一定数量的高温釉陶器物，陶瓷界亦称为秦汉原始瓷，其实它们与秦汉之前的原始瓷有明显差别。一是胎料不同，二是釉料及施釉方法不同，三是成型工艺不同。从2004年8月发掘的龙游县白羊塝陶窑址出土的标本情况分析，部分釉陶残片其器形、釉色与龙游东华山汉墓出土的同类器物基本相同，而且釉质已接近青釉釉质，这为东华山汉墓出土釉陶器为当地所产的推测提供了有力的证据。我们大胆推测，东汉烧制成熟的青瓷很可能源之于此，这是我们衢州先人的一大创举。

《衢州汉墓研究》在整理编写过程中，凝聚了工作站全体人员的心血，整理的原始考古调查发掘资料跨度达40多年，我们强调资料详实、数据精准、考释有据。为能让读者直观深入地了解衢州地区汉墓，我们采用图文并茂的形式，精心挑选了衢州地区149座两汉墓葬所出土的各类随葬物品1830件，绘制了大部分墓葬平面图、剖面图及器物线图，拍摄了所有随葬品照片，并作了详细的器物描述。该书的出版，为同仁们研究我国两汉时期政治、经济、历史、文化、丧葬习俗、墓葬形制、葬具等诸方面提供可靠的依据，同时也可为广大读者鉴赏文物起到一定借鉴作用。

2015年11月11日于衢州博物馆

目　录

插图目录

图版目录

第一章　概　况

第一节　地理环境

衢州，以路通三越而得名，是浙江西部的重要城市，现常住人口212.4万。全地区由衢州市（含衢江区和柯城区）、江山市、龙游县、常山县、开化县所组成，地理坐标为北纬28°14′～29°30′，东经118°01′～119°20′，东西宽127.5千米，南北长140.25千米，总面积8841平方千米。东部和东南部分别与金华市、兰溪市、遂昌县接壤，北部与淳安县为伍，南边与福建省为邻，西和江西省作友，西北缘和安徽省交界（图一）。

衢州地区的地质构造属江南古陆南侧、华夏古陆北缘，即跨越两个一级构造单元，中部为钱塘江凹陷地带。总的地质特征为南、北高，中间低，西部高，东部低。中部为浙江省最大的内陆盆地——金衢盆地的西半部，自西向东逐渐展宽。境内平原1325.38平方千米，占15%，丘陵3181.15平方千米，占36%，山地4329.89平方千米，占49%。北部为千里岗山脉，西部为怀玉山脉，南部为市内最大山脉——仙霞岭山脉，全地区最高点为江山市的大龙岗，海拔1500米。

衢州地区属亚热带季风气候区，有四季分明、冬夏长春秋短、光温充足、降雨丰沛而季节分配不匀的地带性特征。常年平均气温在16.3℃～17.3℃，全年风向沿江平原地区为东北风和东北偏东风，山区地形复杂，风向较乱，台风较难深入境内。

第二节　历史沿革

衢州地区的历史最早可追溯到中更新世到晚更新世时期。2013年10月，在龙游城南开发区、塔石镇、詹家镇、横山镇、小南海镇等地发现了6处旧石器时期遗存，所采集的石制品有以石英砂岩和砂岩为主要质地的砍砸器、刮削器及石核、石片手镐等，具有南方砾石工业石制品的特征。[①] 由此判断，早在距今30～40万年前就有远古人类繁衍生息在衢州大地。

2011年在龙游县湖镇荷花山发现的新石器时代遗址，出土了以大口盆、平底盘、高领敞口罐为代表的陶器组合，并伴有环状穿孔器、磨棒、磨盘、斧等石器。根据陶器和石器的特征判断，遗址年代距今9000～11000年。结合衢州葱洞和观音洞遗址及江山、常山、开化等地出土的石斧、石锛、石刀等，判断至新石器时代，衢州先人的生活和生产地域更为辽阔。

夏代，为扬州之域。少康中兴，因恐其祖先夏禹陵无人祭祀，遂封其子至会稽，其子自号“无余”，建立越国。[②] 衢州为越国之地。

---

① 浙江省文物考古研究所调查资料。

② 《史记》卷四十一《越王勾践世家第十一》：“越王勾践，其先禹之苗裔，而夏后帝少康之庶子也。封于会稽，以奉守禹之祀。”

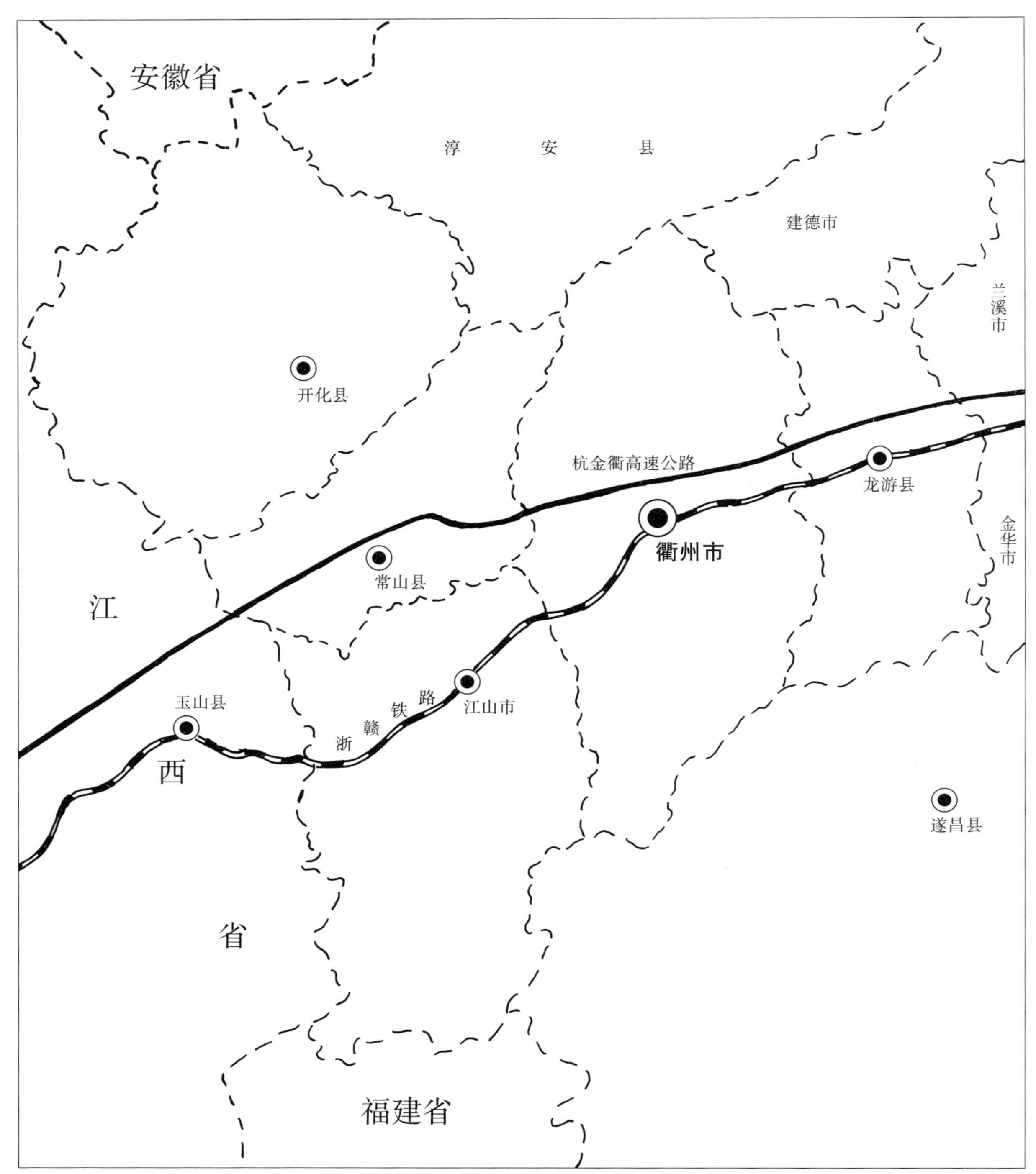

图一　衢州地区行政区域示意图

商、西周时，仍为越国之地。

春秋初，居住于鲁地的姑蔑族被周王朝征服后，除少部分仍居旧地，主体部分则跟随徐奄等夷人族群辗转南下，至龙游一带建立姑蔑国，并在越国的军事政治活动中发挥过重要影响。①

① 《春秋左传》鲁哀公十三年（公元前482年）："越子战吴……见姑蔑之旗。"

战国时，越被楚所灭，衢州属楚地。

秦王政二十五年（公元前222年），秦将王翦灭楚降越，平定江南。翌年，分全国为三十六郡，于越之地置会稽郡，今衢州地区设太末县（又作大末，即今龙游县，下同）。

西汉，汉政权实行分封制。高祖六年（公元前201年），衢州为荆王国地，十二年（公元前195年），又改属吴国地。至景帝前元四年（公元前153年），吴王刘濞被诛灭后，复属会稽郡。

东汉仍属会稽郡。献帝初平三年（公元192年），分太末县置新安县（今衢州市，下同），此为衢县建县之始。建安二十三年（公元218年），析新安县置定阳县（今常山县，下同）。

三国吴宝鼎元年（公元266年），分会稽置东阳郡，新安县改属东阳郡。

西晋太康元年（公元280年），因与弘农郡新安县同名，以境内有信安溪而改为信安县，仍隶属东阳郡。

南朝宋、齐、梁三代，新安县隶属不变。陈永定三年（公元559年），置新安郡，领信安、定阳二县，隶属缙州。

隋大业三年（公元607年），太末、定阳二县并入信安，隶属东阳郡。

唐武德四年（公元621年），于信安置衢州，并分置须江（今江山市）、定阳二县。衢州州名始于此，信安（今衢州市）遂为州治。同时，析太末县之西设白石县（今龙游县南18千米白石山麓一带），并置榖州，州领太末、白石二县，白石为州治之所。武德七年（公元624年）废衢州，并定阳、须江、白石、太末四县入新安县，隶属婺州。贞观八年（公元634年），从信安、金华二县置龙丘县（今龙游县，下同）。武后垂拱二年（公元686年），复置衢州，辖信安、龙丘、常山三县，属江南道，信安为州治。如意元年（公元692年），分龙丘县之西置盈川县（今龙游县大部和衢江区部分地区，县址位于今衢江区高家镇盈川村），衢州辖信安、龙丘、须江、常山、盈川五县。证圣元年（公元695年），分须江、定阳、弋阳（今江西弋阳县）三县置玉山县（今江西玉山县），隶属衢州。天宝元年（公元742年），改衢州为新安郡。乾元元年（公元758年），复为衢州。同年，玉山县改隶信州，衢州仍辖信安、龙丘、须江、盈川、常山五县，信安为州治，隶浙江东道。大历十四年（公元779年），改隶浙江西道。建中元年（公元780年），复隶浙江东道，二年（公元781年），又改隶浙江西道。贞元三年（公元787年），复隶浙江东道。元和七年（公元812年），废盈川县入信安。咸通中（公元860~874年），废盈川县入西安，改信安为西安（今衢州市及龙游县部分地区），仍隶属衢州。

五代，属吴越国，州治西安，辖西安、龙丘、常山、江山四县。后唐长兴二年（公元931年），吴越王钱镠认为“丘为墓不祥也”改龙丘为龙游，龙游县名始于此。

北宋，西安县仍为衢州治，属两浙路。

南宋，属两浙东路。

元代至元十三年（公元1276年），改衢州路总管府，隶属江淮行省东道宣慰司。至正十九年（公元1359年），改衢州路为龙游府。至正二十六年（公元1366年），复为衢州府，辖西安、龙游、江山、常山、开化五县，隶属浙江行中书省金衢道。

明代永乐二十二年（公元1424年），建越王府。宣德二年（公元1427年），越王府除。

清代，沿袭明代制度，仍为衢州府，隶属浙江省金衢严道。顺治八年（公元1651年），浙闽总督移此。康熙二十三年（公元1684年），裁撤浙闽总督，西安县仍为府治外，又为金衢严道治所。

第三节 以往考古工作

1972 年，衢州市博物馆崔成实、王月娥在衢县后溪公社后溪大队前山发掘东汉时期砖室墓 1 座。① 由此拉开了衢州地区汉墓发掘和研究的序幕。

1973 年暮春，浙江省博物馆吴玉贤、胡继根在江山市贺村乡新塘边大队发掘东汉时期砖室墓 1 座。② 这是省级专业单位在衢州地区进行的首次汉墓发掘工作。

1978 年 11 月，衢州市博物馆崔成实、张云土、王月娥、潘三古在衢县上圩头公社街路大队发掘东汉砖室墓 1 座，清理出土各类随葬品 15 件（组）。③

1979 年春，为配合龙游县建筑公司水泥预制厂扩建工程，衢州市博物馆崔成实和张云土在东华山约 5000 平方米的范围内发掘和清理了 12 座两汉时期的土坑类墓葬，出土各类随葬品 170 件（组）。④

1980 年，衢州市博物馆季志耀、张云土、潘三古在龙游石塔头发掘古墓葬 9 座，其中 7 座为汉代土坑类墓葬，获取各类随葬品 79 件（组）。⑤

1987 年 11 月，江山县赵家五家山庵前村村民在挖地基时发现 1 座东汉砖室墓，并将出土的铁刀和部分陶片送往县博物馆，博物馆当即组织专业人员前往现场清理，获得陶器 6 件、铁器 4 件，其中部分陶器具有鲜明的地域特色。⑥

1989 年秋，为配合光华机械厂的搬迁工程，浙江省文物考古研究所沈岳明、蒋卫东、徐新民等和龙游县博物馆朱土生在龙游仪冢山发掘两汉时期的土坑类墓葬 42 座，出土各类随葬品 279 件（组）。⑦

1987 年～1993 年，为配合各类小型基建工程，龙游县博物馆朱土生先后在东华山发掘和清理了近百座古墓葬，其中两汉时期的墓葬 70 余座，并获取了大量的实物资料，是至今为止浙西地区发掘的最大汉墓群。⑧

2004 年，为配合浙赣铁路复线工程，浙江省文物考古研究所蒋乐平、郑嘉励等和龙游县博物馆朱土生在龙游县寺底袁村发掘和清理了一批东汉砖室墓，进一步丰富了衢州地区东汉墓葬的资料。⑨

2010 年，为配合杭（州）长（沙）高铁客运专线工程建设，浙江省文物考古研究所郑嘉励和龙游县博物馆朱土生对龙游詹家镇夏金村方家山汉、六朝墓群进行了抢救性考古发掘，其中的 1

---

① 衢州市博物馆发掘资料。

② 浙江省博物馆发掘资料。

③ 衢州市博物馆发掘资料。

④ 崔成实：《衢州市东华山汉墓发掘简报》，《浙江省文物考古所学刊》，第 85～93 页，1981 年，文物出版社。

⑤ 衢州市博物馆发掘资料。

⑥ 钱华：《浙江江山市庵前汉墓清理》，《考古学集刊》第 11 辑，第 298～299 页，中国大百科全书出版社，1997 年。

⑦ 浙江省文物考古研究所、龙游县博物馆：《龙游仪冢山汉墓发掘简报》，《浙江汉六朝墓报告集》，第 78～99 页，科学出版社，2012 年。

⑧ 龙游县文物管理委员会：《浙江龙游县东华山 12 号汉墓》，《考古》1990 年第 4 期，第 329～332 页。朱土生：《浙江龙游东华山汉墓》，《考古》1993 年第 4 期，第 330～343 页。朱土生：《浙江龙游县东华山西汉大儒会稽太守鲁伯墓尘封二十一年终见天日》，《衢州文博》2013 年第 5 期，第 44～46 页。

⑨ 浙江省文物考古研究所发掘资料。

号墓出有“新安长印”款铜印，为我省东汉时期考古的重要发现之一。[①]

自2014年起，为配合龙游县专业市场工程，浙江省文物考古研究所游晓蕾、严凯凯和龙游县博物馆朱土生等对位于寺底袁村的汉墓群进行了发掘，目前工作仍在进行中。

上述各地汉墓的发掘，极大地丰富了衢州乃至整个浙西地区的汉墓资料，更为本书的编著奠定了坚实的基础。

第四节 相关事宜

一、衢州地区汉墓资料的整理、研究及出版，源自2012年衢州市委、市政府“为大力引进海内外高层次人才和智力，推进衢州市学术技术创新”的政策和30万元资助经费的措施。在此背景下，通过衢州博物馆馆长柴福有的积极策划和筹备，于2013年5月成立了专家工作站，带领全体人员对本地区历年来所发掘的两汉时期墓葬进行全面、系统的梳理。

二、专家工作站成员由浙江省文物考古研究所胡继根（站长）和衢州博物馆柴福有（副站长）、陈昌华、汤春山、叶四虎、童丽娟、张云土、周毅、徐云良以及龙游县博物馆雷栋荣、朱土生组成，工作中采用以老带新的方式，在整理和研究的过程中，推动和提高当地文博人员的专业技能和素养。

三、本次整理的资料以龙游东华山和仪冢山汉墓群为依托，以衢州、江山、龙游等地所清理的零星汉墓为辅助。

四、由于龙游县博物馆几经搬迁（至今新馆建设尚在筹备中），库房管理人员数次变更，使汉墓发掘的部分文字和图纸资料缺失，部分残损严重的陶器被处理，给本次整理留下了无法弥补的遗憾。为尽可能全面地展示当时的发掘资料，我们依据实际情况将缺少文字和图纸资料的墓葬单独划归一类。

五、由于江南地区雨量充沛，土壤又呈酸性，使汉墓内的木质葬具未能得以完整保存。但腐坏后的棺椁等有机质浸入填土，使原椁室范围内的填土结构较为松散，色泽偏灰而湿润，与木椁外的填土形成了较为明显的差别。清理时，剔除椁内范围的填土后，椁外填土便形成了一周“熟土二层台”现象。因此，在第二章墓葬分述中，我们将此类具有“熟土二层台”现象的墓葬划归为土坑木椁墓，并将“熟土二层台”范围内的空间视作原椁室的大致规格进行表述。而对椁室内各厢的确定，则以铁棺钉的分布范围为棺厢，呈纵向排列的器物范围为边厢，横向器物的范围（靠近铜镜位置或与兵器柄部相接的方向）为头厢，反之则为脚厢。因墓葬均埋葬于山坡上，故汉墓的墓向均以山脚方向来确定，而不是以墓内人骨的头向为墓向的。

① 朱土生：《浙江龙游方家山东汉新安长墓发掘简报》，《衢州文博》2014年第7期，第38～42页。

第二章　分　述

第一节　龙游东华山墓地

东华山位于龙游县城东郊0.5千米处，是一座南高北低的椭圆形山冈，岗顶较为平缓，相对高度约10米。山的上部为黄色黏土，下部为红色砂岩。

东华山墓地是龙游境内的主要汉墓群之一，北与五爪垅汉墓群毗邻，东和仪冢山汉墓群相望（图二）。墓葬分布较为密集，两墓间最近间距仅1米。1979～1993年，在配合东华山龙游预制场、气象局、酿造厂、亚伦公司东华生活区等小型基本建设工程中，衢州博物馆、龙游县博物馆陆续在东华山东麓发掘和清理了百余座古墓葬，其中两汉时期的墓葬88座。现根据不同的葬俗分述如下。

图二　龙游东华山、仪冢山汉墓群地理位置示意图

一　无椁单棺单葬墓

共12座。墓内仅以单一的木棺作为葬具。墓坑均为平面呈长方形的深竖穴土坑结构，四壁陡直，底面较为平整，个别墓底挖有渗水沟。

1. 79龙·东M12

（一）概况

墓长3.00、宽1.40、深2.60米。墓向330度。墓内回填红、黄相杂的五花土，结构较为松散。底面原棺木位置下挖有一条承接墓内渗水的沟槽，沟槽平面呈“厂”形走向，长约2.50、宽约0.20米。从距墓坑北壁0.60米处起，呈纵轴状向南延伸1米后折而向西后转至墓坑的西北角。沟底铺垫卵石。

墓坑南部残留有少量棺木漆皮，漆皮两侧各有3枚铁棺钉，据此推测原棺木长约1.90、宽约0.70米（图三A）。

（二）随葬器物

随葬品共4件（组）。其中铜镜和铜钱置于棺内头部，铁刀摆放于棺内腰部，陶壶置于棺外北端。

1. 陶器　1件。

壶　1件。M12∶4，颈以上残缺。粗短颈，斜弧肩上安双耳，圆鼓腹，腹最大径位于中部，平底。颈下端饰一周水波纹，肩部划两周单线细弦纹，腹部切削弧凸的窄弦纹，耳面模印叶脉纹。高温釉陶。釉色青黄，釉层光亮。无釉部位露胎呈紫红色，内胎为灰色，胎质坚硬。轮制。残高21.6、腹径19.2、底径10厘米（图三B）。

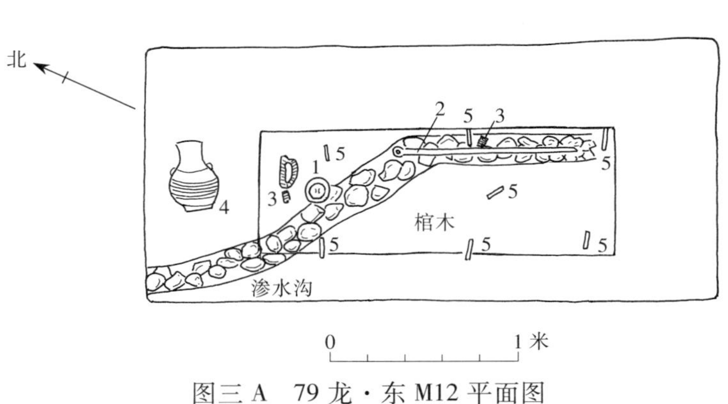

图三A　79龙·东M12平面图

1. 铜昭明镜　2. 铁刀　3. 铜“五铢”钱　4. 高温釉陶壶　5. 铁棺钉

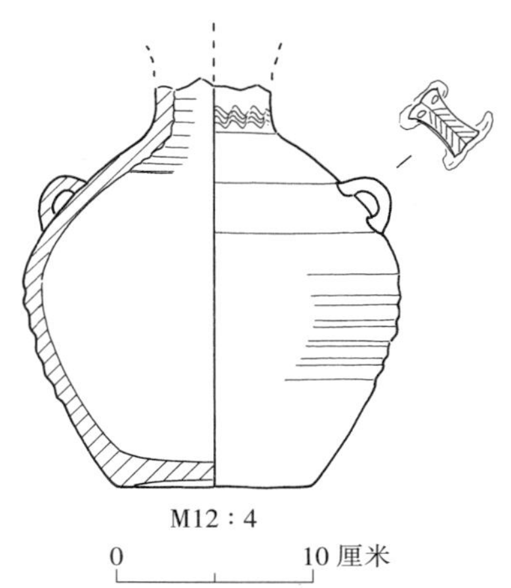

图三B　79龙·东M12出土器物

2. 其他　3件（组）。

铜昭明镜　1件。M12∶1，未能复原。弦纽，圆纽座，座外饰一周内连弧纹和栉齿纹。外区饰一周铭文带，铭文残缺。宽平缘。

铜“五铢”钱　1组。M12∶3，圜钱。钱文笔画分为两种，一种“五”字交叉笔画呈直线，“铢”字的“金”字头呈三角形；另一种“五”字交叉笔画呈弧形，“铢”字的“金”字头呈桃形。钱径2.3厘米（图版二九，5）。

铁刀　1件。M12∶2，单面刃，柄已残缺（图版三一，2）。

2. 79龙·东M17

（一）概况

墓长3.60、宽2.00、深1.60米。墓向337度。墓内回填红、黄相杂的五花土，结构较为松散。墓坑东部分布有4枚铁棺钉，据此推测原棺木长约2.00、宽约0.80米（图四）。

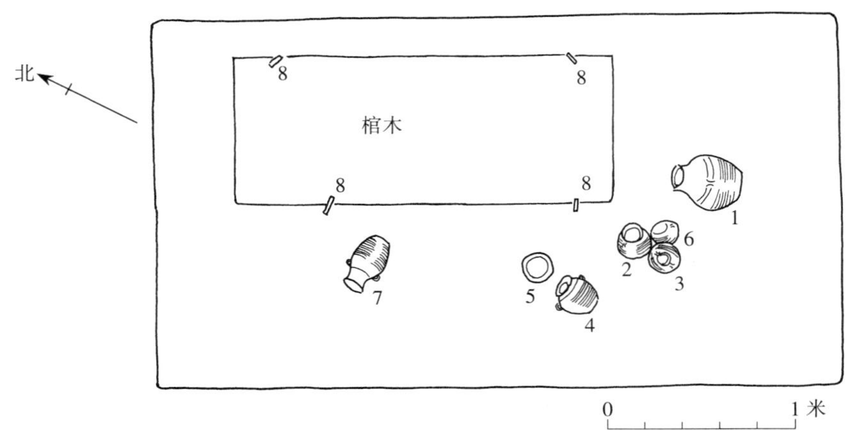

图四 79龙·东M17平面图

1、2、7. 高温釉陶敞口壶 3、5、6. 泥质陶弦纹罐 4. 高温釉陶罐 8. 铁棺钉

（二）随葬器物

随葬器物共7件。以陶壶、罐为基本组合，分别摆放于棺木的西侧和南端。

壶 3件。器身大小不一。敞口，粗短颈，斜肩上安衔环双耳，腹最大径位于中部，浅卧足。高温釉陶。其中大型1件。M17∶1，平唇。口沿外壁和颈下端轮印一周水波纹，肩部刻划两组带锥点的简化鸟纹，粘附三组细泥条状的凸弦纹。耳面模印叶脉纹，上方贴菱角形堆纹。釉色泛黄，釉层基本脱落。无釉部位呈紫红色，胎质坚硬。器物颈以上为轮制，内壁留有轮旋痕，颈以下采用泥条盘筑，内壁留有陶拍的抵窝痕。高41.8、口径15.6、腹径32.4、足径15.6厘米（图五，1）。中型2件，轮制，内壁留有轮旋痕。M17∶2，圆唇。颈下端轮印一周水波纹，肩部划两组双线细弦纹，腹部切削密集的弧凸宽弦纹，耳面模印叶脉纹。釉色泛黄，釉层基本脱落。无釉部位露胎呈浅褐色，内胎呈灰色，胎质坚硬。高27.3、口径12.4、腹径20.2、足径11.6厘米（图五，2）。M17∶7，耳面叶脉纹较为粗壮，形如陶索。釉层已脱落，无釉部位露胎呈紫红色，内胎为灰色，胎质坚硬。高29.6、口径13.2、腹径22.3、足径12.4厘米（图五，3）。

罐 4件。大小不一，轮制，内壁留有轮旋痕。根据口沿形态分为：

侈口罐 3件。唇内侧下凹，斜肩上安双耳，圆弧腹，平底。通体切削密集的弧凸粗弦纹，耳面模印叶脉纹。均为泥质陶，露胎处和内胎均呈黄灰色，胎质较软。M17∶6，器身高大，腹最大径位于中部。高22.8、口径16.2、腹径25.5、底径14厘米（图五，4）。M17∶3，器身中等，腹最大径位于上部。高14.8、口径11.2、腹径16.3、底径8.2厘米（图五，5）。M17∶5，器身较小，腹最大径位于上部。高12、口径9.6、腹径13.7、底径7.3厘米（图五，6）。

敛口罐 1件。M17∶4，器形如瓿。小敛口，宽平唇，斜肩上安双耳，平底。通体切削密集的弧凸窄弦纹，耳面模印叶脉纹。高温釉陶。釉层已脱落，无釉处露胎呈褐色，胎质坚硬。高18.2、口径6.4、腹径19.6、底径10.2厘米（图五，7）。

3.79龙·东M18

（一）概况

墓长3.50、宽2.00、深1.75米。墓向333度。墓内回填红、黄相杂的沙土，结构较为松散。

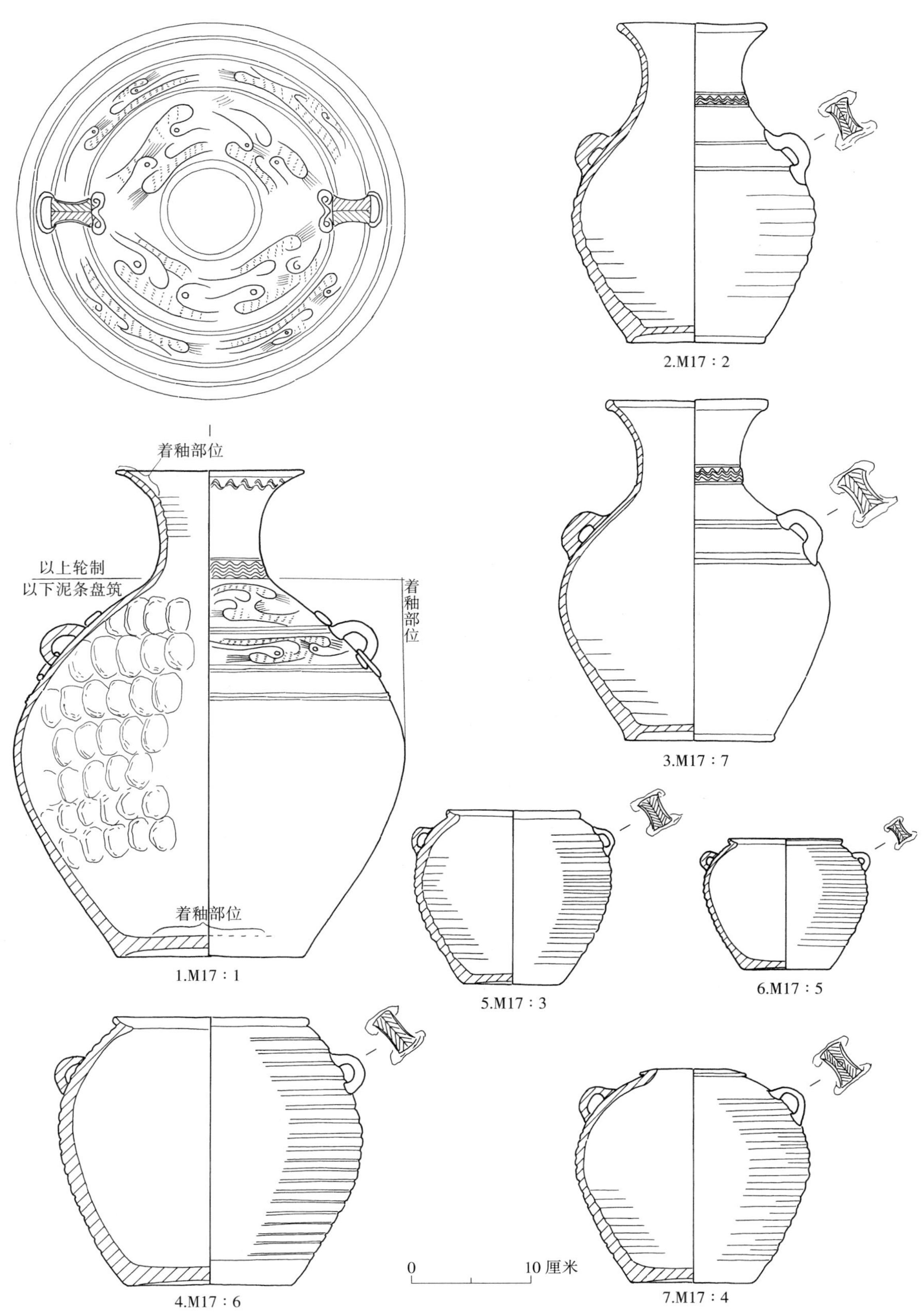

图五 79龙·东M17出土器物

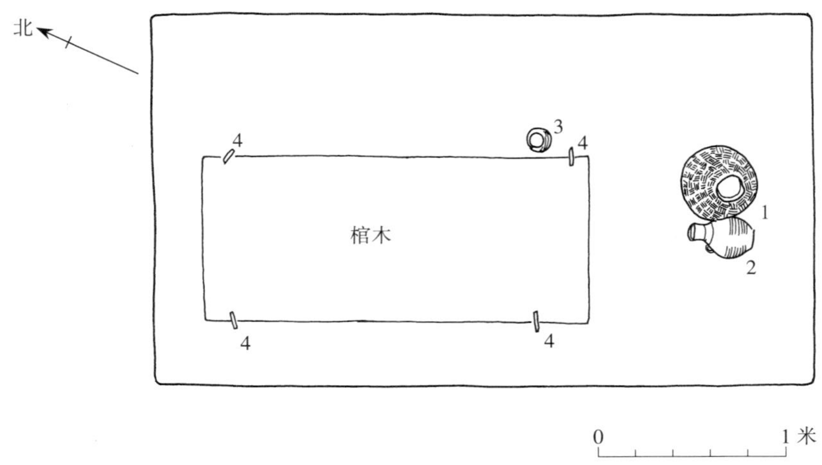

图六 79 龙·东 M18 平面图
1. 印纹硬陶罍 2. 高温釉陶盘口壶 3. 硬陶弦纹罐

墓底北部留有 4 枚铁棺钉，据此推测原棺木长约 2.00、宽约 0.90 米（图六）。

（二）随葬器物

随葬器物共 3 件。以陶壶、罐、罍为基本组合，并分别摆放于棺木的南端和东侧。

壶 1 件。M18∶2，盘口，圆唇，颈稍细长，斜肩上安双耳，鼓腹微扁，腹最大径位于中部，深卧足。口沿外壁和颈下端各轮印一组水波纹和细弦纹，肩部划两组双线细弦纹，腹部有不甚明显的弧凸宽弦纹，耳面模印叶脉纹。高温釉陶。口沿内壁、肩至腹最大径处及内底中心（釉层直径与口径略等）施釉，口沿外壁、颈部及腹最大径以下无釉（以下敞口壶施釉方法均相同）。釉色泛黄，釉层大部已脱落。无釉部位呈紫红色，胎质坚硬。轮制，内壁有轮旋痕。高 30、口径 11.4、腹径 23.2、足径 12 厘米（图七，1；图版七，4）。

罐 1 件。M18∶3，侈口，平唇，斜弧肩上安双耳，弧腹，腹最大径位于中部，平底。通体切削密集的弧凸粗弦纹，耳面模印叶脉纹。硬陶。露胎和内胎均呈砖红色，胎质较软而细腻。轮制，内壁留有轮旋痕。高 10、口径 8.6、腹径 12.4、底径 8.3 厘米（图七，2）。

罍 1 件。M18∶1，侈口，窄平唇，宽斜弧肩，圆鼓腹，腹最大径位于上部，平底内凹。通体拍印清晰而规整的编织纹，纹饰个体约 1.7 厘米见方。印纹硬陶。露胎上部呈灰红色，下部为红灰色，胎质较硬，胎壁较薄。泥条盘筑，内壁留有陶拍的抵窝痕。高 32.6、口径 16.6、腹径 38、底径 18.2 厘米（图七，3）。

4. 87 龙·东 M1

（一）概况

墓葬仅残存东南角。残长 3.00、宽 1.50、深 2.60 米。墓向 360 度。墓内回填黄红色黏土，土中夹杂有较多的沙砾和少量炭屑，结构较松散。墓坑西部留有残长 1.20、宽 0.70 米的棺木板灰痕迹（图八）。

（二）随葬器物

随葬器物共 10 件。以陶鼎、盒、瓿、壶、罐为基本组合，并呈纵向摆放于棺木东侧。

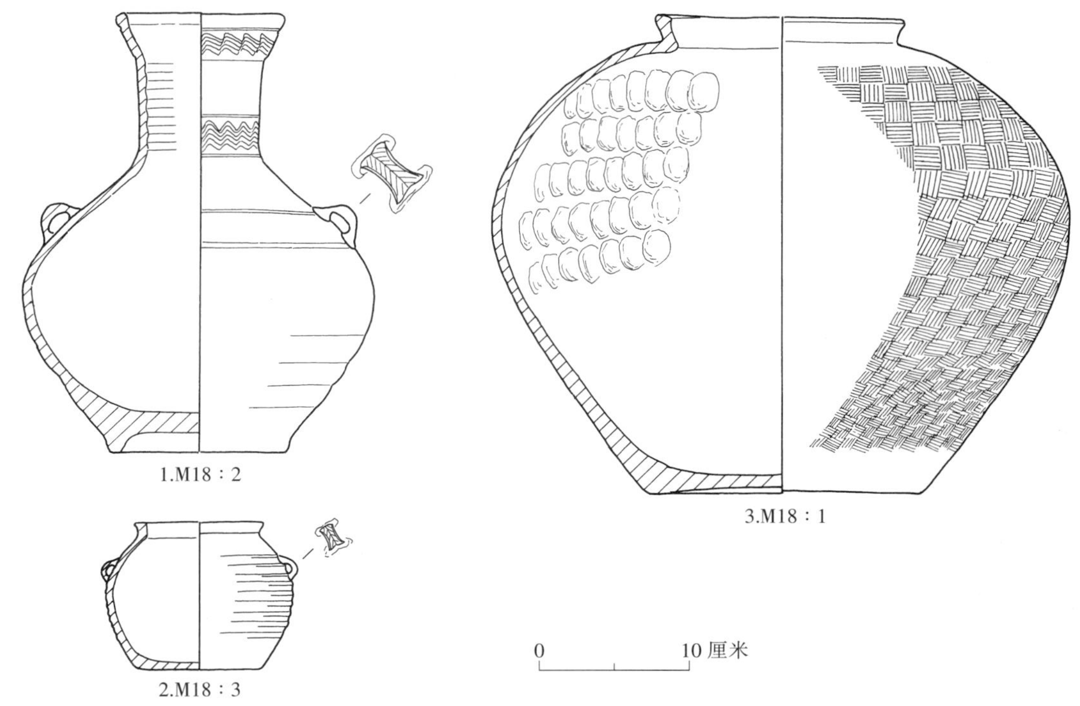

图七 79 龙·东 M18 出土器物

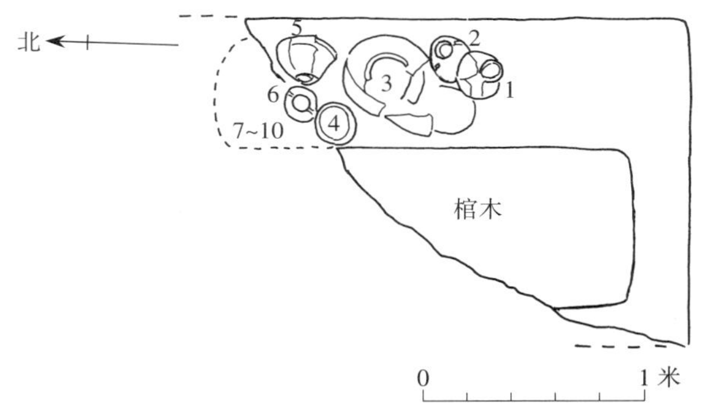

图八 87 龙·东 M1 平面图

1. 泥质陶罐 2、6. 高温釉陶敞口壶 3. 泥质陶釜 4、10. 硬陶盒 5、8. 高温釉陶瓿 7. 硬陶鼎 9. 高温釉陶鼎

鼎 2 件。覆钵形盖，顶面略平。鼎口内敛，宽唇面下凹形成子母口，口外附长方形立耳，耳端外撇并高于口沿，腹壁斜收，平底外缘附立三个蹄形矮足。耳面模印几何纹。盖面和肩部施釉（以下鼎的施釉方式均相同），釉层已脱落，露胎呈黄灰色。无釉部位露胎呈暗红色，胎质坚硬。轮制，内壁留有轮旋痕。盖沿面留有垫珠痕。M1∶9，高温釉陶。通高 18.4、鼎高 12.6、口径 17.4、底径 12 厘米（图九，1）。M1∶7，腹部饰宽弦纹。硬陶。通高 19.3、鼎高 14、口径 16、底径 11 厘米（图九，2）。

盒 2 件。覆钵形盖，顶面略平。盒口内敛，宽唇面下凹形成子母口，腹部斜收，平底微凹。硬陶。露胎呈红灰色，胎内含细沙。轮制，内壁有轮旋痕。M1∶4，器身宽矮。通高 12.1、盒高 11、口径 16.2～17、底径 11.9 厘米（图九，3）。M1∶10，器身瘦高。通高 16、盒高 10.4、口径 18、底径 11 厘米（图九，4）。

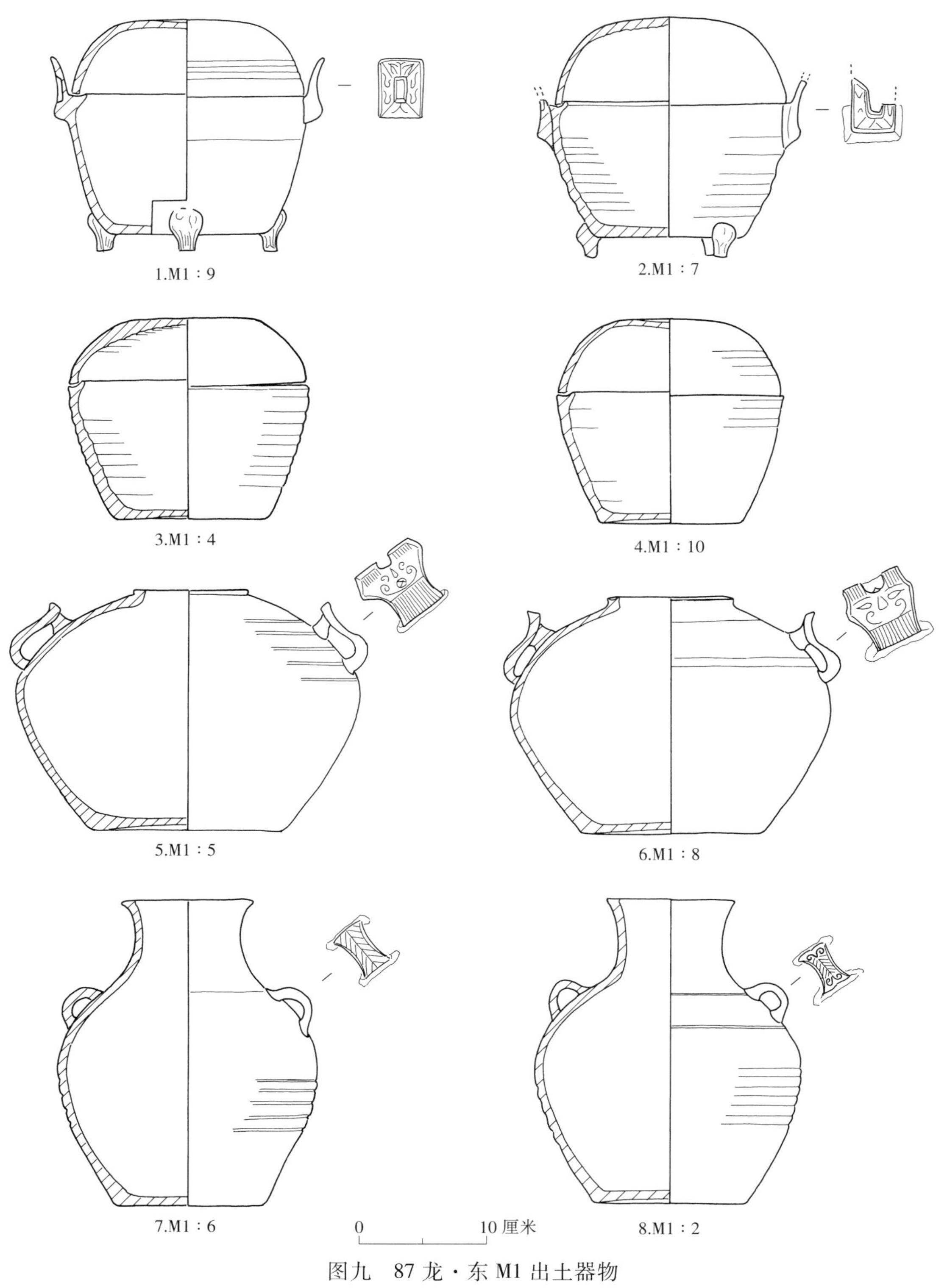

图九 87龙·东M1出土器物

瓿 2件。直口，平唇，宽斜肩上安铺首，铺首较高，上端外翘并略低于口沿，鼓腹略扁，腹最大径位于中部，平底内凹。铺首面模印人面纹。高温釉陶。唇面、肩至腹最大径处及内底中心施釉（釉层面积与口径略等），腹最大径处以下无釉（以下瓿的施釉方式均相同）。釉色泛黄而无光泽。无釉部位露胎呈红灰色，胎质坚硬。轮制，内壁留有轮制痕。M1∶5，肩部划有数道宽弦纹。高 19.4、口径 9.2、腹径 26.8、底径 14.7 厘米（图九，5）。M1:8，肩部划两道细弦纹。高 17.2、口径 10、腹径 24.8、底径 14.2 厘米（图九，6）。

壶　2 件。侈口，平唇，粗短颈中部内弧，斜弧肩上安双耳，弧腹，腹最大径位于上部，平底内凹。腹部切削数道弧凸宽弦纹。高温釉陶，釉色泛绿。无釉部位露胎呈褐色，胎质坚硬。轮制，内壁有涂抹痕迹。M1:6，肩部划一道细弦纹，耳面模印较粗壮的叶脉纹。高 24.4、口径 10.4、腹径 20.4、底径 12 厘米（图九，7）。M1:2，耳面模印带索头的叶脉纹。高 24、口径 9.8、腹径 20.8、底径 12 厘米（图九，8）。

罐　1 件。M1:1，泥质陶。残缺。

釜　1 件。M1:3，泥质陶。残缺。

5. 87 龙·东 M13

（一）概况

墓长 4.00、宽 2.20、深 3.50 米。墓向 80 度。墓坑深入至紫红色粉砂岩层内，墓内回填黄、灰相间的沙砾五花土，结构较松散。墓底北部有铁棺钉和零星的板灰，判断原为棺木摆放位置（图一〇）。

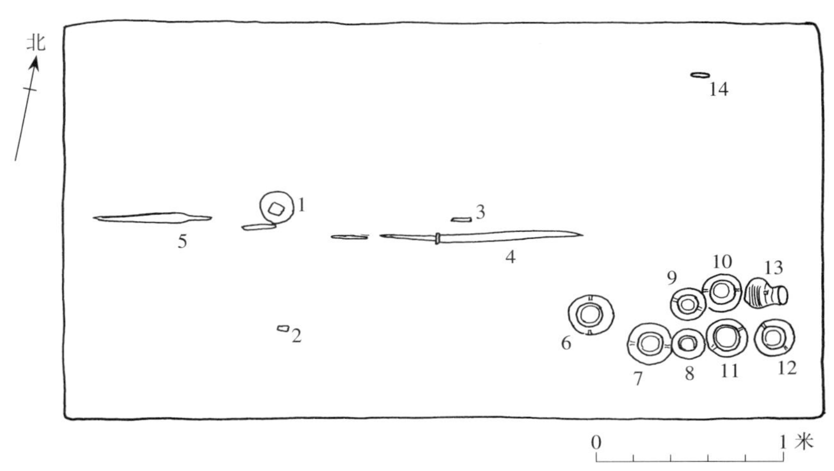

图一〇　87 龙·东 M13 平面图

1. 铜博局镜　2. 铁锤　3. 铜带钩　4、5. 铁剑　6～10、12、13. 高温釉陶盘口壶　11. 高温釉陶弦纹罐　14. 铁棺钉

（二）随葬器物

随葬器物共 13 件。器物以陶壶、罐为基本组合，并伴有铜带钩、博局镜和铁剑。除铜镜和铁兵器摆放于中部外，其余均置于东南角。

1. 陶器　8 件。

壶　7 件。大小不等。深盘口，盘壁略外斜，粗短颈下端内弧，斜肩上安双耳，弧腹，腹最大径位于中部，平底。通体切削密集的平凸宽弦纹，耳面模印叶脉纹。高温釉陶。口沿内壁、颈下端至腹最大径处施釉（以下盘口壶施釉部位均同此），釉层大部脱落，露胎呈灰黄色。无釉部位露胎呈褐色，胎质坚硬。轮制。

大型 3 件。M13:7，口沿下有一周浅凹槽，肩部贴两组细泥条状的弦纹。高 36.8、口径 14、腹径 26、底径 13.4 厘米（图一一 A，1）。M13:6，高 36、口径 13.8、腹径 25.6、底径 13.2 厘米

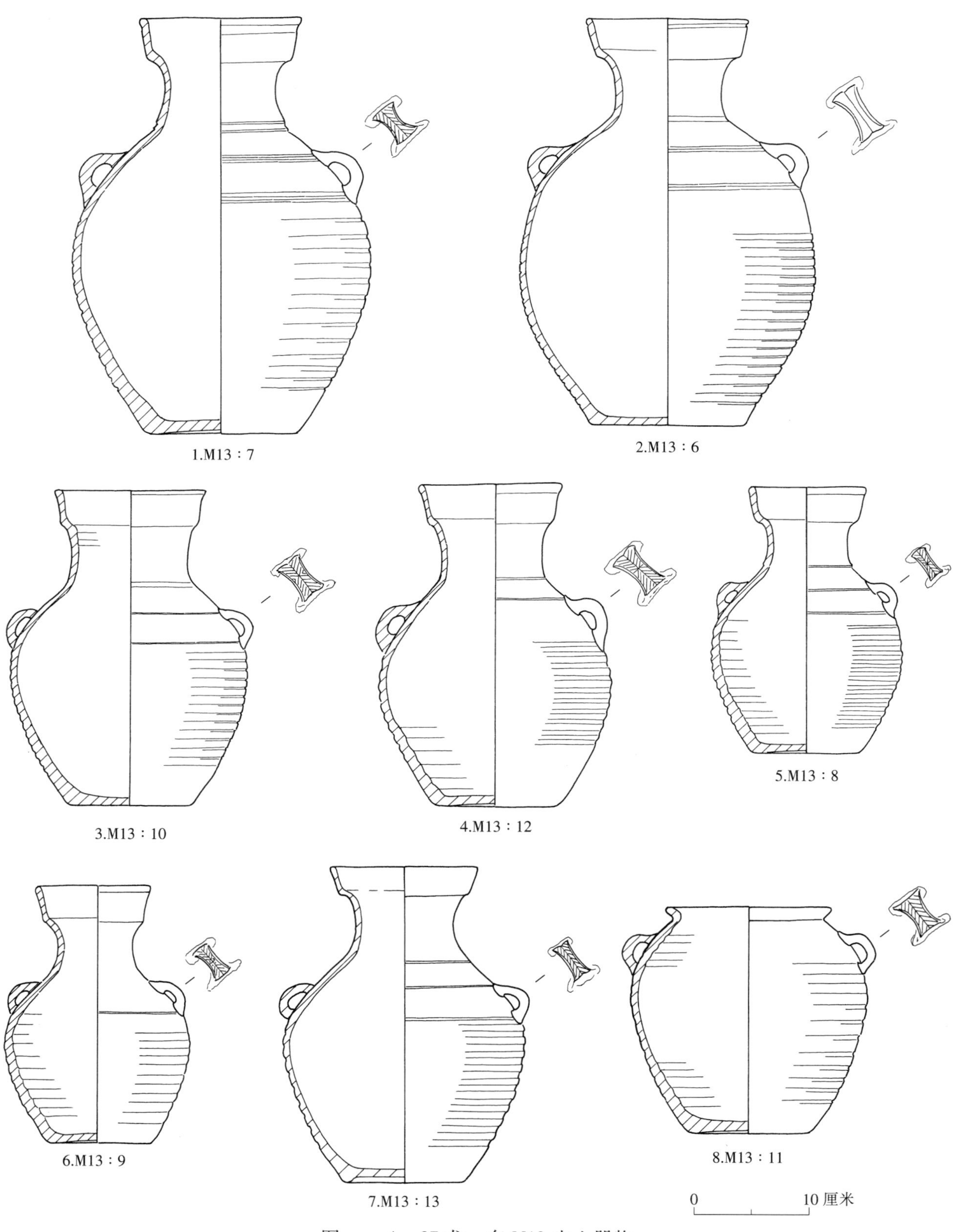

图一一 A 87龙·东M13出土器物

（图一一 A，2；图版七，6）。M13:10，圆唇外翻，肩部划两道细弦纹。高 28.2、口径 13.2、腹径 20.4、底径 11.2 厘米（图一一 A，3）。

中型 1 件。M13:12，釉呈绿褐色。高 29、口径 12.7、腹径 20、底径 10.6 厘米（图一一 A，4）。

小型 3 件。M13:8，肩部划两道细弦纹，内壁经过涂抹。高 23.8、口径 10.3、腹径 16.4、底径 9.7 厘米（图一一 A，5）。M13:9，短颈内弧。高 22.9、口径 10.1、腹径 16、底径 9.5 厘米（图一一 A，6）。M13:13，高 28、口径 12.8、腹径 20.8、底径 10.2 厘米（图一一 A，7；图版八，5）。

罐 1 件。M13:11，翻沿口，圆唇，斜弧肩上安双耳，弧腹，腹最大径位于上部，平底。通体切削密集的平凸粗弦纹，耳面模印叶脉纹。高温釉陶。唇面与口沿内壁、肩至腹最大径处施釉（以下弦纹罐施釉方法相同）。釉色泛黄，釉层光亮。无釉部位露胎呈暗红色，胎质坚硬。轮制，内壁有轮旋痕。高 20、口径 14.1、腹径 20.3、底径 10 厘米（图一一 A，8）。

2. 其他 5 件。

铜博局镜 1 件。M13:1，圆纽，柿蒂纹纽座。座外方框，框内一周干支铭文。内区饰博局纹和八乳八禽，外区环绕铭文带和栉齿纹。宽镜缘，缘面两组锯齿纹，其间为双线水波纹。高 1.1、直径 17.1 厘米（图一一 B，1；图版二八，1）。

铜带钩 1 件。M13:3，底端残缺，鹅首形。残长 11.2 厘米（图一一 B，2）。

铁锤头 1 件。M13:2，长方形，中间有一个长方形柄孔。高 4.2、宽 1.6 厘米，孔长 1.2、宽 0.6 厘米（图一一 B，3）。

铁剑 2 件。尖锋，双面刃，斜从中脊，剑柄前宽后窄。M13:4，短柄，有青铜剑格。通长 102、宽 4 厘米，柄长 8 厘米（图一一 B，5）。M13:5，长柄，无剑格。通长 59.2、宽 2 厘米，柄长 15.2 厘米（图一一 B，4）。

6. 93 龙 · 东 M70

（一）概况

墓长 3.62、宽 1.50 ~ 1.60、残深 0.30 米。墓向 60 度。墓内回填红、黄相杂的五花土，结构松散。墓底北部见有零星板灰，判断原为棺木摆放位置（图一二）。

（二）随葬器物

随葬器物共 4 件，以陶壶、罐为基本组合。

1. 陶器 3 件。

壶 1 件。M70:2，深盘口，圆唇外翻，粗短颈下端内弧，斜肩上安双耳，弧腹，腹最大径位于上部，平底内凹。颈下端轮印一周水波纹，肩部贴三组细泥条状凸弦纹，耳面模印叶脉纹。高温釉陶。釉色青绿，无釉部位露胎呈灰色，胎质坚硬。轮制。高 36、口径 15.2、腹径 27.8、底径 13.2 厘米（图一三，1）。

罐 2 件。M70:3、4，硬陶。均残缺。

2. 其他 1 件。

铜鐎斗 1 件。M70:1，敞口，腹上部较直，一侧安长柄，柄截面呈中空的半圆形，下腹部附三个略细的蹄形高足，浅圜底。高 19、口径 24 厘米（图一三，2）。

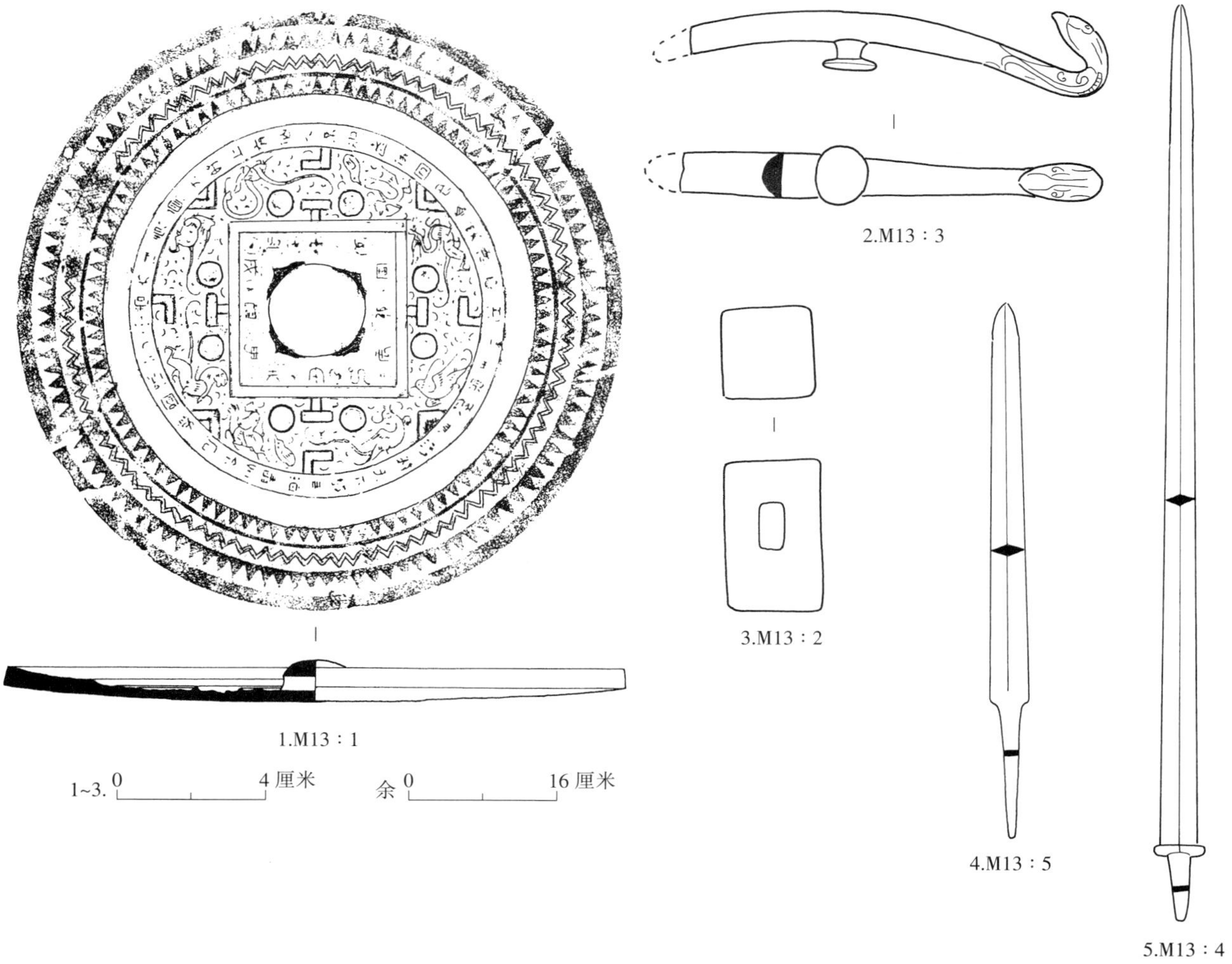

2.M13：3
3.M13：2
1.M13：1
1~3. 0 4 厘米
余 0 16 厘米
4.M13：5
5.M13：4

图一一 B 87 龙·东 M13 出土器物

北
2
3
1
4
0 1 米

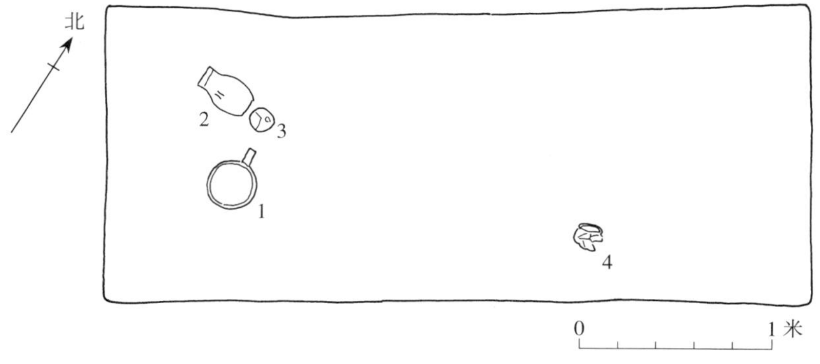

图一二 93 龙·东 M70 平面图

1. 铜鐎斗 2. 高温釉陶盘口壶 3、4. 硬陶罐

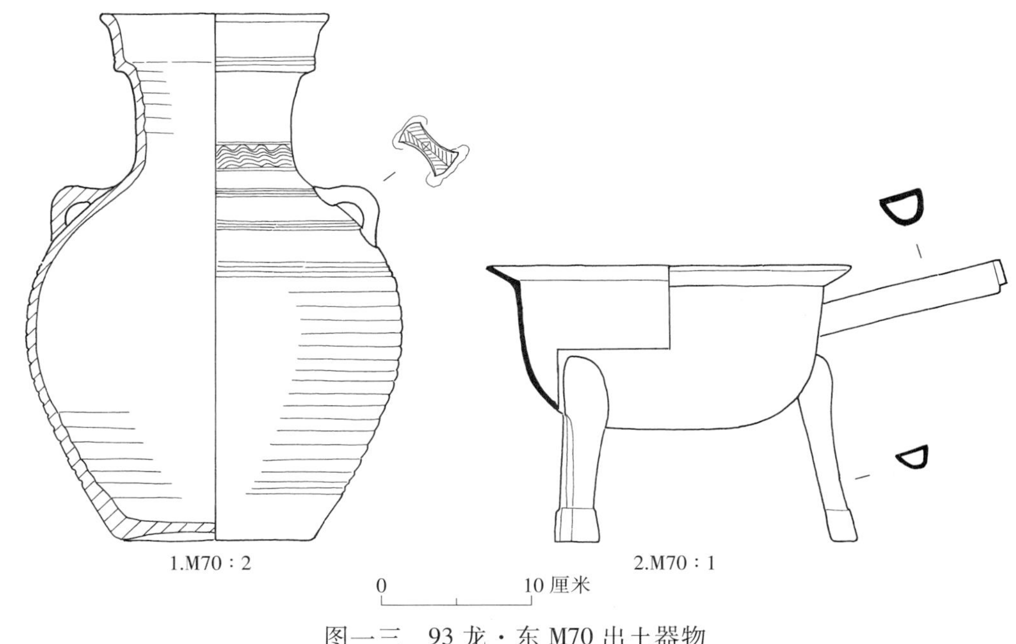

图一三　93 龙·东 M70 出土器物

7. 93 龙·东 M71

（一）概况

墓长 3.34、宽 1.10、深 1.10 米。墓向 70 度。墓内回填黄灰色五花土，结构较为致密。墓底东部留有少量板灰和一枚铁棺钉，判断原为棺木摆放位置（图一四）。

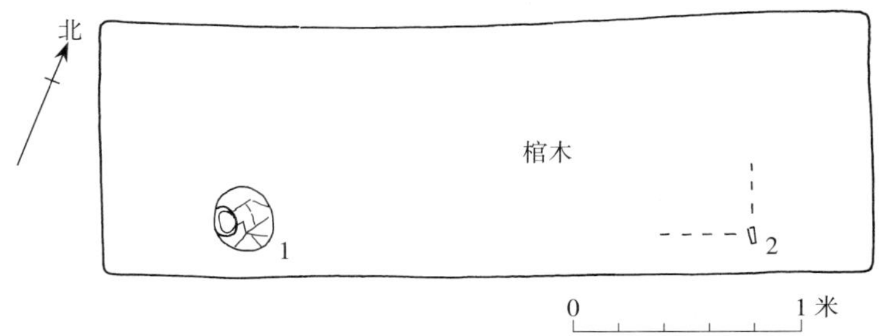

图一四　93 龙·东 M71 平面图

1. 高温釉陶壶　2. 铁棺钉

（二）随葬器物

随葬器物仅 1 件。

壶　1 件。M71∶1，高温釉陶。残缺。

8. 93 龙·东 M79

（一）概况

墓长 2.80、宽 1.30、深 2.70 米。墓向 250 度。墓内回填红、黄相杂的五花土，结构较为致密。墓底留有 4 枚铁棺钉和部分板灰，据此推测原棺木长约 1.70、宽约 0.90 米（图一五）。

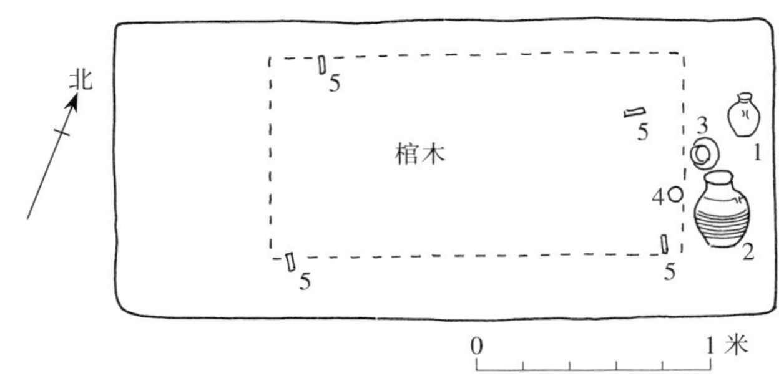

图一五 93 龙·东 M79 平面图

1. 高温釉陶投壶 2. 高温釉陶敞口壶 3. 硬陶罐 4. 铜镜 5. 铁棺钉

（二）随葬器物

随葬器物共 4 件。器物以陶壶和罐为基本组合，摆放于棺外东端。

1. 陶器 3 件。

壶 1 件。M79∶2，敞口，平唇，粗短颈下端内弧，斜弧肩上安双耳，圆弧腹，腹最大径位于上部，深卧足。口沿外壁和颈下端各轮印一周水波纹，肩部贴三组细泥条状凸弦纹。耳面模印叶脉纹，上方贴横向“S”形堆纹。高温釉陶。釉色泛黄，无釉部位露胎呈红灰色，胎质坚硬。轮制，内壁有轮旋痕。高 33、口径 14.2、腹径 25、足径 14.4 厘米（图一六，1）。

投壶 1 件。M79∶1，小盘口中段内束，圆唇，细短颈下端内弧，斜弧肩上安双耳，圆鼓腹，腹最大径位于中部，平底。肩部划两道双线细弦纹，腹部切削密集的宽弦纹，耳面模印叶脉纹，上方贴横向“S”形堆纹。高温釉陶。釉色泛黄，釉层大部脱落。无釉部位露胎呈红灰色，胎质坚硬。轮制。高 18、口径 5.7、腹径 15.6、底径 8.9 厘米（图一六，2；图版一〇，5）。

罐 1 件。M79∶3，直口，平唇，斜弧肩上安双耳，圆鼓腹，腹最大径位于中部，平底。耳面模印叶脉纹。硬陶。露胎呈红灰色，胎质坚硬。轮制，内壁有轮旋痕。高 8.7、口径 9.1、腹径 13、底径 8.6 厘米（图一六，3）。

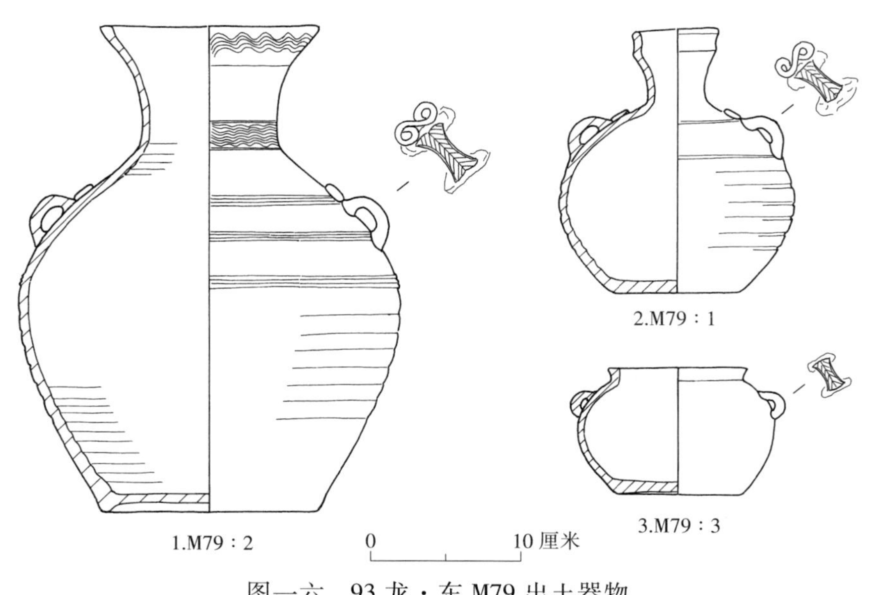

图一六 93 龙·东 M79 出土器物

2. 其他　1 件。

铜镜　1 件。M79∶4，残缺。

9. 93 龙 · 东 M81

（一）概况

墓长 3.70、宽 1.80、残深 0.40 米。墓向 85 度。墓内回填红、灰相杂的五花土，结构较为致密。墓底中部见有板灰和铁棺钉及零星的竹席印痕，判断原棺底可能铺有竹席（图一七）。

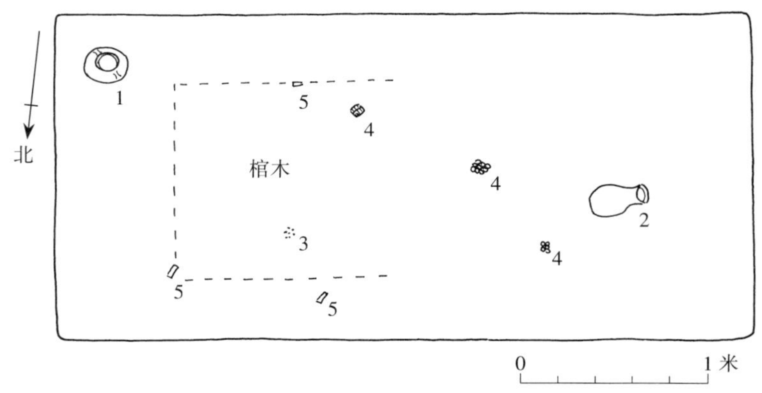

图一七　93 龙 · 东 M81 平面图

1. 高温釉陶弦纹罐　2. 高温釉陶敞口壶　3. 玻璃珠　4. 铜“五铢”钱　5. 铁棺钉

（二）随葬器物

随葬器物共 4 件（组）。器物以陶壶、罐为基本组合，并伴有铜钱和玻璃珠。其中铜钱和玻璃串珠随身入棺，其余摆放于棺外两端。

1. 陶器　2 件。

壶　1 件。M81∶2，敞口，平唇，粗短颈，斜肩上安双耳，弧腹，腹最大径位于中部，浅卧足。颈下端轮印一周水波纹，肩部划两组三线细弦纹，腹部切削密集的弧凸粗弦纹，耳面模印叶脉纹。高温釉陶。釉呈青褐色，无釉部位露胎呈暗红色，内胎为灰色，胎质坚硬。轮制。高 25.8、口径 13.6、腹径 19.5、足径 11.5 厘米（图一八，1）。

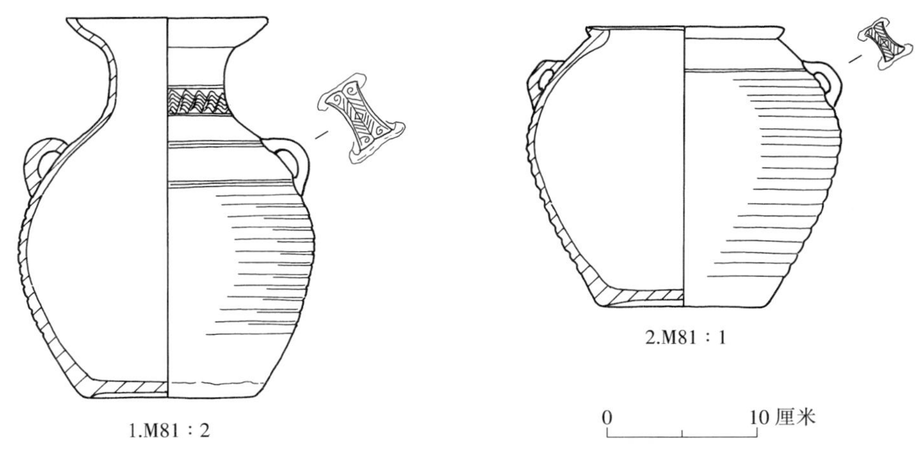

图一八　93 龙 · 东 M81 出土器物

罐 1件。M81∶1，翻沿口，宽平唇，斜肩上安双耳，弧腹，腹最大径位于上部，平底。通体切削密集的弧凸粗弦纹，耳面模印带索头的叶脉纹。高温釉陶。釉层已脱落，露胎呈黄灰色。无釉部位露胎呈暗红色，胎质坚硬。轮制，内壁有轮旋痕。高19、口径13.2、腹径21.2、底径11.1厘米（图一八，2）。

2. 其他 2件（组）。

铜“五铢”钱 1件（组）。M81∶4－1、2、3，已锈蚀。

玻璃珠 1件（组）。M81∶3，150余颗。大小不等，圆形，中间穿孔。蓝色。高0.3～0.8、直径0.4～0.6厘米（图版三二，3）。

10. 93龙·东M85

（一）概况

墓长3.60、宽1.75、深1.20米。墓向240度。墓内回填红、黄相杂的五花土，结构较为致密。墓底南部残留有部分板灰和铁棺钉，判断原为棺木位置（图一九）。

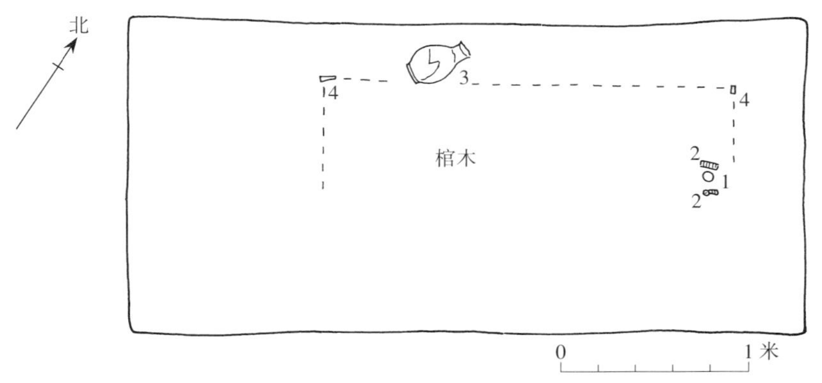

图一九 93龙·东M85平面图

1. 铜昭明镜 2. 铜“五铢”钱 3. 高温釉陶盘口壶

（二）随葬器物

随葬器物共3件（组）。

1. 陶器 1件。

壶 1件。M85∶3，深盘口，圆唇下有一周浅凹槽，粗短颈，斜肩上安双耳，鼓腹，腹最大径位于中部，高圈足。口沿外壁和颈下端各轮印一周水波纹，肩部饰两组平凸的双线弦纹。耳面模印叶脉纹，上方贴菱角形堆纹。高温釉陶。釉层已脱落，露胎呈灰黄色。无釉部位露胎呈暗红色，胎质坚硬。轮制，内壁有轮旋痕。高30.8、口径10.8、腹径22.5、足径12厘米（图二〇，1）。

2. 其他 2件（组）。

铜昭明镜 1件。M85∶1，圆纽，圆纽座，座外饰内连弧纹。内区铭文有“内清以昭明……”，有漏字，楷书，字间以两个“而”字相隔。高0.8、直径10.1厘米（图二〇，2）。

铜“五铢”钱 1件（组）。M85∶2，已锈蚀。

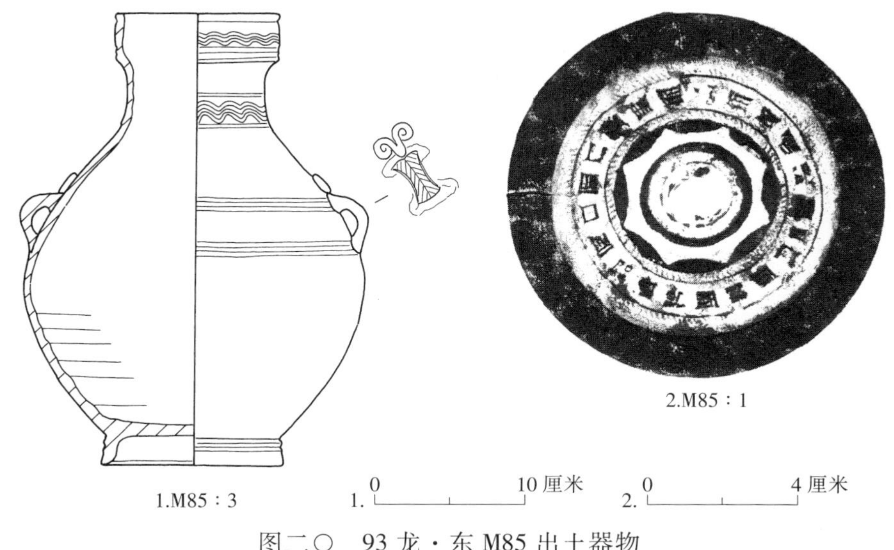

图二〇　93 龙·东 M85 出土器物

11. 93 龙·东 M92

（一）概况

墓长 3.40、宽 1.54、深 1.60 米。墓向 70 度。墓坑深入红砂岩风化层中，四壁陡直，底面平整。墓内回填红、黄相杂的沙性五花土，结构较为松散。葬具已无存，墓底留有 2 枚铁棺钉（图二一 A）。

（二）随葬器物

随葬器物共 3 件（组），其中铜钱、铁刀随身入棺，陶器摆放于棺外西端。

陶壶　1 件。M92∶1，盘口，圆唇下有一周浅凹槽，粗短颈下端内弧，斜肩上安双耳，圆鼓腹，腹最大径位于中部，矮圈足。口沿外壁和颈下端各轮印一周水波纹，肩部划一道细弦纹，腹部切削数道弧凸的宽弦纹，耳面模印叶脉纹。高温釉陶。釉层已脱落，露胎呈灰色，无釉部位露胎呈红灰色，胎质坚硬。轮制。高 29.2、口径 11.7、腹径 22.5、足径 12.3 厘米（图二一 B）。

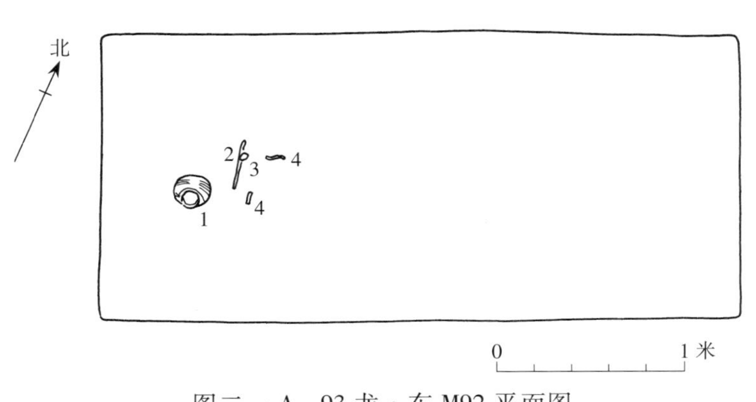

图二一 A　93 龙·东 M92 平面图

1. 高温釉陶盘口壶　2. 铁刀　3. 铜“五铢”钱　4. 铁棺钉

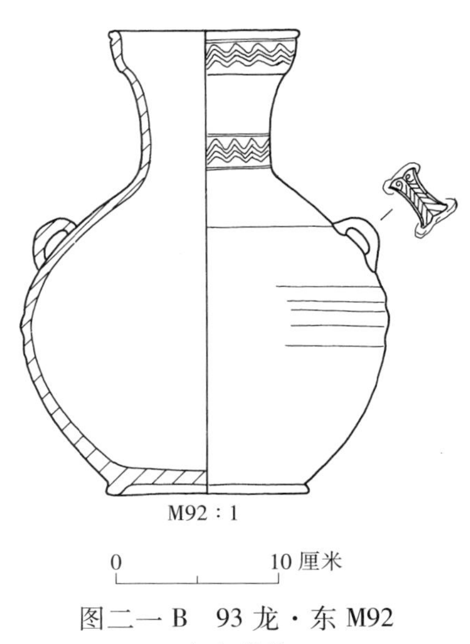

图二一 B　93 龙·东 M92 出土器物

铜“五铢”钱 1件（组）。M92∶3，已锈蚀。

铁刀 1件。M92∶2，残缺。

12. 93龙·东M104

（一）概况

墓长2.94、宽1.48、深0.65米。墓向56度。墓坑深入红砂岩风化层中，墓内回填黄、红相杂的五花土，结构较为致密。墓底北部见有部分板灰和2枚铁棺钉，判断原为棺木位置（图二二）。

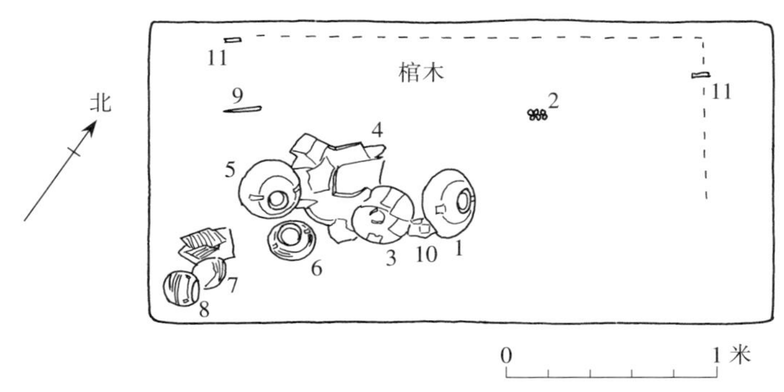

图二二 93龙·东M104平面图

1、3. 高温釉陶瓿 2. 铜钱 4. 高温釉陶盘口壶 5. 高温釉陶敞口壶 6~8、10. 硬陶弦纹罐 9. 铁矛 11. 铁棺钉

（二）随葬器物

随葬器物共10件（组）。器物以陶瓿、壶、罐为基本组合，并伴有铜钱和铁矛。铜钱、铁矛随身入棺，其余均置于棺外。

1. 陶器 8件。

瓿 2件。直口，平唇，宽斜肩上安铺首，铺首较高，上端外翘并略低于口沿，扁鼓腹，腹最大径位于中部，平底内凹。肩部划一道细弦纹，铺首面模印人面纹。高温釉陶。釉层已脱落，露胎呈黄灰色。无釉部位露胎呈暗红色，胎质坚硬。轮制。M104∶1，高21、口径11.2、腹径28、底径16.2厘米（图二三，1）。M104∶3，高20、口径10.6、腹径25.4、底径15.4厘米（图二三，2）。

壶 2件。高温釉陶，轮制。根据口沿形态的不同分为：

敞口壶 1件。M104∶5，口、颈有所变形。侈口微敞，圆唇，粗短颈，斜肩上安双耳，圆鼓腹，腹最大径位于中部，浅卧足。口沿外壁和颈下端各轮印一周水波纹，肩部划数道细弦纹，耳面模印粗壮的叶脉纹。釉呈绿褐色，釉层普遍下挂。无釉部位露胎呈暗红色，内胎为灰色，胎质坚硬。高33.3、口径12.1~14.8、腹径28.3、足径16.4厘米（图二三，3）。

盘口壶 1件。M104∶4，口介于侈口和盘口之间，圆唇，粗短颈，斜肩上安衔环双耳，圆弧腹，腹最大径位于中部，深卧足。口沿外壁和颈下端各轮印一周水波纹，腹部切削弧凸的宽弦纹。耳面模印叶脉纹，上方贴菱角形堆纹。釉色泛黄，釉层大部流失，无釉部位露胎呈灰红色，胎质坚硬。高25、口径10.8、腹径20、足径13.4厘米（图二三，4；图版八，3）。

罐 4件。直口，平唇，圆弧肩上安双耳，圆鼓腹，平底内凹。通体切削密集的弧凸宽弦纹，耳面模印叶脉纹。硬陶。M104∶7，斜弧肩，腹最大径位于上部。露胎呈砖红色，胎质较软。轮

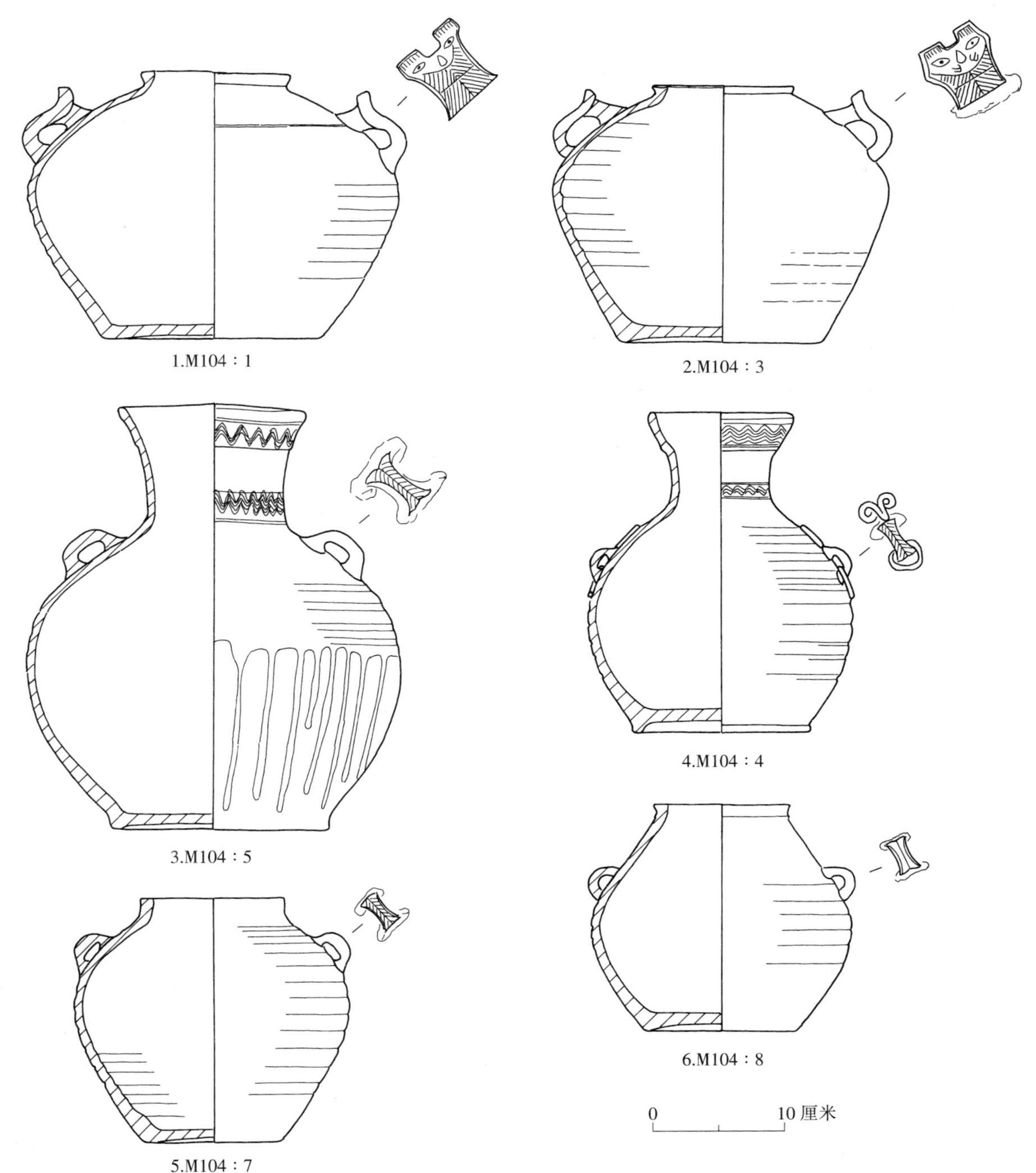

图二三　93 龙·东 M104 出土器物

制，内壁有轮旋痕。高 18.8、口径 10.7、腹径 20.8、底径 10.5 厘米（图二三，5）。M104∶8，斜直肩，腹最大径位于下部。露胎上部呈黄灰色，下部呈红灰色，胎质坚硬。高 17.6、口径 10.1、腹径 19.6、底径 11.2 厘米（图二三，6）。M104∶6、10，均残缺。

2. 其他　2 件（组）。

铜“五铢”钱　1 件（组）。M104∶2，锈蚀。

铁矛　1 件。M104∶9，残缺。

二　一椁一棺单葬墓

共26座。墓内以一椁一棺为葬具，平面除一座为方形外，其余均为长方形深竖穴土坑结构。墓坑四壁陡直，底面平整。葬具均已腐坏无存。

1. 79龙·东M13

（一）概况

墓长3、宽1.60、深2.40米。墓向339度。墓内回填红、黄相杂的五花土，结构较为松散。墓坑的西北角有7块大小不等的卵石，可能与渗水沟有关。

墓底南端挖有一条用于摆放椁下垫木的横轴向沟槽，长1.50、宽0.20、深0.10米，判断墓内原有木椁。椁内北部设棺厢，南端设头厢，棺厢底留有少量漆皮和1枚铁棺钉（图二四A）。

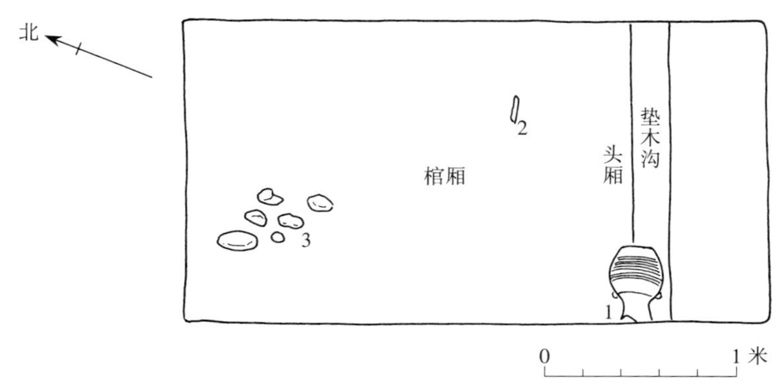

图二四A　79龙·东M13平面图
1. 高温釉陶敞口壶　2. 铁棺钉　3. 卵石

M13：1

0　10厘米

图二四B　79龙·东M13出土器物

（二）随葬器物

随葬器物仅存陶壶1件，置于头厢内。

壶　1件。M13：1，敞口，平唇，短颈略细而下端内弧，斜弧肩上安衔环双耳，圆弧腹，腹最大径位于中部，深卧足。口沿外壁和颈下端各轮印一周水波纹，肩部贴三组泥条状细弦纹，腹部切削密集的弧凸宽弦纹。耳面模印叶脉纹，上方贴菱角形堆纹。高温釉陶。釉色泛黄，釉层大部脱落，露胎呈黄灰色。无釉部位露胎为红灰色，胎质坚硬。轮制，内壁留有轮旋痕。高31.8、口径13、腹径25、足径13.4厘米（图二四B）。

2. 79龙·东M14

墓长4.00、宽2.50、深2.60米。墓向148度。墓内回填红、黄相杂的五花土，结构较为松散。

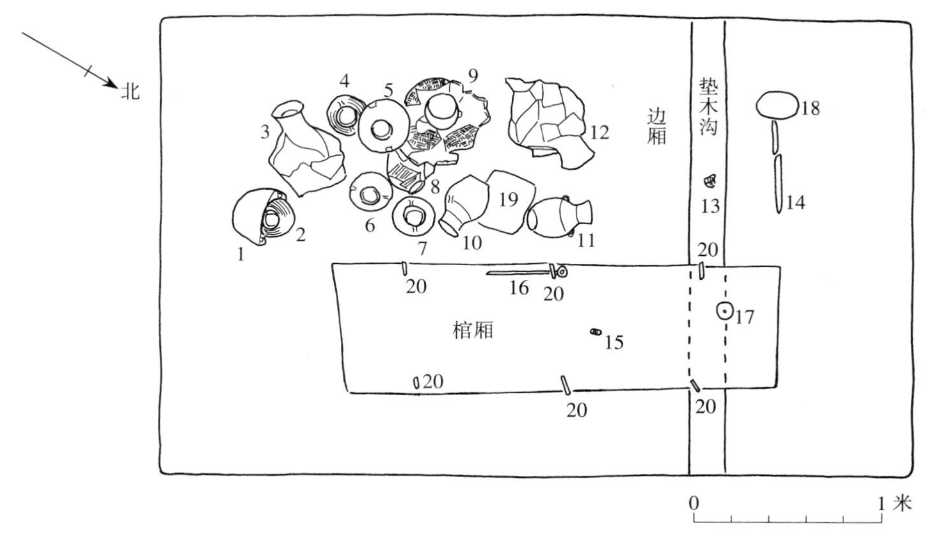

图二五　79龙·东M14平面图

1. 铁釜　2、4、8. 硬陶弦纹罐　3、7、10. 高温釉陶敞口壶　5. 高温釉陶瓿　6、11、12. 高温釉陶盘口壶　9. 印纹硬陶罍　13、15. 铜"五铢"钱　14、16. 铁刀　17. 铜日光镜　18. 铜洗　19. 漆器痕　20. 铁棺钉

墓底北端挖有一条用于摆放椁下垫木的横轴向沟槽，长2.45、宽0.20、深0.10米，判断墓内原有木椁。椁内东部设棺厢，西部设边厢。棺厢底留有大量的板灰和6枚排列有序的铁棺钉，推测原棺木长约1.30、宽约0.70米（图二五）。

（二）随葬器物

随葬器物共19件（组）。器物以陶瓿、壶、罐、罍为基本组合，并伴有铜洗、日光镜、"五铢"钱和铁釜、刀等。其中铜日光镜、"五铢"钱及小铁刀分别摆放于棺内头部和腰部，其余均置于边厢内。此外，在边厢的中部留有漆器痕迹。

1. 陶器　11件。

瓿　1件。M14∶5，敛口，宽斜唇，圆弧肩上安铺首，铺首较低而贴近器壁，上端外撇并低于口沿，圆弧腹，腹最大径位于近上部，平底内凹。肩部贴三组细泥条状凸弦纹。铺首面模印人面纹。高温釉陶。釉色青黄，部分釉层已脱落。无釉处露胎呈紫红色，胎质坚硬。轮制，内外壁均留有泥条盘筑痕迹。高32、口径12.2、腹径35、底径16.9厘米（图二六A，1；图版四，2）。

壶　6件。高温釉陶。根据口沿形态的不同分为：

敞口壶　3件。M14∶3，器身高大。敞口，平唇，粗短颈较直，斜弧肩上安衔环双耳，圆鼓腹，腹最大径位于中部，深卧足。口沿外壁和颈下端各轮印一周水波纹，肩部贴三组细泥条状凸弦纹。耳面模印叶脉纹，上端贴方形兽面纹。釉色青绿，釉层有较强的玻质感。无釉部位露胎呈紫红色，胎质坚硬。颈以上为轮制，内壁有轮旋痕；以下采用泥条盘筑，内壁留有陶拍的抵窝痕。高42.8、口径16.6、腹径34.9、足径17.4厘米（图二六A，2）。另2件器身较小，斜弧肩上安双耳，圆鼓腹，腹最大径位于中部。无釉部位露胎呈紫红色，胎质坚硬。轮制。M14∶7，颈略细长，深卧足。颈下端轮印一周水波纹，肩部划一道细弦纹，腹部切削弧凸宽弦纹，耳面模印叶脉纹。釉色青绿，釉层光亮。高29、口径12.8、腹径21、足径10.4厘米（图二六A，3）。M14∶10，粗短颈下端内弧，矮圈足。口沿外壁和颈下端各轮印一周水波纹，肩部划两组双线细弦纹，腹部

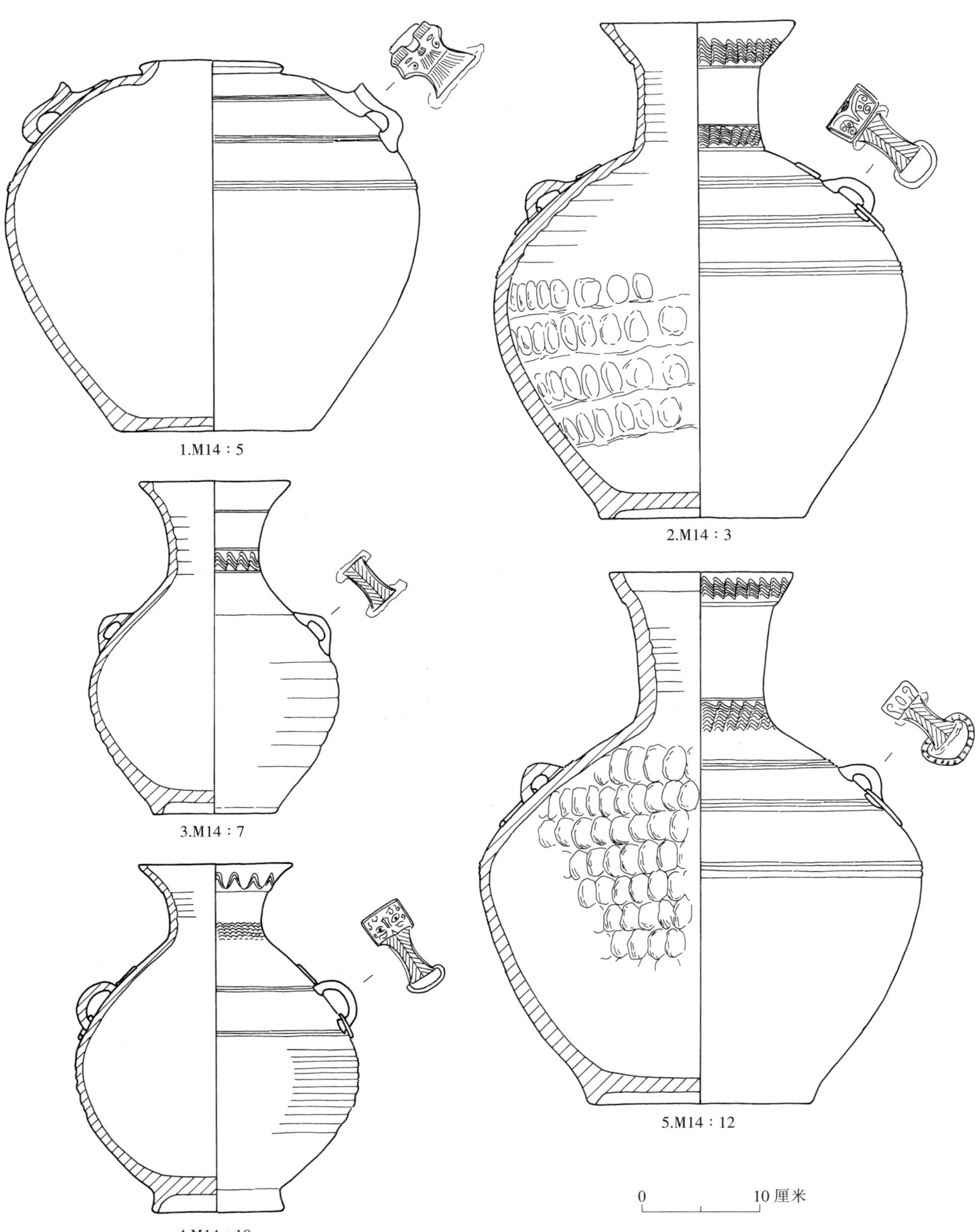

图二六 A　79 龙 · 东 M14 出土器物

切削密集的弧凸粗弦纹，衔环耳上方贴方形兽面纹。釉色泛黄。高 30、口径 13.2、腹径 24、足径 11.2 厘米（图二六 A，4）。

盘口壶 3 件。口介于盘口和侈口之间。M14:12，器身高大。浅盘口，平唇，口与颈交界处有一道浅凹槽，颈略细长，斜肩上安衔环双耳，鼓腹略折，腹最大径位于中部，深卧足。口沿外壁和颈下端各轮印一周水波纹，肩部贴三组细泥条凸弦纹。耳面模印叶脉纹，上方贴方形兽面。釉色青绿，釉层较有光泽。无釉部位露胎呈紫红色，胎质坚硬。颈以上为轮制，内壁有轮旋痕；以下采用泥条盘筑，内壁有陶拍的抵窝痕。高 46、口径 15.6、腹径 37.2、足径 18.8 厘米（图二六 A，5；图版九，1）。另 2 件器身较小，深盘口，口壁外斜，圆唇下有一道浅凹槽，粗短颈，斜肩上安双耳，鼓腹，腹最大径位于中部，矮圈足。口沿外壁和颈下端各轮印一周水波纹，肩部划一道细弦纹，腹部切削密集的弧凸宽弦纹，耳面模印叶脉纹。釉色青黄，釉层大部脱落，露胎呈黄灰色。无釉部位露胎呈紫红色，胎质坚硬。颈内壁留有轮旋痕。M14:6，颈短而略细。高 32.4、口径 12、腹径 24、足径 11.2 厘米（图二六 B，1）。M14:11，颈略细长。高 33.6、口径 12.2、腹径 24.6、足径 14 厘米（图二六 B，2）。

罐 3 件。大小不一。直口，平唇，口与肩无明显的交界线，斜肩上安双耳，弧腹，腹最大径位于中部，平底。通体切削密集的平凸窄弦纹，耳面模印叶脉纹。硬陶。露胎上部呈红灰色，下部为砖红色，胎质较硬。轮制，内壁留有轮旋痕。M14:2，高 16.6、口径 10.7、腹径 19、底径 12.1 厘米（图二六 B，3）。M14:4，高 16.2、口径 10.2、腹径 18、底径 10.5 厘米（图二六 B，4）。M14:8，腹部略显扁折。高 14.4、口径 9.2、腹径 16、足径 11.2 厘米（图二六 B，5）。

罍 1 件。M14:9，侈口，斜唇，宽圆弧肩，圆鼓腹，腹最大径位于中部，平底内凹。通体拍印编织纹，纹饰多有重叠，单体约 0.7 厘米见方。印纹硬陶。露胎上部呈灰色，下部为灰红色，胎质较硬，胎壁较薄。泥条盘筑，内壁留有陶拍的抵窝痕。高 30.2、口径 15.5、腹径 36.6、底径 16.3 厘米（图二六 B，6）。

2. 其他 8 件（组）。

铜洗 1 件。M14:18，已残碎。

铜日光镜 1 件。M14:17，圆纽，圆纽座，座外内向连弧纹和栉齿纹各一周。外区有一周铭文带，铭文为："见日之光，天下大明"，各字间以"つ"符号相隔，铭文外一周栉齿纹。素窄缘。高 0.6、直径 6.6 厘米（图二六 B，7）。

铜"五铢"钱 2 件（组）。M14:13、15，圜钱，"五"字的交叉笔画呈弧形，"铢"的"金字头"呈桃形。

铁釜 1 件。M14:1，残缺。

铁刀 2 件。M14:14、16，环首，单面刃（图版三一，1）。

漆器 1 件。M14:19，仅存痕迹。

3.79 龙·东 M16

（一）概况

墓坑的东壁和北壁的东端已被破坏，出有部分陶片。墓长 3.80、宽 2.30、深 3.20 米。墓向 132 度。墓内回填红、黄相杂的五花土，结构较为松散。底面挖有一条斜直走向的沟槽，用以承

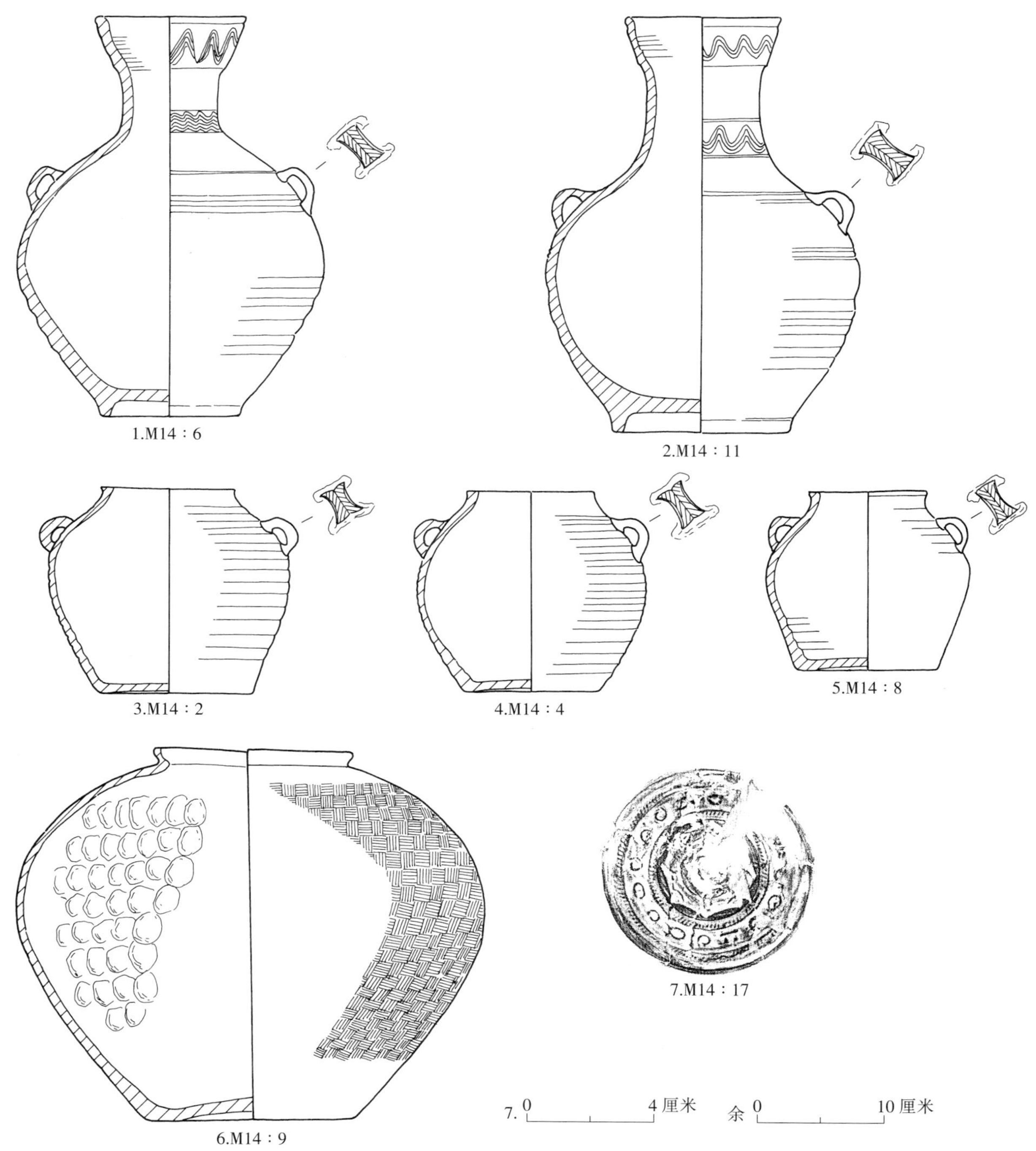

图二六B　79龙·东M14出土器物

接墓内渗水，沟的两端分别与墓坑的西北角和东南角相接，长3.60、宽0.20、深0.20米。此外，墓坑北壁近中部处有数块卵石，用途不明。

墓底北端挖有一条用于放置椁下垫木的横轴向沟槽，长2.25、北宽0.26、南宽0.20、深0.10米。结合随葬品的摆放位置，判断墓内原有木椁。椁内东部设棺厢，南侧设边厢，棺厢底留有1枚铁棺钉和零星的板灰（图二七）。

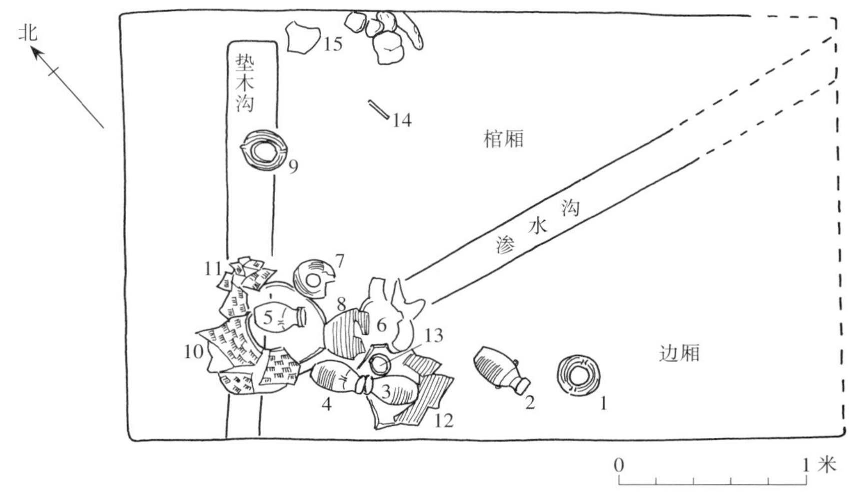

图二七　79龙·东M16平面图

1、3、5、6. 高温釉陶盘口壶　2、4、7、11. 硬陶盘口壶　8、12. 泥质陶罐　9、13. 硬陶弦纹罐　10. 印纹硬陶罍　14. 铁棺钉　15. 卵石

（二）随葬器物

随葬器物共13件，以陶壶、罐、罍为基本组合，大部分摆放于边厢，少量置于头厢内。

壶　8件。4件器身较小。深盘口，圆唇外撇，粗短颈中部内弧，下端有两道折棱，斜弧肩上安双耳，腹最大径位于中部，平底内凹。肩部划一周双线细弦纹，腹部切削密集的弧凸粗弦纹，耳面模印叶脉纹。轮制，内壁留有轮旋痕。M16∶2，弧腹。硬陶。露胎和内胎均呈灰色，胎质较软。高28.2、口径12.8、腹径21.6、底径10.8厘米（图二八A，1）。M16∶3，盘口略有变形，弧腹。高温釉陶。釉色泛黄，釉层基本脱落，露胎呈黄灰色。无釉部位露胎呈紫红色，内胎为灰色，胎质坚硬。高27.5、口径12.8、腹径20.1、底径12厘米（图二八A，2）。M16∶4，圆鼓腹。硬陶。露胎肩部呈红灰色，腹部为砖红色，胎质较硬。高26.4、口径12.8、腹径21、底径9.4厘米（图二八A，3）。M16∶11，鼓腹。硬陶。露胎上部呈灰红色，下部为砖红色，胎质较硬。高28.2、口径12.8、腹径21.4、底径9.6厘米（图二八A，4）。M16∶5，盘口残缺，鼓腹。高温釉陶。残高26.6、腹径20.8、底径10厘米（图二八A，5）。另有1件器身较大，颈以上残缺。M16∶6，圆鼓腹。颈下端划两周细弦纹，其间刻划水波纹。高温釉陶。釉色泛黄，无釉部位露胎呈灰红色。内胎为灰红色，胎质坚硬。残高31.4、腹径26.7、底径12.4厘米（图二八A，6）。

M16∶1，高温釉陶。残缺。M16∶7，硬陶。残缺。

罐　4件。个体大小不一。通体切削密集的弧凸粗弦，耳面模印叶脉纹。轮制，内壁留有轮旋痕。根据口沿形态的不同分为：

直口罐　2件。直口，平唇，肩上安双耳，圆弧腹，平底。硬陶。M16∶9，圆弧肩，腹最大径位于上部。露胎呈砖红色，胎质较软。高13、口径12.2、腹径17.8、底径8.9厘米（图二八B，1）。M16∶13，内斜唇，腹最大径位于中部。露胎上部呈灰红色，下部为红灰色，内胎亦为红灰色，并杂有细碎的石英颗粒，胎质较硬。高17.8、口径15、腹径21.4、底径11厘米（图二八B，2）。

侈口罐　1件。个体较大。M16∶12，侈口，斜弧肩上安双耳，弧腹，腹最大径位于中部，平底。泥质陶。露胎和内胎均呈灰红色，胎质较软。高25.4、口径23.4、腹径29.4、底径13.8厘

图二八 A 79 龙 · 东 M16 出土器物

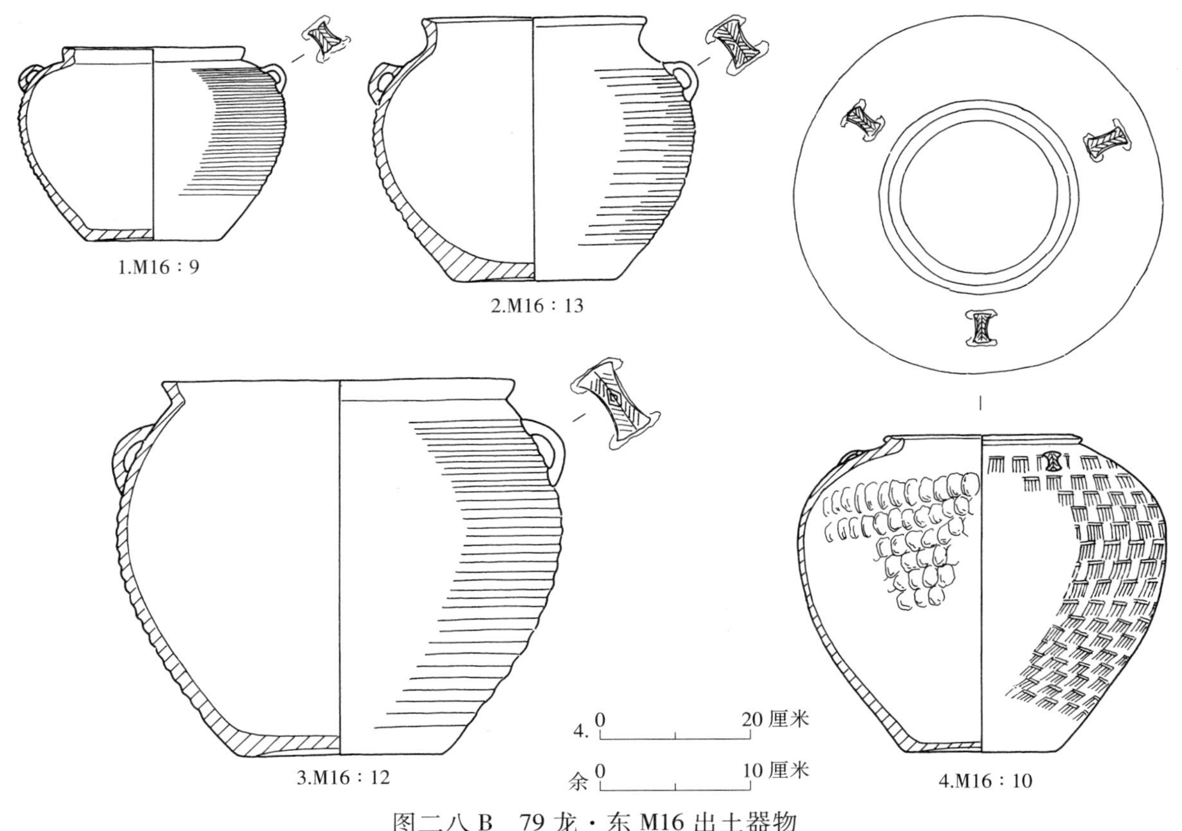

图二八 B 79 龙·东 M16 出土器物

米（图二八 B，3）。

M16∶8，泥质陶。残。

罍 1 件。M16∶10，敛口，宽唇面外缘上翘，圆弧肩上作三等分各安一耳，圆鼓腹，腹最大径位于上部，平底内凹。通体拍印规整的梳状纹，耳上模印叶脉纹。印纹硬陶。露胎肩部呈灰色，腹部呈红灰色，胎质较硬，胎壁较薄。泥条盘筑，内壁留有陶拍的抵窝痕。高 43、口径 24、腹径 49、底径 20.4 厘米（图二八 B，4；图版一八，1）。

4. 87 龙·东 M3

（一）概况

墓坑北部已被破坏。长 2.66、残宽 1.00～1.30、深 2.30 米。墓向 70 度。墓口上部残存有厚 0.18～0.24 米的封土层。墓内回填红、黄相杂的五花土，结构较为致密。

墓底北部有长 2.30、残宽 0.20～0.60 米的葬具板灰。结合随葬品的摆放位置，判断墓内原有木椁。椁室内北部设棺厢，南侧设边厢（图二九）。

（二）随葬器物

随葬器物共 17 件（组）。以陶鼎、盒、瓿、壶、罐为基本组合，并伴有铜蟠螭纹镜、“半两”和“五铢”钱及漆奁等，其中铜镜和钱币、铁削、漆奁摆放于棺内头部，其余置于边厢内。

1. 陶器 12 件。

鼎 2 件。覆钵形盖，顶面较平。鼎口内敛，宽唇面下凹呈子母口，口沿外附长方形立耳，

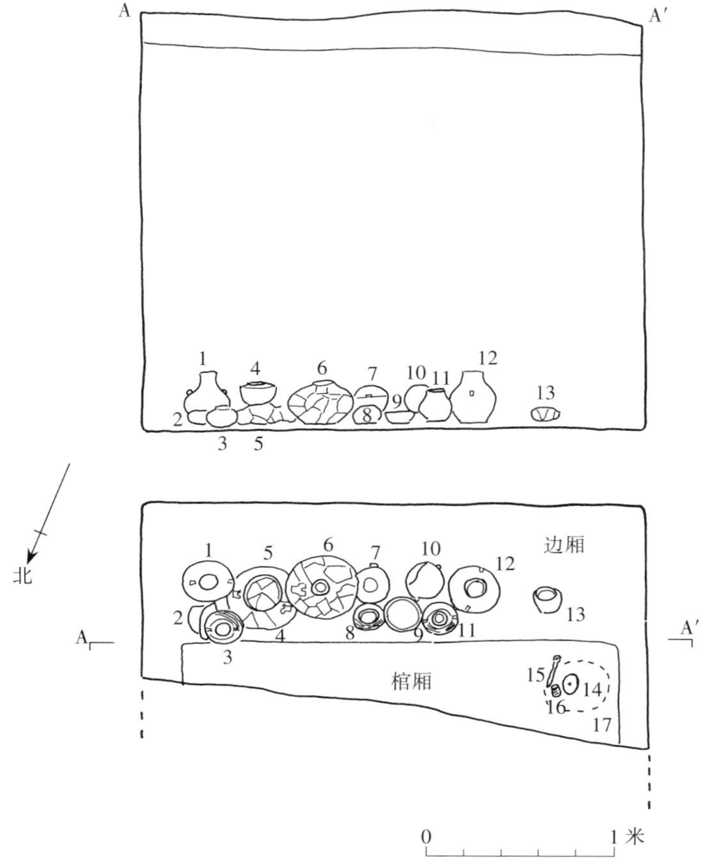

图二九 87龙·东M3平、剖面图

1、12. 高温釉陶敞口壶 2、4. 高温釉陶盒 3、8. 硬陶罐 5、6. 高温釉陶瓿 7、10. 高温釉陶鼎 9. 铜器 11. 高温釉陶罐 13. 泥质陶釜 14. 铜蟠螭纹镜 15. 铁削 16. 铜"半两"、"五铢"钱 17. 漆器痕

耳上端外撇并高于口沿，腹上部微弧，下部斜收，平底外缘粘附三个蹄形矮足。耳面模印纤细的勾连纹。高温釉陶，釉色青黄。无釉部位露胎呈暗红色，胎质坚硬。轮制，内壁留有轮旋痕。M3:10，器身宽矮。通高18.9、鼎高15.7、口径21、底径17.6~18.4厘米（图三〇A，1；图版一，4）。M3:7，器身略瘦高。通高19.6、鼎高14、口径21.2、底径12厘米（图三〇A，2）。

盒 2件。覆钵形盖，顶面较平。口内敛，唇面下凹呈子母口，平底内凹。盖壁划数道宽弦纹。高温釉陶。釉色泛黄，胎质坚硬。轮制，内壁有轮旋痕。M3:2，器身瘦高，腹壁斜收。通高15.4、盒高10、口径16.8、底径10.4（图三〇A，3）。M3:4，器身宽矮，腹弧而缓收，腹壁切削宽弦纹。釉色泛黄。通高16、盒高10.5、口径20.2、底径12.8厘米（图三〇A，4）。

瓿 2件。直口，平唇，宽斜肩上安铺首，铺首较高而上端外撇并略低于口沿，腹最大径位于中部，平底内凹。铺首面模印人面纹。高温釉陶。釉色泛黄，釉层略有光亮。无釉部位露胎呈暗红色，胎质坚硬。轮制，内壁留有轮旋痕。M3:5，扁鼓腹。高24.6、口径10、腹径32、底径17.2厘米（图三〇A，5）。M3:6，圆鼓腹。釉色泛黄。高24、口径10、腹径31、底径16厘米（图三〇A，6）。

壶 2件。侈口微敞，粗颈略长，斜弧肩上安双耳，鼓腹。腹部切削宽弦纹，耳面模印叶脉纹，叶脉纹上下端阴刻菱角纹。高温釉陶，胎质坚硬。轮制。M3:1，颈与肩无明显的交界线，圆

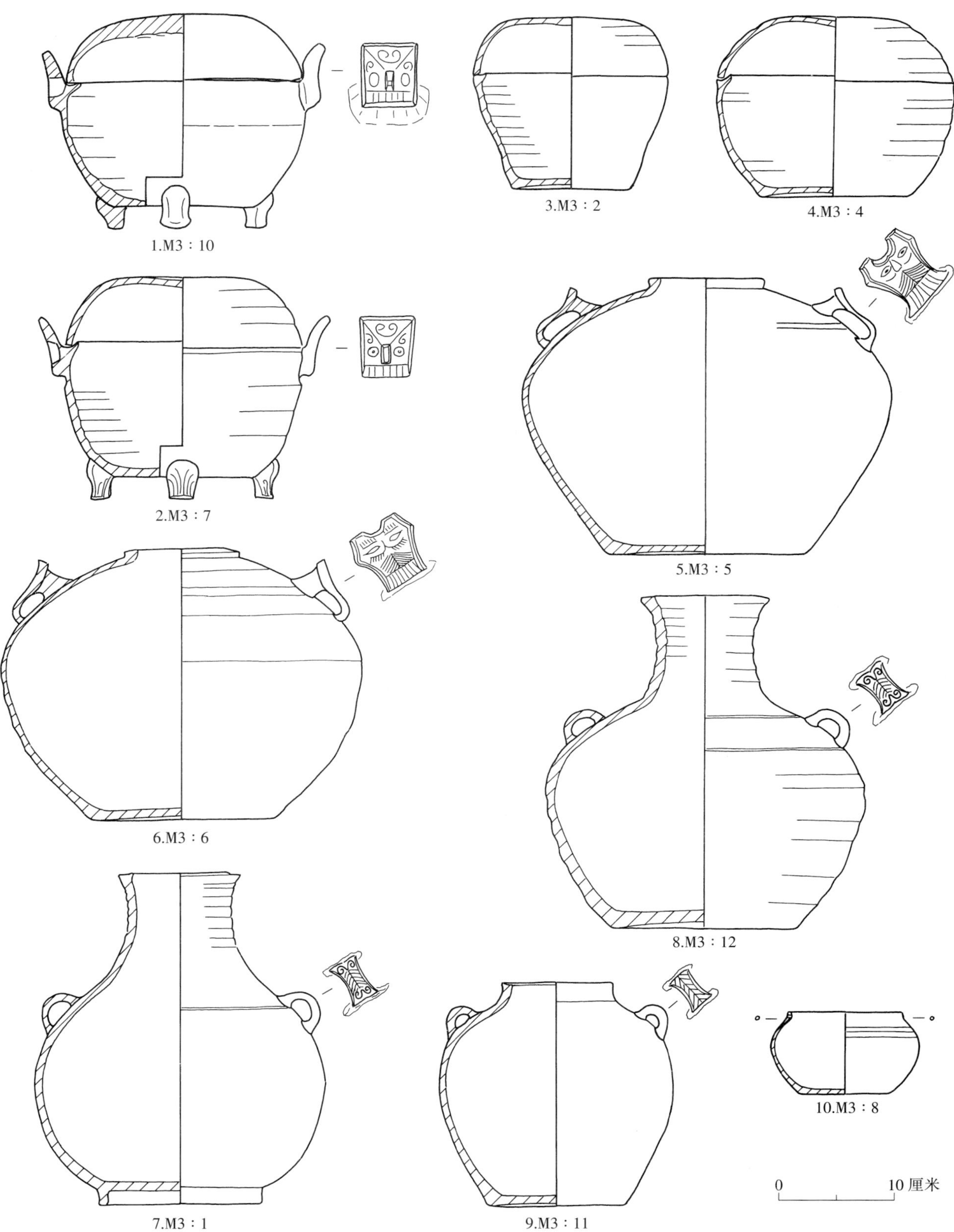

图三〇A　87龙·东M3出土器物

鼓腹，下腹部较丰满，矮圈足。肩部划一道细弦纹。釉色泛黄，釉层光亮。无釉部位呈暗红色，胎质坚硬。高28.8、口径10.6、腹径24.8、足径14.2厘米（图三〇A，7）。M3∶12，颈与肩交界明显，肩部宽大，鼓腹略扁，平底内凹。釉呈绿褐色。高29.2、口径10.8、腹径27.5、底径16厘米（图三〇A，8；图版六，1）。

罐 3件。轮制。M3∶11，直口，内斜唇，弧肩上安双耳，弧腹，腹最大径位于上部，平底内凹。耳面模印叶脉纹。高温釉陶。釉层已流失，无釉部位呈红灰色，胎质坚硬。高19.6、口径9.6、腹径20、底径12厘米（图三〇A，9）。M3∶8，较小。侈口下两侧各穿一个小孔，鼓腹略扁，腹最大径位于近上部，平底。肩部划三道细弦纹。硬陶。露胎呈红褐色，胎质坚硬。高7、口径10、腹径12.8、底径7.6厘米（图三〇A，10；图版一六，4）。M3∶3，硬陶。残缺。

釜 1件。M3∶13，泥质陶，残缺。

2. 其他 5件（组）。

铜器 1件。M3∶9，残缺。

铜蟠螭纹镜 1件。M3∶14，弦纽，圆纽座，座外一周铭文带。外区饰双线蟠螭纹。高0.5、直径10.1厘米（图三〇B，1）。

铜“半两”钱 1件（组）。M3∶16－1，已锈蚀。

铜“五铢”钱 1件（组）。M3∶16－2，已锈蚀。

铁削 1件。M3∶15，环首不规整，有刀格，单面刃。通长16.2、削宽1.6厘米（图三〇B，2）。

漆奁 1件。M3∶17，仅存痕迹。

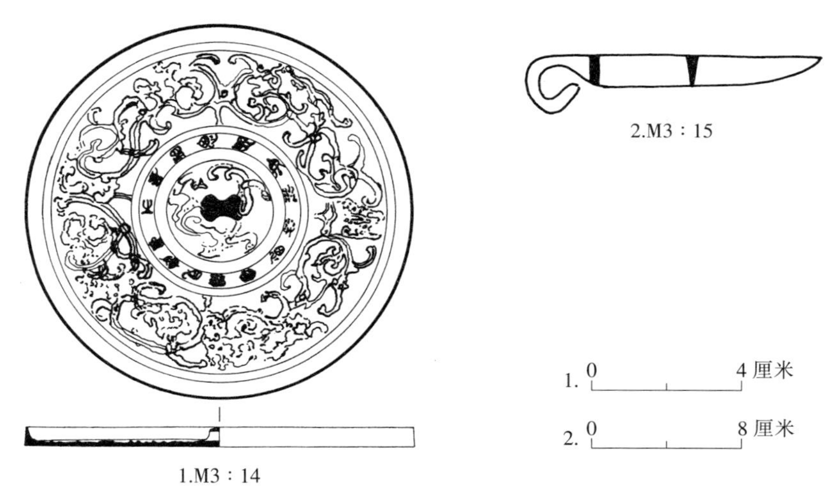

图三〇B 87龙·东M3出土器物

5. 87龙·东M4

（一）概况

墓长3.60、宽2.20、深0.90米。墓向340度。墓坑挖入紫红色粉砂岩内，墓内回填土红色黏土，内含少量炭屑，结构较为致密。

墓坑下部四周有因木椁外填土形成的“熟土二层台”，判断墓内原有木椁，椁室长约3.00、宽约1.70米。椁内西部设棺厢，东侧设边厢（图三一）。

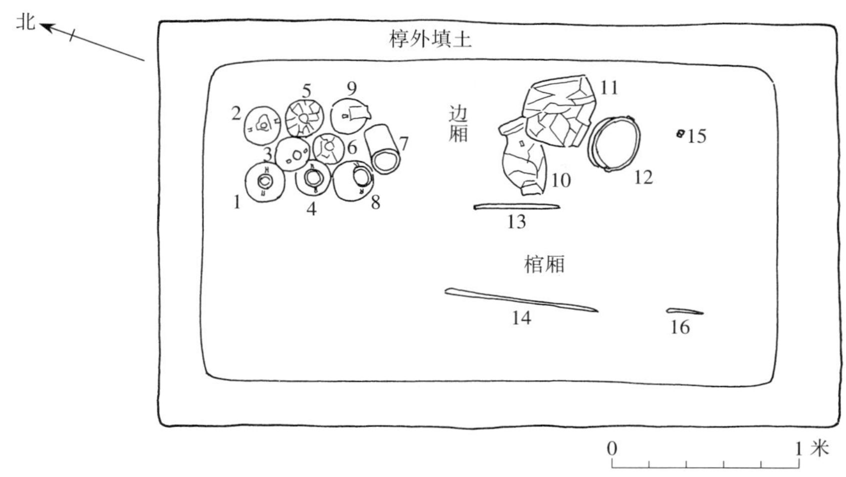

图三一　87龙·东M4平面图

1～3、6、8～10. 高温釉陶敞口壶　4、5. 硬陶弦纹罐　7. 高温釉陶筒形罐　11. 印纹硬陶罍　12. 铁釜　13. 铁刀　14. 铁削　15. 铜“五铢”钱　16. 铁棺钉

（二）随葬器物

随葬器物共15件（组），以陶壶、罐、罍为基本组合，并伴有铜“五铢”和铁釜、刀、削等。除铁兵器随身入棺外，其余均置于边厢内。

1. 陶器　11件。

壶　7件。敞口，粗短颈下端内弧，斜弧肩上安双耳，假圈足。肩部划三组双线细弦纹，耳面模印叶脉纹。高温釉陶。轮制。M4∶1，耳上端贴横向“S”形堆纹。釉色泛绿。无釉部位露胎呈暗红色，内胎为灰色，胎质坚硬，腹部有较多的小气泡。高28.7、口径14、腹径21.4、足径10.7～11.1厘米（图三二，1）。M4∶6，口局部变形。釉色泛黄。内壁经过涂抹，外底有较大的气泡。高28.4、口径13.6、腹径20.8、足径11.4厘米（图三二，2）。M4∶9，器物已变形。耳上方贴横向“S”形堆纹。釉色泛绿。高26～28.3、口径13.8、腹径20.8、足径10.4厘米（图三二，3）。M4∶10，圆唇。釉色泛绿，器表局部有较多的小气泡。高28、口径13.6、腹径21、底径21.2厘米（图三二，4）。另1件M4∶2，弧腹，颈下端轮印一周水波纹，肩部划三组双线细弦纹，腹部切削密集的弧凸粗弦纹。耳面模印叶脉纹，上方贴横向“S”形堆纹。高30.4、口径13.8、腹径22、足径12厘米（图三二，5）。M4∶3、8，残缺。

罐　3件。M4∶7，侈口，圆唇，斜肩，筒腹上端安双耳，平底。腹上端划两组双线细弦纹，其间刻划一周水波纹，耳面模印叶脉纹。高温釉陶。唇面和口沿内壁、肩部施釉，釉色泛黄，釉层大多已流失。无釉部位露胎呈红灰色，胎质较硬。轮制，内壁有轮旋痕。外壁有较多的小气泡。高25.3、口径13.1～14.4、腹径17.3、底径14厘米（图三二，6）。M4∶4、5，硬陶。残缺。

罍　1件。M4∶11，印纹硬陶。残缺。

2. 其他　4件（组）。

铜“五铢”钱　1件（组）。M4∶15，已锈蚀。

铁釜　1件。M4∶12，敞口，口外附环形提耳，腹壁弧收，小圈足。腹部有两道凸弦纹。高18.8、口径32、底径8.2厘米（图三二，7）。

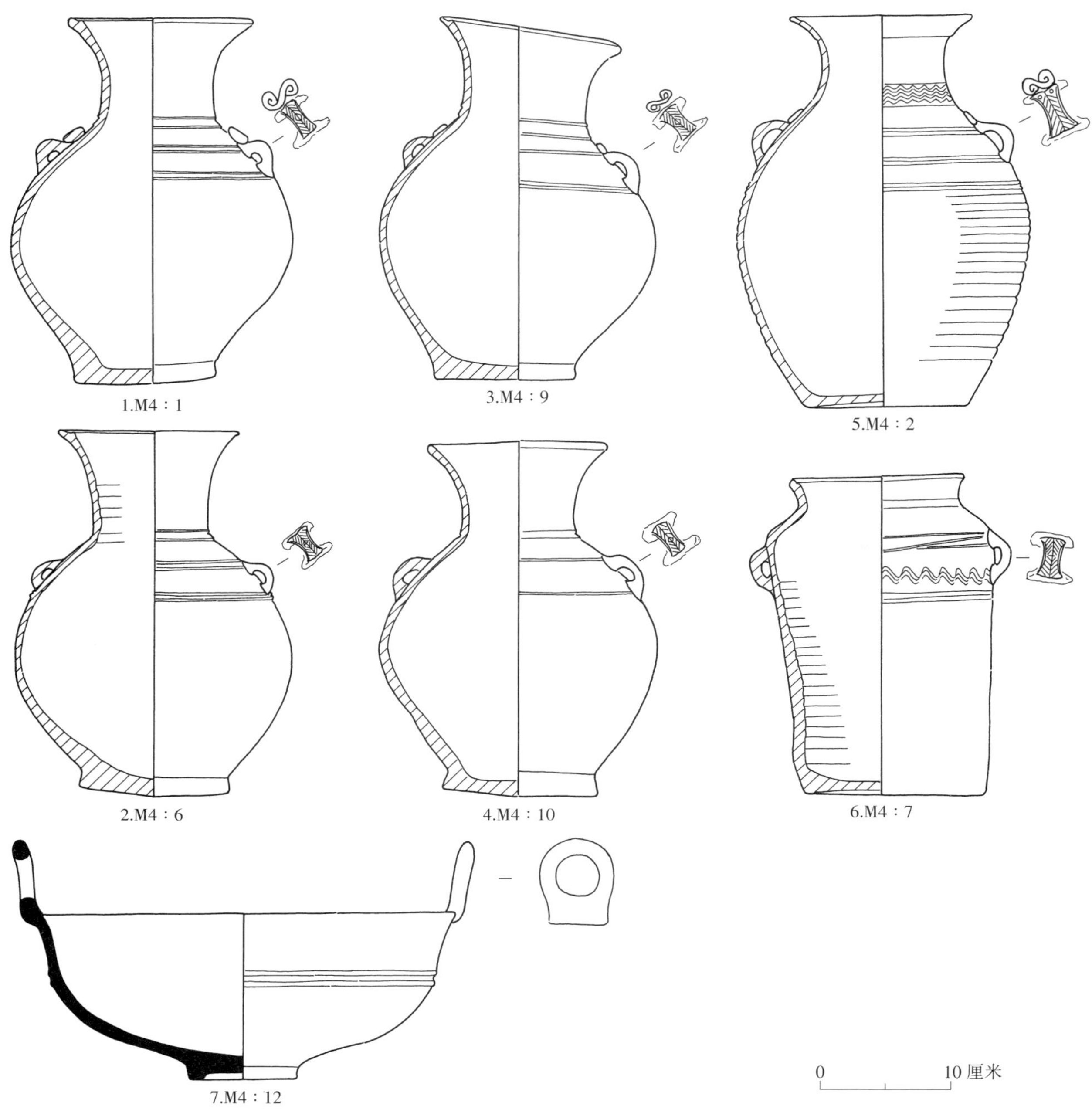

图三二　87龙·东M4出土器物

铁刀　1件。M4∶13，残缺。

铁削　1件。M4∶14，残缺。

6. 87龙·东M6

（一）概况

墓长3.50、宽3.90、残深0.30米。墓向160度。墓坑挖入紫红色粉砂岩内，墓内回填红、黄相杂的五花土，土内夹杂有少量炭屑，结构较为松散。

墓坑下部四周有因木椁外填土形成的“熟土二层台”，判断墓内原有木椁。椁室长约3.30、

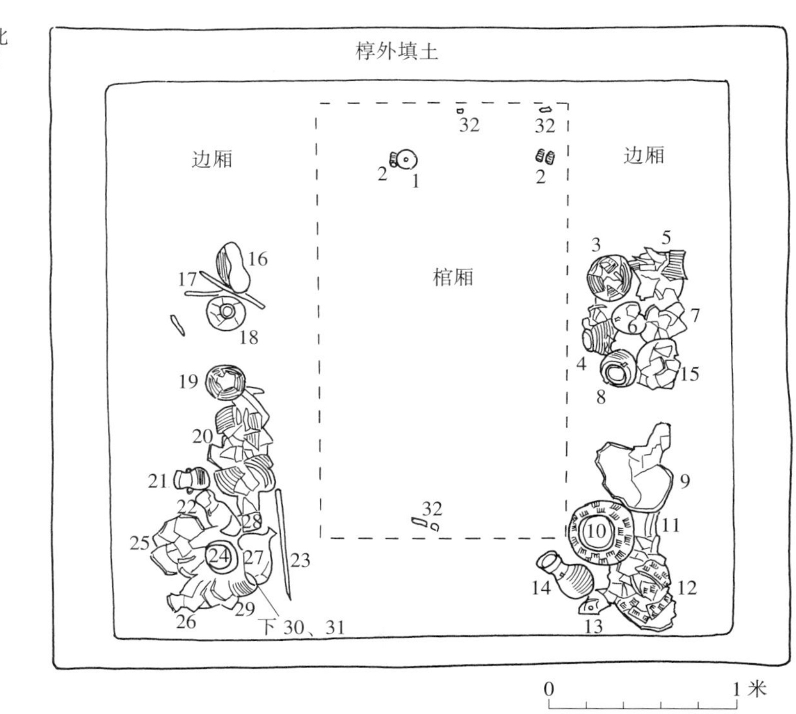

图三三　87龙·东M6平面图

1. 铜日光镜　2. 铜"五铢"钱、"大泉五十"　3、5～8、13、14、21、22、25～27、31. 硬陶盘口壶　4、15、18～20、24、28～30. 硬陶弦纹罐　9. 铁釜　10. 印纹硬陶罍　11. 铜釜　12. 高温釉陶罍　16. 铜洗　17. 铁刀　23. 铁矛　32. 铁棺钉

宽约3.00米。椁内中部设棺厢，两侧各设一个边厢。棺厢底留有部分板灰和漆皮，推测原棺木长约2.40、宽约1.30米（图三三）。

（二）随葬器物

随葬器物共32件（组），以陶壶、罐、罍为基本组合，并伴有铜洗、日光镜、"五铢"和"大泉五十"钱及铁釜、矛、刀等。除铜镜、铜钱随身入棺外，其余分别摆放于两侧边厢内。

1. 陶器　24件。

壶　13件。M6∶5，深盘口，口壁略外斜，圆唇下有一周浅凹槽，短颈略细而下端内弧，斜肩上安双耳，鼓腹，腹最大径位于中部，平底内凹。肩部划两组双线细弦纹，腹部切削密集的弧凸粗弦纹，耳面模印叶脉纹。胎质坚硬。轮制。高20、口径8.8、腹径14.3、底径8厘米（图三四，1）。M6∶3、6～8、13、14、21、22、25～27、31，均已残缺。

罐　9件。翻沿口，圆唇，斜弧肩上安双耳，弧腹，平底。通体饰密集的弧凸粗弦纹，耳面模印叶脉纹。硬陶。露胎和内胎均呈灰色，胎质较硬。轮制，内壁有轮旋痕。M6∶24，腹最大径位于上部。高12.3、口径11.3、腹径15.2、底径8.4厘米（图三四，2）。M6∶4，腹最大径位于中部。高19.6、口径12.6、腹径20、底径10.4厘米（图三四，3）。M6∶15、18～20、28～30，均已残缺。

罍　2件。M6∶10，敛口，宽唇面中间起折，圆弧肩，圆弧腹，腹最大径位于上部，平底内凹。通体拍印规整的梳状纹。印纹硬陶。露胎呈灰色，胎质较硬，胎壁较薄。泥条盘筑，内壁留有陶拍的抵窝痕。高30.2、口径18.6、腹径35.3、底径15.4厘米（图三四，4）。M6∶12，高温釉陶。残。

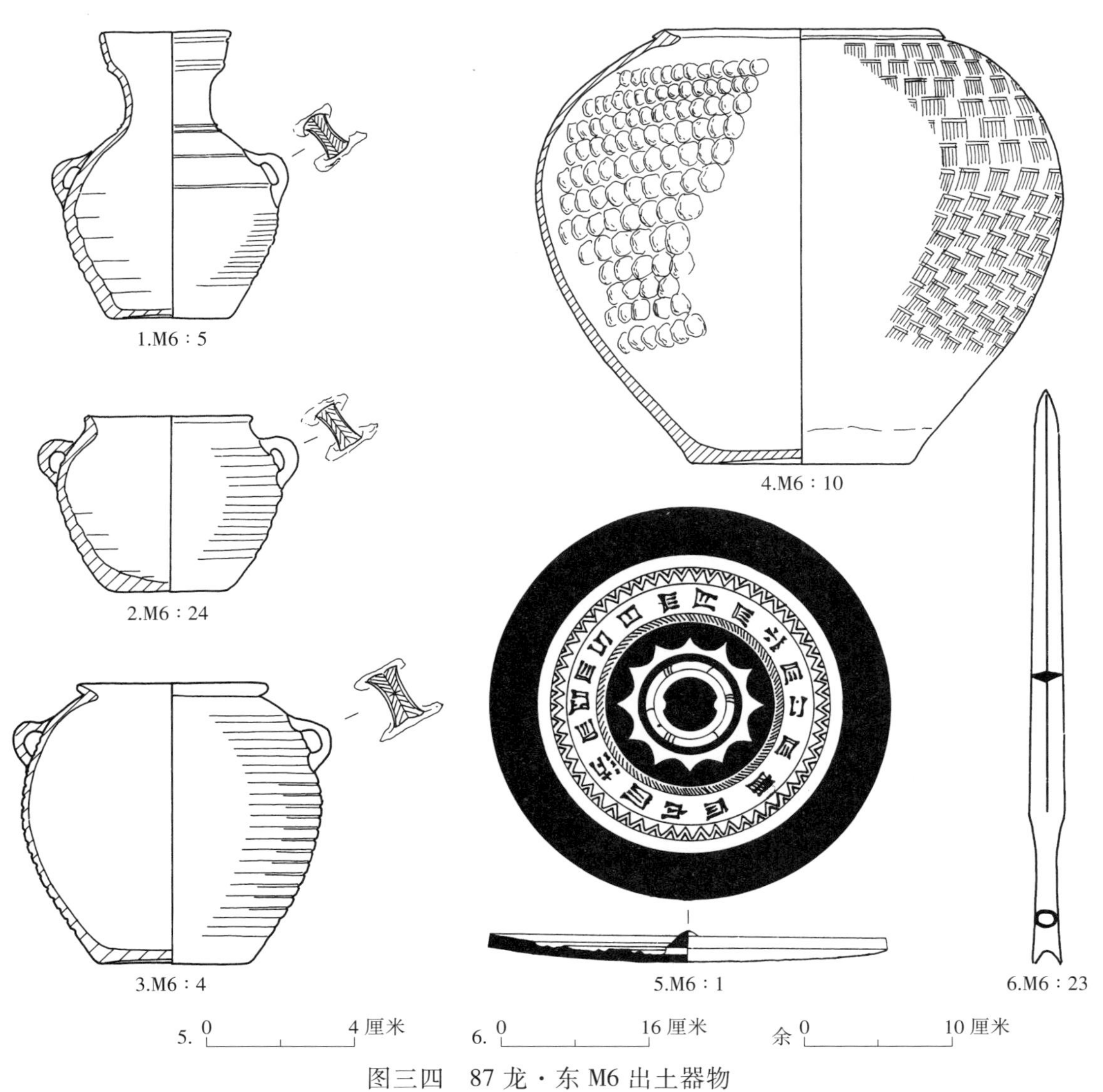

图三四 87 龙·东 M6 出土器物

2. 其他 8 件（组）。

铜洗 1 件。M6∶16，残缺。

铜釜 1 件。M6∶11，残缺。

铜昭明镜 1 件。M6∶1，圆纽，圆纽座，座外饰一周内连弧纹，外区环绕铭文带和双线三角形水波纹。铭文为："内清昭已，日月光以明"，字间以"而"形符号相隔，楷书。素宽缘。高 0.8、直径 10.8 厘米（图三四，5）。

铜"五铢"钱 1 件（组）。M6∶2－1，已锈蚀。

铜"大泉五十"钱 1 件（组）。M6∶2－2，已锈蚀。

铁釜 1 件。M6∶9，残缺。

铁矛 1 件。M6∶23，尖锋，双面刃，斜从中脊。短骹，后端呈偃月形内凹，圆銎。通长 56、宽 2.5、骹长 12.8 厘米（图三四，6）。

铁刀 1 件。M6∶17，残缺。

7. 87 龙·东 M9

（一）概况

墓长 3.90、宽 1.68、深 1.50 米。墓向 169 度。墓内回填红、黄相杂的五花土，结构较为致密。

墓坑下部四周有因木椁外填土形成的“熟土二层台”，判断墓内原有木椁。椁室长约 3.30、宽约 1.20 米。椁内南部设棺厢，北端设头厢。棺厢底留有部分板灰和 2 枚铁棺钉，推测原棺木长约 2.20、宽约 0.80 米（图三五）。

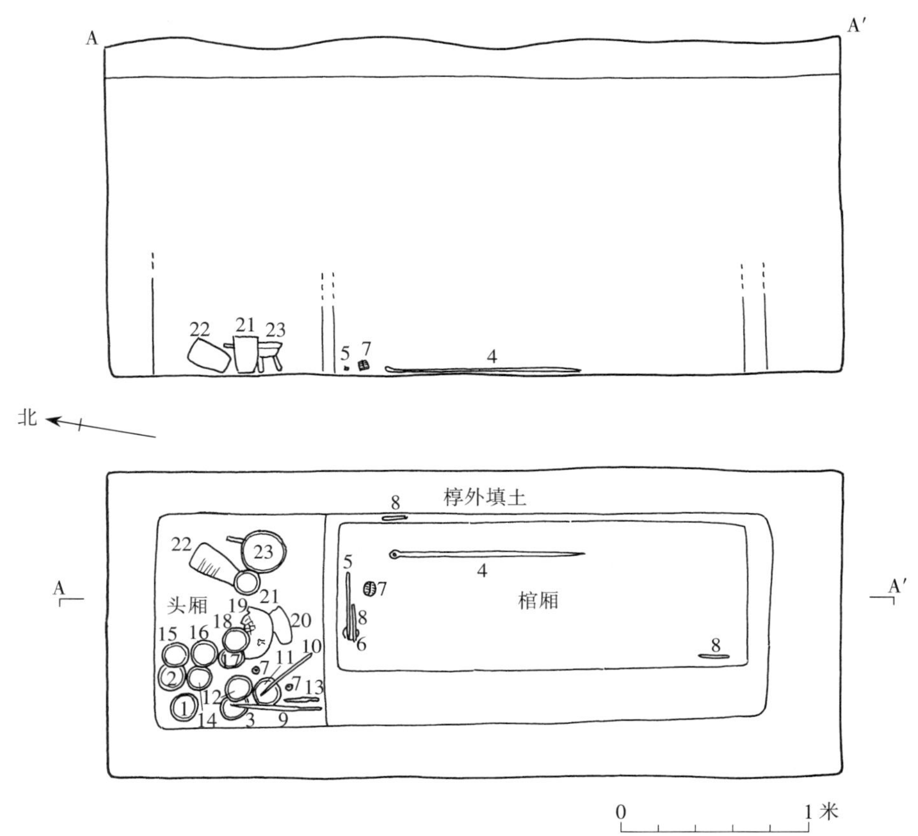

图三五 87 龙·东 M9 平、剖面图

1～3、11、12、14～18、21、22. 硬陶筒形罐 4、5、10. 铁刀 6. 铜日光镜 7. 铜“五铢”钱 8. 铁棺钉 9、13. 铁矛 19. 高温釉陶盘口壶 20. 铜盆 23. 铁鐎斗

（二）随葬器物

随葬器物共 22 件（组），以陶壶、罐为基本组合，并伴有铜盆、日光镜、“五铢”钱和铁矛、刀等。除铜镜、铜钱及铁刀分别摆放于棺厢的头部和腰部外，其余均置于头厢内。

1. 陶器 13 件。

壶 1 件。M9∶19，高温釉陶。残缺。

罐 12 件。直口，筒腹，平底略内凹。硬陶。露胎呈红灰色，胎质较硬。轮制，内壁留有轮旋痕。其中 3 件腹壁上部微弧。M9∶1，高 21、口径 14、腹径 15.6、底径 12 厘米（图三六 A，1）。M9∶11，近底部有戳痕。高 21、口径 14、腹径 14.4、底径 12 厘米（图三六 A，2）。M9∶16，高

21、口径15.2、腹径16、底径12.5厘米（图三六A，3）。另5件腹壁较直。M9∶2，高21、口径14.8、底径12.3厘米（图三六A，4；图版一五，1）。M9∶3，高21.3、口径14.5、底径12.4厘米（图三六A，5）。M9∶12，高21、口径15、底径12厘米（图三六A，6）。M9∶14，高20.8、口径14.8、底径11.5厘米（图三六A，7）。M9∶15，高21.2、口径13.6、底径12厘米（图三六A，8）。M9∶17、18、21、22，均残缺。

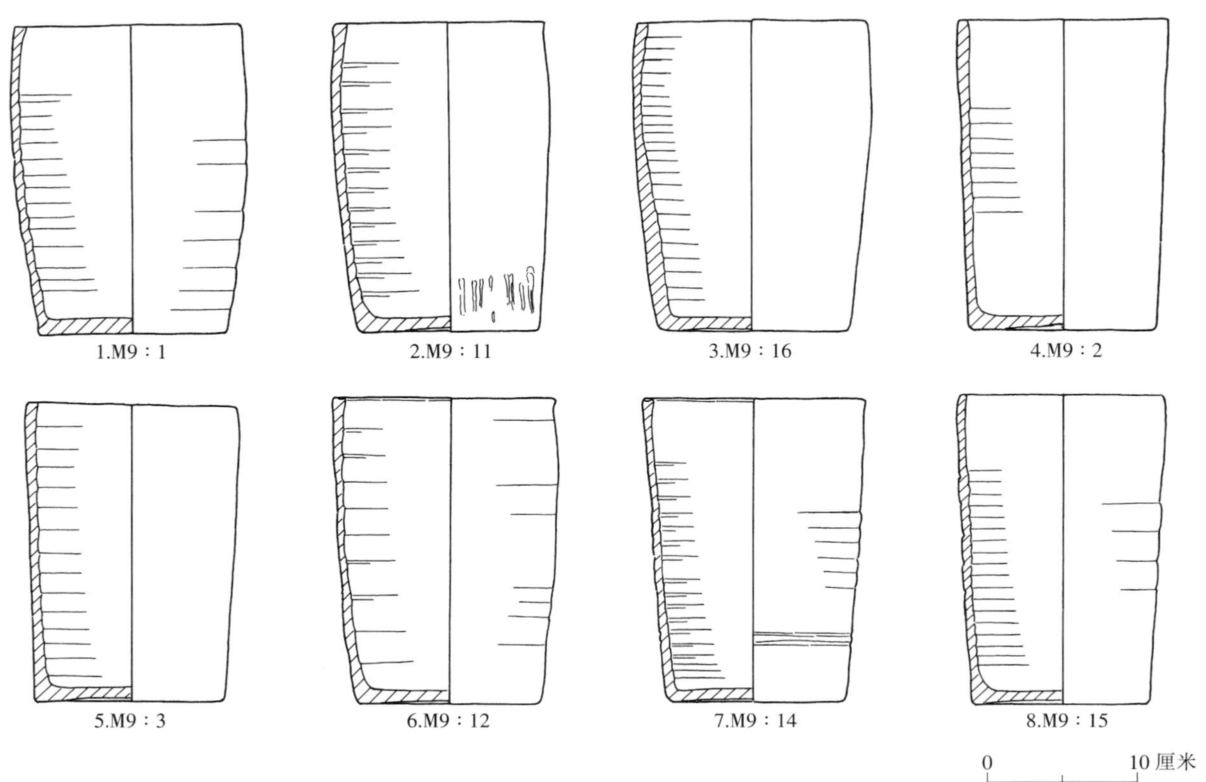

图三六A　87龙·东M9出土器物

2. 其他　9件（组）。

铜盆　1件。M9∶20，侈口，圆唇外撇，腹壁斜收，矮圈足。腹中部饰一周宽弦纹。高7.6、口径19.6、足径11厘米（图三六B，1）。

铜日光镜　1件。M9∶6，圆纽，圆纽座，座外一周内连弧纹和栉齿纹。内区一周铭文带："见日之，天下大明"，字间以菱形"田"字符号相隔，篆体。窄素缘。高0.6、直径7.1厘米（图三六B，2）。

铜"五铢"钱　1件（组）。M6∶7，已锈蚀。

铁鐎斗　1件。M9∶23，敞口，斜腹一侧附长柄，浅圜底外缘附三足，足截面呈凸字形。高17.6、口径24.6厘米（图三六B，3）。

铁矛　2件。圆弧锋，双面刃，斜从中脊。骹略长，后端呈偃月形内凹，圆銎。M9∶9，总长56厘米，宽4、骹长20.8厘米（图三六B，4）。M9∶13，残缺。

铁刀　3件。单面刃。M9∶4，无刀格，环首，柄与刀身等宽。总长75.2、宽3.2厘米（图三六B，5）。M9∶5，有刀格，刀身略弯，刀柄前宽后窄，截面呈扁平形，近刀格处有一个用于固定

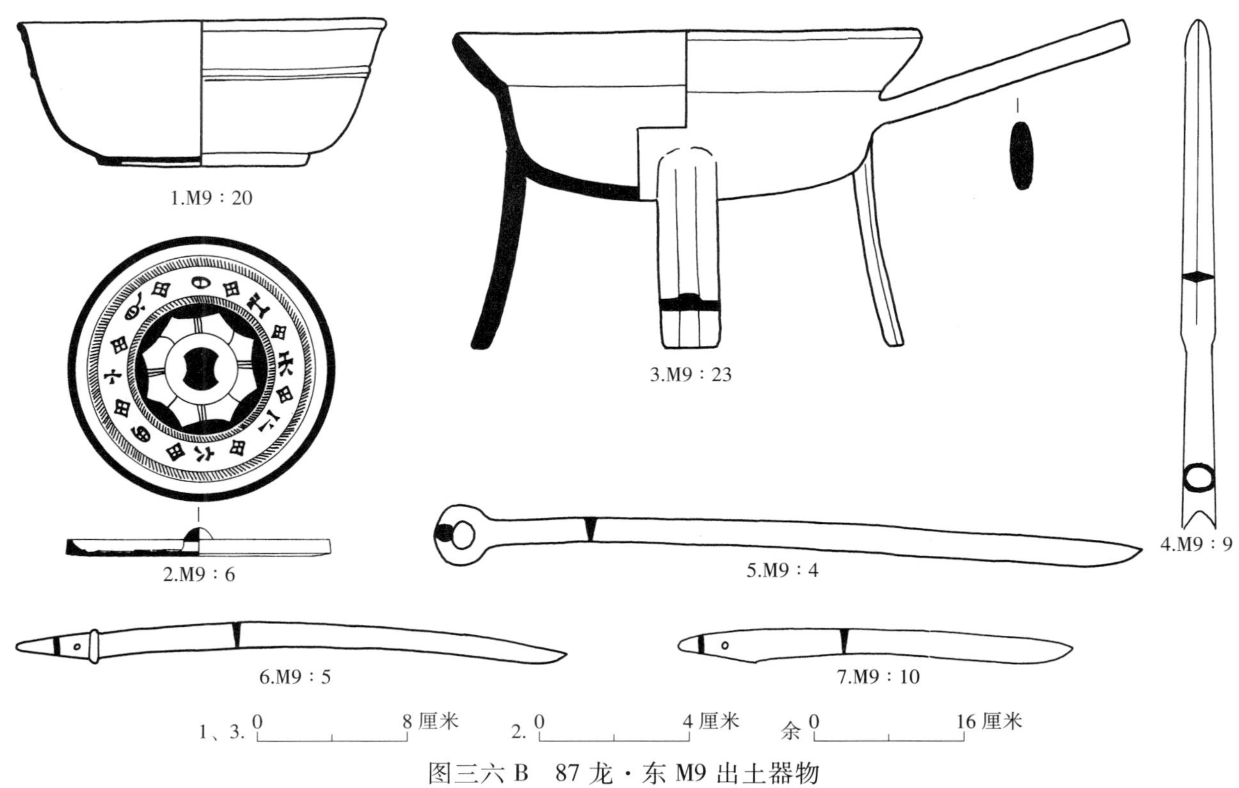

图三六 B　87 龙 · 东 M9 出土器物

木柄小穿孔。总长 58.4 厘米，刀长 49.6、宽 3.2 厘米，刀柄长 8.8、宽 0.8 ~2.4 厘米（图三六 B，6）。M9∶10，无刀格，刀柄前宽后窄，中部有一个固定木柄的小穿孔。总长 41.6 厘米，刀长 33.6、宽 2.4 厘米，柄长 8、宽 0.8 ~4 厘米（图三六 B，7）。

8. 87 龙 · 东 M11

（一）概况

墓长 3.58、宽 2.34、深 1.20 ~2.10 米。墓向 58 度。墓内填土上部为五花土，下部为红色砂岩，结构较松散。

墓坑下部四周有因木椁外填土形成的"熟土二层台"。底面挖有两条放置椁下垫木的横轴向沟槽，长 2.30、宽 0.28、深 0.12 米，前后相距 1.46 米。结合随葬品的摆放位置，判断墓内原有木椁。椁室长约 2.80、宽约 1.70 米。椁内北部设棺厢，南侧设边厢（图三七）。

（二）随葬器物

随葬器物共 17 件（组），以陶鼎、盒、瓿、壶、罐为基本组合，并伴有铜日光镜和"五铢"钱。铜镜、漆奁（痕迹）置于棺内东端（头部），铜"五铢"摆放于西端（足部），其余置于边厢内。

1. 陶器　14 件。

鼎　2 件。覆钵形盖。鼎口内敛，口外附长方形立耳，耳上端外撇并稍高于口沿，腹近耳处微弧，以下斜直内收，平底内凹。腹部划数道宽弦纹，耳面模印放射状条纹。硬陶。盖露胎呈灰色，鼎露胎呈灰红色，胎质较硬。轮制，内壁留有轮旋痕。M11∶5，盖面略平。通高 14.3、鼎高

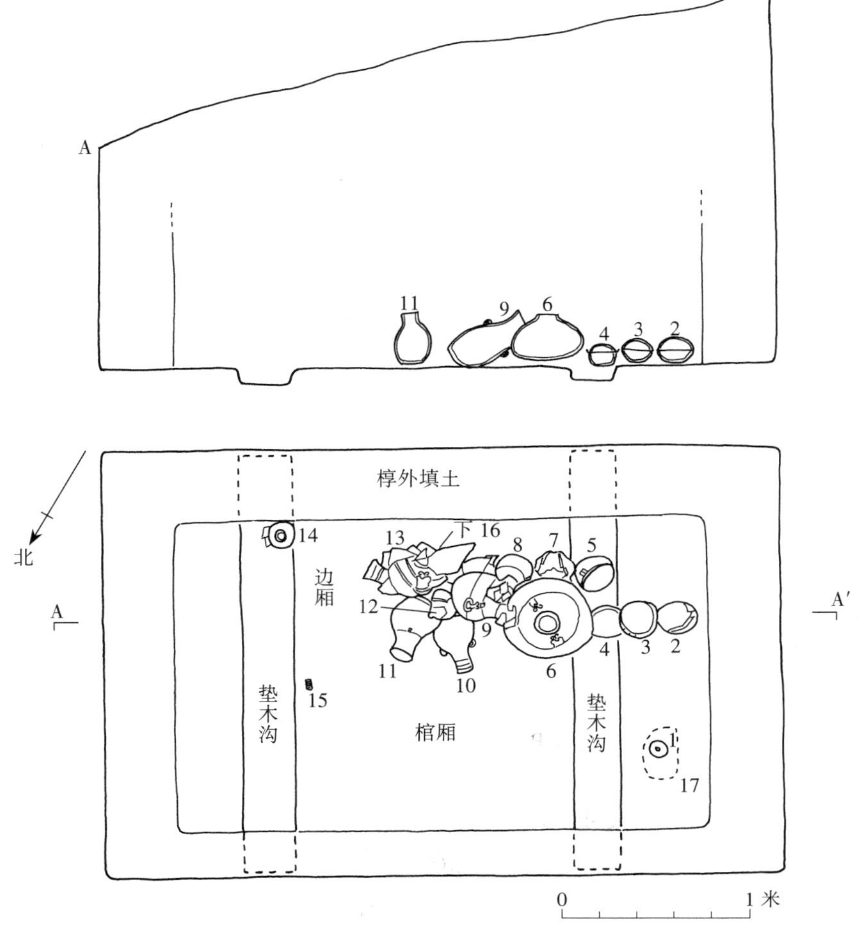

图三七 87龙·东M11平、剖面图

1. 铜日光镜 2、3. 硬陶盒 4、5. 硬陶鼎 6、13. 高温釉陶瓿 7、12、16. 硬陶弦纹罐 8～10. 高温釉陶盘口壶 11. 高温釉陶敞口壶 14. 高温釉陶弦纹罐 15. 铜“五铢”钱 17. 漆奁

10、口径16～17.1、底径10.6厘米（图三八A，1；图版二，1）。M11∶4，盖面较弧。通高15.2、鼎高10、口径18、底径9.6厘米（图三八A，2）。

盒 2件。敛口，宽唇面下凹呈子母口，斜直腹，平底内凹。腹部切削密集的弧凸宽弦纹。硬陶。露胎和内胎均呈砖红色，胎质较硬。轮制，内壁有轮旋痕。M11∶2，覆钵形盖，顶面较弧，盖沿略内折。通高14.4、口径18.4、底径9.4厘米（图三八A，3；图版二，6）。M11∶3，高9、口径17.8、底径10.8厘米（图三八A，4）。

瓿 2件。敛口，宽斜唇，宽斜肩上安衔环铺首，铺首较高而上端外翘并略低于口沿，圆鼓腹，腹最大径位于中部，平底内凹。肩部贴三组细泥条弦纹，铺首面模印人面纹，上方贴菱角形堆纹。高温釉陶，胎质坚硬。M11∶6，肩部刻划两组鸟纹，上组为四首连体鸟，下组为单体鸟，鸟身饰锥点纹，铺首菱角形堆纹上刻划带锥点的三角纹。绿褐色釉，无釉部位露胎呈暗红色。高32、口径8.4、腹径39、底径17.6厘米（图三八A，5）。M11∶13，肩部弦纹间刻划两组水波纹。青黄色釉，釉层大部流失，无釉部位露胎呈暗红色。高29.6、口径10、腹径35.6、底径16厘米（图三八A，6）。

壶 4件。根据口沿形态的不同分为：

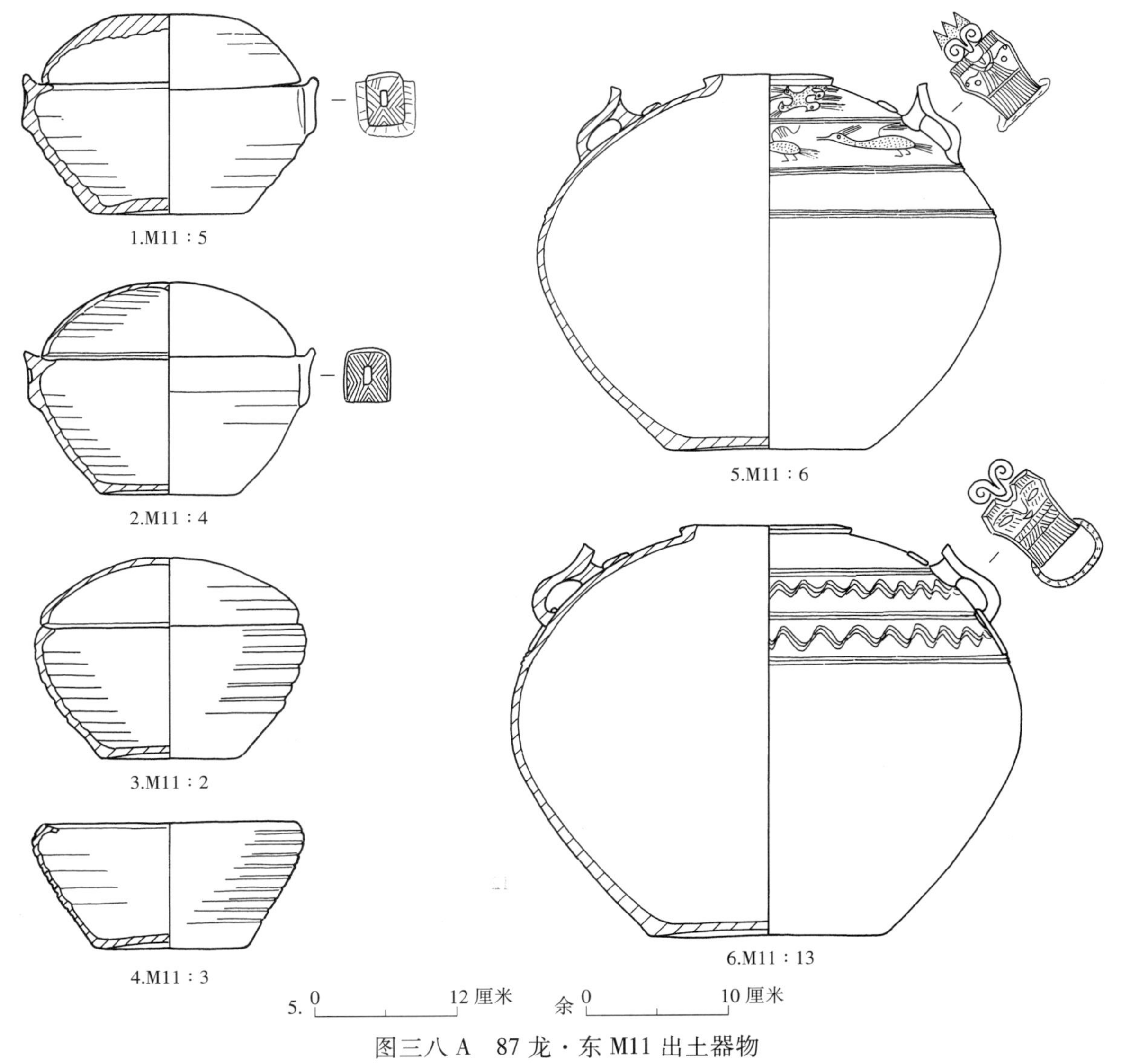

图三八 A　87 龙·东 M11 出土器物

敞口壶　1 件。M11∶11，口微敞，圆唇，粗短颈，斜肩上安双耳，鼓腹，腹最大径位于中部，平底内凹。口沿外壁和颈下端各轮印一周水波纹，肩部划两道细弦纹，腹部切削密集的弧凸粗弦纹，耳面模印叶脉纹。高温釉陶。釉色泛黄，釉层大部脱落。无釉部位露胎呈红灰色，胎质坚硬。轮制，内壁留有轮旋痕。高 33、口径 12. 7、腹径 25. 6、底径 13. 9 厘米（图三八 B，1）。

盘口壶　3 件。口介于盘口和侈口之间，圆唇下有一周浅凹槽，粗短颈下端内弧，斜弧肩上安双耳，圆鼓腹，腹最大径位于中部，矮圈足。口沿外壁和颈下端各轮印一周水波纹，肩部划两道细弦纹。高温釉陶，釉色泛黄。无釉部位露胎呈暗红色，胎质坚硬。轮制，内壁留有轮旋痕。M11∶9，器身高大。衔环耳上方贴模印的双菱角形纹，耳面模印叶脉纹，上端阴刻菱角形纹。高 40、口径 12. 4、腹径 29. 2、足径 14. 4 厘米（图三八 B，2；图版七，2）。M11∶8，器身中等。肩部划两道细弦纹，腹部切削密集的弧凸粗弦纹，耳面模印叶脉纹。高 26. 4、口径 10. 4、腹径 20. 6、足径 10. 4 厘米。（图三八 B，3）。M11∶10，高 28、口径 12. 6、腹径 21. 4、足径 12. 4 厘米（图三八 B，4）。

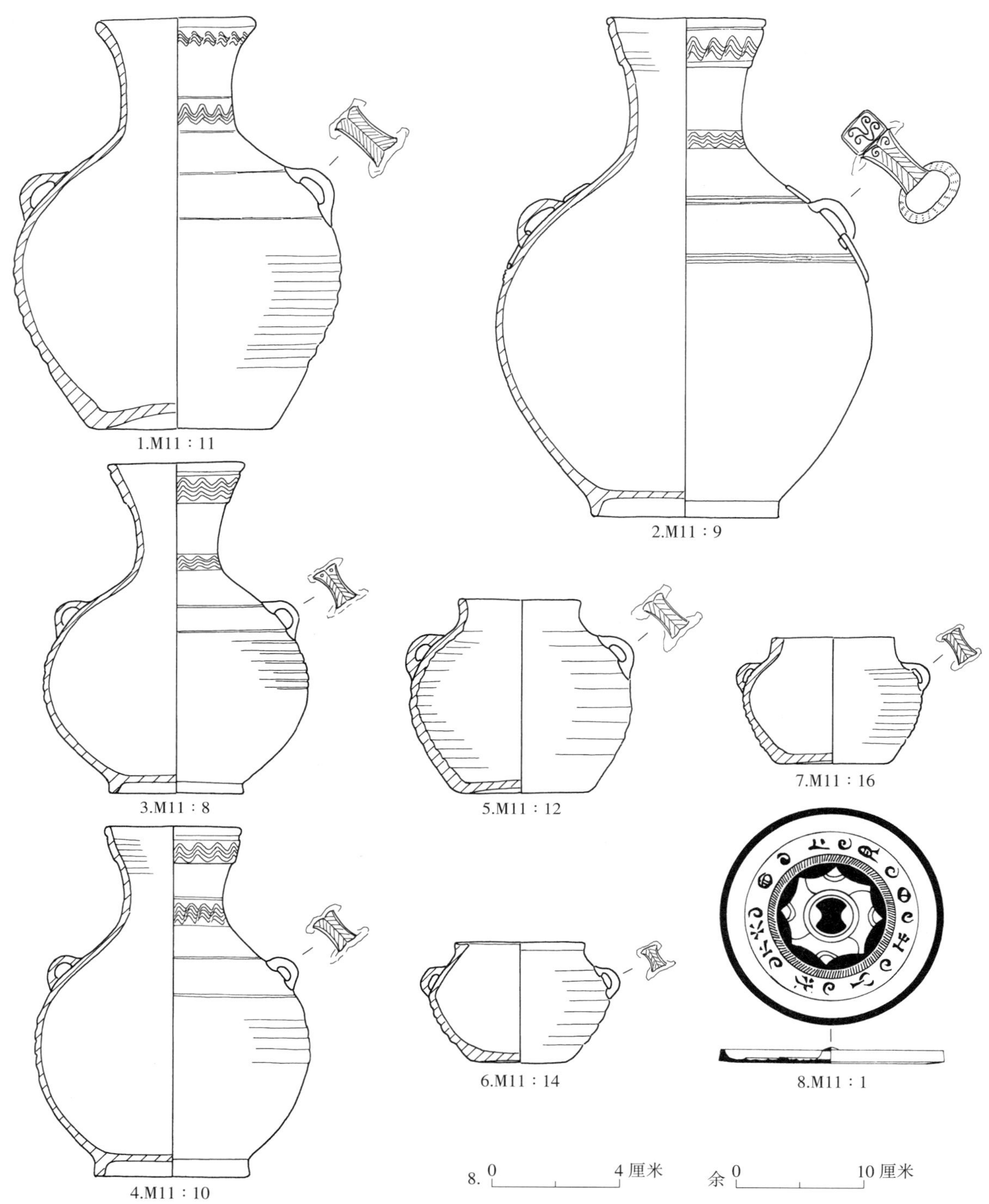

图三八B 87龙·东M11出土器物

罐 4件。大小不一。直口，平唇，斜肩上安双耳，腹最大径位于中部，平底内凹。通体切削密集的弧凸粗弦纹，耳面模印叶脉纹。轮制，内壁留有轮旋痕。M11:12，圆鼓腹。硬陶。露胎呈砖红色，胎质较硬。高15.5、口径9.8、腹径16.6、底径10厘米（图三八B，5）。M11:14，器物有所变形，扁鼓腹。高温釉陶。釉色青绿，釉层光亮。无釉部位露胎呈暗红色，内胎为灰色，胎质坚硬。高9.6、口径10、腹径14、底径7.4厘米（图三八B，6）。M11:16，扁鼓腹。硬陶。

高10、口径9.6、腹径14、底径8.8厘米（图三八B，7）。M11∶7，硬陶。残缺。

2. 其他　3件（组）。

铜日光镜　1件。M11∶1，圆纽，圆纽座，座外一周内连弧纹和栉齿纹。内区一周铭文带，铭文为："见日之光，天下大明"，字间以"つ"形符号相隔，篆体。窄素缘。高0.6、直径6.9厘米（图三八B，8）。

铜"五铢"钱　1件（组）。M11∶15，已锈蚀。

漆奁　1件。M11∶17，仅存痕迹。

9.87 龙·东M12

（一）概况

墓长3.70、宽3.78、深3.66～3.72米。墓向239度。墓上表土厚0.12～0.22米，封土厚1.30～1.40米。墓内回填红、黄、灰相杂的沙性五花土，结构较为致密。

墓坑下部四周有因木椁外填土形成的"熟土二层台"。底面挖有两条用于摆放椁下垫木的横轴向沟槽，长3.70、宽0.34、深0.10米，前后相距1.90米。结合随葬品的摆放位置，判断墓内原有木椁。椁室长约3.30、宽约2.60米。椁内北部设棺厢，南部设边厢。棺厢底留有板灰和4枚铁棺钉，推测原棺木长约2.40、宽约1.10米（图三九）。

（二）随葬器物

随葬器物共21件（组），以陶鼎、盒、瓿、壶、罐、罍为基本组合，并伴有铜带钩、"五铢"钱和铁釜、玻璃珠等。除铜带钩、铜钱及玻璃珠随身入棺，其余均置于边厢内。

1. 陶器　14件。

鼎　2件。覆钵形盖，弧面顶。鼎口内敛，唇面下凹呈子母口，口外附长方形立耳，耳上端略高于口沿，腹壁上部微弧，下部斜收，平底内凹。高温釉陶。盖面和鼎沿外壁施釉。无釉部位露胎呈暗红色，胎质坚硬。M12∶22，青绿色釉，釉层光亮。通高18.6、鼎高12.6、口径16.8、底径9.8厘米（图四〇A，1）。M12∶21，青黄色釉，釉层基本流失。通高17.5、口径19、底径10厘米（图四〇A，2）。

盒　2件。覆钵形盖，弧面顶。盒口内敛，宽唇面下凹呈子母口，腹壁上端稍弧，下部斜直内收，平底内凹。腹部切削宽弦纹。高温釉陶。盖面和盒口部施釉。内胎为灰色，胎质坚硬。内壁留有轮制痕。M12∶11，青黄色釉，口部的釉层面积前后大小不同，无釉部位露胎呈暗红色。通高18.4、盒高12.1～13、口径18.5～19、腹径19.5、底径9.7～9.9厘米（图四〇A，3）。M12∶7，釉色青绿，无釉部位呈红褐色。通高18.4、盒高12、底径9.4厘米（图四〇A，4）。

瓿　2件。弧面顶子口盖，蘑菇形捉纽。瓿敛口，宽平唇，宽圆弧肩上安铺首，铺首较低，上端外翘并低于口沿，圆鼓腹，腹最大径位于中部，平底内凹。肩部刻划两组鸟纹和一组几何纹，上组鸟纹以四组五首连体鸟对称布局，另有四只单首飞鸟分布于铺首两侧；下组鸟纹以两只相对的单首鸟居中，两侧为四首连体，各鸟身饰锥点纹。几何纹以菱形和形似星云的连线图案间隔布局。各组纹饰上下以三组细泥条状的凸弦纹相隔。铺首上端贴方形兽面，兽面上刻划带锥点的三角纹，铺首面模印人面纹。高温釉陶。釉色青绿，釉层光亮。无釉部位露胎呈暗红色，胎质坚硬。轮制，内壁留有轮旋痕。M12∶8，通高34.5、瓿高31、口径8、腹径35.6、底径19厘米（图四〇A，6）。

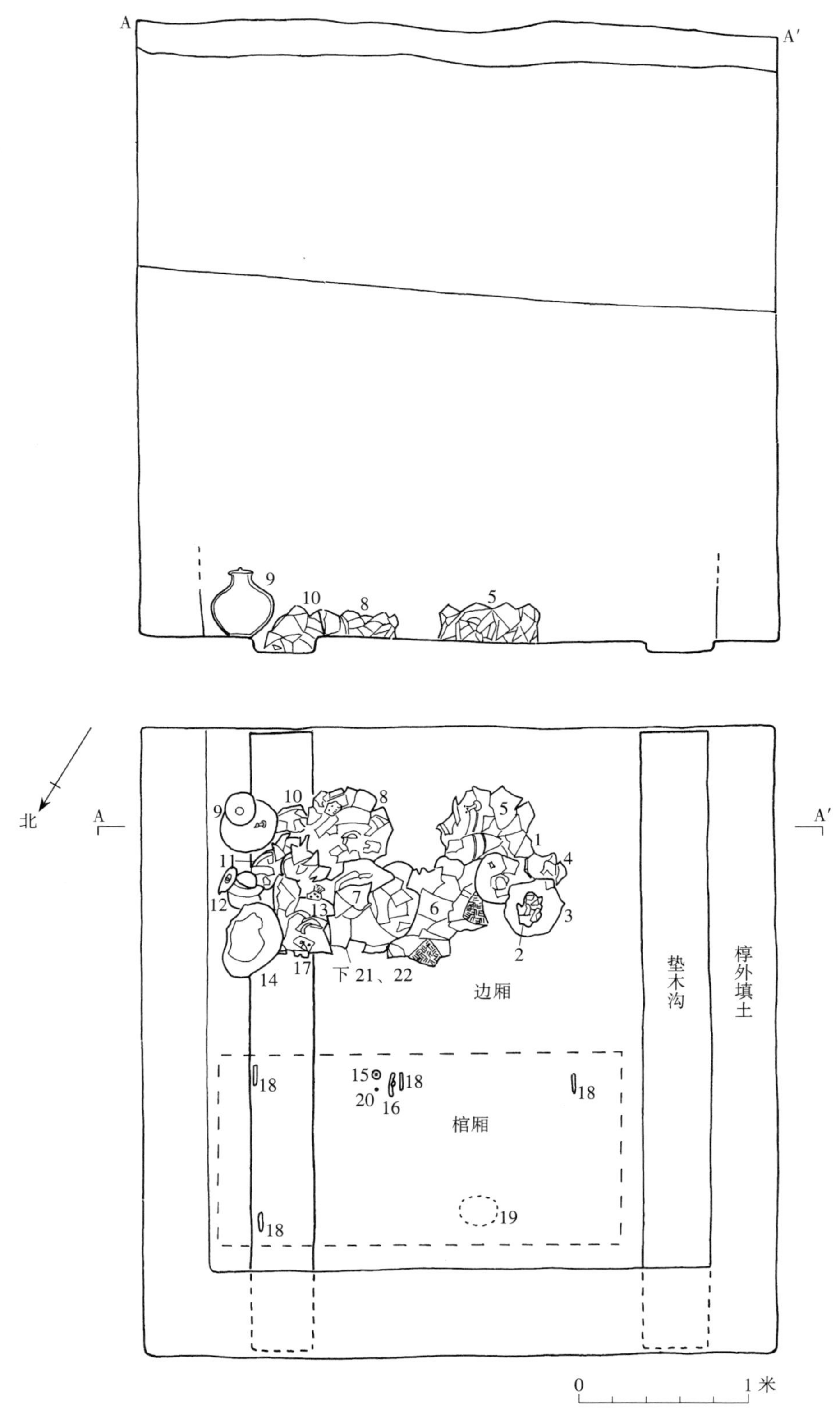

图三九 87 龙·东 M12 平、剖面图

1、4. 硬陶弦纹罐 2、5、9、10、12. 釉陶敞口壶 3、14. 铁釜 6. 印纹硬陶罍 7、11. 高温釉陶盒 8、13. 高温釉陶瓿 15. 铜“五铢”钱 16. 铜带钩 17. 铁器 18. 铁棺钉 19. 铜器 20. 玻璃珠 21、22. 高温釉陶鼎

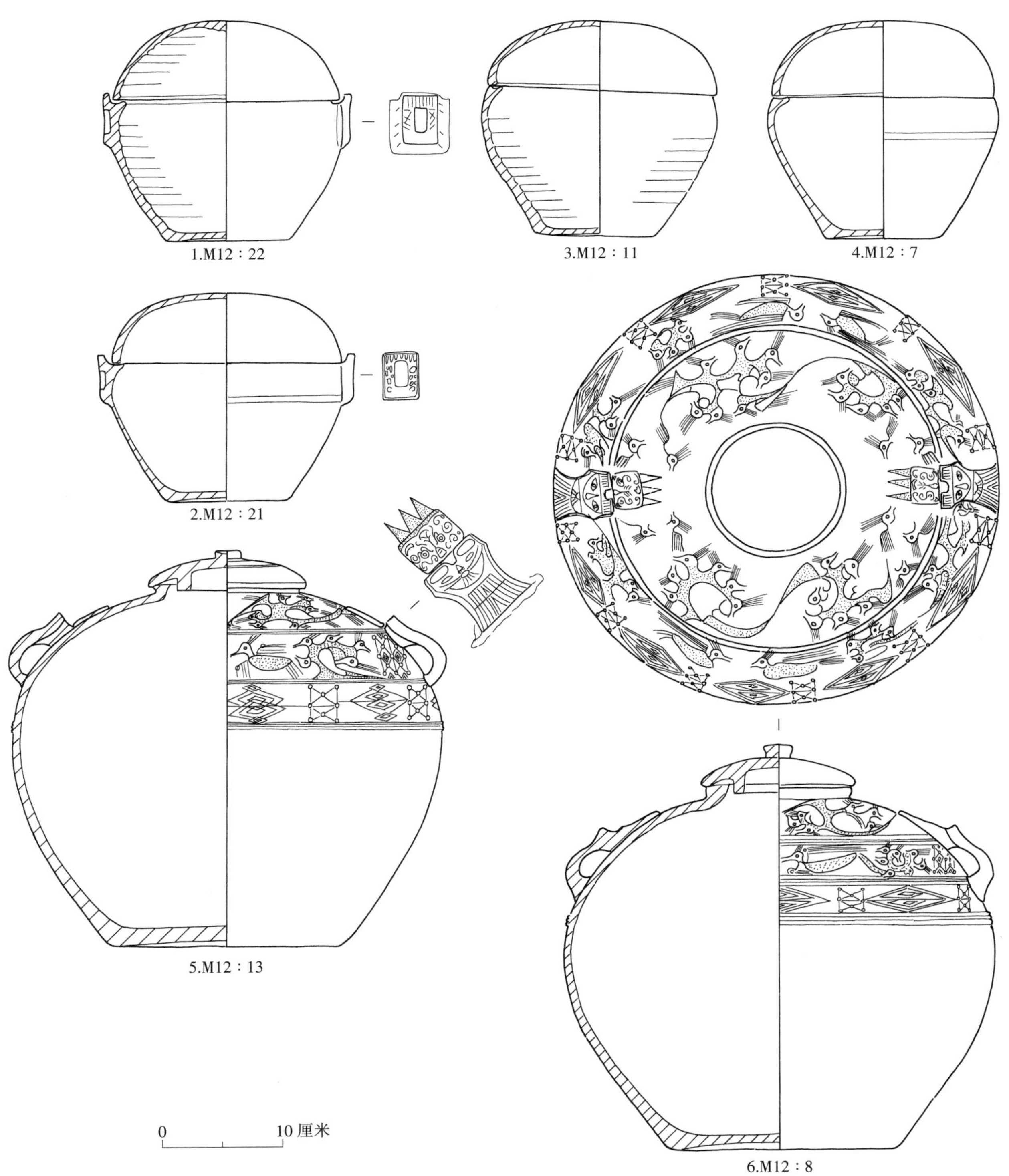

图四〇A 87龙·东M12出土器物

M12:13，通高33.6、瓿高30.8、口径12.2、腹径35.6、底径19.3厘米（图四〇A，5；图版三，6）。

敞口壶 5件。2件器身瘦长。弧面顶子口盖，蘑菇形捉纽。壶口微敞，圆唇，颈略细长，斜肩上安双耳，圆弧腹，腹最大径位于中部，平底内凹。口沿外壁和颈下端各轮印一周水波纹，肩

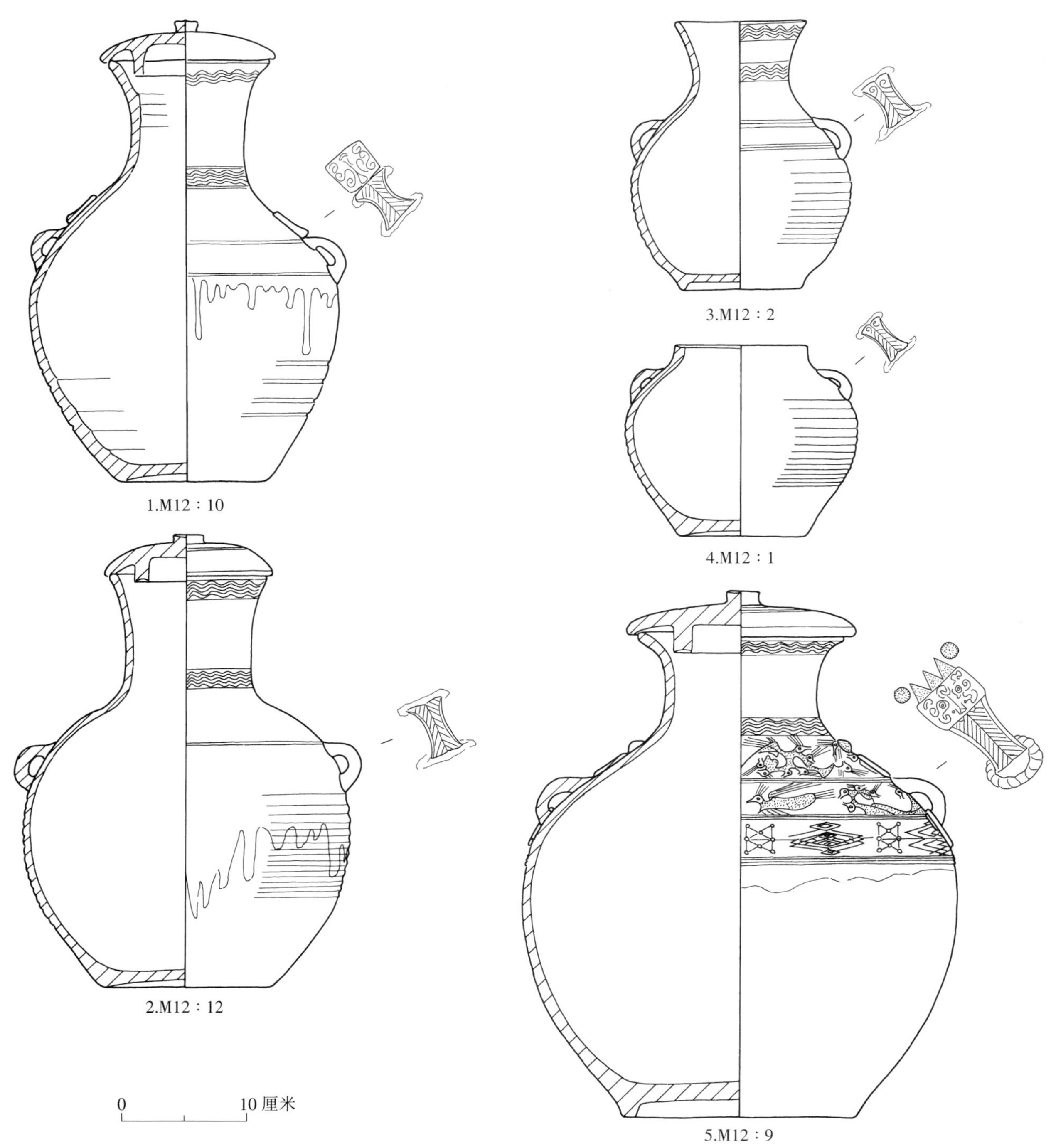

图四○B　87龙·东M12出土器物

部划两组双线细弦纹，腹部切削平凸的宽弦纹。耳面模印叶脉纹。高温釉陶。釉色青绿，部分釉层下挂。无釉部位露胎呈红灰色，胎质坚硬。轮制，内壁有轮旋痕。M12∶10，耳上方贴方形兽面。通高37.6、壶高34.3、口径13、腹径24.6、底径11.6厘米（图四○B，1）。M12∶12，通高37.1、壶高33.9、口径12.5、腹径26.2、底径13.6厘米（图四○B，2；图版六，2）。另1件器身较低。M12∶2，卧足。肩部划两组三线细弦纹，腹部切削密集的弧凸粗弦纹，耳面模印带索头的叶脉纹。高温釉陶。釉色青绿。无釉部位露胎呈暗红色，胎质坚硬。高21.7、口径10.6、腹径

17.6、足径9.8厘米（图四〇B，3）。M12∶9，弧面顶子口盖，柱形捉纽。壶作敞口，圆唇，粗短颈，斜弧肩上安衔环双耳，圆鼓腹，腹最大径位于中部，矮圈足。口沿外壁和颈下端各轮印一周水波纹。肩部刻划两组多首连体鸟纹，鸟身饰锥点纹；一组几何纹，其间以三组双线细弦纹相隔。耳面模印叶脉纹，上方贴方形兽面，兽面上方中间饰带锥点的三角纹，左右各附一枚乳丁。高温釉陶。釉色青绿。无釉部位露胎呈暗红色，胎质坚硬。通高43.2、壶高39.8、口径16.4、腹径34.6、足径18.6厘米（图四〇B，5；图版五，3）。M12∶5，残缺。

罐 2件。M12∶1，直口，平唇微内凹，斜肩上安双耳，圆鼓腹，腹最大径位于中部，平底内凹。通体切削密集的弧凸粗弦纹，耳面模印带索头的叶脉纹。硬陶。露胎呈灰色，胎质较硬。高15.6、口径10.6、腹径18.6、底径10.2厘米（图四〇B，4）。M12∶4，残。

罍 1件。M12∶6，敞口，宽斜肩，鼓腹，腹最大径位于中部，平底内凹。通体拍印编织纹，纹饰多有重叠。印纹硬陶。露胎上部呈灰色，下部为红灰色，胎质较硬，胎壁较薄。泥条盘筑，内壁留有陶拍的抵窝痕。高49.2、口径23.6、腹径52.5、底径24厘米（图四〇C，1、2）。

2. 其他 7件（组）。

残铜器 1件。M12∶19，器形不明。

铜带钩 1件。M12∶16，一端残缺。琵琶形。残长8.4厘米（图四〇C，4）。

铜“五铢”钱 1件。M12∶15，已锈蚀。

铁釜 2件。M12∶14，敛口，斜肩，扁鼓腹，腹最大径位于中部，小圜底。高27、口径25、腹径42.6厘米（图四〇C，3）。M12∶3，残缺。

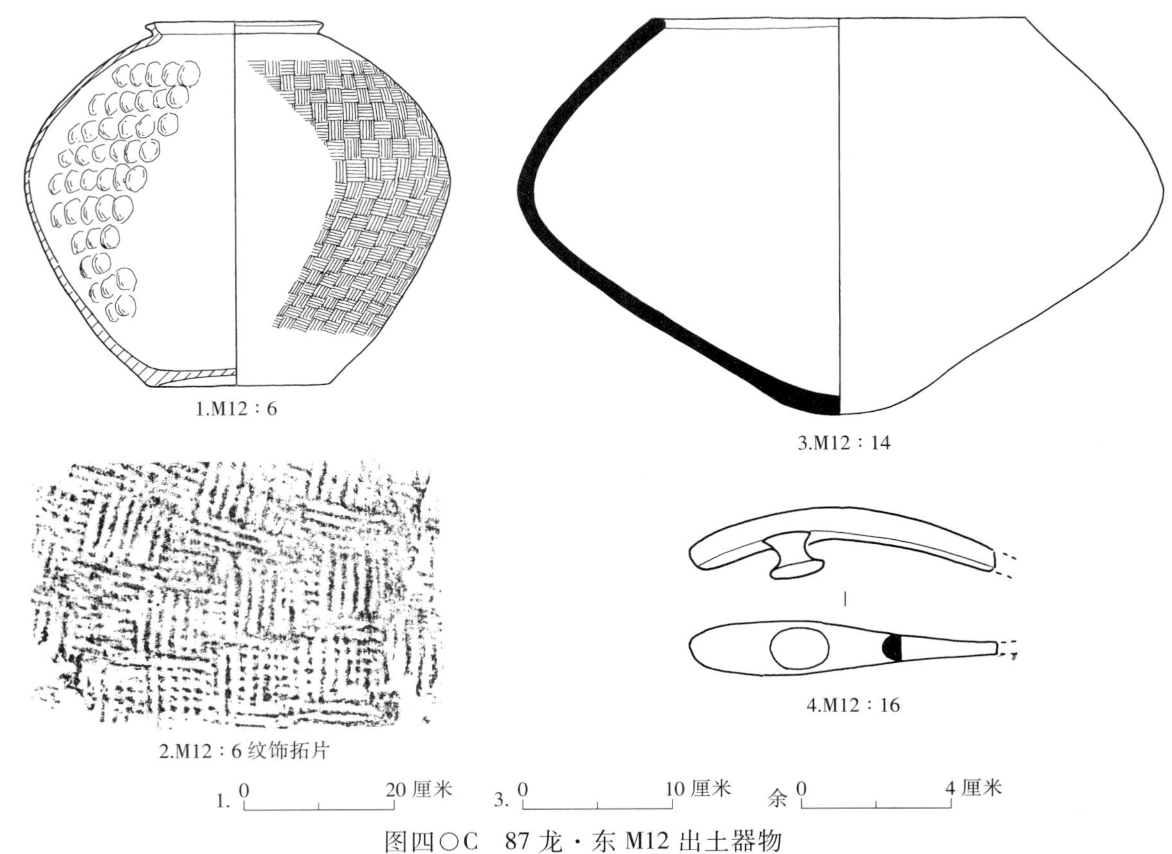

图四〇C 87龙·东M12出土器物

残铁器 1件。M12∶17，器形不明。

玻璃珠 1件（组）。M12∶20，圆形，中间穿孔。蓝色。

10. 88龙·东M26

（一）概况

墓长3.40、宽1.96、深2.10米。墓向160度。墓内回填红、黄相杂的五花土，内含沙砾，结构较为致密。

根据墓底铁棺钉的分布和随葬品的摆放位置，判断墓内原有木椁。椁内北部设棺厢，西侧设边厢，南端设脚厢。棺厢底留有排列有序的5枚铁棺钉，推测原棺木长约2.00、宽约0.70米（图四一）。

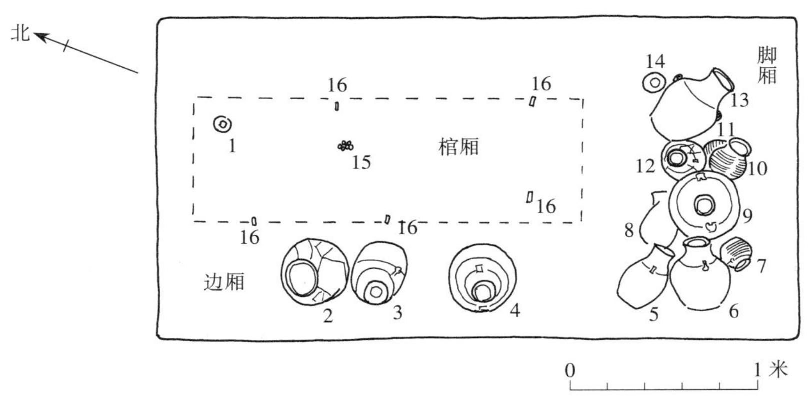

图四一 88龙·东M26平面图

1. 铜日光镜 2. 高温釉陶印纹罍 4、9. 高温釉陶瓿 3、5、6、8、13. 高温釉陶敞口壶 7、10、12、14. 硬陶弦纹罐 11. 高温釉陶罐 15. 铜“五铢”钱 16. 铁棺钉

（二）随葬器物

随葬器物共15件（组）。器物以陶瓿、壶、罐、罍为基本组合，并伴有铜日光镜和“五铢”钱。除铜镜和铜钱摆放于棺内头部和腰部，其余分别置于边厢和脚厢内。

1. 陶器 13件。

瓿 2件。敛口，宽斜唇，圆弧肩上安铺首，铺首上端贴近器壁并低于口沿，圆鼓腹，腹最大径位于中部，平底内凹。肩部贴三组细泥条状凸弦纹，铺首面模印人面纹，上方贴方形兽面。高温釉陶。釉色青绿，部分釉层脱落。无釉部位露胎呈紫红色，胎质坚硬。泥条盘筑。M26∶9，内壁留有陶拍的抵窝痕。高31.6、口径8.4、腹径34.9、底径15.9厘米（图四二A，1）。M26∶4，内壁经过涂抹，泥条盘筑痕不明显。高32、口径8.6、腹径36、底径18厘米（图四二A，2）。

壶 5件。器身大小不等。敞口，圆弧肩上安双耳，圆鼓腹，腹最大径位于中部。口沿外壁和颈下端普遍轮印一周水波纹，耳面模印叶脉纹。高温釉陶。釉色泛黄，釉层较为光亮。无釉部位露胎呈暗红色，胎质坚硬。M26∶13，器身高大。平唇，颈略细长，平底内凹。肩部贴三组细泥条状凸弦纹，衔环耳上方贴方形兽面。颈以上为轮制，内壁有轮旋痕；以下采用泥条盘筑，并经过涂抹而使陶拍的抵痕不明显。高46.1、口径16～16.2、腹径36.6、底径约19.1厘米（图四二A，3）。M26∶3，器身中等。圆唇，颈略细长，矮圈足。衔环耳上方贴方形兽面，耳面叶脉纹上端

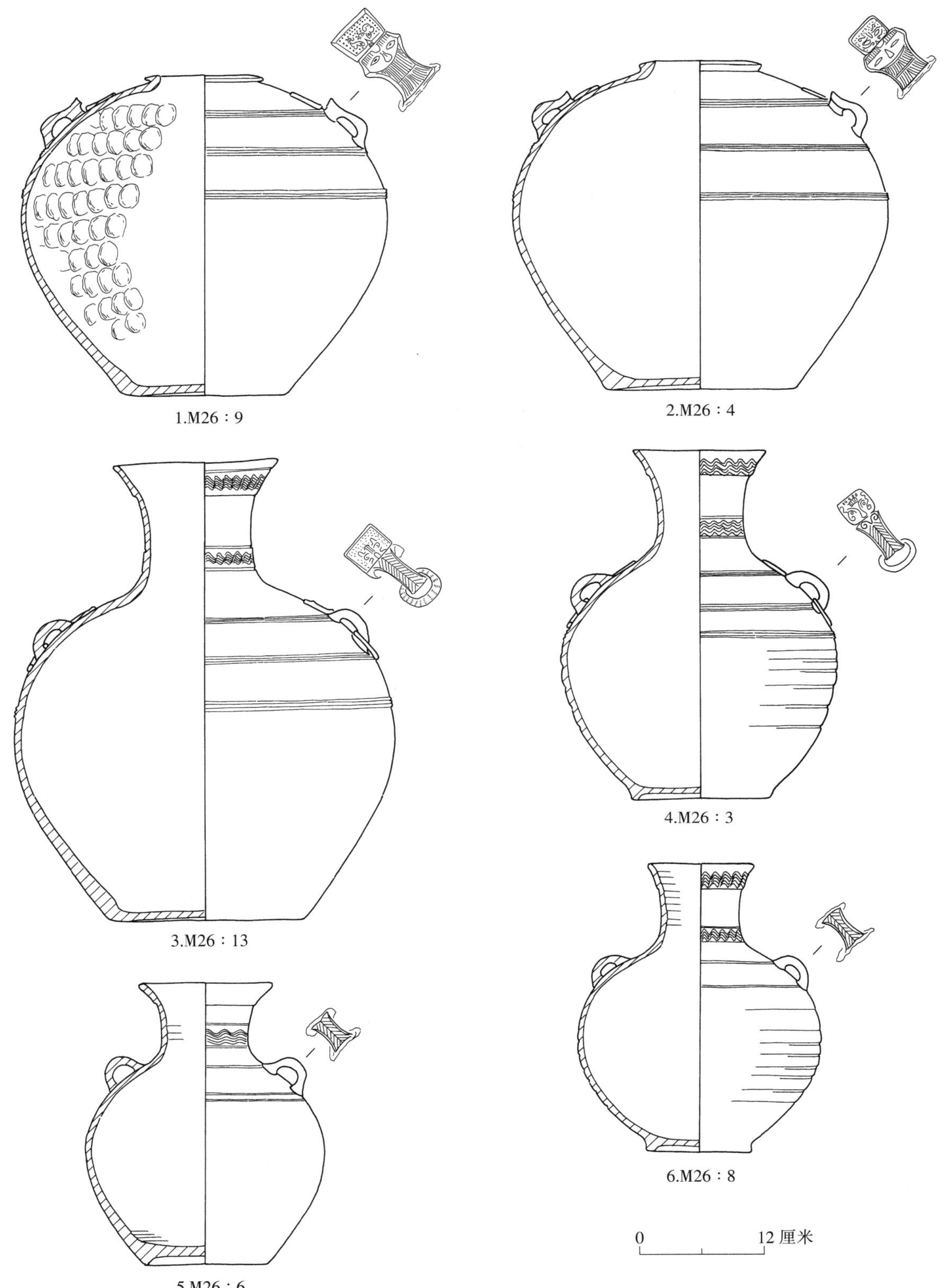

图四二 A　88 龙·东 M26 出土器物

阴刻菱角形纹，腹部切削密集的平凸宽弦纹。高 34.4、口径 12.8、腹径 26.4、足径 13 厘米（图四二 A，4）。M26∶6，器身中等。圆唇，粗短颈，深卧足。肩部划两组细弦纹。轮制，内壁有轮旋痕。高 27.6、口径 12.8、腹径 22.6、足径 11.6 厘米（图四二 A，5）。M26∶8，器身较小。圆唇，粗短颈，球腹，矮圈足。肩部划两道细弦纹，腹部切削密集的平凸宽弦纹。高 28.4、口径 10、腹径 23、足径 10 厘米（图四二 A，6）。M26∶5，残缺。

罐　5 件。大小不一。直口，平唇，斜肩上安双耳，鼓腹，腹最大径位于中部，平底。通体切削密集的弧凸粗弦纹，耳面模印叶脉纹。硬陶。露胎呈红灰色，胎质坚硬。轮制，内壁留有轮旋痕。其中 2 件口与肩的分界明显。M26∶14，高 14.2、口径 10.4、腹径 17.5、底径 9.5 厘米（图四二 B，1）。M26∶10，器身较小。高 10.5、口径 8.4、腹径 13.2、底径 8.8 厘米（图四二 B，2）。另 2 件口与肩的分界线不明显。M26∶12，内壁有轮制痕。高 16、口径 8.8、腹径 17.4、底径 9 厘米（图四二 B，3）。M26∶11，高温釉陶。釉色泛黄，釉层大部脱落。无釉部位露胎呈暗红色，胎质坚硬。高 14.6、口径 7、腹径 13.8、底径 9.2 厘米（图四二 B，4）。M26∶7，硬陶。残缺。

罍　1 件。M26∶2，敞口，外斜唇，圆弧肩，圆鼓腹，腹最大径位于近上部，平底内凹。通体拍印编织纹，纹饰模糊重叠。高温釉陶。釉色青黄，无釉部位露胎呈红灰色，胎质坚硬，胎壁较薄。高 30、口径 16.4、腹径 34、底径 16 厘米（图四二 B，5）。

2. 其他　2 件（组）。

铜日光镜　1 件。M26∶1，圆纽，圆纽座。座外一周铭文带："见日之光，天下大明"，各字间以"つ"形符号相隔。窄素缘。直径 7.8 厘米（图四二 B，6）。

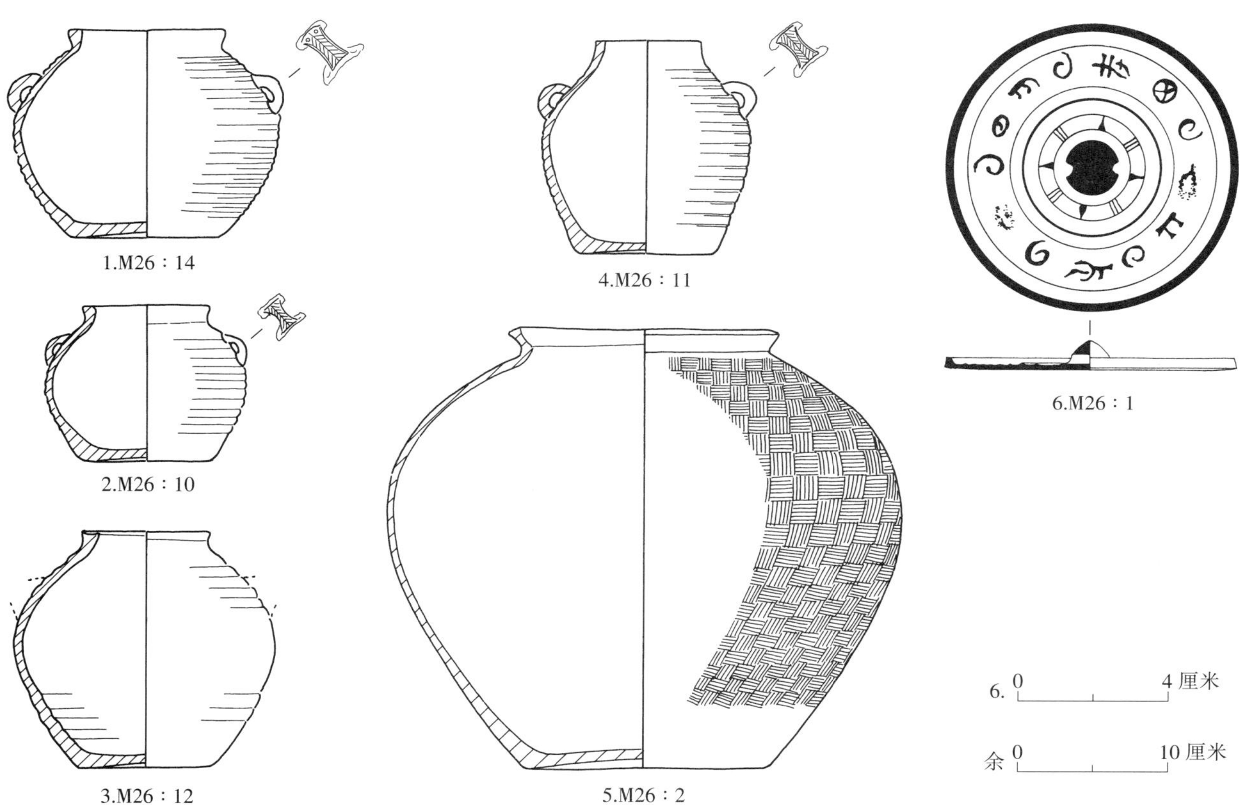

图四二 B　88 龙·东 M26 出土器物

铜“五铢”钱　1件（组）。M26∶15，已锈蚀。

11. 88龙·东M27

（一）概况

墓长3.60、宽2.50、深2.20米。墓向250度。墓坑深入紫红色砂岩层中，墓内回填红、灰相杂的五花土，内含零星炭屑。

墓坑下部四周有因木椁外填土形成的“熟土二层台”。底面挖有两条用于放置椁下垫木的横轴向沟槽，长2.46、宽0.26和0.20、深0.14米，前后相距1.70米。结合随葬品的摆放位置，判断墓内原有木椁。椁室长约3.00、宽约1.90米。椁内中间设棺厢，两侧各设一个边厢。棺厢底残留有红色漆皮和板灰，推测原棺木长约2.40、宽约1.00米（图四三）。

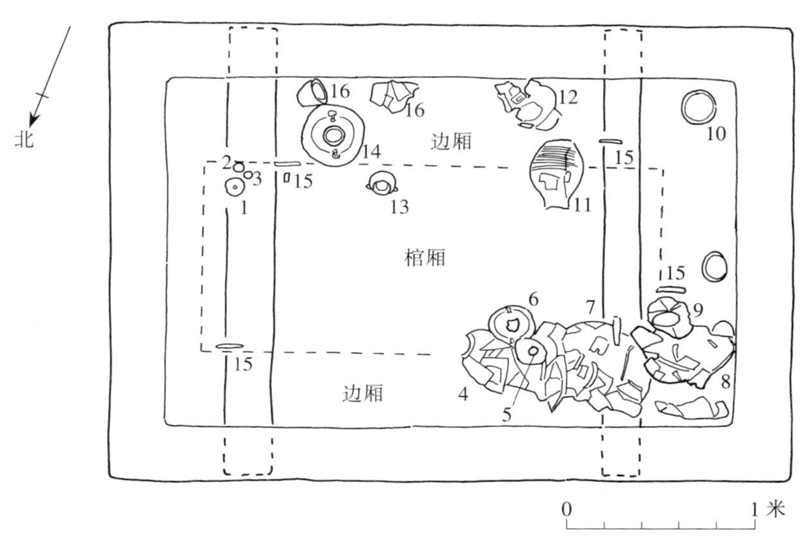

图四三　88龙·东M27平面图

1. 铜昭明镜　2. 硬陶纺轮　3. 铜“五铢”钱　4、6. 高温釉陶敞口壶　5、11、14. 高温釉陶盘口壶　7. 硬陶器盖　8. 高温釉陶瓿　9、12. 高温釉陶鼎　10、16. 硬陶盒　13. 硬陶弦纹罐　15. 铁棺钉

（二）随葬器物

随葬器物共15件（组），以陶鼎、盒、瓿、壶、罐为基本组合，并伴有铜昭明镜和“五铢”钱。除铜镜、“五铢”钱和陶纺轮摆放于棺内头部，其余均置于两侧边厢内。

1. 陶器　13件。

鼎　2件。覆钵形盖，弧面顶。鼎口内敛，宽唇内侧下凹，口外附长方形立耳，耳面中段内弧，上端外撇并高于口沿，弧腹，平底。高温釉陶。盖面、鼎口至腹最大径处施釉，釉层已脱落，露胎呈灰色。无釉部位露胎呈红褐色，内胎为灰色，胎质坚硬。轮制，内壁有轮旋痕。M27∶12，通高17.2、鼎高15.6、口径13.7～14.1、腹径20.9、底径11.5厘米（图四四A，1；图版二，3）。M27∶9，高17.7、口径16、腹径21、底径13厘米（图四四A，2）。

盒　2件。覆钵形盖，弧面顶。盒口内敛，宽唇面下凹形成子母口，斜腹，平底内凹。硬陶。盖面露胎呈灰色，盒露胎呈紫红色，胎质较硬。M27∶16，通高14.9、盒高10、口径19.1～19.5、腹径17.6、底径12.5厘米（图四四A，3）。M27∶10，通高17.7、盒高11.8、口径17.9～18.5、底径 11.7 厘米（图四四 A，4）。

瓿 1件。M27∶8，子口弧面顶盖，算珠形捉纽，纽外刻划四叶花瓣。直口，平唇，宽弧肩上安衔环铺首，铺首较低，上端外撇并远低于口沿，球腹，腹最大径位于中部，平底内凹。肩部贴三组细泥条状弦纹，腹部刻划水波纹和密集的细弦纹。铺首面模印人面纹，上方贴方形兽面，兽面两角各堆塑一个乳丁。高温釉陶。釉色泛绿。胎质坚硬，内壁有涂抹痕迹。通高 35.4、瓿高 32.4、口径 12、底径 20 厘米（图四四 A，5；图版三，5）。

壶 5件。根据口沿形态分为：

侈口壶 2件。侈口微敞，圆唇，粗短颈下端内弧，斜肩上安双耳，圆弧腹，腹最大径位于中部，浅卧足。口沿外壁和颈下端各轮印一周水波纹，耳面模印叶脉纹。高温釉陶。釉层已脱落，

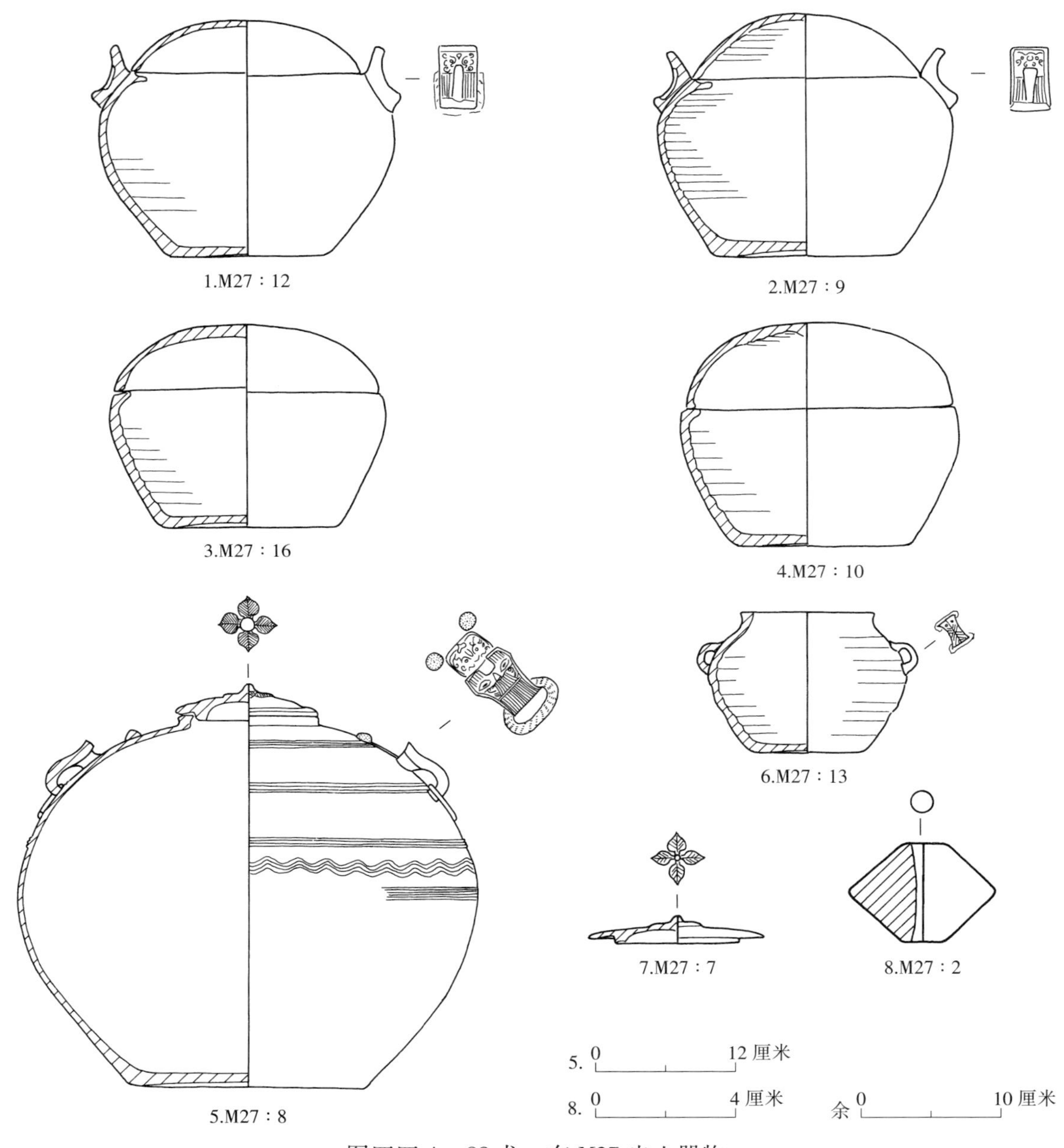

图四四 A 88 龙·东 M27 出土器物

露胎呈黄色，无釉部位露胎呈暗红色，内胎为灰色，胎质坚硬。M27∶6，肩部划两道细弦纹，腹部切削密集的弧凸粗弦纹。高 35.6、口径 13.6、腹径 27.4、足径 13.3 厘米（图四四 B，1）。M27∶4，肩部贴三组锯齿状细泥条弦纹，衔环耳上方贴方形兽面。高 37.2、口径 14、腹径 31.8、足径 16.2 厘米（图四四 B，2）。

盘口壶　3 件。盘口，粗短颈，斜弧肩上安双耳，圆鼓腹，腹最大径位于中部，圈足。口沿外壁和颈下端各轮印一周水波纹，耳面模印叶脉纹。胎质坚硬。轮制。M27∶14，器口不甚规整。深盘口，高圈足。圆唇下有一周凹槽，肩部划三组细弦纹。衔环耳上方贴方形兽面，兽面左右各附一枚乳丁。高温釉陶。釉色泛黄。无釉部位露胎呈暗红色。高 36.4 ~ 36.8、口径 12.3、腹径 26.3、足径 12.2 厘米（图四四 B，3）。M27∶11，盘口浅而不甚明显，矮圈足。肩部划两道细弦

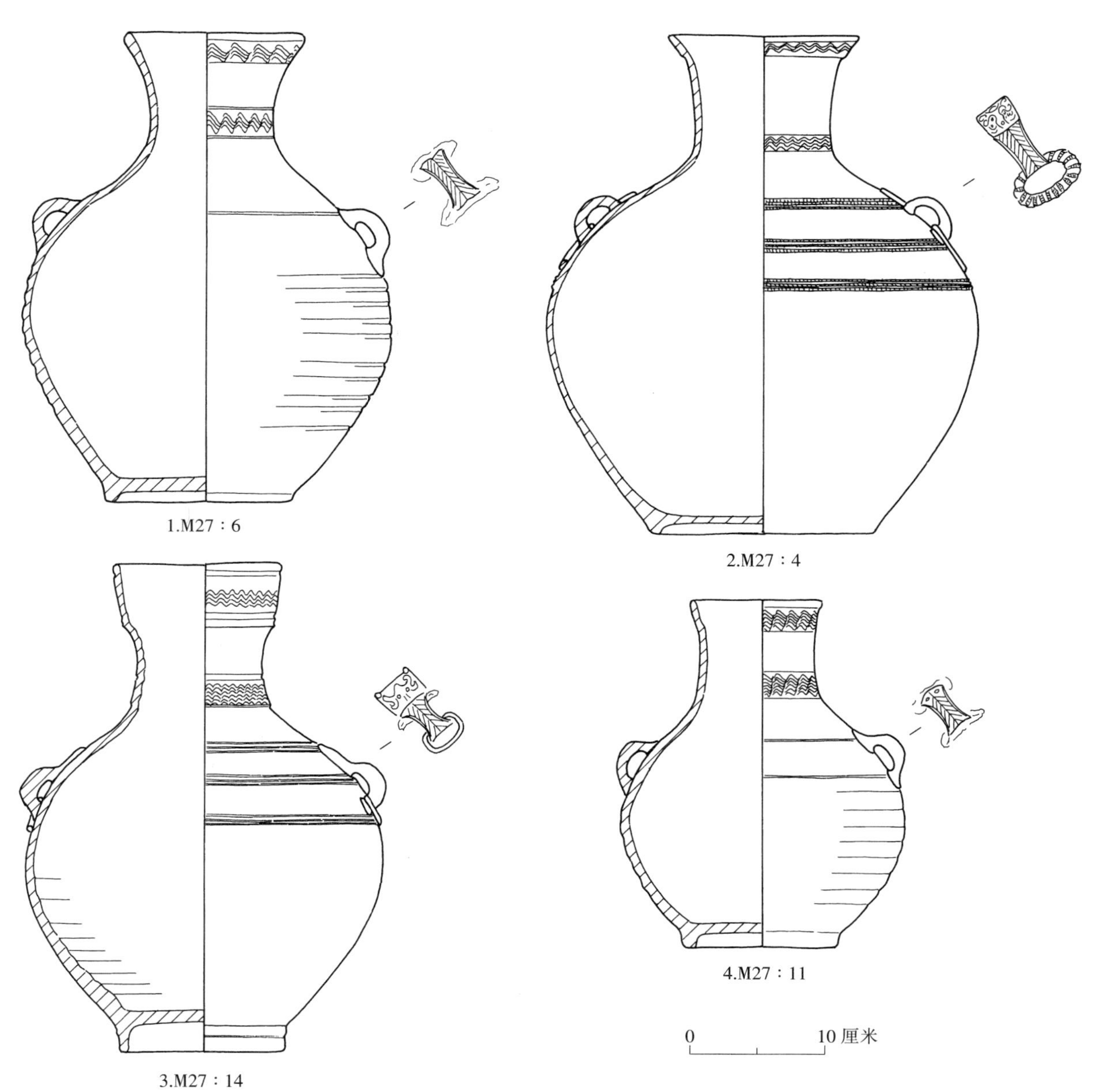

图四四 B　88 龙·东 M27 出土器物

纹，腹部切削弧凸的宽弦纹。绿褐色釉，部分釉层下挂。无釉部位露胎呈暗红色。高26.2、口径9.9～11.5、腹径21、足径11.5厘米（图四四B，4）。M27∶5，残缺。

罐 1件。M27∶13，直口，平唇，斜肩上安双耳，鼓腹，腹最大径位于中部，平底。通体饰密集的弧凸粗弦纹，耳面模印叶脉纹。硬陶。露胎呈砖红色，胎质较硬。内壁有轮制痕。高10.2、口径9.6、腹径14、底径8厘米（图四四A，6）。

器盖 1件。M27∶7，子口，弧面顶盖，盖顶中心贴四叶花瓣纹。硬陶。露胎呈灰色，胎质坚硬。高2、口径8.6厘米（图四四A，7；图版二二，6）。

纺轮 1件。M27∶2，立面呈菱形，上下端平整，中间贯孔。硬陶。胎质较硬。高2.9、直径4.1、孔径0.6厘米（图四四A，8）。

2. 其他 2件（组）。

铜昭明镜 1件。M27∶1，残缺。

铜“五铢”钱 1件（组）。M27∶3，已锈蚀。

12. 88龙·东M29

（一）概况

墓坑平面呈方形，边长3.70、深2.40米。墓向240度。墓底北侧有一条砾石块。墓内回填黄、白相杂的粉砂岩五花土，结构较为松散。

墓坑下部四周有因木椁外填土形成的“熟土二层台”。底面挖有两条用于摆放椁下垫木的横轴向沟槽，长3.60、宽0.14、深0.10米，前后相距2.70米。结合随葬品的摆放位置，判断墓内原有木椁。椁室长约3.20、宽约3.10米。椁内中部设棺厢，两侧各设一个边厢（图四五）。

（二）随葬器物

随葬器物共20件（组），以陶壶、罐、罍为基本组合，并伴有铜日光镜、“五铢”钱和铁釜等。除铜镜、铜钱摆放于棺内头部，其余均置于两侧边厢内。

1. 陶器 16件。

壶 11件。器身大小不等。敞口，平唇，短颈粗细不一，圆弧肩上安双耳，圆鼓腹，腹最大径位于中部，浅卧足。颈下端轮印一周水波纹，耳面模印叶脉纹。高温釉陶。胎质坚硬。轮制。M29∶11，器身高大。口沿外壁轮印一周水波纹，肩部贴三组细泥条状凸弦纹。耳上方贴横向“S”形堆纹，下端衔环。釉色泛黄，釉层大部脱落。颈以上为轮制，内壁有轮旋痕；以下采用泥条盘筑，内壁留有陶拍的抵窝痕。高41.8、口径16.7～17.2、腹径35.5、足径17.5～18.1厘米（图四六A，1）。M29∶1，器身中等，颈略细长。口沿外壁轮印一周水波纹，肩部贴三组细泥条状凸弦纹，腹部切削数道宽弦纹，耳上方贴菱角形堆纹。釉色泛黄，釉层略光亮。无釉部位露胎呈红灰色。高33.4、口径14、腹径26.4、足径15厘米（图四六A，2）。M29∶2，器身中等。肩部贴两组三线细泥条状的弦纹，腹部切削密集的弧凸宽弦纹。耳上端贴横向“S”形堆纹，下端衔环。釉色泛黄，釉层大部已脱落。颈以上轮制，内壁有轮旋痕；以下采用泥条盘筑，内壁有陶拍的抵窝痕。器物肩部和底部均有气泡。高29.4、口径14.3、腹径24.1、足径12.2厘米（图四六A，3）。M29∶4，肩部划两组双线细弦纹。釉色青绿，釉层光亮，无釉部位露胎呈暗红色。肩部粘附有零星的落沙。轮制。高33.5、口径15.1、腹径26.3、足径14.7厘米（图四六A，

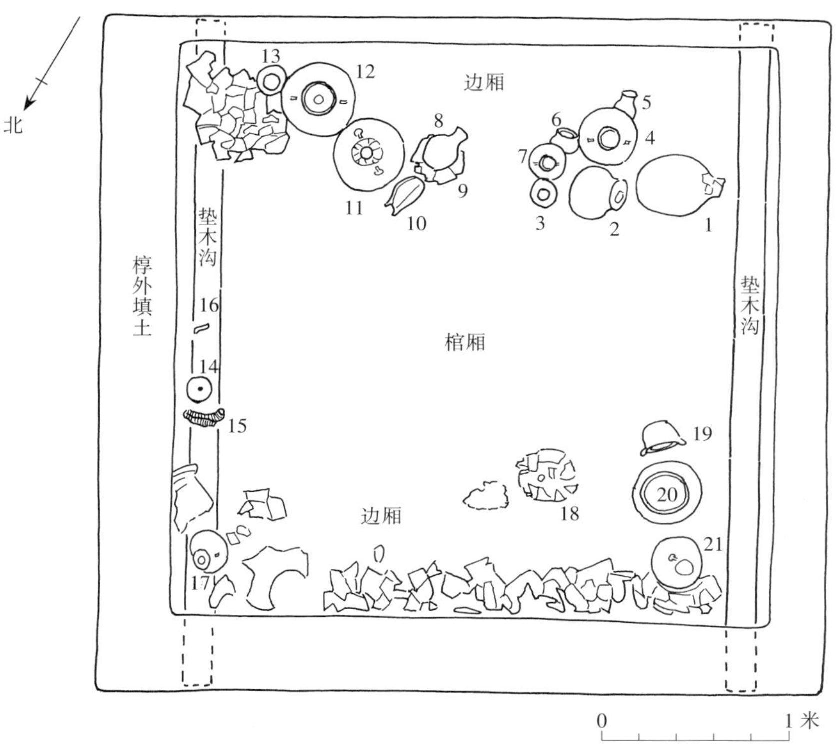

图四五 88龙·东M29平面图

1~5、8、10~12、17、21. 高温釉陶敞口壶 6、7、13. 硬陶弦纹罐 9. 高温釉陶盆 14. 铜日光镜 15. 铜"五铢"钱 16. 铁棺钉 18. 琉璃璧 19. 铁釜 20. 印纹硬陶罍

4)。M29∶8，肩部划两道双线细弦纹。釉色泛黄，无釉部位露胎呈褐色。轮制。高27.8、口径12.4、腹径22、足径12厘米（图四六A，5）。M29∶17，肩部划三组双线细弦纹，腹部切削密集的弧凸宽弦纹。耳上方贴横向"S"形堆纹，下端衔环。釉色泛黄，釉层大部已流失，无釉部位露胎呈红褐色。口、腹部局部有气泡。轮制。高28.5、口径14、腹径24.4、足径12.6厘米（图四六A，6）。M29∶3，器身较小。肩部划两组三线细弦纹，腹部切削密集的弧凸粗弦纹，耳上方贴横向"S"形堆纹。釉层已脱落，露胎呈黄灰色。无釉部位露胎呈暗红色。轮制。高20、口径9.2、腹径16.5、足径9.8厘米（图四六A，7）。M29∶5，口沿外壁轮印一周水波纹，肩部划三组双线细弦纹，耳上方贴菱角形堆纹，下端衔环。釉色泛黄，釉层大部分脱落。无釉部位露胎呈红褐色。轮制。高20.8、口径10、腹径16.4、足径9.6厘米（图四六A，8；图版六，7）。M29∶10、12、21，均残缺。

罐 3件。直口，内斜唇，斜肩上安双耳，圆鼓腹，腹最大径位于中部，平底。通体饰密集的弧凸粗弦纹，耳面模印叶脉纹。硬陶。露胎上部呈灰色，下部呈红灰色，胎质较硬。轮制，内壁留有轮旋痕。M29∶13，高13.4、口径9.6、腹径16.4、底径10厘米（图四六B，1）。M29∶6、7，残缺。

罍 1件。M29∶20，印纹硬陶。残缺。

盆 1件。M29∶9，侈口，宽沿面内斜，腹壁弧收，矮圈足。腹中部饰两道细弦纹。高温釉陶。釉色黄绿不匀。无釉部位露胎呈紫红色，胎质坚硬。轮制。底面有气泡。高8.8、口径27.5、足径12.2厘米（图四六B，2；图版一九，1）。

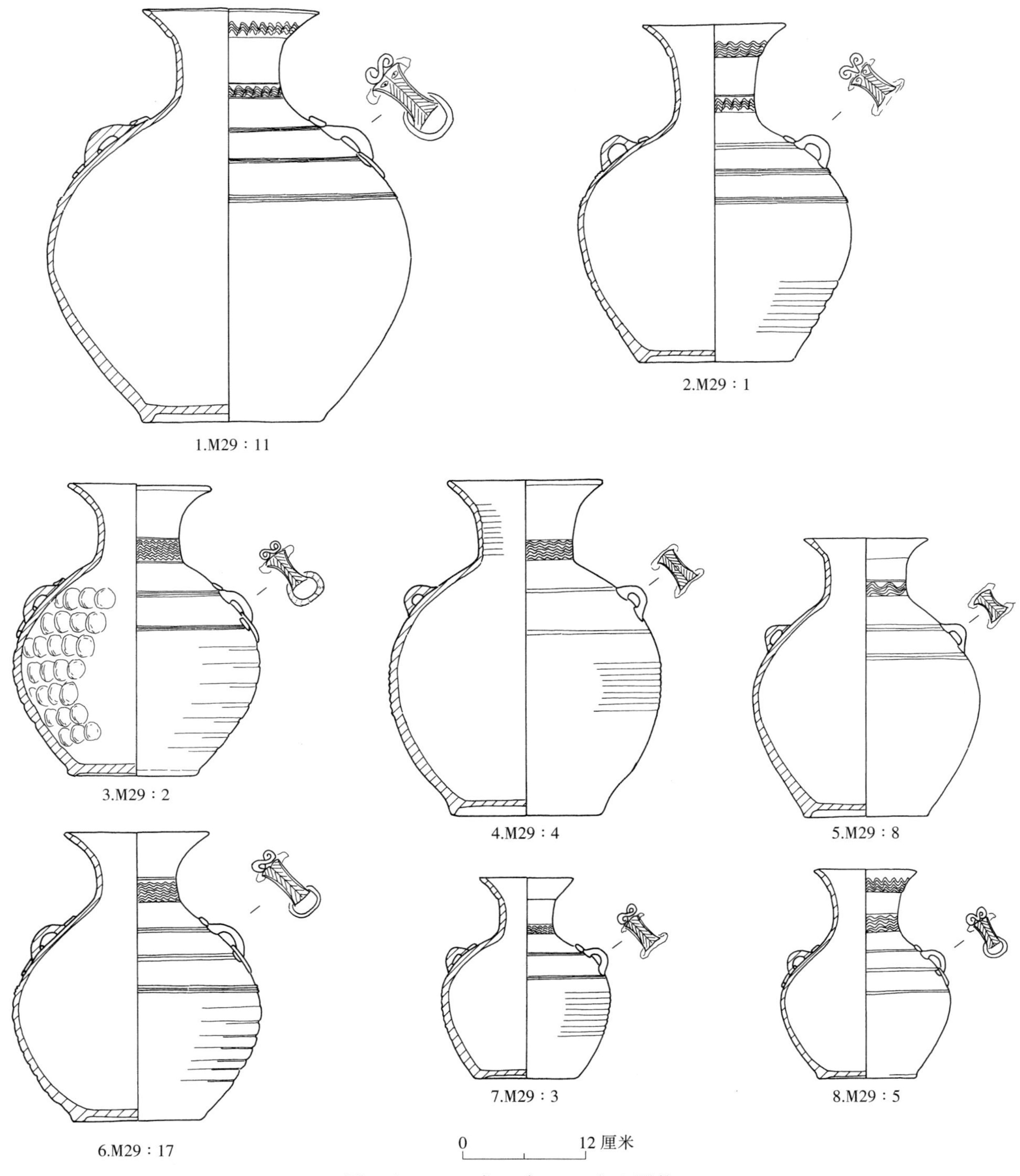

图四六 A 88 龙·东 M29 出土器物

2. 其他 4 件（组）。

铜日光镜 1 件。M29∶14，高圆纽，圆纽座，座外一周凸弦纹和内向连弧纹。外区一周铭文带，铭文为："见日之光，天下大明"，篆体。素窄缘。高 0.8、直径 8.7 厘米（图四六 B，3；图版二七，3）。

铜"五铢"钱 1 件（组）。M29∶15，已锈蚀。

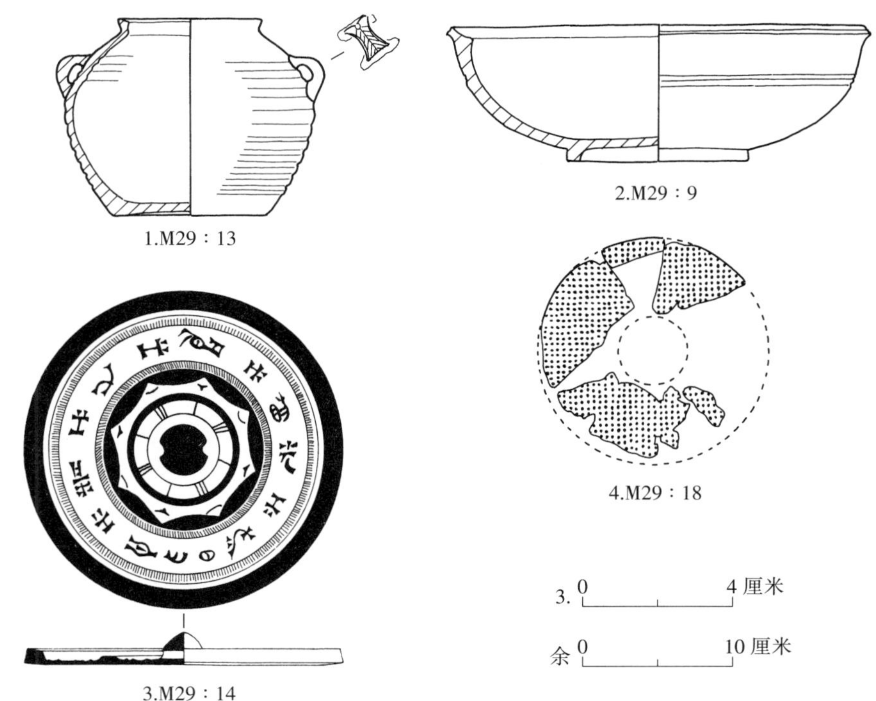

图四六 B 88 龙·东 M29 出土器物

铁釜 1件。M29∶19，已锈蚀，残碎。

琉璃璧 1件。M29∶18，残缺。璧面剔地刻有密集的小乳丁。表面呈乳白色，内心为翠绿色，质地较硬。直径15.2、厚0.3厘米（图四六B，4）。

13. 92 龙·东 M52

（一）概况

墓长4.00、宽2.40、深1.10米。墓向300度。墓内回填黄、红相杂的五花土，结构较为致密。

墓坑下部四周有因木椁外填土形成的“熟土二层台”。底面挖有两条用于摆放椁下垫木的横轴向沟槽，长2.35、宽0.20、深0.08米。结合随葬品的摆放位置，判断墓内原有木椁。椁室长约3.40、宽约1.80米。椁内中部设棺厢，北侧设边厢。棺厢底留有2枚铁棺钉和部分板灰，推测原棺木长约2.50、宽约0.80米（图四七）。

（二）随葬器物

随葬器物共13件，以陶壶、罐、罍为基本组合，并伴有铜带钩和铁釜、矛、刀等。除铜带钩和印章摆放于棺内头部，其余均置于边厢内。

1. 陶器 8件。

壶 4件。敞口，圆唇，粗短颈，斜肩上安双耳，弧腹，腹最大径位于中部，浅卧足。颈下端轮印一周水波纹，肩部划两组双线细弦纹，耳面模印叶脉纹。高温釉陶。胎质坚硬。轮制。M52∶5，腹部切削密集的弧凸粗弦纹。釉层已脱落，无釉部位露胎呈紫红色。内壁留有轮旋痕。高27、口径12.8、腹径20、底径10.6厘米（图四八，1）。M52∶10，耳面上端附有两个小乳丁。

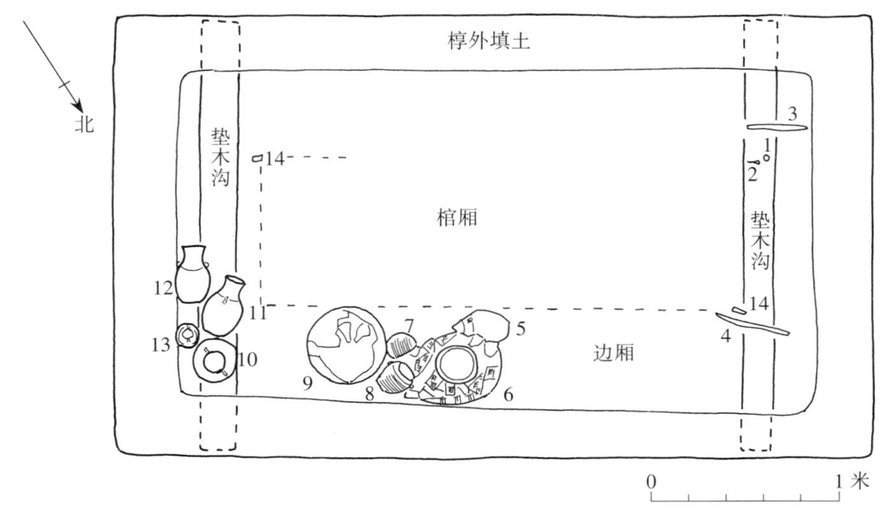

图四七 92 龙·东 M52 平面图

1. 铜印章 2. 铜带钩 3. 铁矛 4. 铁刀 5、10～12. 高温釉陶敞口壶 6. 印纹硬陶罍 7、13. 硬陶弦纹罐 8. 高温釉陶弦纹罐 9. 铁釜 14. 铁棺钉

釉色青绿，釉层光亮，无釉部位露胎呈紫红色。高 29.4、口径 13.1、腹径 21.8、足径 12.6 厘米（图四八，2）。M52∶11，釉色青绿，无釉部位露胎呈暗红色。高 27.4、口径 13.2、腹径 20.4、底径 10.8 厘米（图四八，3）。M52∶12，耳面上端附有两个小乳丁。釉色青绿，釉层光亮，局部脱釉，无釉部位露胎呈紫红色。高 28.9、口径 12.2、腹径 21.5、足径 12.7 厘米（图四八，4）。

罐 3 件。大小不等，轮制。根据口沿形态的不同分为：

侈口罐 2 件。侈口，圆唇，斜弧肩上安双耳，圆鼓腹，腹最大径位于中部，平底。通体切削密集的弧凸粗弦纹，耳面模印叶脉纹。硬陶。胎质较硬。M52∶7，露胎呈灰红色。高 13.5、口径 10、腹径 16.6、底径 9.5～10.5 厘米（图四八，5）。M52∶13，露胎上部呈灰红色，下部呈暗红色。高 11.6、口径 10、腹径 14.1、底径 7.6 厘米（图四八，6）。

翻沿口罐 1 件。M52∶8，翻沿口，圆唇，圆弧肩上安双耳，圆弧腹，腹最大径位于上部，平底内凹。高温釉陶。釉层已脱落，露胎呈灰色。无釉部位露胎呈暗红色，胎质坚硬。轮制。高 17.7、口径 12.7、腹径 20.1、底径 10.5 厘米（图四八，7）。

罍 1 件。M52∶6，敞口，窄斜唇，圆弧肩，圆鼓腹，腹最大径位于上部，平底内凹。通体拍印规整的梳状纹。印纹硬陶。露胎上部呈黄灰色，下部呈暗红色，内胎为灰色，胎质较硬，胎壁较薄。泥条盘筑，内壁留有陶拍的抵窝痕。高 29.2、口径 19.8、腹径 38、底径 16.8 厘米（图四八，8、9）。

2. 其他 5 件。

铜带钩 1 件。M52∶2，残缺。

铜印章 1 件。M52∶1，环纽，方形，印面篆刻“鲁毋害印”。高 1.3、边长 1.4 厘米（图版三〇，1）。

铁釜 1 件。M52∶9，残缺。

铁矛 1 件。M52∶3，残缺。

铁刀 1 件。M52∶4，残缺。

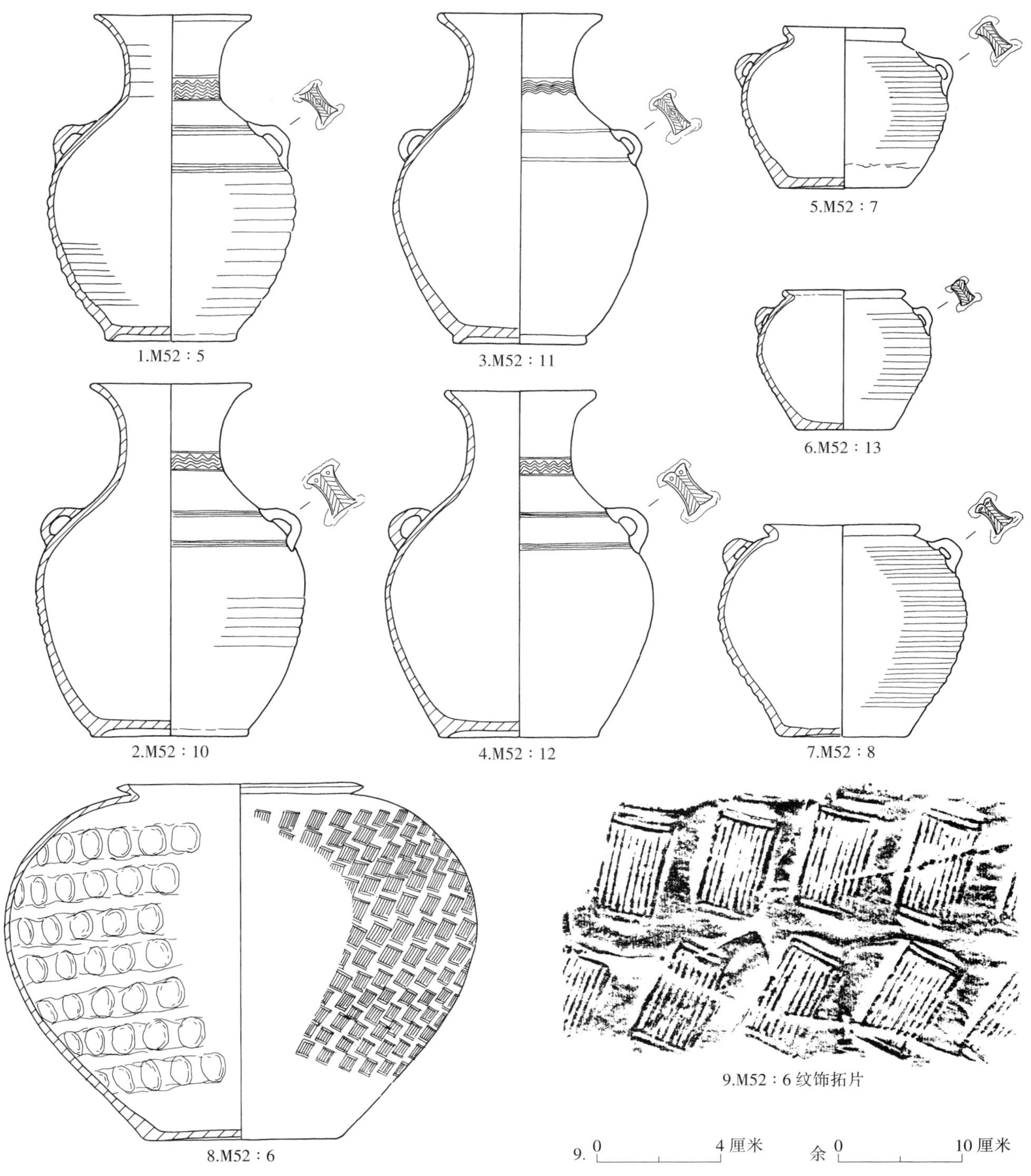

图四八 92龙·东M52出土器物

14. 92龙·东M54

（一）概况

墓长3.70、宽2.26、残深0.50米。墓向70度。墓内回填黄、灰、红相杂的五花土，结构较为致密。

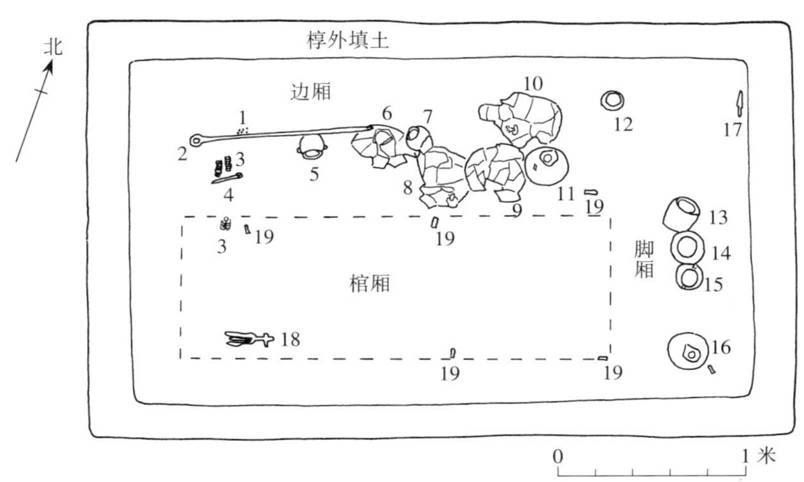

图四九 92龙·东M54平面图

1. 玻璃珠 2. 铁刀 3. 铜“五铢”钱 4. 铁削 5、7、13～15. 硬陶弦纹罐 12. 高温釉陶弦纹罐 6、11、16. 高温釉陶敞口壶 8. 硬陶瓿 9. 高温釉陶瓿 10. 高温釉陶盘口壶 17. 铁矛 18. 铁叉 19. 铁棺钉

墓坑下部四周有因木椁外填土形成的“熟土二层台”，结合随葬品的位置，判断墓内原有木椁。椁室长约3.30、宽约1.90米。椁内西部设棺厢，北侧设边厢，东端设脚厢。棺厢底留有5枚排列有序的铁棺钉，推测原棺木长约2.30、宽约0.80米（图四九）。

（二）随葬器物

随葬器物共18件（组），以陶瓿、壶、罐为基本组合，并伴有铜“五铢”和铁矛、刀等。除铁叉和部分铜钱随身入棺，其余均置于边厢和脚厢内。

1. 陶器 12件。

瓿 2件。敛口，宽斜唇，圆弧腹上安铺首，铺首低矮而贴近器壁，上端略外翘，弧腹，腹最大径位于上部，平底内凹。肩部划三组平凸的三线细弦纹，铺首面模印简化的人面纹，上方贴菱角形堆纹。轮制，内壁留有轮旋痕。M54∶8，硬陶。露胎肩部呈黄灰色，腹部呈暗红色，胎质较硬。高24.4、口径8.6、腹径25.3、底径13.1厘米（图五〇A，1）。M54∶9，高温釉陶。釉层已脱落，露胎呈黄灰色。无釉部位露胎呈暗红色，胎质坚硬。高29.9、口径9、腹径26.5、底径13.1厘米（图五〇A，2）。

壶 4件。根据口沿形态的不同分为：

敞口壶 3件。敞口，圆唇，粗短颈，斜肩上安双耳，弧腹，腹最大径位于中部，浅卧足。颈下端轮印一周水波纹，腹部切削密集的弧凸粗弦纹，耳面模印叶脉纹。高温釉陶，胎质坚硬。轮制，内壁留有轮旋痕。M54∶6，肩部划两组双线细弦纹。釉色青绿，无釉部位露胎呈暗红色。高26.6、口径12.2、腹径20、足径11.6厘米（图五〇A，3）。M54∶16，肩部划两组双线细弦纹。釉色泛黄，釉层大部流失。无釉部位露胎呈红褐色。高27.1、口径12.5、腹径20.2、足径11.7厘米（图五〇A，4）。M54∶11，肩部划三组双线细弦纹，衔环耳面模印叶脉纹，上方贴菱角形堆纹。釉色青绿。无釉部位露胎呈红灰色，内胎为灰色，胎质坚硬。高31.2～31.6、口径14.6、腹径24、足径14.2厘米（图五〇A，5）。

盘口壶 1件。M54∶10，深盘口，圆唇，盘壁略外斜，粗短颈，斜肩上安双耳，弧腹，腹最

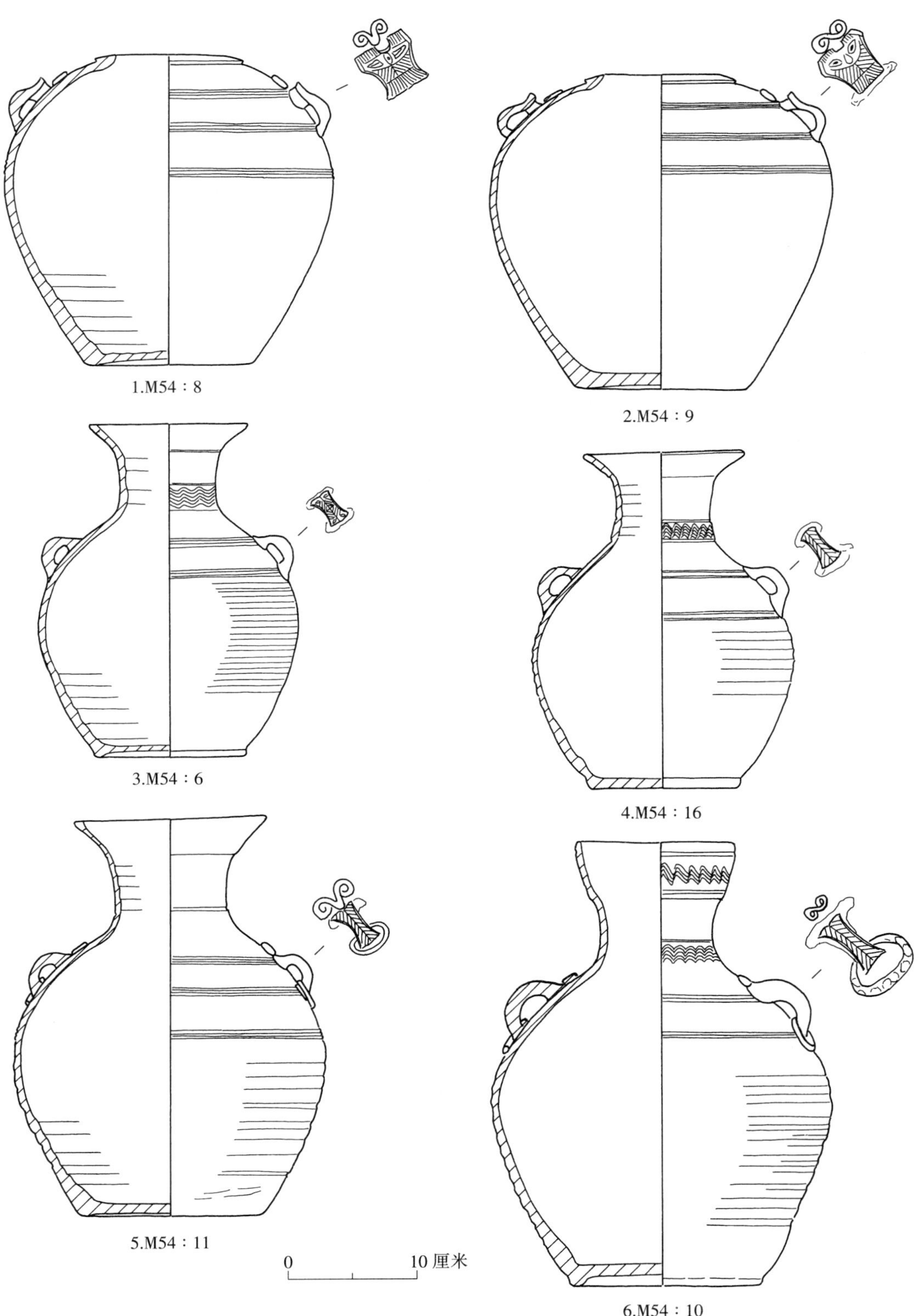

图五〇A　92龙·东M54出土器物

大径位于上部，浅卧足。口沿外壁和颈下端各轮印一组水波纹，肩部划两组双线细弦纹，腹部切削密集的弧凸粗弦纹。衔环耳面模印叶脉纹，上方贴横向“S”形堆纹。高温釉陶。釉色泛黄，釉层大多流失。无釉部位露胎呈红褐色，胎质坚硬。高35、口径12.1、腹径26.2、足径14.6厘米（图五〇A，6）。

罐 6件。根据口沿形态分为：

翻沿口罐 1件。M54∶5，翻沿口，圆唇，圆弧肩上安双耳，弧腹，腹最大径位于上部。通体切削密集的弧凸粗弦纹，耳面模印叶脉纹。硬陶。露胎呈红灰色，胎质较硬。轮制。高11、口径9.6、腹径12.8、底径6.8厘米（图五〇B，1）。

侈口罐 5件。侈口，圆唇，斜弧肩上安双耳，鼓腹，腹最大径位于中部，平底内凹。通体切削密集的弧凸粗弦纹。轮制，内壁留有轮旋痕。M54∶7，耳面模印叶脉纹。硬陶。露胎上部呈灰红色，下部呈砖红色，胎质较硬。高12.3、口径9.3、腹径14.6、底径9.3厘米（图五〇B，2）。M54∶12，耳面模印叶脉纹。高温釉陶。釉色泛黄，无釉部位露胎呈暗红色，胎质坚硬。高10.8、口径7.6、腹径12.2、底径6.4厘米（图五〇B，3）。M54∶13，硬陶。露胎呈红灰色，胎质较硬。高13.6、口径10.9、腹径16.6、底径10厘米（图五〇B，4）。M54∶15，硬陶。胎质较硬。高11、口径9.4、腹径12.8、底径6.6厘米（图五〇B，5）。M54∶14，硬陶。残缺。

2. 其他 6件（组）。

铜“五铢”钱 1件（组）。M54∶3，已锈蚀。

铁矛 1件。M54∶17，残缺。

铁叉 1件。M54∶18，残缺。

铁刀 1件。M54∶2，残缺。

铁削 1件。M54∶4，残缺。

玻璃珠 1件（组）。M54∶1，圆形，中间穿孔。蓝色。

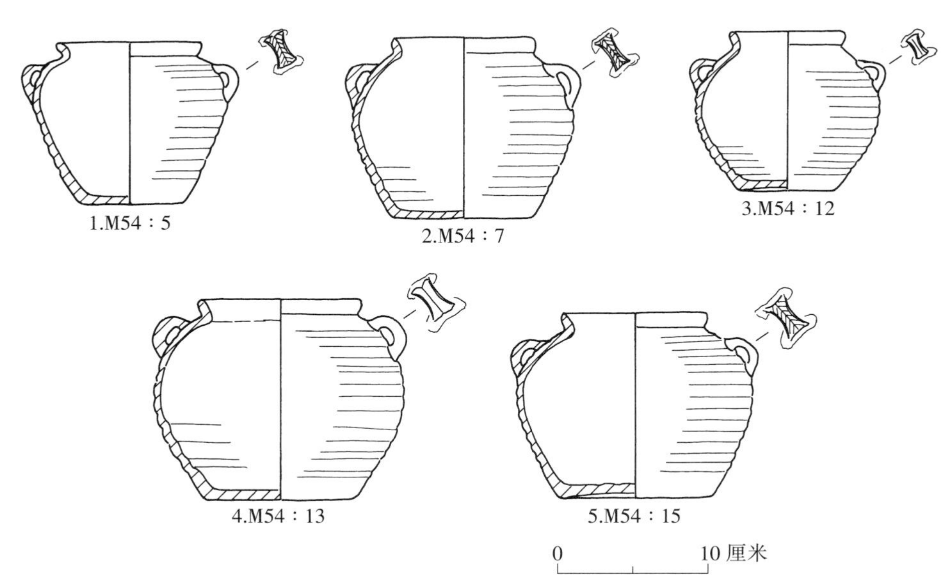

图五〇B 92龙·东M54出土器物

15. 92 龙·东 M56

（一）概况

墓长 3. 20、宽 1. 88、深 1. 84 米。墓向 50 度。墓内回填红、黄相杂的五花土，结构较为致密。

墓坑下部四周有因木椁外填土而形成的“熟土二层台”，结合墓内随葬品的摆放位置，判断墓内原有木椁。椁室内南部设棺厢，北侧设边厢，西端设头厢（图五一）。

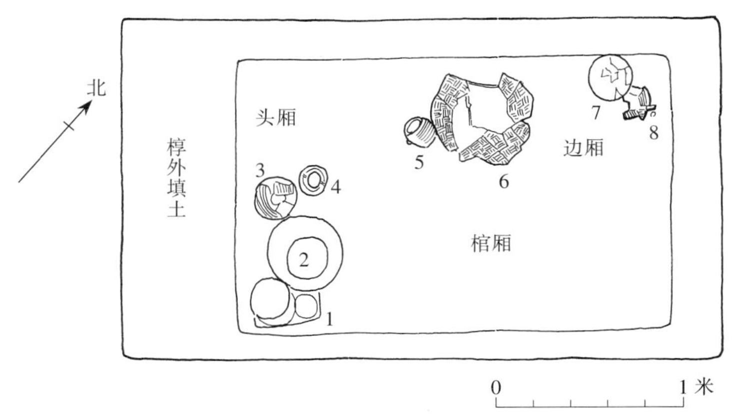

图五一　92 龙·东 M56 平面图

1. 泥质陶灶　2. 铁釜　3、7. 高温釉陶敞口壶　4、5. 硬陶弦纹罐　6. 印纹硬陶罍　8. 高温釉陶弦纹罐

（二）随葬器物

随葬器物共 8 件，以陶壶、罐、罍、灶为基本组合，并伴有铁釜，分别置于边厢和头厢内。

1. 陶器　7 件。

壶　2 件。侈口微敞，圆唇下有一周浅凹槽，粗短颈，斜肩上安双耳，圆鼓腹，腹最大径位于中部，浅卧足。肩部划一道细弦纹，耳面模印叶脉纹。高温釉陶。无釉部位呈暗红色，内胎为灰色，胎质坚硬。轮制。M56∶3，口沿外壁和颈下端各轮印一周水波纹，腹部切削密集的弧凸粗弦纹。绿褐色釉，釉层较光亮。高 28. 5、口径 11. 2、腹径 22. 6、足径 13. 1 厘米（图五二，1）。M56∶7，颈下端和肩部各轮印一周水波纹。釉色泛黄。高 29. 5、口径 11. 6、腹径 22. 4、足径 12. 9 厘米（图五二，2）。

罐　3 件。直口，平唇，斜肩上安双耳，鼓腹略扁，腹最大径位于中部，平底。通体切削密集的弧凸粗弦纹，耳面模印叶脉纹。轮制。M56∶5，硬陶。露胎呈红灰色，胎质坚硬。高 10. 5、口径 8. 5、腹径 13. 8、底径 9. 1 厘米（图五二，3）。M56∶8，高温釉陶。釉呈绿褐色，无釉部位露胎呈暗红色，胎质较硬。高 10. 7、口径 9. 5、腹径 14. 8、底径 8. 3 厘米（图五二，4；图版一三，2）。M56∶4，硬陶。露胎上部呈灰褐色，下部呈紫红色，胎质坚硬。高 14. 8、口径 8. 5、腹径 15. 3、底径 8. 8 厘米（图五二，5）。

罍　1 件。M56∶6，侈口，平唇，宽斜弧肩，圆鼓腹，腹最大径位于中部，平底内凹。通体拍印编织纹，纹饰普遍重叠。印纹硬陶。露胎上部呈灰色，下部呈红灰色，胎质较硬，胎壁较薄。泥条盘筑，内壁留有陶拍的抵窝痕。高 31. 4、口径 15. 6、腹径 36. 9、底径 17. 3 厘米（图五二，6）。

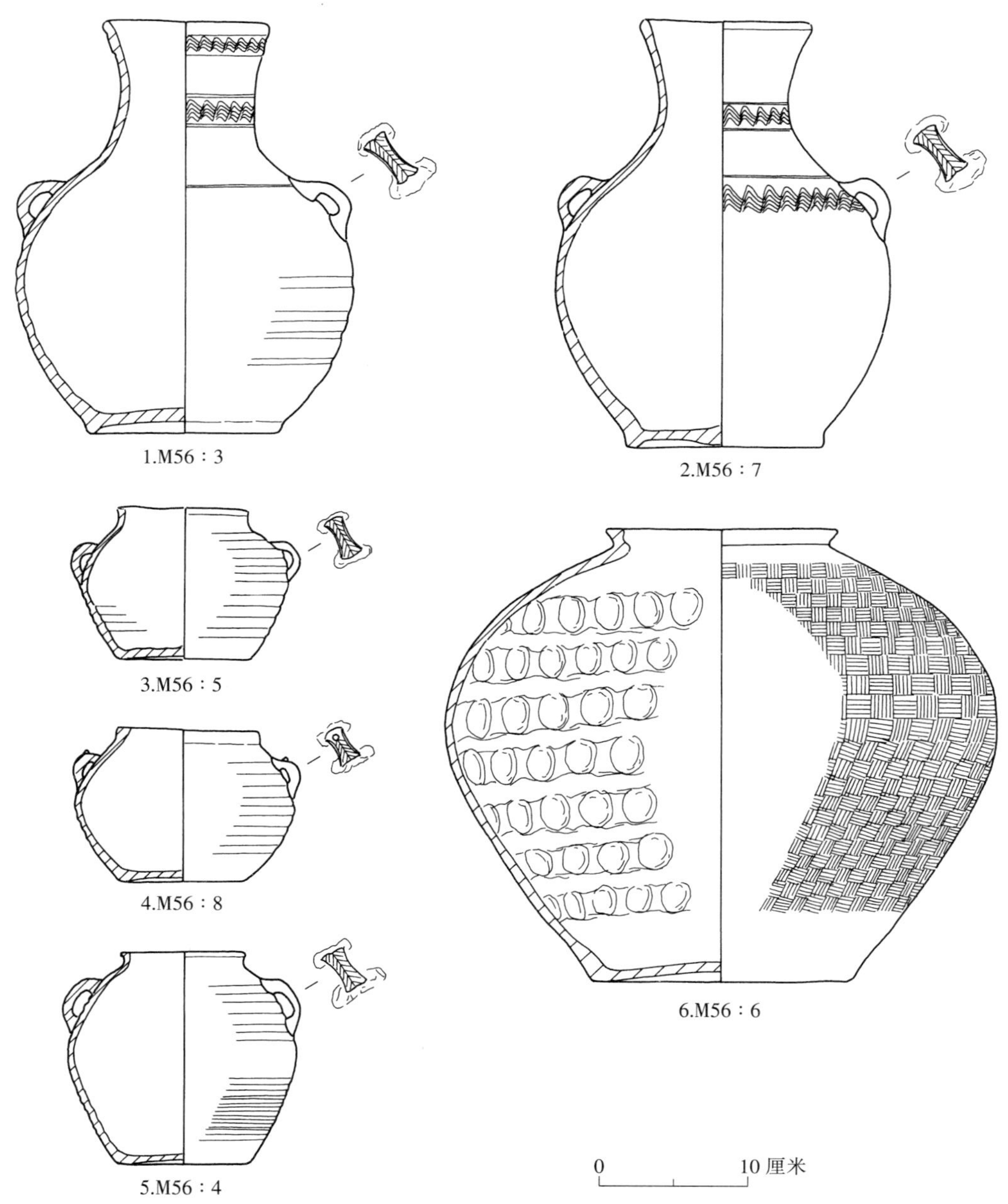

图五二　92 龙·东 M56 出土器物

灶　1 件。M56:1，泥质陶。残缺。

2. 其他　1 件。

铁釜　1 件。M56:2，残缺。

16. 93 龙·东 M65

（一）概况

墓长 3. 48、宽 1. 80、深 1. 20 米。墓向 215 度。墓内回填黄灰色黏土，结构致密。

墓坑下部四周有因木椁外填土而形成的“熟土二层台”，结合随葬品的摆放位置，判断墓内原有木椁，椁室长约 3. 10、宽约 1. 40 米。椁内南部设棺厢，北端设头厢。棺厢底留有板灰和 3 枚铁棺钉，推测原棺木长约 2. 30、宽约 0. 90 米（图五三）。

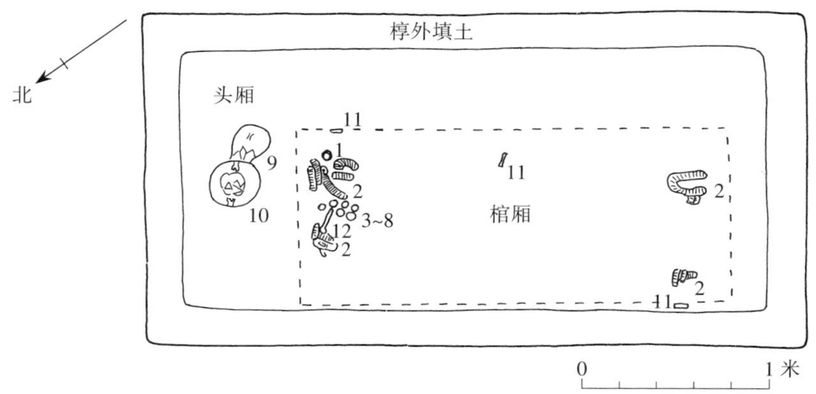

图五三　93龙·东M65平面图

1. 铜日光镜　2. 铜"五铢"钱　3～8. 硬陶纺轮　9、10. 高温釉陶敞口壶　11. 铁棺钉　12. 铁削

（二）随葬器物

随葬器物共11件（组），除硬陶纺轮和铜镜、"五铢"钱随身入棺，其余均置于头厢内。

1. 陶器　8件。

壶　2件。敞口，圆唇，粗短颈，斜肩上安双耳，鼓腹，腹最大径位于中部，浅卧足。腹部切削数道弧凸宽弦纹，耳面模印叶脉纹。高温釉陶，胎质坚硬。轮制，内壁留有轮旋痕。M65∶9，颈下端轮印一周水波纹，肩部划两组双线细弦纹。釉层已脱落，露胎呈灰色。无釉部位露胎呈红灰色，胎质坚硬。高26.2、口径12、腹径20.1、足径11.2厘米（图五四，1）。M65∶10，口沿外壁和颈下端各轮印一周水波纹，肩部贴三组细泥条状凸弦纹，耳上方贴横向"S"形堆纹。釉色

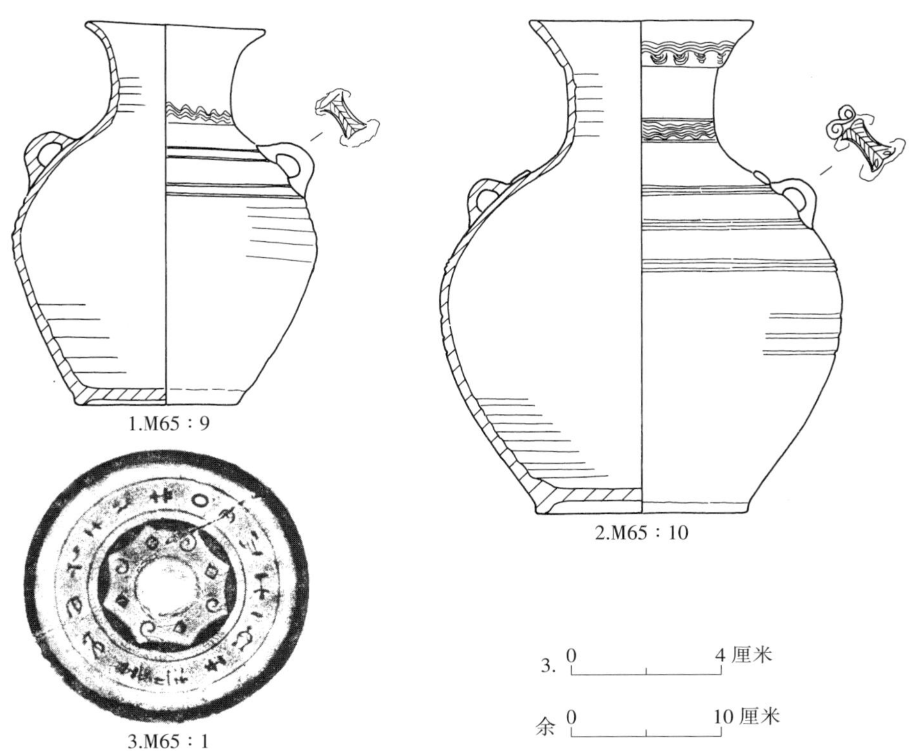

图五四　93龙·东M65出土器物

泛黄，釉层已脱落，露胎呈灰黄色。无釉部位露胎呈暗红色。高33.6、口径15.2、腹径26.5、足径14厘米（图五四，2）。

纺轮 6件。M65∶3～8，均为硬陶。残缺。

2. 其他 3件（组）。

铜日光镜 1件。M65∶1，高圆纽，圆纽座，座外环绕相互间隔的“つ”和菱形符号。座外一周内连弧纹。外区一周铭文带，铭文为：“见日之光，天下大明”，篆体。铭文内、外各饰一周栉齿纹。素窄缘。高0.7、直径7.6厘米（图五四，3）。

铜“五铢”钱 1件（组）。M65∶2，已锈蚀。

铁削 1件。M65∶12，残，已缺失。

17. 93龙·东M66

（一）概况

墓长3.52、宽1.78、深1.60米。墓向325度。墓内回填红、黄相杂的五花土，结构较为致密。

墓坑下部四周有因木椁外填土而形成的“熟土二层台”，结合随葬品的摆放位置，判断墓内原有木椁。椁内中部设棺厢，北端设脚厢。棺厢内留有排列有序的4枚铁棺钉，推测原棺木长约1.90、宽约0.80米（图五五）。

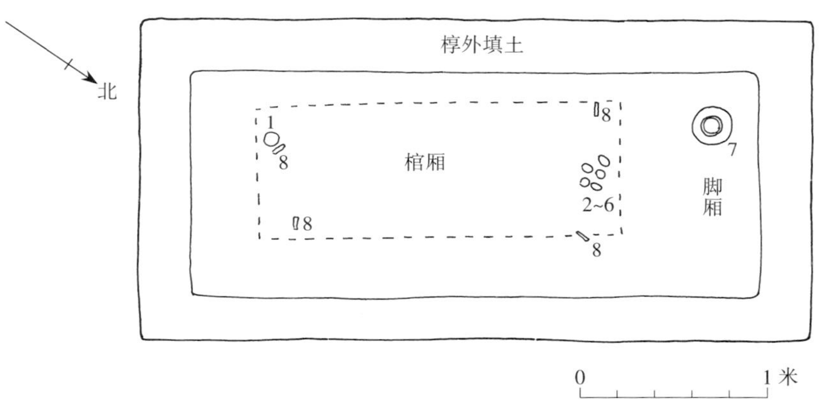

图五五 93龙·东M66平面图

1. 铜四虺四乳镜 2～6. 硬陶纺轮 7. 高温釉陶敞口壶 8. 铁棺钉

（二）随葬器物

随葬器物共7件，其中铜镜和硬陶纺轮随身入棺，陶器置于脚厢内。

1. 陶器 6件。

壶 1件。M66∶7，敞口，圆唇，粗短颈，斜肩上安双耳，球腹，腹最大径位于中部，矮圈足外撇。颈下端轮印一周水波纹，肩部贴两组细泥条状的凸弦纹，耳面模印粗壮的叶脉纹。高温釉陶。釉层已脱落，露胎呈灰黄色。无釉部位露胎呈红褐色，胎质坚硬。轮制。高27、口径12.9、腹径22.7、足径12厘米（图五六，1）。

纺轮 5件。立面呈菱形，上下端略平，中间贯孔。硬陶，露胎呈灰红色。M66∶2，高3、直径4.1、孔径0.6厘米（图五六，2）。M66∶3，高3.1、直径4.1、孔径0.6厘米（图五六，3）。

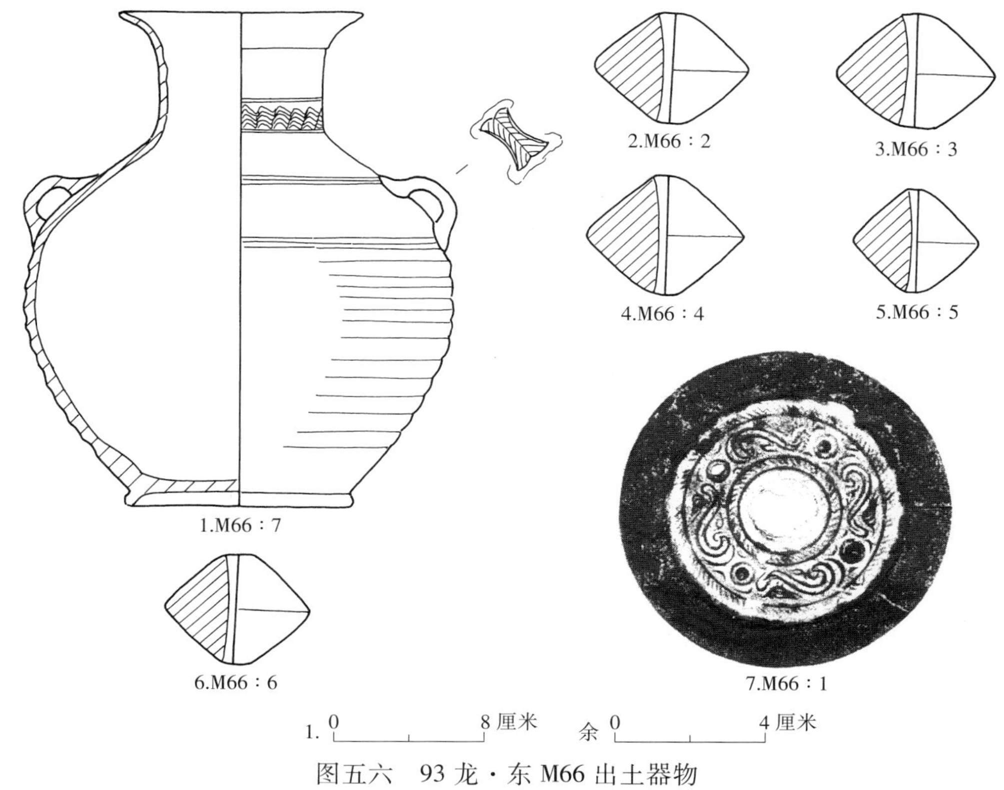

图五六　93 龙·东 M66 出土器物

M66∶4，高3.3、直径4.2、孔径0.6厘米（图五六，4）。M66∶5，高2.8、直径3.3、孔径0.4厘米（图五六，5；图版二二，4）。M66∶6，高3、直径3.8、孔径0.6厘米（图五六，6）。

2. 其他　1件。

铜四虺四乳镜　1件。M66∶1，圆纽，圆纽座，座外一周栉齿纹。内区饰四虺四乳，外区一周栉齿纹。宽素缘。高1.1、直径8.9厘米（图五六，7）。

18. 93 龙·东 M72

（一）概况

墓长3.64、宽2.08、深1.60米。墓向265度。墓内回填黄、红、灰相杂的五花土，结构较为致密。

墓坑下部四周有因木椁外填土形成的“熟土二层台”，结合随葬品的摆放位置，判断墓内原有木椁。椁内南部设棺厢，西端设脚厢。棺厢底留有排列有序的铁棺钉，推测原棺木长约2.60、宽约0.80米（图五七）。

（二）随葬器物

随葬器物共24件（组），以陶壶、罐、罍为基本组合，伴有铜四虺四乳镜、“五铢”钱及铁釜等。除铜镜和铜钱置于棺内头部，其余分别摆放于边厢和脚厢内。

1. 陶器　18件。

壶　11件。根据口沿形态的不同分为：

敞口壶　2件，大小不同。敞口，圆唇，短颈略细长，斜肩上安双耳，鼓腹，腹最大径位于

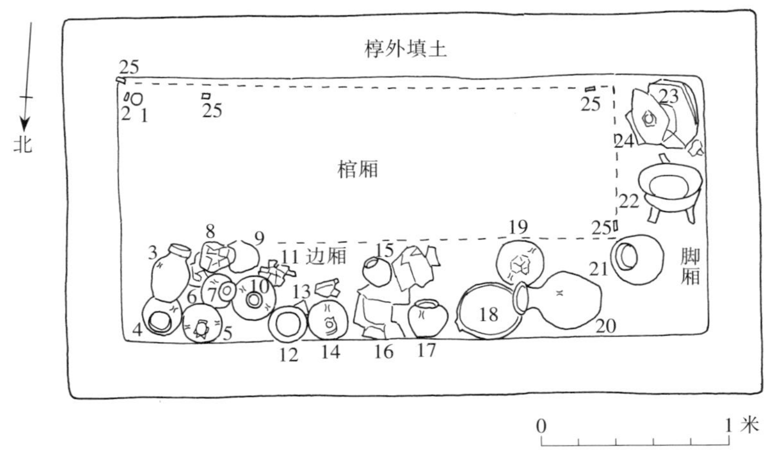

图五七 93 龙·东 M72 平面图

1. 铜四虺四乳镜 2. 铜“五铢”钱 3、6. 高温釉陶盘口壶 4、5、7、10、19、21、24. 硬陶盘口壶 8、12、13、15、17. 硬陶弦纹罐 9. 高温釉陶弦纹罐 11. 玻璃珠 14、20. 高温釉陶敞口壶 16. 印纹硬陶罍 18. 铁釜 22. 铜鐎斗 23. 铜器 25. 铁棺钉

中部，浅卧足。耳面模印叶脉纹。高温釉陶。釉色泛黄，无釉部位露胎呈褐色，胎质坚硬。M72∶20，器身高大。口沿外壁和颈下端各轮印一周水波纹，肩部贴三组细泥条状的凸弦纹，耳上方贴菱角形堆纹。颈以上为轮制，内壁有轮旋痕；以下采用泥条盘筑，内壁有陶拍的抵窝痕。高41.3～42.4、口径17.4、腹径34.4、足径18.2厘米（图五八A，1）。M72∶14，器身中等。颈下端轮印一周水波纹，肩部划两组三线细弦纹，腹部切削密集的弧凸粗弦纹。高21.2、口径10、腹径16.4、足径9.5厘米（图五八A，2）。

盘口壶 9件。深盘口，盘壁略外斜，粗短颈，斜肩上安双耳，弧腹，腹最大径位于上部，平底。腹部切削密集的弧凸粗弦纹。轮制，内壁留有轮旋痕。其中4件器身较大。肩部划两组双线细弦纹，耳面模印叶脉纹。硬陶。露胎呈红灰色，胎质坚硬。M72∶19，高34、口径14～14.5、腹径25、底径13.4～14.1厘米（图五八A，3）。M72∶21，高35.3、口径14.2、腹径25.3、底径14.1厘米（图五八A，4）。M72∶24，高34.7、口径14.5、腹径24.9、底径13.7厘米（图五八A，5）。M72∶10，口残缺。残高30.6、腹径25、底径13.2厘米（图五八A，6）。3件器身中等。口下划一周细凹槽，肩部划一道细弦纹。M72∶3，高温釉陶。釉层已脱落，露胎呈灰色。无釉部位露胎呈紫红色，胎质坚硬。高30.5、口径13、腹径21.9、底径11.5厘米（图五八B，1）。M72∶4，硬陶。露胎上部呈灰色，下部呈红褐色，胎质坚硬。高30、口径13.2、腹径21.3、底径10.9厘米（图五八B，2）。M72∶5，硬陶。露胎上部呈灰色，下部呈红灰色，胎质坚硬。高30、口径13.6、腹径21.6、底径11.1厘米（图五八B，3）。另2件器身较小。肩部划两道细弦纹。M72∶6，高温釉陶。釉层已流失，露胎呈黄灰色。无釉部位露胎呈红灰色，胎质坚硬。内壁有轮制痕。高22.7、口径10.5、腹径17、底径8.8厘米（图五八B，4）。M72∶7，硬陶。露胎呈红灰色，胎质坚硬。高22.4、口径11、腹径16.4、底径9.2厘米（图五八B，5）。

罐 6件。根据口沿形态的不同分为：

翻沿口罐 2件。翻沿口，圆唇，弧肩上安双耳，弧腹，腹最大径位于上部，平底内凹。通体切削密集的弧凸粗弦纹，耳面模印叶脉纹。轮制，内壁留有轮旋痕。M72∶9，高温釉陶。釉层已流失，露胎呈黄灰色。无釉部位露胎呈暗红色，胎质坚硬。高14.8、口径11.2、腹径15.6、底

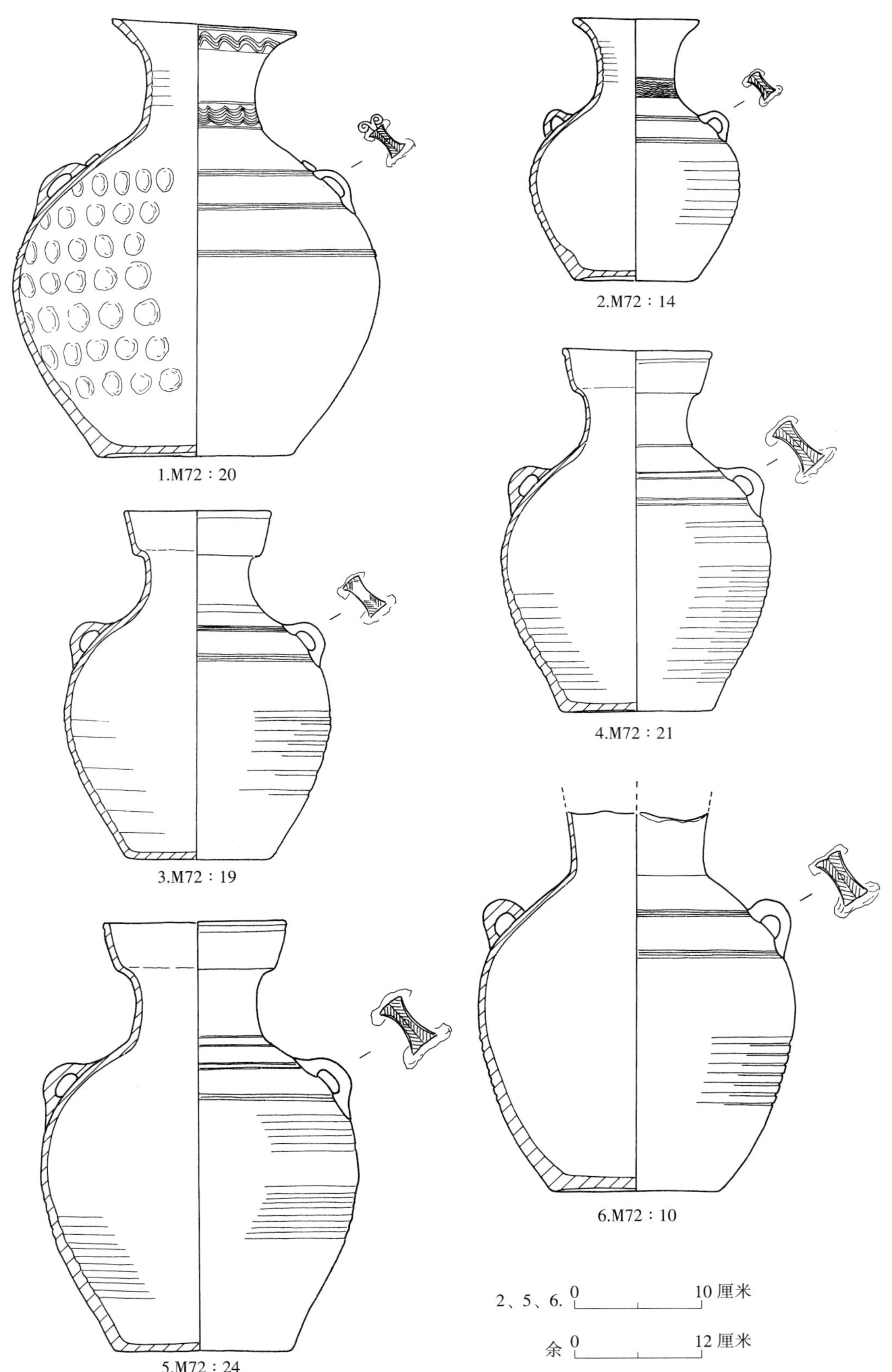

图五八 A 93 龙·东 M72 出土器物

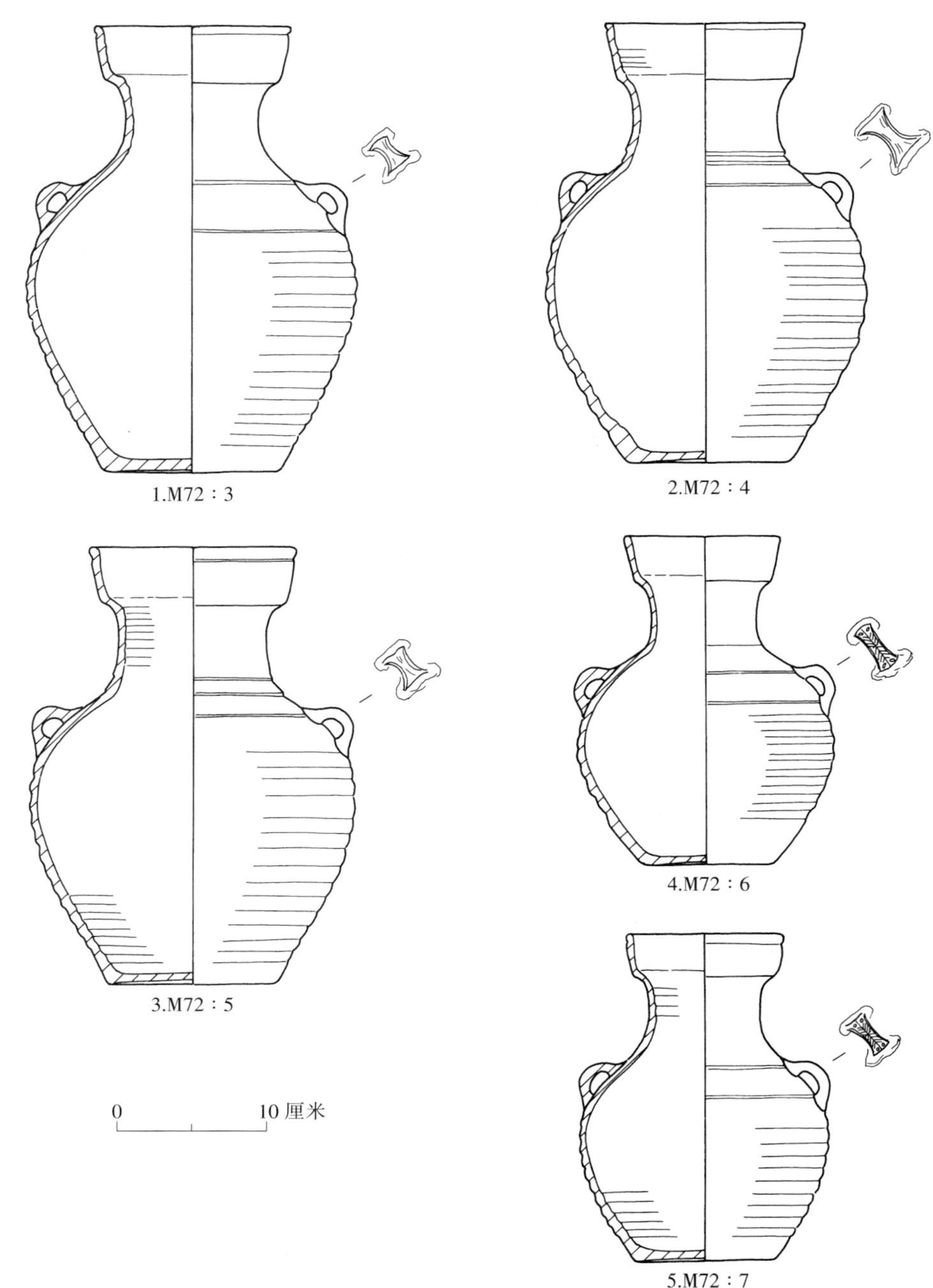

图五八 B　93 龙 · 东 M72 出土器物

径 8.5 厘米（图五八 C，1）。M72∶15，硬陶。露胎上部呈红灰色，下部呈砖红色，胎质较硬。高 14、口径 11.6、腹径 16.4、底径 8.9 厘米（图五八 C，2）。

侈口罐　1 件。M72∶12，侈口，圆唇。圆弧肩上安双耳，弧腹，腹最大径位于上部，平底内凹。通体切削密集的弧凸粗弦纹，耳面模印叶脉纹。硬陶。露胎肩部呈灰色，腹部呈砖红色，胎质较硬。轮制。高 17.8、口径 14.8、腹径 11.3、底径 11.2 厘米（图五八 C，3）。

另三件为 M72∶8、13、17，均为硬陶。残缺。

罍　1 件。M72∶16，印纹硬陶。残缺。

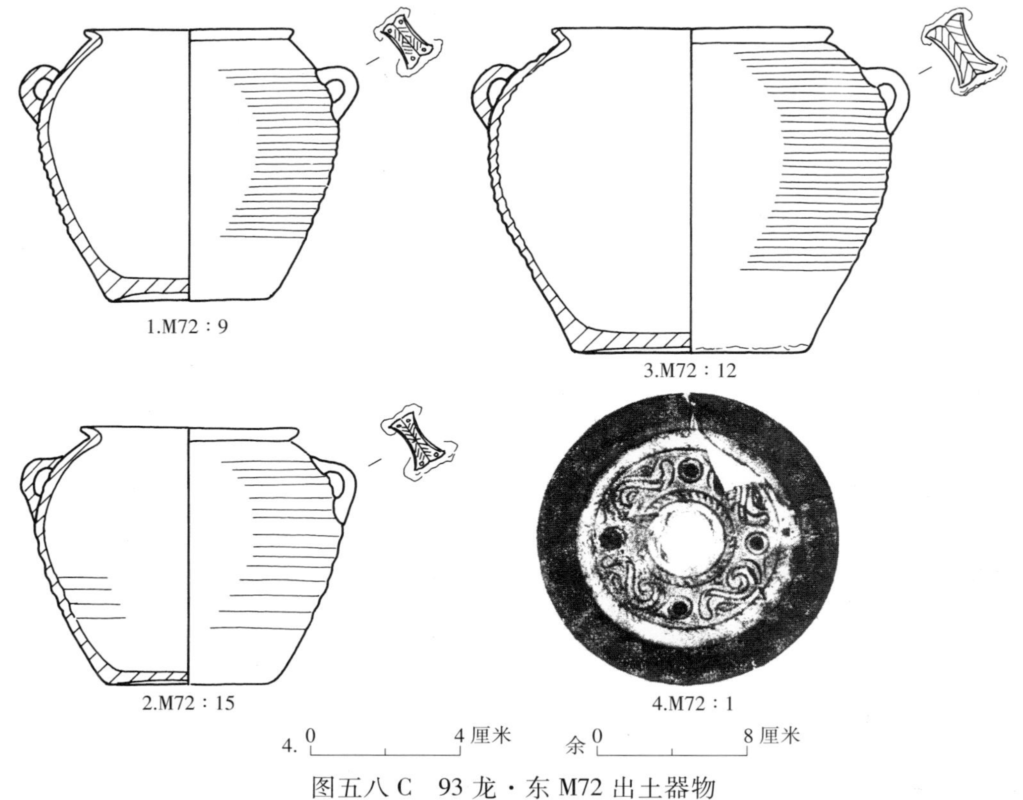

图五八C　93龙·东M72出土器物

2. 其他　6件（组）。

铜鐎斗　1件。M72∶22，残缺。

铜四虺四乳镜　1件。M72∶1，小圆纽，圆纽座，座外一周栉齿纹。内区饰四虺四乳，其间以乳丁间隔。外区饰一周栉齿纹。素宽平缘。高0.7、直径8.1厘米（图五八C，4）。

铜“五铢”钱　1件（组）。M72∶2，已锈蚀。

残铜器　1件。M72∶23，器形不明。

铁釜　1件。M72∶18，残缺。

玻璃珠　1件（组）。M72∶11，11颗。圆形，中间穿孔。有湖蓝和蓝色两种颜色。高0.6、直径0.5厘米。

19. 93龙·东M73

（一）概况

墓长3.30、宽1.60、深1.15米。墓向255度。墓坑深入紫红色粉砂岩层中，墓内回填红、黄相杂的五花土，结构较为致密。

墓坑下部四周有因木椁外填土形成的“熟土二层台”，判断墓内原有木椁，椁室长约2.80、宽约1.20米。底面残留有板灰和铁棺钉。据此知椁室内中部设棺厢，东端设头厢。棺厢内留有排列有序的4枚铁棺钉，推测原棺木长约1.80、宽约1.10米（图五九A）。

（二）随葬器物

随葬器物共2件（组）。

陶壶 1件。M73∶1，深盘口，圆唇下划一周浅凹槽，粗短颈，斜弧肩上安双耳，弧腹，腹最大径位于近上部，平底内凹。口沿外壁和颈下端各轮印一周水波纹，肩部贴三组细泥条状凸弦纹，腹部切削密集的宽弦纹。耳面模印叶脉纹，上方贴横向“S”形堆纹。高温釉陶。釉色泛黄，釉层较光亮。无釉部位露胎呈黄灰色，胎质坚硬。轮制，内壁留有轮旋痕。高37.3、口径14.3、腹径27.6、底径13厘米（图五九B）。

铜“五铢”钱 1件（组）。M73∶2，已锈蚀。

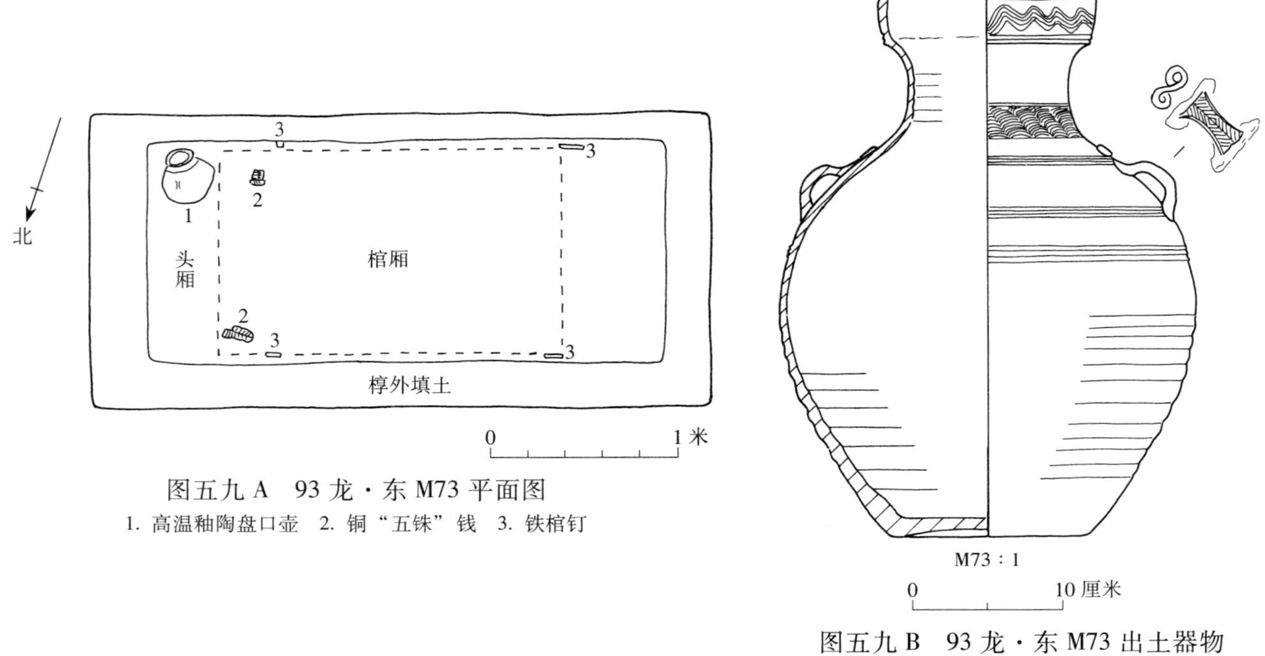

图五九A 93龙·东M73平面图
1. 高温釉陶盘口壶 2. 铜“五铢”钱 3. 铁棺钉

图五九B 93龙·东M73出土器物

20. 93龙·东M74

（一）概况

墓长3.78、宽1.96、深0.80米。墓向159度。墓坑深入红砂岩风化层中，墓内回填红、灰相杂的五花土，结构较为致密。

葬具已无存。墓坑下部四周有因木椁外填土形成的“熟土二层台”，结合随葬品的摆放位置，判断墓内原有木椁。椁室长约3.00、宽1.30米。椁内北部设棺厢，南部设边厢，西端设头厢（图六〇）。

（二）随葬器物

随葬品共10件，以陶壶、罐、罍为基本组合，分别置于边厢和头厢内。

壶 2件。M74∶1、2，均为高温釉陶。残缺。

罐 7件。M74∶3、4、6～10，均为硬陶。残缺。

罍 1件。M74∶5，印纹硬陶。残缺。

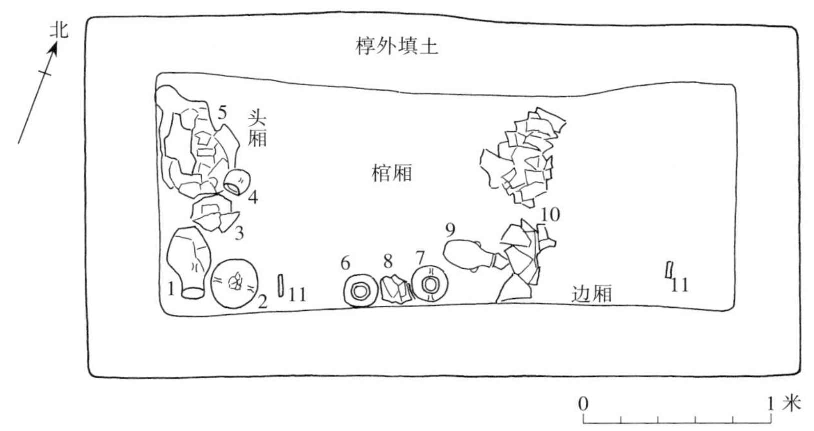

图六〇 93龙·东M74平面图
1、2. 高温釉陶壶 3、4、6～10. 硬陶弦纹罐 5. 印纹硬陶罍 11. 铁棺钉

21. 93龙·东M88

（一）概况

墓长3.50、宽1.70、深1.00米。墓向270度。墓坑深入红砂岩风化层中，墓内回填红、黄相杂的五花土，结构较为松散。

葬具已无存。墓坑下部四周有因木椁外填土形成的“熟土二层台”，底面残留有少量板灰，结合随葬品的摆放位置，判断墓内原有木椁。椁室长约3.20、宽1.30米。椁内西部设棺厢，东端设头厢（图六一）。

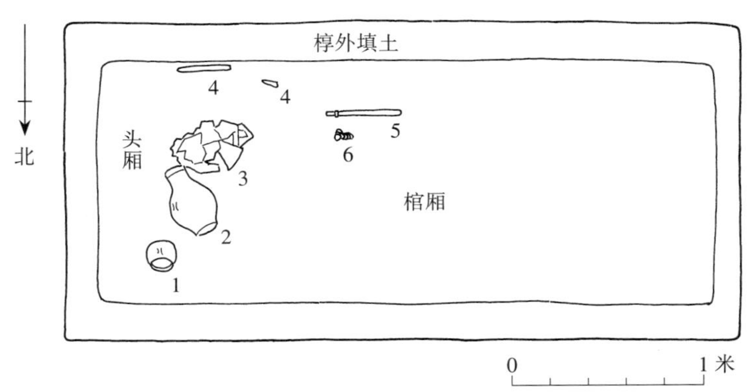

图六一 93龙·东M88平面图
1. 硬陶弦纹罐 2. 高温釉陶盘口壶 3. 硬陶敞口壶 4、5. 铁刀 6. 铜“五铢”钱

（二）随葬器物

随葬器物共6件（组），以陶壶、罐为基本组合，伴有铜“五铢”和铁刀等。铜钱和铁刀随身入棺，其余均置于头厢内。

1. 陶器 3件。

壶 2件。根据口沿形态的不同分为：

敞口壶 1件。M88∶3，敞口，平唇微凹，短颈较细而内弧，斜肩上安双耳，弧腹，腹最大径位于上部，浅卧足。颈下端轮印一周水波纹，肩部划两组细弦纹，腹部切削密集的弧凸粗弦纹，耳面模印叶脉纹。硬陶。露胎上部呈灰色，下部呈灰红色，胎质较硬。轮制。高 20.6、口径 9.2、腹径 15.2、足径 8.7 厘米（图六二，1）。

盘口壶 1 件。M88∶2，器形不规整。深盘口，圆唇下有一道浅凹槽，粗短颈，斜肩上安双耳，球腹，腹最大径位于中部，高圈足。口沿外壁和颈下端各轮印一周水波纹，肩部划三组双线细弦纹。耳面模印叶脉纹，上方贴菱角形堆纹。高温釉陶。釉层已流失，露胎呈灰黄色。无釉部位露胎呈暗红色，胎质坚硬。轮制，内壁有轮旋痕。高 35.7 ~36.6、口径 12.8、腹径 25.4、足径 12.5 厘米（图六二，2）。

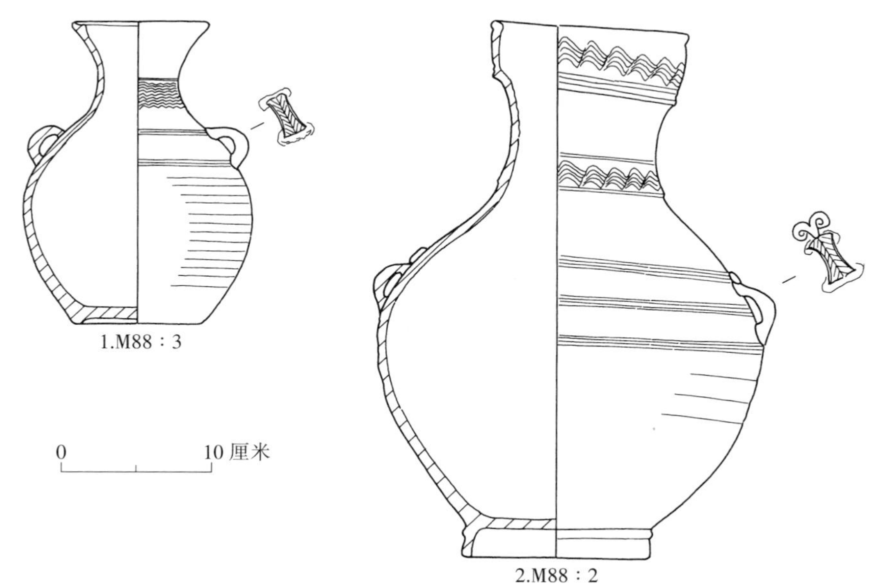

图六二 93 龙·东 M88 出土器物

弦纹罐 1 件。M88∶1，硬陶。残缺。

2. 其他 3 件（组）。

铜“五铢”钱 1 件（组）。M88∶6，锈蚀。

铁刀 2 件。单面刃，有刀格。M88∶4、5，残缺。

22. 93 龙·东 M89

（一）概况

墓长 3.60、宽 2.40、深 1.60 米。墓向 190 度。墓坑深入红砂岩风化层中，墓内回填红、黄相杂的五花土，结构较为松散。

墓坑下部四周有因木椁外填土形成的“熟土二层台”，结合随葬品的摆放位置，判断墓内原有木椁。椁室内东部设棺厢，西侧设边厢，南端设脚厢。棺厢底面留有部分板灰（图六三）。

（二）随葬器物

随葬器物共 15 件（组），以陶瓿、壶、罐、罍为基本组合，并伴有铁刀等。除铁刀、削和玻璃珠摆放于棺内头部，其余分别置于边厢和脚厢内。

1. 陶器 12 件。

瓿 1 件。M89∶6，高温釉陶。残缺。

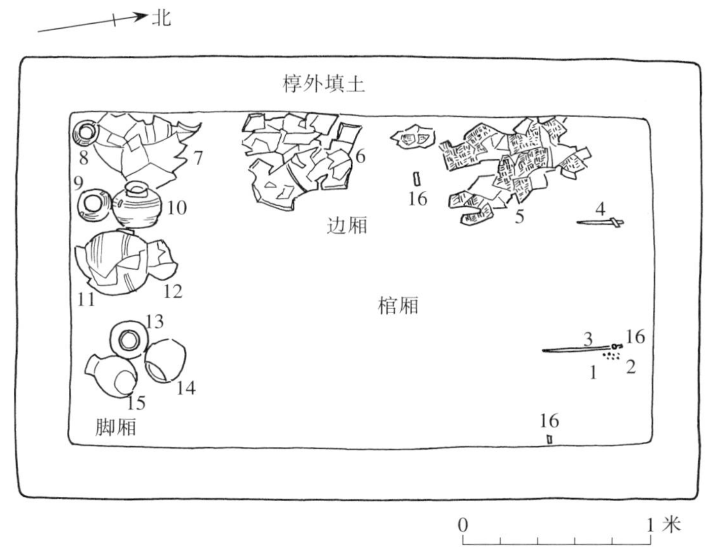

图六三　93龙·东M89平面图

1. 玻璃珠　2. 硬陶纺轮　3. 铁刀　4. 铁削　5. 印纹硬陶罍　6. 高温釉陶瓿　7、10、11. 高温釉陶盘口壶　8、12、13. 硬陶弦纹罐　9. 硬陶罐　14. 高温釉陶弦纹罐　15. 高温釉陶敞口壶　16. 铁棺钉

壶　2件。根据口沿形态的不同分为：

敞口壶　1件。M89∶15，敞口，平唇内凹，短颈略细，斜肩上安双耳，弧腹，腹最大径位于上部，浅卧足。颈下端饰一周水波纹，肩部划两组细弦纹，腹部饰密集的弧凸粗弦纹，耳面模印叶脉纹。高温釉陶。釉色泛黄，无釉部位露胎呈红灰色，内胎为灰色，胎质坚硬。肩部有数个较大的气泡。轮制，内壁有轮制痕。高28、口径13.3、腹径20.3、足径11.1厘米（图六四，1）。

盘口壶　3件。M89∶10，深盘口，圆唇外翻，口沿下划一周浅凹槽，粗短颈，斜肩上安双耳，圆鼓腹，腹最大径位于中部，高圈足。口沿外壁和颈下端各轮印一周水波纹，肩部划三组三线细弦纹，腹部切削不甚明显的宽弦纹。耳面模印叶脉纹，上方贴菱角形堆纹。高温釉陶。釉层已流失，露胎呈灰黄色。无釉部位露胎呈红灰色，胎质坚硬。轮制，内壁有轮旋痕。高34、口径12、腹径25.6、足径13.4厘米（图六四，2）。M89∶7、11，残缺。

罐　5件。根据口沿形态的不同分为：

直口罐　1件。M89∶9，直口，内斜唇，圆弧肩上安双耳，圆弧腹，腹最大径位于上部，平底内凹。耳面模印叶脉纹。硬陶。露胎上部呈灰色，下部呈灰褐色，胎质较硬。轮制，内壁有轮制痕。高18、口径10.4～10.7、腹径20.2、底径10.9厘米（图六四，3）。

翻沿口罐　2件。翻沿口，圆唇，肩部安双耳，平底。通体切削密集的弧凸粗弦纹，耳面模印叶脉纹。轮制。M89∶8，斜弧肩，鼓腹，腹最大径位于中部。硬陶。露胎上部呈灰色，下部呈暗红色，胎质坚硬。内壁有轮旋痕。高10、口径9.8、腹径14.2、底径8.8厘米（图六四，4）。M89∶13，高18、口径12.4、腹径19.8、底径12.2厘米（图六四，5）。

侈口罐　1件。M89∶14，侈口，圆唇，圆弧肩上安双耳，弧腹，腹最大径位于上部。通体切削密集的粗弦纹，耳面模印叶脉纹。高温釉陶。釉色泛黄。无釉部位露胎呈暗红色，胎质坚硬。高19.6、口径11.1、腹径20.8、底径12厘米（图六四，6）。

另一件为M89∶12，硬陶。残，已缺失。

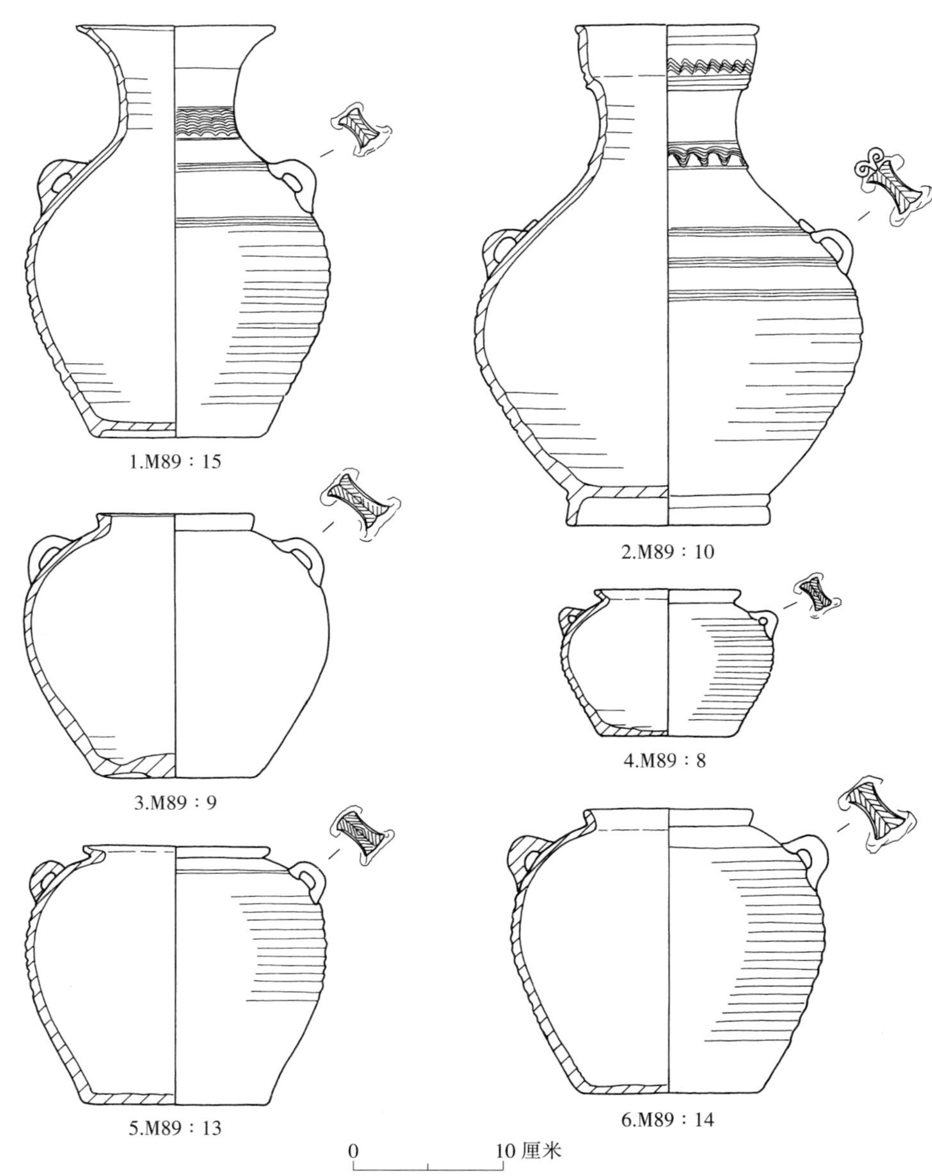

图六四　93 龙·东 M89 出土器物

罍　1 件。M89∶5，印纹硬陶。残缺。

纺轮　1 件。M89∶2，硬陶。残缺。

2. 其他　3 件（组）。

铁刀　1 件。M89∶3，残缺。

铁削　1 件。M89∶4，残缺。

玻璃珠　1 件（组）。M89∶1，圆形，中间穿孔。蓝色。

23. 93 龙·东 M90

（一）概况

墓长 3.92、宽 2.30、深 1.65 米。墓向 90 度。墓坑深入红砂岩风化层中，墓内回填红、黄相杂的沙性五花土，结构较为松散。

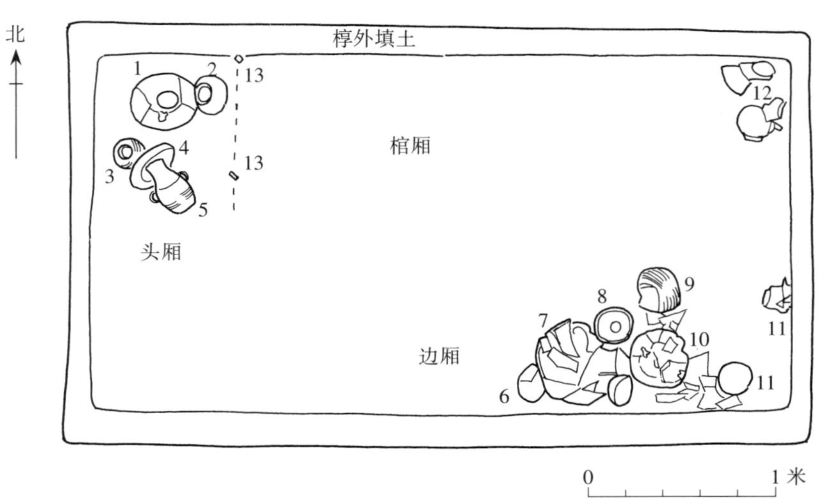

图六五　93龙·东M90平面图

1、10. 高温釉陶瓿　2. 高温釉陶盘口壶　3、6. 硬陶弦纹罐　4、9. 硬陶盒　5、7. 高温釉陶敞口壶　8、11. 硬陶鼎　12. 高温釉陶罐　13. 铁棺钉

墓坑下部四周有因木椁外填土形成的“熟土二层台”，结合随葬品的摆放位置，判断墓内原有木椁。椁室长约3.70、宽2.00米。椁内北部设棺厢，南侧设边厢，西端设头厢。棺厢底面残留有少量板灰（图六五）。

（二）随葬器物

随葬器物共12件，以陶鼎、盒、瓿、壶、罐为基本组合，并分别摆放于边厢、头厢及脚厢内。

鼎　2件。覆钵形盖，顶面略平。鼎口内敛，宽唇面下凹呈子母口，口外附长方形立耳，耳上端外撇并高于口沿，腹壁斜收，平底内凹。腹部切削密集的弧凸粗弦纹，耳面模印几何纹。硬陶。盖露胎呈灰红色，鼎露胎呈砖红色，胎质较硬。轮制。M90∶8，通高15.4、鼎高11.7～12.1、口径17.9、腹径19.2、底径11.2厘米（图六六A，1）。M90∶11，通高15、鼎高10.2、口径16、底径10.8厘米（图六六A，2）。

盒　2件。盒口内敛，宽唇面下凹呈子母口，斜腹，平底内凹。通体切削密集的弧凸粗弦纹。硬陶。露胎呈青灰色，胎质较硬。轮制。M90∶9，覆钵形盖，盖顶略平。通高15.2、盒高10、口径17.9、底径11.1厘米（图六六A，3）。M90∶4，内壁留有轮旋痕。高10.6、口径18.2、底径11.2厘米（图六六A，4）。

瓿　2件。底部不甚规整。敛口，宽斜唇，宽弧肩上安铺首，铺首较高，上端外翘并略低于口沿，圆鼓腹，腹最大径位于中部，平底内凹。肩部贴三组细泥条状凸弦纹，铺首面模印人面纹，上方贴方形兽面。高温釉陶。釉色青绿，釉层较为光亮。无釉部位露胎呈暗红色，胎质坚硬。泥条盘筑，内壁留有陶拍的抵窝痕。M90∶10，高32.8、口径12.8、腹径38.9、底径19.5～19.9厘米（图六六A，5）。M90∶1，残缺。

壶　3件。根据口沿形态的不同分为：

侈口壶　1件。M90∶5，侈口，圆唇下划一周浅凹槽，粗短颈，斜肩上安双耳，圆弧腹，腹最大径位于中部，浅卧足。口沿外壁和颈下端各轮印一周水波纹，腹部切削数道宽弦纹，耳面模印

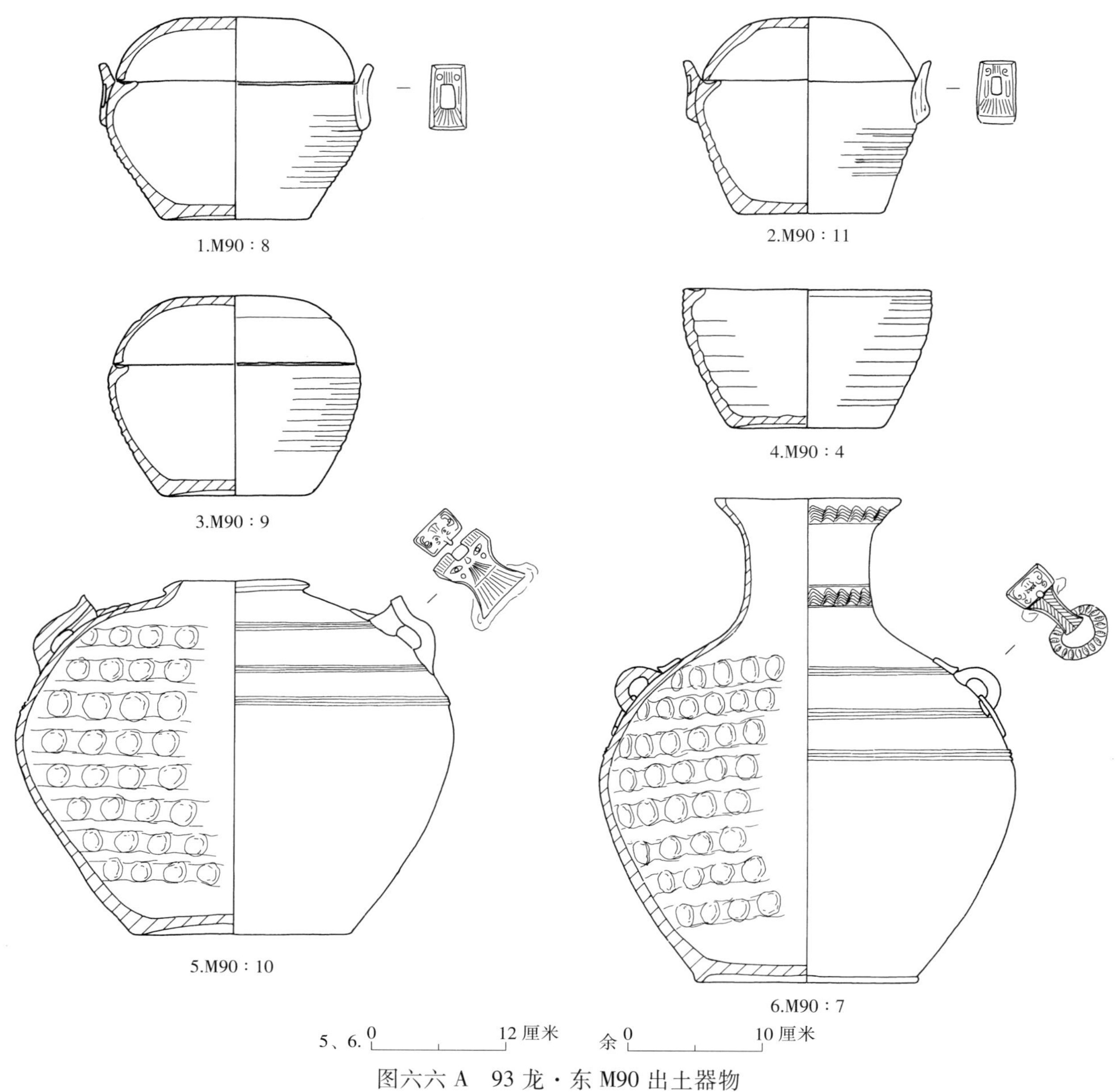

图六六 A　93 龙・东 M90 出土器物

叶脉纹。高温釉陶。釉呈黄褐色。无釉部位露胎呈紫红色，胎质坚硬。轮制。高 28.5、口径 11.3、腹径 20.3、足径 13.8 厘米（图六六 B，1）。

敞口壶　1 件。M90∶7，器身高大。敞口，平唇，粗颈略长，斜弧肩上安衔环双耳，圆鼓腹，腹最大径位于中部，矮圈足。口沿外壁和颈下端各饰一周水波纹，肩部贴三组细泥条状的凸弦纹。耳面模印叶脉纹，上方贴方形兽面。高温釉陶。釉色青绿。无釉部位露胎呈红褐色，内胎为灰色，胎质坚硬。颈以上为轮制，以下采用泥条盘筑，内壁有陶拍的抵窝痕。高 44.8、口径 16.6、腹径 37、足径 19.9 厘米（图六六 A，6）。

盘口壶　1 件。M90∶2，器形不甚规整。口介于盘口和侈口之间，圆唇，短颈略细，斜肩上安双耳，圆鼓腹，腹最大径位于中部，矮圈足。口沿外壁和颈下端各轮印一周水波纹，腹部切削数道宽弦纹，耳面模印叶脉纹。高温釉陶。釉层已流失，露胎呈灰黄色。无釉部位露胎呈暗红色，

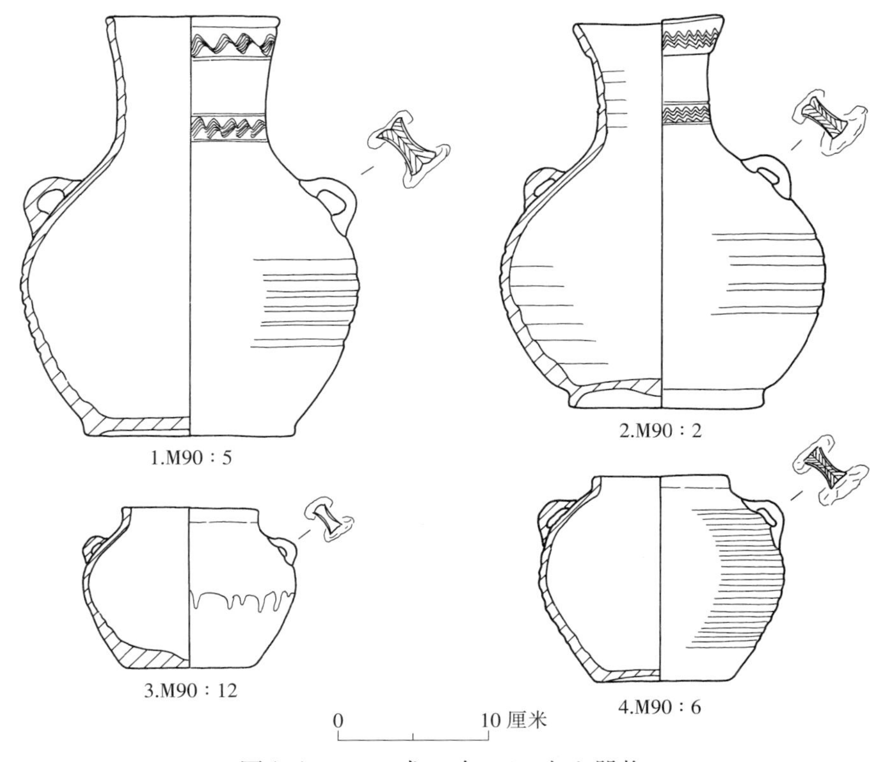

图六六 B 93 龙·东 M90 出土器物

胎质坚硬。轮制，内壁有轮旋痕。高 26.3～27、口径 10、腹径 21.5、足径 12.8 厘米（图六六 B，2）。

罐 3 件。直口，平唇，斜肩上安双耳，鼓腹，腹最大径位于中部，平底。M90∶12，高温釉陶。釉色泛黄，釉层已流失，并有较多的挂釉现象。无釉部位露胎呈暗红色，胎质坚硬。高 11.1、口径 9、腹径 14.1、底径 8.9～9.2 厘米（图六六 B，3）。M90∶6，平底内凹。通体切削密集的弧凸粗弦纹，耳面模印叶脉纹。硬陶。露胎呈砖红色，胎质较硬。高 14.1、口径 9.2、腹径 16.3、底径 9 厘米（图六六 B，4）。M90∶3，硬陶。残缺。

24. 93 龙·东 M96

（一）概况

墓长 3.54、宽 2.12、深 0.90 米。墓向 260 度。墓坑深入红砂岩风化层中，墓内回填红、黄相杂的沙性五花土，结构较为松散。

葬具已腐坏无存。墓坑下部四周有因木椁外填土形成的“熟土二层台”，结合随葬品的摆放位置，判断墓内原有木椁。椁室长约 3.20、宽约 1.90 米。椁内南部设棺厢，北侧设边厢。棺厢内底残留有 2 枚铁棺钉（图六七）。

（二）随葬器物

随葬器物共 11 件，以陶壶、罐为基本组合，并伴有铁釜，且均置于边厢内。

1. 陶器 9 件。

壶 4 件。大小不等。敞口，圆唇，粗短颈，斜肩上安双耳，弧腹，浅卧足。肩部贴三组细泥条状的凸弦纹，耳面模印叶脉纹，上方贴菱角形堆纹。高温釉陶。胎质坚硬。2 件器身高大。

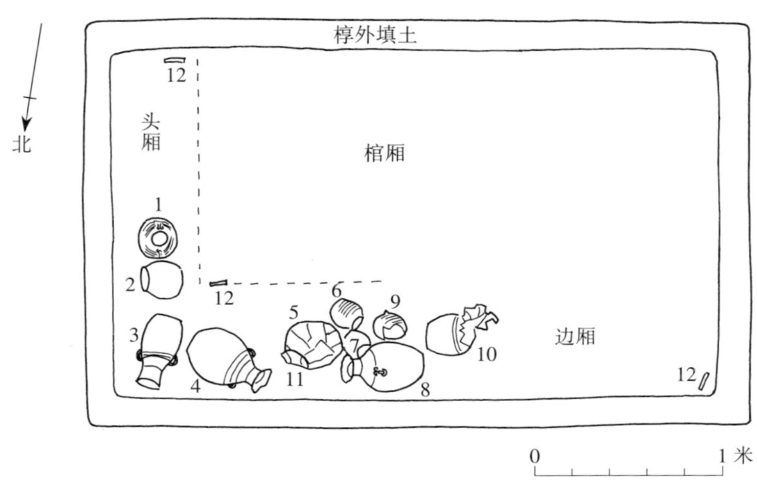

图六七　93龙·东M96平面图

1、5. 高温釉陶罐　2. 铁釜　3、4、8、10. 高温釉陶敞口壶　6、7、9. 高温釉陶弦纹罐　11. 鹿角　12. 铁棺钉

M96∶4，腹最大径位于中部。口沿外壁和颈下端各轮印一周水波纹，肩部弦纹间饰两组简化鸟纹。釉层已流失，露胎呈黄灰色。无釉部位露胎呈红灰色。颈以上为轮制，内壁有轮旋痕；以下采用泥条盘筑，内壁有陶拍的抵压窝痕。高43.3、口径17.2、腹径32、足径14.7厘米（图六八，1）。M96∶8，衔环耳。高40、口径17.1、腹径30.5、底径14.3厘米（图六八，2）。另2件器身中等，轮制。M96∶3，颈下端饰一周水波纹，肩部划三组三线细弦纹，腹部切削平凸宽弦纹。釉呈绿褐色，釉层普遍凝聚。无釉部位露胎呈红灰色。轮制。外壁有较多的气泡，口沿内壁粘附较大的落沙。高30.5～31、口径14.8、腹径20.8、足径13.1厘米（图六八，3）。M96∶10，釉呈绿褐色，无釉部位露胎呈红灰色。轮制，器壁有较多的小气泡。高31、口径13、腹径22.4、足径12.6厘米（图六八，4）。

罐　5件。M96∶1，侈口，圆唇，圆弧肩上安衔环双耳，腹最大径位于中部，平底内凹。肩部划三道细弦纹，腹部切削密集的弧凸粗弦纹。耳面模印较粗壮的叶脉纹，上方贴横向“S”形堆纹。高温釉陶。釉层大部至腹最大径处，少量至近底部。无釉部位露胎呈暗红色，胎质坚硬。高20.6、口径10.6、腹径21.5、底径11.7厘米（图六八，5；图版一一，5）。另2件为圆鼓腹，腹最大径位于中部，平底内凹。通体切削密集的弧凸粗弦纹。高温釉陶。釉层已流失，露胎呈灰色。无釉部位露胎呈红褐色，胎质坚硬。M96∶7，高12.8、口径9.2、腹径15、底径8.8厘米（图六八，6）。M96∶9，高13.2、口径8.6、腹径16、底径8厘米（图六八，7）。M96∶5、6，残缺。

2. 其他　1件。

铁釜　1件。M96∶2，残缺。

鹿角　1件。M96∶11，残缺。

25. 93龙·东M97

（一）概况

墓长3.90、宽2.35、深1.20米。墓向50度。墓坑深入红砂岩风化层中，墓内回填红、黄相杂的沙性五花土，结构较为松散。

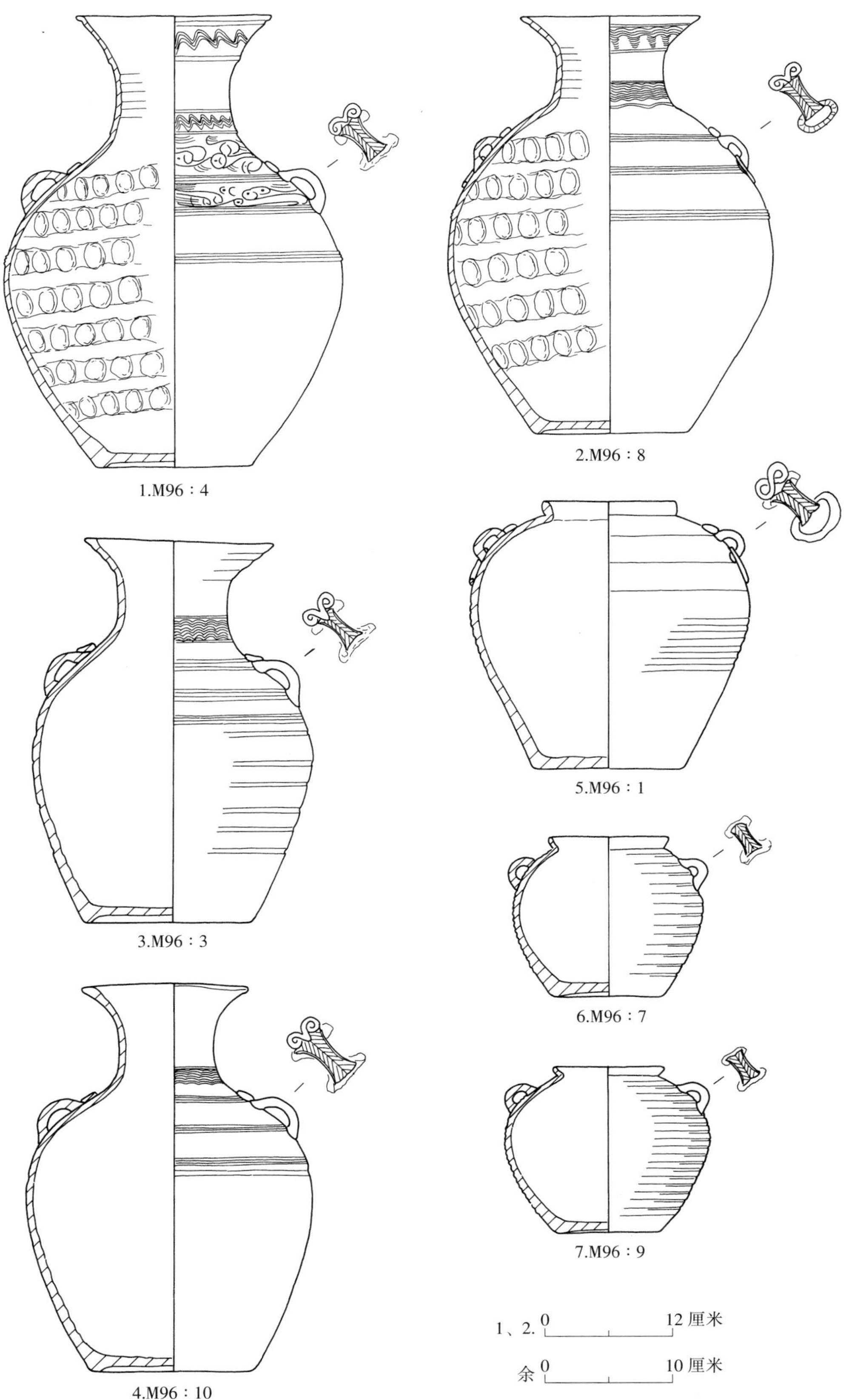

图六八　93龙·东M96出土器物

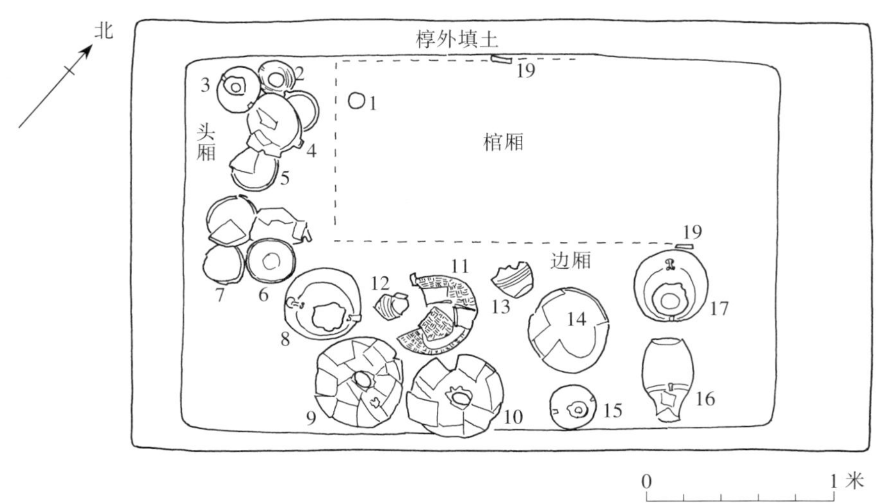

图六九 93龙·东M97平面图

1. 铜草叶纹镜 2、12、13. 硬陶弦纹罐 3、15～17. 高温釉陶敞口壶 4、5. 硬陶鼎 6、7. 硬陶盒 8. 高温釉陶盘口壶 9、10. 高温釉陶瓿 11. 印纹硬陶罍 14. 铁釜 18. 硬陶敞口壶（10下） 19. 铁棺钉

墓坑下部四周有因木椁外填土形成的“熟土二层台”，结合随葬品的摆放位置，判断墓内原有木椁。椁室长约3.10、宽约2.00米。椁内北部设棺厢，南侧设边厢，西端设头厢。棺厢内底残留有2枚铁棺钉和少量板灰，推测原棺木长约1.90、宽约1.00米（图六九）。

（二）随葬器物

随葬器物共18件，以陶鼎、盒、壶、罐、罍为基本组合，并伴有铜草叶纹镜和铁釜等。除铜镜摆放于棺内头部，其余分别置于边厢和头厢内。

1. 陶器 16件。

鼎 2件。覆钵形盖，弧面顶。鼎口内敛，宽唇面下凹呈子母口，口外附长方形立耳，腹上部微外弧，下部斜收，平底。耳面模印几何纹。硬陶。盖露胎呈青灰色，鼎露胎呈暗红色，胎质较硬。轮制。M97∶4，底外缘附三个装饰性矮足，足底与器底持平。通高19、鼎高14.6、口径20、腹径21.9、底径14.3厘米（图七〇A，1；图版一，5）。M97∶5，通高16、鼎高10、口径20、底径11.2厘米（图七〇A，2）。

盒 2件。覆钵形盖，顶面略平。盒口内敛，宽唇面下凹呈子母口，腹壁向内缓收，平底内凹。腹部切削密集的弧凸粗弦纹。硬陶。盖露胎面呈灰色，盒露胎呈褐色，胎质较硬。轮制，内壁有轮旋痕。M97∶6，通高19.8、盒高13.4、口径20.8、底径13.6厘米（图七〇A，3）。M97∶7，通高15、盒高10.8、口径17.2、底径10.8厘米（图七〇A，4）。

瓿 2件。M97∶9、10，高温釉陶。残缺。

壶 6件。根据口沿形态分为：

侈口壶 2件。大小不一。侈口，圆唇，粗短颈，斜肩上安双耳，腹最大径位于中部。耳面模印叶脉纹。轮制。M97∶16，鼓腹略扁，矮圈足。颈下端轮印一周水波纹，肩部划两组双线细弦纹，近底部有较多不规整的划痕。高温釉陶。釉色泛黄，釉层较多下挂。无釉部位露胎呈暗红色，胎质坚硬。内壁有轮制痕。高32.6、口径13.8、腹径26.8、足径17.2厘米（图七〇A，5）。M97∶18，器身矮小。扁鼓腹，平底内凹。肩部划数道宽弦纹。硬陶。露胎上部呈青灰色，下部呈

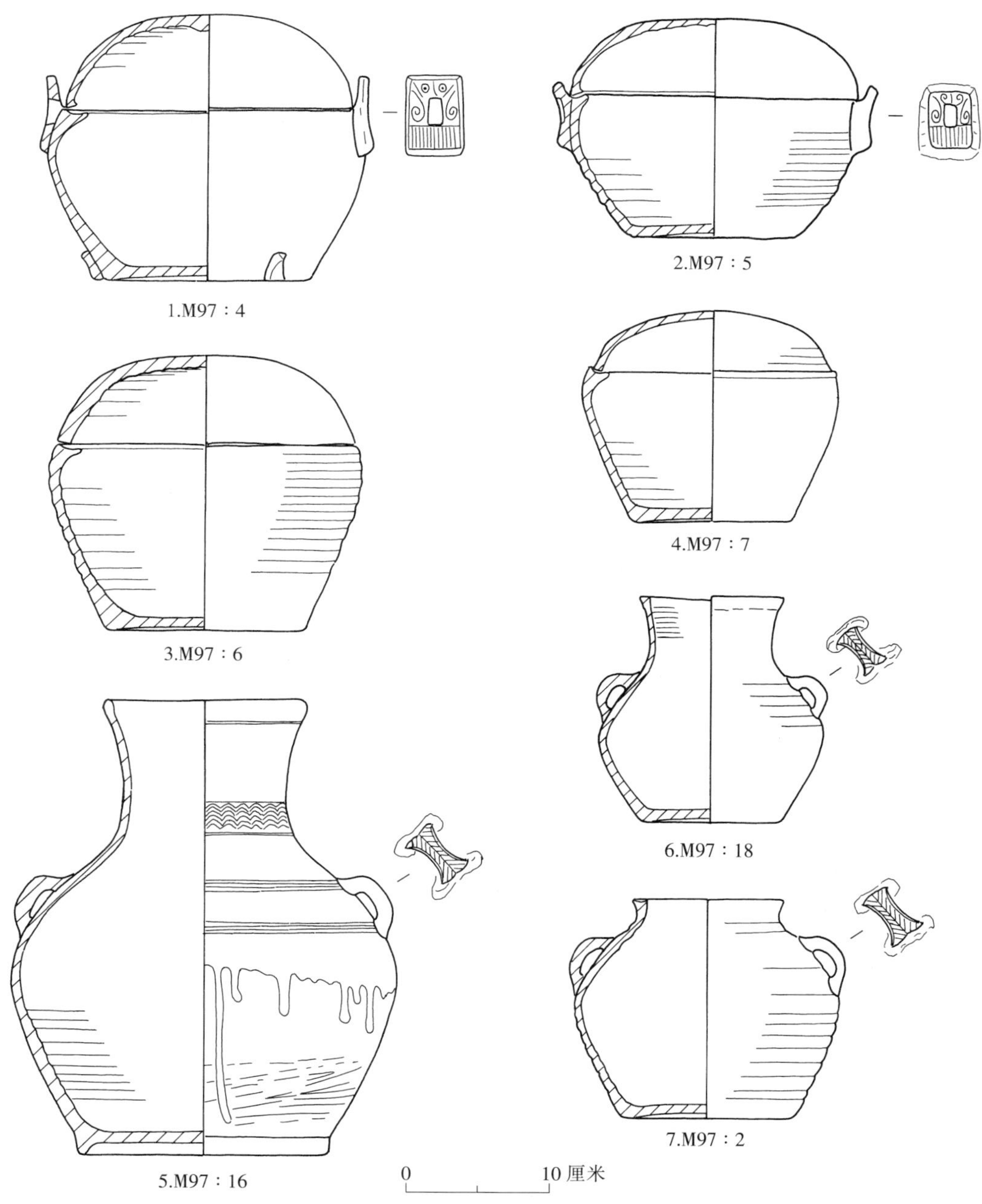

图七〇A　93 龙·东 M97 出土器物

红灰色，胎质较硬。高 16.2、口径 10.3、腹径 15.6、底径 9.4～10 厘米（图七〇A，6；图版六，6）。

敞口壶　3 件。敞口，圆唇，斜肩上安双耳，鼓腹略扁，腹最大径位于上部，矮圈足。颈下端轮印一周水波纹，肩部划两组双线细弦纹，耳面模印叶脉纹。高温釉陶。釉色青褐，釉层部分流失，腹部有较多的挂釉现象。无釉部位露胎呈褐色。下腹部有较多不规则的划痕，底外缘有足与腹壁的粘合痕迹。M97：15，高 32.8、口径 13.4、腹径 25.6、足径 15.6 厘米（图七〇B，1）。M97：3、17，残缺。

盘口壶　1 件。M97：8，器身高大。口介于敞口和盘口之间，圆唇，粗短颈，宽圆弧肩上安衔环双耳，球腹，腹最大径位于中部，矮圈足外撇。口沿外壁和颈下端各轮印一周水波纹，肩部划

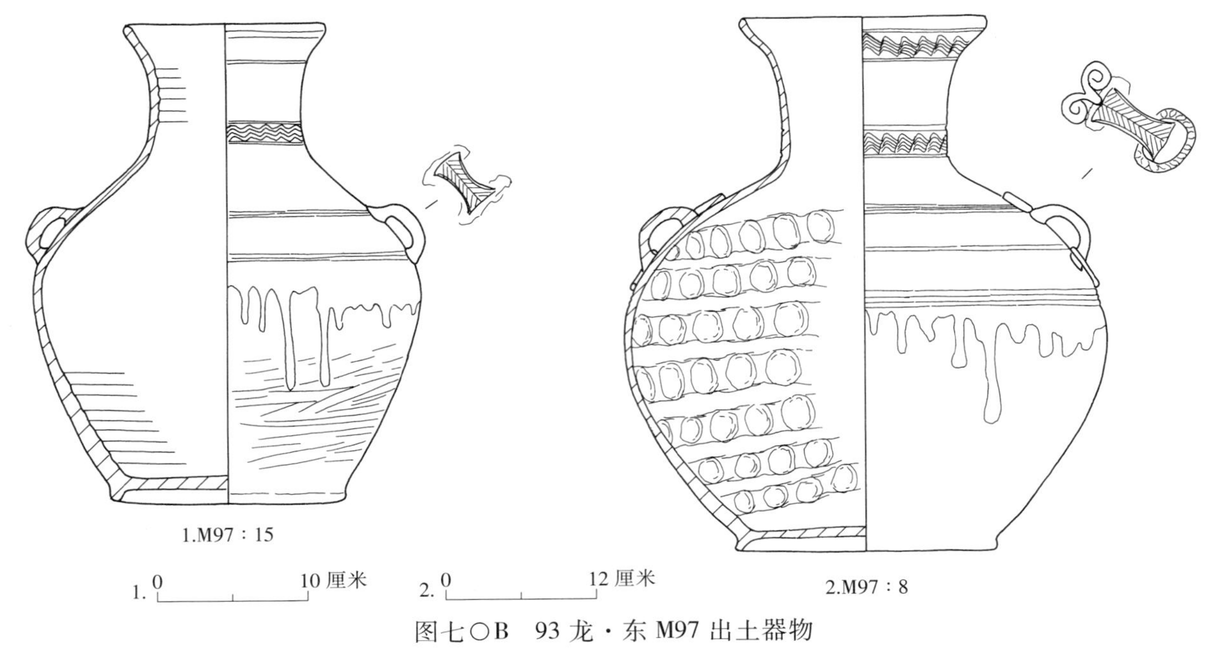

图七〇B 93 龙·东 M97 出土器物

三组细弦纹。耳面模印叶脉纹，上方贴菱角形堆纹。高温釉陶。釉色泛黄，釉层大部流失。无釉部位露胎呈褐色，胎质坚硬。颈以上为轮制；以下采用泥条盘筑，内壁有陶拍的抵窝痕。高 43.6、口径 19.7、腹径 38.3、底径 20.5 厘米（图七〇B，2）。

罐 3 件。M97∶2，直口，平唇，斜肩上安双耳，鼓腹略扁，腹最大径位于中部，平底。通体切削密集的弧凸宽弦纹，耳面模印粗壮的叶脉纹。硬陶。露胎呈青灰色，胎质较硬。高 15.6、口径 10.4、腹径 18.4、底径 11.8 厘米（图七〇A，7）。M97∶12、13，残缺。

罍 1 件。M97∶11，印纹硬陶。残缺。

2. 其他 2 件。

铜草叶纹镜 1 件。M97∶1，圆纽，柿蒂纹纽座。座外方框，框内四侧各有两字，组成“见日之光，天下大明”铭文。外区方框四角各饰一对双叶花瓣，并以此四等分，各饰花纹和乳丁。宽缘面饰内连弧纹。高 0.2、直径 11.3 厘米。

铁釜 1 件。M97∶14，残缺。

26. 93 龙·东 M100

（一）概况

墓长 3.55、宽 1.90、深 0.60 米。墓向 260 度。墓坑深入红砂岩风化层中，墓内回填红、黄、灰相杂的沙性五花土，结构较为致密。

墓坑下部四周有因木椁外填土形成的“熟土二层台”，结合随葬器物的摆放位置，判断墓内原有木椁。椁室长约 3.00、宽约 1.40 米。椁内北部设棺厢，南侧设边厢。棺厢内底残留有排列有序的 4 枚铁棺钉，推测原棺木长约 2.10、宽约 0.80 米（图七一）。

（二）随葬器物

随葬器物共 11 件，以陶瓿、壶、罐为基本组合，均置于边厢内。

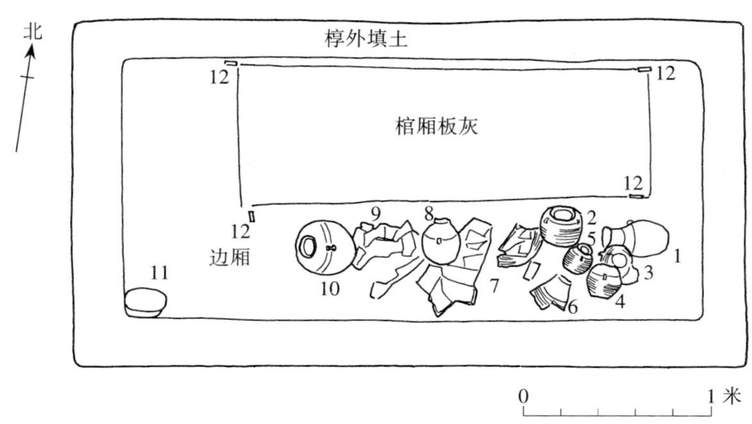

图七一　93 龙·东 M100 平面图
1、8、10. 高温釉陶敞口壶　2～7. 高温釉陶罐　9. 高温釉陶瓿　11. 铁釜　12. 铁棺钉

1. 陶器　10 件。

瓿　1 件。M100∶9，高温釉陶。残缺。

壶　3 件。敞口，平唇，粗短颈，斜弧肩上安双耳，圆弧腹，腹最大径位于中部，浅卧足。口沿外壁和颈下端各轮印一周水波纹，耳面模印叶脉纹。高温釉陶，胎质坚硬。轮制。M100∶1，肩最上端刻划一组简化鸟纹，其下划三组双线细弦纹，腹部切削密集的弧凸粗弦纹。耳上方贴方形堆纹，堆纹上刻划对称的勾连纹并粘附乳丁。釉色青绿，釉层较光亮。高 31.8、口径 13.2、腹径 24.8、底径 12.8 厘米（图七二，1）。M100∶8，矮圈足外撇。肩部划两组双线细弦纹，腹部饰

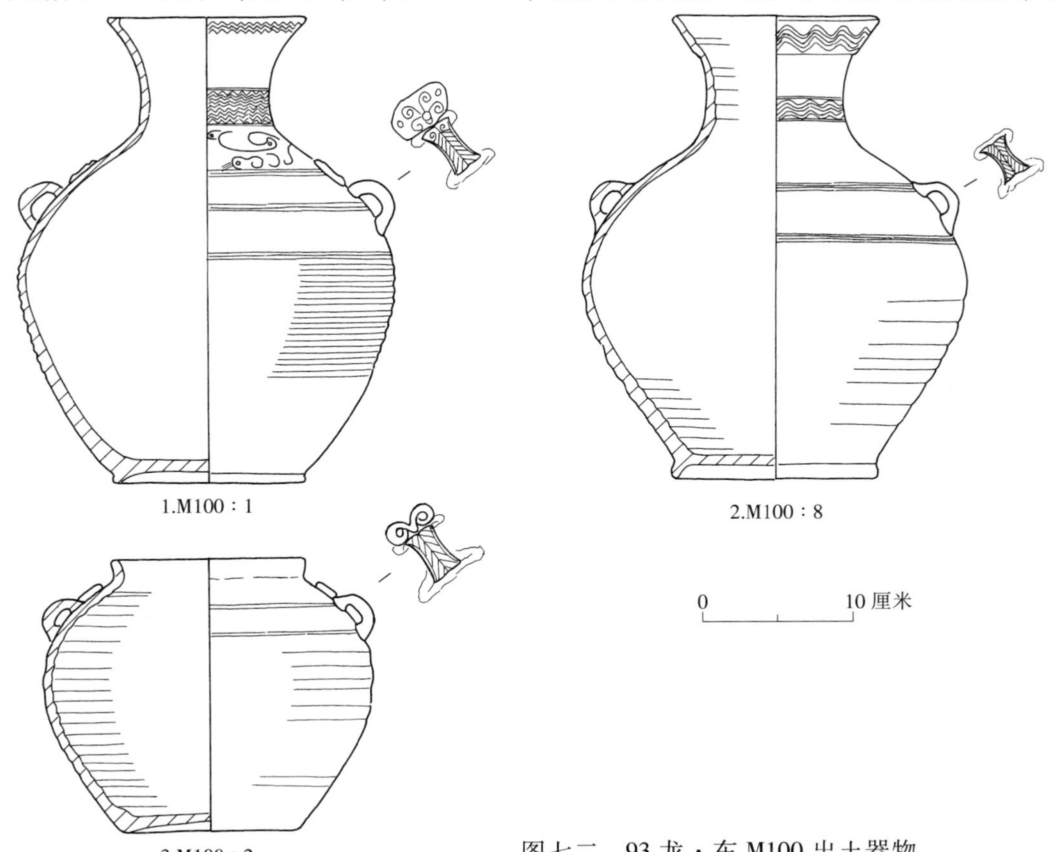

图七二　93 龙·东 M100 出土器物

弧凸的宽弦纹。釉色泛黄，无釉部位露胎呈红灰色。高31.6、口径13.7、腹径25.3、底径13.6厘米（图七二，2）。M100∶10，残缺。

罐 6件。M100∶2，侈口，圆沿，斜肩上安双耳，圆鼓腹，腹最大径位于中部，平底。肩部划两道细弦纹，腹部有不甚明显的宽弦纹。耳面模印叶脉纹，耳上方贴菱角形堆纹。高温釉陶。釉呈绿褐色。无釉部位露胎呈红褐色，胎质坚硬。高18.4、口径13、腹径22.2、底径12厘米（图七二，3）。M100∶3～7，均为高温釉陶。残缺。

2. 其他 1件。

铁釜 1件。M100∶11，残缺。

三 一椁双棺同穴合葬墓

共7座。墓内以一椁两棺为葬具。均为深竖穴土坑结构，平面形式多样。墓坑四壁陡直，底面平整。葬具均已腐坏无存。

1.79龙·东M11

（一）概况

平面呈长方形。墓长3.50、宽2.80、深3.00米。墓向152度。墓内回填红、黄相杂的五花土，结构较为松散。

墓底挖有两条用于放置椁下垫木的横轴向沟槽，长3.40、宽0.20、深0.10米，前后相距1.86米。结合随葬品的摆放位置，判断墓内原有木椁。椁内中部设棺厢，东侧设有边厢，南端设有头厢。棺厢内留有排列有序的8枚铁棺钉，推测原棺木长约1.20、宽约0.60米（图七三）。

（二）随葬器物

随葬器物共58件。器物以陶钫、鼎、盒、瓿、壶、罐、灶、井为基本组合，并伴有陶奁、盆、杯、各种牲畜模型和铜星云镜等。其中西部棺内头部摆放一面铜星云镜，腰部放置一把小铁削。在紧贴棺木的西边，置有一杆长约2米的矛，现存两端的铜矛和铜镦，中间的木柲已腐坏无存。东部棺木内南端有一直径约0.30米的漆奁（盒）痕迹，内置一面铜星云镜。大型陶器分别置于边厢和头厢内。

1. 陶器 共53件。

钫 2件。方形直口，宽平唇，短颈内弧，斜肩，弧腹上安双耳，腹最大径位于中部，假圈足稍外撇。耳面模印叶脉纹。高温釉陶。盖面、颈下端至腹最大径处施釉（以下钫的施釉方式相同），釉色泛黄。无釉部位露胎呈暗红色，胎质坚硬。轮制。外壁有修刮痕迹，腹壁、底面内外壁局部有气泡。M11∶1，盝式顶盖。通高41.2、钫高39.8、口边长11、腹径21.6、底边长13.8厘米（图七四A，1；图版一，1）。M11∶3，无盖，近底部有一个较大的气泡。高38、口边长11.2、腹径20.6、底边长14.6厘米（图七四A，2）。

鼎 4件。覆钵形盖。鼎口微敛，宽唇面下凹呈子母口，口外附长方形立耳，腹壁缓收，平底外缘附立三个低矮的蹄形足。耳面模印几何纹。高温釉陶。无釉部位露胎呈暗红色，胎质坚硬。轮制，内壁留有轮旋痕。其中2件器身宽大，平顶周缘等距附立三个乳丁，耳上端略外撇并高于口沿。釉色泛黄，釉层已流失，露胎呈黄灰色。M11∶18（鼎）、24（盖），腹部切削宽弦纹，盖内

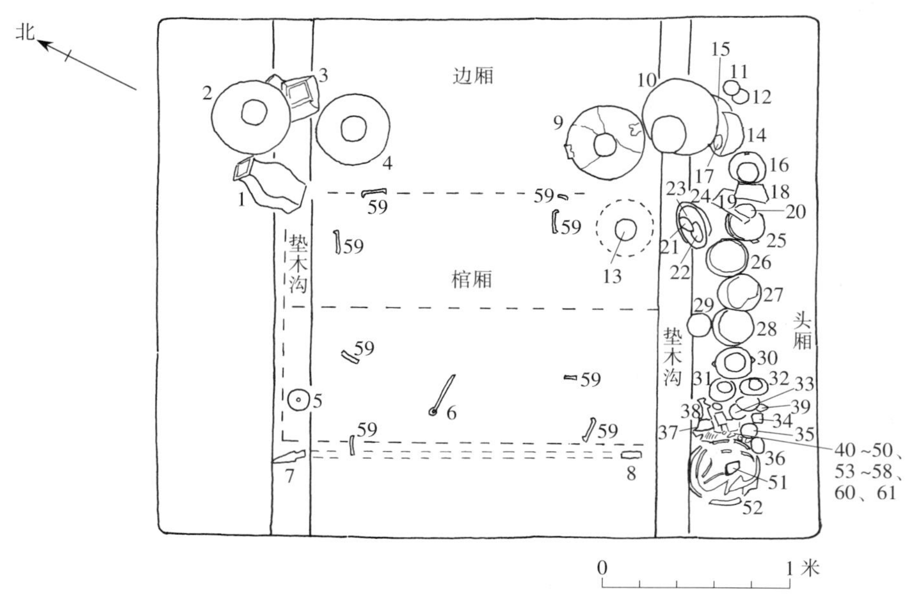

图七三　79龙·东M11平面图

1、3. 高温釉陶钫　2、4、52. 高温釉陶敞口壶　5、13. 铜星云镜　6. 铁削　7. 铜矛　8. 铜镦　9、10. 高温釉陶瓿　11、22. 高温釉陶碟　12、15、17、23、24、29. 陶器盖　14、19、27、28. 高温釉陶盒　16、30、31. 高温釉陶罐　18、25、26、51. 高温釉陶鼎　20. 高温釉陶盆　21、44、56、57. 高温釉陶耳杯　32. 硬陶罐　33. 高温釉陶熏　34. 高温釉陶杯　35. 高温釉陶匜　36、61. 硬陶甑　37. 硬陶奁　38、50. 硬陶马　39、47. 硬陶房屋　40. 硬陶羊（一对）　41、46. 硬陶狗　42、43. 硬陶牛　45. 硬陶猪舍　48. 硬陶井　49. 硬陶釜　53. 硬陶鸡（一对）　54. 硬陶灶　55. 硬陶灯盏　58. 高温釉陶勺　59. 铁棺钉　60. 高温釉陶匙

壁有较多的气泡。通高22.6、鼎高14.8、口径24、腹径24.8、底径14.2厘米（图七四A，3）。M11∶51，通高22.6、鼎高14、口径23.4、腹径23.4、底径15.2厘米（图七四A，4）。另2件器身较窄，弧面顶盖。釉色青绿，釉层光亮。内壁留有轮旋痕。M11∶26，通高18.4、鼎高15.2、口径17.5、腹径16.2、底径12厘米（图七四A，5）。M11∶25，通高18、鼎高11.6、口径17、底径13厘米（图七四A，6）。

盒　4件。覆钵形盖。盒口内敛，宽唇面下凹呈子母口，斜腹，平底稍内凹。腹部切削宽弦纹。高温釉陶。胎质坚硬。轮制，内壁留有轮旋痕。其中2件器身宽矮。盖面较平，盖上等距附立三个乳丁。M11∶14（盒）、23（盖），釉层已流失，露胎呈黄灰色。无釉部位露胎为紫红色。通高19.6、盒高12.7、口径25.2、底径14.4厘米（图七四B，1）。M11∶19，釉层已流失，露胎呈黄灰色。无釉部位露胎呈红灰色。盖内壁留有气泡。通高21.2、盒高13.6、口径23.6、底径14.5厘米（图七四B，2；图版二，4）。2件器身较窄，弧面顶盖。釉色泛黄，釉层光亮。无釉部位露胎呈暗红色。M11∶27，盖顶心有一周双线同心圆。通高18.8、盒高11.6、口径17.8、底径11.4厘米（图七四B，3）。M11∶28，通高20.4、盒高13.4、口径18、底径12.4厘米（图七四B，4；图版二，5）。

瓿　2件。弧面顶盖，塔形捉纽。瓿为直口，平唇，宽斜肩上安铺首，铺首较高，上端外撇并低于口沿，鼓腹略扁，腹最大径位于上部，平底内凹。铺首面模印人面纹。高温釉陶。釉色泛黄，釉层已流失，露胎呈黄灰色。无釉部位露胎为紫红色，内胎为灰色，胎质坚硬。泥条盘筑，内外壁均有陶拍的抵压窝痕，大小约3.5厘米见方。M11∶9，通高36.4、瓿高33.2、口径11.6、

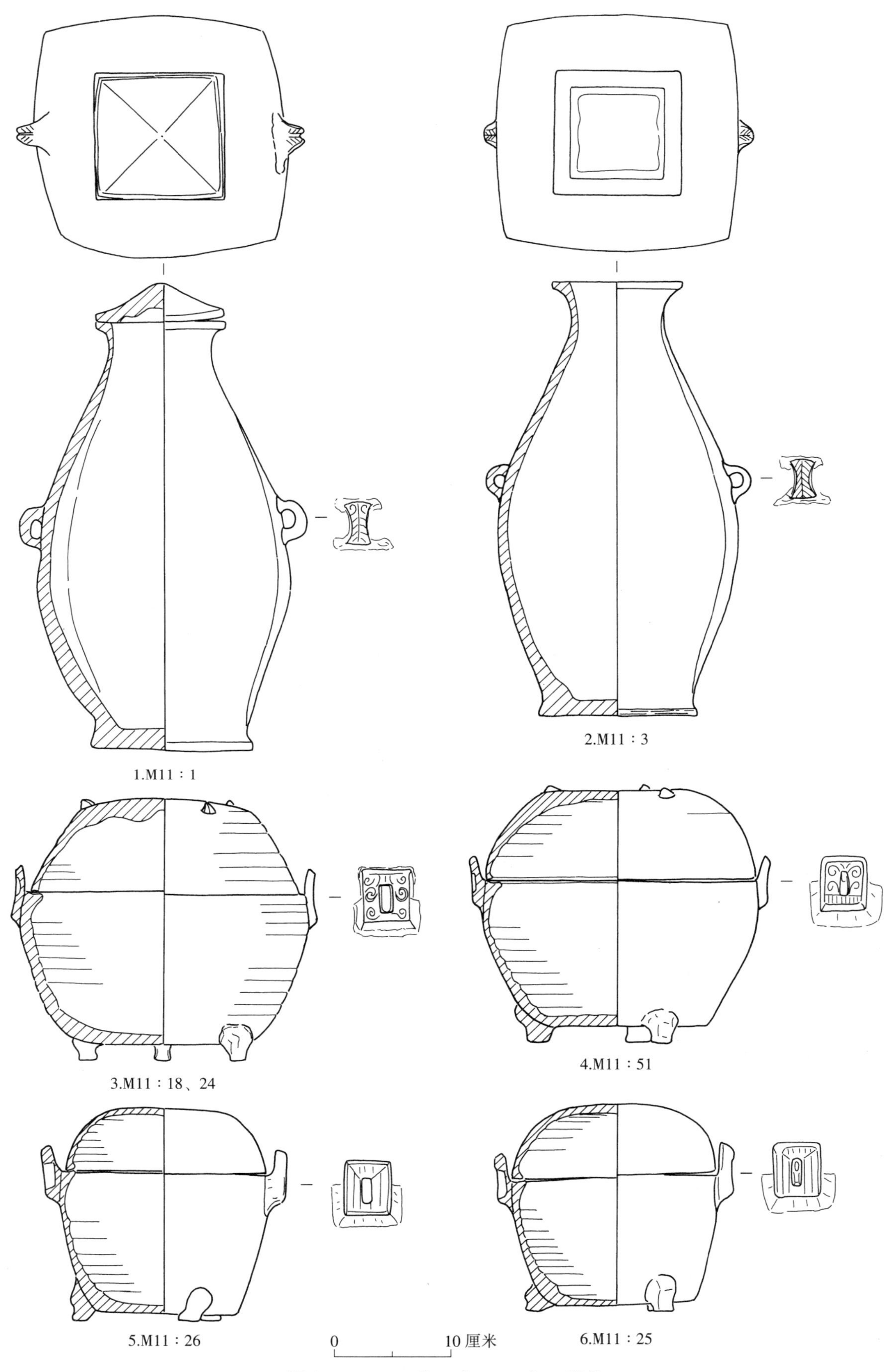

图七四A　79龙·东M11出土器物

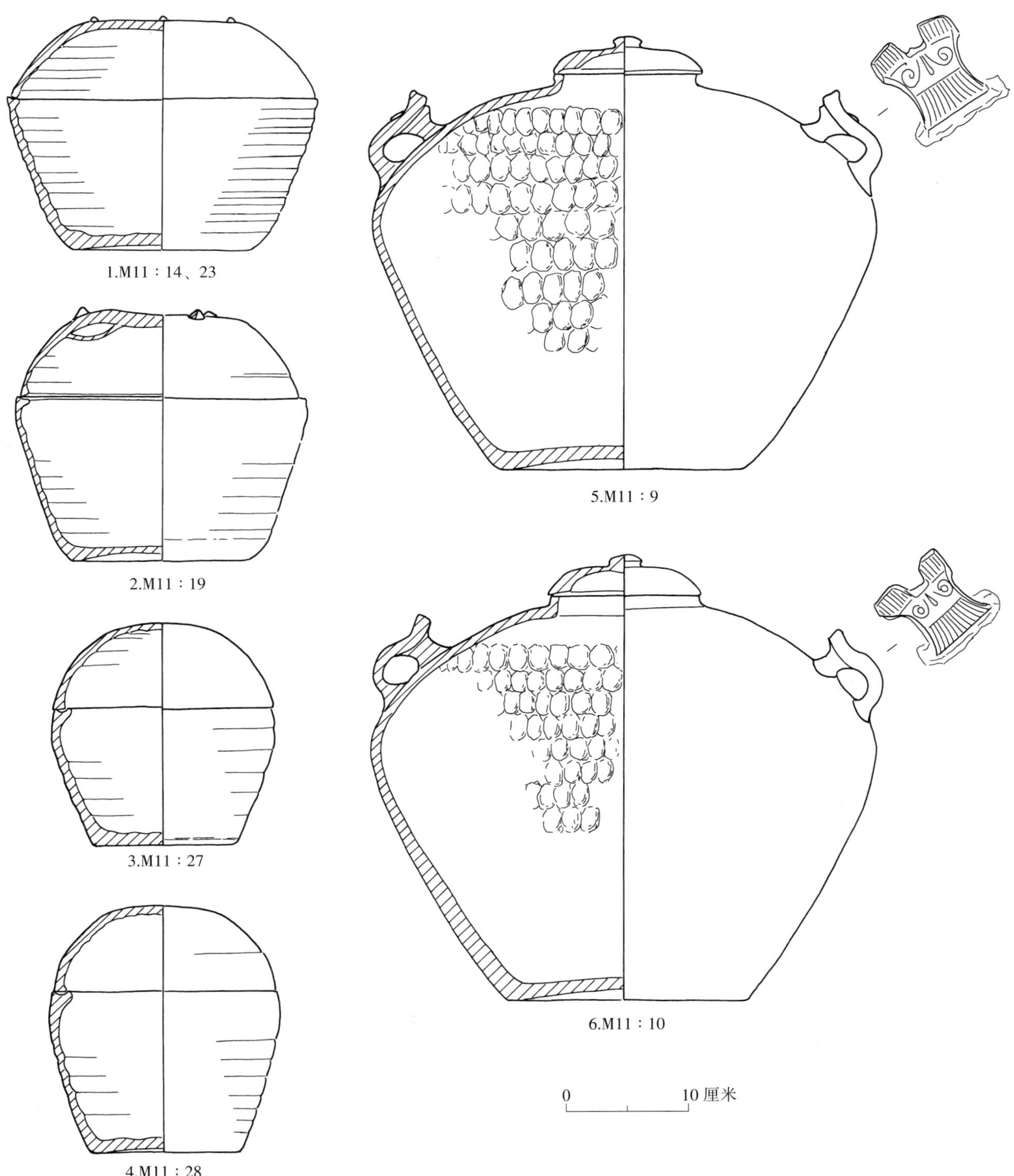

图七四B 79龙·东M11出土器物

腹径41、底径20厘米（图七四B，5）。M11∶10，通高37.6、瓿高34、口径12.3、腹径41、底径19.4厘米（图七四B，6；图版三，1）。

壶 3件。其中2件器身高大。弧面顶盖，短柱形捉纽。壶口较直，平唇，粗短颈，宽斜肩上安双耳，扁鼓腹，腹最大径位于近上部，平底内凹。颈、腹部划数道宽弦纹，耳面模印叶脉纹。

高温釉陶。釉色泛黄，釉层已基本流失，露胎呈黄灰色。无釉部位露胎呈紫红色，胎质坚硬。颈以上为轮制，以下采用泥条盘筑，内外壁均留有陶拍的抵压窝痕。器物下部不甚规整，局部有气泡。M11∶4（壶）、29（盖），通高39.4、壶高36、口径11、腹径35.8、底径18.2厘米（图七五A，1）。M11∶2（壶）、17（盖），平唇面微凹。通高38.5、壶高35、口径11、腹径35.3、底径17.8厘米（图七五A，2；图版五，1）。另1件器身较小。腹部切削平凸的宽弦纹，耳面模印叶脉

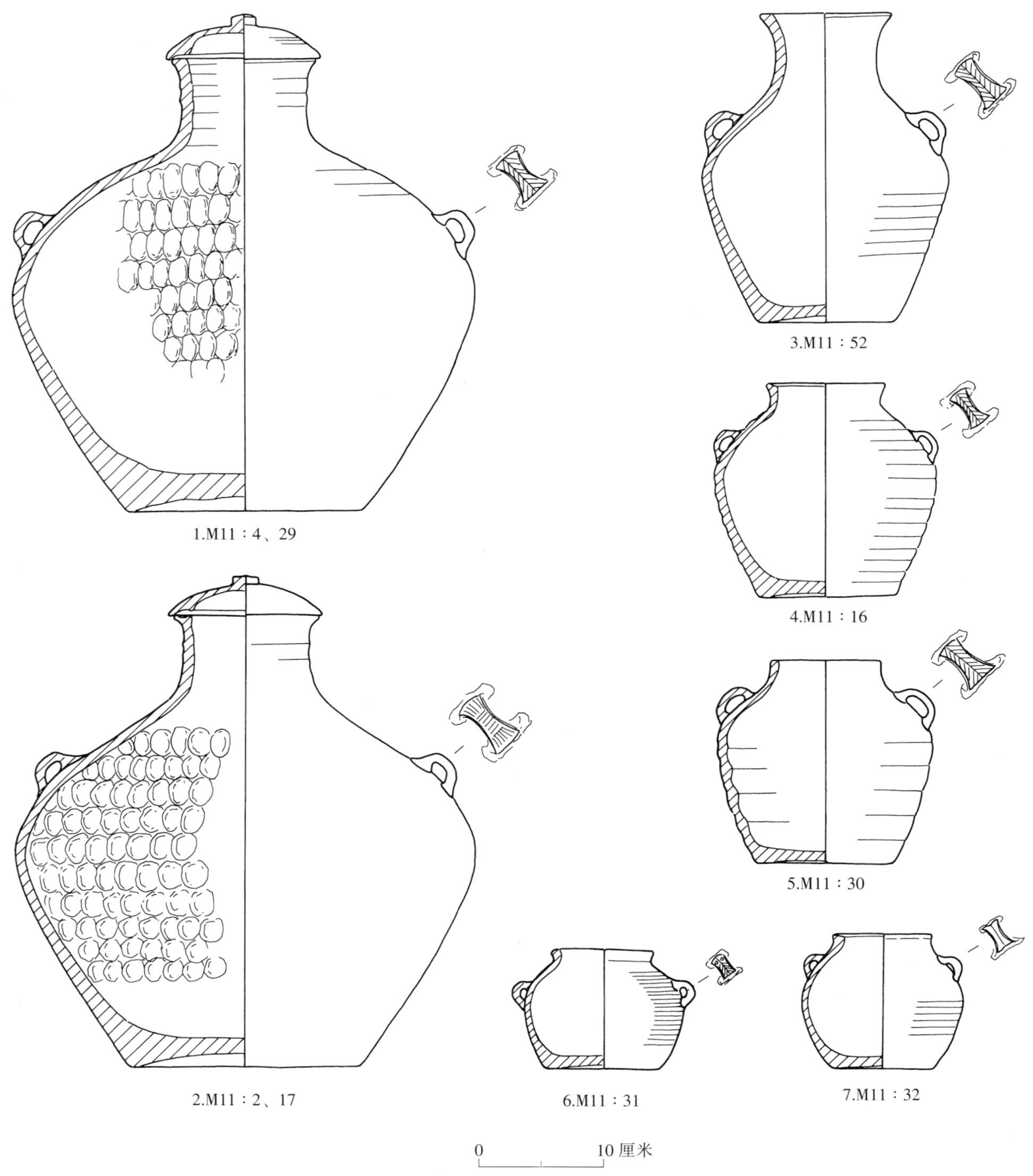

图七五A 79龙·东M11出土器物

纹。高温釉陶。釉色青绿，釉层光亮。无釉部位露胎呈紫红色，胎质坚硬。轮制，内壁留有轮旋痕。M11∶52，高25.3、口径10.8、腹径19.6、底径10.8厘米（图七五A，3）。

罐 4件。大小各2件。直口，颈略高，斜肩上安双耳，鼓腹，腹最大径位于近上部，平底内凹。通体切削疏朗的宽弦纹，耳面模印叶脉纹。大者为高温釉陶。釉层已流失，露胎呈黄灰色。无釉部位露胎呈紫红色，内胎为灰色，胎质较硬。轮制。M11∶16，内斜唇。高17.6、口径9.6、腹径17.8、底径11.2厘米（图七五A，4）。M11∶30，平唇，颈与肩无明显的交界线。高16.6、口径8.8、腹径17.3、底径11厘米（图七五A，5；图版一三，1）。小者为鼓腹，腹最大径位于中部，平底内凹。胎质坚硬。轮制。M11∶31，侈口，圆唇。通体切削密集的粗弦纹，耳面模印叶脉纹。高温釉陶。釉层基本流失，露胎呈黄灰色。无釉部位露胎呈褐色。高10、口径8.2、腹径12.7、底径9.3厘米（图七五A，6）。M11∶32，内斜唇，口与颈无明显的交界线。腹部划数道宽弦纹。硬陶。露胎肩部呈黄灰色，腹部呈砖红色。高11、口径8、腹径13、底径8厘米（图七五A，7）。

器盖 2件。弧面顶，浅腹，盖沿内凹。M11∶12，硬陶。露胎呈红灰色，胎质较硬。内壁留有轮制的旋痕。高1.8、盖径9.3厘米（图七五B，1）。M11∶15，内壁中心有一“×”形符号。高温釉陶。盖面施釉，釉色泛黄，釉层大部流失，露胎呈黄灰色，胎质坚硬。内壁留有旋痕，中心起泡。高4.4、盖径18厘米（图七五B，3）。

单把杯 1件。M11∶34，直口，平唇，筒腹中部一侧附耳，平底内凹。腹部划数道窄弦纹。高温釉陶。唇面和肩部施釉，釉色泛黄，釉层基本流失，露胎呈黄灰色。无釉部位露胎为紫红色，胎质坚硬。轮制。高4.3、口径5.8、底径4.6厘米（图七五B，2；图版一九，6）。

奁 1件。M11∶37，直口，平唇，腹壁缓收，腹上部安双耳，平底，底缘附立三个短柱形足。硬陶。轮制，内壁留有轮旋痕。高5.5、口径10.2、底径8.6厘米（图七五B，4）。

盆 1件。M11∶20，口微敛，宽斜唇，口下端内束，腹壁斜收，平底内凹。高温釉陶。唇面和器物内壁施釉，釉层已流失，露胎呈黄灰色。无釉部位露胎呈红褐色，胎质坚硬。轮制。底外缘留有与腹壁的黏结痕迹。高4.1、口径12.4、底径8.3厘米（图七五B，5；图版一九，2）。

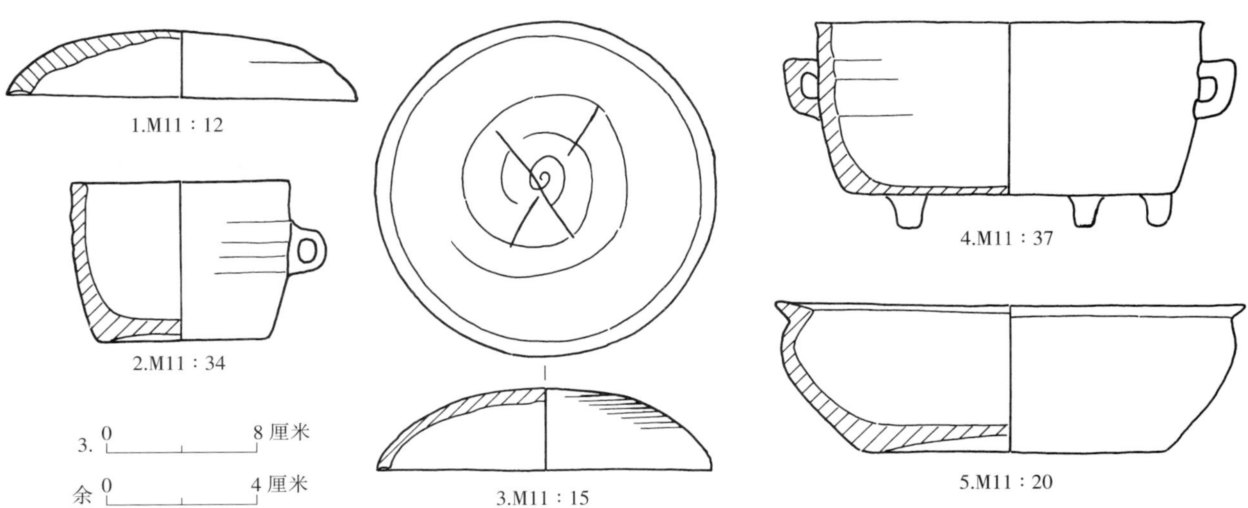

图七五B 79龙·东M11出土器物

耳杯 4件。大小不同。口、底均呈椭圆形，口微敛，两侧附上翘的月牙形耳，斜腹，平底。高温釉陶。内壁施釉，釉色泛黄，釉层已流失，露胎呈黄灰色。外壁露胎呈紫红色，胎质坚硬。器物用内模制作，内壁光滑，外壁留有修刮痕迹。2件器身较大。M11∶21，高3.6、口长10.8、宽6.7厘米，底长5.9、宽3.7厘米（图七五C，1）。M11∶57，高3.9、口长11.2、宽6厘米，底

图七五C 79龙·东M11出土器物

长6.2、宽4厘米（图七五C，2）。另2件器身较小。M11∶44，高2.9、口长6.7、宽4.8、底长3.7、宽1.9厘米（图七五C，3）。M11∶56，高2.5、口长6.4、宽4.8、底长3.7、宽2.4厘米（图七五C，4）。

碟　2件。敞口，宽平唇，斜折腹较浅，平底内凹。高温釉陶。唇面和内壁施釉，釉色泛黄，釉层已流失，露胎呈黄灰色。无釉部位露胎为紫红色，胎质坚硬。轮制。M11∶11，高1.5、口径9.2、底径4.8厘米（图七五C，5；图版二○，4）。M11∶22，高1.5、口径9.8、底径5.5厘米（图七五C，6）。

匜　1件。M11∶35，方口微敛，一侧带有略宽的半圆形短流，腹壁微弧，平底。腹部划密集的窄弦纹。高温釉陶。内壁施釉，釉层已流失，露胎呈灰色。无釉部位露胎为紫红色，胎质坚硬。模制。高3.9、口长8.1、宽7.4、底宽6.5厘米（图七五C，7；图版二一，3）。

勺　1件。M11∶58，整体似半个葫芦。高温釉陶。内壁前部和勺底上部施釉，釉层已流失，露胎呈灰色。无釉部位露胎为紫红色，胎质坚硬。手制。高2.6、长4.7、宽4.4厘米（图七五C，8）。

匙　1件。M11∶60，短弧柄，柄端下勾，勺身呈椭圆形。高温釉陶。阳面施釉，釉层已流失，露胎呈黄灰色。无釉部位露胎呈红灰色，胎质坚硬。手制，外壁留有修刮痕迹。长7.2、宽4.4厘米（图七五C，9；图版二二，1）。

熏　1件。M11∶33，弧面顶盖，中心附一个鸟形捉纽，四周戳出内外两组三角形出烟孔，每组四个。熏呈簋形，直口，平唇，腹上部较直，下部弧收，矮圈足。高温釉陶。盖面施釉，釉层已流失，露胎呈黄灰色。无釉部位露胎呈暗红色，胎质坚硬。轮制，内壁有轮旋痕。通高9、熏高4、口径5.2、足径6厘米（图七五C，11；图版二○，7）。

灯盏　1件。M11∶55，豆形。撇口，浅盘盏，斜腹，高把下部外撇。盏内中心有一个搁灯芯的乳突。硬陶。露胎内壁呈灰色，外壁为紫红色，胎质坚硬。轮制。高3.7、口径7、足径5.2厘米（图七五C，10；图版二一，1）。

灶　1件。M11∶54，平面略呈三角形，圆弧形灶壁，底面较平。灶面设一椭圆形灶眼，后端设短而上翘的柱状烟囱，前端设较大的方形灶门。硬陶。露胎呈灰红色，胎质坚硬。轮制。烟囱与灶身间留有明显的粘附相接痕迹。灶高9、长13、宽12厘米，灶门高7、宽8厘米（图七六A，1；图版二三，4）。

釜　1件。M11∶49，敛口，扁鼓腹，腹最大径位于中部，平底。硬陶。露胎呈灰黄色，胎质坚硬。轮制。高3、口径6、腹径8.5、底径5.2厘米（图七六A，2；图版二四，1）。

甑　2件。大小各一。侈口，宽平唇，斜腹，平底，底部有五个呈梅花状分布的甑眼。硬陶。露胎呈灰色，胎质坚硬。轮制。M11∶36，高2.8、口径6.4、底径3.2厘米（图七六A，3；图版二四，2）。M11∶61，口沿下内束。高6.2、口径10.8、底径4.4厘米（图七六A，4）。

井　1件。M11∶48，直口，宽平唇，袋囊形腹，腹最大径位于下端，平底。腹部划宽弦纹。硬陶。露胎上部呈灰色，下部为浅褐色，胎质坚硬。轮制，底缘有数个垫珠痕迹。高6.2、口径9.5、腹径9.7、底径7.8厘米（图七六A，5；图版二四，3）。

房屋模型　2件。造型基本相同。干栏式，两面坡顶，屋面刻瓦楞，单开间，正面中间设门，屋外设廊沿。硬陶。露胎呈灰红色，胎质坚硬。M11∶39，通高14.8、屋高10、面阔12、进深10.2、立柱高4.8厘米（图七六A，6；图版二五，1）。M11∶47，高11.2、面阔9、进深7.6厘米

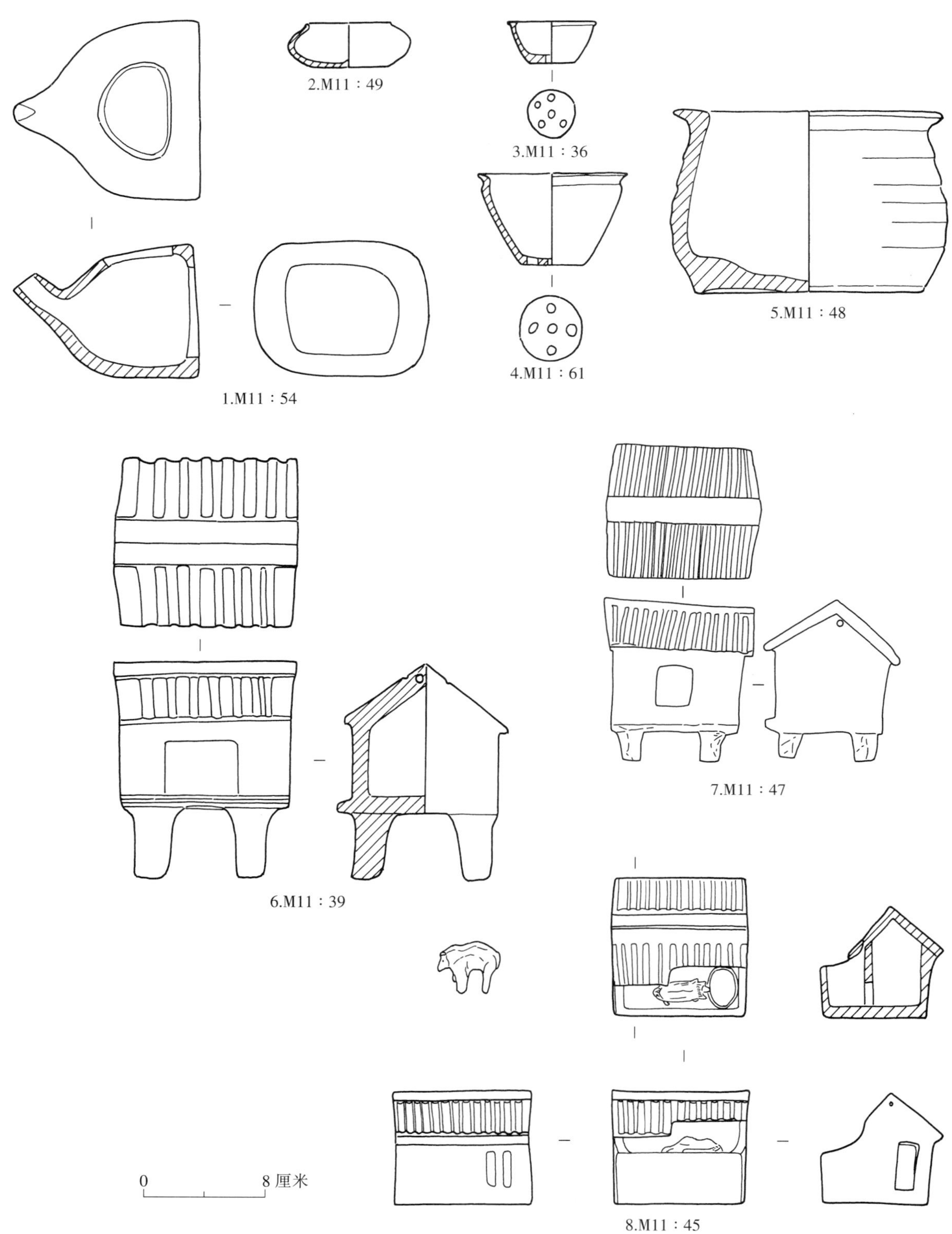

图七六 A 79 龙·东 M11 出土器物

（图七六 A，7）。

猪舍　1 件。M11∶45，双面坡，屋面刻瓦楞。右山墙后侧设门，后墙一侧设有两扇长条形窗。猪舍中间设隔墙，左下侧有一供猪进出的门洞。前室为活动和进食场所，内有一猪对着食槽进食；后室为休息场所。硬陶。露胎屋面呈灰色，其余部位呈暗红色，胎质坚硬。高 7.5、面阔 9.3、进深 7.3 厘米（图七六 A，8；图版二五，2）。

牛　2 件。牛身滚圆，四肢站立。硬陶。露胎呈黄灰色，胎质坚硬。背部多处开裂，背部有爆汗釉现象。手制。M11∶42，高 6.2、长 10.7 厘米（图七六 B，1；图版二五，3 右）。M11∶43，高 5.6、长 10.6 厘米（图七六 B，2；图版二五，3 左）。

马　2 件。个体较大。四肢站立。硬陶，露胎呈黄灰色。手制，背部已开裂。M11∶38，高 8.5、长 10.9 厘米（图七六 B，3；图版二五，4 左）。M11∶50，高 8.6、长 11 厘米（图七六 B，4；图版二五，4 右）。

羊　2 件。个体较小。四肢站立，头上长角。硬陶。露胎呈黄灰色，胎质坚硬。手制。M11∶40－1，尾巴略长而向右甩。高 3.6、长 5.4 厘米（图七六 B，5；图版二五，5 左）。M11∶40－2，尾巴下垂，高 4、长 5.2 厘米（图七六 B，6；图版二五，5 右）。

狗　2 件。个体较小。四肢站立，尾部上卷。硬陶。露胎呈黄灰色，胎质坚硬。手制。M11∶41，高 3.8、长 5.3 厘米（图七六 B，7）。M11∶46，高 4.3、长 5.1 厘米（图七六 B，8；图版二五，6）。

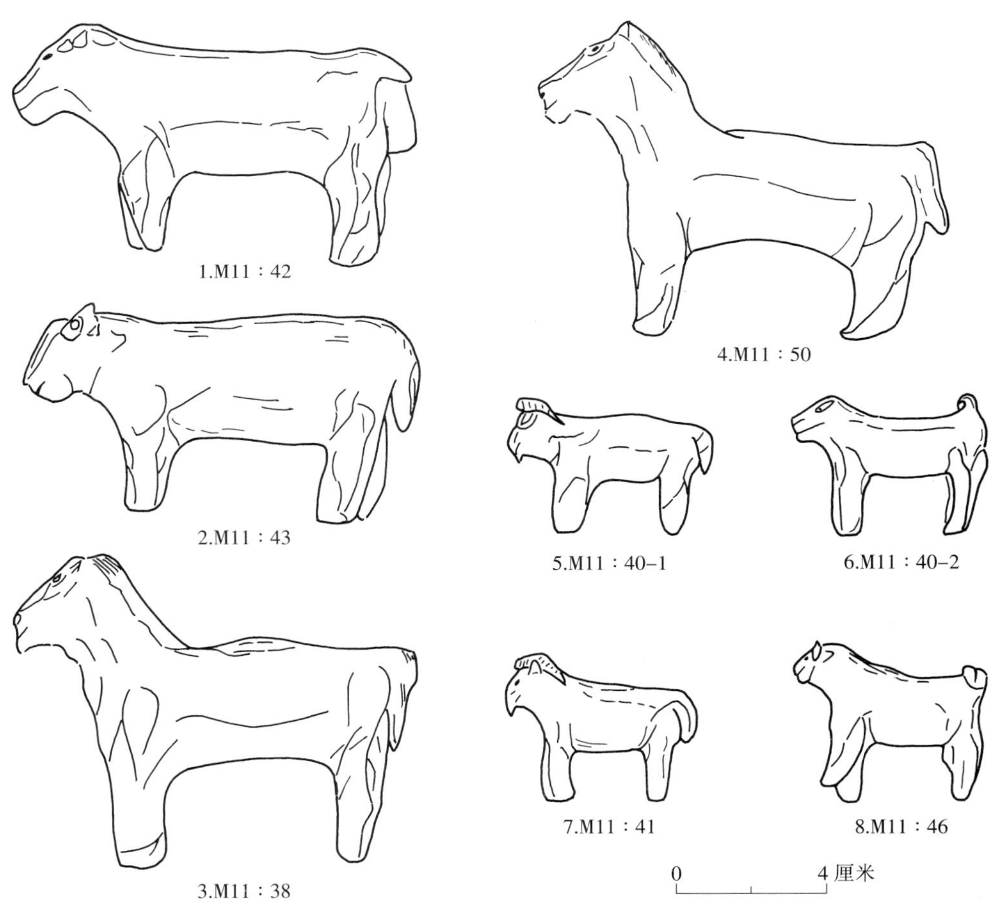

图七六 B　79 龙·东 M11 出土器物

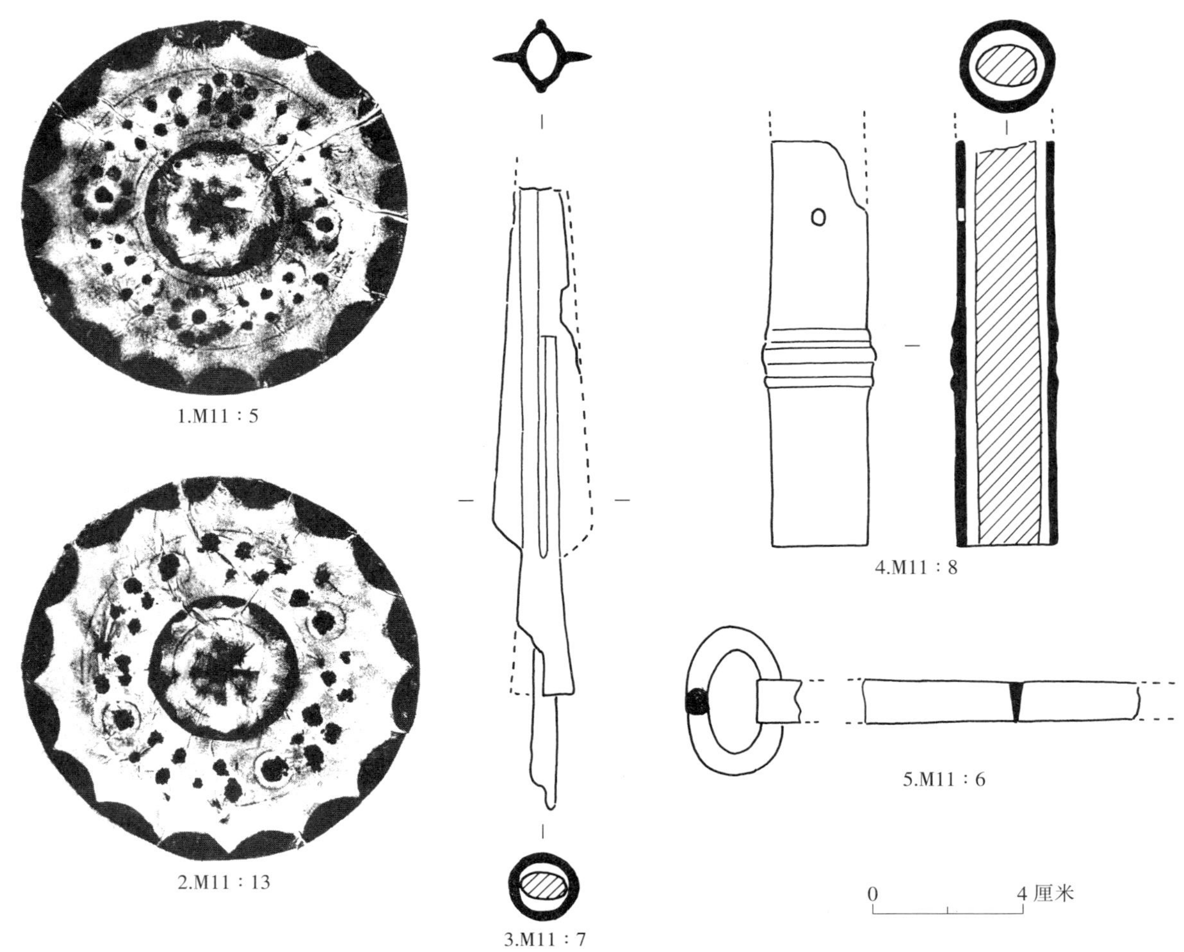

图七六C 79龙·东M11出土器物

鸡 2件。M11:53-1、2，发掘时被窃。

2. 其他 5件。

铜星云镜 2件。博山纽，连弧纹纽座。外区四等分，各饰一组七星图，其间以乳丁相隔，乳丁外围绕一周联珠纹。宽缘面上饰连弧纹。M11:5，高1.1、直径10.3厘米（图七六C，1；图版二六，6）。M11:13，高1.2、直径10.6厘米（图七六C，2）。

铜矛 2件。木柲基本腐坏无存，顶端和底端分别为铜质的矛头和镦。M11:7，矛锋已残，斜从中脊，銎内留有一截木柲。残长13.8、残宽1.7、銎径1.8厘米（图七六C，3；图版二九，4左）。M11:8，镦为圆柱形，中空，外壁中间有一道平凸的弦纹，上端有一个圆形小孔。镦内残留一截木柲，木柲横截面呈椭圆形，柲外缠绕麻索，以使木柲在镦内更加紧固。残高11、直径3厘米（图七六C，4；图版二九，4右）。

铜削 1件。M11:6，残。环首，单面刃。残长11.2、宽1.2厘米（图七六C，5）。

2. 79龙·东M15

（一）概况

墓已遭到严重盗扰。

平面呈长方形，长 4.60、宽 3.90、深 3.30 米。墓向 135 度。墓内回填红、黄相杂的五花土，结构较为松散。

墓底挖有两条用于放置椁下垫木的横轴向沟槽，长 4.50、东段宽约 0.40、西段宽约 0.20、深 0.10 米，前后相距 1.90 米，据此推测墓内原有木椁。椁内中部设棺厢，厢底残留有少量的朱色棺木漆皮和 3 枚铁质蚂蟥攀钉（图七七）。

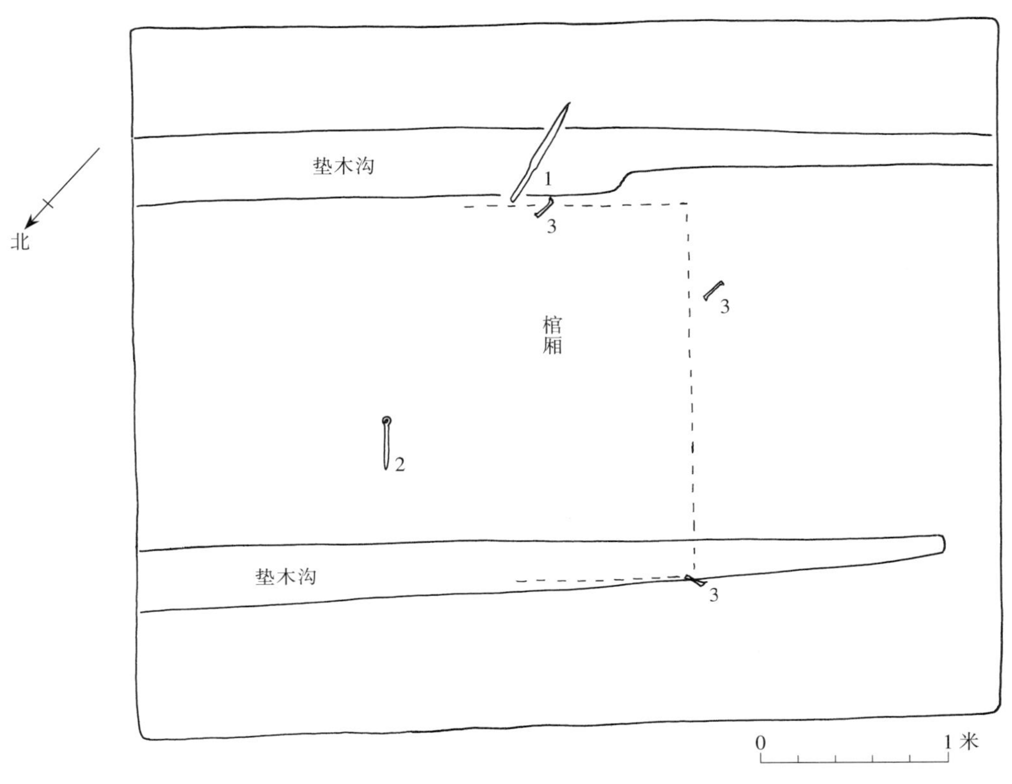

图七七　79 龙·东 M15 平面图
1. 铁矛　2. 铁刀　3. 铁棺钉

（二）随葬器物

随葬器物仅存 2 件铁器。

铁矛　1 件。M15∶1，残缺。

铁刀　1 件。M15∶2，残缺。

3. 87 龙·东 M5

（一）概况

平面呈方形，墓长 3.74、宽 3.72、深 1.80 米。墓向 70 度。墓内回填黄、红相杂的黏土，结构较为致密。

墓坑下部四周有因木椁外填土形成的“熟土二层台”，判断墓内原有木椁。椁室呈方形，边长约 3.00 米。椁内北部设棺厢，内置双棺，南部设边厢。棺厢底残留有少量板灰（图七八）。

（二）随葬器物

随葬器物共 39 件（组），以陶壶、罐、罍为基本组合，并伴有铜篮、博局镜、云雷纹镜、弩

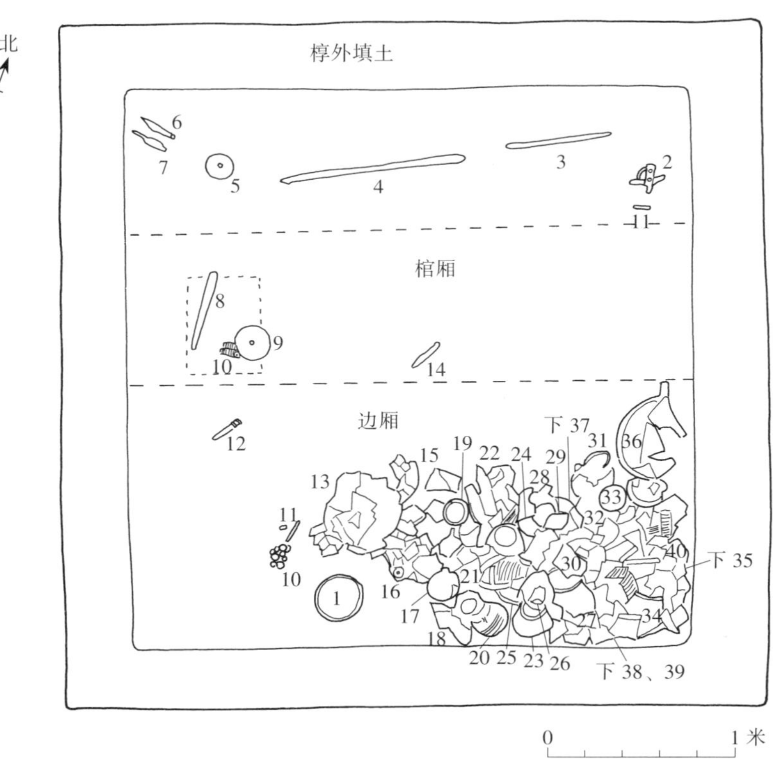

图七八 87龙·东M5平面图

1. 铜簋 2. 铜弩机 3、4、14. 铁刀 5. 铜云雷纹镜 6、7. 铁矛 8. 铁剑 9. 铜博局镜 10. 铜"五铢"钱 11. 铁棺钉 12. 铁器 13、27、34. 印纹硬陶罍 15～20、22、24、26、28、33、38、39. 硬陶盘口壶 21、23、25、31、32、35. 硬陶弦纹罐 37. 高温釉陶罐 30、36. 铁釜 29. 印纹硬陶坛 40. 高温釉陶印纹坛

机、"五铢"钱和铁矛、剑、刀等。其中北侧棺厢内铜镜摆放于头部，两把铁刀分别置于腰腿部，铜弩机置于足部；南侧棺厢内铜镜、铜钱、铁剑摆放于头部，铁削置于腰部。其余均置于边厢内。

1. 陶器 25件。

壶 13件。M5∶33，浅盘口，内斜唇，粗颈较长，圆弧肩上安双耳，圆弧腹，腹最大径位于上部。肩部划两组细弦纹，耳面模印叶脉纹。硬陶，胎质较硬。轮制。高31.6、口径14、腹径24.8、底径12.8厘米（图七九A，1）。M5∶15～20、22、24、26、28、38、39，均残缺。

罐 7件。根据口沿形态的不同分为：

翻沿口罐 1件。M5∶35，翻沿口，圆唇，斜肩上安双耳，圆鼓腹，腹最大径位于中部，平底内凹。通体切削密集的弧凸粗弦纹，耳面模印叶脉纹。硬陶。露胎呈灰红色，胎质较硬。轮制。高8.7、口径7.6、腹径11.9、底径6.6厘米（图七九A，2）。

敛口罐 1件。M5∶37，器形如瓿。敛口，宽斜唇，圆弧肩上安双耳，圆弧腹，腹最大径位于上部，平底。肩部划一周双线细弦纹，腹部切削密集的平凸粗弦纹，耳面模印叶脉纹。高温釉陶。轮制。高19.2、口径9.2、腹径20.4、底径9.6厘米（图七九A，3）。

盘口罐 2件。盘口，内斜唇，盘壁外斜，短颈，斜肩上安穿孔小鋬，圆鼓腹，腹最大径位于中部，平底。颈两侧各有一小圆孔与鋬孔相接，以供穿绳之用。口外壁和肩部各划两道细弦纹，腹部切削密集的弧凸窄弦纹。硬陶。露胎肩部呈灰色，腹部呈砖红色，胎质坚硬。M5∶21，高19.2、口径12.8、腹径19.8、底径9.7厘米（图七九A，4；图版一四，6）。M5∶23，高19.5、口

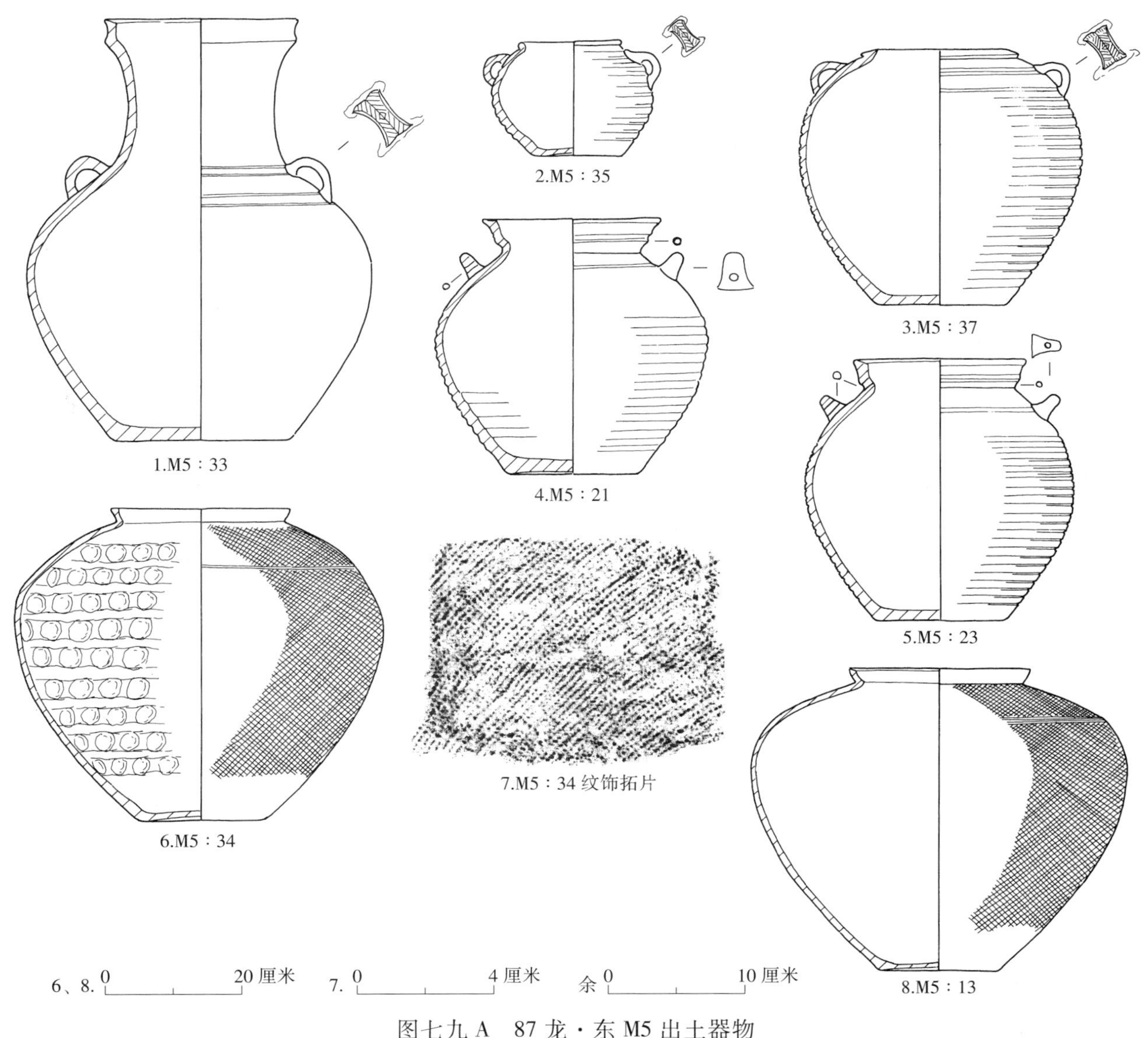

图七九A 87龙·东M5出土器物

径12.2、腹径19.6、底径9.6厘米（图七九A，5）。

另三件M5∶25、31、32，均残缺。

罍 3件。侈口，平唇，宽圆弧肩，鼓腹，平底内凹。通体拍印粗麻布纹。印纹硬陶。露胎上部呈灰色，下部呈红灰色，胎质较硬。泥条盘筑，内壁留有陶拍的抵窝痕。M5∶34，腹最大径位于中部。高47、口径26.4、腹径53.8、底径18.3厘米（图七九A，6、7；图版一七，2）。M5∶13，腹最大径位于上部。高45.4、口径26.2、腹径54、底径17.4厘米（图七九A，8）。M5∶27，残缺。

坛 2件。侈口，高领，窄弧肩，深弧腹，腹最大径位于上端，平底内凹。通体拍印麻布纹，肩部划一周细弦纹。M5∶29，印纹硬陶，胎质坚硬。轮制，内壁有轮旋痕。高29.4、口径13.6、腹径23.1、底径13厘米（图七九B，1；图版一八，3）。M5∶40，高温釉陶。釉色泛青，胎质坚硬。高32.5、口径15.1、腹径24.1、底径12.8厘米（图七九B，2）。

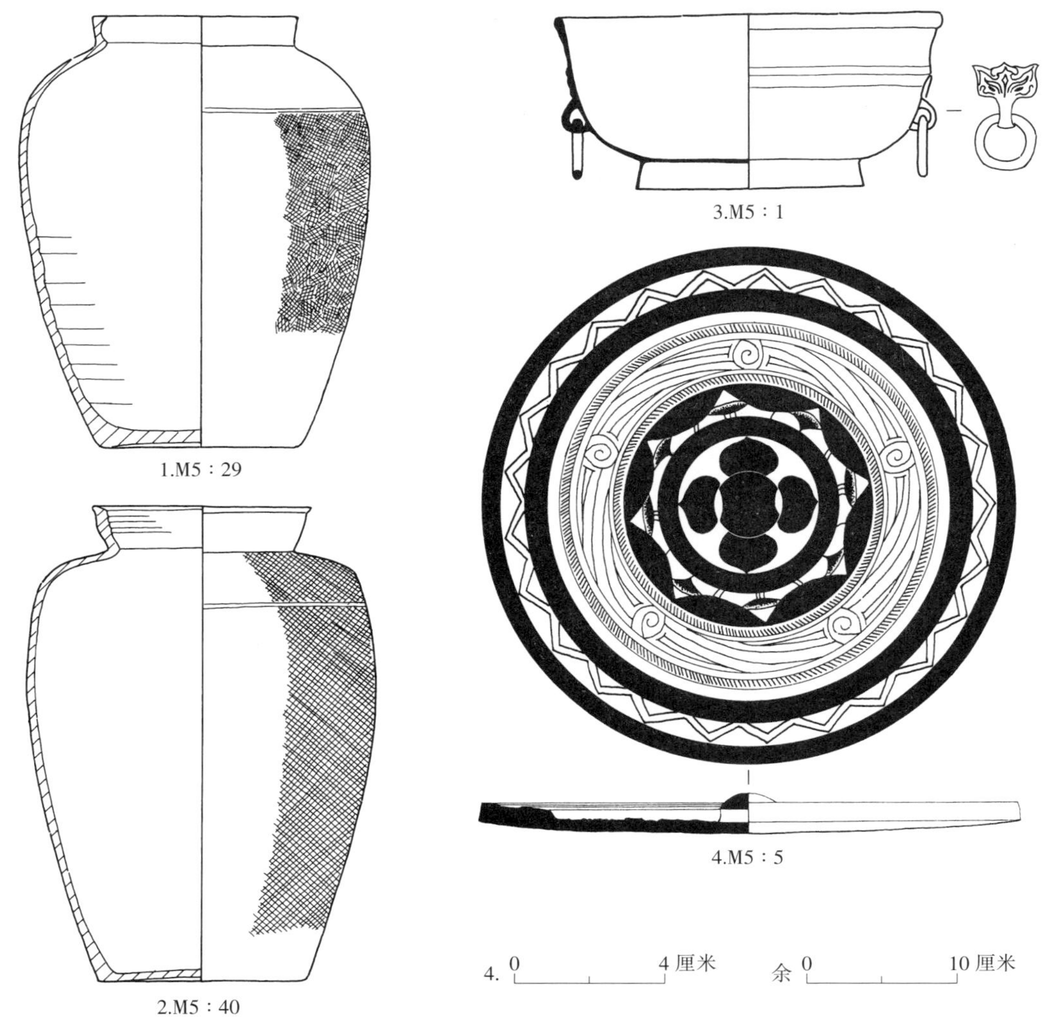

图七九B　87龙·东M5出土器物

2. 其他　14件（组）。

铜簋　1件。M5∶1，侈口，圆唇略厚，腹壁上部较直，下部弧折收，高圈足外展。腹中部有一道凸弦纹，下附一对衔环小纽，纽上方贴方形兽面。高12、口径25.2、足径15.2厘米（图七九B，3；图版二六，3）。

铜博局镜　1件。M5∶9，残缺。

铜云雷纹镜　1件。M5∶5，圆纽，柿蒂纹纽座，座外一周内向连弧纹。内区饰云雷纹，其外一周栉齿纹。宽缘面饰三角形双线水波纹。高1.2、直径14.3厘米（图七九B，4；图版二九，1）。

铜弩机　1件。M5∶2，由廓、牙、钩心及悬刀组成。廓面前窄后宽，上设一道箭槽，廓身有二键穿通，固定牙和悬刀的位置，键一端为六边形帽，另一端横穿径0.2厘米的孔。木构部分已腐坏无存。通高13.6、宽3.4厘米（图七九C，1；图版二九，3）。

铜"五铢"钱　1件（组）。M5∶10，已锈蚀。

铁器　1件。M5∶12，残缺。

铁釜　2件。M5∶30、36，残缺。

铁矛　2件。骹略长于从。圆弧锋，斜从中脊，骹后端作偃月形内凹，圆銎。M5∶6，通长26、

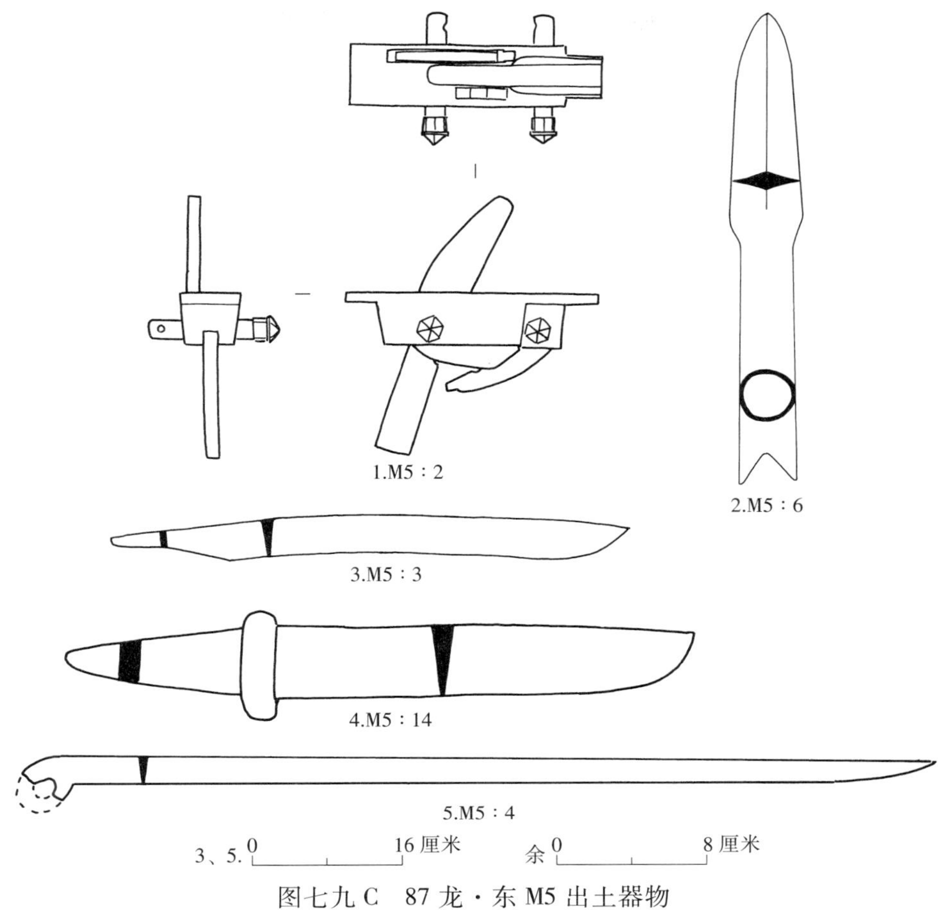

图七九 C　87 龙・东 M5 出土器物

骹长 13.6、锋长 12.4、宽 3.5 厘米（图七九 C，2）。M5∶7，残碎。刃和柄长度基本相等，圆銎，后端内弧。

铁剑　1 件。M5∶8，残缺。

铁刀　3 件。M5∶3，单面刃，无刀格。总长 54 厘米，刀长 48、宽 4.0 厘米，柄长 6.0、宽 0.8～4.8 厘米（图七九 C，3）。M5∶4，环首，刀柄无格，单面刃。通长 99.4、刀宽 3.2 厘米。（图七九 C，5）。M5∶14，小刀。单面刃，有刀格。通长 33.6、宽 3.2 厘米（图七九 C，4）。

4. 89 龙・东 M28

（一）概况

平面呈凸字形。由墓道和墓室两部分组成，总长 6.40 米。墓向 255 度。墓坑深入紫红色粉砂岩层内。墓道位于墓室前方偏北侧，平面呈长方形，长 2.70、宽 1.75、深 1.86～2.20 米。墓道底面呈 6 度左右的斜坡式，终端高于墓室底面 0.85 米。墓室平面呈近方形，长 3.70、宽 3.63、深 3.10 米。墓内回填红、黄、灰相杂的五花土，内含少量炭屑，结构较为松散。

墓坑下部四周有因木椁外填土形成的“熟土二层台”。墓底挖有两条用于摆放椁下垫木的横轴向沟槽，长 3.55、宽 0.20、深 0.16 米，前后相距 1.70 米。结合随葬品的摆放位置，判断墓内原有木椁。椁室长约 3.20、宽约 2.90 米。椁内中部设棺厢，内置双棺，棺厢两侧各设一边厢，东端设头厢。棺厢底面留有部分板灰和排列有序的铁棺钉，推测原棺木长约 2.00、宽约 0.90 米（图八〇）。

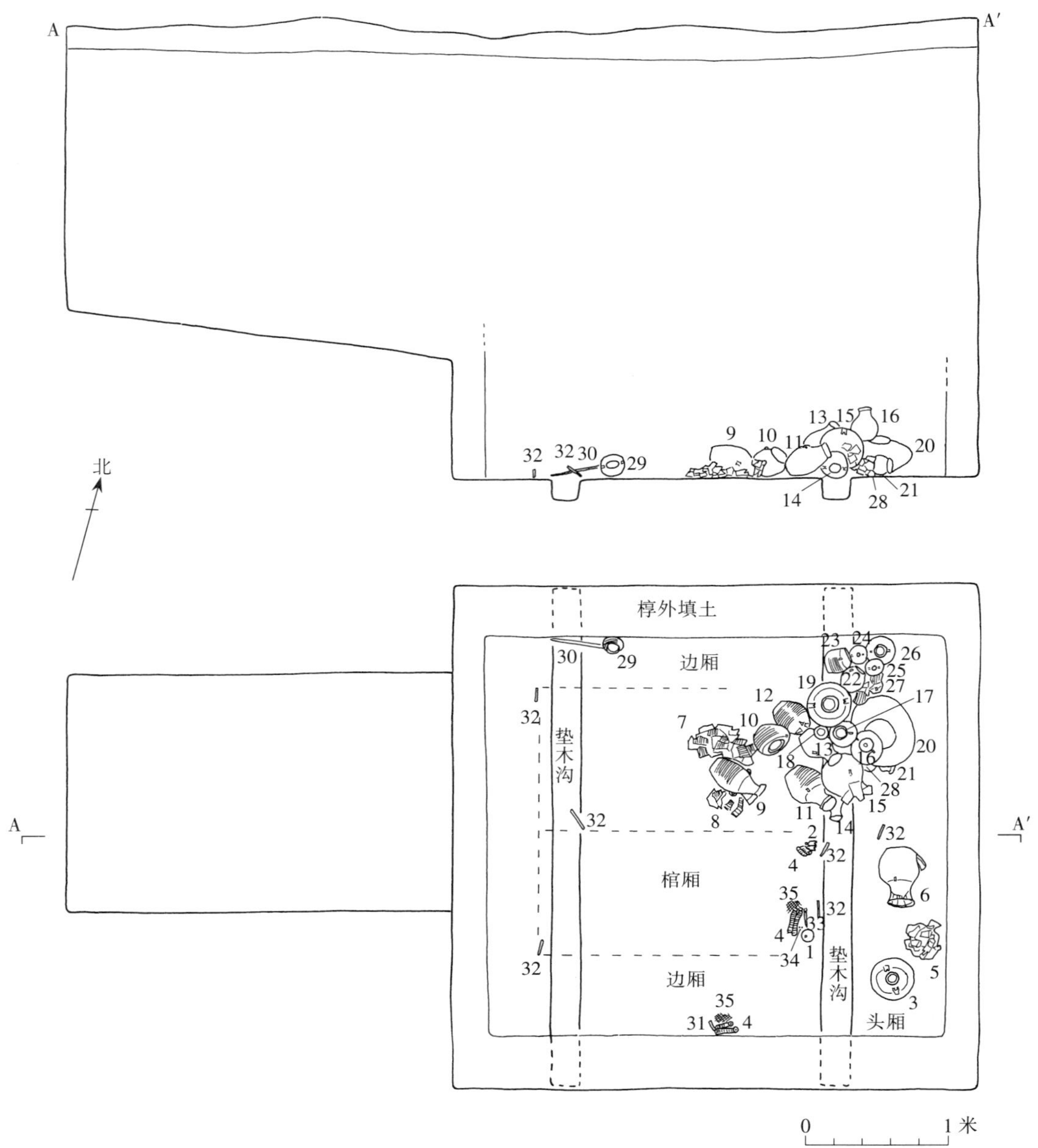

图八〇 89龙·东M28平、剖面图

1. 铜日光镜 2. 铜"大布黄千"钱 3、19. 高温釉陶瓿 4. 铜"五铢"钱 5、7、8、10、21、22、27～29. 硬陶弦纹罐 6、15、24、25. 高温釉陶敞口壶 9、11～14、16～18. 高温釉陶盘口壶 23、26. 高温釉陶罐 20. 铁釜 30. 铁刀 31. 铜带钩 32. 铁棺钉 33. 铜削 34. 玻璃珠 35. 竹席编织痕

（二）随葬器物

随葬器物现存33件（组），以陶瓿、壶、罐为基本组合，并伴有铜带钩、日光镜、"五铢"和"大布黄千"钱以及铁釜、刀等。除铜镜、铜钱及玻璃珠摆放于南侧棺内头部，其余均置于边厢内。

1. 陶器 24件。

瓿 2件。敛口，宽斜唇，圆弧肩上安铺首，铺首低矮，上端紧贴器壁，圆弧腹，腹最大径位于中部，平底内凹。肩部划三组平凸细弦纹，铺首面模印人面纹，上方贴横向"S"形堆纹。高温釉陶，胎质坚硬。M28∶3，肩部弦纹以上刻划两组简化鸟纹，鸟身布满锥点纹。釉色泛黄。高30.3、口径8、腹径30.8、底径15.2厘米（图八一A，1）。M28∶19，釉色青绿。无釉部位露胎呈紫红色，胎质坚硬。泥条盘筑，内壁经过涂抹。高30.3、口径8、腹径30、底径16厘米（图八一A，2）。

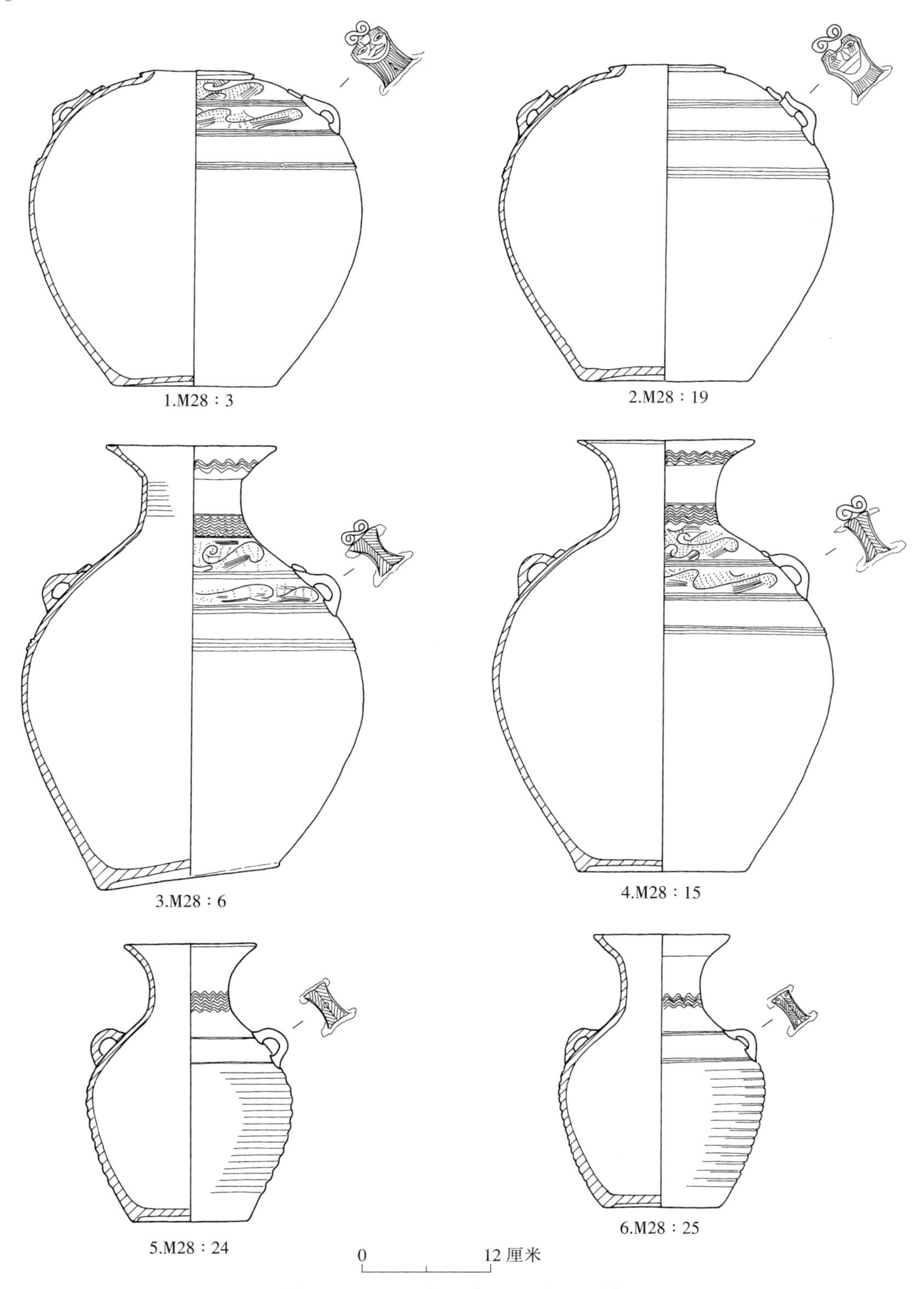

图八一A 89龙·东M28出土器物

壶 11件。根据口沿形态的不同分为：

敞口壶 4件。大小不等。敞口，粗短颈，斜弧肩上安双耳，弧腹，腹最大径位于中部，浅卧足。耳面模印叶脉纹。高温釉陶，胎质坚硬。其中2件器身较大。口沿外壁和颈下端各轮印一周水波纹，肩部贴三组细泥条状凸弦纹，其上刻划两组简化鸟纹。耳上方贴横向“S”形堆纹。釉色青绿。无釉部位露胎呈暗红色，内胎为灰色。颈以上为轮制，内壁有轮旋痕；以下采用泥条盘筑，内壁有陶拍的抵窝痕。M28∶6，器形不规整。高40.3～42.5、口径16、腹径32、足径17厘米（图八一A，3）。M28∶15，高41.6、口径16.8、腹径31.6、足径15.6厘米（图八一A，4；图版五，5）。另2件器身较小。颈下端轮印一周水波纹，肩部划两组双线细弦纹，腹部切削密集的弧凸粗弦纹。硬陶。露胎上部呈灰色，下部呈红灰色，胎质较硬。内壁有轮制痕。M28∶24，高26.4、口径12.4、腹径19.2、足径11.2厘米（图八一A，5）。M28∶25，高26、口径13.2、腹径19.2、足径11.2厘米（图八一A，6）。

盘口壶 7件。大小不等。深盘口较大，圆唇下有一道浅凹槽，粗短颈，斜肩上安双耳，弧腹，腹最大径位于上部，平底内凹。肩部划两组三线平凸细弦纹，腹部切削密集的弧凸宽弦纹，耳面模印叶脉纹。高温釉陶，胎质坚硬。轮制，内壁有轮旋痕。其中3件器身较高。M28∶9，浅盘口。颈下端轮印一周水波纹。釉色泛黄。高32.4、口径14.2、腹径23.2、底径12.2厘米（图八一B，1）。M28∶11，耳上方阴刻菱角形纹。釉色青黄，釉层有光亮。无釉处露胎呈暗红色，胎质坚硬。高31.6、口径14.5、腹径25、底径12.1厘米（图八一B，2）。M28∶12，釉色青绿，釉层光亮。无釉部位呈暗红色。高35、口径14.2、腹径24.4、底径13.7厘米（图八一B，3）。1件器身中等。M28∶13，口已变形。釉色泛黄。无釉部位呈暗红色。腹部有少量气泡。高27.1、口径12、腹径20.2、底径11.5厘米（图八一B，4）。3件器身较小。M28∶14，口有所变形。釉色泛黄。无釉部位露胎呈红灰色。高21.8、口径9.6～10.8、腹径16.3、底径9.2厘米（图八一B，5）。M28∶16，釉色青黄，釉层光亮。无釉部位露胎呈红灰色。高20.3、口径10.3、腹径16、底径8.9厘米（图八一B，6）。M28∶17，釉色泛黄。无釉部位露胎呈红灰色。高20.5、口径10.4～10.7、腹径16.2、底径8.9厘米（图八一B，7）。M28∶18，高温釉陶。残缺。

罐 11件。翻沿口，圆唇，圆弧肩上安双耳，圆弧腹，腹最大径位于中部，平底内凹。肩部划两组双线细弦纹，腹部切削密集的弧凸粗弦纹，耳面模印叶脉纹。胎质较硬。轮制。M28∶5，硬陶，露胎和内胎均呈砖红色。高18.8、口径14.2、腹径21.6、底径11.5厘米（图八二A，1）。M28∶8，硬陶，露胎和内胎均呈砖红色。高19、口径14.9、腹径22、底径12厘米（图八二A，2）。M28∶26，颈部饰一周水波纹。高温釉陶，釉色青绿，胎质坚硬。高18.4、口径12、腹径19.6、底径10厘米（图八二A，3；图版一一，4）。M28∶10，硬陶，露胎呈灰色。高16.4、口径12、腹径20、底径9.6厘米（图八二A，4）。M28∶23，高温釉陶。黄绿色釉，无釉部位露胎呈暗红色，内胎为灰色，胎质坚硬。内壁有轮制痕。高17.5、口径11.9～12.5、腹径20.9、底径9.8厘米（图八二A，5）。M28∶27，硬陶，露胎呈红灰色。高19、口径15.5、腹径22.1、底径13厘米（图八二A，6）。M28∶21，器身较小。硬陶，露胎和内胎均呈砖红色，胎质较硬。高12.2、口径11、腹径16.2、底径10.2厘米（图八二A，8）。M28∶29，器身较小。高温釉陶。釉层已流失，露胎呈黄色，无釉部位露胎呈浅褐色。高10、口径10.3、腹径13.6、底径7.6厘米（图八二A，7）。M28∶7、22、28，硬陶。残，已缺失。

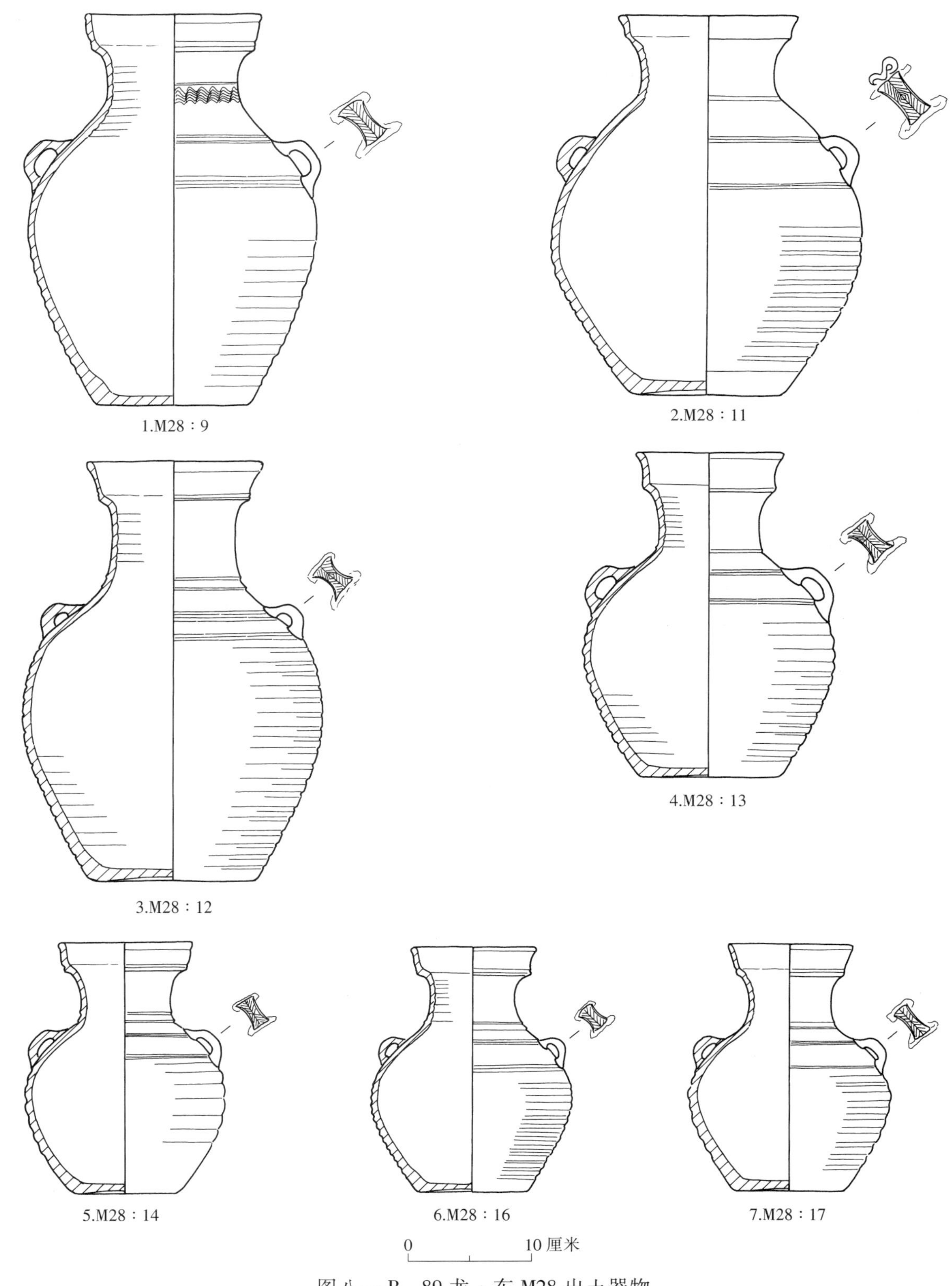

图八一 B 89 龙·东 M28 出土器物

2. 其他 9 件（组）。

铜带钩 1 件。M28:31，两端已残缺。琵琶形。残长 6.2 厘米（图八二 B，1）。

铜日光镜 1 件。M28:1，圆纽，圆纽座。座外饰一周栉齿纹。内区一周篆体铭文："见日之

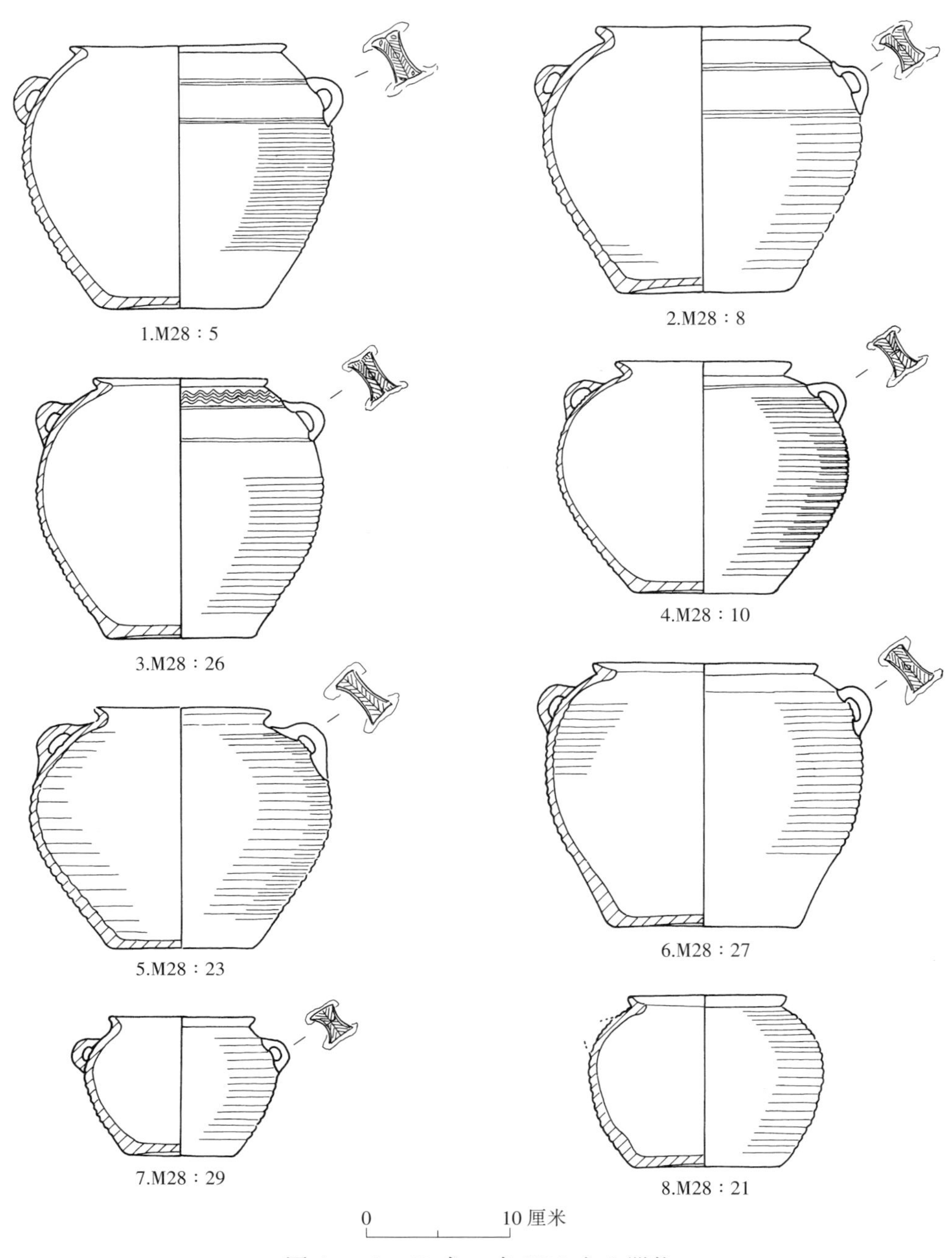

图八二A 89龙·东M28出土器物

光，天下大明”，各字间以“つ”形和菱形“田”字符号相隔。素宽平缘。高0.7、直径8.1厘米（图八二B，2；图版二七，4）。

铜削 1件。M28∶33，环首，单面刃。残断。残长14、宽1.2厘米（图八二B，5）。

铜“五铢”钱 1件（组）。M28∶4，已锈蚀。

铜“大布黄千”钱 1件（组）。M28∶2，已锈蚀。

铁锸 1件。出自填土中。M28填∶01，一字形，横向长方形銎，双面刃。高12.8、肩宽6.6、刃宽11厘米。銎长5、宽1.8厘米（图八二B，4）。

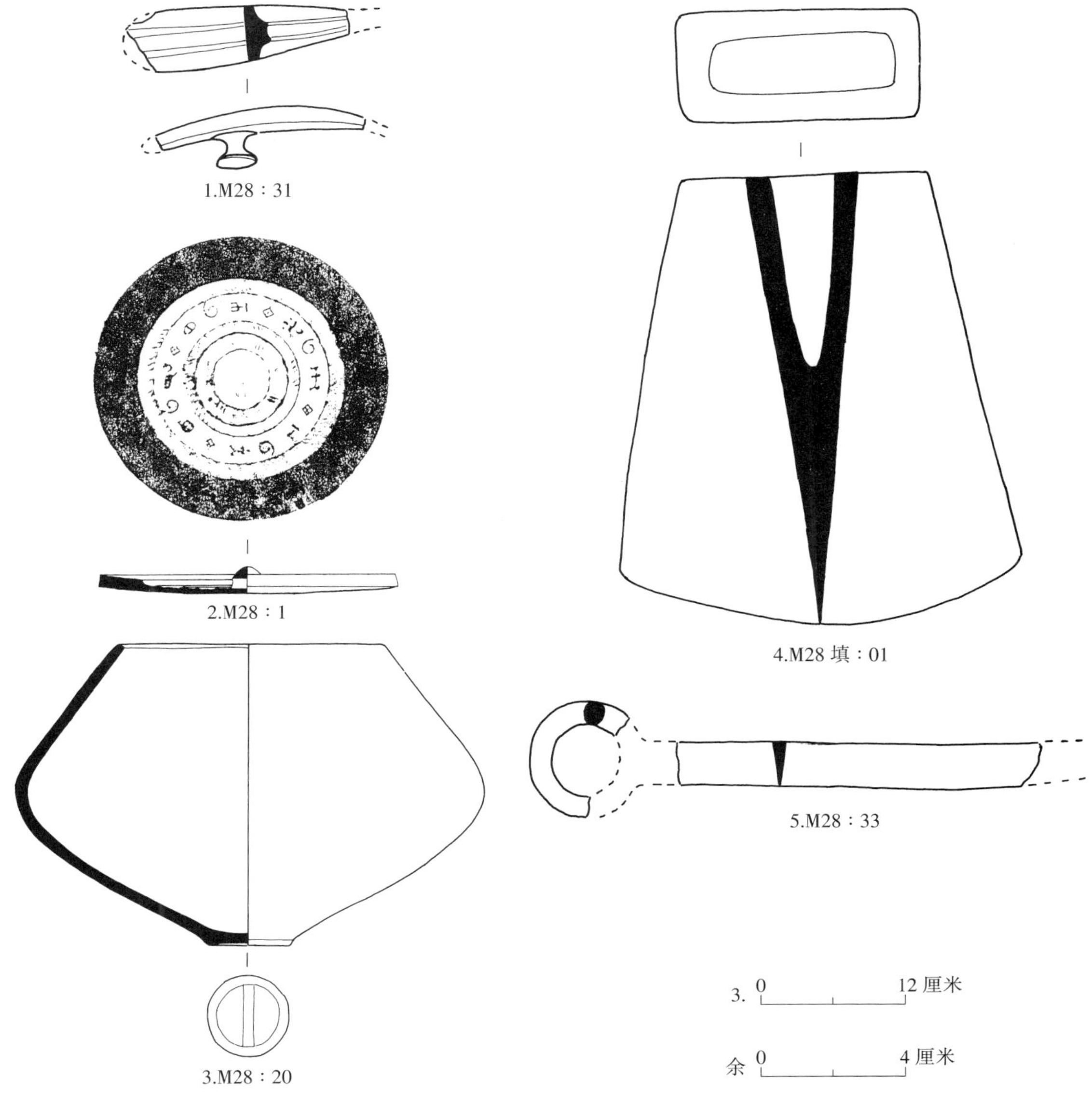

图八二 B 89 龙 · 东 M28 出土器物

铁釜 1 件。M28:20，敛口，扁鼓腹，小圈足面中间有一道横杠。高 25.6、口径 22.2、腹径 39、底径 6.8 厘米（图八二 B，3）。

铁刀 1 件。M28:30，残。

玻璃珠 1 件（组）。M28:34，共 5 颗。圆形，中心钻孔。蓝色。

5. 92 龙 · 东 M47

（一）概况

平面呈凸字形。由墓道和墓室两部分组成，总长 7.10 米。墓向 60 度。墓道位于墓室中间前方，平面呈矩形。长 2.90、前宽 2.00、后宽 2.15 米。底面略有倾斜，终端高于墓室底面 0.47 米。墓室平面近方形，长 3.80 ~ 4、南北宽 4 ~ 4.20、深 1.85 米。墓壁陡直，底面平整。墓底挖有两条承接墓内渗水的沟槽，平面呈交叉状，长 5.20、宽 0.22 ~ 0.50、深 0.10 米，四端分别与墓室四角相接，沟底铺垫卵石。墓内回填红、黄相杂的五花土，并经过夯筑，结构致密而坚硬。

墓室下部四周有因椁外填土而形成的“熟土二层台”，推测椁室长约3.40、宽2.70米。椁内北部设棺厢，南侧设边厢，西端设脚厢。椁下有两条用于摆放椁下垫木的沟槽，长2.00、宽0.20、深0.08米，前后相距3米。棺厢内有两具棺木的残痕和板灰及铁棺钉，可知原棺木长2.40、宽0.80（尾端）~0.90（头端）米，其中左棺内见有竹席印纹痕（图八三）。

（二）随葬器物

随葬器物共20件。器物以陶瓿、壶、罐、罍为基本组合，并伴有铜洗、“五铢”钱等。北侧棺内头部摆放1面铜镜，南侧棺内头部摆放铜镜、铁削，其余器物均置于边厢和脚厢内。

1. 陶器　15件。

瓿　2件。敛口，宽斜唇，宽斜肩上安铺首，铺首低矮，上端紧贴器壁，圆鼓腹，腹最大径位于中部，平底内凹。肩部贴三组细泥条状的凸弦纹，铺首面模印人面纹，上方贴菱角形堆纹。高温釉陶。釉色青绿，釉层光亮。无釉部位呈暗红色，胎质坚硬。泥条盘筑，内壁留有陶拍的抵窝痕。M47∶16，高29.4、口径11.2、腹径34.4、底径18.4~18.9厘米（图八四A，1）。M47∶17，局部不甚规整。高28.4、口径11~11.5、腹径34.2、底径18.1~18.5厘米（图八四A，2）。

壶　4件。大小不同。敞口，短颈，斜弧肩上安双耳，腹最大径位于中部。耳面模印叶脉纹。高温釉陶，胎质坚硬。大者2件，双耳衔环，耳上方贴菱角形堆纹。M47∶15，器身高大。平唇，颈较粗直，鼓腹，浅卧足。口沿外壁和颈下端各轮印一周水波纹，肩部贴三组细泥条状凸弦纹。釉色泛黄。无釉部位呈暗红色，内胎为灰色。颈以上为轮制，内壁有轮旋痕；以下采用泥条盘筑，内壁有陶拍的抵窝痕。高38、口径16.3、腹径32、足径16.3厘米（图八四A，3）。M47∶10，圆唇，颈略细而内弧，弧腹，平底。口沿外壁和颈下端各轮印一周水波纹，肩部贴三组细泥条状凸弦纹，腹部划有不甚明显的粗弦纹。釉色泛黄，无釉部位露胎呈暗红色。高32.2、口径12.5、腹径24.2、底径13.5厘米（图八四A，4）。M47∶11，圆唇，粗颈下端内弧，鼓腹，浅卧足。颈下端轮印一周水波纹，肩部划两道细弦纹。釉色青绿，并有较多的挂釉现象。无釉部位露胎呈红褐色。高25.4、口径13.2、腹径19.6、底径11.4厘米（图八四A，5）。M47∶14，口介于盘口和敞口之间，平唇，鼓腹，矮圈足。颈下端轮印一周水波纹，肩部划两道细弦纹，腹部切削数道弧凸的宽弦纹。高31.2、口径12.4、腹径25、足径12.6厘米（图八四A，6）。

罐　7件。根据口沿形态的不同分为：

直口罐　1件。M47∶7，直口，平唇，颈与肩的交界线不明显，斜肩上安双耳，鼓腹，腹最大径位于中部，平底内凹。通体切削密集的弧凸宽弦纹，耳面模印叶脉纹。硬陶。露胎上部呈灰色，下部呈暗红色，胎质坚硬。高13.9、口径9.7、腹径17.6、底径11.8厘米（图八四B，1）。

侈口罐　2件。侈口，圆唇，斜弧肩上安双耳，圆鼓腹，腹最大径位于中部，平底内凹。通体切削密集的弧凸粗弦纹，耳面模印叶脉纹。高温釉陶。釉层已流失，露胎呈灰色。无釉部位露胎呈红褐色，胎质坚硬。M47∶5，高18.2、口径12.6、腹径21、底径12.4厘米（图八四B，2）。M47∶9，肩部内壁有气泡。高18、口径12.8、腹径21.6、底径12.4厘米（图八四B，3）。

翻沿口罐　3件，翻沿口，圆唇。斜弧肩上安双耳，圆弧腹，腹最大径位于中部，平底内凹。通体切削密集的弧凸粗弦纹，耳面模印叶脉纹。硬陶。露胎呈灰红色，内胎为灰色，胎质较硬。

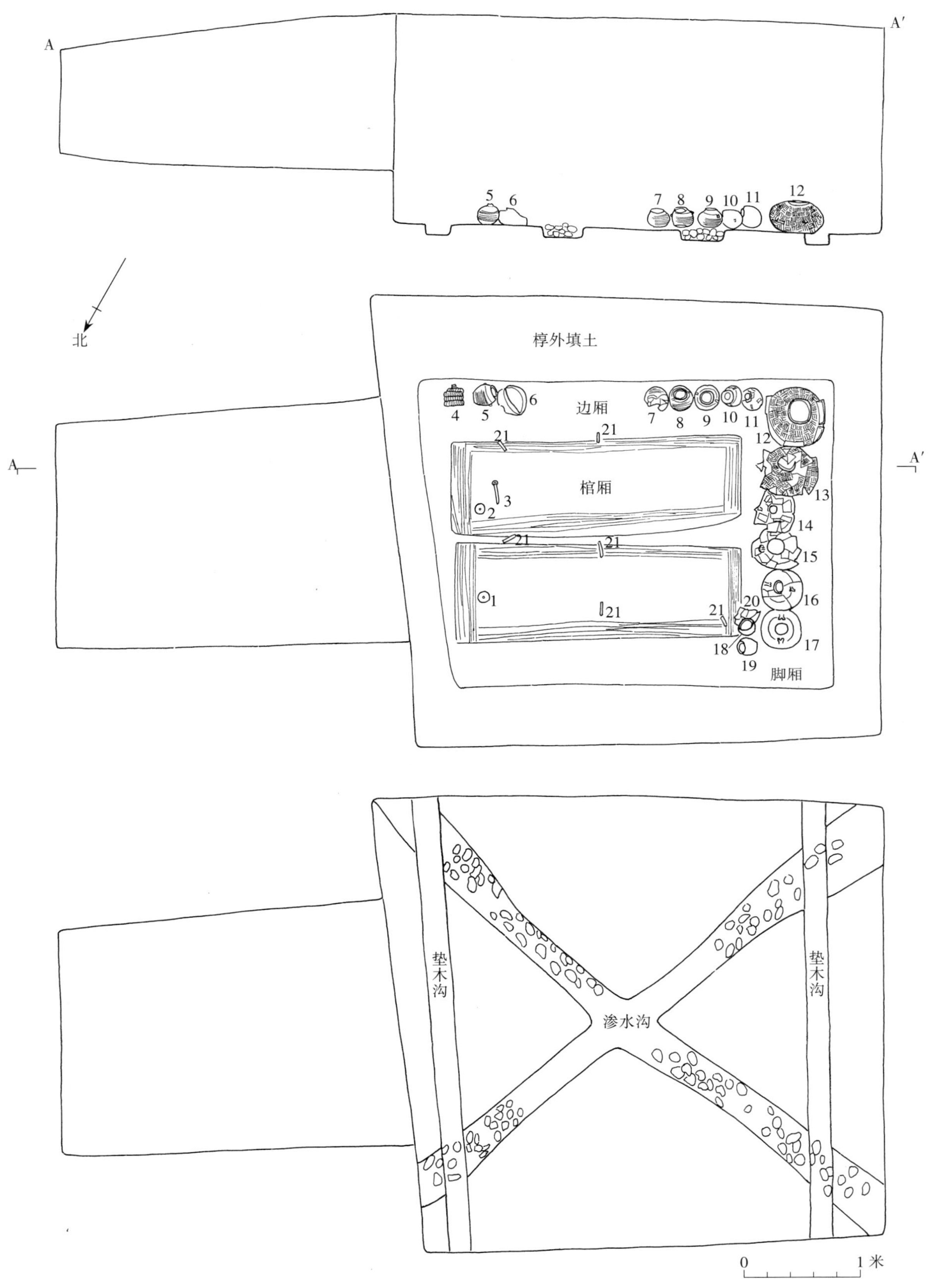

图八三　92龙·东M47平、剖面图

1、2. 铜昭明镜　3. 铁削　4. 铜“五铢”钱　5、9. 高温釉陶弦纹罐　6. 铜洗　7、8、18～20. 硬陶弦纹罐　10、11、14、15. 高温釉陶敞口壶　12、13. 印纹硬陶罍　16、17. 高温釉陶瓿　21. 铁棺钉

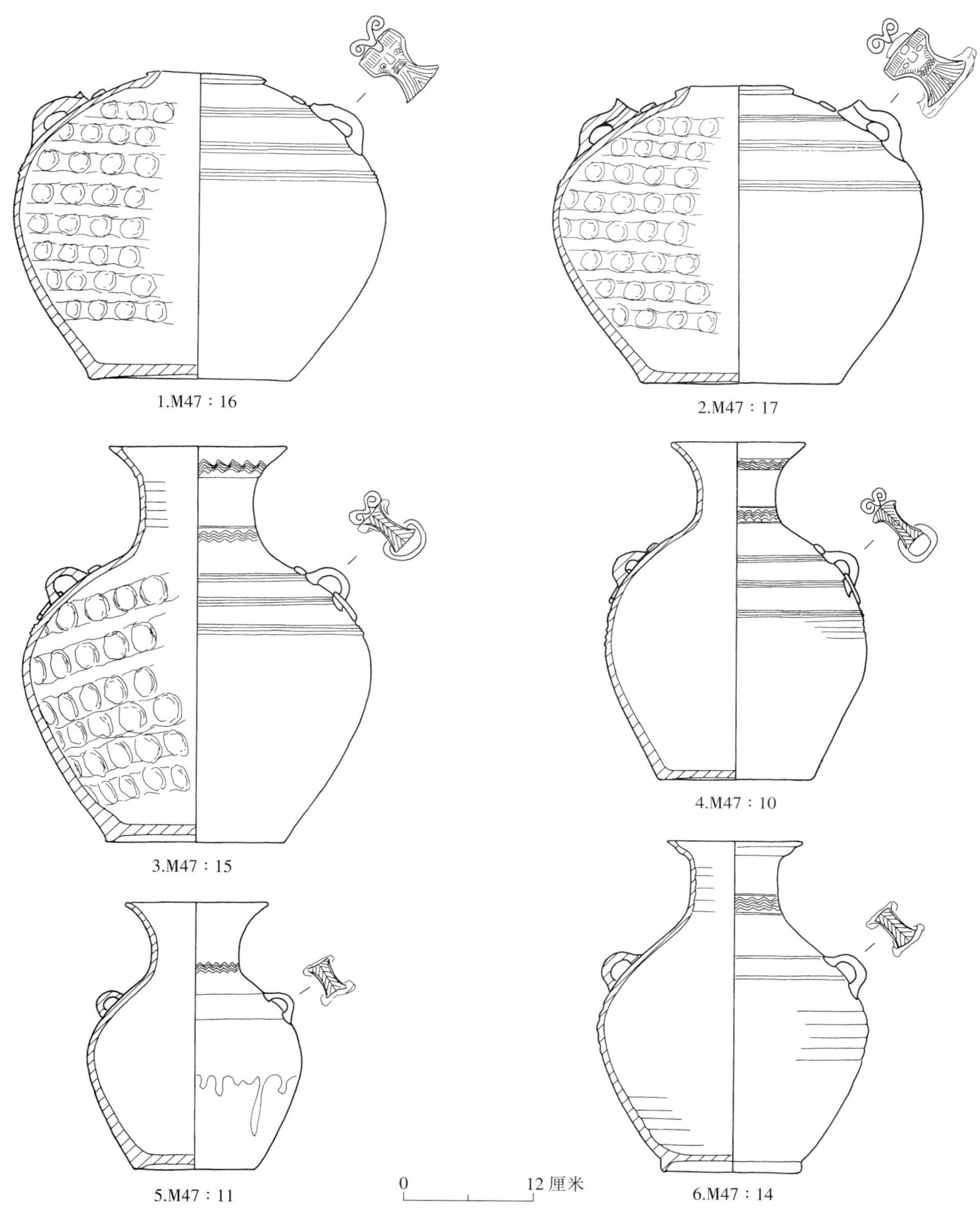

图八四 A 92 龙·东 M47 出土器物

M47∶8，高 18.9、口径 12.8、腹径 20.9、底径 12.6 厘米（图八四 B，4）。M47∶19，高 13.4、口径 10、腹径 14.9、底径 7.4 厘米（图八四 B，5）。M47∶20，高 8.7、口径 9.2、腹径 11.8、底径 8.5 厘米（图八四 B，6）。

M47∶18，残缺。

罍 2 件。印纹硬陶。M47∶12、13，残缺。

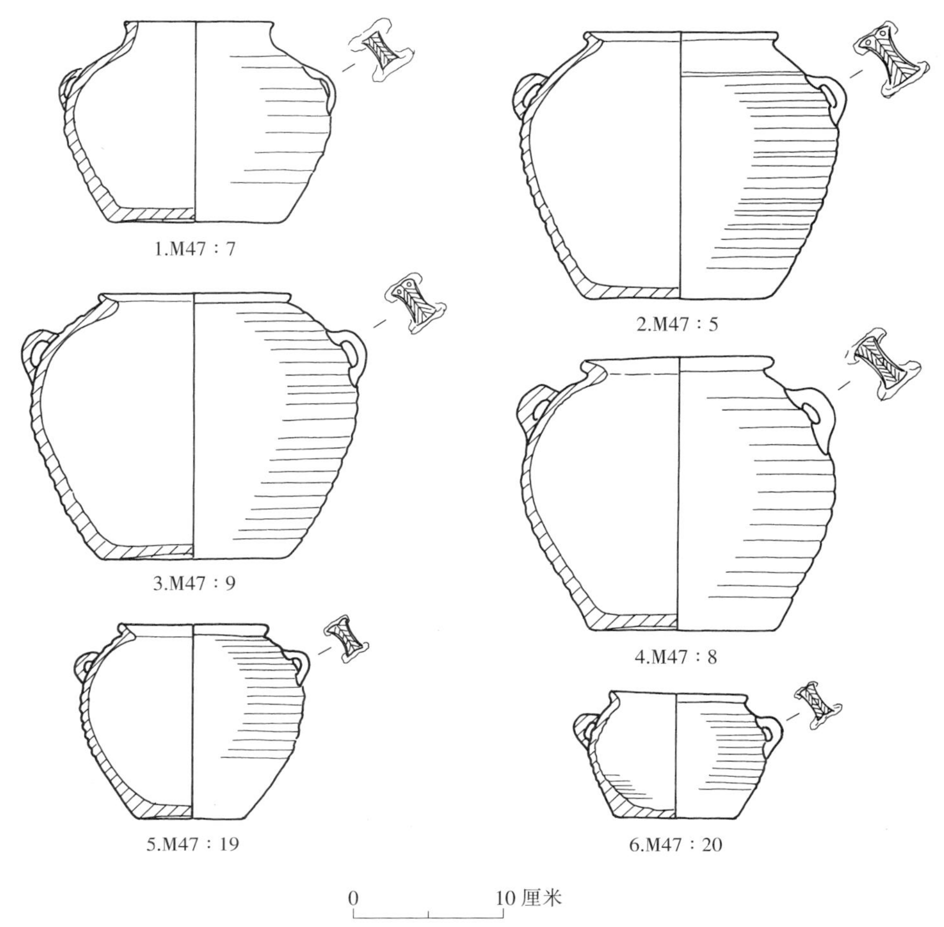

图八四B　92龙·东M47出土器物

2. 其他　5件（组）。

铜洗　1件。M47∶6，残缺。

铜昭明镜　2件。圆纽，圆纽座。座外饰一周内连弧纹。外区饰两周栉齿纹，其间有一周铭文带，铭文为“内清以昭明，光象夫日夫，心……”，各字间以“而”相隔，楷书体。素宽缘。M47∶1，高0.7、直径10.1厘米（图八四C，1）。M47∶2，高0.9、直径9.2厘米（图八四C，2）。

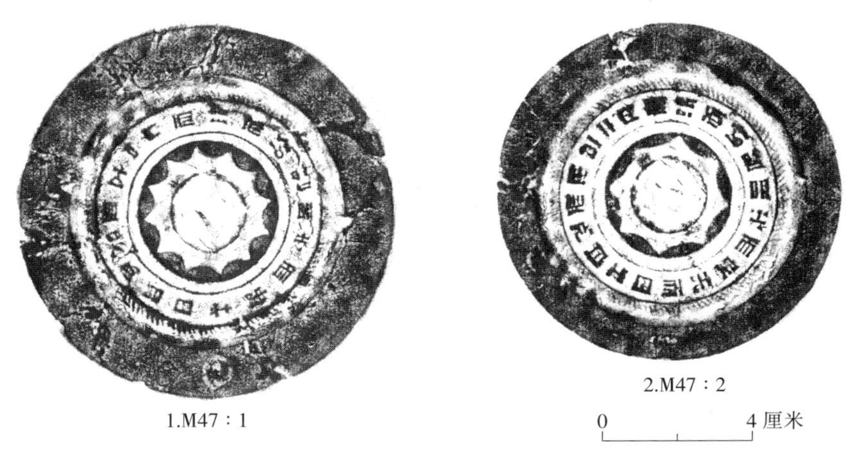

图八四C　92龙·东M47出土器物

铜“五铢”钱 1件（组）。M47∶4，已锈蚀。

铁削 1件。M47∶3，残缺。

6. 93龙·东M77

（一）概况

墓葬早期被严重盗掘。

凸字形竖穴土坑木椁同穴合葬墓。由墓道和墓室两部分组成。墓向265度。墓坑深入红砂岩风化层红土中。墓道平面为长方形，底面呈阶梯式。墓室平面为不规则近方形，左、右和后壁边皆为弧形，长4.10、宽3.80、深2.50米。墓壁陡直，底面平整。墓内回填红、白相杂的沙性五花土，结构较为松散。

葬具残存有三块木椁底、板灰及铁棺钉，椁下有长3.70、宽0.30、深0.10米的垫木沟槽。结合随葬品的摆放位置，判断墓内原有木椁，椁内设有双棺厢和脚厢。

（二）随葬器物

随葬器物现存5件。

铜四虺四乳镜 1件。M77∶1，圆纽，圆纽座。内区饰四虺四乳，其间以乳丁相隔。外区饰一周栉齿纹。素平缘。高1、直径11.1厘米（图八五A，1）。

铜博局镜 1件。M77∶2，圆纽，圆纽座。座外方框，框内四角各有一组勾连纹。内区饰四神四鸟，其间以乳丁相隔。外区饰一周栉齿纹。宽平缘上饰连枝纹。高1.2、直径11.9厘米（图八五A，2）。

铁刀 3件。残缺。

7. 93龙·东M82

（一）概况

平面呈凸字形，由墓道和墓室两部分组成。墓向263度。墓坑深入红砂岩风化层中。墓道平面呈长方形，底面为阶梯式。墓室平面近方形，长3.90、宽3.80、深1.40米。底面对角上挖有一条宽0.30、深0.05米的渗水沟，沟内填满大小不等的卵石，厚约0.18米。墓内回填红、黄相杂的五花土，并含有少量炭粒，结构较为致密。

根据底面残留的板灰、铁棺钉的分布和随葬品的摆放位置，判断墓内原有木椁，椁室内设双棺厢、边厢及脚厢。椁外环绕一周卵石层，厚0.18米，并与渗水沟相通。

（二）随葬器物

随葬器物共31件（组），以陶瓿、敞口壶、罐、罍为基本组合，并伴有铜洗、带钩、昭明镜、博局镜、“五铢”钱和铁矛、刀等。除铜镜、铜带钩、铜钱、玻璃珠、铁兵器、石黛板随身入棺，其余均置于边厢和脚厢内。

1. 陶器 21件。

瓿 4件。M82∶28，敛口，宽斜唇，圆弧肩上安铺首，铺首低矮，上端紧贴器壁并低于口沿，鼓腹，腹最大径位于中部，平底内凹。肩部贴三组细泥条状凸弦纹，铺首面模印人面纹，上方贴菱角形堆纹。高温釉陶。釉层已流失，露胎呈黄色。无釉部位露胎呈褐色，胎质坚硬。泥条盘筑，

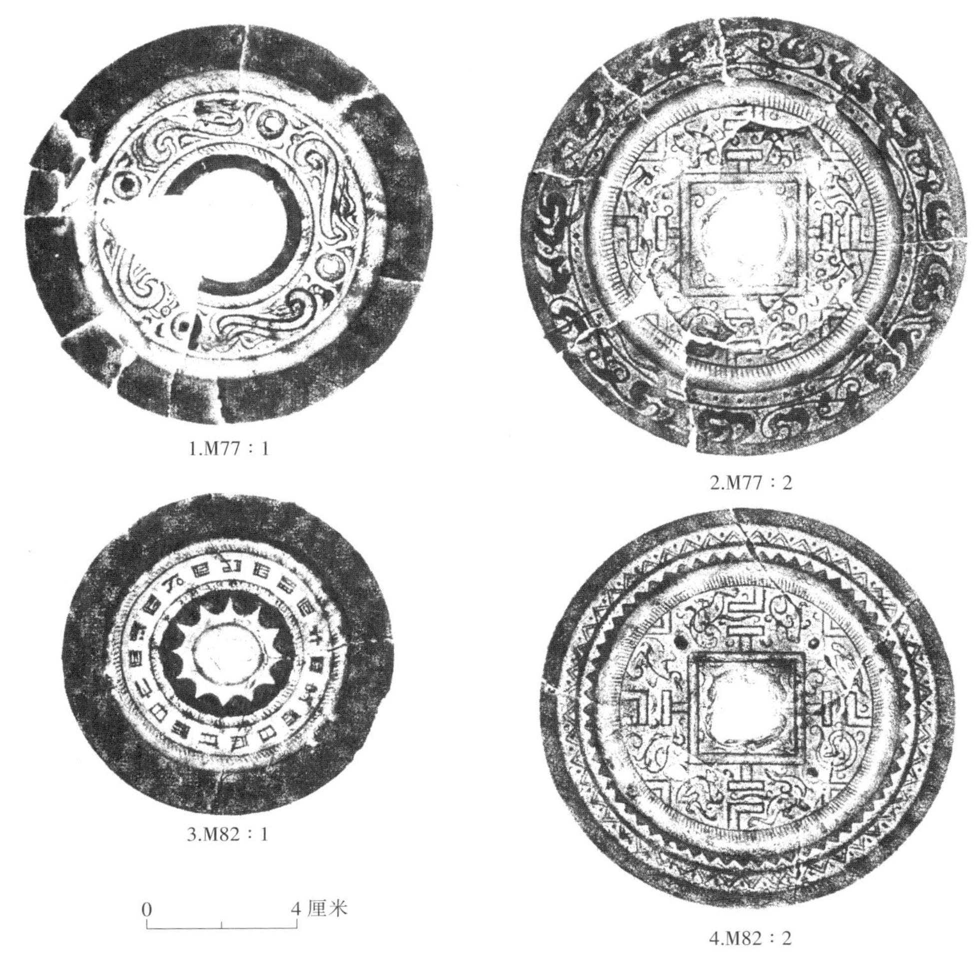

1.M77：1　2.M77：2　3.M82：1　4.M82：2

0　4厘米

图八五A　93龙·东M77、M82出土器物

内壁经过涂抹。高26.4、口径8、腹径31、底径15.4厘米（图八五B，1）。另3件残缺。

壶　10件。根据口沿形态的不同分为：

敞口壶　6件。敞口，圆唇，粗短颈，斜弧肩上安双耳，弧腹，腹最大径多位于近上部，浅卧足。耳面模印叶脉纹。高温釉陶，胎质坚硬。轮制。M82∶23，口沿外壁和颈下端各轮印一周水波纹，肩部贴三组细泥条状凸弦纹，并刻划两组简化鸟纹，衔环耳上方贴菱角形堆纹。釉层已流失，露胎呈黄灰色。无釉部位露胎呈红褐色。高38.8、口径14.8、腹径29.6、足径14.9厘米（图八五B，2）。M82∶31，口已变形。口沿外壁和颈下端各轮印一周水波纹，肩部贴三组细泥条状凸弦纹，并刻划两组形似云纹的简化鸟纹，耳上方贴菱角形堆纹，腹部切削数道宽弦纹。釉色青褐，无釉部位露胎呈暗红色。内壁留有轮旋痕。高29.8～30.6、口径14.4、腹径21.8、足径11厘米（图八五B，3）。另2件颈下端轮印一周水波纹，肩部划两组双线细弦纹，腹部切削密集的弧凸粗弦纹。M82∶18，釉色青灰，无釉部位露胎呈暗红色。高27.3、口径12.9、腹径20、足径11.5～11.9厘米（图八五B，4）。M82∶29，釉色泛黄，无釉处露胎呈暗红色。高26.2、口径12.4、腹径19、足径11.1厘米（图八五B，5）。另有2件残缺。

盘口壶　4件。M82∶27，深盘口略有变形，圆唇外翻，粗短颈，斜肩上安双耳，弧腹，腹最大径位于上部，平底。肩部划两道细弦纹，腹部切削密集的弧凸粗弦纹，耳面模印叶脉纹。高温

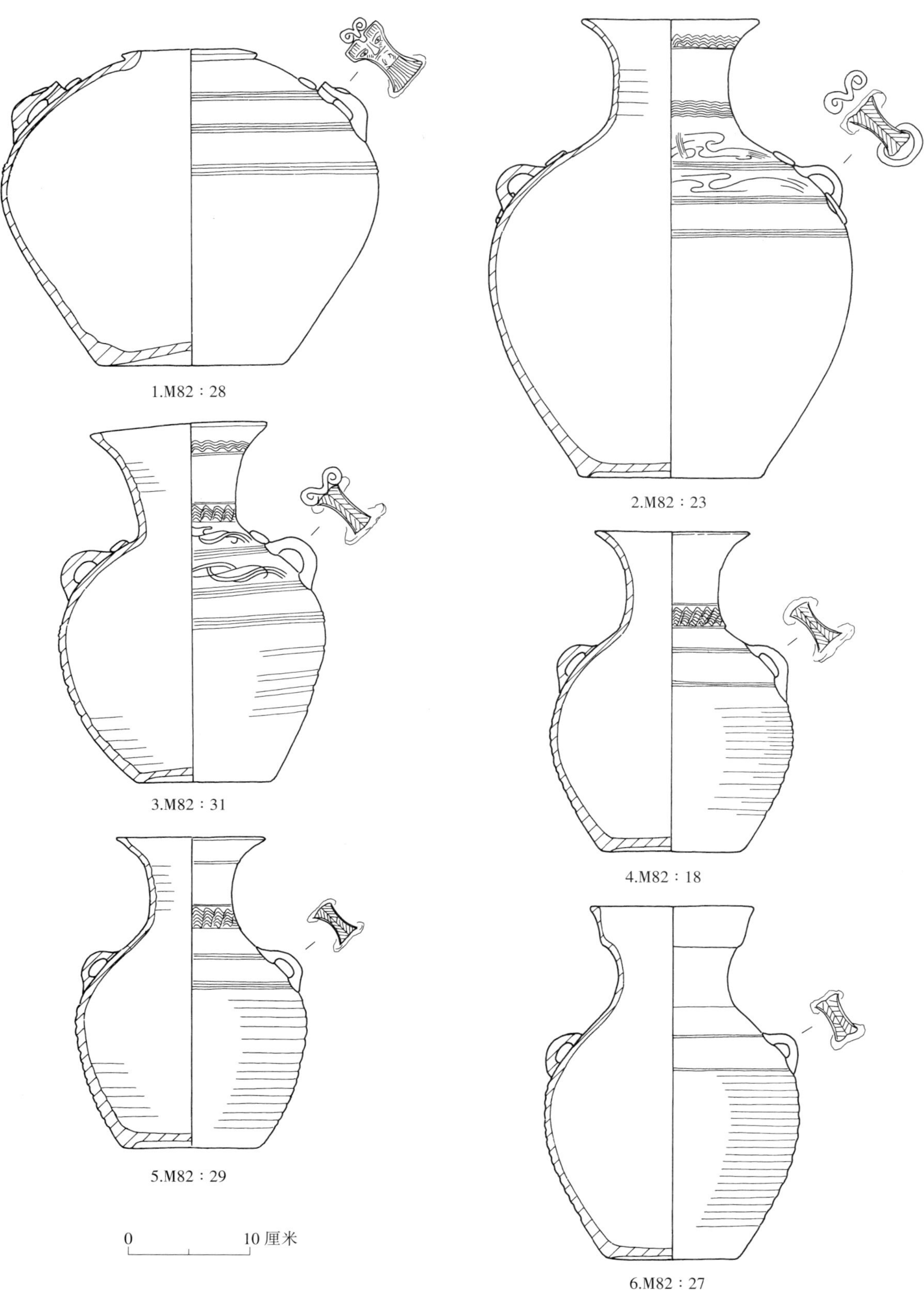

图八五 B　93 龙·东 M82 出土器物

釉陶。釉色泛绿。无釉部位露胎呈红灰色，胎质坚硬。高 29.6、口径 13.6、腹径 22、底径 10.8 厘米（图八五 B，6）。另有 3 件残缺。

罐　6 件。根据口沿形态的不同分为：

翻沿口罐　1 件。M82∶26，口不甚规整。翻沿，圆唇，斜弧肩上安双耳，圆弧腹，腹最大径位于上部，平底。通体切削密集的弧凸粗弦纹，耳面模印叶脉纹。高温釉陶。釉色青绿。无釉部位露胎呈褐色，胎质坚硬。轮制。高 18.1、口径 10.6～11.2、腹径 20.4、底径 11.6 厘米（图八五 C，1）。

敛口罐　1 件。M82∶30，器身不甚规整。敛口，宽平唇，斜弧肩上安双耳，弧腹，腹最大径位于上部，平底内凹。硬陶。露胎肩部呈灰色，腹部呈红灰色，胎质较硬。轮制。高 18.4～19.6、口径 14.4、腹径 22.2、底径 11.6 厘米（图八五 C，2）。

另有 4 件残缺。

罍　1 件。印纹硬陶。残缺。

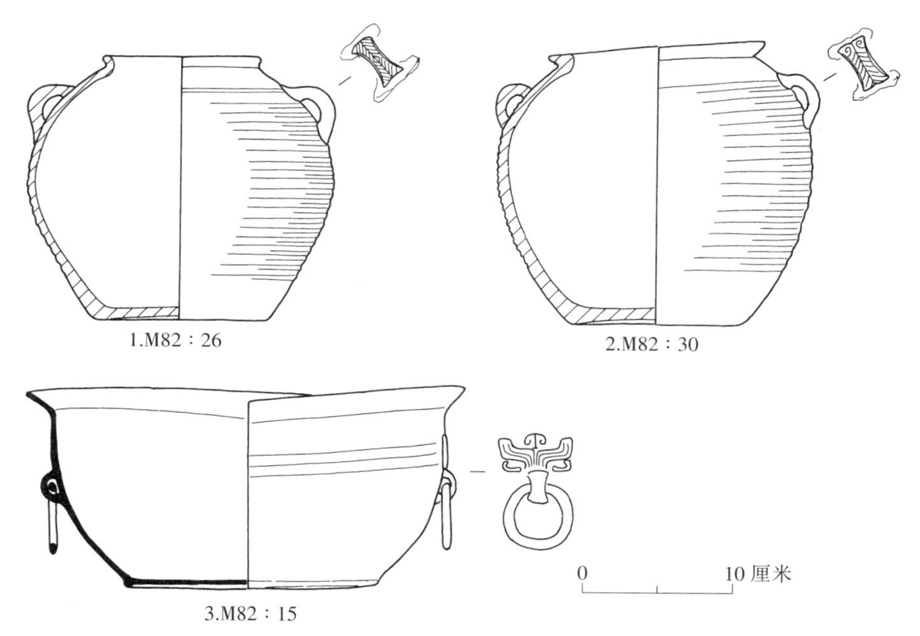

图八五 C　93 龙·东 M82 出土器物

2. 其他　10 件。

铜洗　1 件。M82∶15，器物有所变形。敞口，腹部上部较直，下部弧收，矮圈足。腹中部饰三道凸弦纹，两侧附铺首衔环小纽。高 13.8、口径 27.8～31.8、足径 16.8 厘米（图八五 C，3）。

铜带钩　1 件。残缺。

铜昭明镜　1 件。M82∶1，圆纽，圆纽座。座外一周内连弧纹。内区有一周铭文带，铭文为："内清以昭明，光象日月"，楷书，字间以"而"相隔。铭文内外各饰一周栉齿纹。素宽缘。高 0.8、直径 9 厘米（图八五 A，3）。

铜博局镜　1 件。M82∶2，圆纽，柿蒂纹纽座。座外方框，方框中间饰"T"形符号，并对应"L"形符号；四角各饰一枚乳丁，并对应"V"形符号。"T"、"L"形符号间分别饰四神和鸟纹。外区饰一周栉齿纹。镜缘上饰一周双线三角形纹和一周锯齿纹。高 1、直径 11.2 厘米（图八五 A，4）。

铜“五铢”钱　1件（组）。已锈蚀。

铁釜　1件。残缺。

铁矛　1件。残缺。

铁刀　1件。残缺。

石黛板　1件。扁平长方形。

玻璃珠　1件（组）。M82∶3，共85颗。其中两颗较大，呈蓝色；其他较小，多数呈淡绿色，14颗呈天蓝色。大者高0.4、直径0.7厘米，小者高0.3、直径0.3厘米。

四　双椁双棺异穴合葬墓

共5组10座，由两座墓向一致、左右并列、各自拥有一套棺椁、且具有平行打破关系的长方形墓葬所组成。具有打破关系一侧的墓壁均为熟土壁。墓坑四壁陡直，底面平整。葬具均已腐坏无存。

1. 79龙·东M10南穴、北穴

两墓野外未单独编号，现区分为M10南穴和北穴，打破关系不明。总宽3.60米。墓向235度（图八六）。

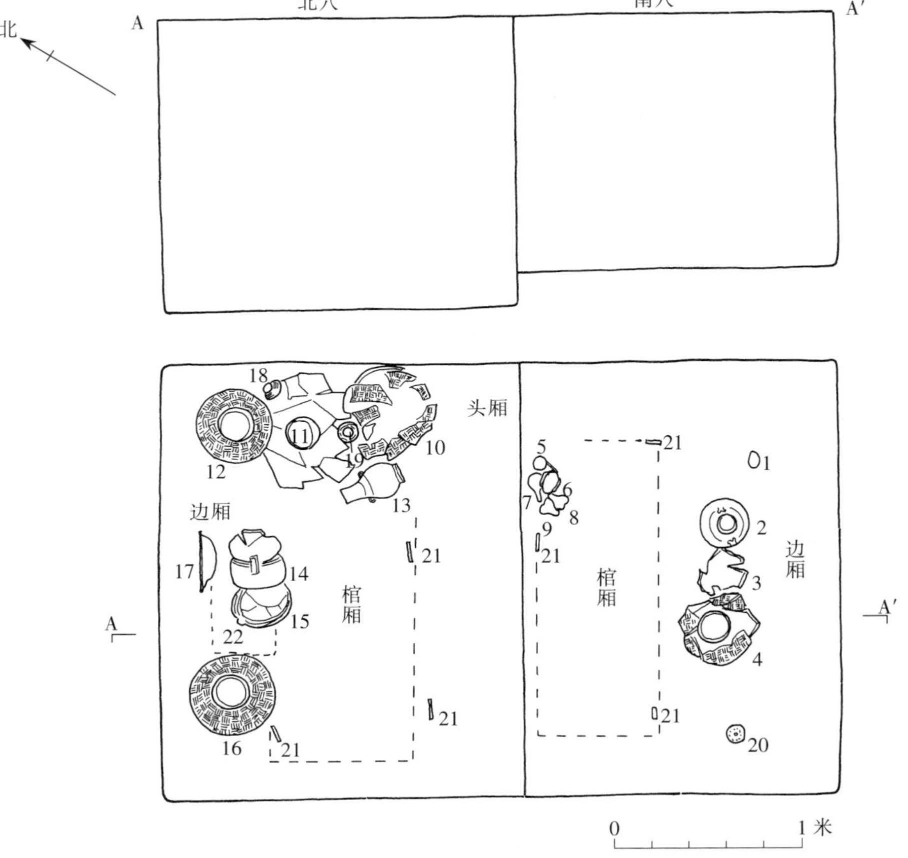

图八六　79龙·东M10平、剖面图

南穴：1. 高温釉陶器盖　2、3. 高温釉陶瓿　4. 印纹硬陶罍　5、8、9. 高温釉陶勺　6. 高温釉陶耳杯　7. 硬陶提子　20. 高温釉陶熏

北穴：10、12、16. 印纹硬陶罍　11. 高温釉陶瓿　13. 高温釉陶壶　14、15. 硬陶鼎　17. 铜洗　18、19. 高温釉陶罐　21. 铁棺钉

（一）南穴概况

南穴墓坑长2.40、宽1.70、深1.40米。底面高于北穴底面0.20米。墓内回填红、黄相杂的五花土，结构较为松散。根据随葬品的摆放位置，判断墓内原有木椁。椁内北侧设棺厢，南侧设边厢。棺厢底残留少量板灰和3枚铁棺钉，推测原棺木长约1.60、宽0.60米。

（二）南穴随葬器物

共10件，以陶瓿、罍为基本组合，伴出有熏、耳杯等。小型器物置于棺厢北端，大型器物摆放于边厢内。

瓿　2件。直口，平唇，宽斜肩上安铺首，铺首较高，上端外撇并略高于口沿，鼓腹略扁，腹最大径位于上部，平底内凹。高温釉陶。釉色泛黄，釉层基本流失，露胎呈黄灰色。无釉部位露胎呈紫红色，胎质坚硬。轮制，内壁留有轮旋痕。M10∶2，腹部切削弧凸的宽弦纹，近底部有多道戳痕，铺首面模印人面纹。高23.6、口径12、腹径28.2、底径14.8厘米（图八七A，1）。M10∶3，铺首已残缺。内胎为灰色，结构较为疏松。高24.2、口径11.2、腹径29、底径15.6厘米（图八七A，2）。

罍　1件。M10∶4，侈口，平唇，宽斜肩，扁鼓腹，腹最大径位于上部，平底内凹。通体拍印个体较小的编织纹，纹饰清晰而规整。印纹硬陶。露胎上部呈灰色，下部呈灰红色，胎质较硬。泥条盘筑，内壁留有陶拍的抵窝痕。高31、口径16.8、腹径39.8、底径16.6厘米（图八七A，3；图版一六，5）。

熏　1件。M10∶20，弧面顶盖，塔形捉纽上立一飞鸟。盖面切削上、下两组三角形熏孔。熏作钵形，子口，宽唇面内凹呈母口，上腹微弧，下腹斜收，圈足略高而外展。高温釉陶。盖面施釉，釉色青黄，釉层大多已流失，露胎呈黄灰色。无釉部位露胎为浅褐色，胎质坚硬。通高14、熏高7.1、口径11、腹径11.4、足径6.2厘米（图八七A，4；图版二〇，6）。

器盖　1件。M10∶1，覆钵形，平顶。高温釉陶。盖面施釉，釉层大部流失，釉色青绿。胎质坚硬。轮制，内壁留有轮旋痕。外壁局部有气泡。高6.4、盖径19.4厘米（图八七A，5；图版二二，5）。

耳杯　1件。M10∶6，平面呈椭圆形，侈口，两侧附月牙形执耳，斜腹，平底。高温釉陶。耳面和杯内壁施釉，釉色泛黄，釉层已流失，露胎呈黄灰色。无釉部位露胎呈紫红色，胎质坚硬。模制。高2.8、口长10.5、宽6.5厘米，底长6.7、宽3.5厘米（图八七B，1；图版二〇，1）。

勺　3件。其中2件整体形似半个葫芦。高温釉陶。内壁及前端外壁施釉，釉色泛黄。釉层基本流失，露胎呈黄灰色。无釉部位露胎呈褐色，胎质坚硬。轮制。M10∶8，高4.1、长8.4、宽7.9厘米（图八七B，2；图版二一，5）。M10∶9，高4.4、长8.6、宽8.1厘米（图八七B，3）。另1件呈烟斗形，勺身为口略大于底的筒形，腹部粘附一个泥条形柄。高温釉陶。勺内壁及柄面施釉，釉色泛黄。釉层大部流失，露胎呈黄灰色。无釉部位露胎呈紫红色，胎质坚硬。M10∶5，高4.2、口径4.2、底径3.6、柄长9.5厘米（图八七B，4；图版二一，6）。

提子　1件。M10∶7，长柄上端稍向外弧，勺较浅，平面呈椭圆形。硬陶。露胎呈红灰色，胎质较硬。手制，柄和勺底留有修刮痕迹。高12.3厘米（图八七B，5；图版二二，3）。

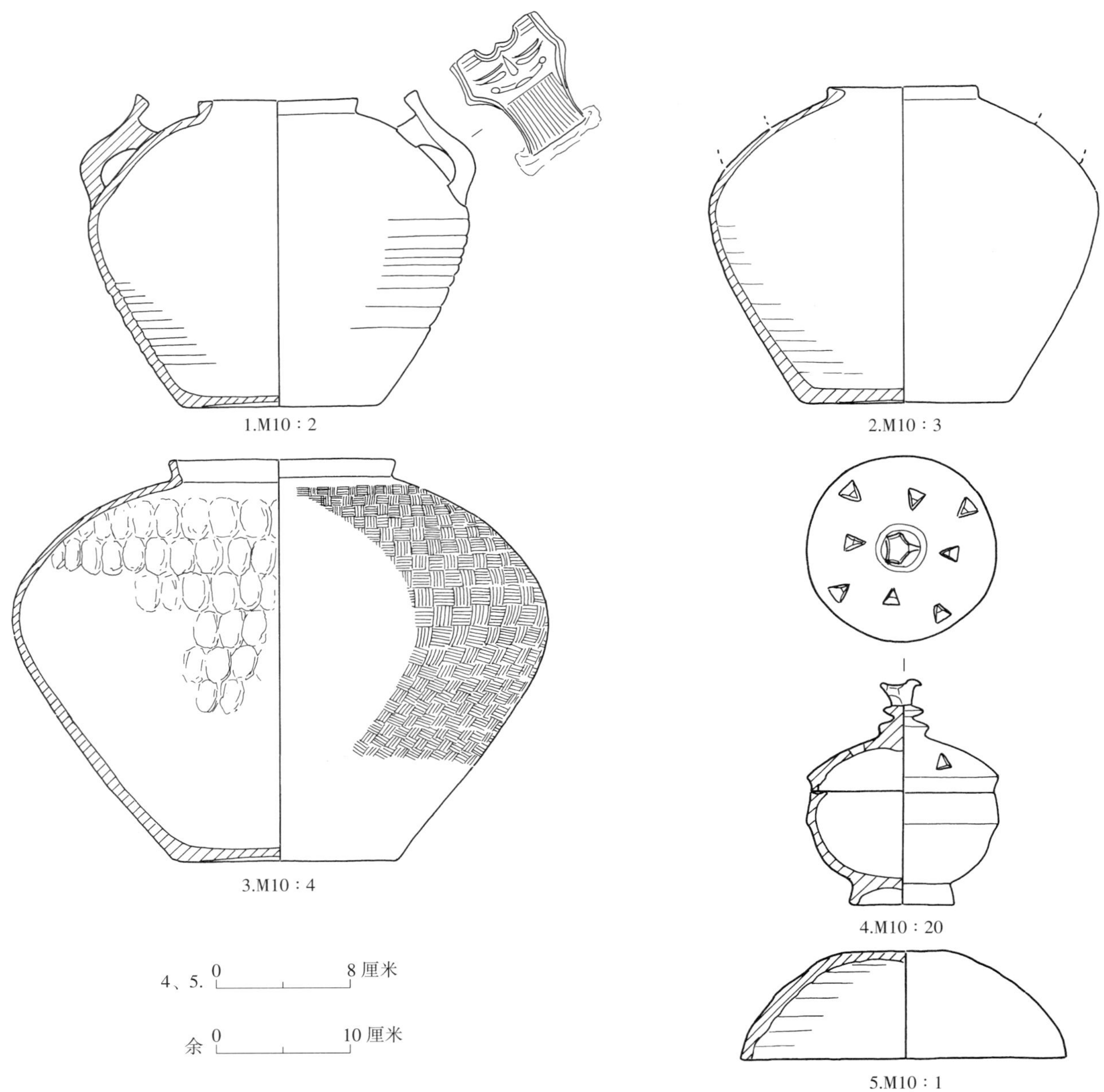

图八七A　79龙·东M10南穴出土器物

（三）北穴概况

北穴墓坑长2.40、宽1.90、深1.60米。底面低于南穴墓底0.20米。墓内回填红、黄相杂的五花土，结构较为松散。根据随葬器物的摆放位置判断，墓内原有木椁。椁室内中部设棺厢，北侧设边厢，东端设头厢。在棺厢内残留有3枚铁棺钉，棺钉纵向相距为1.40米，横向相距为0.70米。

（四）北穴随葬器物

共10件，以陶鼎、瓿、壶、罐、罍为基本组合，分别置于边厢和头厢内，其中边厢内一件陶鼎下残留有长0.66、宽0.32米的漆器痕迹。

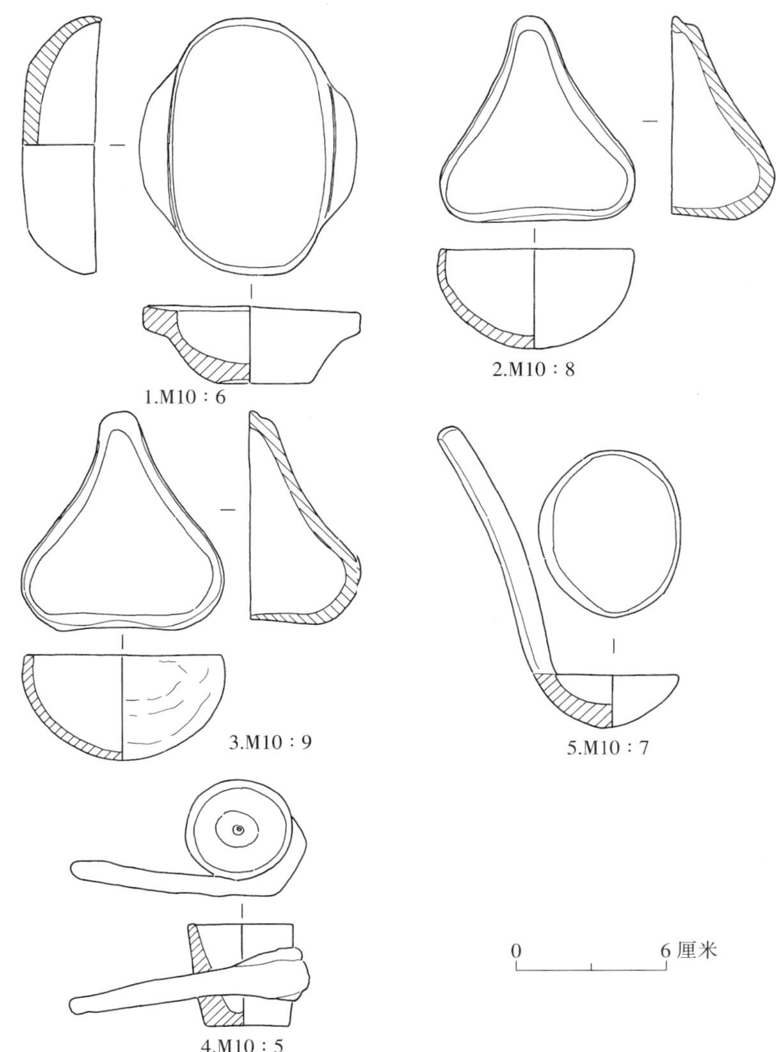

图八七B 79龙·东M10南穴出土器物

1. 陶器 9件。

鼎 2件。盖作覆钵形，弧面顶。鼎口内敛，宽唇面下凹呈子母口，弧肩上附长方形立耳，耳面中部凹折，上端外撇并高于口沿，圆鼓腹，腹最大径位于中部，浅圜底，下腹部附立三个蹄形足。耳面模印几何纹。硬陶。露胎呈灰色，胎质较硬。轮制，内壁留有轮旋痕。M10∶14，通高18、鼎高12.6、口径20.2、腹径22、底径12厘米（图八八A，1）。M10∶15，通高19、鼎高13.8、口径18.8、腹径23.2、底径10厘米（图八八A，2；图版二，2）。

瓿 1件。M10∶11，直口，平唇，宽斜肩上安衔环铺首，铺首略高，上端外撇并低于口沿，扁鼓腹，腹最大径位于中部，平底内凹。肩部划三组细弦纹，其间刻划两组水波纹。铺首面模印人面纹，上方贴方形兽面。高温釉陶。釉色青绿，釉层光亮而大部流失。无釉部位露胎为紫红色，胎质坚硬。轮制。高31.4、口径13.8、腹径42、底径17.4厘米（图八八A，3；图版三，2）。

壶 1件。M10∶13，侈口，圆唇，粗短颈，斜肩上安双耳，圆鼓腹，腹最大径位于中部，矮圈足外撇。口沿外壁、颈下端及肩部各划一组细弦纹，其间饰水波纹，腹部划数道弧凸的宽弦纹，

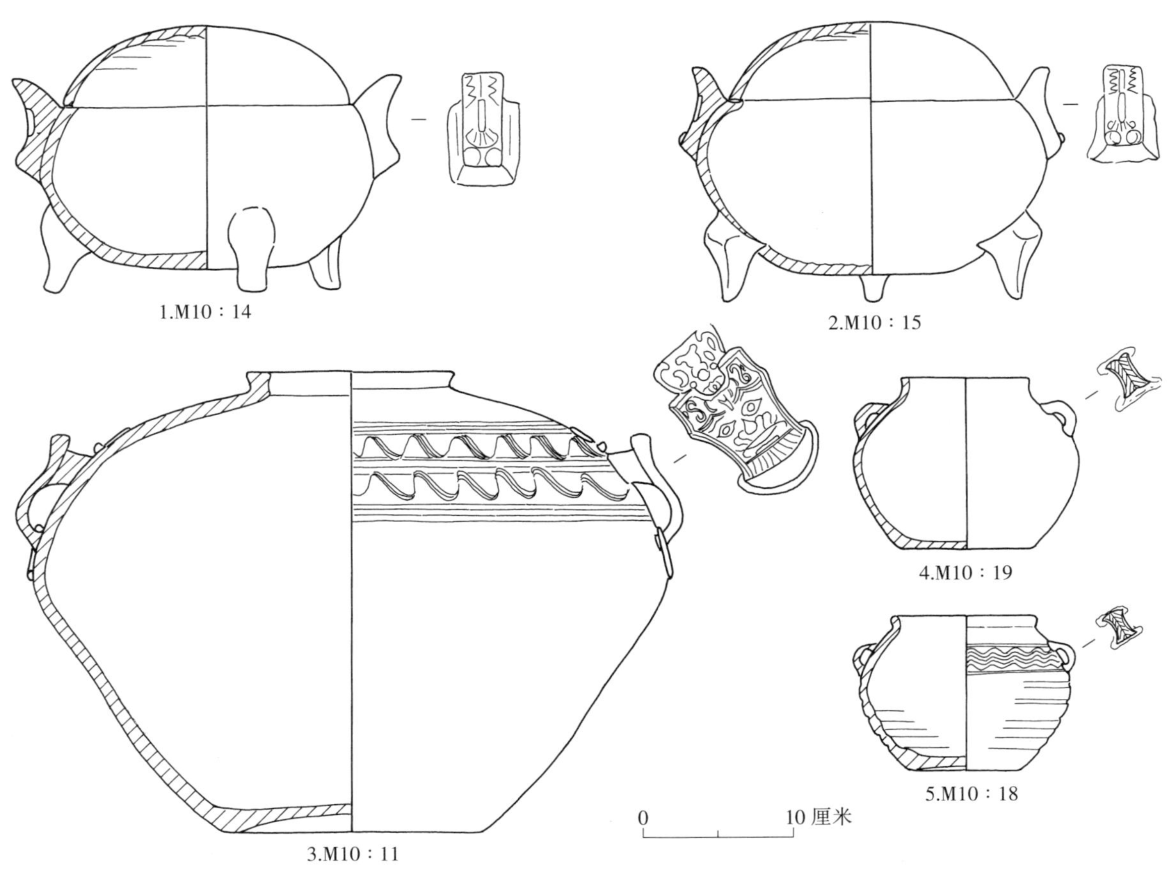

图八八A 79龙·东M10北穴出土器物

耳面模印叶脉纹。高温釉陶。釉色青黄。无釉部位露胎呈紫红色，内胎呈灰色。胎内含有较多的杂质，质地坚硬。轮制。高29、口径10.6、腹径22.4、足径13.6厘米（图八八B，1）。

直口罐 1件。M10∶19，直口，平唇，斜肩上安双耳，鼓腹略扁，腹最大径位于中部，平整。耳面模印叶脉纹。高温釉陶。釉色泛黄，釉层基本流失。无釉部位露胎呈褐色，胎质坚硬。轮制。高11.5、口径8.5、腹径15、底径8.8厘米（图八八A，4）。

侈口罐 1件。M10∶18，侈口，圆唇，斜肩上安双耳，圆鼓腹，腹最大径位于中部，平底内凹。肩部划两组双线细弦纹，其间轮印一组水波纹，腹部切削密集的弧凸粗弦纹。高温釉陶。釉色青黄，釉层光亮。无釉部位露胎呈暗红色，胎质坚硬。轮制，内壁留有轮旋痕。高10.5、口径9.7、腹径14、底径7.4厘米（图八八A，5；图版一一，3）。

罍 3件。侈口，平唇，圆弧肩，圆鼓腹，腹最大径位于中部，平底内凹。通体拍印清晰的编织纹。印纹硬陶。露胎上部呈灰色，下部为红灰色，胎质较硬。泥条盘筑，内壁留有陶拍的抵窝痕。M10∶10，高28.8、口径16、腹径35.4、底径17.4厘米（图八八B，2）。M10∶12，口沿下端有一个“丫”形刻符。高29.3、口径18.2、腹径35.2、底径16.4厘米（图八八B，3；图版一六，6）。M10∶16，高31.6、口径17.6、腹径38、底径16厘米（图八八B，4）。

2. 其他 1件。

铜洗 M10∶17，残缺。

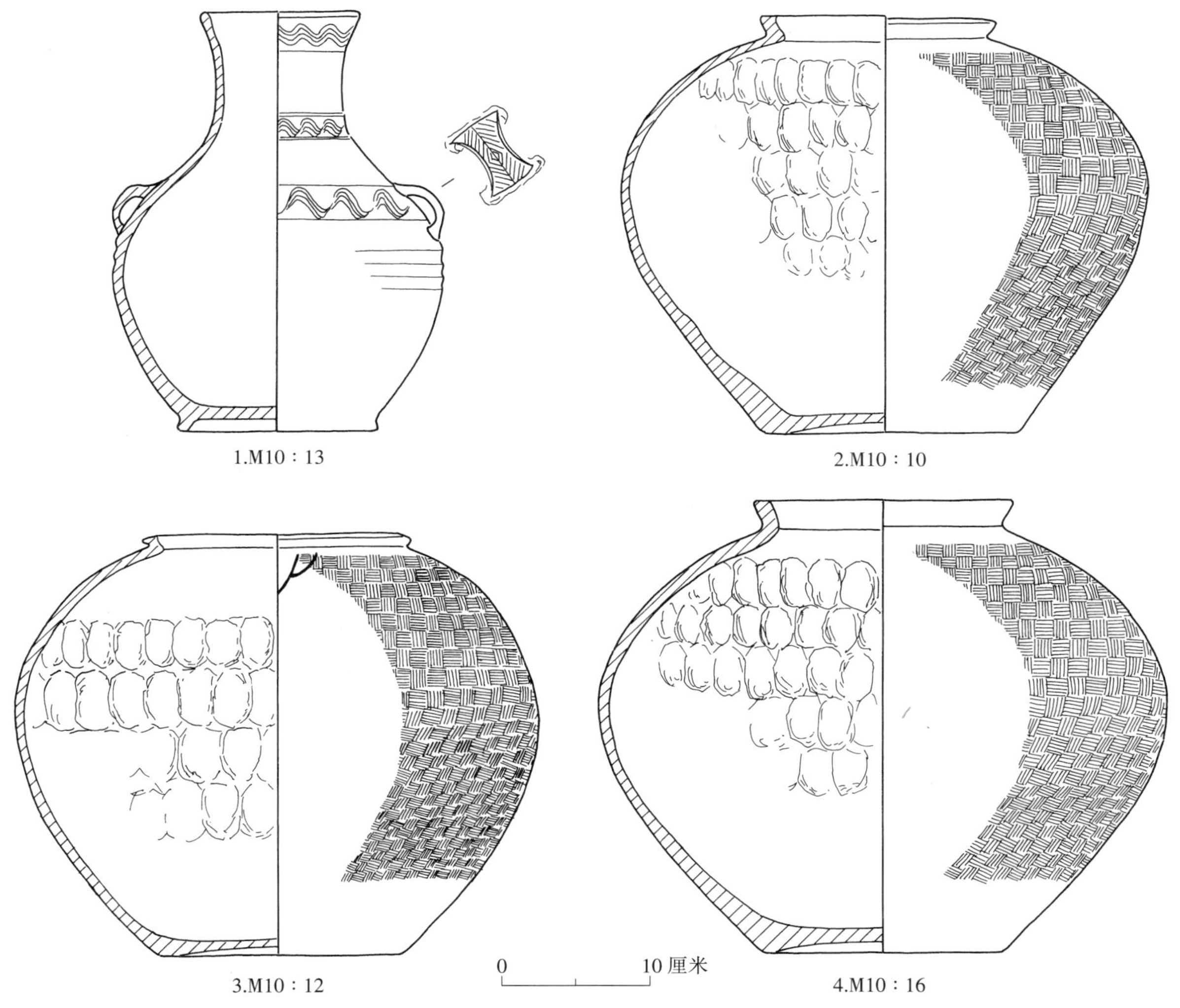

图八八 B 79 龙·东 M10 北穴出土器物

2.92 龙·东 M39、M40

M40 打破 M39，总宽 5.36 米。墓向 240 度（图八九）。

（一）M40 概况

M40 位于南部。墓长 3.70、宽 3.02、深 4.00 米。底面低于 M39 墓底 1.02 米。墓内回填红、黄相杂的五花土，结构较为致密。

墓坑下部四周有因木椁外填土形成的“熟土二层台”。底面挖有两条横轴向的椁下垫木沟槽，长 2.96、宽分别为 0.24 和 0.30、深分别为 0.15 和 0.12 米，前后相距 1.66 米。结合随葬品的摆放位置，判断墓内原有木椁。椁室长约 3.10、宽 2.40 米。椁内北部设棺厢，南侧设边厢，西端设脚厢。棺厢内安放双棺，厢底留有排列有序的 6 枚铁棺钉和部分板灰，推测原棺木长约 2.20、宽 0.80 米。

（二）M40 随葬器物

随葬器物共 21 件（组），以陶瓿、壶、罐为基本组合，并伴有铜镜、“五铢”钱和铁釜、刀等。其中铜镜和铜钱摆放于棺内头部，铁刀位于腰部，其余分别置于边厢和脚厢内。此外，边厢

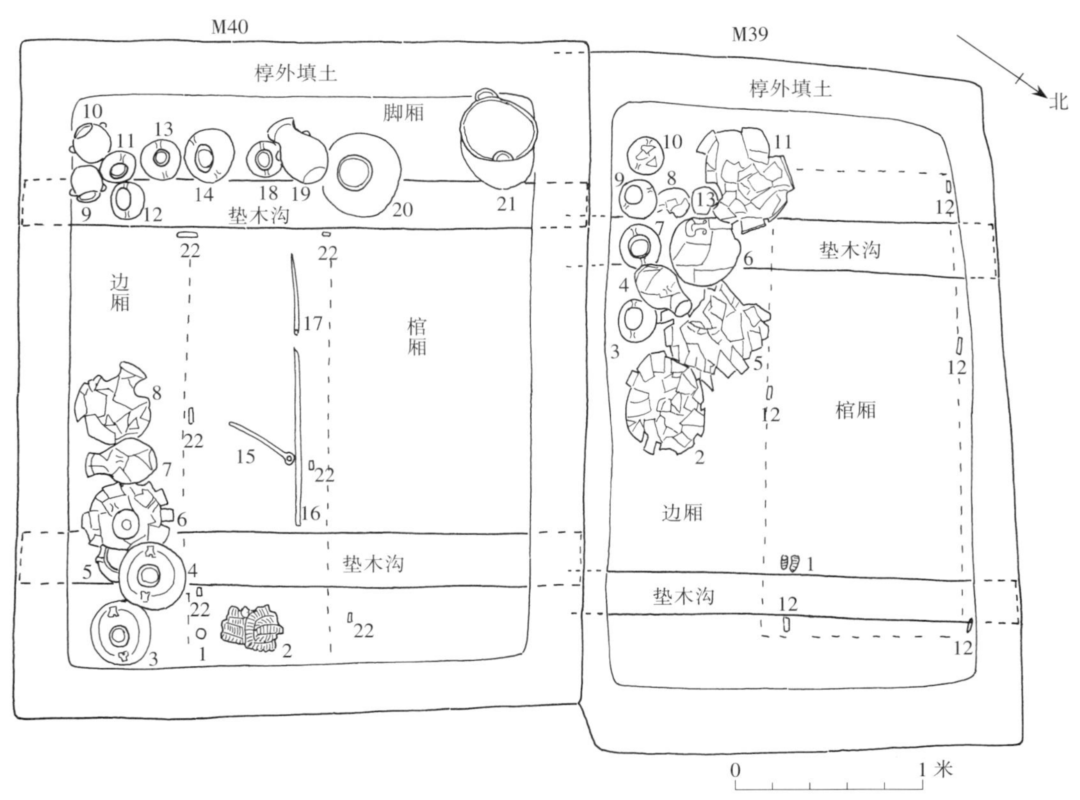

图八九　92龙·东M39、M40平面图

M39：1. 铜"五铢"钱　2、5. 高温釉陶瓿　3. 高温釉陶筒形罐　4、6、8、10、11. 高温釉陶盘口壶　7、9、13. 硬陶弦纹罐　12. 铁棺钉

M40：1. 铜镜　2. 铜"五铢"钱　3、4. 高温釉陶瓿　5、9～12、18. 硬陶弦纹罐　6、8、13、19. 高温釉陶敞口壶　7. 高温釉陶盘口壶　14. 硬陶罐　15～17. 铁刀　20、21. 铁釜　22. 铁棺钉

内发现有大量丰厚的朱砂红漆皮，判断原置有多件漆器。

1. 陶器　14件。

瓿　2件。敛口，宽斜唇，圆弧肩上安铺首，铺首低矮，上端贴近器壁并低于口沿，圆鼓腹，腹最大径位于中部，平底内凹。肩部贴三组细泥条状的凸弦纹，并刻划两组简化鸟纹，鸟身饰锥点纹。铺首面模印叶脉纹，上方贴菱角形堆纹。高温釉陶。釉色泛黄。无釉部位露胎呈紫红色，胎质坚硬。轮制。M40∶3，器身较高。高29.6、口径8、腹径32.8、底径16厘米（图九〇A，1）。M40∶4，器身宽矮。高29.4、口径8、腹径36.4、底径16.8厘米（图九〇A，2）。

壶　5件。根据口沿形态分为：

敞口壶　4件。敞口，平唇，粗短颈，斜肩上安双耳，鼓腹，腹最大径位于中部，浅卧足。高温釉陶。釉色泛黄，釉层大部流失。无釉部位露胎呈暗红色，胎质坚硬。其中3件口沿外壁和颈下端各轮印一周水波纹，肩部贴三组细泥条状的凸弦纹，并刻划两组鸟纹。耳面模印叶脉纹，上方贴横向"S"形堆纹。M40∶6，器身高大。颈以上为轮制；以下采用泥条盘筑，内壁有陶拍的抵窝痕。高43.2、口径16、腹径34.4、足径16厘米（图九〇A，3）。M40∶8，器身中等。腹部划有两组短弧线。内壁经过涂抹。高41.8、口径16.4、腹径33.5、足径17厘米（图九〇A，4）。M40∶19，器身中等。高33.2、口径13.8、腹径24.3、足径14.2厘米（图九〇A，5）。另1件器

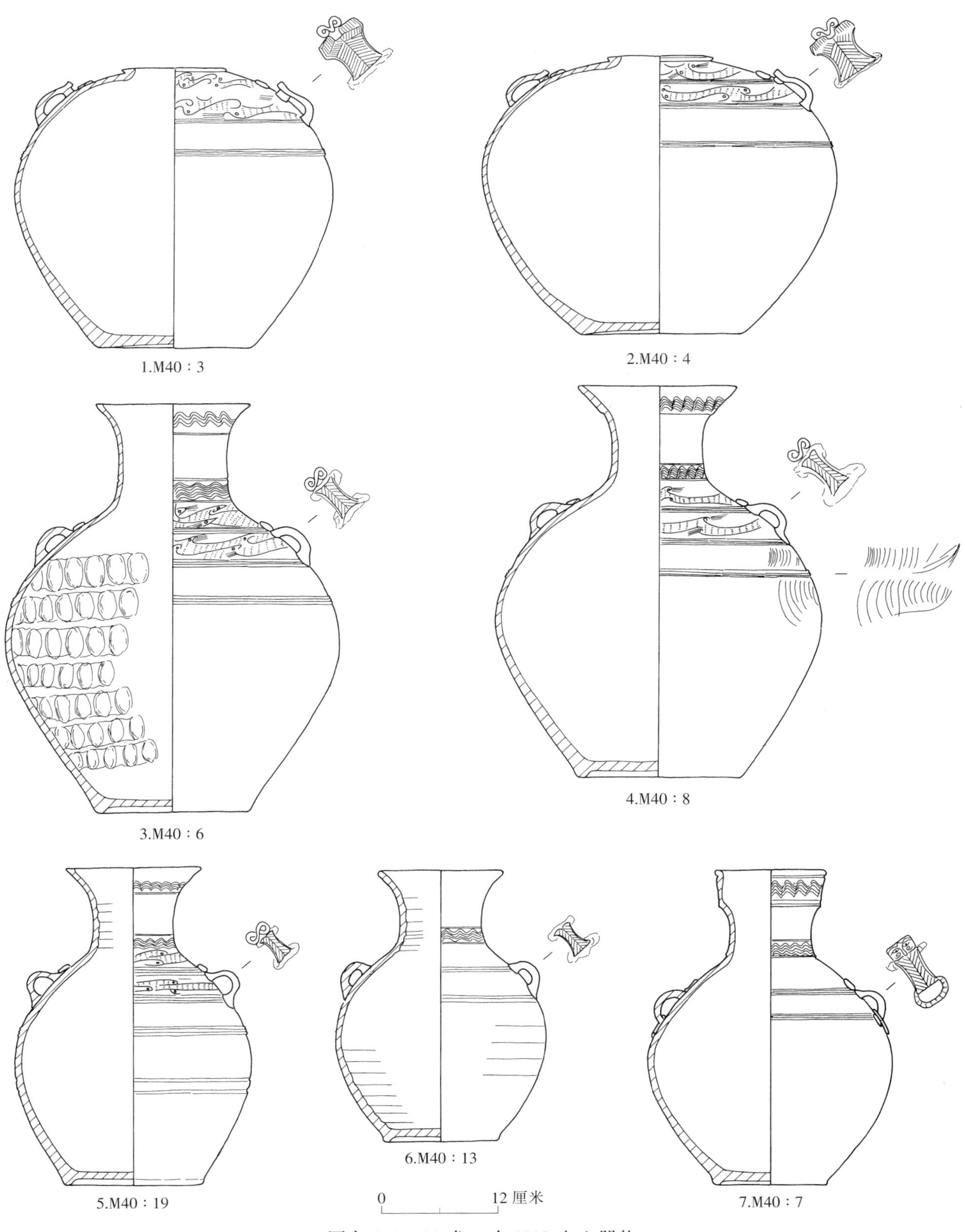

图九〇A　92 龙・东 M40 出土器物

身较小。颈下端轮印一周水波纹，肩部划两组双线细弦纹，腹部切削数道不明显的宽弦纹，耳面模印粗壮的叶脉纹。轮制，内壁有轮旋痕。M40∶13，高28.4、口径12.8、腹径21.7、足径12厘米（图九〇A，6）。

盘口壶 1件。M40∶7，深盘口，圆唇下划一周浅凹槽，粗短颈，斜肩上安衔环双耳，圆弧腹，腹最大径位于中部，浅卧足。口沿外壁和颈下端各轮印一周水波纹，肩部划两组平凸的细弦纹。耳面模印叶脉纹，耳上方贴方形兽面。高温釉陶。釉层已流失，露胎呈灰黄色。无釉部位露胎呈暗红色，内胎为暗红色，胎质较硬。轮制。高33、口径11.5、腹径25.2、足径11.7厘米（图九〇A，7）。

罐 7件。根据口沿形态分为：

侈口罐 6件。侈口，圆唇，斜弧肩上安双耳，鼓腹，平底内凹。通体切削密集的弧凸粗弦纹，耳面模印叶脉纹。硬陶。露胎呈砖红色，胎质较硬。轮制，内壁留有轮旋痕。M40∶5，扁鼓腹，腹最大径位于上部。高13.6、口径10.8、腹径17.2、底径7.6厘米（图九〇B，1）。M40∶9，圆鼓腹，腹最大径位于中部。高9.2、口径8.8、腹径12.5、底径7厘米（图九〇B，2）。M40∶10，腹最大径位于上部。高13.6、口径12、腹径17.2、底径20.8厘米（图九〇B，3）。M40∶11、12、18，均残缺。

敛口罐 1件。器形如瓿。敛口，宽平唇，斜肩上安双耳，鼓腹，腹最大径位于中部，平底内凹。通体切削密集的弧凸粗弦纹，耳面模印叶脉纹。硬陶。露胎上部呈灰色，下部呈暗红色，内胎为灰红色，胎质较硬。轮制。M40∶14，高19.7、口径11.3、腹径22.6、底径12.7厘米（图九〇B，4）。

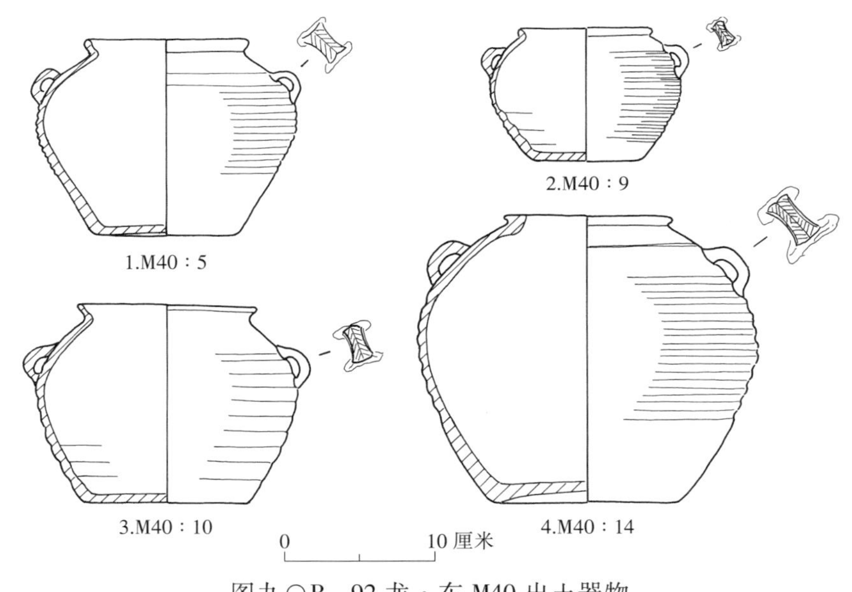

图九〇B　92龙·东M40出土器物

2. 其他　7件（组）。

铜镜 1件。M40∶1，残缺。

铜"五铢"钱 1件（组）。M40∶2，已锈蚀。

铁釜 2件。M40∶20、21，残缺。

铁刀 3件。M40∶16、17，残。刀身较长，无刀格。M40∶15，残。较短，环首。

（三）M39 概况

位居 M40 北部。墓长 3.80、残宽 2.34、深 3.00 米。底面高于 M40 墓底 1.02 米。墓内回填红、黄相杂的五花土，结构较为致密。

墓坑下部四周有因木椁外填土形成的“熟土二层台”。底面挖有两条用于摆放椁下垫木的横轴向沟槽，残长 2.28、宽 0.22、深 0.14 米，前后相距 1.60 米。结合随葬品的摆放位置，判断墓内原有木椁。椁室长约 3.10、宽约 1.90 米。椁内北部设棺厢，南部设边厢。棺厢底留有排列有序的 5 枚铁棺钉和部分板灰，推测原棺木长约 2.50、宽 1.00 米。

（四）M39 随葬器物

随葬器物共 12 件（组），以陶瓿、壶、罐为基本组合，并伴有铜“五铢”钱等。除铜钱摆放于棺内头部，其余均置于边厢内。

1. 陶器 11 件。

瓿 2 件。M39∶2、5，高温釉陶。残缺。

壶 5 件。器身大小不同。M39∶6，器身高大。浅盘口，粗颈略长，斜弧肩上安衔环双耳，圆鼓腹，腹最大径位于中部，深卧足。口沿外壁和颈下端各轮印一周水波纹，肩部贴三组细泥条状的凸弦纹。耳面模印叶脉纹，上方贴方形兽面，兽面两角各附一枚乳丁。高温釉陶。釉色青黄。无釉部位露胎呈暗红色，内胎为灰色，胎质坚硬。颈以上为轮制，内壁有轮旋痕；以下采用泥条盘筑，内壁有陶拍的抵窝痕。器壁有较多的小气泡。高 46.2、口径 15.3、腹径 38.3、足径 19.2 厘米（图九一，1；图版九，2）。另 3 件口沿介于盘口和侈口间，圆唇下划一道浅凹槽，短颈，斜肩上安双耳，圆鼓腹，腹最大径位于中部，矮圈足。口沿外壁和颈下端各轮印一周水波纹，肩部划一道细弦纹，耳面模印叶脉纹。高温釉陶。釉色泛黄。无釉部位露胎呈褐色，内胎为灰色，胎质坚硬。轮制。M39∶4，高 28、口径 11.3、腹径 21.1、足径 11.5 厘米（图九一，2）。M39∶8，内壁留有轮旋痕。高 21.9、口径 8.5、腹径 17.6、足径 10.2 厘米（图九一，3）。M39∶10，颈略细。腹部切削密集的弧凸粗弦纹。高 23.2、口径 8.5、腹径 17.5、底径 10 厘米（图九一，4；图版八，2）。M39∶11，残缺。

罐 4 件。根据口沿形态分为：

直口罐 3 件。直口，平唇，斜肩上安双耳，鼓腹略扁，腹最大径位于中部，平底。通体切削密集的弧凸粗弦纹，耳面模印叶脉纹。硬陶。露胎呈红灰色，内胎为砖红色，胎质较硬。轮制。M39∶9，高 15.6、口径 10、腹径 17.6、底径 10.4 厘米（图九一，5）。M39∶7、13，残缺。

敛口罐 1 件。M39∶3，敛口，内斜唇，斜肩上安双耳，深弧腹，腹最大径位于中部，平底内凹。腹部切削数道宽弦纹，耳面模印带索头的叶脉纹。高温釉陶。釉层已流失，露胎呈灰色。无釉部位露胎呈暗红色，胎质坚硬。轮制，内壁留有轮旋痕。高 19.6、口径 11.8、腹径 20.6、底径 12.4 厘米（图九一，6；图版一五，5）。

2. 其他 1 件（组）。

铜“五铢”钱 1 件（组）。M39∶1，约 55 枚。已锈蚀。

3.92 龙・东 M43、M44

打破关系不明，总宽 4.04 米。墓向 355 度（图九二）。

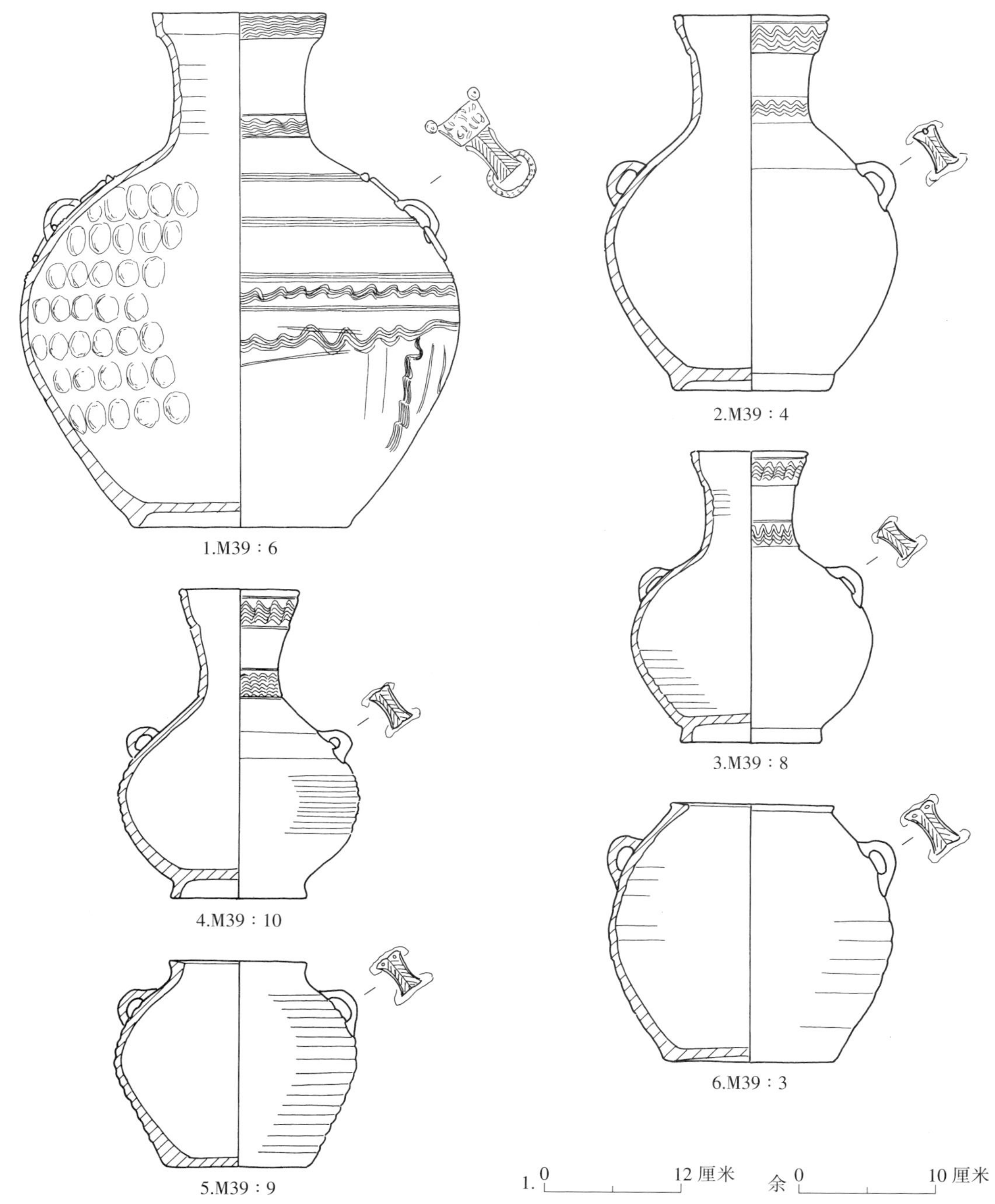

图九一　92 龙・东 M39 出土器物

（一）M43 概况

墓坑东南角已被破坏。

位于 M44 西侧，长 3.48、宽 1.86、深 2 米。底面低于 M44 墓底 0.40 米。墓内回填红、黄相杂的五花土，结构较为致密。

墓坑下部四周有因木椁外填土形成的“熟土二层台”，结合随葬品的摆放位置，判断墓内原有木椁。椁室长约 3.00、宽约 1.55 米。椁内东部设棺厢，西侧设边厢，北端设脚厢。棺厢内留有排列有序的 4 枚铁棺钉和部分板灰，推测原棺木长约 1.80、宽约 0.70 米。

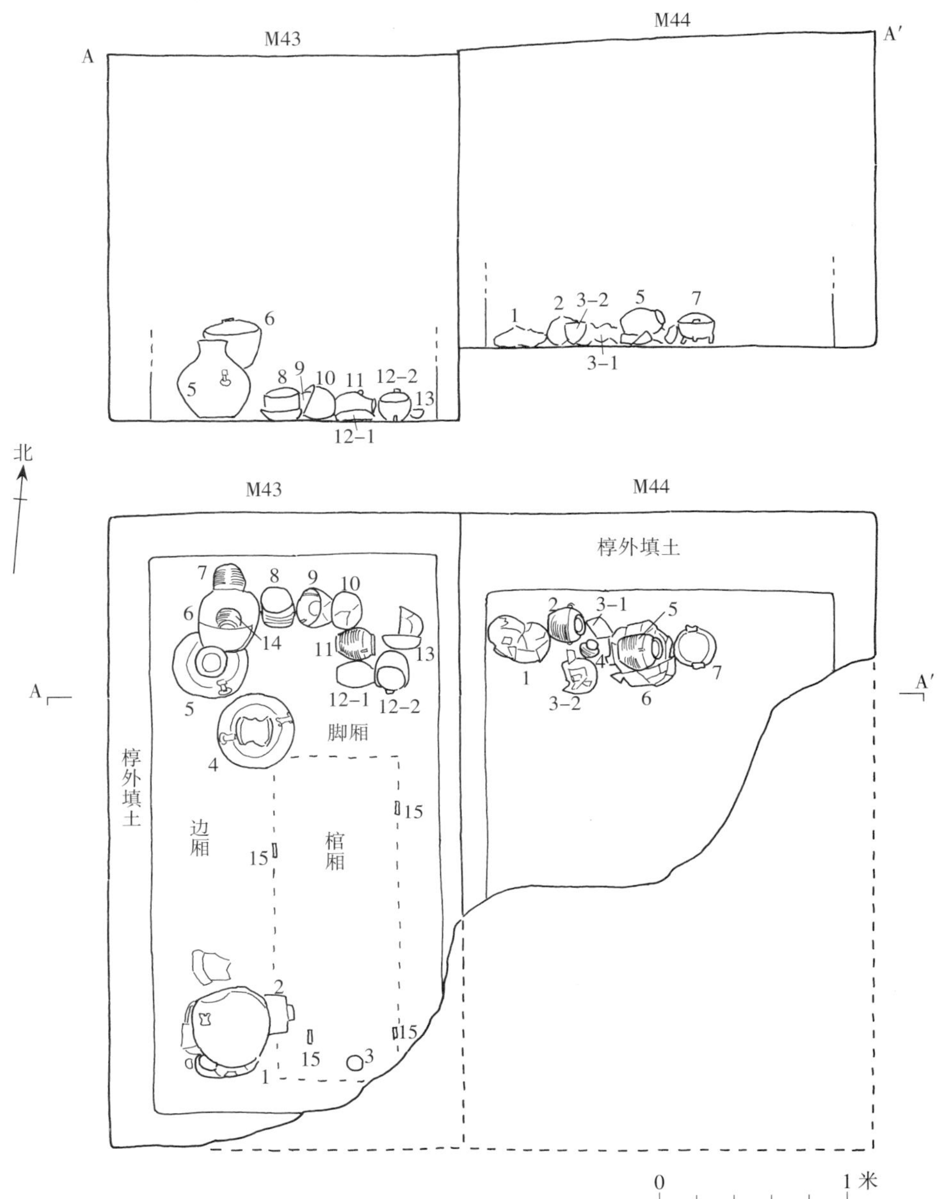

图九二　92 龙·东 M43、M44 平、剖面图

M43：1、2. 高温釉陶瓿　3. 铜星云镜　4. 高温釉陶盘口壶　5. 高温釉陶敞口壶　6. 铁釜　7、11、14. 硬陶弦纹罐　8、13. 硬陶盒　9. 高温釉陶罐　10、12. 硬陶鼎　15. 铁棺钉

M44：1、3. 硬陶盒　2、4、5. 硬陶弦纹罐　6、7. 高温釉陶鼎

（二）M43 随葬器物

随葬器物共 14 件，以陶鼎、盒、瓿、壶、罐为基本组合，并伴有铜星云镜和铁釜等。除铜镜摆放于棺内头部，其余分别置于边厢和脚厢内。

1. 陶器　12 件。

鼎　2 件。覆钵形盖，顶面较平。鼎口内敛，宽唇面外侧下凹呈子母口，口外附长方形立耳，耳上端外撇，腹壁缓收，平底。耳面模印几何纹。硬陶。露胎呈暗红色，胎质较硬。轮制。M43∶12，通高 17.2、鼎高 13、口径 16、腹径 18.3、底径 12.4 厘米（图九三 A，1）。M43∶10，残缺。

图九三A 92 龙·东 M43 出土器物

盒　2件。覆钵形盖，顶面较平。盒口内敛，宽唇面下凹呈子母口，腹壁缓收，平底。硬陶。盖露胎呈灰色，盒露胎呈紫红色，胎质较硬。轮制，内壁有轮旋痕。M43∶13，通高18.3、盒高12.2、口径18.8～19.3、底径11.2～11.5厘米（图九三A，2）。M43∶8，残缺。

瓿　2件。直口，宽平唇，宽斜肩上安铺首，铺首略高，上端外撇并略低于口沿，鼓腹，腹最大径位于上部，平底内凹。肩部划三组细弦纹，其间轮印两组水波纹。铺首面模印人面纹，上方贴菱角形堆纹。高温釉陶。釉色泛黄。无釉部位露胎呈暗红色，内胎为灰白色，胎质坚硬。泥条盘筑，内壁留有陶拍的抵窝痕。M43∶1，器形不规整。高32.3、口径14.1、腹径38.2、底径18.9厘米（图九三A，3；图版三，3）。M43∶2，高31.8、口径14、腹径38、底径18.4厘米（图九三A，4）。

壶　2件。根据口沿形态的不同分为：

侈口壶　1件。M43∶5，器身高大。侈口，圆唇下划一道浅凹槽，粗短颈，宽斜肩上安衔环双耳，球腹，腹最大径位于中部，高圈足。口沿外壁和颈中、下部各饰一周水波纹，肩部划三组细弦纹，其内刻划两组水波纹。耳面模印叶脉纹，上方贴方形兽面。高温釉陶。釉呈绿褐色。无釉部位露胎呈红灰色，胎质坚硬。肩部有较多的气泡。颈以上为轮制，内壁留有轮旋痕；以下采用泥条盘筑，内壁留有陶拍的抵窝痕。高37.6、口径16.2、腹径31、足径16.6厘米（图九三A，5；图版五，2）。

盘口壶　1件。M43∶4，器形不甚规整。口介于侈口和盘口之间，圆唇，粗短颈，斜肩上安衔环双耳，鼓腹，腹最大径位于中部，浅卧足。口沿外壁和颈下端各轮印一周水波纹，肩部划三道细弦纹和三组水波纹，其下饰一组半环形波纹。耳面模印粗壮的叶脉纹，上方贴菱角形堆纹。高温釉陶。釉色泛黄。无釉部位露胎呈暗红色，胎质坚硬。轮制，内壁留有轮旋痕。高38～38.6、口径17.4、腹径29.4、足径16.8厘米（图九三A，6；图版七，1）。

罐　4件。直口，平唇，颈与肩无明显的交界线，斜肩上安双耳，鼓腹，腹最大径位于中部，平底。耳面模印叶脉纹。M43∶7，通体切削密集的内凹弧粗弦纹。硬陶。露胎呈灰红色，胎质较硬。高15.3、口径10.5、腹径18、底径11厘米。M43∶11，通体切削密集的弧凸粗弦纹。硬陶。露胎呈砖红色，胎质较硬。高17.2、口径10、腹径18.3、底径11.1厘米（图九三A，7）。M43∶9，器形不规整。腹部有不甚明显的粗弦纹。高温釉陶。釉色泛黄，釉层大部流失。无釉部位露胎呈褐色，胎质坚硬。高10.8～11.2、口径10、腹径13.8、底径8.8厘米（图九三A，8）。M43∶14，硬陶。残缺。

2. 其他　2件。

铜星云镜　1件。M43∶3，残缺。

铁釜　1件。M43∶6，残缺。

（三）M44 概况

墓葬东、南部被严重破坏。

墓位于M43东部。残长0.70～2.10、宽2.20、深1.80米。底面高于M43墓底0.40米。墓内回填红、黄、灰相杂的五花土，结构较为松散。

墓坑下部四周有因木椁外填土形成的“熟土二层台”，结合随葬品的摆放位置，判断墓内原有木椁。

（四）M44 随葬器物

随葬器物共 7 件，以陶鼎、盒、罐为基本组合。

鼎 2 件。形态不同。覆钵形盖。鼎口内敛，口外附长方形立耳，斜腹，平底外缘附三个蹄形足。腹壁切削密集的弧凸粗弦纹，耳面模印对称的几何纹。高温釉陶。釉层大部流失。无釉部位呈暗红色，胎质坚硬。轮制，内壁留有轮旋痕。M44∶6，盖高而顶面略平，上立三个乳丁。鼎口微敛，宽唇面内凹呈子母口，耳面较直而上端略外撇，腹壁缓收，三足低矮。通高 26.6、鼎高 19.8、口径 23.3、腹径 24.2、底径 14.6 厘米（图九三 B，1）。M44∶7，低盖，弧面顶。鼎口弧敛，口外附长方形立耳，耳面中段内折，上下端外翘，肩部外鼓，腹壁骤收，三足较高。耳面四角各戳印一个圆圈，足面模印兽面。釉色泛黄。通高 18.4、鼎高 15.8、口径 18.9、腹径 22、底径 12.4 厘米（图九三 B，2）。

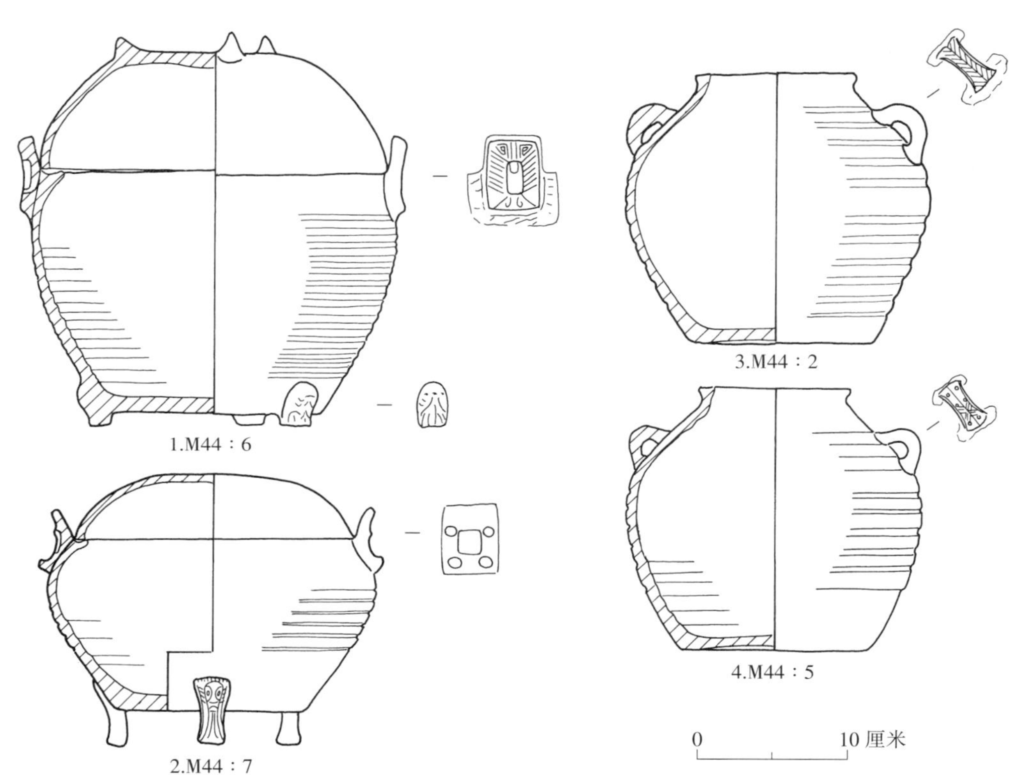

图九三 B 92 龙·东 M44 出土器物

盒 2 件。M44∶1、3，硬陶。残缺。

罐 3 件。直口，平唇，斜肩上安双耳，鼓腹，腹最大径位于中部，平底内凹。通体切削密集的弧凸粗弦纹，耳面模印叶脉纹。硬陶。露胎上部呈黄灰色，下部呈暗红色，内胎为紫红色，胎质较硬。M44∶2，高 18.3、口径 10.6、腹径 20.2、底径 12.5 厘米（图九三 B，3）。M44∶5，高 18、口径 10、腹径 19.6、底径 12.5 厘米（图九三 B，4）。M44∶4，残缺。

4. 92 龙·东 M48 西穴、东穴

两墓野外未单独编号，现区分为东穴和西穴（图九四）。

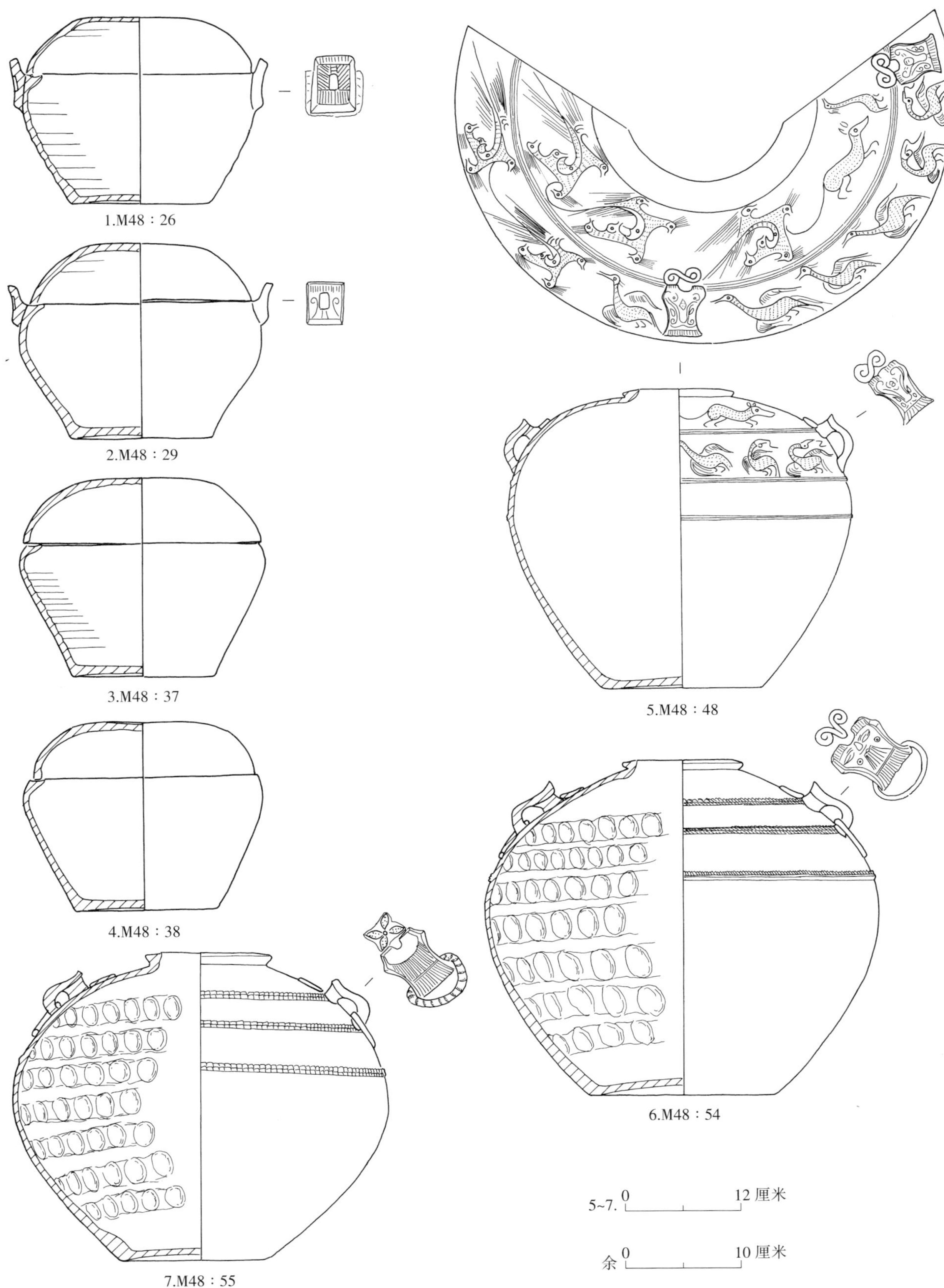

图九五 A　92 龙·东 M48 西穴出土器物

位于中部，卧足。口沿外壁和颈下端各轮印一周水波纹，耳面模印叶脉纹。M48∶31，深卧足。肩部划一道细弦纹，腹部有不甚明显的宽弦纹。高温釉陶。釉层已流失，露胎呈黄灰色。无釉部位露胎呈红褐色，内胎为灰色，胎质坚硬。多为轮制，内壁有轮旋痕。高27.2、口径11.2、腹径20、底径10.4厘米（图九五B，1）。M48∶35，腹部划数道平凸的宽弦纹。硬陶。露胎和内胎均呈砖红色，胎质较硬。高30.2、口径10.7、腹径21.2、足径11厘米（图九五B，2）。M48∶36，肩部贴三组锯齿边细泥条凸弦纹，衔环耳上方贴菱角形堆纹。高温釉陶。釉色青绿，部分釉层已流失。无釉部位露胎呈暗红色，胎质坚硬。内壁经过涂抹，外壁有较多的气泡。高23.8、口径8.3、腹径19.8、足径9.6厘米（图九五B，3）。M48∶50，器身高大。肩部贴三组锯齿边细泥条状凸弦纹，衔环耳上方贴菱角形堆纹。高温釉陶。釉呈青黄色，部分釉层已流失。无釉部位露胎呈暗红色，内胎为灰色，胎质坚硬。泥条盘筑。颈以上为轮制；以下采用泥条盘筑，内壁有陶拍的抵窝痕。高47.1、口径16.2、腹径39.6、足径20.4厘米（图九五B，4）。

敞口壶 3件。敞口，平唇，粗短颈，斜弧肩上安双耳，圆鼓腹，卧足略深。耳面模印叶脉纹。高温釉陶。无釉部位露胎呈暗红色，胎质坚硬。M48∶45，器身高大。腹最大径位于上部。口沿外壁和颈下端各轮印一周水波纹，肩部贴三组细泥条状凸弦纹，并刻划鸟兽纹和几何纹各一组，衔环耳上方贴方形兽面。釉色泛黄。颈以上为轮制，内壁有轮旋痕；以下采用泥条盘筑，内壁有陶拍的抵窝痕。高42.4、口径14.5、腹径34.5、足径15.3厘米（图九五B，5）。M48∶44，颈下端轮印一周水波纹，肩部划两组双线细弦纹，腹部切削平凸的宽弦纹。高28.4、口径12.6、腹径20.4、足径12.6厘米（图九五B，6）。M48∶46，颈下端轮印一周水波纹，肩部划一道细弦纹。高28、口径12.6、腹径22.3、足径12.6厘米（图九五B，7）。

盘口壶 7件。盘口，粗短颈，斜弧肩上安双耳，圆鼓腹，腹最大径位于中部。口沿外壁和颈下端各轮印一周水波纹，肩部划两道细弦纹，耳面模印叶脉纹。高温釉陶。无釉部位露胎呈暗红色，胎质坚硬。轮制。M48∶27，口介于侈口和盘口之间，浅卧足。肩部划两组细弦纹，其间刻划水波纹，腹部切削疏朗的宽弦纹。青灰色釉，釉层暗淡。内壁留有轮旋痕。高30、口径11、腹径22.2、足径11.5厘米（图九六A，1）。M48∶42，深盘口略大，圆唇，盘壁外斜，矮圈足。圆唇下划一周浅凹槽，肩部划两组双线细弦纹，腹部切削密集的平凸宽弦纹。釉色青绿，釉层光亮。高29.4、口径12、腹径12、足径13.1厘米（图九六A，2）。M48∶49，深盘口略大，圆唇，盘壁外斜，口下划一周浅凹槽，高圈足。肩部划两组细弦纹，衔环耳上方贴四叶花瓣。釉色青黄。高28.8、口径10.4、腹径20.8、足径12.8厘米（图九六A，3）。M48∶52，浅盘口，平唇，盘壁较直，平底。肩部划三组双线细弦纹。衔环耳上方贴方形兽面，兽面两角各附一个乳丁。釉色青绿，釉层光亮。高36.6、口径12.6、腹径28.2、足径14.5厘米（图九六A，4）。M48∶53，浅盘口，平唇，盘壁较直，深卧足。肩部划三道细弦纹，腹部切削密集的弧凸粗弦纹。衔环耳上方贴方形兽面，兽面两角各附一个乳丁。釉色青绿，釉层光亮。高36.5、口径12.6、腹径28.4、足径15.6厘米（图九六A，5；图版九，4）。

M48∶40、43，高温釉陶。残缺。

罐 7件。根据口沿形态的不同分为：

侈口罐 1件。M48∶34，侈口，圆唇，圆弧肩上安双耳，圆鼓腹，腹最大径位于中部，平底内凹。腹部划疏朗的宽弦纹，耳面模印叶脉纹。硬陶。露胎呈灰红色，胎质较硬。高13.4、口径

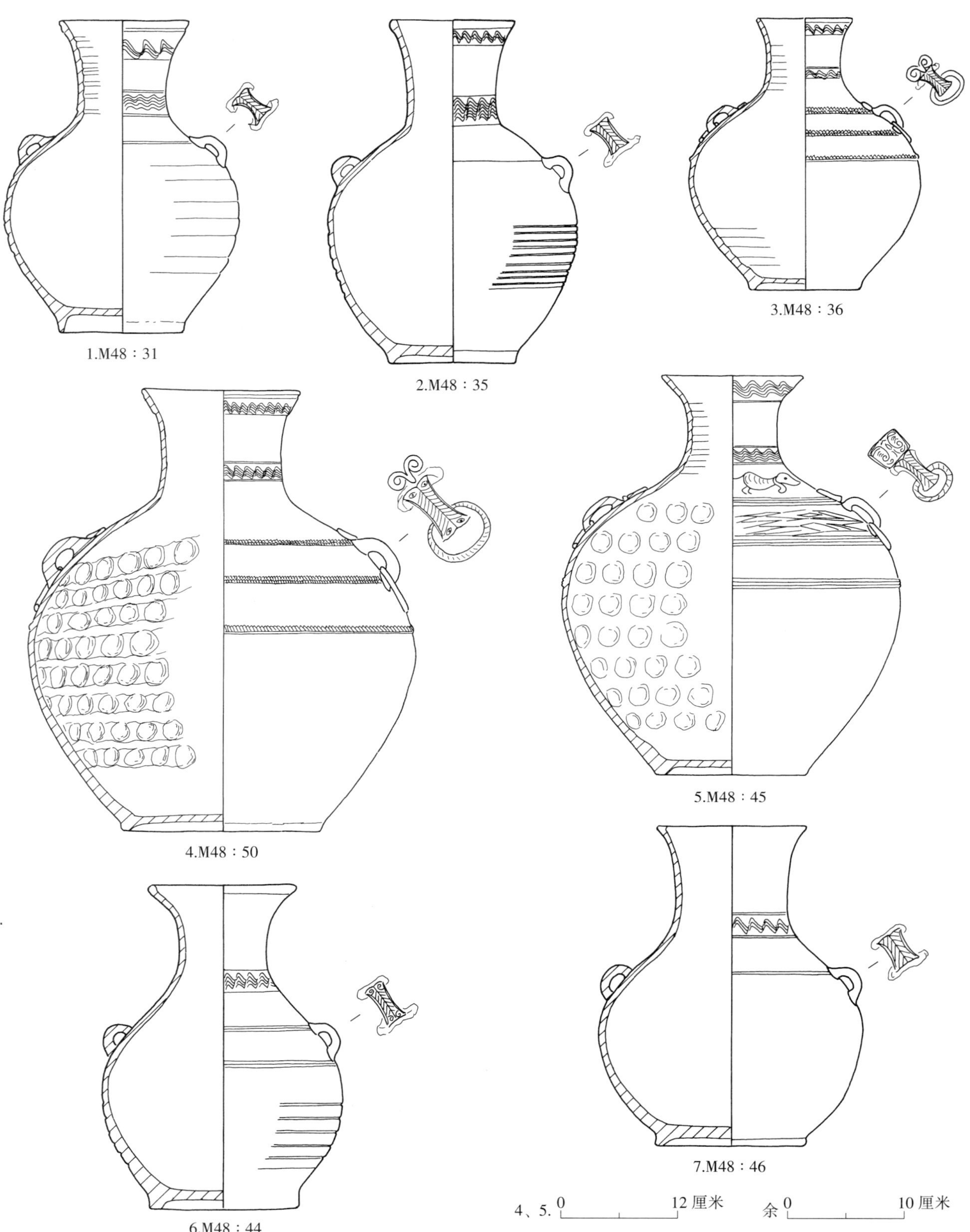

图九五B 92龙·东M48西穴出土器物

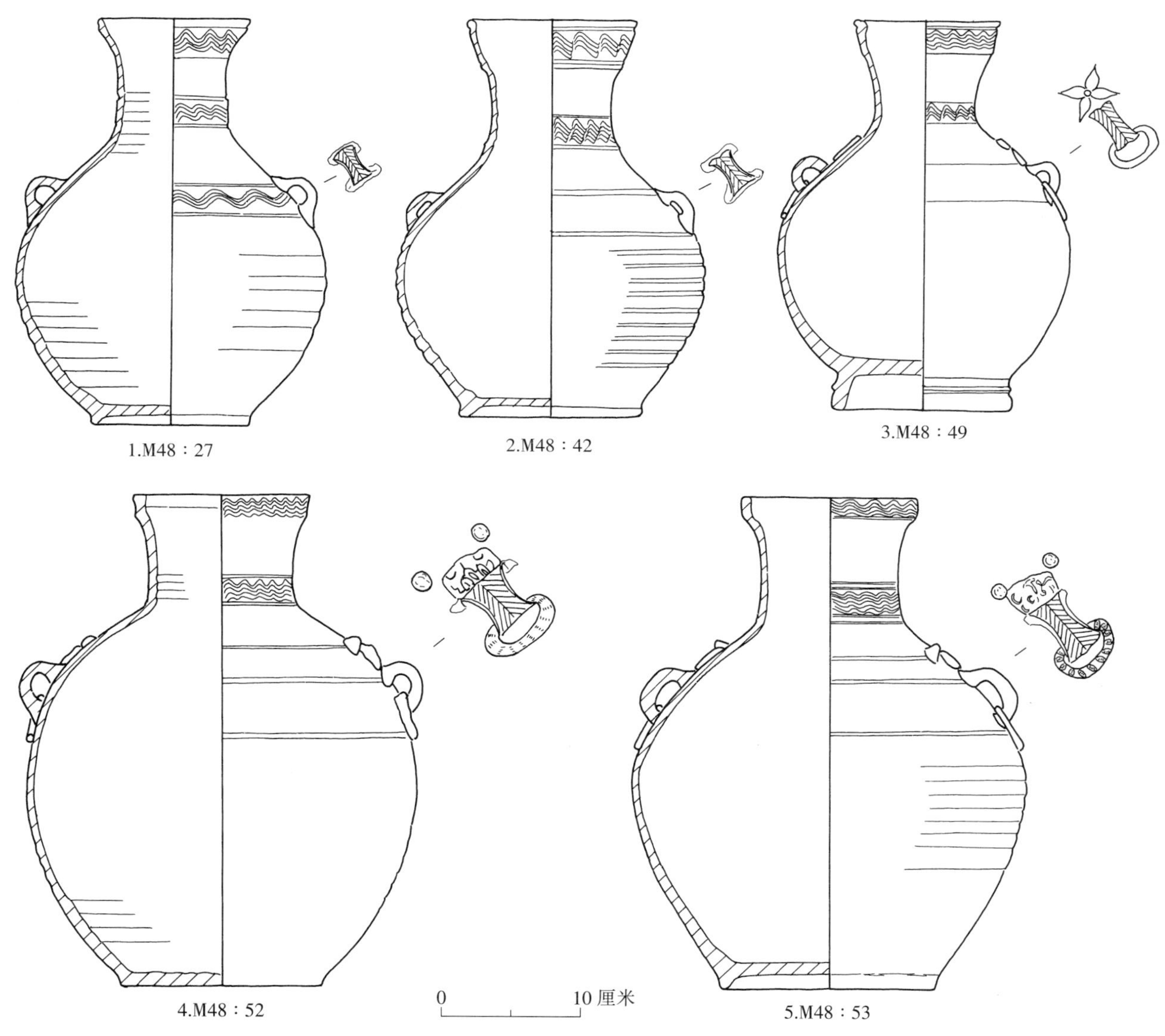

图九六A 92龙·东M48西穴出土器物

9.8、腹径16.6、底径9.4厘米（图九六B，1）。

直口罐 3件。直口，平唇，斜弧肩上安双耳，圆鼓腹，腹最大径位于中部，平底内凹。通体切削密集的弧凸粗弦纹，耳面模印叶脉纹。硬陶。露胎呈灰红色，内胎为砖红色，胎质较软。M48:33，高14.3、口径10.5、腹径17、底径10厘米（图九六B，2）。M48:41，高14.4、口径11.3、腹径17.7、底径10.3厘米（图九六B，3）。M48:51，高14.3、口径10.2、腹径16.6、底径10.0厘米（图九六B，4）。

敛口罐 2件。敛口，宽平唇，肩部安双耳，平底。通体切削密集的宽弦纹，耳面模印双叶脉纹。硬陶。露胎和内胎均呈砖红色，胎质较硬。M48:28，斜肩，鼓腹，腹最大径位于中部。高18.4、口径11.2、腹径19.6、底径11.2厘米（图九六B，5）。M48:30，圆弧肩，腹最大径位于上部。高18.6、口径10.8、腹径19.8、底径10.6厘米（图九六B，6）。

M48:32，残缺。

罍 2件。侈口，平唇，斜弧肩，鼓腹，腹最大径位于上部，平底内凹。通体拍印编织纹，

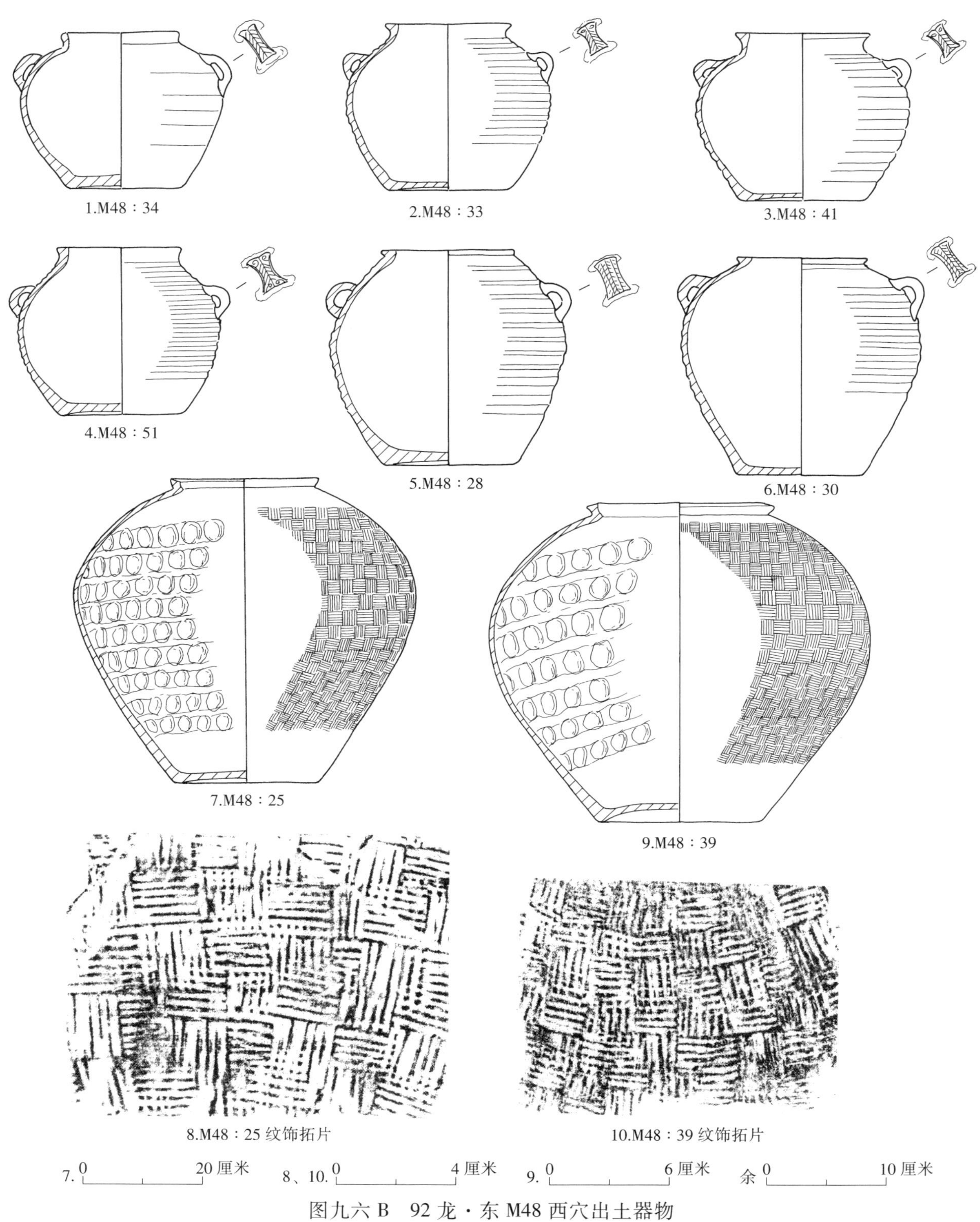

图九六 B 92 龙·东 M48 西穴出土器物

纹饰多有重叠。印纹硬陶。露胎上部呈灰红色，下部呈红灰色，胎质较硬。泥条盘筑，内壁留有陶拍的抵窝痕。M48∶25，器身高大。高 53. 2、口径 25. 6、腹径 56. 8、底径 24. 6 厘米（图九六 B，7、8）。M48∶39，器身中等。高 33、口径 16. 3、腹径 37. 8、底径 16 厘米（图九六 B，9、10）。

2. 其他 4件。

铜日光镜 1件。M48∶24，圆纽，连珠纹纽座。座外饰一周内向连弧纹。外区铭文为："见日之光，天下大明"，字间以"つ"和两个"田"字符号相隔，篆体。铭文外环绕栉齿纹。窄素缘。高0.7、直径7.1厘米。

铜残器 1件。M48∶58，器形不明。

铁釜 2件。M48∶56、57，残缺。

（三）东穴概况

由前、后两室所组成，整体呈前后交错的不规则长方形。墓向60度。前室位于后室前方右侧，平面呈长方形，长3.80、宽2.40米。左、右及前壁陡直，底面自前向后微有倾斜，终端高于后室底面0.24米。后室平面近方形，长3.50、宽3.30、深3.20米。左、右墓壁陡直，后壁自上而下斜收，残高0.90米，壁面贴有长0.30、宽0.15米的板瓦，上部被西穴的墓道所破坏。

葬具已腐坏无存。墓底面挖有两条摆放木椁垫木的横轴向沟槽，长3.30、宽0.20、深0.10米，前后相距1.80米；并残留有板灰和铁棺钉。结合随葬品的摆放位置，判断原有木椁。椁室内中部设双棺厢，南、北两侧设边厢，西端设头厢。

（四）东穴随葬器物

随葬器物共23件（组），以陶瓿、壶、罐、罍为基本组合，并伴出有铜镜、铜钱、铁剑和刀等。其中右棺内摆放铜镜、铜套印、铁剑、铁削各1件，左棺内摆放铜镜和铜钱各1件（组）。此外，有1件陶罐出土位置高于墓底约0.60米，可能原放于木椁盖板之上。

1. 陶器 15件。

瓿 1件。M48∶15，敛口，宽斜唇，圆弧肩上安衔环铺首，铺首上端接近器壁并低于口沿，圆鼓腹，腹最大径位于中部，平底内凹。肩部贴三组细泥条状的凸弦纹，并刻划两组带锥点的简化鸟纹。铺首面模印人面纹，上方贴菱角形堆纹。高温釉陶。釉色泛黄。无釉部位露胎呈红灰色，内胎为灰色，胎质坚硬。泥条盘筑，内壁留有陶拍的抵窝痕。高29.7、口径8、腹径32、底径15.6厘米（图九七A，1）。

壶 6件。敞口，平唇，粗短颈，斜肩上安衔环双耳，圆鼓腹，腹最大径位于中部，浅卧足。其中3件器身高大。口沿外壁和颈下端各轮印一周水波纹，肩部贴三组细泥条状的凸弦纹。耳面模印叶脉纹，耳上方贴兽面，兽面两侧各附一枚乳丁。高温釉陶。釉色泛黄，釉层大部流失。无釉部位露胎呈红灰色，胎质坚硬。颈以上为轮制，内壁有轮旋痕；以下采用泥条盘筑，内壁留有陶拍的抵窝痕。M48∶11，高43.2、口径17、腹径34.2、足径16厘米（图九七B，1）。M48∶17，高40.9、口径16.5、腹径32.4、足径16.5厘米（图九七B，2）。M48∶18，肩部刻划上下两组鸟兽纹。上组为两鸟两兽相互间隔，鸟作五首连体状，鸟身刺锥点纹；兽作单体奔跑状。下组一面刻划三只展翅飞翔的大鸟，另一面刻划重叠的菱形纹。内壁经过涂抹，陶拍的抵窝痕不明显。高42.4、口径14.2、腹径35.3、足径17.7厘米（图九七B，3）。另3件器身中等。颈下端轮印一周水波纹，肩部划两或三组双线细弦纹。耳面模印叶脉纹，上方贴横向"S"形堆纹。轮制。M48∶12，硬陶。露胎呈红灰色，胎质坚硬。高30.1、口径13.4、腹径23.2、足径11.8厘米（图九七B，4）。M48∶19，腹部有不甚明显的宽弦纹。高温釉陶。釉色泛黄。无釉部位露胎呈红灰色，胎质坚硬。高32.4、口径12.6、腹径24.4、足径13.2厘米（图九七B，5）。M48∶20，口沿外壁和颈下端各轮

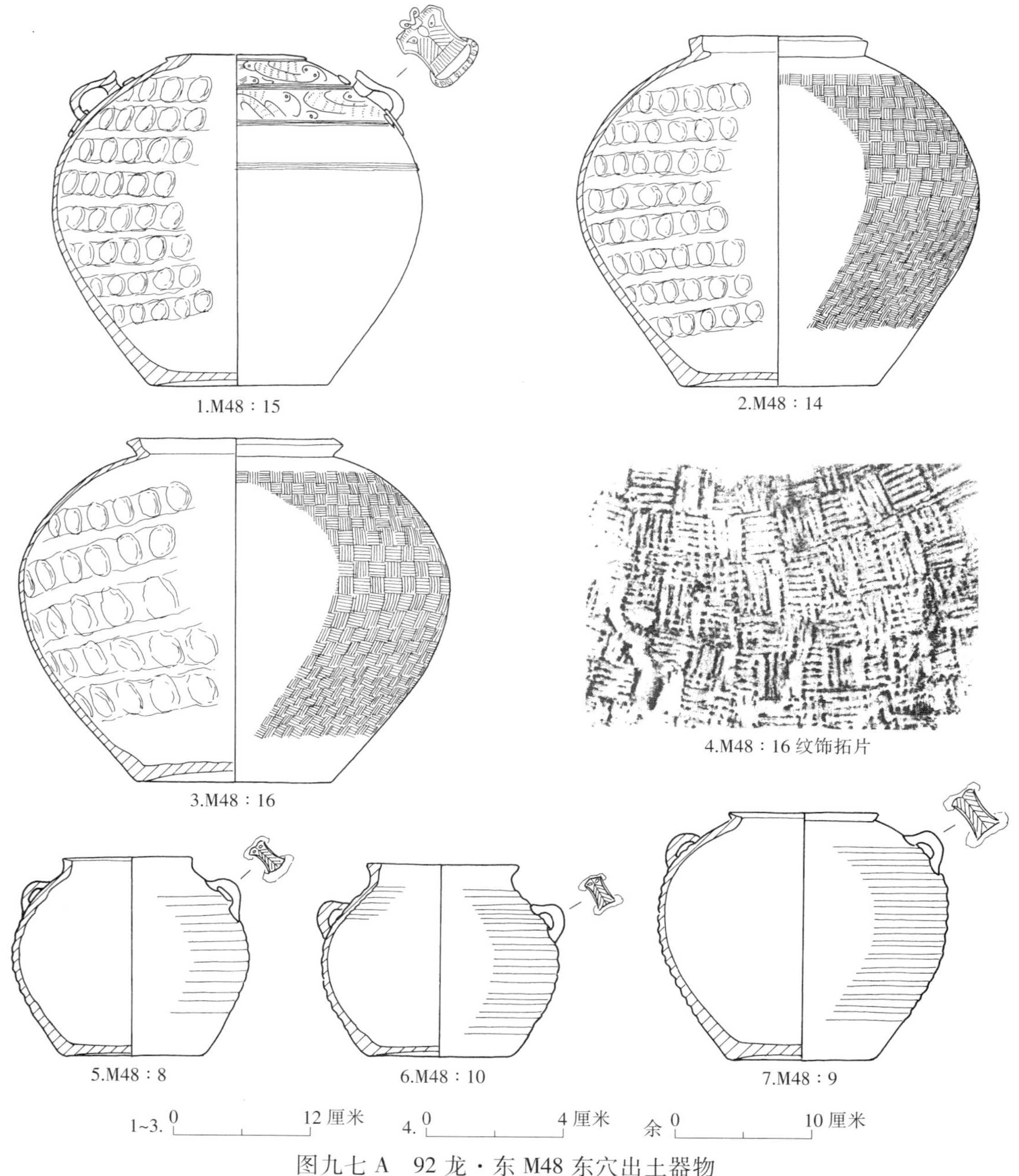

图九七 A 92 龙·东 M48 东穴出土器物

印一周水波纹，肩部贴三组细泥条状的凸弦纹，腹部切削密集的弧凸粗弦纹，近底处局部有不规律的刻划线条。高温釉陶。釉色泛黄。无釉部位露胎呈暗红色，胎质坚硬。高 33、口径 14、腹径 24.8、足径 13 厘米（图九七 B，6）。

罐 5 件。根据口沿形态的不同分为：

直口罐 2 件。直口，平唇，斜弧肩上安双耳，圆鼓腹，腹最大径位于中部，平底内凹。通体切削密集的弧凸粗弦纹，耳面模印叶脉纹。硬陶。露胎和内胎均呈砖红色，胎质较软。M48：8，斜肩。高 15.1、口径 9.8、腹径 17.4、底径 10.5 厘米（图九七 A，5）。M48：10，圆弧肩。高 14.2、口径 11、腹径 17.2、底径 10.4 厘米（图九七 A，6）。

侈口罐 1 件。M48：9，侈口，内凹唇，圆弧肩上安双耳，圆弧腹，腹最大径位于上部。高

图九七 B　92 龙・东 M48 东穴出土器物

18.6、口径10.9、腹径21.1、底径10.7厘米（图九七A，7）。

M48∶13、59，残缺。

罍 2件。侈口，斜唇，斜弧肩，圆鼓腹，腹最大径位于中部，平底内凹。通体拍印编织纹，纹饰浅而模糊，且有较多的重叠。印纹硬陶。露胎肩部呈灰红色，下腹部呈红灰色，胎质较硬。泥条盘筑，内壁留有陶拍的抵窝痕。M48∶14，高31.4、口径13、腹径35、底径17.2厘米（图九七A，2）。M48∶16，高31、口径16.9、腹径37.5、底径17厘米（图九七A，3、4）。

盏 1件。M48∶7，泥质陶。残缺。

2. 其他 8件（组）。

铜昭明镜 2件。圆纽，圆纽座。座外一周内连弧纹。内区一周铭文：“内清以昭明，光象日夫”，各字间以“而”字相隔，隶书。铭文外环绕一周栉齿纹，素宽平缘。M48∶1，高0.9、直径10.5厘米（图九七C）。M48∶2，残缺。

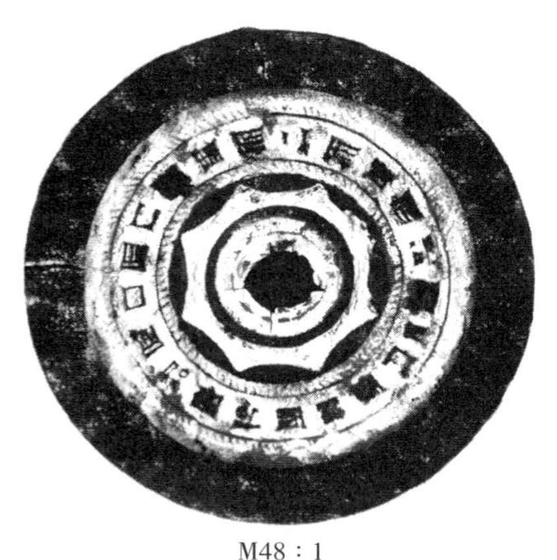
M48∶1
0 4厘米
图九七C 92龙·东M48东穴出土器物

铜套印 1件。M48∶3，套印呈正方形，龟背纽，子印套入母印中。子印篆刻“鲁尊”二字，母印篆刻“鲁伯之印”四字。高和边长均为1.5厘米（图版三〇，2~4）。

铜“五铢”钱 1件（组）。M48∶6，残缺。

铁尊 1件。M48∶23，残缺。

铁剑 1件。M48∶5，残缺。

铁刀 1件。M48∶4，残缺。

漆器 1件。M48∶21，仅存痕迹。

5.92龙·东M55东穴、西穴

两墓野外未单独编号，现区分为东穴和西穴，总宽4.30米。墓向220度。两墓中间有一道宽0.30米的隔墙（图九八）。

（一）东穴概况

位居东部。墓长3.80、宽1.90、残深1.00米。墓内回填红、黄相杂的五花土，结构较为松散。

墓坑下部三边有因木椁外填土形成的“熟土二层台”，结合随葬品的摆放位置，判断墓内原有木椁。椁室长约3.50、宽约1.70米。椁内西部设棺厢，东侧设边厢。棺厢底留有板灰和2枚铁棺钉。

（二）东穴随葬器物

随葬器物共10件（组），以陶瓿、壶、罐为基本组合，并伴有铜“五铢”钱和铁釜等。铜钱随身入棺，其余均置于边厢内。

1. 陶器 7件。

瓿 2件。器身高大。敛口，平唇，宽斜肩上安铺首，铺首低矮，上端贴近器壁并低于口沿，圆鼓腹，腹最大径位于中部，平底内凹。肩部贴三组细泥条状凸弦纹，铺首面模印人面纹，上方贴方形兽面。高温釉陶。釉色泛黄，釉层大部流失。无釉部位露胎呈褐色，胎质坚硬。泥条盘筑，

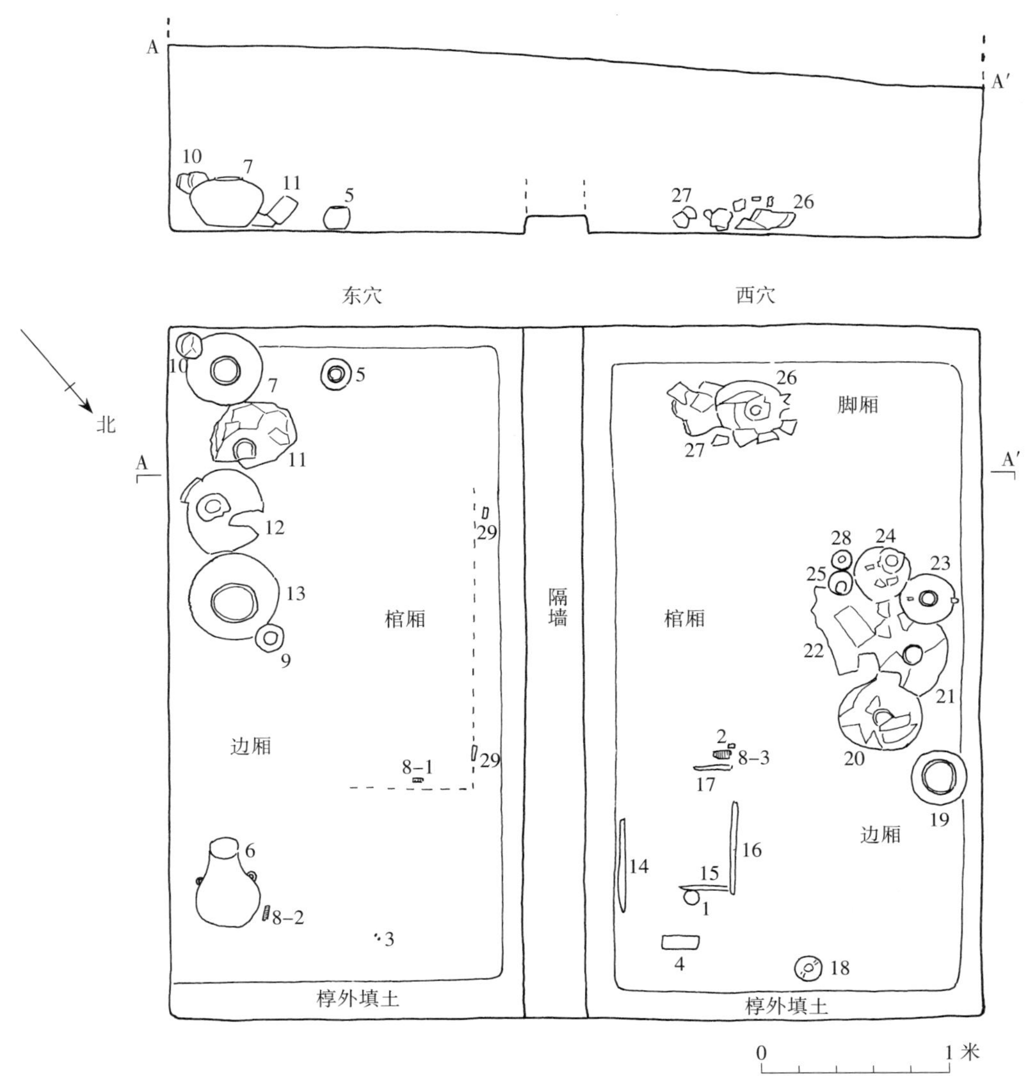

图九八　92龙·东M55平、剖面图

东穴：3. 玻璃珠　5、9、10. 硬陶弦纹罐　6、12. 高温釉陶敞口壶　7、11. 高温釉陶瓿　8-1、8-2. 铜“五铢”钱　13. 铁釜　29. 铁棺钉

西穴：1. 铜日光镜　2. 铜印　4. 石黛板　8-3. 铜“五铢”钱　14. 铁矛　15、17. 铁削　16. 铁刀　18、27. 高温釉陶盘口壶　19. 铁釜　20、21. 高温釉陶瓿　22~24、26. 高温釉陶敞口壶　25、28. 硬陶弦纹罐

内壁有陶拍的抵窝痕。M55∶7，高32.5、口径12.3、腹径37.5、底径15.6厘米（图九九，1）。M55∶11，高33.3、口径11.8、腹径37.5、底径16~16.4厘米（图九九，2）。

壶　2件。器形不规整。敞口，平唇，粗短颈，斜肩上安衔环双耳，圆鼓腹，腹最大径位于中部，矮圈足。口沿外壁和颈下端各轮印一周水波纹，肩部贴三组细泥条状凸弦纹。耳面模印叶脉纹，上方贴方形兽面。高温釉陶。无釉部位露胎呈褐色，胎质坚硬。M55∶6，釉色青绿。轮制，内壁有轮旋痕。高33~34.1、口径13.2、腹径26.9、足径15厘米（图九九，3）。M55∶12，釉色泛黄。颈以上为轮制，内壁有轮旋痕；以下采用泥条盘筑，内壁有陶拍的抵窝痕。高43.4~44.4、口径15.8、腹径37、足径15.2厘米（图九九，4）。

罐　3件。直口，平唇，斜肩上安双耳，鼓腹略扁，平底。通体切削密集的弧凸粗弦纹，耳

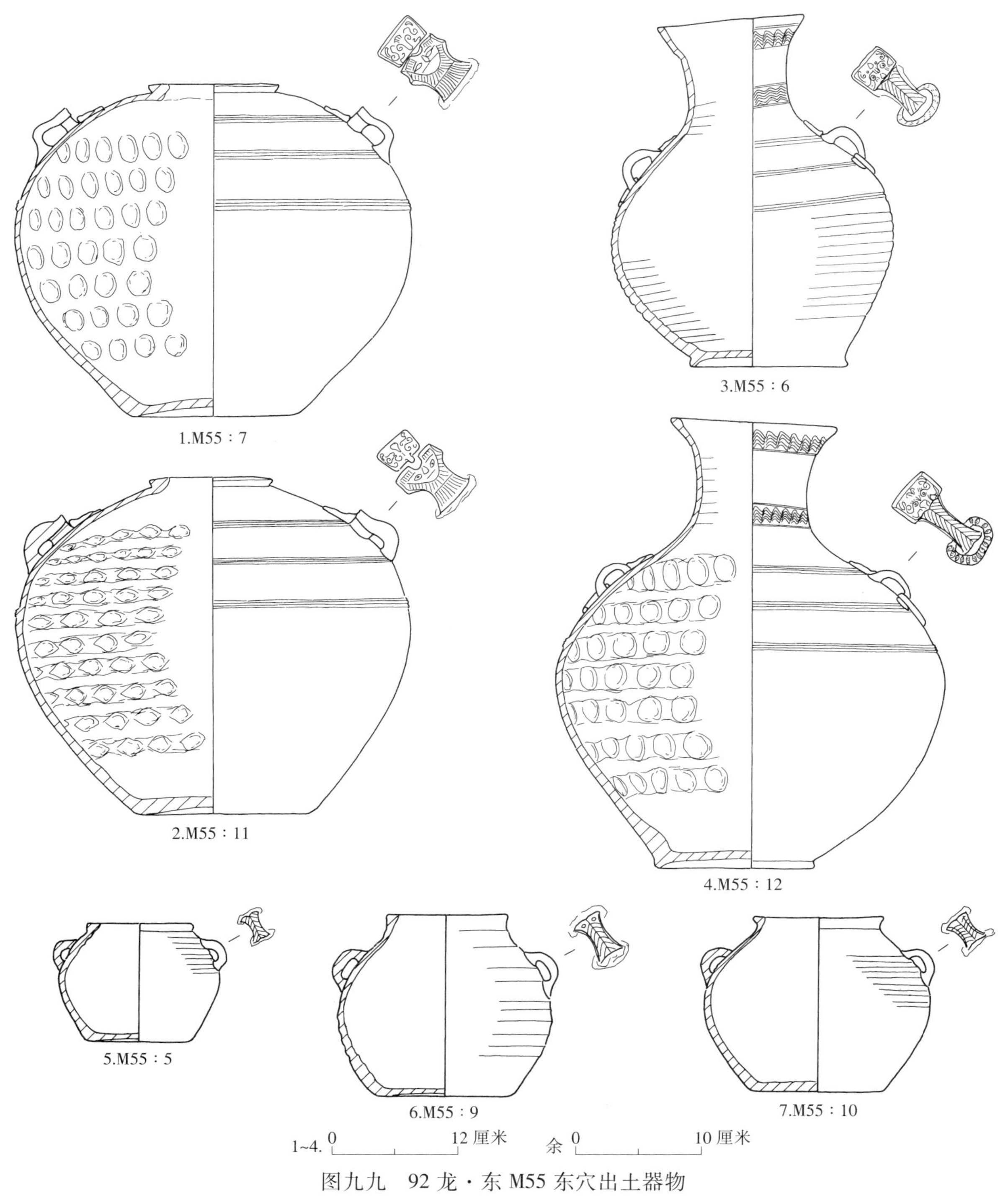

图九九　92龙·东M55东穴出土器物

面模印叶脉纹。硬陶。露胎呈红灰色，胎质较硬。M55:5，腹最大径位于中部。高9.6、口径8.5、腹径12.9、底径8.3厘米（图九九，5）。M55:9，腹最大径位于近下部。高14.8、口径9.7、腹径17、底径10~10.8厘米（图九九，6）。M55:10，腹最大径位于中部。高14.1、口径10.7、腹径18、底径10.3厘米（图九九，7）。

2. 其他　3件（组）。

铜"五铢"钱　1件（组）。M55:8-1、2，已锈蚀。

铁釜 1件。M55:13，残缺。

玻璃珠 1件。M55:3，圆形，中间穿孔。

（三）西穴概况

位居西部。墓长3.80、宽2.10、残深1.00米。墓内回填红、黄、灰相杂的五花土，结构较为松散。墓坑下部四周有因木椁外填土形成的“熟土二层台”，结合墓底残留的板灰和随葬品摆放位置，判断墓内原有木椁。椁室长约3.50、宽约1.80米。椁内东部设棺厢，西侧设边厢，南端设脚厢。

（四）西穴随葬器物

随葬器物共19件（组），以陶瓿、壶、罐为基本组合，并伴有铜日光镜、“五铢”钱和铁釜、矛、刀及石黛板等。铜镜和铁矛、刀、削及石黛板摆放于棺内头部，铜钱、印章、铁削位于腰部，其余分别置于边厢和脚厢内。

1. 陶器 10件。

瓿 2件。敛口，宽斜唇，圆肩上安铺首，铺首较高，上端外翘并低于口沿，鼓腹，腹最大径位于上部，平底内凹。肩部贴三组细泥条状凸弦纹，其间刻划两组鸟兽纹。其中上组为相互间隔的两只四首连体鸟和两只走兽；下组为对称的六只走兽，各鸟兽身上均布满锥点纹。铺首面模印人面纹，上方贴菱角形堆纹。高温釉陶。无釉部位露胎呈暗红色，胎质坚硬。泥条盘筑，内壁经过涂抹，外壁有不甚明显的陶拍低窝痕。M55:20，釉色泛黄。高31.5、口径11.5、腹径35.2、底径15.5厘米（图一〇〇A，1）。M55:21，釉色青绿，釉层部分流失。高31.2、口径11.1、腹径34.8、底径16.2厘米（图一〇〇A，2）。

壶 6件。根据口沿形态的不同分为：

敞口壶 4件。敞口，平唇，粗短颈，斜肩上安衔环双耳，圆鼓腹，腹最大径位于上部，矮圈足。口沿外壁和颈下端各轮印一周水波纹。高温釉陶。无釉部位露胎呈红灰色，胎质坚硬。其中2件器身高大，纹饰相同。肩部贴三组细泥条状凸弦纹，其间刻划一组三或四首连体鸟纹和一组走兽纹，鸟、兽身上均布满锥点纹。耳面模印叶脉纹，上方贴菱角形堆纹。颈以上为轮制，内壁留有轮旋痕；以下采用泥条盘筑，内壁有陶拍的抵窝痕。M55:24，釉色泛黄。高44.8、口径15.3、腹径37、足径17.1厘米（图一〇〇B，1）。M55:26，釉色泛黄，釉层大部流失。高44、口径15.3、腹径37.2、足径18.2厘米（图一〇〇B，2；图版五，4）。另1件肩部划一道细弦纹，耳面模印粗壮的叶脉纹。釉色泛黄。轮制。M55:22，高34.2、口径12.2、腹径26.9、足径13.6厘米（图一〇〇B，3）。M55:23，残缺。

盘口壶 2件。口介于侈口和盘口之间。圆唇，斜弧肩上安双耳，球腹，腹最大径位于中部，高圈足，足根部有一周凸脊。口沿外壁和颈下端各轮印一周水波纹，耳面模印叶脉纹。M55:18，颈略细长，衔环耳。肩部划三道细弦纹，耳上方贴菱角形堆纹。高温釉陶。釉色泛黄。无釉部位露胎呈红灰色，胎质坚硬。高22.8、口径8.8、腹径16.7、足径9.4厘米（图一〇〇B，4）。M55:27，肩部划一道双线细弦纹，腹部切削密集的弧凸粗弦纹。硬陶。露胎上部呈灰色，下部呈红灰色，胎质较硬。高29.5、口径11.1～11.4、腹径22.9、足径11.4厘米（图一〇〇B，5）。

罐 2件。直口，平唇，颈与肩无明显的交界线，斜肩上安双耳，圆弧腹，腹最大径位于中部，平底。通体切削密集的弧凸粗弦纹，耳面模印叶脉纹。硬陶。露胎上部呈灰红色，下部呈红灰色，

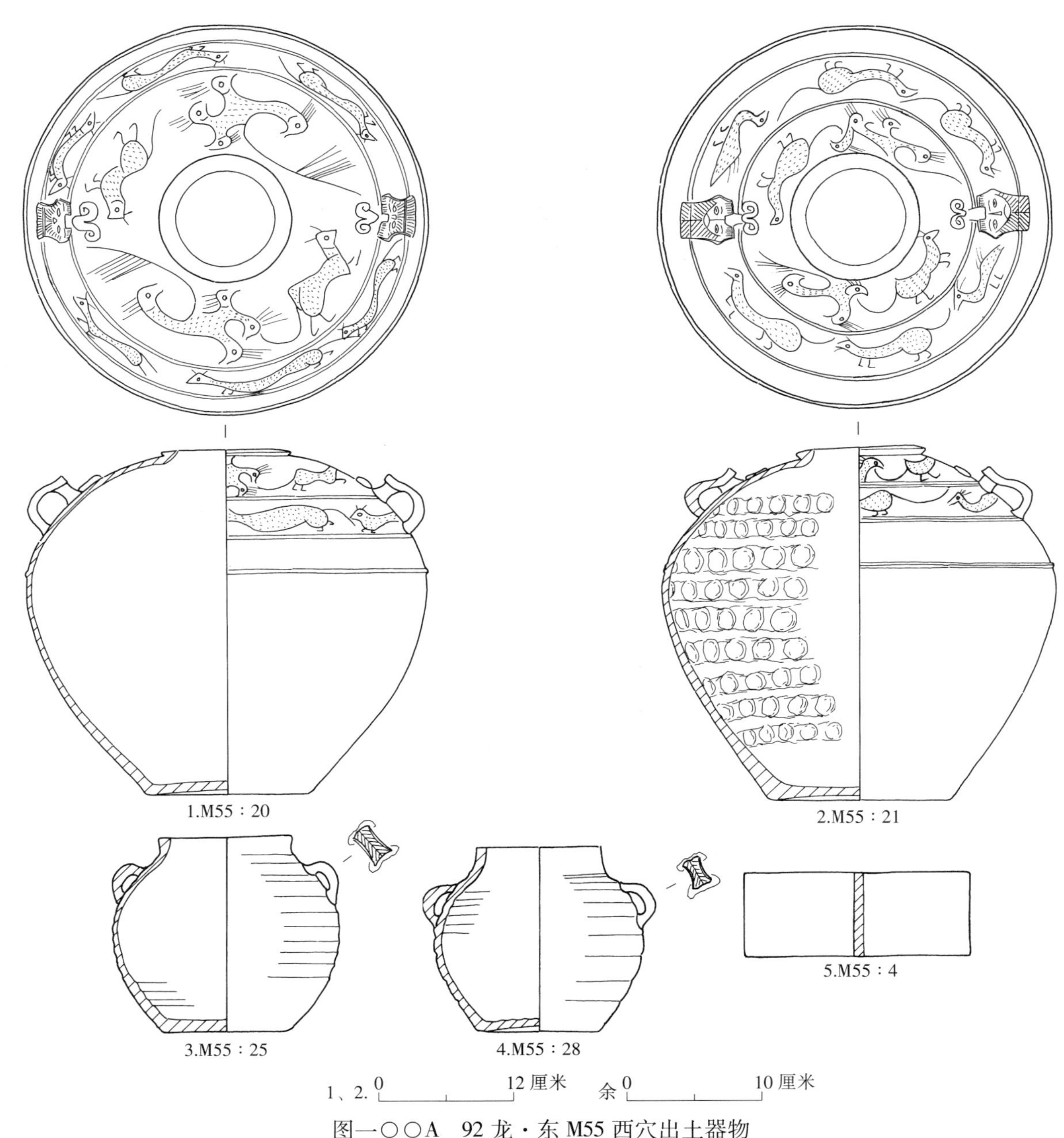

图一〇〇A 92 龙·东 M55 西穴出土器物

胎质较硬。M55:25，高 15、口径 10、腹径 16.9、底径 9.6 厘米（图一〇〇A，3）。M55:28，高 14、口径 9.2、腹径 17.6、底径 9.1 厘米（图一〇〇A，4）。

2. 其他 9 件（组）。

铜日光镜 1 件。M55:1，圆纽，圆纽座。座外饰一周内向连弧纹，连弧纹与纽座间饰四个勾连纹，其间以竖线相隔。内区一周铭文带："见日之光，天下大明"，字间以"つ"符号相隔，篆体。铭文外环绕栉齿纹。窄素缘。高 0.6、直径 7.3 厘米。

铜印 1 件。M55:2，残，未能复原。印面篆刻"鲁奉世印"。

铜"五铢"钱 1 件（组）。M55:8－3，已锈蚀。

铁釜 1 件。M55:19，残缺。

图一〇〇B 92 龙·东 M55 西穴出土器物

铁矛 1件。M55∶14，残缺。

铁刀 1件。M55∶16，残缺。

铁削 2件。M55∶15、17，残缺。

石黛板 1件。M55∶4，扁平长方形，表面光滑，背面粗糙。青灰色。长16.8、宽6.3、厚0.6厘米（图一〇〇A，5）。

五 券顶砖室单葬墓

仅1座。

87龙·东M2

（一）概况

长方形券顶砖室单葬墓。墓长4.46、宽2.5、残高1.32米。墓向340度。墓室四壁采用平起错缝结构砌筑，铺底砖呈单层人字形铺设，自底向上0.94米处起内收起券。前壁中间设宽1.46米的墓门；东侧中部有一个立面呈凸字形的小壁龛，高0.22、上宽0.04、下宽0.10、进深0.10米（图一〇一）。

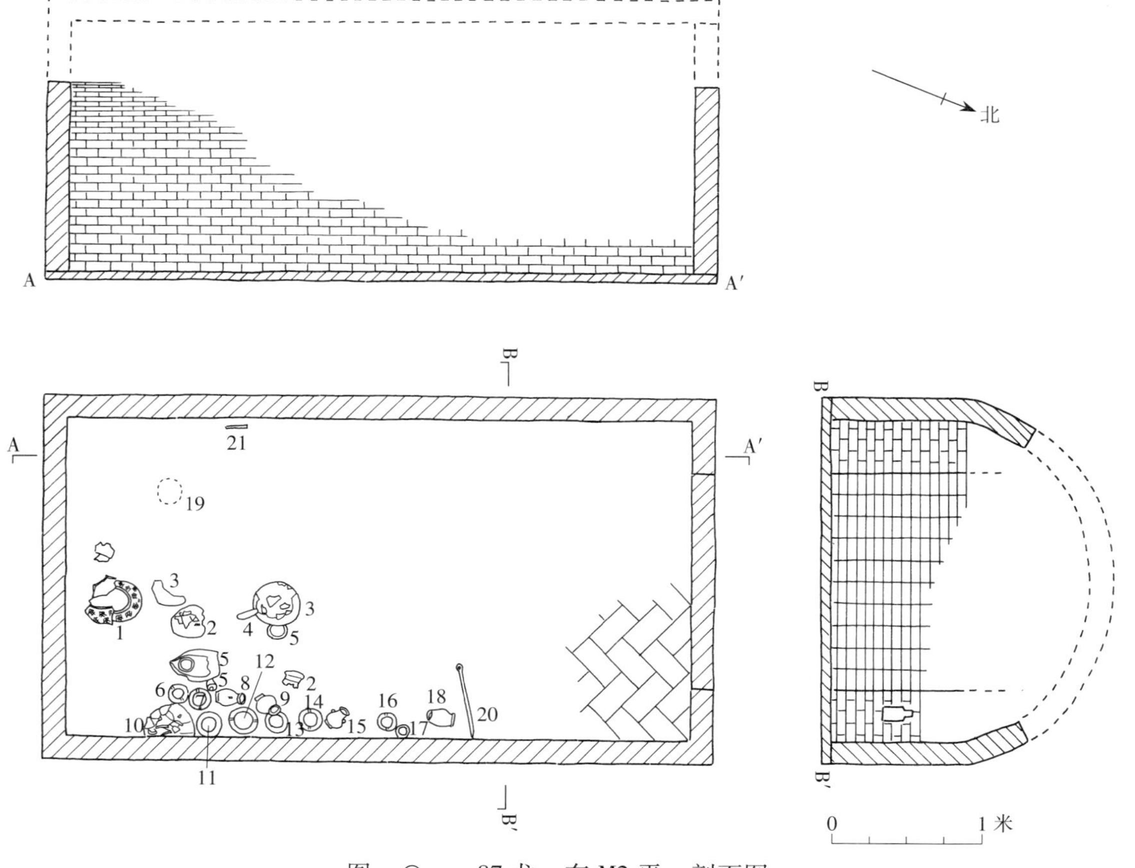

图一〇一 87龙·东M2平、剖面图

1. 印纹硬陶罍 2. 高温釉陶盘口壶 3. 泥质陶洗 4. 铁削 5. 泥质陶灶 6、10、12. 硬陶罐 7～9、11、13～16、18. 硬陶盘口壶 17. 泥质陶井 19. 漆器痕 20. 铁刀 21. 铁棺钉葬具已腐坏无存。根据墓内铁棺钉和随葬品的摆放位置，判断原棺木摆放于墓室西侧。

（二）随葬器物

随葬器物共20件。器物以陶壶、罐、罍、灶、井为基本组合，并伴有铁刀等。大部分呈纵向摆放于墓室东侧。

1. 陶器 17件。

壶 10件，其中8件造型相同。器身较小，浅盘口，平唇微凹，粗短颈内弧，斜肩上安双耳，鼓腹略扁，腹最大径位于中部，假圈足内凹。肩部划两道细弦纹，其间刻划水波纹，耳面模印叶脉纹。硬陶。露胎呈红灰色，内胎为灰色，内含细小颗粒。轮制。M2∶7，高14.7、口径9.2、腹径12.8、足径7.6厘米（图一〇二，1）。M2∶8，器物有所变形。高14.4～15.1、口径9.2、腹径12.8、足径7厘米（图一〇二，2）。M2∶9，高14.2、口径9.2、腹径12.4、足径7.6厘米（图一〇二，3；图版一〇，3）。M2∶13，下腹部有修刮痕迹。高14.1、口径9、腹径12.8、足径8.1厘米（图一〇二，4）。M2∶14，高14.8、口径8.1、腹径12.4、足径7.6厘米（图一〇二，5）。

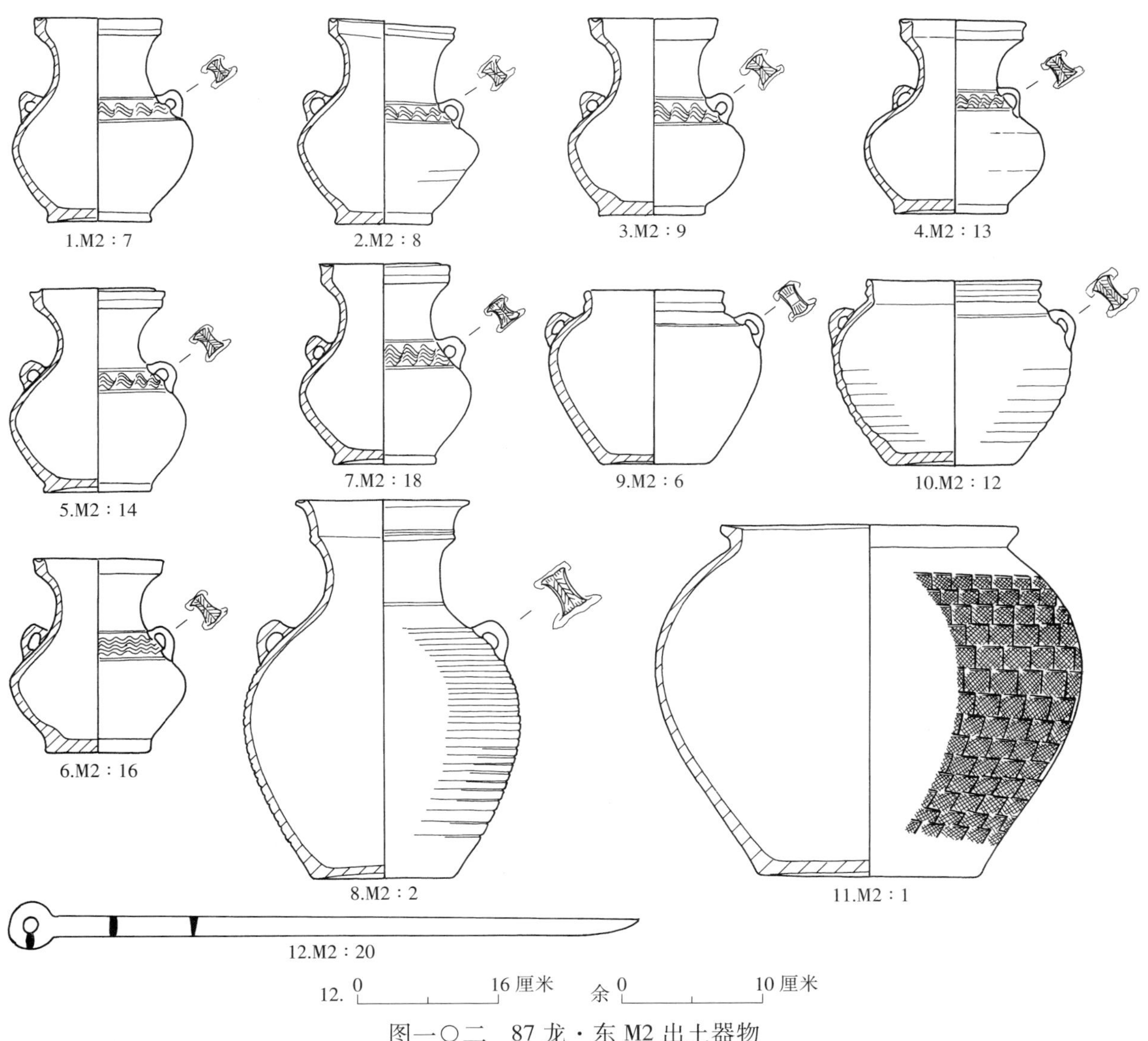

图一〇二 87龙·东M2出土器物

M2∶16，高13.8、口径9.2、腹径12.3、足径7.4厘米（图一〇二，6；图版一〇，4）。M2∶18，高14.5、口径9.2、腹径12.2、足径7.3厘米（图一〇二，7）。M2∶15，高14.4、口径2.8、腹径12、底径7.2厘米。另1件器身较高。M2∶2，深盘口，圆唇外翻，粗短颈，斜弧肩上安双耳，弧腹，腹最大径位于上部，平底。肩部划一道细弦纹，腹部切削密集的弧凸粗弦纹，耳面模印叶脉纹。高温釉陶。釉色泛黄，釉层大多流失。无釉部位露胎呈灰褐色，胎质坚硬。轮制。高27.2、口径12、腹径19.6、底径10.2厘米（图一〇二，8）。M2∶11，残缺。

罐 3件。束口，圆唇，斜肩上安双耳，弧腹，腹最大径位于上部，平底。肩部划两道细弦纹，耳面模印叶脉纹。硬陶。露胎呈灰红色，胎质较硬。轮制，内壁有轮旋痕。M2∶6，高12.7、口径10.1～10.6、腹径15.2、底径7.8厘米（图一〇二，9；图版一二，2）。M2∶12，腹部划不甚明显的宽弦纹。罐内存有少量贝壳。高13.8、口径12.7、腹径16.8、底径8.8厘米（图一〇二，10）。M2∶10，残，已缺失。

罍 1件。M2∶1，直口，平唇，圆弧肩，圆鼓腹，腹最大径位于上部，平底内凹。通体拍印块状斜方格纹。印纹硬陶。露胎大部呈灰色，近底部呈红灰色，胎质坚硬。高25.2、口径21.2、腹径30.2、底径16厘米（图一〇二，11；图版一七，3）。

洗 1件。M2∶3，泥质陶。残，已缺失。

灶 1件。M2∶5，泥质陶。残，已缺失。

井 1件。M2∶17，泥质陶。残，已缺失。

2. 其他 3件。

铁刀 1件。M2∶20，环首，无刀格，单面刃。刀长72、宽3.2厘米，柄长18、宽3.2厘米（图一〇二，12）。

铁削 1件。M2∶4，残。已缺失。

漆器 1件。M2∶19，仅存痕迹。

六 不明葬俗墓

共32座。发掘资料均已缺失，现存随葬器物不全。据发掘者回忆，均为竖穴土坑类墓葬。

1.79 龙·东M22

（一）概况

墓已被严重破坏，部分随葬器物散失。墓长7.00、宽3.90、深3.10米。墓向240度。墓内回填红、黄相杂的五花土，结构松散。

（二）随葬器物

随葬器物共35件，以陶钫、鼎、盒、瓿、壶、罐、灶、井为基本组合，并伴有陶盆、杯和铜钫、鼎及铁剑等。

1. 陶器 30件。

钫 2件。盝式顶子口方盖，盖面模印四组对称的勾连纹。钫为方形侈口，平唇，短颈内束，斜肩，弧腹上安双耳，腹最大径位于近下部，方形假圈足。耳面模印叶脉纹，上方贴方形兽面。高温釉陶。釉色泛黄，釉层基本流失，露胎呈黄色。无釉部位露胎呈褐色，胎质坚硬。轮制，口沿内壁有修刮痕迹。M22:6，通高43、钫高39.2、口边长11、腹径19.8、底边长12厘米（图一〇三A，1；图版一，2）。M22:7，衔环耳。通高39.6、钫高36.4、口边长10.8、腹径18、底边长13厘米（图一〇三A，2）。

鼎　2件。覆钵形弧面顶盖。敛口，宽唇面外侧下凹呈子母口，口外附长方形立耳，耳上端外撇并高于口沿，腹上部微弧，下部缓收，平底外缘附立三个蹄形矮足。耳面模印几何纹。高温釉陶。釉层已流失，露胎呈黄色。无釉部位露胎为暗红色，胎质坚硬。轮制。M22:8，器身宽矮。内壁有轮旋痕。通高20.9、鼎高13、口径20.9、腹径24、底径15.4厘米（图一〇三A，3）。M22:9，盖面呈三角状各附一个乳丁。鼎耳略外撇。通高24、鼎高19.6、口径24、腹径26、底径15.6厘米（图一〇三A，4；图版一，3）。

盒　1件。M22:11，覆钵形盖，顶面略平。盒口内敛，唇面外侧下凹呈子母口，斜腹缓收，平底内凹。高温釉陶。盖面施釉，釉层已流失，露胎呈黄灰色。无釉部位露胎为褐色，胎质坚硬。轮制，内壁有轮旋痕。通高21.6、盒高14.4、口径21.3、底径14.6厘米（图一〇三A，5）。

瓿　1件。M22:5，器身高大。直口，平唇，宽斜肩上安铺首，铺首较高，上端外撇并低于口沿，鼓腹，腹最大径位于中部，平底内凹。肩部划三组细弦纹和水波纹，铺首面模印人面纹。高温釉陶。釉色泛黄，釉层部分流失。无釉部位露胎呈紫红色，胎质坚硬。泥条盘筑，内壁留有陶拍的抵窝痕。高39.8、口径13.5、腹径45.6、底径17.5厘米（图一〇三B，1）。

壶　4件。根据口沿形态的不同分为：

侈口壶　3件。大小不同。侈口，圆唇，粗短颈，斜弧肩上安双耳，腹最大径位于中部，深卧足。口沿外壁和颈下端各轮印一周水波纹，肩部刻划两组细弦纹和水波纹，耳面模印叶脉纹。高温釉陶。釉色青黄，部分釉层已流失，露胎呈黄灰色。无釉部位露胎呈紫红色，胎质坚硬。M22:3，器身高大。扁鼓腹。耳上方贴方形兽面。颈以上为轮制，内壁留有轮旋痕；以下采用泥条盘筑，内壁留有陶拍的抵窝痕。高51.6、口径18.8、腹径46.2、足径18.8厘米（图一〇三B，2）。M22:1，圆鼓腹。釉色青绿，釉层光亮。轮制，内壁有轮旋痕。高35.2、口径14、腹径27.6、足径14.4厘米（图一〇三B，3）。M22:2，高35.2、口径14.2、腹径27.8、足径14.4厘米（图一〇三B，5；图版九，3）。

盘口壶　1件。M22:4，浅盘口，平唇，粗颈略长，圆弧肩上安衔环双耳，圆鼓腹，腹最大径位于中部，矮圈足。口沿外壁和颈下端各轮印一周水波纹，肩部刻划两组细弦纹和多首连体鸟纹。耳面模印叶脉纹，上方贴菱角形堆纹。高温釉陶。釉色泛黄，釉层光亮，局部流釉。无釉部位露胎呈暗红色，胎质坚硬。轮制。高30.6、口径10.6、腹径22.8、足径13.6厘米（图一〇三B，4）。

罐　5件。根据口沿形态的不同分为：

侈口罐　1件。M22:12，侈口，平唇，斜肩上安双耳，鼓腹，腹最大径位于上部，平底内凹。耳面模印叶脉纹。硬陶。露胎肩部呈灰色，腹部为灰褐色，胎质坚硬。轮制。高15.2、口径10.4、腹径17、底径11厘米（图一〇三A，6）。

直口罐　4件。直口，平唇，斜肩上安双耳，平底内凹。耳面模印叶脉纹。轮制。M22:13，鼓腹，腹最大径位于上部。高温釉陶。釉色泛黄，釉层已流失，露胎呈黄灰色。无釉部位露胎呈浅褐色，胎质坚硬。内壁有轮旋痕。高16.6、口径9.8、腹径18.4、底径11厘米（图一〇三A，

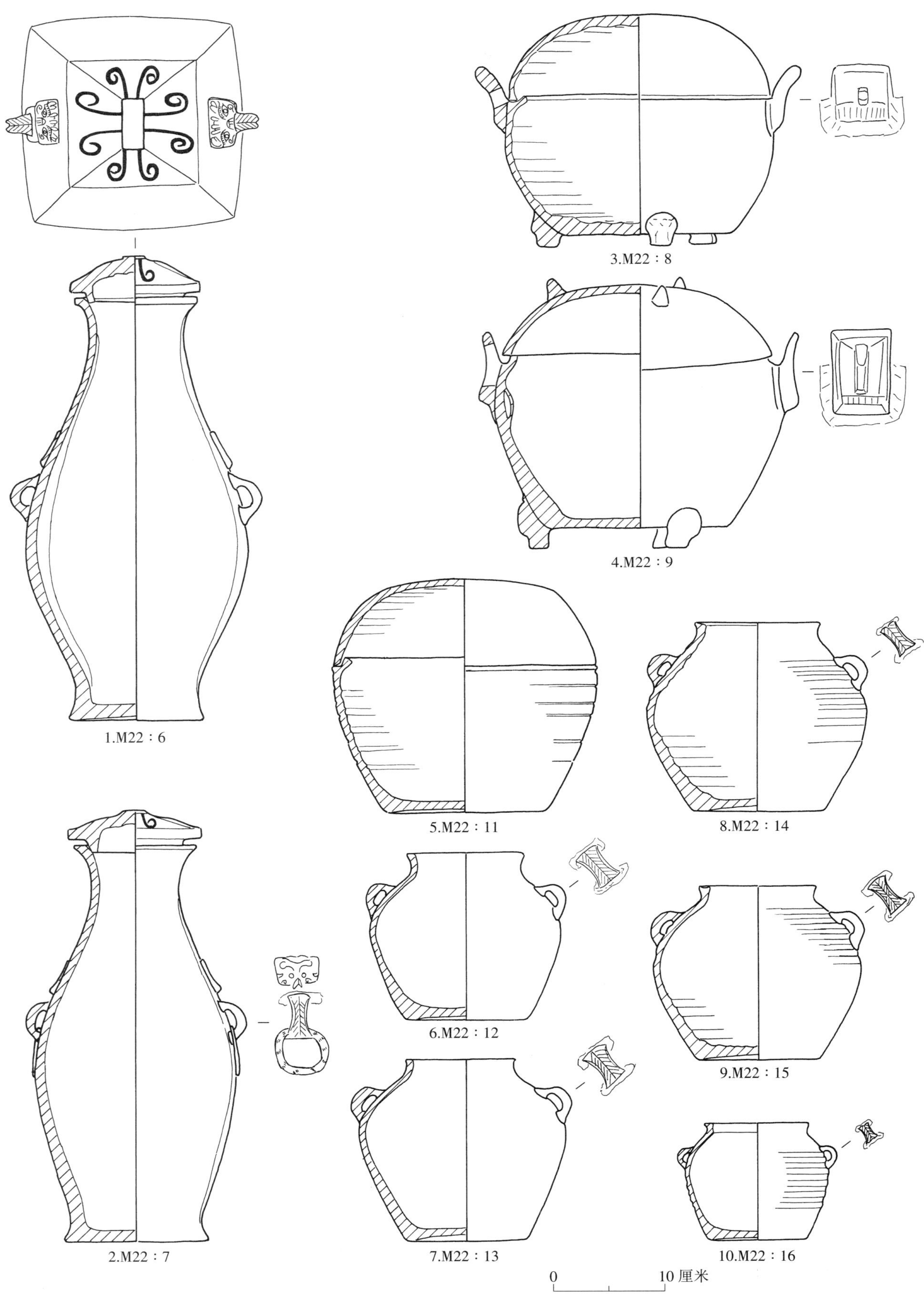

图一〇三A　79龙·东M22出土器物

图一〇三 B　79 龙·东 M22 出土器物

7）。M22∶14，鼓腹略扁，腹最大径位于中部。通体切削弧凸的宽弦纹。硬陶。露胎呈红灰色，胎质较硬。高17.6、口径11.2、腹径19.6、底径12厘米（图一〇三A，8）。M22∶15，鼓腹，腹最大径位于中部。肩部切削密集的弧凸粗弦纹。硬陶。露胎呈红灰色，胎质较硬。内壁留有轮旋痕。高15.8、口径10.4、腹径18.4、底径11厘米（图一〇三A，9）。M22∶16，弧腹，腹最大径位于上部。通体切削密集的弧凸粗弦纹。硬陶。露胎呈砖红色，胎质较硬。高10.7、口径9.3、腹径12.8、底径8.8厘米（图一〇三A，10）。

盆 1件。M22∶25，侈口，宽斜唇，斜腹，平底。高温釉陶。唇面和内壁施釉，釉色青绿，釉层光亮。无釉部位露胎呈紫红色，胎质坚硬。轮制。高5.8、口径14.8、底径10厘米（图一〇四A，1）。

奁 1件。M22∶10，直口，尖唇，筒腹中部附双耳，平底外缘附三个蹄形足。硬陶。露胎呈红灰色，胎质较硬。轮制，内壁留有轮旋痕。高8.4、口径13.6、底径12.4厘米（图一〇四A，2；图版二〇，3）。

小杯 1件。M22∶26，直口，圆唇，筒腹一侧安小纽，平底。高温釉陶。内壁施釉，釉色泛绿，釉层已流失，露胎呈灰绿色。无釉部位露胎呈紫红色，胎质坚硬。轮制。高5、口径7.4、底径6厘米（图一〇四A，3）。

匜 1件。M22∶23，方口内敛，一端带半圆形短流，斜腹，平底。高温釉陶。内壁施釉，釉层已流失，露胎呈黄灰色。无釉部位露胎呈浅褐色，胎质坚硬。轮制，内壁留有轮旋痕。高6.1、口边长16.8、宽13.6、底径8.6厘米，流长3.7、宽4.2、深3.6厘米（图一〇四A，4；图版二一，4）。

勺 3件。其中2件呈瓢形，大小不一。整体形似半个葫芦。硬陶。露胎呈红灰色，胎质坚硬。轮制。M22∶28，外壁留有修刮痕迹。高3.4、长10.1、宽6.2厘米（图一〇四A，5）。M22∶29，器身较小。高2.7、长4.8、宽5.1厘米（图一〇四A，6）。另1件呈烟斗形。M22∶30，直口，筒腹一侧粘附一个泥条状把，平底。高温釉陶。内壁施釉，釉色泛黄。无釉部位露胎呈紫红色，胎质坚硬。高2.7、口径3.7、底径3.2厘米（图一〇四A，7）。

匙 1件。M22∶27，长柄，勺略呈圆形。高温釉陶。柄上面和勺内壁施釉，釉色泛黄，釉层已流失，露胎呈黄色。无釉部位露胎呈紫红色，胎质坚硬。手制。高12.4、勺宽5.6厘米（图一〇四A，8；图版二二，2）。

灯盏 1件。M22∶24，浅碟形盏，灯柱粗高，平底座。高温釉陶。盏内壁、灯柱下段至底座面施釉，釉色青黄，釉层有光亮。无釉部位露胎呈紫红色，胎质坚硬。高12.6、口径8.4、柱径4.2、底径10.4厘米（图一〇四A，9；图版二一，2）。

灶 1件。M22∶22，平面作酒瓶形，灶面设大小两个灶眼，后端有一个上翘的短柱状烟囱，前面设方形灶门，平底。硬陶。露胎呈灰色，胎质坚硬。轮制。高11、长20、宽10厘米（图一〇四A，10；图版二三，5）。

井 1件。M22∶21，直口，宽平唇，斜肩微内弧，折腹，平底。硬陶。露胎呈红灰色，胎质坚硬。轮制。高11.6、口径8.2、腹径10、底径8厘米（图一〇四A，11；图版二四，4）。

房屋模型 1件。M22∶34，干栏式，双面坡，屋面刻瓦楞，单开间，正面中间开门，屋外设走廊，屋基下四角各立一圆柱。高温釉陶。屋面施釉，釉层已流失，露胎呈黄灰色。无釉部位露胎呈紫红色，内胎为灰色，胎质坚硬。手制。高12.4、面阔10.3、进深7、柱高2厘米（图一〇四A，12）。

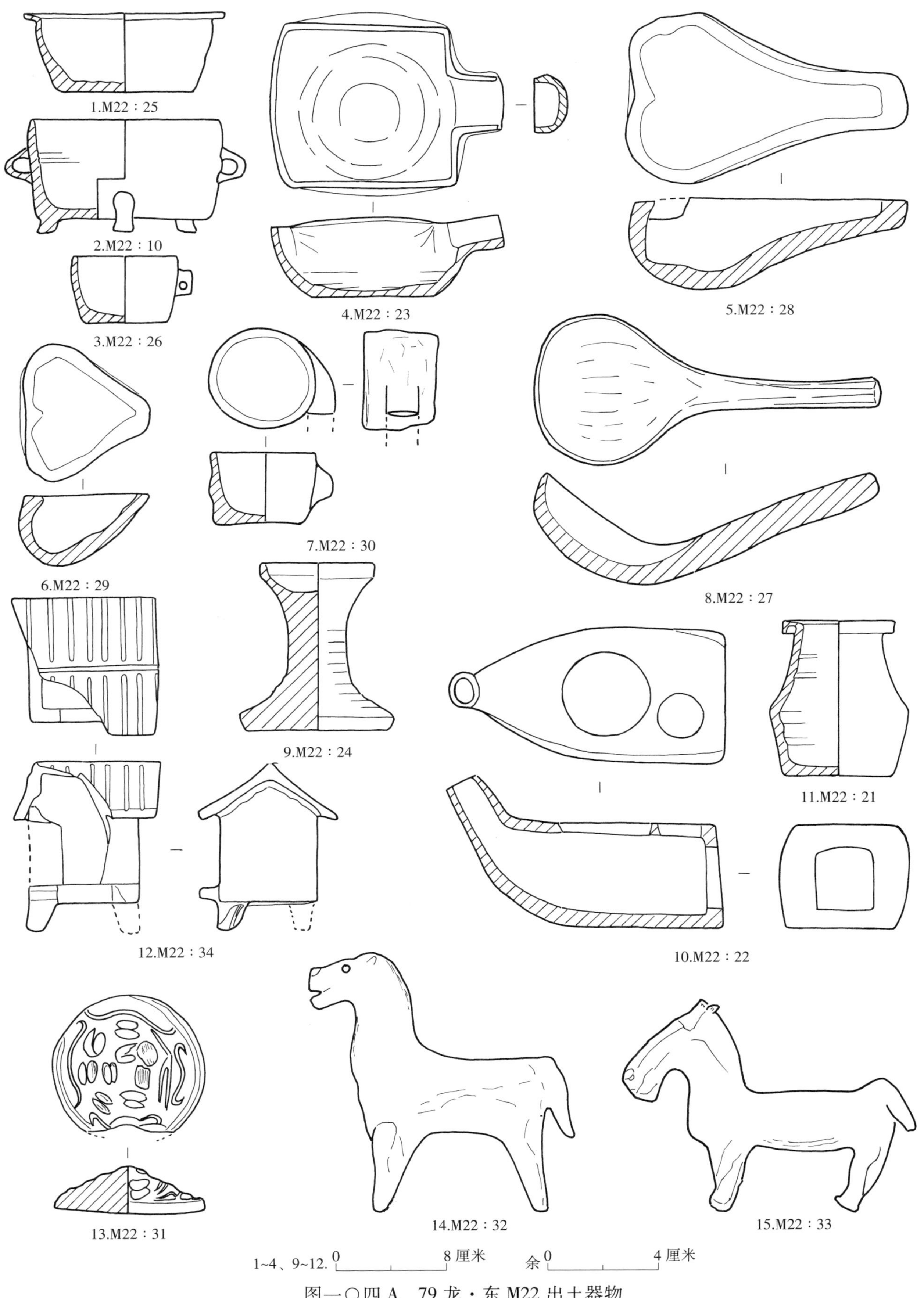

图一〇四 A 79 龙・东 M22 出土器物

麟趾金 1件。M22∶31，圆形，高弧背，底面微弧。面上模印勾连纹。硬陶，露胎呈灰色。模制。高1.7、直径5.3厘米（图一〇四A，13；图版二五，7）。

马 2件。整体作站立状。高温釉陶。阳面施釉，釉层已流失，露胎呈灰色。无釉部位露胎为灰红色，胎质坚硬。M22∶32，马身较高，马头较短，口微张，马尾右甩。高9.5、长9.6厘米（图一〇四A，14）。M22∶33，马身较矮，马头较长，马尾右甩。高7.8、长10.6厘米（图一〇四A，15）。

2. 其他 5件。

铜钫 2件。方口微侈，短颈内束，斜肩，弧腹上安衔环小纽，腹最大径位于下部，高圈足稍外展。纽上贴兽面纹。M22∶17，高34.8、口边长10.5、腹径21.7、足边长13.5厘米（图一〇四B，1；图版二六，1）。M22∶18，口残缺。高33.8、口边长7.2、腹径20、足边长11.6厘米（图一〇四B，2）。

铜鼎 2件。弧面顶盖，盖面呈三等分各安一个锺形纽。鼎作子口，斜肩上端附长方形环耳，耳上端外撇并高于口沿，鼓腹，腹最大径位于中部，圜底，腹下部附三个较高的蹄形足。肩腹交接处有一条合范痕。M22∶19，鼎内残留部分鱼骨。通高21.4、鼎高15.8、口径16、腹径20厘米（图一〇四B，3；图版二六，2）。M22∶20，鼎内残留动物胫骨。通高19.2、鼎高16.4、口径15、

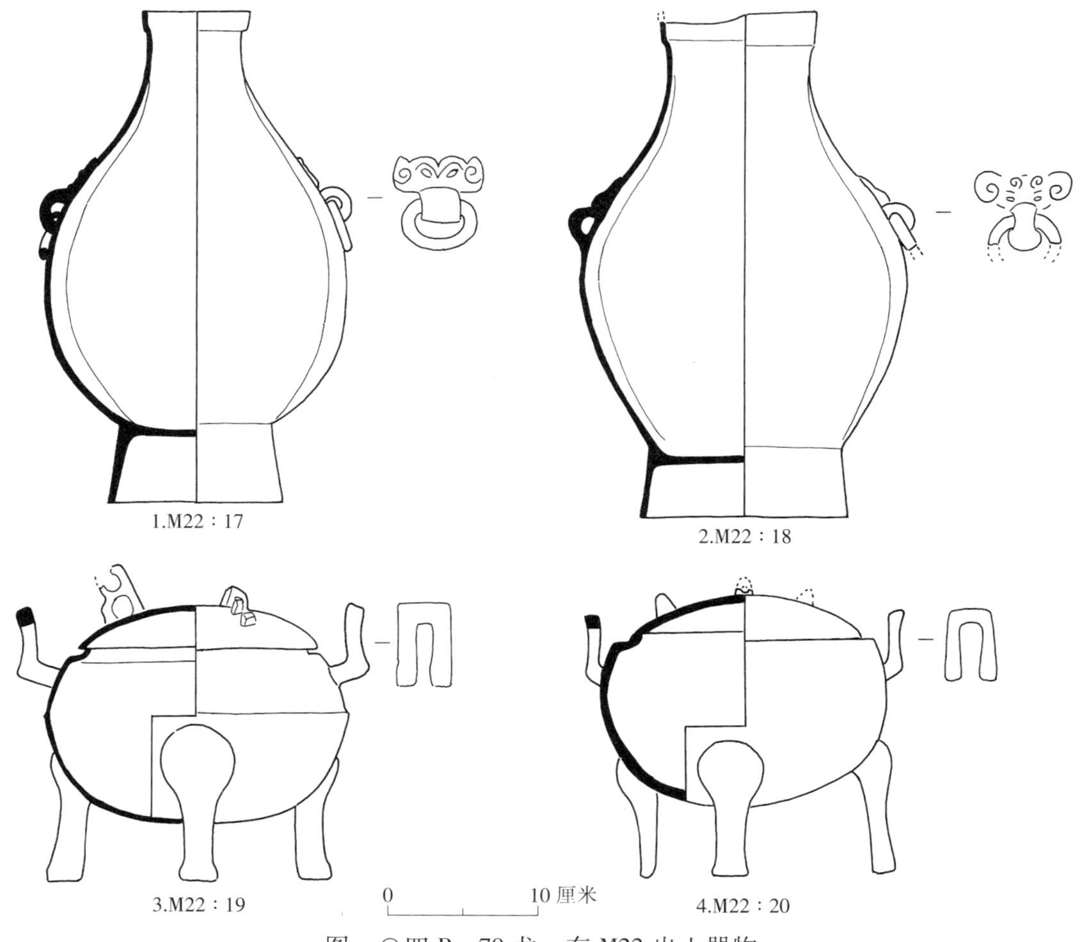

图一〇四B 79龙·东M22出土器物

腹径19厘米（图一〇四B，4）。

铁剑　1件。M22∶35，残缺。

2.79龙·东M23

（一）概况

墓已遭到严重破坏，墓内随葬品大部分散失。

墓长3.40、宽2.50、深3.10米。墓向327度。墓内回填五花土，结构松散。

（二）随葬器物

随葬器物残存11件，以陶瓿、壶为基本组合，伴出有铁釜等。

1. 陶器　10件。

瓿　2件。敛口，斜宽唇，斜弧肩上安铺首，铺首低矮，上端贴近器壁并低于口沿，圆鼓腹，腹最大径位于中部，平底内凹。肩部粘附三组细泥条状的凸弦纹，其上刻划两组简化鸟纹，鸟身饰锥点纹。铺首面模印人面纹，上方贴横向“S”形堆纹。高温釉陶。釉色泛黄，釉层较为光亮。无釉部位露胎呈暗红色，胎质坚硬。轮制。M23∶9，高30.2、口径8.2、腹径34.8、底径17.4厘米（图一〇五A，1）。M23∶10，高30、口径8、腹径35.2、底径17.1厘米（图一〇五A，2；图版四，1）。

壶　8件。敞口，平唇，粗短颈，斜弧肩上安双耳，鼓腹，腹最大径位于中部，浅卧足。高温釉陶，胎质坚硬。其中2件器身高大，口沿外壁和颈下端各轮印一周水波纹，肩部粘附三组细泥条状的凸弦纹，并刻划两组简化鸟纹，鸟身饰锥点纹。耳面模印叶脉纹，上方贴横向“S”形堆纹。釉色青黄，釉层光亮。颈以上为轮制，内壁有轮旋痕；以下采用泥条盘筑，内壁留有陶拍的低窝痕。M23∶1，无釉部位露胎呈暗红色。高40.4、口径16、腹径34、足径16厘米（图一〇五A，3）。M23∶2，釉层少量流失，无釉部位露胎呈浅红色。高40.8、口径16.8、腹径33.4、足径15.6厘米（图一〇五B，1）。2件器身中等，轮制。M23∶3，釉色青黄，釉层光亮，无釉部位露胎呈红灰色。高33、口径14.6、腹径26、足径13.2厘米（图一〇五A，4；图版六，4）。M23∶4，釉色青黄，釉层光亮，无釉部位露胎呈红灰色。高33.2、口径14、腹径26、底径13.6厘米（图一〇五B，2）。3件器身中等偏低，轮制。颈下端轮印一周水波纹，肩部划两组细弦纹。M23∶5，腹部切削密集的弧凸粗弦纹。釉层基本流失。露胎呈灰黄色，无釉部位露胎呈暗红色。内壁留有轮旋痕。高27.2、口径13.2、腹径22、足径11.2厘米（图一〇五B，3）。M23∶6，釉色青绿，有较多的挂釉现象。无釉部位露胎呈红灰色。高28、口径12.2、腹径22.5、足径12厘米（图一〇五B，4）。M23∶7，耳上方贴菱角形堆纹。釉色青黄，无釉部位露胎呈深灰色。内壁留有轮旋痕。高28.6、口径14.4、腹径22、底径12.6厘米（图一〇五B，5）。另有1件器身较小。M23∶8，器腹宽矮，平底较大。硬陶。露胎呈砖红色，胎质较硬。高17.2、口径10、腹径15.4、底径10.2厘米（图一〇五B，6）。

2. 其他　1件。

铁釜　1件。M23∶11，残缺。

3.79龙·东M24

（一）概况

墓已被严重破坏，墓内随葬品部分散失。

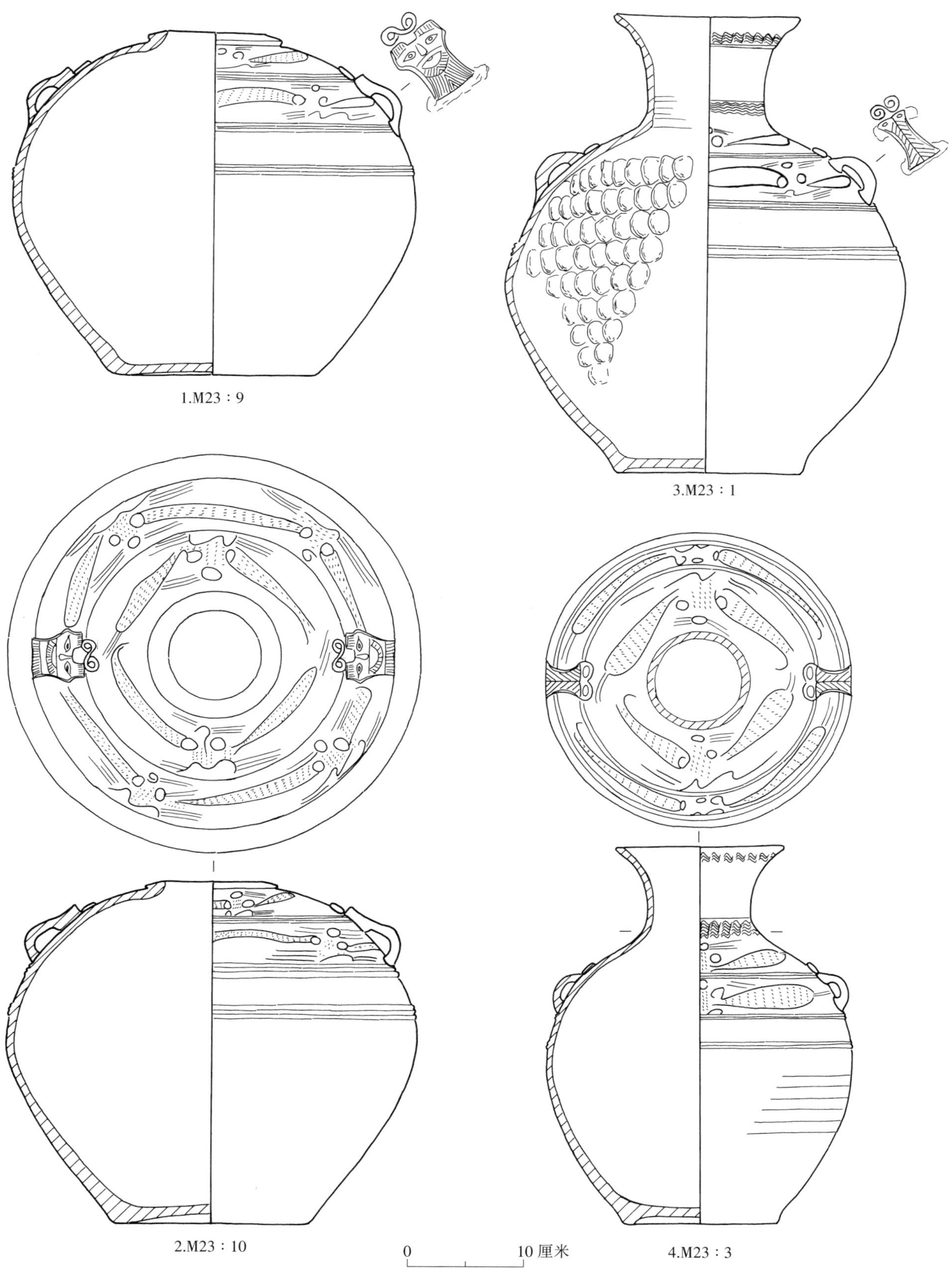

图一〇五 A 79 龙·东 M23 出土器物

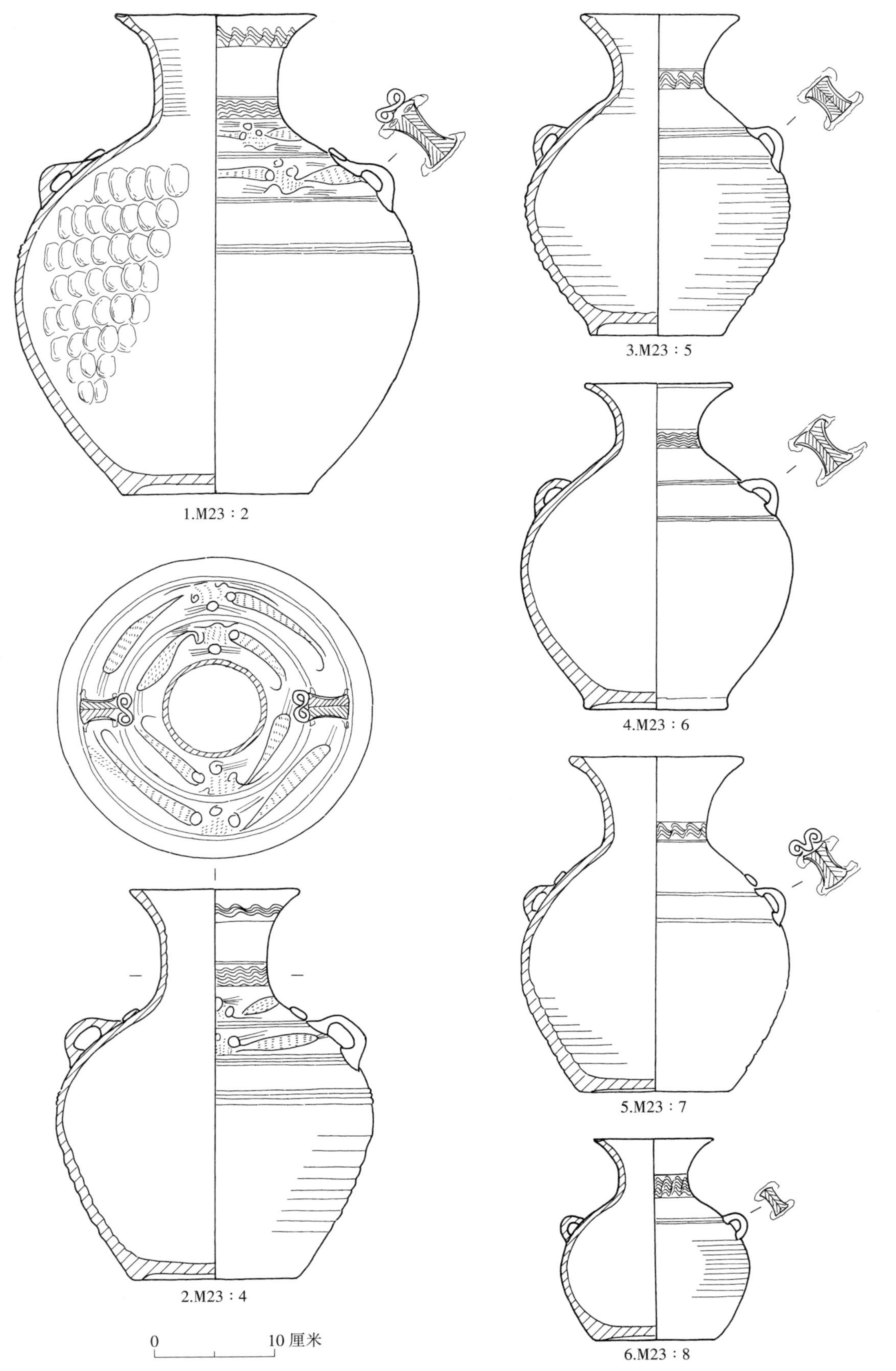

图一〇五B 79龙·东M23出土器物

墓长3.60、宽2.50、深3.10米。墓向327度。墓内回填五花土，结构松散。

（二）随葬器物

随葬器物现存10件，以陶鼎、壶、罐为基本组合，并伴铁釜等。

1. 陶器　8件。

鼎　2件。敛口，宽唇面下凹呈子母口，口外附长方形立耳，耳上端略高于口沿，腹壁缓收，平底。耳面模印几何纹。硬陶。露胎呈暗红色，胎质坚硬。轮制，内壁留有轮旋痕。M24:7，高12.9、口径19.1、腹径19.6、底径13厘米（图一〇六，1）。M24:8，高13.4、口径20、腹径20、底径13.2厘米（图一〇六，2）。

壶　4件。大小不等。侈口，圆唇，粗短颈，斜弧肩上安双耳，圆鼓腹，腹最大径位于中部，浅卧足。耳面模印叶脉纹。高温釉陶，胎质坚硬。轮制。M24:1，器身高大。口沿外壁和颈下端各轮印一周水波纹，肩部划三组双线弦纹。釉层已流失，露胎呈灰黄色，无釉部位露胎呈黄灰色。高36.4、口径14.5、腹径29.2、足径16.1厘米（图一〇六，3）。M24:2，器身中等。颈下端和肩部各轮印一周水波纹。釉层基本流失，露胎呈灰黄色，无釉部位露胎呈红褐色。高29、口径10.6、腹径21.6、足径12厘米（图一〇六，4）。M24:4，器身中等，腹略显扁。口沿外壁、颈下端和肩部各饰一周水波纹，肩部划两道细弦纹。釉层基本流失，露胎呈灰黄色，无釉部位露胎呈暗红色。内壁留有轮旋痕。高26.6、口径11.2、腹径21.2、足径13厘米（图一〇六，5）。M24:3，器身较小。颈下端轮印一周水波纹，腹部切削弧凸的粗弦纹。釉层基本流失，露胎呈黄灰色，无釉部位露胎呈暗红色。内壁留有轮旋痕。高23.8、口径9.6、腹径19.4、足径11厘米（图一〇六，6）。

罐　2件。斜肩上安双耳，耳面宽阔，弧腹，腹最大径位于上部，平底内凹。通体拍印块状小方格纹，拍印单元约3.5厘米见方，上腹部有三道指抹状的宽弦纹。印纹硬陶。露胎呈紫红色，胎质坚硬。底外缘有修抹痕迹。M24:5，侈口，纹饰排列较为规整。高28.4、口径20、腹径26.8、底径20.8厘米（图一〇六，7；图版一五，6）。M24:6，敛口，纹饰普遍重叠。高31、口径23.3、腹径33.8、底径23.5厘米（图一〇六，8）。

2. 其他　2件。

铁釜　1件。M24:9，残缺。

铁棍　1件。M24:10，残缺。

4.87 龙·东M7

（一）概况

墓长3.30、宽2.10、深1.20米。墓向350度。墓内回填红色五花土，土内杂有较多的沙砾，结构较为松散。

葬具无存，墓底留有部分板灰。

（二）随葬器物

随葬器物现存8件（组），以陶壶、罐为基本组合，并伴有铜“五铢”、“大泉五十”钱和铁矛、削及石黛板、研黛器等。

1. 陶器　2件。

壶　1件。M7:2，硬陶。盘口，残缺。

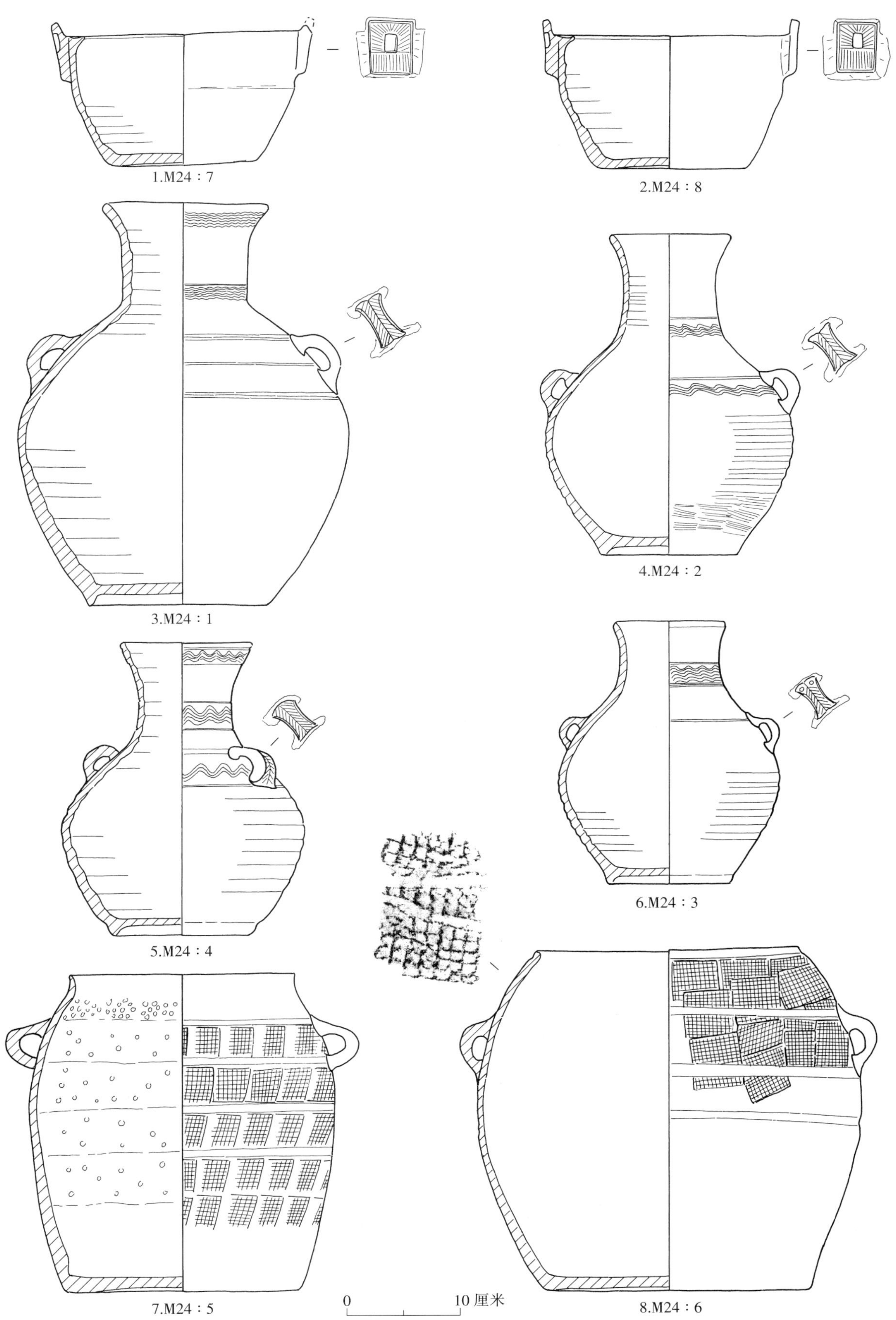

图一〇六　79 龙·东 M24 出土器物

罐 1件。M7∶1，器身不甚规整。翻沿口，斜弧肩上安双耳，圆鼓腹，腹最大径位于中部，平底。通体切削密集的弧凸粗弦纹，耳面模印双目式叶脉纹。硬陶。露胎呈灰色，胎质较硬。高11.51～12、口径11、腹径16.6、底径9.3厘米（图一〇七A，1；图版一四，1）。

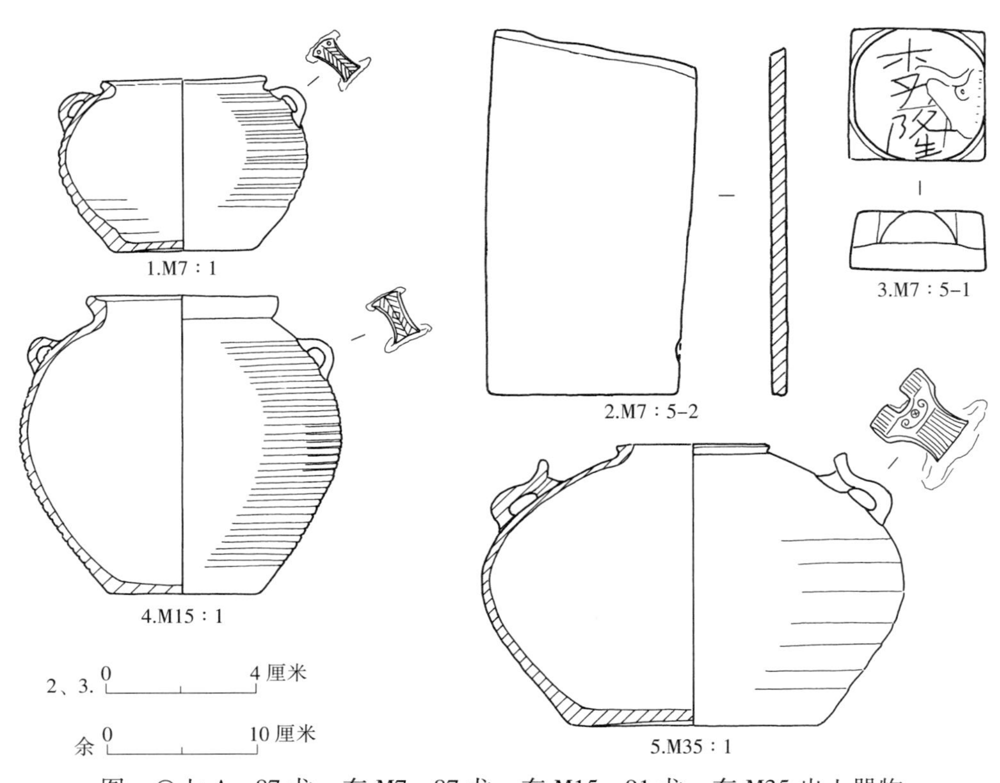

图一〇七A 87龙·东M7、87龙·东M15、91龙·东M35出土器物

2. 其他 6件（组）。

铜剪边“五铢”钱 1件（组）。M7∶3-1，已锈蚀。

铜“大泉五十”钱 1件（组）。M7∶3-2，已锈蚀。

铁矛 1件。M7∶4，残缺。

铁削 1件。M7∶6，残缺。

石研黛器 1件。M7∶5-1，方形磨面，圆形捉手，捉手面阴刻鸟纹和“李隆”两字。高1.6、磨面边长3.6、捉手直径2.5厘米（图一〇七A，3；图版三一，3）。

石黛板 1件。M7∶5-2，扁平长方形，磨面光滑。残长9～10、宽5～5.3、厚0.4厘米（图一〇七A，2；图版三一，3）。

5. 89龙·东M15

现仅存器物1件。

罐 M15∶1，侈口，圆唇内侧下凹，斜弧肩上安双耳，圆弧腹，腹最大径位于中部，平底。通体切削密集的平凸粗弦纹，耳面模印叶脉纹。硬陶。露胎呈灰色，胎质较硬。高20.4、口径12.8、腹径21.4、底径10厘米（图一〇七A，4）。

6. 91 龙・东 M35

器物仅存 1 件。

瓿 M35∶1，直口，平唇，宽斜肩上安铺首，铺首较高，上端高翘并略低于口沿，扁鼓腹，腹最大径位于中部，平底内凹。腹部划疏朗的宽弦纹，铺首面模印人面纹。硬陶。露胎呈灰红色，胎质较硬。高 19. 4、口径 10. 2、腹径 28、底径 16. 4 厘米（图一〇七 A，5）。

7. 91 龙・东 M37

现存随葬器物 4 件，以陶壶、罐为基本组合。

壶 1 件。M37∶8，浅盘口，平唇，粗短颈内弧，斜肩上安双耳，圆弧腹，腹最大径位于上部，平底内凹。颈下端轮印一周水波纹，肩部划两组三线细弦纹，耳面模印叶脉纹。硬陶。露胎呈红灰色，胎内含有较多的黑色杂质，胎质坚硬。轮制。高 31. 2、口径 12. 4、腹径 25. 2、底径 12 厘米（图一〇七 B，1；图版九，5）。

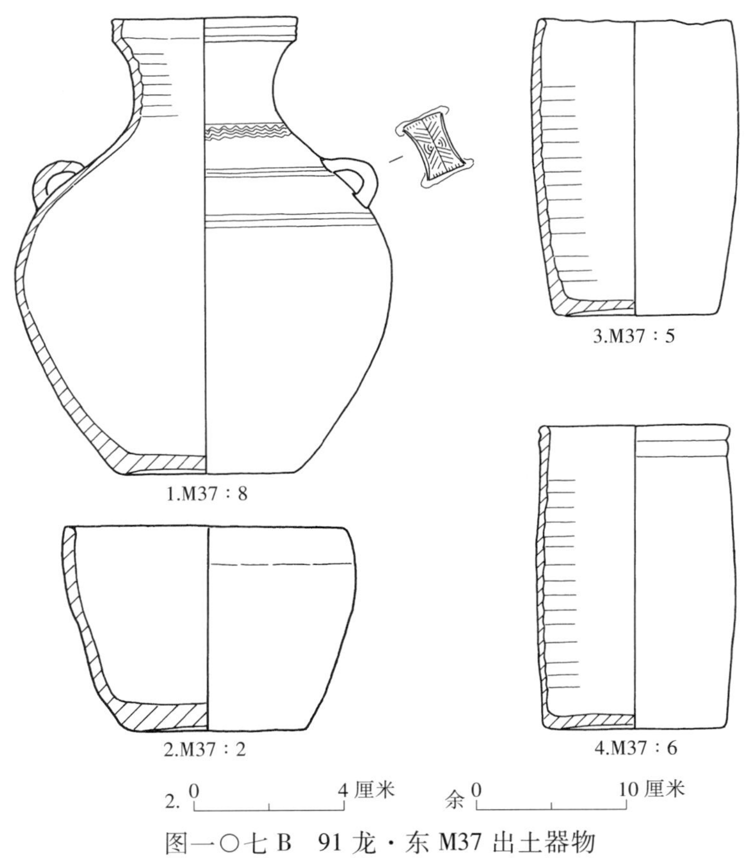

图一〇七 B 91 龙・东 M37 出土器物

罐 2 件。筒腹，平底内凹。硬陶。露胎呈灰黄色，内胎为灰色，胎质较硬。轮制，内壁留有轮制痕。M37∶5，口略残缺，腹壁微弧。高 20. 4、腹径 13. 6、底径 10. 4 厘米（图一〇七 B，3）。M37∶6，圆唇，直筒腹。口下有两道细弦纹。高 20. 4、口径 12. 7、腹径 13、底径 12. 1 厘米（图一〇七 B，4）。

杯 1 件。M37∶2，口微敛，腹壁略斜，平底内凹。硬陶。露胎呈灰色，胎质较软。轮制。高

5.5、口径7.3～7.6、腹径7.8、底径4.8厘米（图一〇七B，2；图版一九，5）。

8.91龙·东M36

现存随葬器物14件，以陶壶、罐、罍、井为基本组合。

1. 陶器 13件。

壶 7件。其中3件为浅盘口较大，平唇外撇，粗短颈，扁鼓腹，斜肩上安双耳，平底。肩部划两道细弦纹，腹部切削密集的弧凸粗弦纹，耳面模印叶脉纹。硬陶。露胎呈灰色，胎质较硬，胎内含有较多的褐色矿物质细粒。轮制。M36∶7，腹最大径位于中部。高20.2、口径11.6、腹径17、底径8.8厘米（图一〇八A，1）。M36∶8，腹最大径位于上部。高19.5、口径11.6、腹径16.9、底径9厘米（图一〇八A，2）。M36∶3，弧腹，腹最大径位于上部。高21.6、口径11、腹径17.6、底径8.4厘米（图一〇八A，3；图版一〇，1）。另4件为浅盘口，窄平唇，粗短颈内弧，斜肩上安双耳，平底内凹。轮制。M36∶1，盘口壁较直，扁鼓腹，腹最大径位于中部。肩部划两道细弦纹，其间刻划水波纹。露胎上部呈灰黄色，下部呈暗红色。高

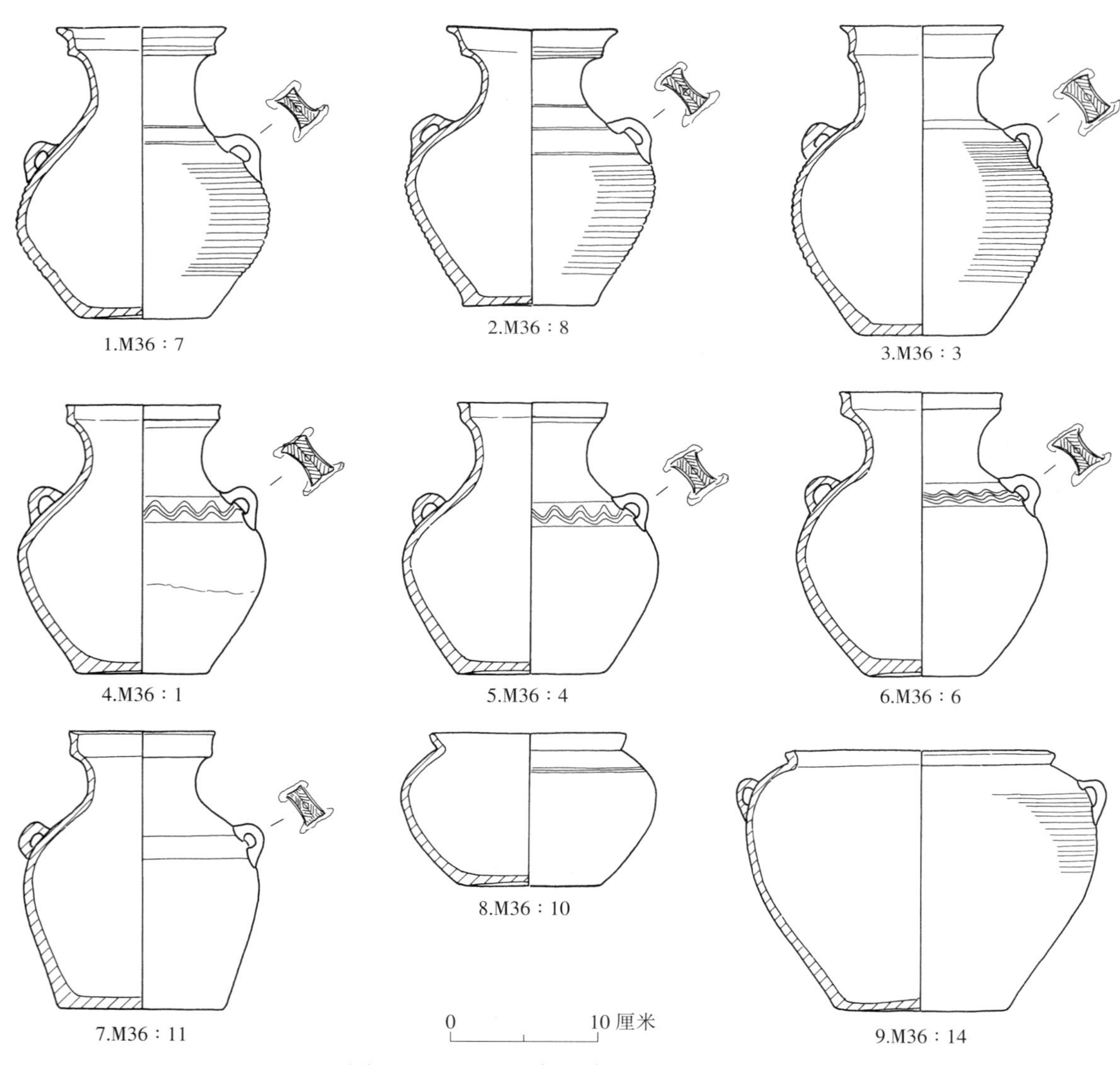

图一〇八A 91龙·东M36出土器物

18.8、口径10.2、腹径16.7、底径8.8厘米（图一〇八A，4）。M36∶4，扁鼓腹，腹最大径位于中部。肩部划两组细弦纹，其间饰水波纹。露胎上部呈灰色，下部为红灰色。胎内含有较多的褐色矿物质细粒。高19、口径10.2、腹径17.2、底径10厘米（图一〇八A，5）。M36∶6，圆鼓腹，腹最大径位于中部。肩部划两组细弦纹，其间刻划水波纹。露胎上部呈灰色，下部为红灰色。胎内含有较多的褐色矿物质细粒。高19.8、口径11.2、腹径16.8、底径8厘米（图一〇八A，6）。M36∶11，弧腹，腹最大径位于上部。肩部划两组细弦纹。露胎大部呈灰色，局部呈红褐色。高19.2、口径10、腹径16、底径11.2厘米（图一〇八A，7）。

罐 2件。M36∶10，敞口，尖唇，窄斜肩，鼓腹，腹最大径位于上部，平底内凹。肩部划一周三线细弦纹。低温釉陶。内壁满釉，外壁施釉至下腹部，釉呈褐色。未施釉部位露胎呈紫红色，胎质较硬。轮制。高10.6、口径13.2、腹径17.2、底径10厘米（图一〇八A，8）。M36∶14，侈口，外斜唇，窄弧肩上安双耳，弧腹，腹最大径位于上部，平底内凹。通体切削密集的弧凸粗弦纹，耳面模印叶脉纹。硬陶。露胎呈灰色，胎质较硬。轮制。高18、口径18.5、腹径23.5、底径11.5厘米（图一〇八A，9）。

罍 2件。直口，宽平唇，斜肩，圆鼓腹，腹最大径位于上部，平底内凹。通体拍印规整的块状斜方格纹。印纹硬陶。露胎呈灰色，内胎呈紫红色，胎质坚硬。泥条盘筑，内壁留有陶拍的抵窝痕。M36∶13，高23.8、口径20.1、腹径30.5、底径12.4～12.8厘米（图一〇八B，1）。M36∶9，高26.2、口径19.1、腹径32.9、底径14.3厘米（图一〇八B，2）。

锺 1件。M36∶22，浅盘口，粗长颈，斜肩上安双耳，扁鼓腹，腹最大径位于中部，高圈足外展。肩部划两组三线细弦纹，耳面模印叶脉纹。低温釉陶。釉色泛黄，釉层光亮。内胎呈砖红色，胎质较软。轮制。高22.8、口径12、腹径17.2、足径10.8厘米（图一〇八B，3；图版一八，5）。

井 1件。M36∶12，敛口，宽平唇，弧肩，深腹缓收，平底。唇面刻划一周水波纹，肩、腹部划四组双线细弦纹。腹部有上、下两组镂空，上下各饰一组水波纹，各孔上下以直线相连，由此形成三角形。硬陶。露胎上部呈灰色，下端呈砖红色，胎质较硬。轮制。高20.6、口径15.7、腹径16.5、底径11.1厘米（图一〇八B，4；图版二四，6）。

2. 其他 1件。

铜神兽镜 1件。M36∶25，高圆纽，圆纽座。座外浮雕神兽，其外环绕十二个半圆方枚和栉齿纹。镜缘面浅浮雕一周兽纹和阴刻一周涡纹。厚0.5、直径16.5厘米（图版二八，2）。

9. 92龙·东M38

现存随葬器物11件，以陶鼎、盒、瓿、壶、罐、罍为基本组合，并伴有铜蟠螭纹镜和草叶纹镜等。

1. 陶器 8件。

鼎 1件。M38∶6，覆钵形平顶盖，盖面等距附立三个乳丁。鼎口内敛，宽唇面外侧下凹呈子母口，口外附长方形立耳，耳上端外撇并高于口沿，腹壁缓收，平底外缘附立三个蹄形矮足。耳面模印圆圈和勾连纹。高温釉陶。釉色泛绿。无釉部位露胎呈暗红色，胎质坚硬。轮制。通高19.7、鼎高18、口径21.5、腹径21.6、底径12.6厘米（图一〇九A，1）。

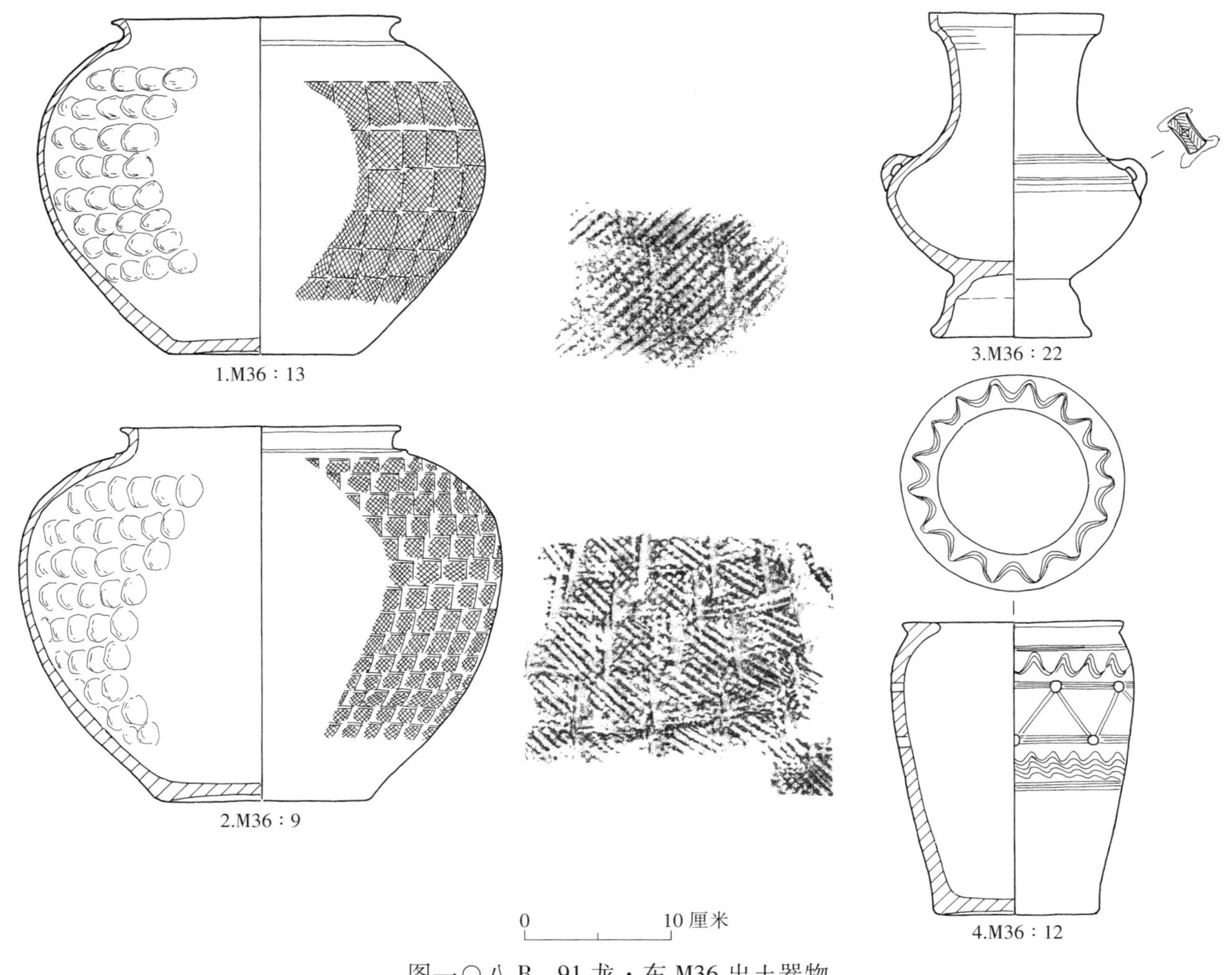

图一〇八B　91龙·东M36出土器物

盒　1件。M38∶16，覆钵形平顶盖。盒口内敛，宽唇面外侧下凹呈子母口，腹壁斜收，平底内凹。高温釉陶。釉呈绿褐色。无釉部位露胎呈暗红色，胎质坚硬。轮制。通高18.3、盒高12、口径11.1、底径13.3厘米（图一〇九A，2）。

瓿　1件。M38∶14，敛口，平唇，宽斜肩上安铺首，铺首较高，上端外翘并略低于口沿，扁鼓腹，腹最大径位于上部，平底内凹。通体切削弦纹，纹饰上部密集，下部疏朗，铺首面模印人面纹。硬陶。露胎呈紫红色，内胎为砖红色，胎质较硬。轮制。高26.2、口径9.6、腹径31.6、底径17.2厘米（图一〇九A，3）。

壶　1件。M38∶8，敞口，外斜唇面，颈略显细长，宽斜肩上安双耳，折腹，腹最大径位于上部，矮圈足。肩部划两周细弦纹，耳面模印叶脉纹。高温釉陶。釉色泛黄，部分釉层流失。无釉部位露胎呈红褐色，胎质坚硬。轮制。高32.3、口径11.3、腹径25.6、足径12厘米（图一〇九A，4）。

罐　2件。直口，平唇，斜弧肩上安双耳，扁鼓腹，腹最大径位于上部，平底。耳面模印叶脉纹。轮制。M38∶7，硬陶。露胎上部呈灰色，下部呈红灰色，胎质较硬。高12.3、口径9.6、腹径17.5、底径11.2厘米（图一〇九A，5）。M38∶9，高温釉陶。釉色青绿。无釉部位露胎呈暗红色，

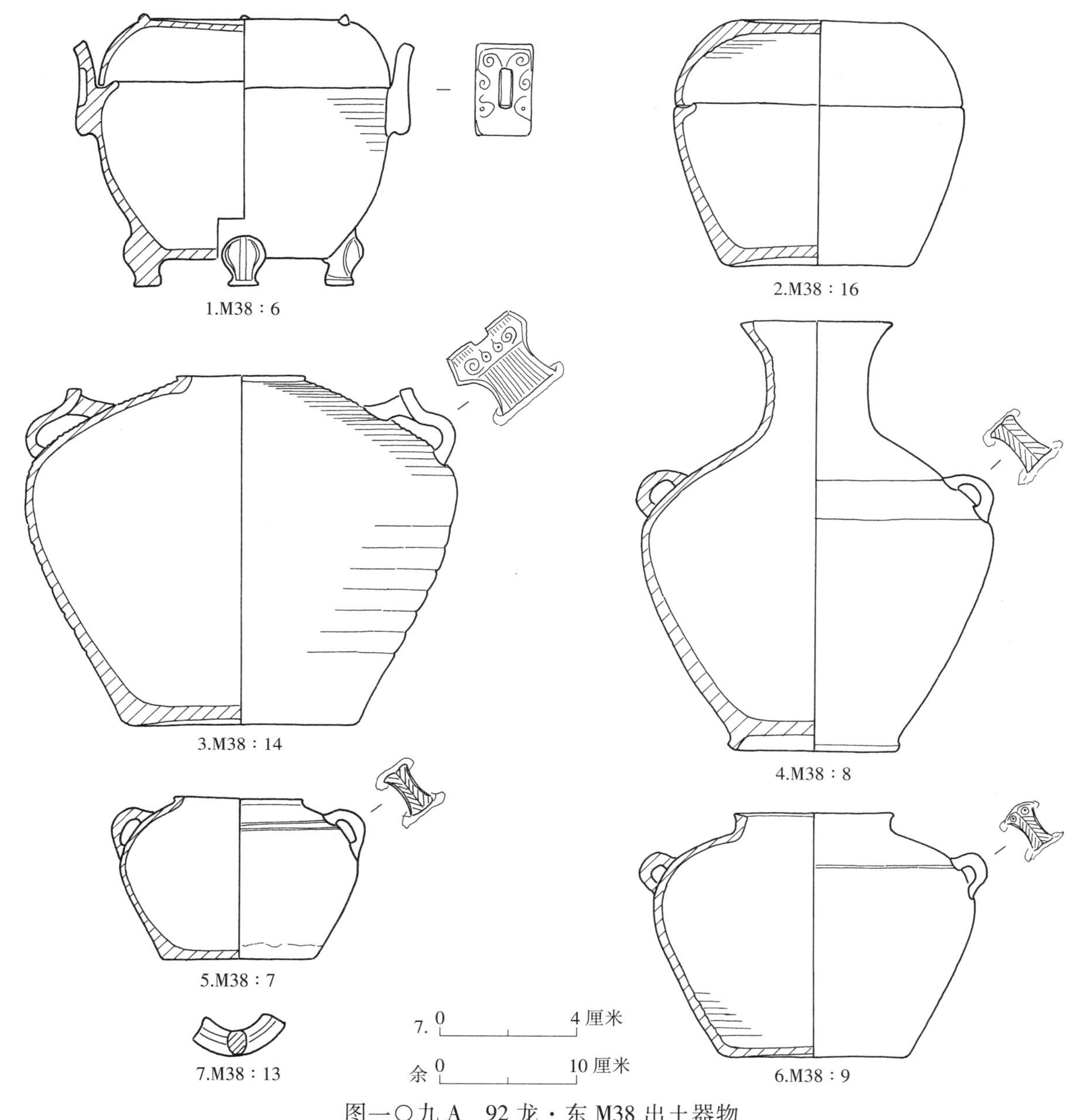

图一〇九 A 92 龙·东 M38 出土器物

胎质坚硬。内壁留有轮旋痕。高 18.4、口径 11.5、腹径 23.3、底径 13.5 厘米（图一〇九 A，6）。

罍 2 件。侈口，平唇，宽斜肩，鼓腹，腹最大径位于上部，平底内凹。通体拍印编织纹。泥条盘筑，内壁留有陶拍的抵窝痕。M38：2，纹饰上部比较规整，下部普遍重叠。印纹硬陶。露胎上部呈灰色，下部呈红灰色，内胎为灰色，胎质坚硬。高 35.6、口径 18.3、腹径 41、底径 20.8 厘米（图一〇九 B，1）。M38：3，纹饰纤细而较规整。高温釉陶。釉色青绿。无釉部位露胎呈暗红色，内胎为灰色，胎质坚硬。高 33.6、口径 15.6、腹径 41.6、底径 19.8 厘米（图一〇九 B，2）。

2. 其他 3 件。

铜蟠螭纹镜 1 件。M38：12，镜面平整。弦纽，蟠螭纹纽座。纹饰呈双线间隔式。座外环绕铭文带“愁思悲愿见忠君不悦相思愿毋绝”一周，外区饰四组蟠螭纹，其间以四叶相隔。高窄缘，

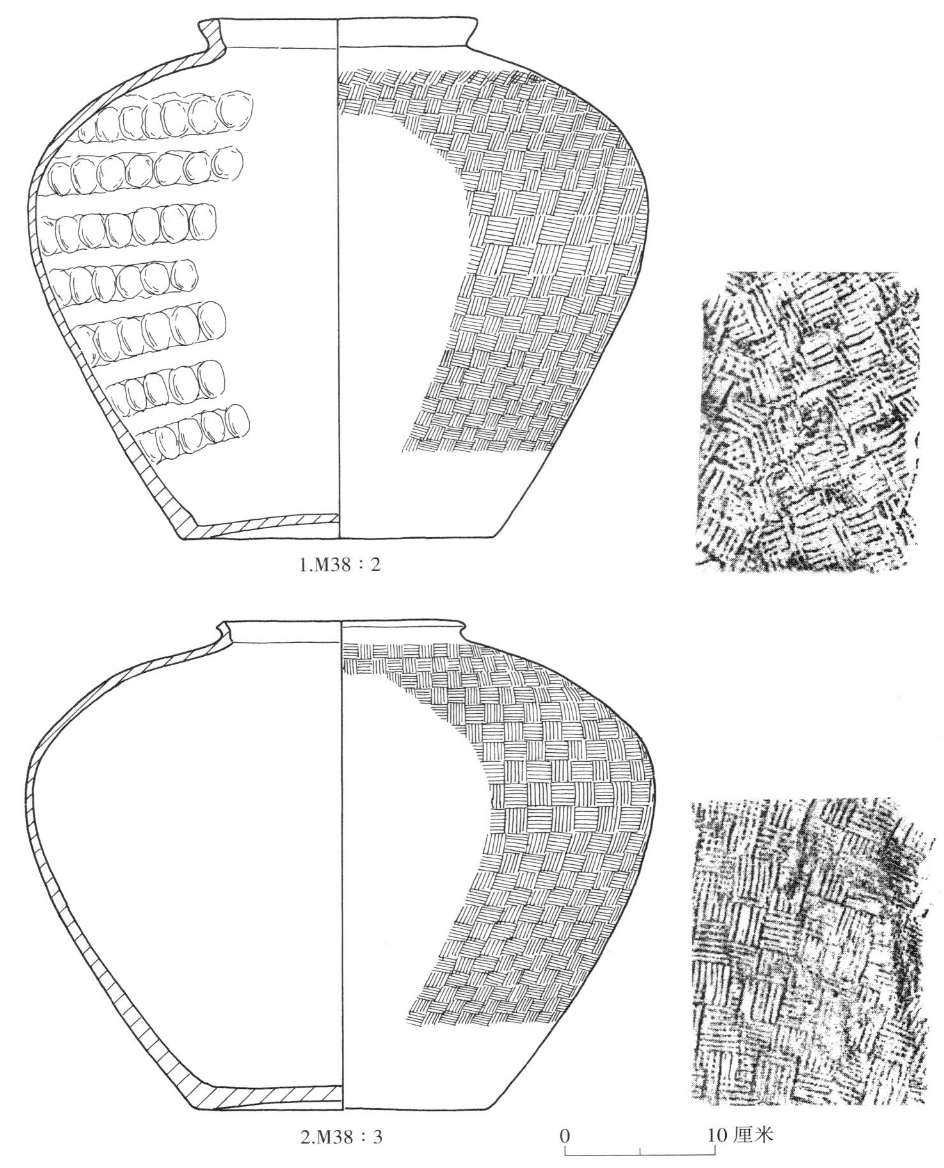

图一〇九 B　92 龙 · 东 M38 出土器物

素面。厚 0.5、直径 10.3 厘米。

铜草叶纹镜　1 件。M38：11，圆纽高背，柿蒂纹纽座。座外方框，框内有“见日之光，天下大明”铭文带。方框四角各向外伸出一组双瓣叶，将外区分为四等分。各等分分别饰有一个乳丁和一对连叠草叶纹。镜缘饰内连弧纹。厚 1.1、直径 14.1 厘米（图一〇九 C；图版二六，5）。

水晶环　1 件。M38：13，残。残长 2.7、宽 0.9、厚 0.6 厘米（图一〇九 A，7；图版三二，1）。

10. 92 龙 · 东 M41

现存随葬器物 5 件，以陶壶、罐为基本组合。

壶　4 件。根据口沿形态的不同分为：

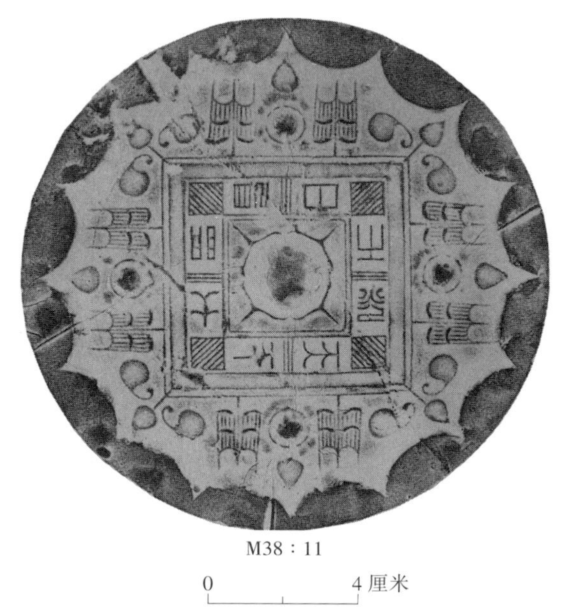

图一〇九C 92龙·东M38出土器物

敞口壶 2件。敞口，平唇，短颈略细，斜肩上安双耳，弧腹，腹最大径位于上部，浅卧足。颈下端轮印一周水波纹，肩部划两组双线细弦纹，腹部切削密集的弧凸粗弦纹，耳面模印叶脉纹。高温釉陶。釉色青黄，无釉部位露胎呈红灰色，胎质坚硬。轮制。M41:3，高19、口径8.4、腹径14.3、底径8.8厘米（图一一〇A，1）。M41:5，内壁留有轮旋痕。高19、口径9、腹径14.8、足径8.6厘米（图一一〇A，2）。

盘口壶 2件。深盘口，圆唇，粗短颈，斜肩上安双耳，圆鼓腹，腹最大径位于中部，高圈足。口外壁和颈下端各轮印一周水波纹，肩部划二或三组三线细弦纹，耳面模印叶脉纹，上方贴菱角形堆纹。高温釉陶。釉色青黄不匀，部分釉层流失。无釉部位露胎呈红灰色，胎质坚硬。轮制。M41:4，高33.3、口径11.9、腹径26、足径11.5厘米（图一一〇A，3；图版七，5）。M41:2，高34.4、口径12、腹径25.6、足径11.2厘米（图一一〇A，5）。

罐 1件。M41:1，侈口，圆唇，弧肩上安双耳，弧腹，腹最大径位于上部，平底。通体切削密集的弧凸粗弦纹，耳面模印叶脉纹。硬陶。露胎呈暗红色，内胎为灰色，胎质较硬。轮制。高18.8、口径12.5~12.9、腹径20.4、底径11.2厘米（图一一〇A，4）。

11. 92龙·东M42

现存随葬器物4件，以陶壶、罐为基本组合。

壶 2件。深盘口，圆唇外翻，粗短颈内弧，斜肩上安双耳，弧腹，腹最大径位于上部，平底。肩部划两组双线细弦纹，腹部切削密集的弧凸粗弦纹，耳面模印叶脉纹。硬陶。露胎上部呈灰色，下部呈红灰色，胎质较硬。轮制。M42:1，高27、口径12、腹径19.6、底径11.2厘米（图一一〇B，1）。M42:2，高25.8、口径12.4、腹径19.6、底径9.6厘米（图一一〇B，2）。

罐 2件。翻沿口，圆唇，斜肩上安双耳，平底。通体切削密集的弧凸粗弦纹，耳面模印叶脉纹。硬陶。露胎上部呈灰色，下部呈红褐色，胎质较硬。M42:3，弧腹，腹最大径位于中部，高10.6、口径10.4、腹径13.6、底径8.4厘米（图一一〇B，3）。M42:4，扁鼓腹，腹最大径位

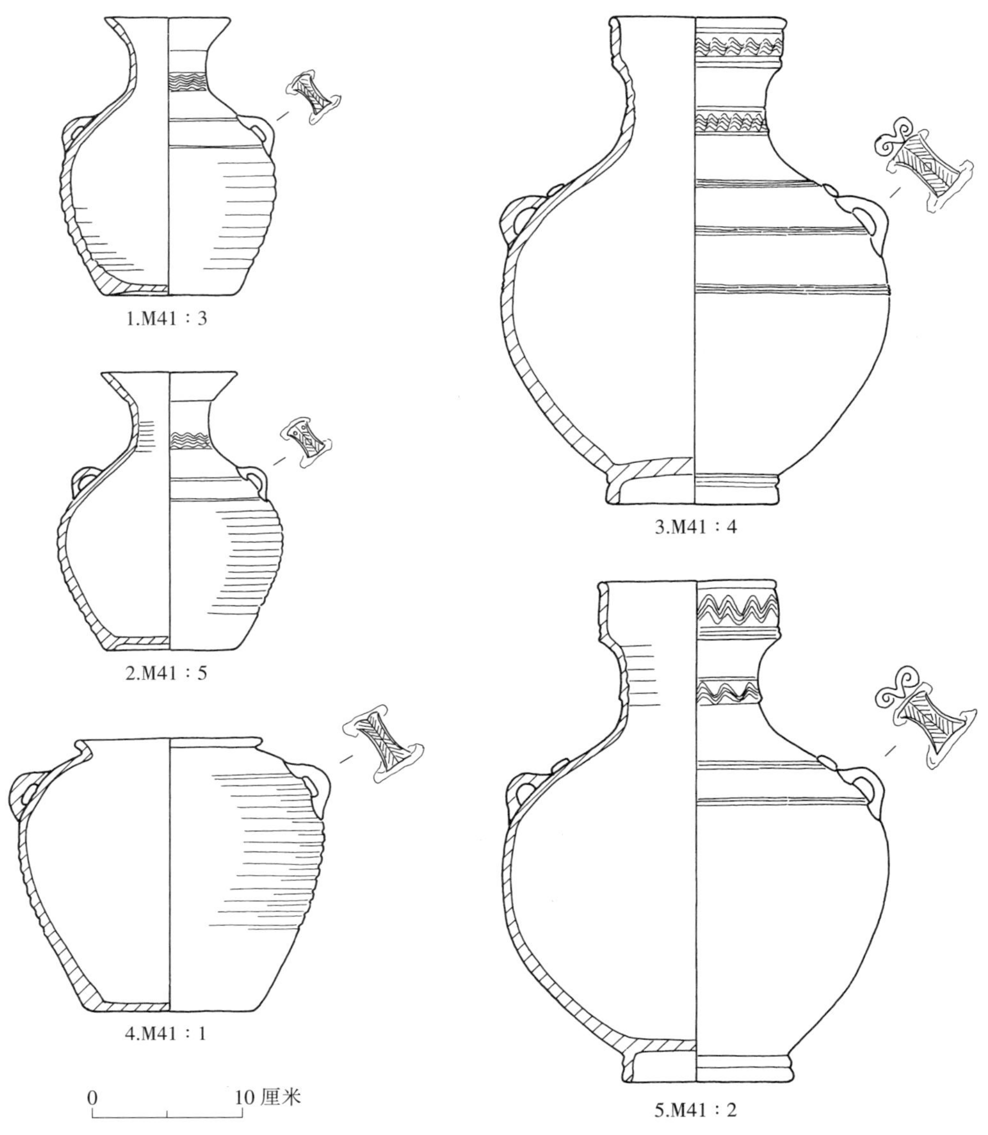

图一一〇A 92龙·东M41出土器物

于上部。高9、口径9.8、腹径14、底径8厘米（图一一〇B，4）。

12. 92龙·东M45

现存随葬器物6件，以陶壶、罐为基本组合。

壶 3件。根据口沿形态的不同分为：

敞口壶 1件。M45∶3，敞口，圆唇，粗短颈内弧，斜肩上安双耳，圆鼓腹，腹最大径位于中部，浅卧足。颈下端轮印一周水波纹，肩部划两组双线细弦纹，腹部切削少量的弧凸粗弦纹，耳面模印叶脉纹。高温釉陶。釉层已流失，露胎呈黄色。无釉部位呈红褐色，胎质坚硬。高19、口径9.6、腹径15.2、足径9.5厘米（图一一〇C，1）。

盘口壶 2件。深盘口，圆唇下划一周浅凹槽，粗短颈，斜肩上安衔环双耳，球腹，腹最大径位于中部，矮圈足。口沿外壁和颈下端各轮印一周水波纹，肩部划三组三线细弦纹。耳面模印

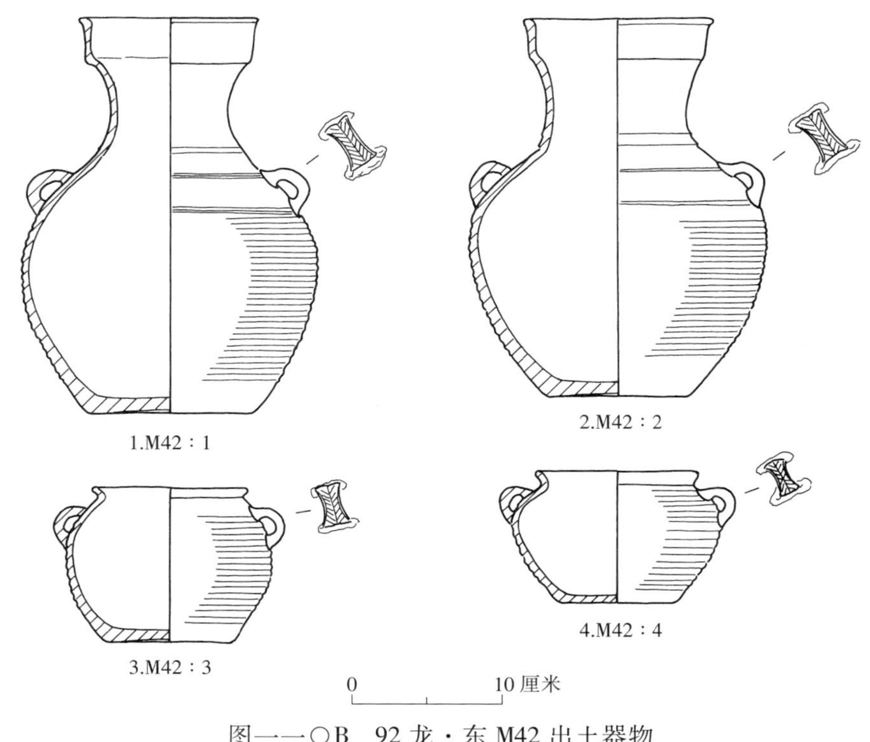

图一一〇B　92 龙·东 M42 出土器物

叶脉纹，上方贴菱角形堆纹。轮制。M45∶1，腹部切削密集的弧凸粗弦纹。硬陶。露胎呈灰红色，内胎为灰色，胎质较硬。内壁有轮旋痕。高 35、口径 12.2、腹径 26.8、底径 12.3 厘米（图一一〇C，2）。M45∶2，高温釉陶。釉色泛黄。无釉部位露胎呈暗红色，胎质坚硬。高 33.9、口径12～12.8、腹径 25.9、底径 11.8 厘米（图一一〇C，3）。

罐　3 件。根据口沿形态的不同分为：

直口罐　1 件。M45∶4，直口，平唇，颈与肩无明显的交界，斜肩上安双耳，鼓腹，腹最大径位于中部，平底内凹。腹部划疏朗的弧凸宽弦纹，耳面模印叶脉纹。硬陶。露胎肩部呈灰褐色，腹部呈暗红色，胎质较硬。高 12.3、口径 9.6、腹径 14.5、底径 9.3 厘米（图一一〇C，4）。

翻沿口罐　2 件。翻沿口，圆唇，斜弧肩上安双耳，弧腹，腹最大径位于上部，平底。通体切削密集的弧凸粗弦纹，耳面模印叶脉纹。硬陶。露胎呈红灰色，胎质较硬。M45∶5，高 17.9、口径 11.5、腹径 18.6、底径 9.7 厘米（图一一〇C，6）。M45∶6，高 9.7、口径 10.5、腹径 13.4、底径 8.5 厘米（图一一〇C，5）。

13. 92 龙·东 M46

现存随葬器物 8 件，以陶壶、罐、罍为基本组合。

壶　4 件。深盘口，圆唇外翻，粗短颈，斜肩上安双耳，平底内凹。肩、腹部切削细密的凸弦纹，耳面模印叶脉纹。硬陶。露胎呈灰色，胎质较硬。轮制。M46∶6，鼓腹，腹最大径位于中部。高 25.1、口径 11.2、腹径 22.5、底径 9.5 厘米（图一一一 A，1）。M46∶7，器形不规整。弧腹，腹最大径位于上部。肩部划一道细弦纹。高 26.8～27.3、口径 12.1、腹径 20.8、底径 10.5 厘米（图一一一 A，2）。M46∶9，弧腹，腹最大径位于上部。高 27、口径 11.6、腹径 21.2、底径

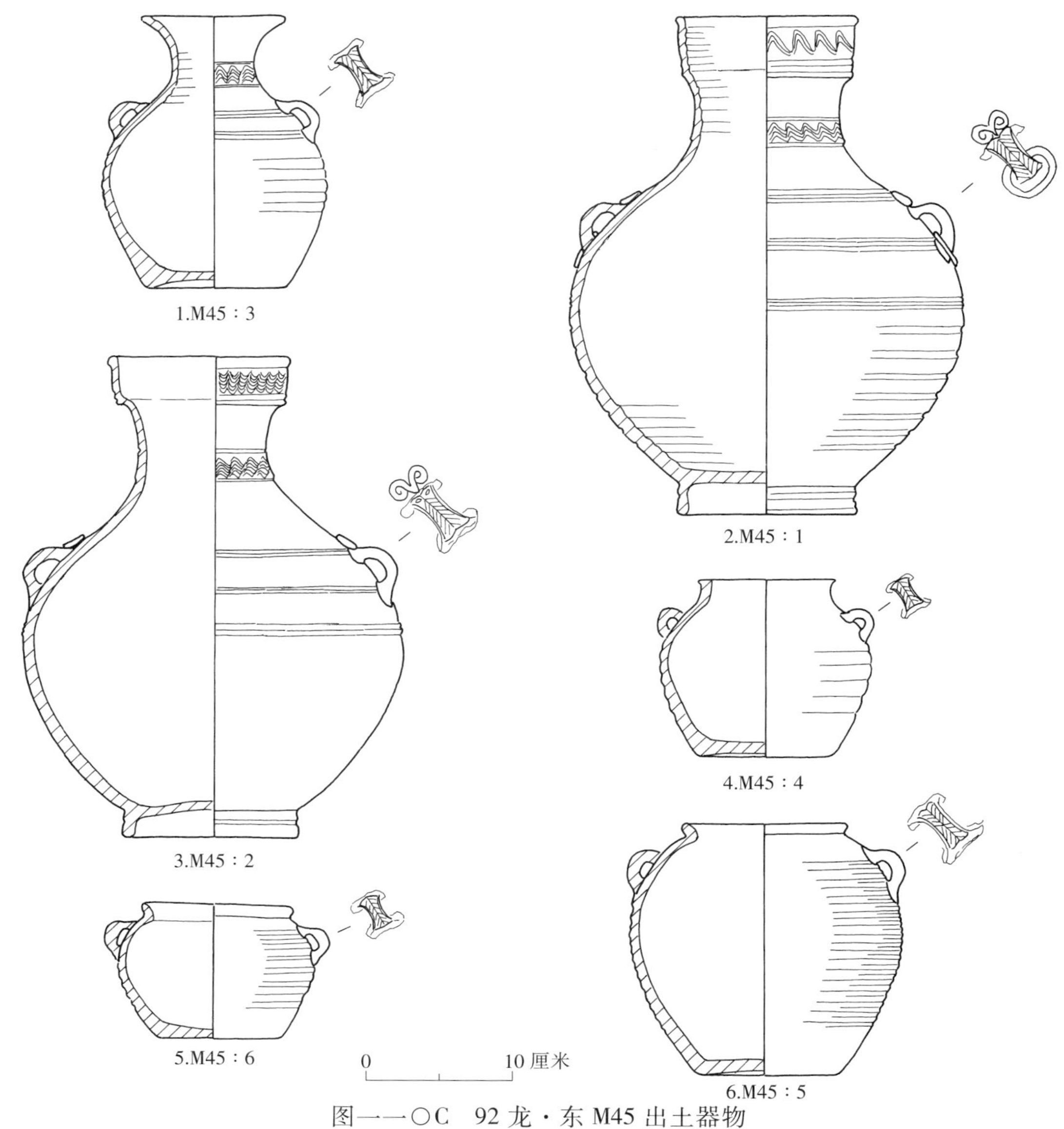

图一一〇C 92 龙·东 M45 出土器物

11.2 厘米（图一一一 A，3）。M46∶10，肩部划一周双线细弦纹。高温釉陶。釉层已流失，露胎呈黄灰色。无釉部位露胎呈暗红色，内胎为灰色，胎质坚硬。高 27.4、口径 12.5、腹径 20.8、底径 10 厘米（图一一一 A，4）。

罐 1 件。M46∶3，器形如瓿。敛口，宽平唇，圆弧肩上安双耳，圆鼓腹，腹最大径位于中部，平底内凹。肩部划三条细弦纹，腹部切削密集的弧凸粗弦纹，耳面模印叶脉纹。硬陶。露胎呈红灰色，胎质较硬。高 18.4、口径 11.5、腹径 21.2、底径 10 厘米（图一一一 A，5）。

罍 3 件。通体拍印规整的梳状纹。印纹硬陶。露胎上部呈灰色，下部呈红灰色，胎质较硬。泥条盘筑，内壁留有陶拍的抵窝痕。1 件器身高大。M46∶4，敛口，宽唇面中间上弧，圆弧肩，圆弧腹，腹最大径位于上部，平底内凹。高 44.4、口径 26.4、腹径 52、底径 22.2 厘米（图一一一 B，1、2）。另 2 件为侈口，平唇，斜肩，弧腹，平底内凹。M46∶5，高 29.4、口径 15.5、腹径 32、底径 12.8 厘米（图一一一 B，3、4；图版一七，1）。M46∶2，高 31.3、口径 16.5、腹径 35.4、底径 15.8 厘米（图一一一 B，5、6）。

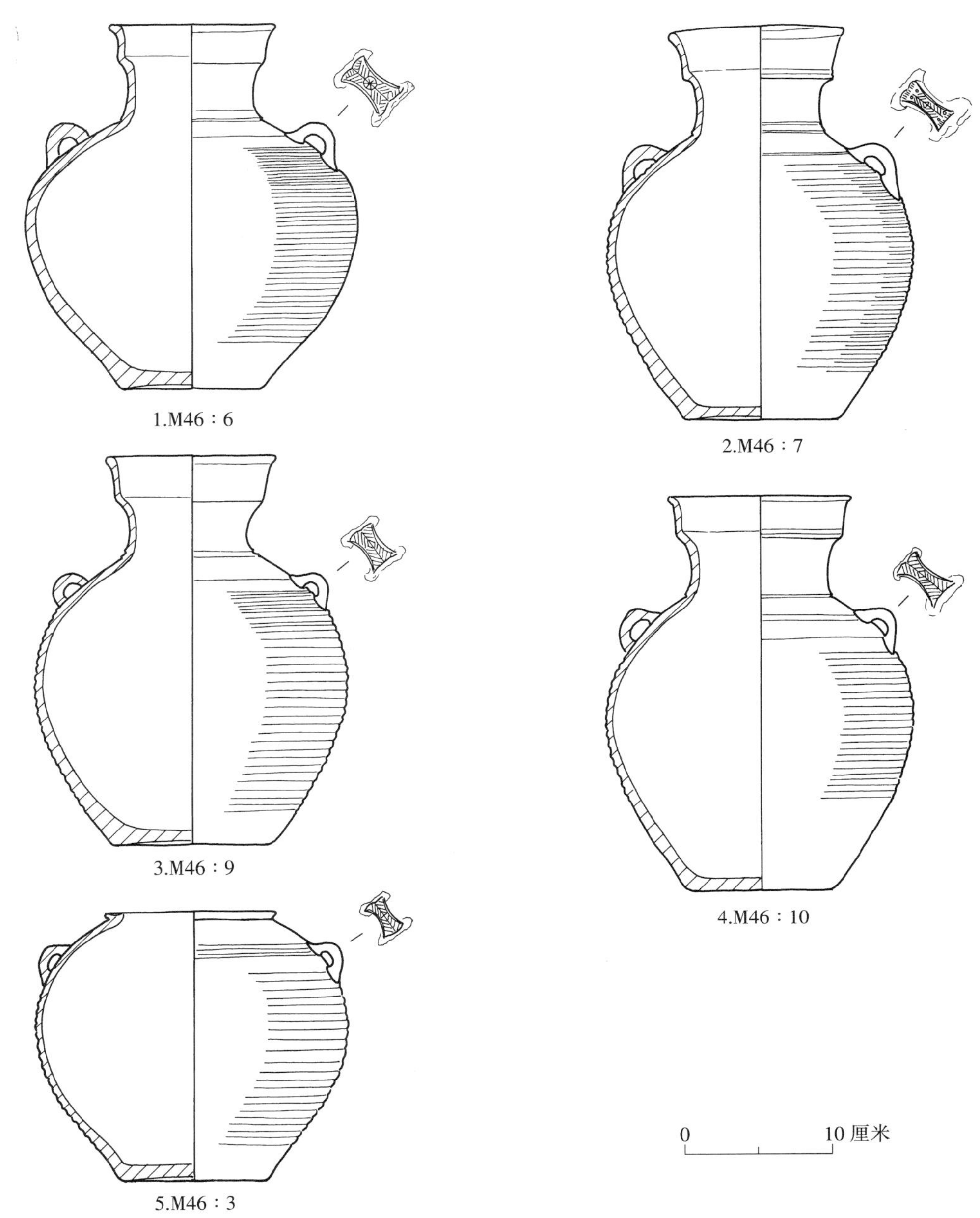

图一一一 A 92 龙·东 M46 出土器物

14. 92 龙·东 M50

现存随葬器物 9 件。

壶 8 件。根据口沿形态的不同分为：

敞口壶 1 件。M50∶1，敞口，圆唇，粗短颈内收，斜弧肩上安双耳，平底。肩部划两组双线细弦纹，耳面模印叶脉纹。硬陶。露胎呈砖红色，胎质较硬。轮制。高 25.3、口径 12.4、腹径 20.9、底径 11.2 厘米（图一一二 A，1）。

盘口壶 7 件。深盘口，盘壁略外展，粗短颈，斜肩上安双耳，弧腹，腹最大径位于近中部，平底。腹部切削密集的弧凸粗弦纹，耳面模印叶脉纹。轮制。其中 2 件器身中等。颈下端轮印一

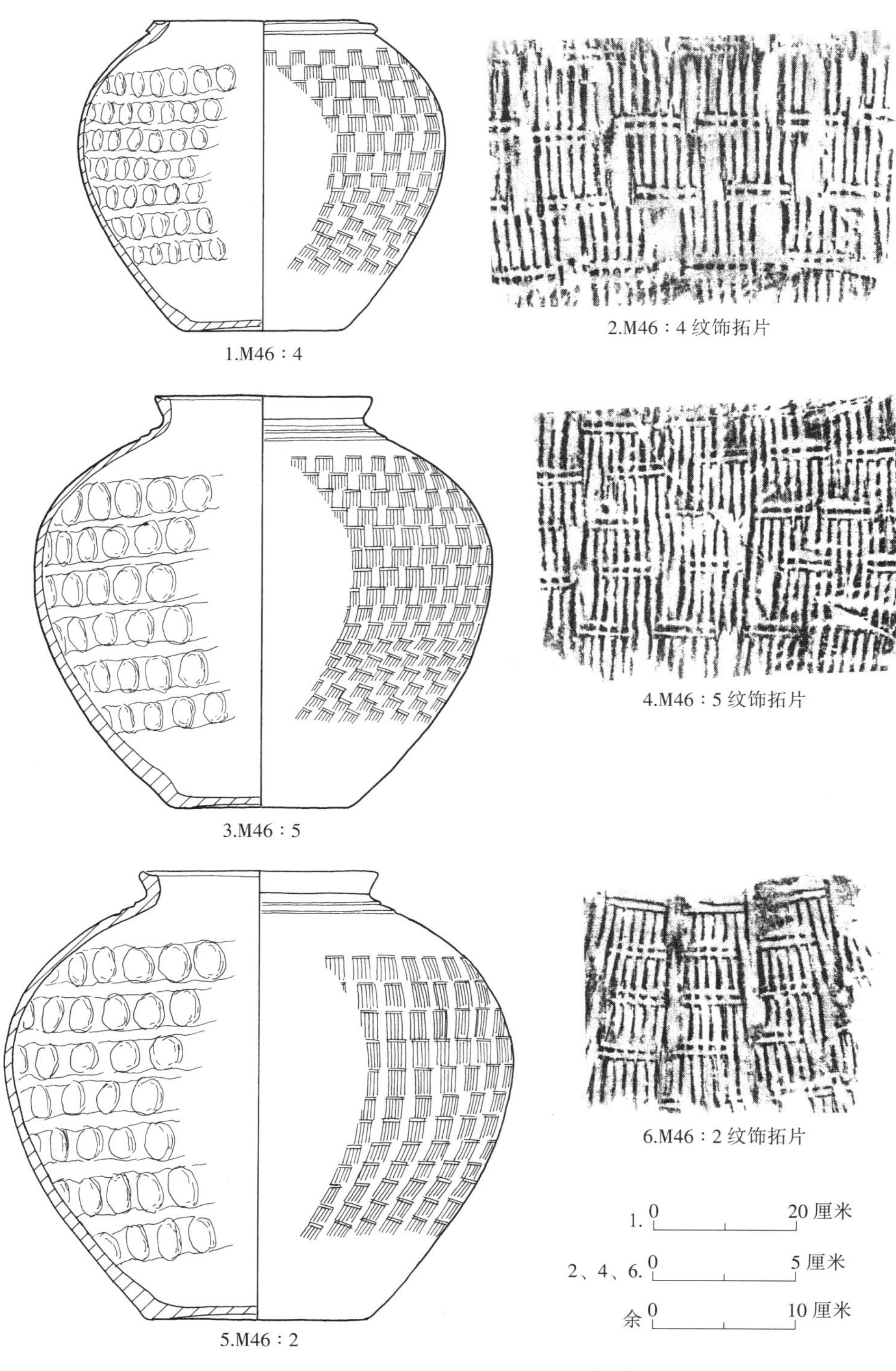

图一一一B 92 龙·东 M46 出土器物

周水波纹，肩部划两组平凸的三线细弦纹。高温釉陶。釉层已流失。M50∶2，露胎呈黄灰色。无釉部位露胎呈红褐色，胎质坚硬，胎内含有较多的白色细石英。高 31.6、口径 13.2、腹径 24.4、底径 12 厘米（图一一二 A，2）。M50∶3，无釉部位露胎呈暗红色。高 31.8、口径 12.4、腹径 24.6、底径 11.5 厘米（图一一二 A，3）。另 5 件器身较小。肩部划一周细弦纹。M50∶4，高温釉

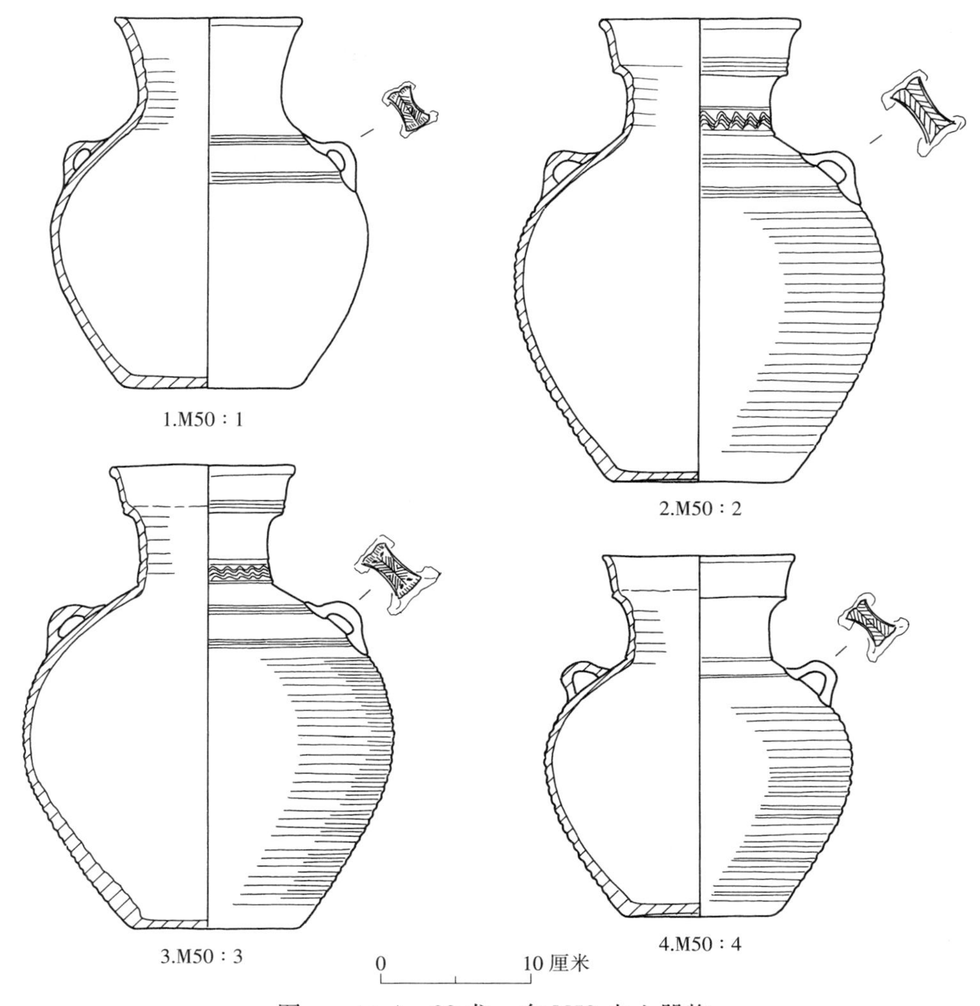

图一一二 A　92 龙·东 M50 出土器物

陶。釉色泛黄。无釉部位露胎呈红褐色，内胎为灰色。高 24.8、口径 12.8、腹径 20.4、底径 10 厘米（图一一二 A，4）。M50:5，硬陶。露胎上部呈红灰色，下部呈红褐色，内胎为灰色，胎质较硬。高 26、口径 11.6、腹径 19.5、底径 10 厘米（图一一二 B，1）。M50:6，高温釉陶。釉色泛黄。无釉部位露胎呈暗红色。高 26.2、口径 12、腹径 20.8、底径 10.3 厘米（图一一二 B，2）。M50:7，高温釉陶。釉层流失。无釉部位露胎呈红灰色。高 25、口径 11.8、腹径 19、底径 9.4 厘米（图一一二 B，3）。M50:8，硬陶。露胎上部呈红褐色，下部呈暗红色，内胎为灰色，内含较多的石英细粒，胎质坚硬。高 28.6、口径 12.6、腹径 21.6、底径 9.2 厘米（图一一二 B，4）。

尊　1 件。M50:9，大敞口，口两侧各有一个小圆孔，粗短颈，斜肩上安双耳，扁鼓腹，高圈足。肩部划两道细弦纹，耳面模印叶脉纹。高温釉陶。釉色泛黄。无釉部位露胎呈暗红色，胎质坚硬。高 17.4、口径 16.2、腹径 19.3、底径 10.5 厘米（图一一二 B，5；图版一八，6）。

15. 92 龙·东 M51

现存随葬器物 5 件，以陶壶、罐为基本组合。

壶　4 件。根据口沿形态的不同分为：

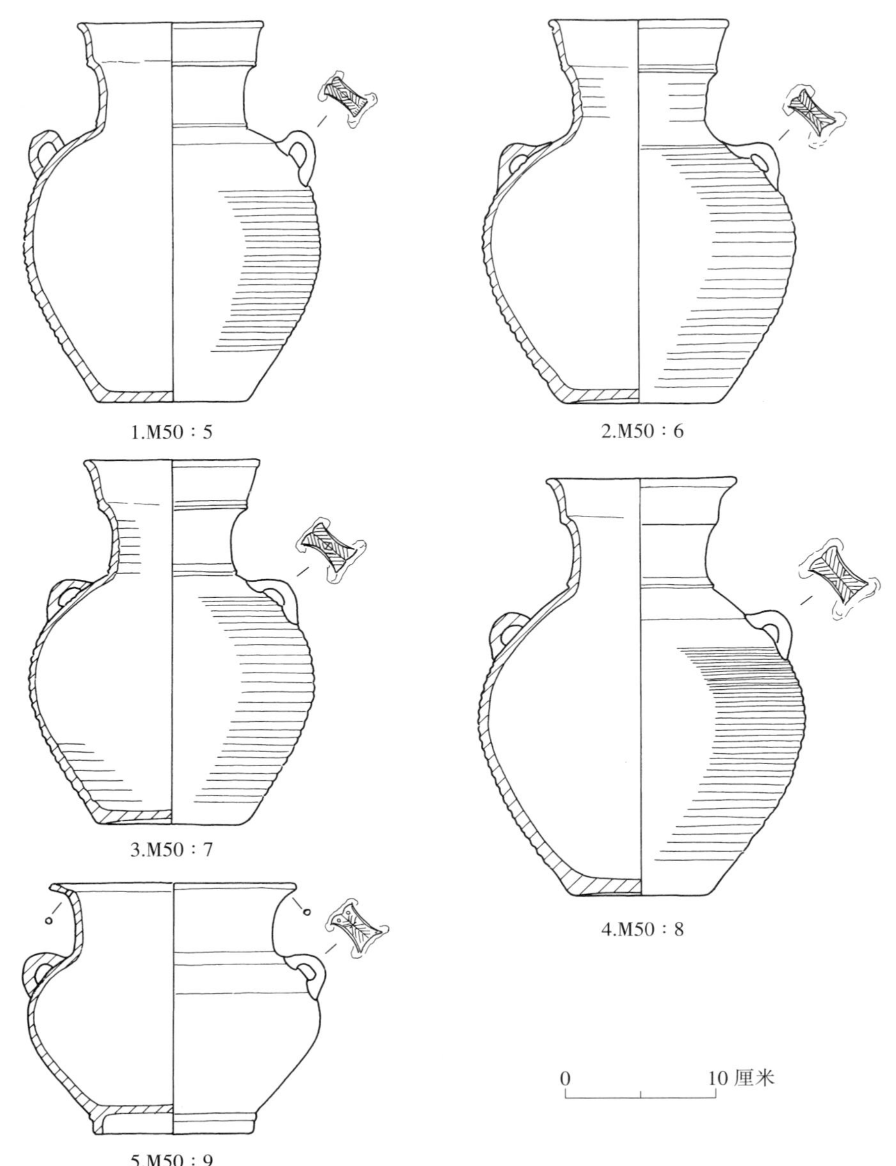

图一一二B　92 龙・东 M50 出土器物

敞口壶　1 件。M51∶6，敞口，圆唇，粗短颈，斜肩上安双耳，弧腹，腹最大径位于上部，浅卧足。颈下端轮印一周水波纹，肩部划两组双线细弦纹，腹部切削密集的弧凸粗弦纹，耳面模印叶脉纹。高温釉陶。釉呈绿褐色。无釉部位呈紫红色，胎质坚硬。轮制。高 24.7、口径 12.5、腹径 17.8、足径 10.2 厘米（图一一三 A，1）。

盘口壶　3 件。深盘口，圆唇下划一周浅凹槽，粗短颈，斜肩上安双耳。腹部切削密集的弧凸宽弦纹，耳面模印叶脉纹。高温釉陶。釉色泛黄。无釉部位露胎呈红灰色，胎质坚硬。轮制。1 件为球腹，腹最大径位于中部，高圈足。M51∶3，口沿外壁和颈下端各轮印一周水波纹，肩部划三组双线细弦纹，衔环耳上方贴方形兽面。高 33.3、口径 11.6、腹径 25.2、足径 11.6 厘米（图一一三 A，2）。另 2 件为弧腹，腹最大径位于上部，浅卧足。颈下端轮印一周水波纹，肩部划两组平凸的宽弦纹，耳上方贴菱角形堆纹。M51∶5，高 32.4、口径 11.2、腹径 23.8、足径 12.1 厘米

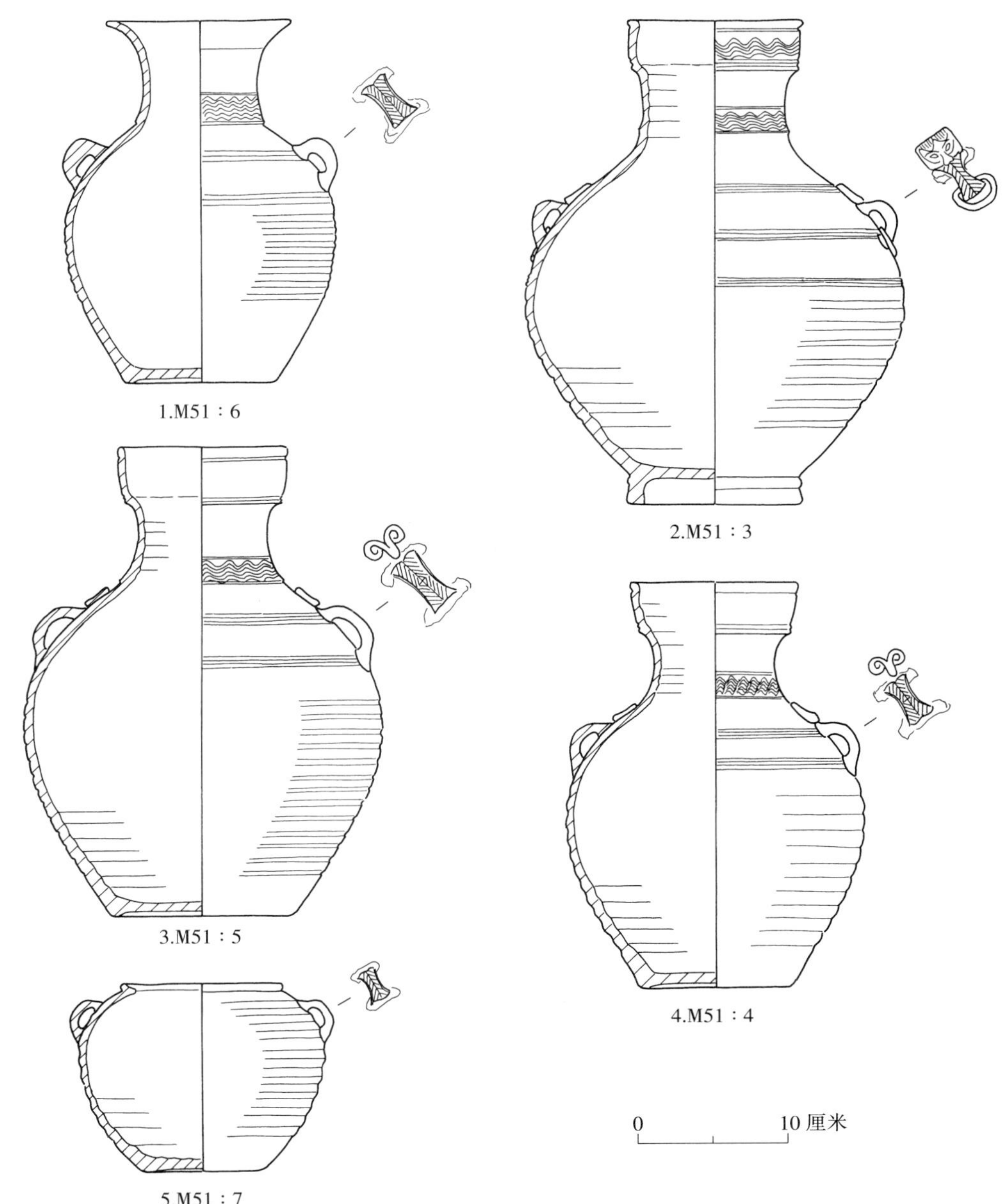

图一一三 A　92 龙・东 M51 出土器物

（图一一三 A，3）。M51∶4，高 28、口径 11.3、腹径 19.8、足径 10.2 厘米（图一一三 A，4）。

罐　1 件。M51∶7，翻沿口，圆唇，圆弧肩上安双耳，弧腹，腹最大径位于上部，平底。通体切削密集的弧凸粗弦纹，耳面模印叶脉纹。硬陶。露胎呈灰色，胎质较硬。高 12.8、口径 10.7、腹径 16.4、底径 8 厘米（图一一三 A，5）。

16. 92 龙・东 M53

现存随葬器 6 件，以陶壶、罐为基本组合。

壶　4 件。深盘口，盘壁外展，圆唇外翻，粗短颈，斜肩上安双耳，圆弧腹，腹最大径位于上部，平底内凹。肩部划一道细弦纹，腹部切削密集的粗弦纹，耳面模印叶脉纹。轮制。M53∶3，

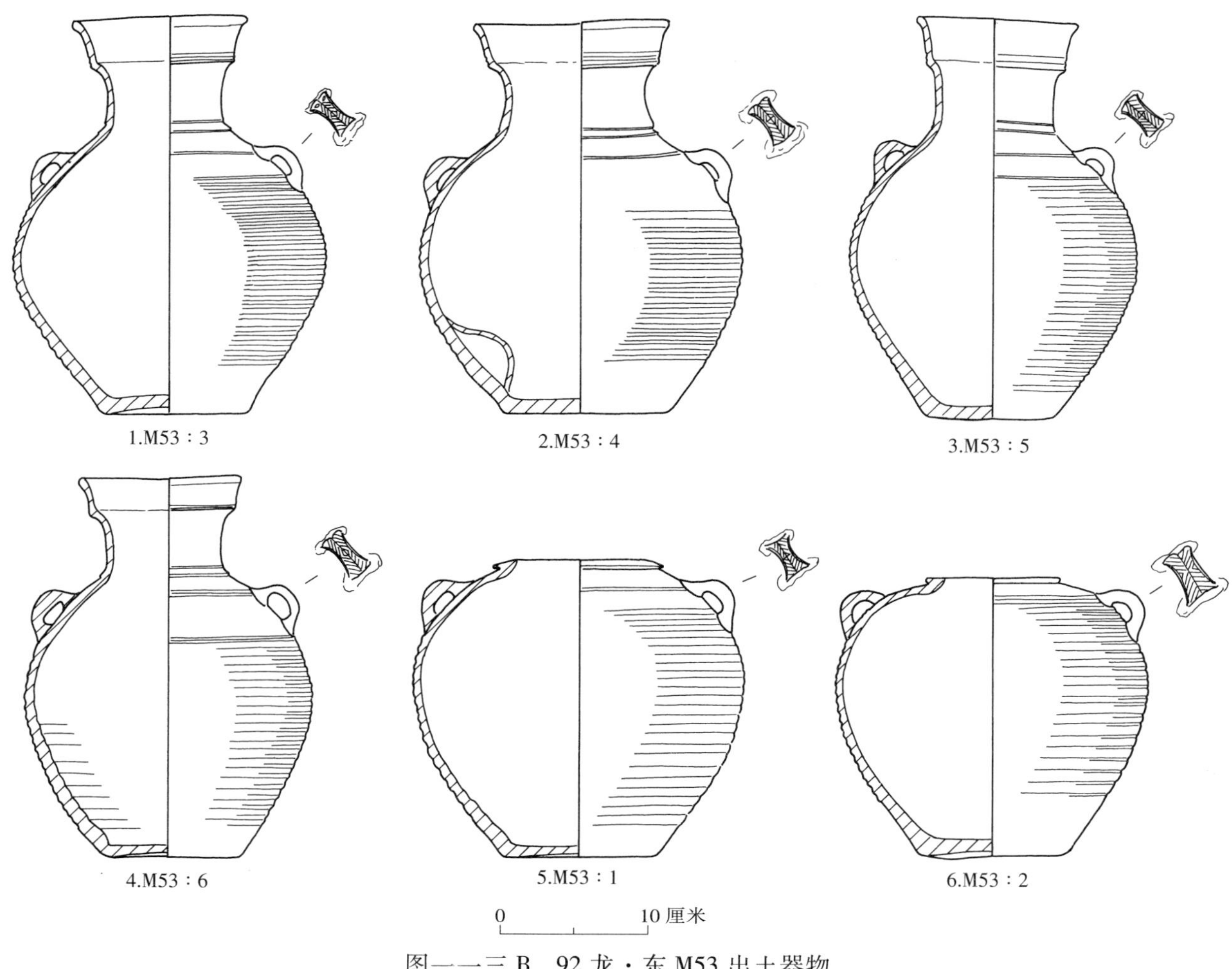

图一一三B　92龙·东M53出土器物

高温釉陶。釉色泛黄，釉层大部流失。无釉部位露胎呈暗红色，胎质坚硬。高27.6、口径11.7～12.5、腹径21.2、底径10厘米（图一一三B，1）。M53：4，高温釉陶。釉层已流失，露胎呈黄灰色。无釉部位露胎呈灰黄色，胎质坚硬。高27.2、口径11.1～11.7、腹径22、底径11厘米（图一一三B，2）。M53：5，硬陶。露胎呈深灰色，胎质坚硬。高27.6、口径11、腹径19.6、底径8.9厘米（图一一三B，3）。M53：6，高温釉陶。釉呈青黄色。无釉部位露胎呈红灰色，胎质坚硬。高26.2～27.4、口径11、腹径19.6、底径8.8厘米（图一一三B，4）。

罐　2件。器形如瓿。敛口，宽斜唇，圆弧肩上安双耳，圆弧腹，腹最大径位于上部，平底内凹。肩部划一道细弦纹，腹部切削密集的弧凸粗弦纹，耳面模印叶脉纹。硬陶。露胎肩部呈灰红色，腹部呈砖红色，胎质较硬。M53：1，高20.6、口径8.6、腹径22.4、底径10.4厘米（图一一三B，5；图版一四，4）。M53：2，高19.2、口径9.2、腹径21、底径10厘米（图一一三B，6）。

17.92龙·东M57

现存随葬器物2件。

陶罐　1件。M57：1，翻沿口，圆唇，斜弧肩上安双耳，弧腹，腹最大径位于上部，平底内

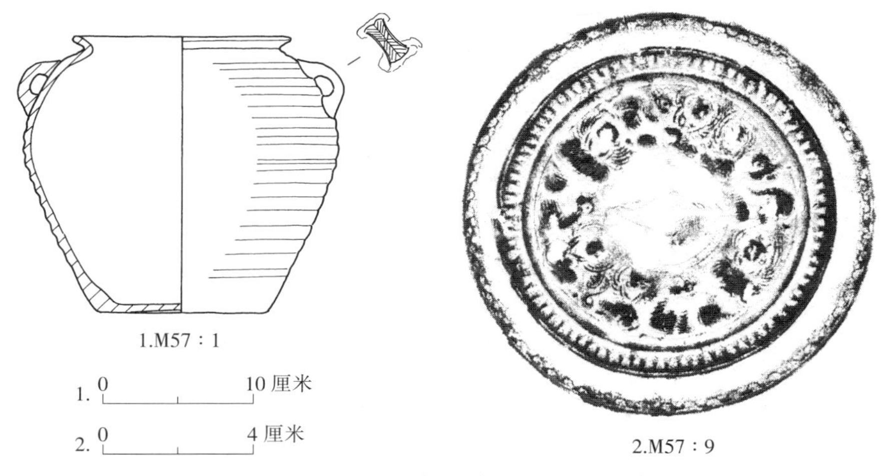

图一一三 C 92 龙·东 M57 出土器物

凹。通体切削密集的弧凸粗弦纹，耳面模印叶脉纹。高温釉陶。釉层已流失，露胎呈黄灰色。无釉部位露胎呈红灰色，胎质坚硬。高 19、口径 14.4、腹径 20.6、底径 11.2 厘米（图一一三 C，1）。

铜龙纹镜 1 件。M57∶9，高圆纽，圆纽座。内区浮雕龙纹。外区有一周铭文带，铭文为“四夷服贺国家”等。铭文外饰一周栉齿纹。三角镜缘，缘面饰一周锯齿纹。厚 1.4、直径 11.1 厘米（图一一三 C，2；图版二九，2）。

18. 92 龙·东 M58

现存随葬器物 12 件，以陶瓿、壶、罐为基本组合，伴有石黛板和研黛器。

1. 陶器 10 件

瓿 1 件。M58∶6，敛口，宽斜唇，圆弧肩上安铺首，铺首低矮，上端紧贴器壁并低于口沿，弧腹，腹最大径位于上部，平底内凹。肩部贴三组细泥条状的凸弦纹，铺首面模印人面纹，上方贴横向“S”形堆纹。高温釉陶。釉层已流失，露胎呈灰黄色。无釉部位露胎呈褐色，胎质坚硬。泥条盘筑，内壁留有陶拍的抵窝痕。高 30.8、口径 9.7、腹径 31.3、底径 16.5 厘米（图一一四，1）。

壶 6 件。根据口沿形态的不同分为：

敞口壶 1 件。M58∶1，敞口，平唇，粗短颈，斜肩上安双耳，弧腹，腹最大径位于上部，浅卧足。颈下端轮印一周水波纹，肩部划两组双线细弦纹，腹部切削密集的弧凸粗弦纹，耳面模印叶脉纹。高温釉陶。釉色泛黄。无釉部位露胎呈暗红色，胎质坚硬。轮制。高 25、口径 12、腹径 19.2、底径 11.3 厘米（图一一四，2）。

盘口壶 5 件。深盘口，圆唇，粗短颈，斜肩上安双耳，球腹，腹最大径位于中部。口沿外壁和颈下端各轮印一周水波纹，肩部划三组双线细弦纹。耳上方贴菱角形堆纹，耳面模印叶脉纹。轮制。其中 2 件器身较大。高温釉陶。釉层已流失，露胎呈灰黄色。无釉部位露胎呈红灰色，胎质坚硬。M58∶2，高圈足。高 35.6、口径 12.2、腹径 26.4、足径 12.2 厘米（图一一四，3）。M58∶3，口残缺。腹部切削密集的宽弦纹。残高 30.8、腹径 25.7、足径 13.4 厘米（图一一四，4）。2 件器身中等。硬陶。露胎呈砖红色，胎质较软。M58∶17，高 29.6、口径 11.1、腹径 23.6、

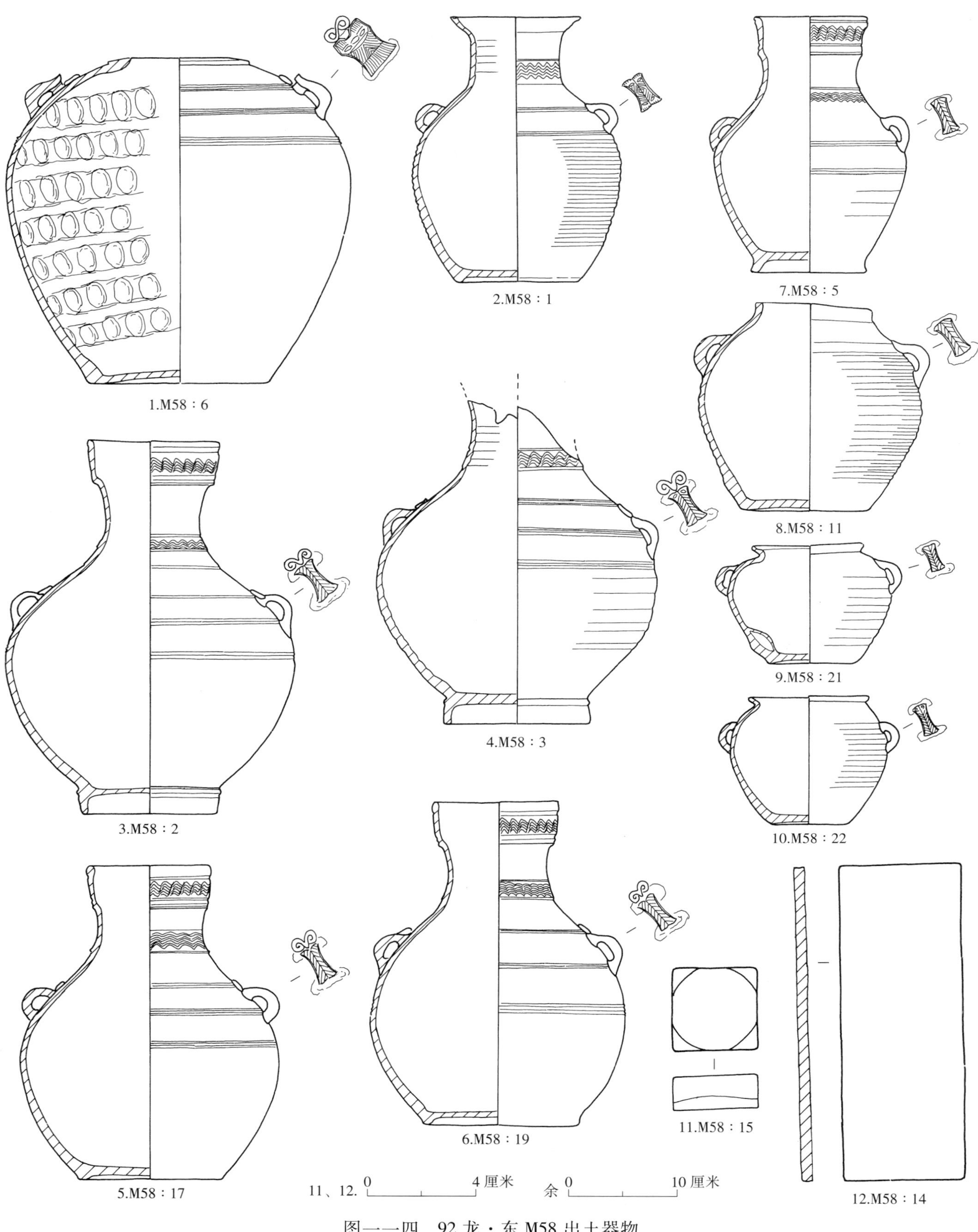

图一一四 92龙·东M58出土器物

足径13.2厘米（图一一四，5）。M58∶19，高30.6、口径11.1～11.6、腹径23.4、足径14厘米（图一一四，6）。1件器身较小。M58∶5，口有所变形。鼓腹略扁，腹最大径位于中部，高圈足外撇。硬陶。露胎上部呈灰色，下部呈暗红色，胎质坚硬。高24.2、口径10.4、腹径17.6、足径10.4厘米（图一一四，7）。

罐 3件。根据口沿形态的不同分为：

直口罐 1件。M58∶11，直口，平唇，斜肩上安双耳，弧腹，腹最大径位于中部，平底内凹。通体切削密集的弧凸粗弦纹，耳面模印叶脉纹。高温釉陶。釉层已流失，露胎呈黄灰色。无釉部位露胎呈暗红色，内胎为灰色，胎质坚硬。轮制。高19～19.8、口径10.9、腹径20.4、底径11.6厘米（图一一四，8）。

翻沿口罐 2件。翻沿口，圆唇，斜弧肩上安双耳，腹最大径位于上部，平底内凹。硬陶。露胎肩部呈黄灰色，腹部呈紫红色，胎质坚硬。M58∶21，鼓腹。内底有较大的气泡。高11.2～11.6、口径10.4、腹径15、底径7.6～8.1厘米（图一一四，9）。M58∶22，弧腹。肩部有气泡。高12.1、口径11、腹径14.3、底径7.4厘米（图一一四，10）。

2. 其他 2件。

石黛板 1件。M58∶14，扁平长方形，正面光滑，上有黑色颜料痕，背面略粗糙。页岩。长11.9、宽4.4、厚0.4厘米（图一一四，12；图版三一，4）。

石研黛器 1件。M58∶15，上圆下方。高1.3、边长3.1、捉手直径3厘米（图一一四，11；图版三一，4）。

19. 92龙·东M59

现存随葬器物6件。

1. 陶器 3件。

壶 3件。深盘口，圆唇外撇，粗短颈，斜肩上安双耳，弧腹，腹最大径位于上部，平底。肩部划两道细弦纹，腹部切削密集的弧凸粗弦纹。轮制。M59∶2，硬陶。露胎呈砖红色，胎质较硬。高28.8、口径12.1～12.5、腹径19.6、底径10.2厘米（图一一五A，1）。M59∶3，耳面模印叶脉纹。高温釉陶。釉层已流失，露胎呈黄褐色。无釉部位露胎呈红褐色，胎质坚硬。高25.1、口径11.7、腹径18.4、底径8.6厘米（图一一五A，2）。M59∶4，耳面模印叶脉纹。高温釉陶。釉层已流失，露胎呈灰黄色。无釉部位露胎呈红褐色，胎质坚硬。高28、口径13、腹径19.8、底径10.5厘米（图一一五A，3）。

2. 其他 3件。

铜博局镜 1件。M59∶10，弦纽，圆纽座。座外方框，内区饰四枚乳丁，其间饰鸟纹。外区饰一周栉齿纹。镜缘面饰一周三角形水波纹。厚0.8、直径9.2厘米（图一一五A，4）。

石黛板 1件。M59∶11－1，长条形，正面有黑色颜料痕迹。长13.9、宽3.2、厚1厘米。

石研黛器 1件。M59∶11－2，磨面为方形，光滑并有黑色颜料痕。圆形捉手，面上有红色的朱砂痕。高1.4、磨面边长2.7、捉手直径2.4厘米。

20. 93龙·东M64

现存随葬器物2件。

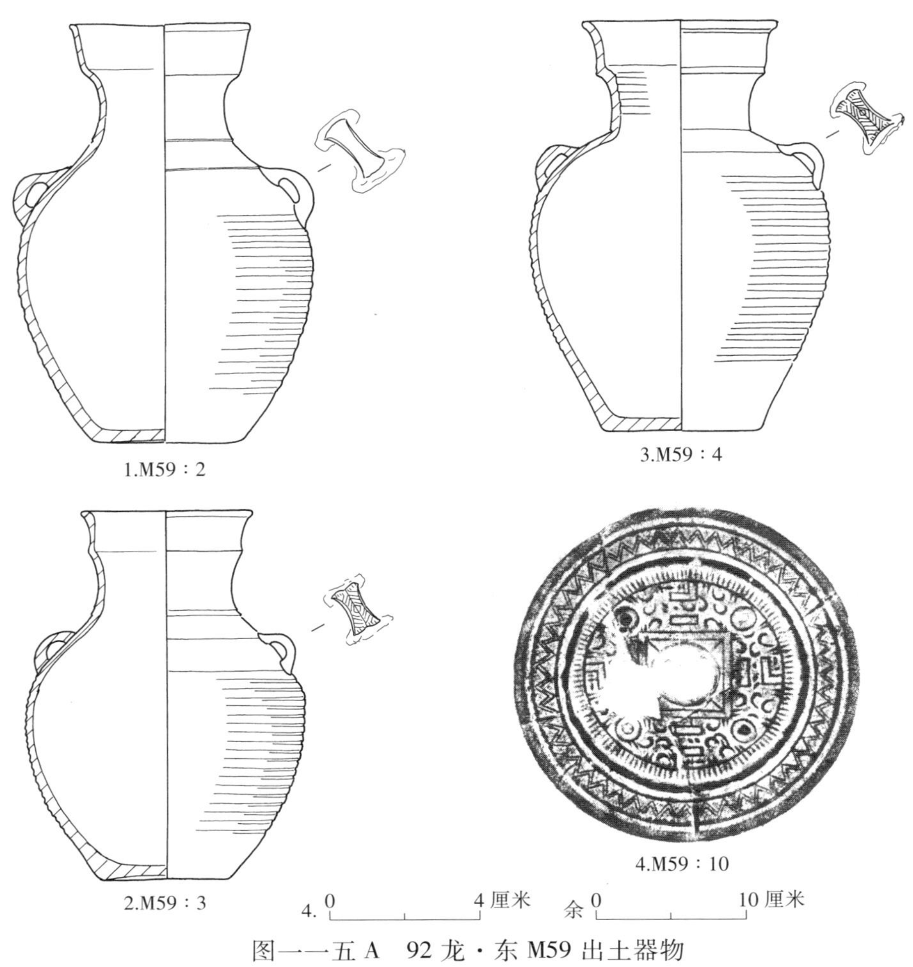

图一一五A 92龙·东M59出土器物

壶 1件。M64：1，敞口，圆唇，粗短颈，斜肩上安双耳，鼓腹，腹最大径位于中部，浅卧足。颈下端轮印一周水波纹，肩部划两组双线细弦纹，耳面模印叶脉纹。高温釉陶。釉层已流失，露胎呈黄灰色。无釉部位露胎呈暗红色，胎质坚硬。轮制，内壁轮印轮旋痕。器壁有多个气泡。高26.6、口径12.5、腹径22.8、足径10.2厘米（图一一五B，1）。

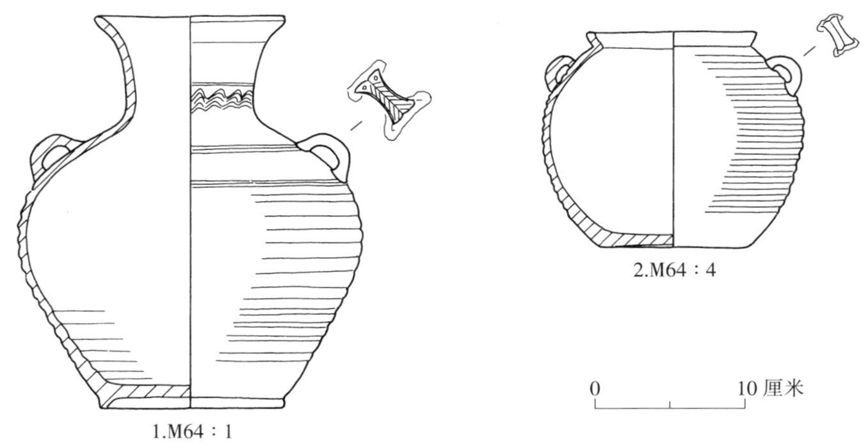

图一一五B 93龙·东M64出土器物

罐　1件。M64∶4，侈口，圆唇，斜肩上安双耳，圆弧腹，腹最大径位于中部，平底。通体切削密集的弧凸粗弦纹。硬陶。露胎呈砖红色，胎质较软。轮制。高14.7、口径10.9、腹径17.1、底径10厘米（图一一五B，2）。

21.93龙·东M69

现存随葬器物4件，以陶瓿、壶、罐为基本组合。

瓿　1件。M69∶1，敛口，宽斜唇，宽斜肩上安铺首，铺首较低，上端贴近器壁并低于口沿，鼓腹，腹最大径位于中部，平底内凹。肩部贴三组细泥条状凸弦纹，铺首面模印人面纹，上方贴菱角形堆纹。高温釉陶。釉色青绿。无釉部位露胎呈暗红色，胎质坚硬。泥条盘筑，内壁留有陶拍的抵窝痕。高29.1、口径8、腹径33.7、底径14.8厘米（图一一五C，1）。

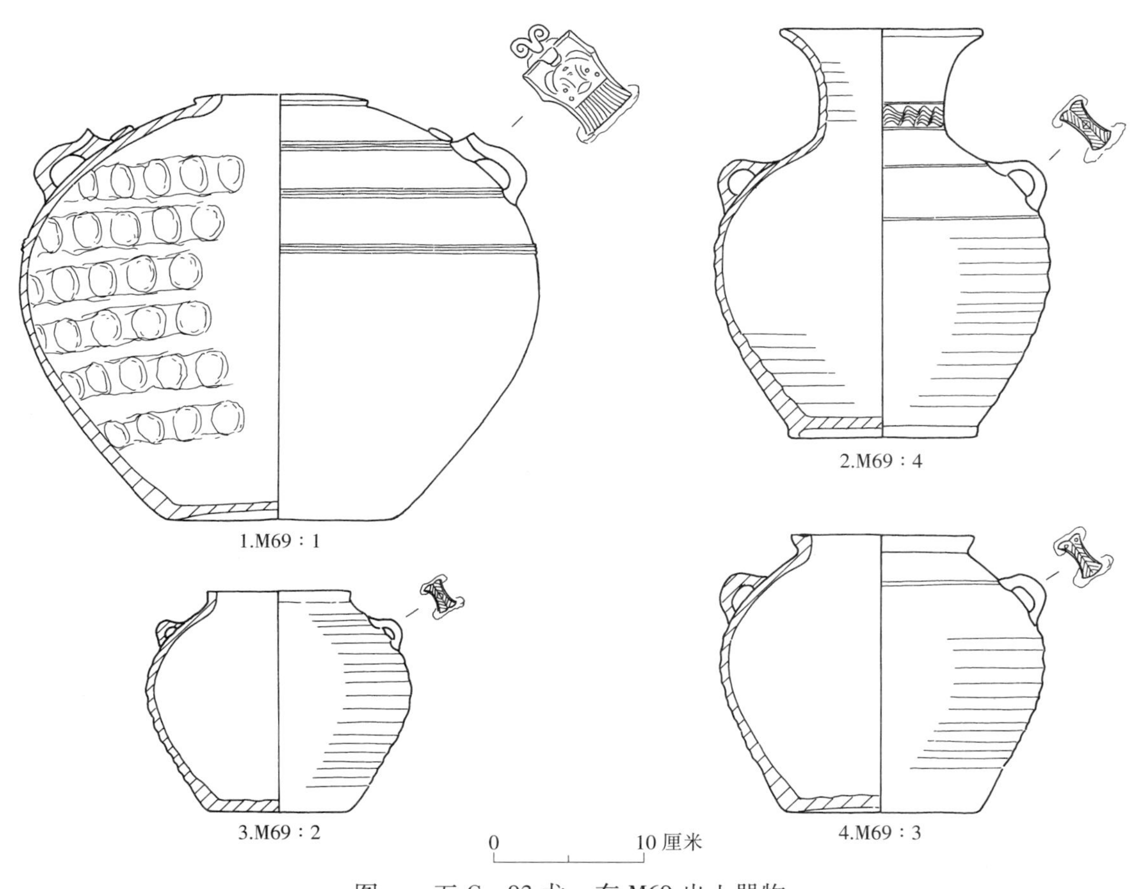

图一一五C　93龙·东M69出土器物

壶　1件。M69∶4，敞口，圆唇，粗短颈，斜弧肩上安双耳，弧腹，腹最大径位于上部，浅卧足。颈下端轮印一周水波纹，肩部划两道细弦纹，耳面模印叶脉纹。高温釉陶。釉层已流失，露胎呈灰色。无釉部位露胎呈红灰色，胎质坚硬。高28、口径13.3、腹径21.8、底径12.3厘米（图一一五C，2）。

罐　2件。直口，平唇，斜肩上安双耳，圆鼓腹，腹最大径位于中部，平底。通体切削密集的弧凸粗弦纹，耳面模印叶脉纹。高温釉陶。釉层已流失，露胎呈灰色。无釉部位露胎呈浅褐色，胎质坚硬。轮制。M69∶2，高 15、口径 9.2、腹径 17、底径 9 厘米（图一一五 C，3）。M69∶3，肩部划一周细弦纹。高 18.3、口径 12、腹径 21.5、底径 13 厘米（图一一五 C，4）。

22. 93 龙·东 M75

现存随葬器物 3 件，以陶壶、罐为基本组合。

壶 1 件。M75∶1，器形不规整。深盘口，圆唇外翻，粗短颈，斜肩上安双耳，弧腹，腹最大径位于上部，平底。肩、腹部切削密集的粗弦纹，耳面模印叶脉纹。高温釉陶。釉色泛黄。无釉部位露胎呈暗红色，胎质坚硬。轮制，内壁轮印轮旋痕。高 28.1～29、口径 10.9、腹径 19.3、底径 10.3 厘米（图一一六 A，1）。

罐 2 件。根据口沿形态的不同分为：

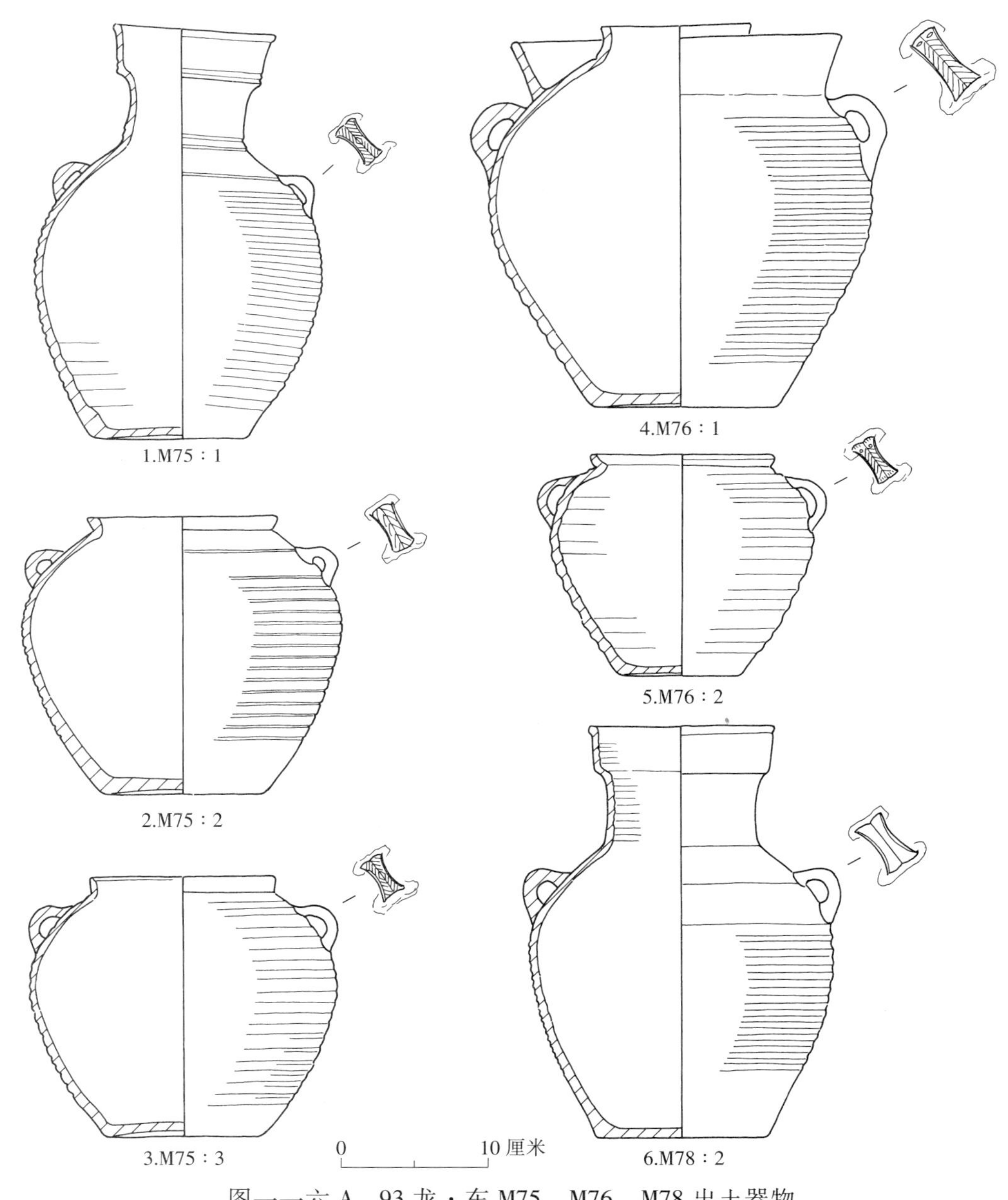

图一一六 A　93 龙·东 M75、M76、M78 出土器物

侈口罐 1件。M75∶2，侈口，平唇，圆弧肩上安双耳，弧腹，腹最大径位于上部，平底。通体切削密集的平凸粗弦纹，耳面模印叶脉纹。硬陶。露胎呈灰褐色，胎质较硬。轮制。高19.4、口径12.8、腹径21.6、底径11.2厘米（图一一六A，2）。

直口罐 1件。M75∶3，直口，内斜唇，圆弧腹，腹最大径位于上部，平底内凹。通体切削密集的弧凸粗弦纹，耳面模印叶脉纹。硬陶。露胎呈砖红色，胎质较硬。高18、口径12.4、腹径21、底径10.4厘米（图一一六A，3；图版一三，3）。

23. 93龙·东M76

现存随葬陶器2件。

泡菜罐 1件。M76∶1，双重口，内口为直口，平唇，外口为侈口，平唇，斜肩上安双耳，弧腹，腹最大径位于上部，平底。通体切削密集的弧凸粗弦纹，耳面模印叶脉纹。硬陶。露胎上部呈灰色，下部呈红灰色，胎质较硬。轮制。高26.6、内口径10.6、外口径22、腹径26、底径12.3~12.7厘米（图一一六A，4）。

罐 1件。M76∶2，侈口，圆唇，斜弧肩上安双耳，弧腹，腹最大径位于上部，平底。通体切削密集的弧凸宽弦纹，耳面模印叶脉纹。硬陶。露胎呈灰色，胎质较硬。轮制，内壁留有轮旋痕。高15.5、口径12、腹径18、底径8.3厘米（图一一六A，5）。

24. 93龙·东M78

现存随葬器物仅1件。

壶 M78∶2，深盘口，圆唇外翻，粗短颈，斜肩上安双耳，弧腹，腹最大径位于上部，平底。肩部划两道细弦纹，腹部切削密集的平凸宽弦纹。高温釉陶。釉层已流失，露胎呈黄灰色。无釉部位露胎呈红灰色，胎质坚硬。轮制。高28.4~28.8、口径12.6、腹径20.5、底径11.8厘米（图一一六A，6）。

25. 93龙·东M86

现存随葬陶器3件。

壶 3件。敞口，圆唇，粗短颈，斜弧肩上安双耳，圆鼓腹，腹最大径位于中部，浅卧足。颈下端轮印一周水波纹，腹部切削密集的宽弦纹，耳面模印叶脉纹。高温釉陶，胎质坚硬。轮制。M86∶1，肩部贴三组细泥条状凸弦纹，并刻划两组简化鸟纹，耳上方贴菱角形堆纹。釉色泛绿，釉层光亮。无釉部位露胎呈暗红色。内壁留有轮旋痕。高34、口径14.7、腹径26.2、足径12.6厘米（图一一六B，1）。M86∶2，肩部划两组双线细弦纹。釉色泛黄，釉层大部流失，露胎呈灰色。无釉部位露胎呈红褐色。高24.4、口径12.4、腹径19.8、足径11.4厘米（图一一六B，2）。M86∶3，肩部划两组双线细弦纹。釉色泛黄，无釉部位露胎呈暗红色。内壁留有轮旋痕。高24.4、口径12.4、腹径20.2、足径11.1厘米（图一一六B，4）。

26. 93龙·东M87

现存随葬器物1件。

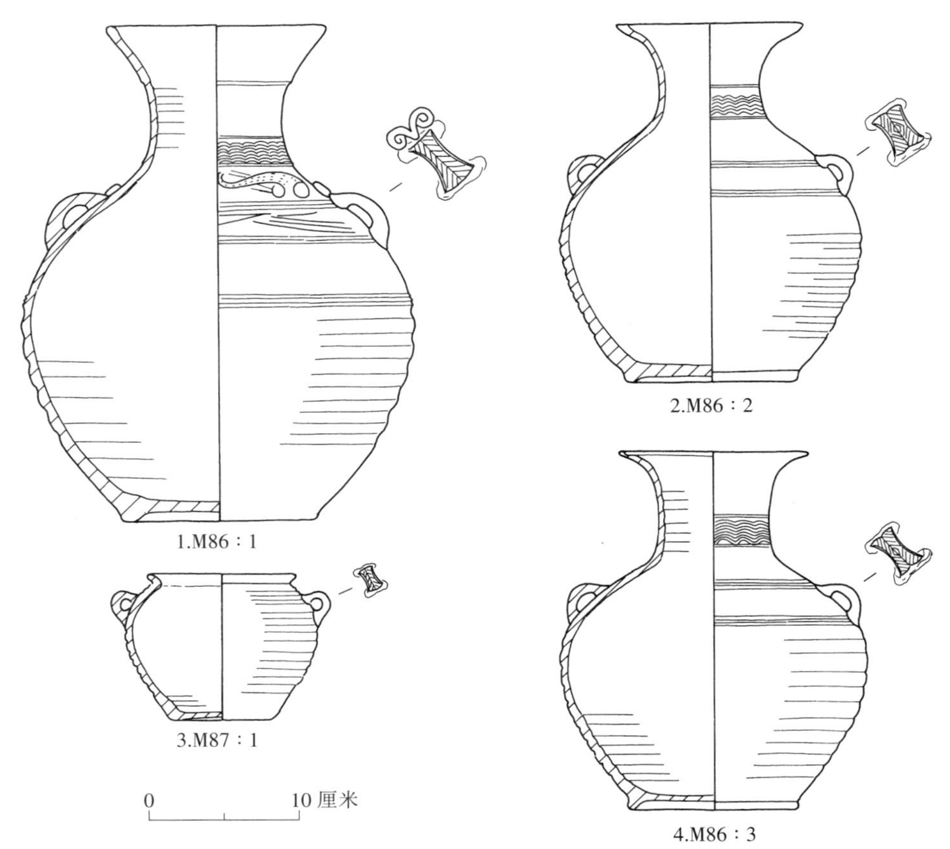

图一一六B 93龙·东M86、M87出土器物

罐 翻沿口，圆唇，斜弧肩上安双耳，圆弧腹，腹最大径位于上部，平底内凹。通体切削密集的弧凸粗弦纹，耳面模印叶脉纹。硬陶。露胎呈红灰色，胎质较硬。M87∶1，高10、口径9.8、腹径12.8、底径6.6厘米（图一一六B，3；图版一四，3）。

27. 93龙·东M94

现存随葬器物共13件，以陶瓿、壶、罐为基本组合，伴有铜四虺四乳镜和石黛板。

1. 陶器 11件。

瓿 1件。M94∶1，敛口，宽斜唇，斜弧肩上安铺首，铺首低矮，上端紧贴器壁并低于口沿，弧腹，腹最大径位于上部，平底。肩部贴三组细泥条状凸弦纹，铺首面模印人面纹，上方贴菱角形堆纹。高温釉陶。釉色泛黄。无釉部位露胎呈暗红色，胎质坚硬。高23.5、口径8、腹径23.6、底径12.8厘米（图一一七A，1；图版四，3）。

壶 5件。根据口沿的形态不同分为：

敞口壶 3件。敞口，平唇，短颈，斜肩上安双耳，圆弧腹，腹最大径位于上部，浅卧足。颈下端轮印一周水波纹，肩部划两组细弦纹，耳面模印叶脉纹。M94∶7，器身较小。颈较细，腹部无弦纹。硬陶。露胎上部呈灰色，下部呈灰红色，胎质较硬。高19.8、口径9、腹径14.8、足径9.2厘米（图一一七A，2）。另2件腹部切削密集的弧凸粗弦纹。M94∶8，高温釉陶。釉色青黄。无釉部位露胎呈黄灰色，内胎为灰色，胎质坚硬。高26、口径10.5、腹径19.7、足径10.5

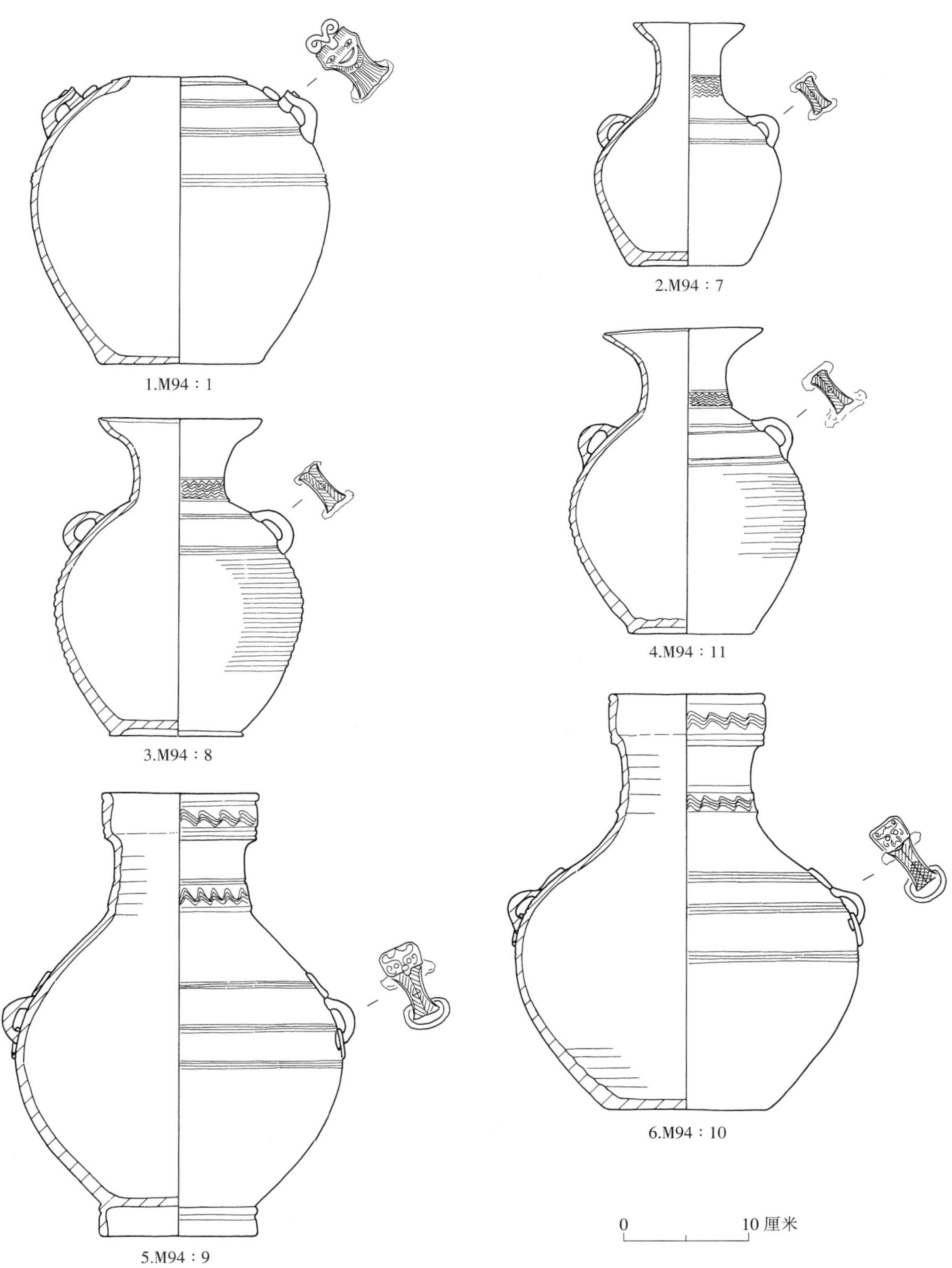

图一一七 A　93 龙·东 M94 出土器物

厘米（图一一七 A，3）。M94∶11，高温釉陶。釉层已流失，露胎呈灰色。无釉部位露胎呈红灰色，胎质坚硬。高 25.1、口径 13、腹径 19、足径 10 厘米（图一一七 A，4）。

盘口壶 2 件。深盘口，圆唇下划一周凹槽，粗短颈，斜肩上安衔环双耳，圆弧腹，腹最大径位于中部，高圈足。口沿外壁和颈下端各轮印一周水波纹，肩部划三组三线细弦纹。耳面模印叶脉纹，上方贴兽面。高温釉陶，胎质坚硬。轮制。M94∶9，釉色泛黄，釉层已流失，露胎呈黄灰色。高 36.2、口径 12.2、腹径 25.9、底径 12.6 厘米（图一一七 A，5；图版七，3）。M94∶10，圈足残缺。釉色青绿，釉层大部流失。无釉部位露胎呈暗红色。高 34.1、口径 12.2、腹径 27.2、底径 13 厘米（图一一七 A，6）。

罐 5 件。根据口沿的形态不同分为：

侈口罐 4 件。侈口，圆唇，圆弧肩上安双耳，弧腹，腹最大径位于上部，平底。耳面模印叶脉纹。轮制。其中 1 件 M94∶6，肩部划两组双线细弦纹，腹部划数道粗弦纹。高温釉陶。釉呈黄褐色。无釉部位露胎呈紫红色，胎质坚硬。内壁有轮旋痕。高 18、口径 13.8、腹径 21.8、底径 12 厘米（图一一七 B，1）。另 3 件通体切削密集的弧凸粗弦纹。硬陶。露胎呈灰色，胎质坚硬。M94∶3，高 16.4、口径 12、腹径 18.8、底径 10.6 厘米（图一一七 B，2）。M94∶4，高 9.2、口径 9、腹径 12、底径 7.3 厘米（图一一七 B，3）。M94∶5，器腹较深。高 21.3、口径 13、腹径 21.8、

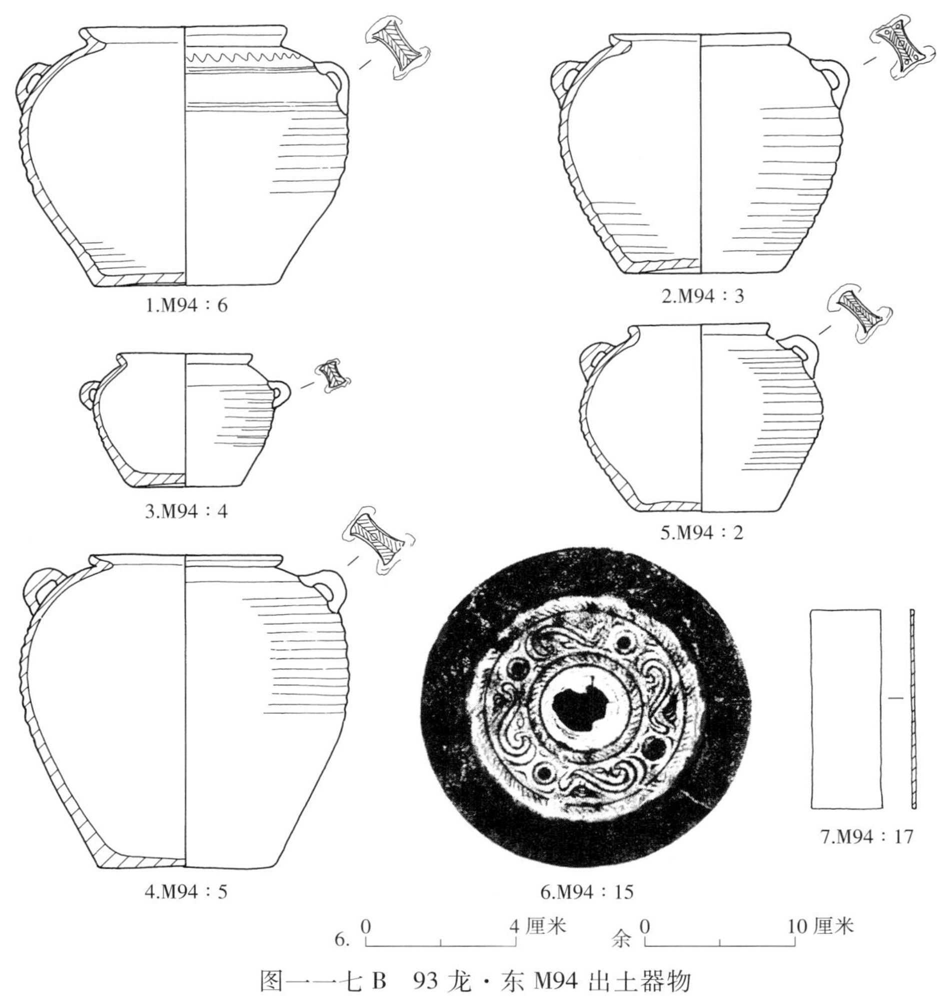

图一一七 B 93 龙·东 M94 出土器物

底径 11.4 厘米（图一一七 B，4）。

翻沿口罐　1 件。M94∶2，翻沿口，圆唇，斜肩上安双耳，鼓腹，腹最大径位于中部，平底。硬陶。露胎呈砖红色，胎质较硬。高 13、口径 9.4、腹径 16.2、底径 9.5 厘米（图一一七 B，5）。

2. 其他　2 件。

铜四虺四乳镜　1 件。M94∶15，圆纽，圆纽座。内区饰四虺四乳，纹饰内外各饰一周栉齿纹。素宽缘。高 8、直径 8.8 厘米（图一一七 B，6）。

石黛板　1 件。M94∶17，扁平长方形，正面光滑，背面略粗糙，两侧有切割痕。长 13.5、宽 4.5、厚 0.2 厘米（图一一七 B，7）。

28. 93 龙・东 M95

现存随葬器物 1 件。

壶　M95∶3，深盘口，圆唇外翻，粗短颈，斜肩上安双耳，弧腹，腹最大径位于上部，平底内凹。颈下端轮印一周水波纹，肩部划三组平凸的三线细弦纹，腹部切削密集的弧凸粗弦纹，耳面模印叶脉纹。硬陶。露胎上部呈灰黄色，下部呈灰红色，胎质较硬。高 33.2、口径 13.8、腹径 24、底径 11.2 厘米（图一一八 A，1）。

29. 93 龙・东 M98

现存随葬陶器 4 件。

罐　4 件，根据口沿形态的不同分为：

直口罐　1 件。M98∶5，直口，平唇，圆弧肩上安双耳，圆鼓腹，腹最大径位于中部，平底内凹。通体切削密集的平凸宽粗弦纹，耳面模印叶脉纹。硬陶。露胎呈砖红色，胎质较硬。轮制。高 13.8、口径 10.4、腹径 16.6、底径 9.2 厘米（图一一八 A，2）。

侈口罐　2 件。侈口，圆唇，斜弧肩上安双耳，圆鼓腹，平底。通体切削密集的粗弦纹，耳面模印叶脉纹。硬陶。轮制。M98∶4，腹最大径位于中部。弦纹平凸。露胎呈灰红色。高 13.8、口径 11.7、腹径 17.7、底径 9.7 厘米（图一一八 A，3）。M98∶6，腹最大径位于上部。弦纹弧凸。露胎呈砖红色。高 14.2、口径 12.3、腹径 17.7、底径 8.8 厘米（图一一八 A，4）。

敛口罐　1 件。M98∶2，器形如瓿。敛口，宽斜唇，斜肩上安双耳，弧腹，腹最大径位于中部，平底内凹。肩部划一周三线平凸细弦纹，腹部切削密集的平凸粗弦纹，耳面模印叶脉纹。硬陶。露胎上部呈灰红色，下部呈砖红色，胎质较硬。高 20.2、口径 7.8、腹径 21.4、底径 11.7 厘米（图一一八 A，5）。

30. 93 龙・东 M99

现存随葬器物 1 件。

铜博局镜　M99∶1，柿蒂纹纽座。座外方框，内区饰四乳八禽，外区饰一周栉齿纹。内外区之间有一周铭文带，铭文为："吾作镜真大巧，上有仙人不知老"。宽镜缘上饰两周锯齿纹，其间饰双线水波纹。直径 13.9 厘米。残缺，未能复原。

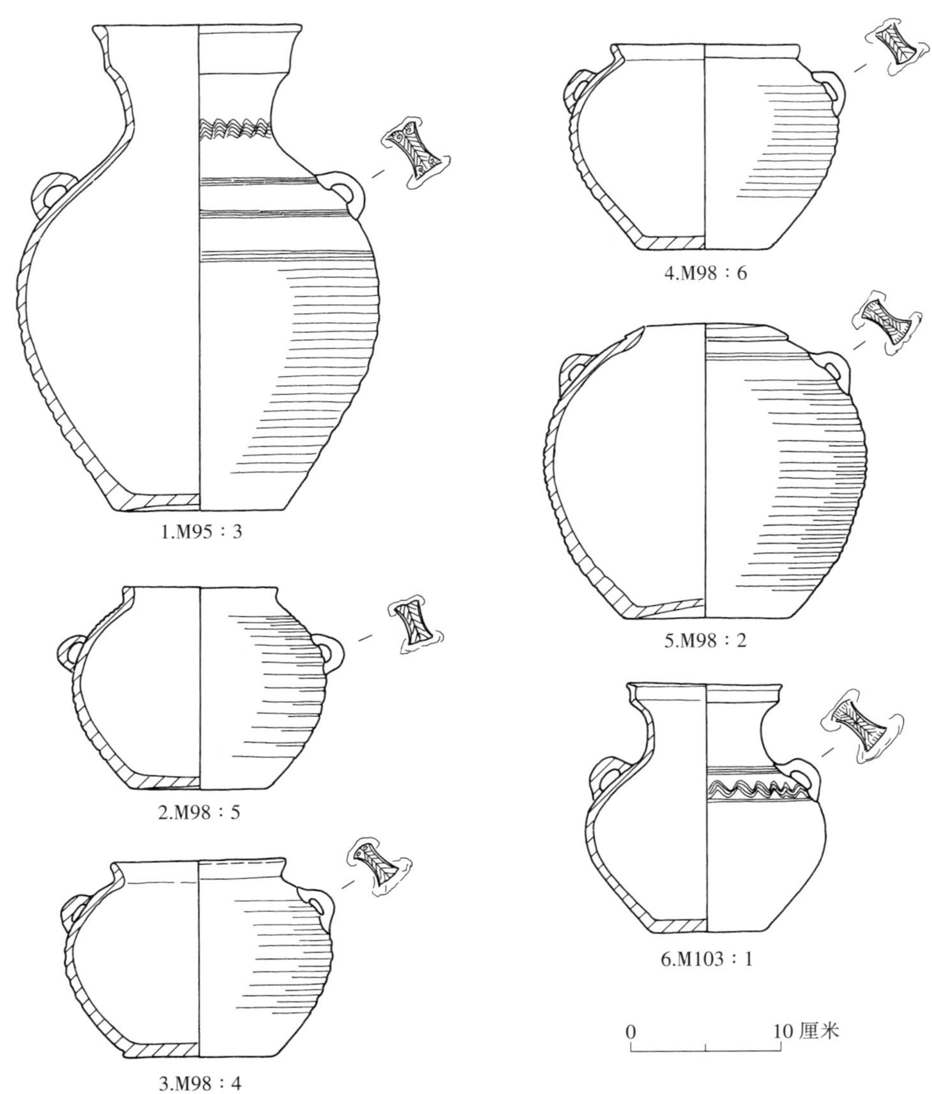

图一一八 A 93 龙·东 M95、M98、M103 出土器物

31. 93 龙·东 M102

现存随葬陶器 2 件。

壶 1 件。M102∶2，深盘口，圆唇外翻，粗短颈，斜肩上安双耳，弧腹，腹最大径位于中部，平底。肩、腹部切削密集的弧凸粗弦纹，耳面模印叶脉纹。高温釉陶。釉层已流失，露胎呈黄灰色。无釉部位露胎呈红灰色，胎质坚硬。轮制。高 24、口径 10.5～10.9、腹径 17.6、底径 10.4 厘米（图一一八 B，1）。

罐 1 件。M102∶1，侈口，圆唇，斜肩上安双耳，弧腹，腹最大径位于上部，平底。通体切削密集的弧凸弦纹，耳面模印叶脉纹。高温釉陶。釉色泛黄。无釉部位露胎呈红灰色，胎质坚硬。轮制。高 20.5、口径 15.4、腹径 22.5、底径 12.6 厘米（图一一八 B，2）。

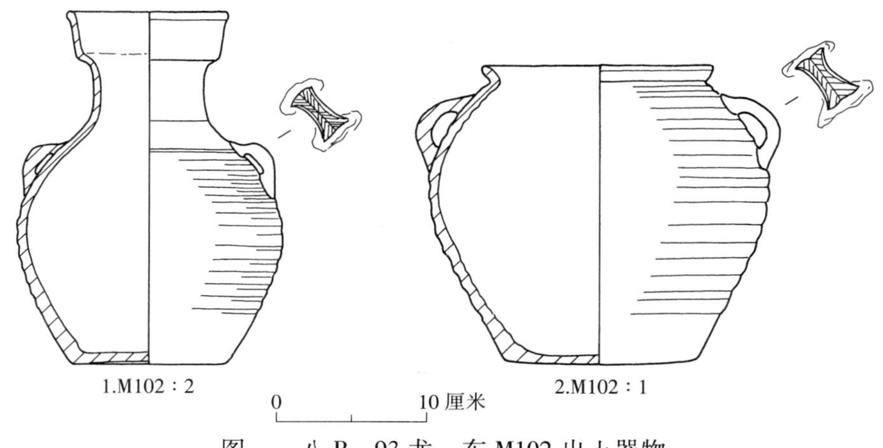

图一一八 B　93 龙・东 M102 出土器物

32. 93 龙・东 M103

现存随葬器物 1 件。

壶　1 件。M103∶1，浅盘口，平唇稍下凹，粗短颈，斜肩上安双耳，扁鼓腹，腹最大径位于中部，平底。肩部划两道细弦纹，其间刻划水波纹，耳面模印叶脉纹。硬陶。露胎呈青灰色，胎内含有较多的黑色杂质，胎质较硬。轮制。高 17.2、口径 10.1～10.6、腹径 15.9、底径 7.7 厘米（图一一八 A，6）。

第二节　龙游仪冢山墓地

仪冢山位于龙游县城东郊 1.5 千米处，西面与东华山汉墓群毗邻（见图二）。

墓葬分布在海拔 59～73 米的两个土丘的缓坡上，共 42 座，编号 89 龙・仪 M10～M51。墓群的布局大致可分为三个大小不等的区域，其中 A 区包括 M10～M22、M27、M39～M43 共 19 座墓葬，B 区包括 M23～M26、M28～38 共 15 座墓葬，C 区包括 M44～M51 共 8 座墓葬。其中 A、B 两区墓葬分布在西侧的土丘上，C 区墓葬则坐落在东侧的土丘上（图一一九）。

一　无椁单棺单葬墓

仅 1 座。

89 龙・仪 M19

（一）概况

墓葬早期遭到严重盗掘。

长方形竖穴土坑单葬墓。墓长 4.20、宽 1.90、深 0.60 米。墓向 62 度。墓坑四壁陡直，底面平整。墓内回填黄、灰相杂的五花土，结构松散（图一二〇）。

（二）随葬器物

随葬器物共 4 件。分别出自填土内，均为铁器。

凿　1 件。M19∶1，残缺。

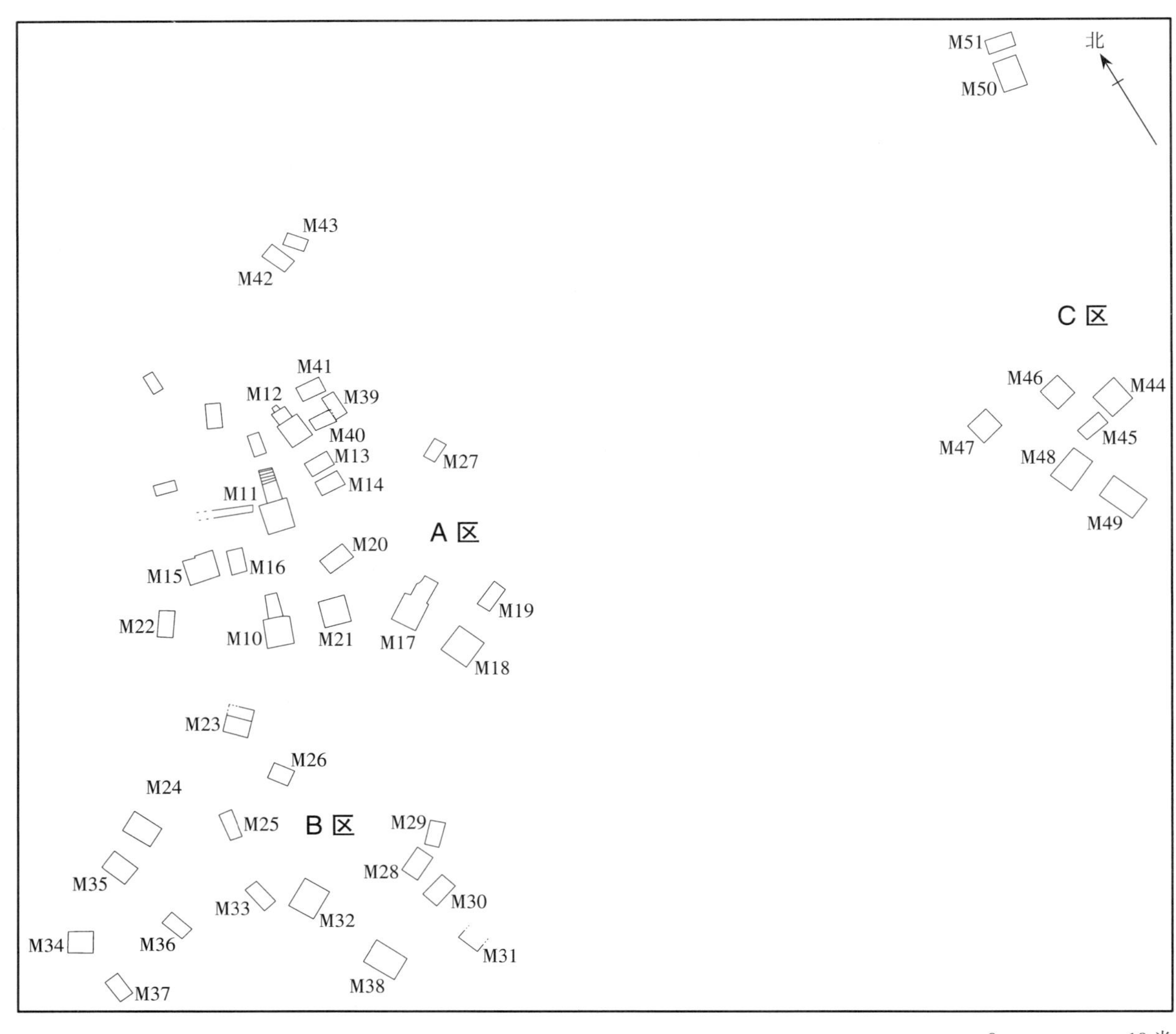

图一一九 龙游仪冢山汉墓分布图

釜 1 件。M19∶4，残缺。

矛 1 件。M19∶3，残缺。

削 1 件。M19∶2，残缺。

二 一椁一棺单葬墓

共 24 座。均为长方形深竖穴土坑结构。墓内以一椁一棺为葬具。墓坑四壁陡直，底面平整。葬具均已腐坏无存。

1.89 龙·仪 M13

（一）概况

该墓与 M14 仅隔 1.06 米，存在着间隔式异穴合葬墓的可能。

墓长 3.55、宽 1.90、深 1.05 米。墓向 260 度。墓内回填红、黄相杂的五花土，结构较为松散。

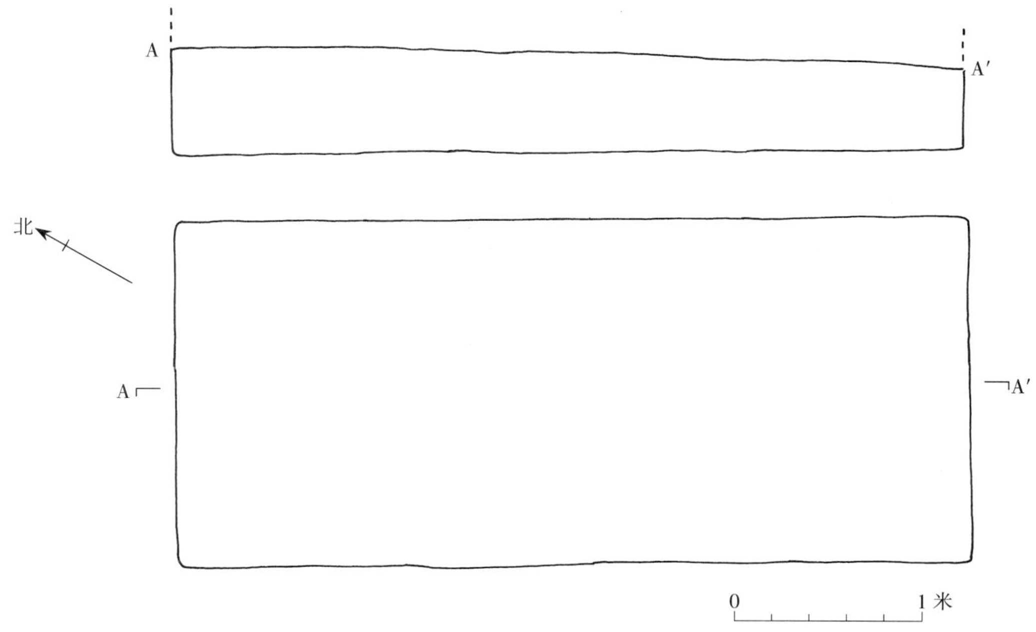

图一二〇　89 龙·仪 M19 平、剖面图

墓坑下部四周有因木椁外填土形成的“熟土二层台”，结合铁棺钉的分布和随葬品的摆放位置，判断墓内原有木椁。椁室长约 3.20、宽约 1.50 米。椁内西部设棺厢，东端设头厢。棺厢底面残留 2 枚铁棺钉，纵向相距 1.40 米（图一二一）。

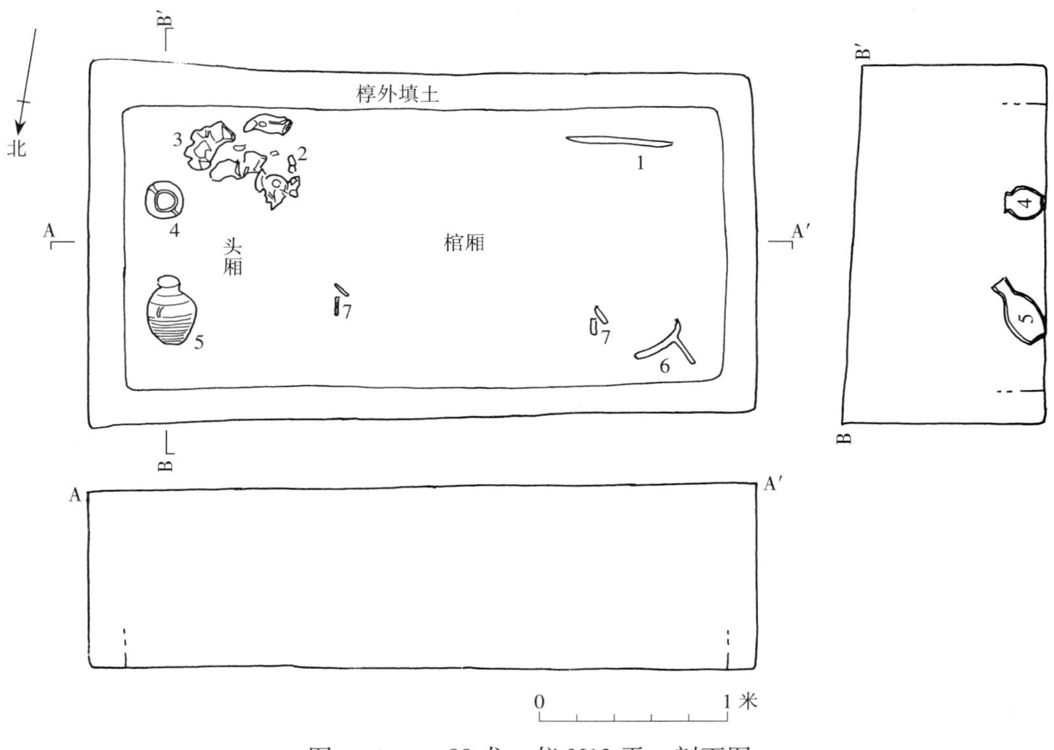

图一二一　89 龙·仪 M13 平、剖面图

1. 铁刀　2、4. 高温釉陶弦纹罐　3、5. 高温釉陶盘口壶　6. 铁戟　7. 铁棺钉

（二）随葬器物

随葬器物共6件，以陶壶、罐为基本组合，并伴有铁戟和刀。除铁兵器随身入棺，其余均置于头厢内。

1. 陶器 4件。

壶 2件。深盘口，盘壁外斜，粗短颈内弧，斜肩上安双耳，弧腹，腹最大径位于上部，浅卧足。耳面模印叶脉纹。高温釉陶。釉色泛黄。无釉部位露胎呈灰红色，胎质坚硬。M13∶3，肩部划两道细弦纹，腹壁切削密集的平凸粗弦纹。高28、口径12.8、腹径20.8、足径10.2厘米（图一二二，1）。M13∶5，深盘口不甚明显。圆唇下划一道凹槽，口沿外壁和颈下端各轮印一周水波纹，肩部贴三组细泥条状凸弦纹，并刻划两组简化鸟纹。衔环耳上方贴横向“S”形堆纹。高34.4、口径12.4、腹径24、足径13.8厘米（图一二二，2）。

罐 2件。根据口沿形态的不同分为：

侈口罐 1件。M13∶2，侈口，圆唇，斜肩上安双耳，鼓腹，腹最大径位于中部，平底内凹。通体切削密集的平凸粗弦纹，耳面模印叶脉纹。高温釉陶。釉层已流失，露胎呈黄褐色。无釉部位露胎呈灰红色，内胎为灰红色，胎质坚硬。轮制。高10.8、口径9、腹径14、底径8.2厘米

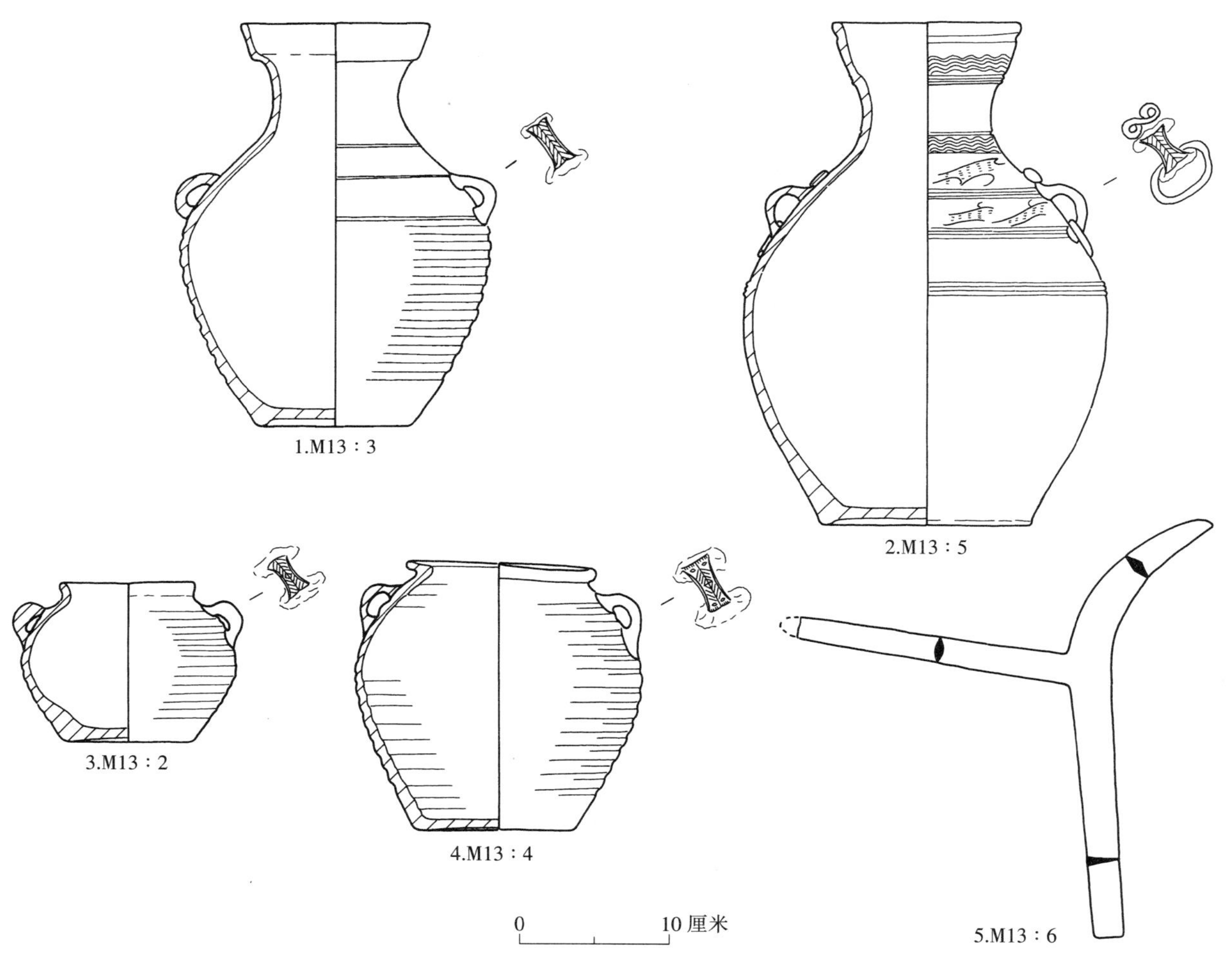

图一二二 89龙·仪M13出土器物

（图一二二，3）。

翻沿口罐　1件。M13∶4，器形不甚规整。翻沿口，宽唇内凹，斜弧肩上安双耳，弧腹，腹最大径位于上部，平底。通体切削弧凸的宽弦纹，耳面模印叶脉纹。高温釉陶。釉层已流失，露胎呈黄灰色。无釉部位露胎呈红灰色，胎质坚硬。轮制，内壁留有轮旋痕。高17.8～18.4、口径12.6、腹径19.1、底径10.6～11厘米（图一二二，4）。

2. 其他　2件。

铁戟　1件。M13∶6，刺作弯镰形，双面刃，截面呈菱形。枝呈斜直形，锋残，双面刃，截面呈枣核形。通高28.4、枝长19.4厘米（图一二二，5）。

铁刀　1件。M13∶1，残缺。

2.89 龙·仪M14

（一）概况

该墓与M13仅隔1.06米，且墓向和规模相近，存在着间隔式异穴合葬的可能。

墓长3.55、宽2.20、深1.80米。墓向275度。墓内回填黄、灰相杂的五花土，结构较为松散。墓坑底面挖有两条承接墓内渗水的沟槽，平面呈交叉状，四端与墓坑四角相接，沟底铺垫卵石，长4.10、宽0.20、深0.22米。

墓坑下部四周有因木椁外填土形成的“熟土二层台”，底面挖有两条用于摆放椁下垫木的横轴向沟槽，长2.20、宽0.24、深0.10米。结合铁棺钉的分布和随葬品的摆放位置，判断墓内原有木椁。椁室长约3.10、宽约1.60米。椁内西部设棺厢，东端设头厢（图一二三）。

（二）随葬器物

随葬器物共20件（组），以陶瓿、壶、罐为基本组合，并伴出有铜镜、“五铢”钱等。铜镜和铜钱随身入棺，其余置于头厢内。

1. 陶器　17件。

瓿　2件。敛口，宽斜唇，宽斜肩上安衔环铺首，铺首低矮，上端贴近器壁并低于口沿，圆鼓腹，腹最大径位于中部，平底内凹。肩部贴三组细泥条状凸弦纹，铺首面模印人面纹，上方贴横向“S”形堆纹。高温釉陶。釉色青黄，釉层有光亮。无釉部位露胎呈紫红色，内壁为灰色，胎质坚硬。泥条盘筑，内壁留有陶拍的抵窝痕。M14∶2，高30、口径8、腹径33.5、底径14.3厘米（图一二四A，1）。M14∶12，高30.4、口径8.4、腹径32、底径15.8厘米（图一二四A，2）。

壶　5件。敞口，圆唇，粗短颈，斜肩上安双耳，弧腹，浅卧足。耳面模印叶脉纹。M14∶13，腹最大径位于上部。口沿外壁和颈下端各轮印一周水波纹，肩部划三组平凸的双线细弦纹和两组简化鸟纹，耳上方贴横向“S”形堆纹。腹部切削数道弧凸的粗弦纹。高温釉陶。釉色青黄。无釉部位露胎呈红灰色，胎质坚硬。高36.2、口径16、腹径25.6、足径11厘米（图一二四A，3）。另2件腹最大径位于中部。颈下端轮印一周水波纹，肩部划两组双线细弦纹，腹部划数道不甚明显的粗弦纹。高温釉陶。釉层已流失，露胎上部呈灰黄色。无釉部位呈暗红色，胎质坚硬。轮制，内壁有轮制痕。M14∶1，高27.6、口径11.6、腹径22、足径10.8厘米（图一二四A，4）。M14∶10，高27.8、口径16.1、腹径21.2、底径10.8厘米（图一二四A，5）。M14∶15、17，高温釉陶。

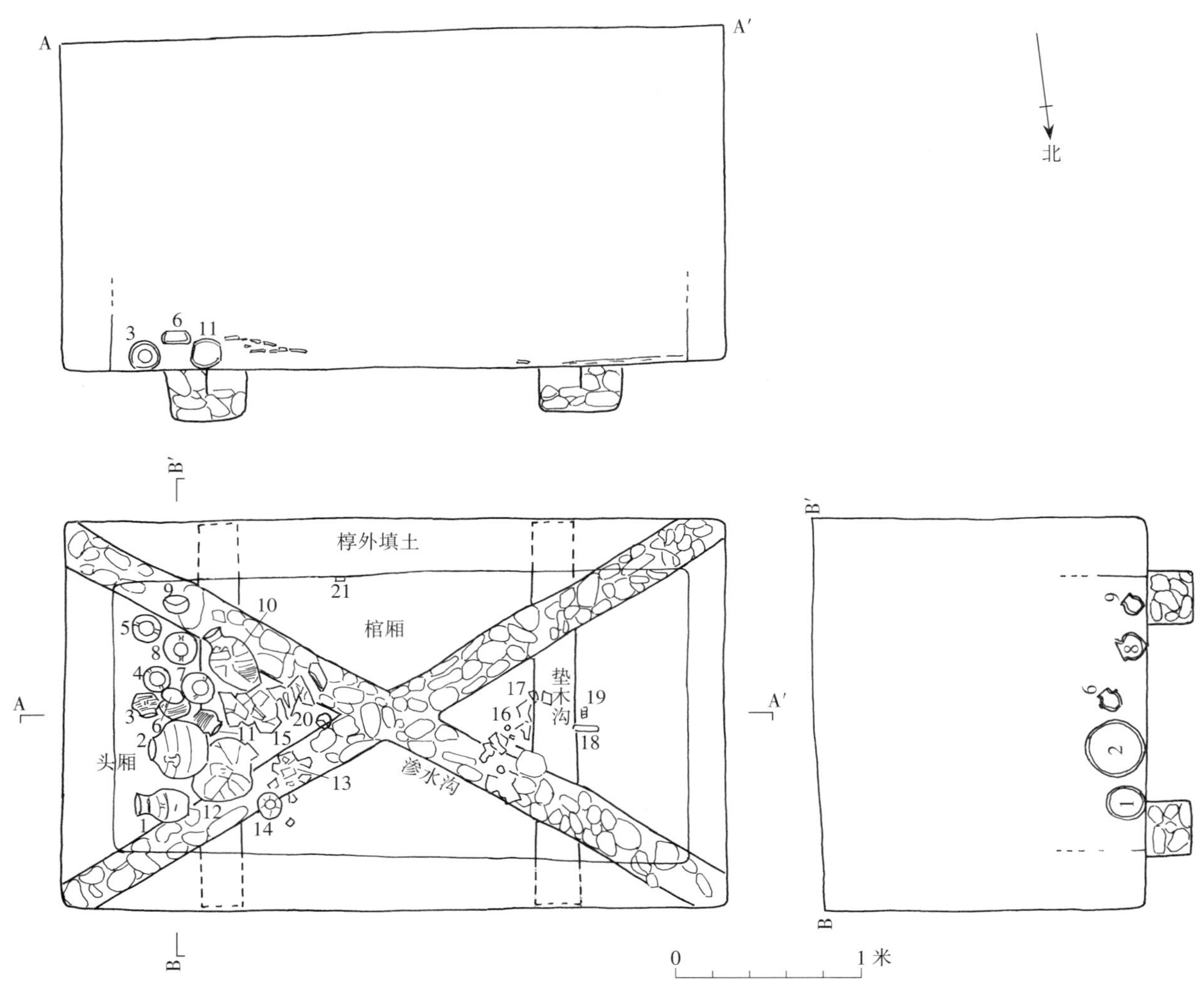

图一二三　89龙·仪M14平、剖面图

1、10、13、15、17. 高温釉陶敞口壶　2、12. 高温釉陶瓿　3～9、11. 硬陶弦纹罐　14、16. 硬陶纺轮　18. 铁器　19. 铜“五铢”钱　20. 铜镜　21. 铁棺钉

残缺。

罐　8件。侈口，内壁略下凹，斜肩上安双耳，弧腹，腹最大径位于上部，平底内凹。通体切削密集的弧凸粗弦纹，耳面模印叶脉纹。硬陶。露胎呈灰红色，胎质较硬。M14∶3，高13.6、口径12、腹径16、底径10厘米（图一二四B，1）。M14∶4，高14.3、口径11.5、腹径17.3、底径10.5厘米（图一二四B，2）。M14∶5，高15、口径11.3～11.6、腹径17.2、底径10～10.5厘米（图一二四B，3）。M14∶6，高15、口径11.4、腹径17、底径10厘米（图一二四B，4）。M14∶7，高15、口径11、腹径17.6、底径10.4厘米（图一二四B，5）。M14∶8，圆鼓腹，腹最大径位于中部。高15.2、口径11.4、腹径18、底径10.4厘米（图一二四B，6）。M14∶9，高10.4、口径10.1、腹径14、底径8.5厘米（图一二四B，7）。M14∶11，圆鼓腹，腹最大径位于中部。高13.7、口径11.2、腹径17.6、底径10.4厘米（图一二四B，8）。

纺轮　2件。立面作菱形，中间穿孔。硬陶。露胎灰或红灰色，胎质较硬。M14∶14，高2.8、

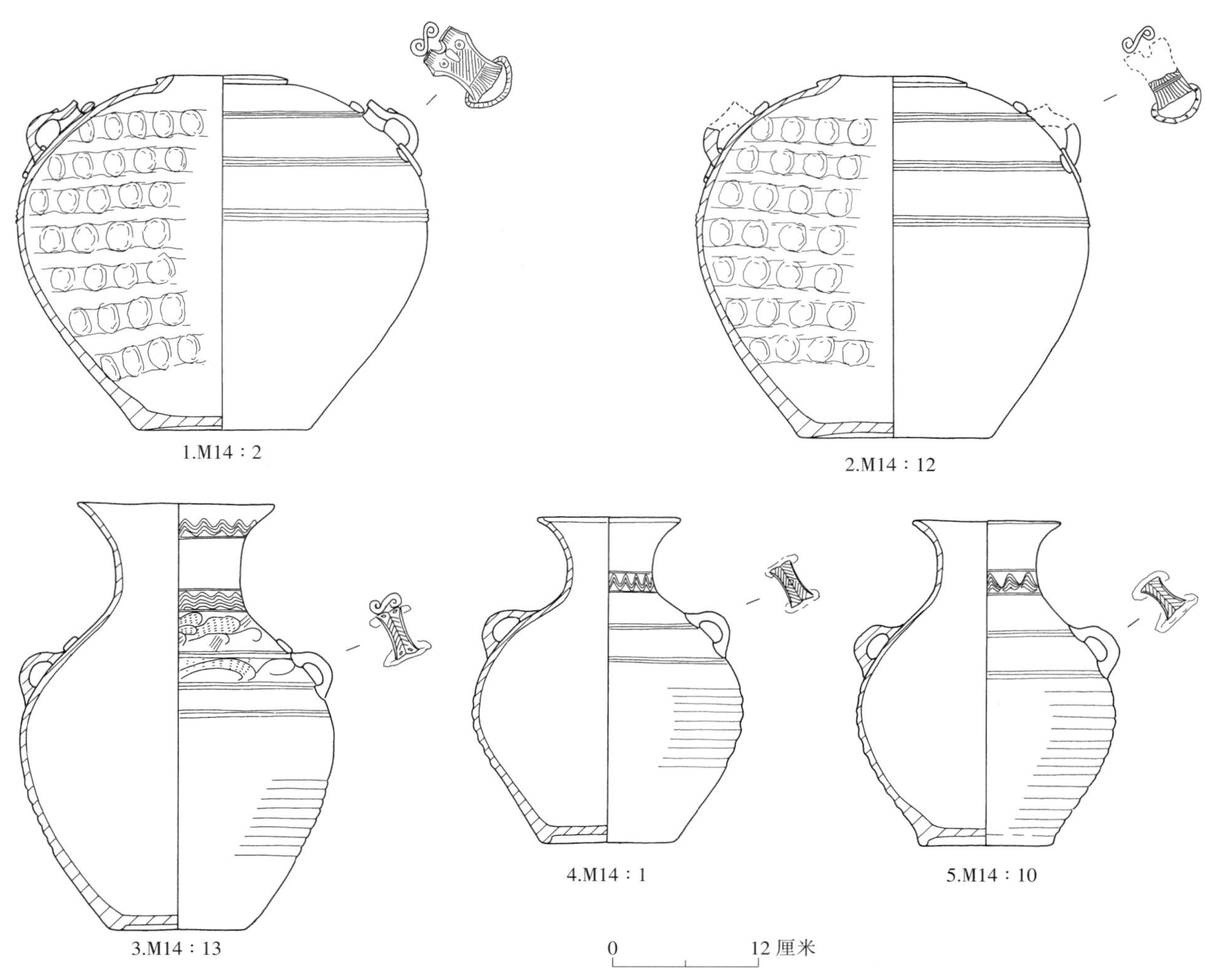

图一二四 A　89 龙・仪 M14 出土器物

直径 3.9、孔径 0.2～0.5 厘米（图一二四 B，9）。M14∶16，高 3.2、直径 4.3、孔径 0.4～0.6 厘米（图一二四 B，10）。

2. 其他　3 件（组）。

铜镜　1 件。M14∶20，残缺。

铜“五铢”钱　1 件（组）。M14∶19，已锈蚀。

残铁器　1 件。M14∶18，残。已缺失。

3. 89 龙・仪 M16

（一）概况

墓坑上端被破坏。长 3.80、宽 2.20、残深 0.20 米。墓向 200 度。墓内回填黄灰色五花土，结构较为松散。

根据随葬品的摆放位置，结合铁棺钉的分布，判断墓内原有木椁。椁内西部设棺厢，东侧设

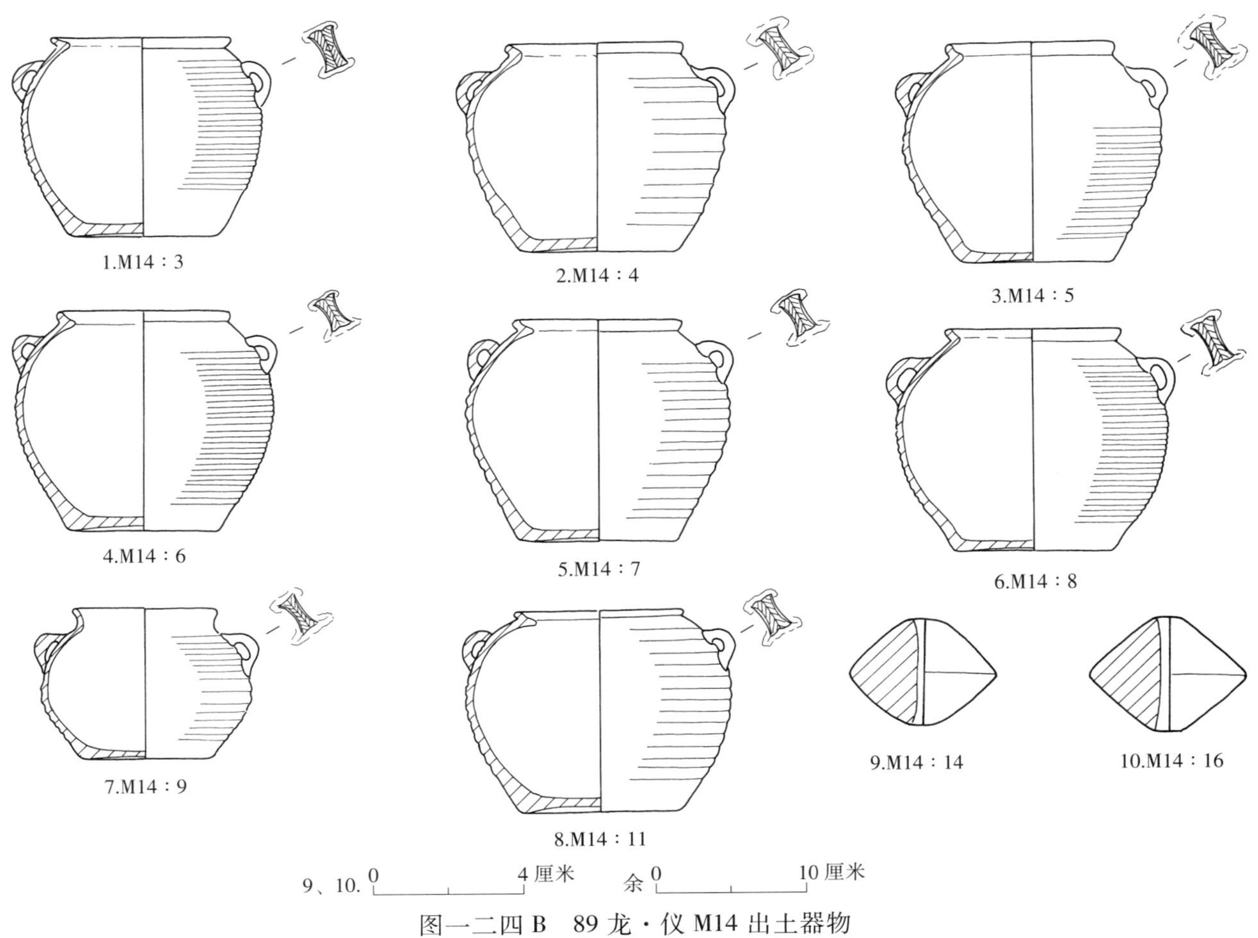

图一二四 B　89 龙・仪 M14 出土器物

边厢。棺厢内残留有排列有序的铁棺钉，推测原棺木长约 1.90、宽约 0.70 米（图一二五）。

（二）随葬器物

随葬器物共 12 件，以陶壶、罐为基本组合，并伴有铜博局镜和铁剑、刀及石黛板、研黛器。铜镜、石黛板和研黛器摆放于棺内头部，铜带钩和铁兵器位于棺内腰部，陶器置于边厢内。

1. 陶器　6 件。

壶　4 件。大小不等。深盘口，粗短颈，斜肩上安双耳，圆弧腹，腹最大径位于上部，平底内凹。肩、腹部切削密集的弧凸粗弦纹，耳面模印叶脉纹。硬陶。露胎呈灰红色，内胎呈灰色，胎质较硬。M16∶2，器身较大。圆唇外翻。肩部划两组细弦纹。高 35、口径 13、腹径 25.4、底径 12 厘米（图一二六，1）。M16∶1，内斜唇。肩部划一道双线细弦纹。高 23.3、口径 11、腹径 18.4、底径 8.4 厘米（图一二六，2）。M16∶6，内斜唇。高 23.7、口径 11.2、腹径 18、底径 9 厘米（图一二六，3）。M16∶5，残缺。

罐　1 件。M16∶3，硬陶。残缺。

坛　1 件。M16∶4，侈口，内斜唇，低领内壁略弧凹，窄斜肩，弧腹，腹最大径位于上部，平底内凹。通体拍印麻布纹。印纹硬陶。露胎呈灰褐色，内胎呈灰色，胎质较硬。泥条盘筑，内壁留有陶拍的抵窝痕。高 16.2、口径 10.2、腹径 16、底径 8.6 厘米（图一二六，4；图版一八，4）。

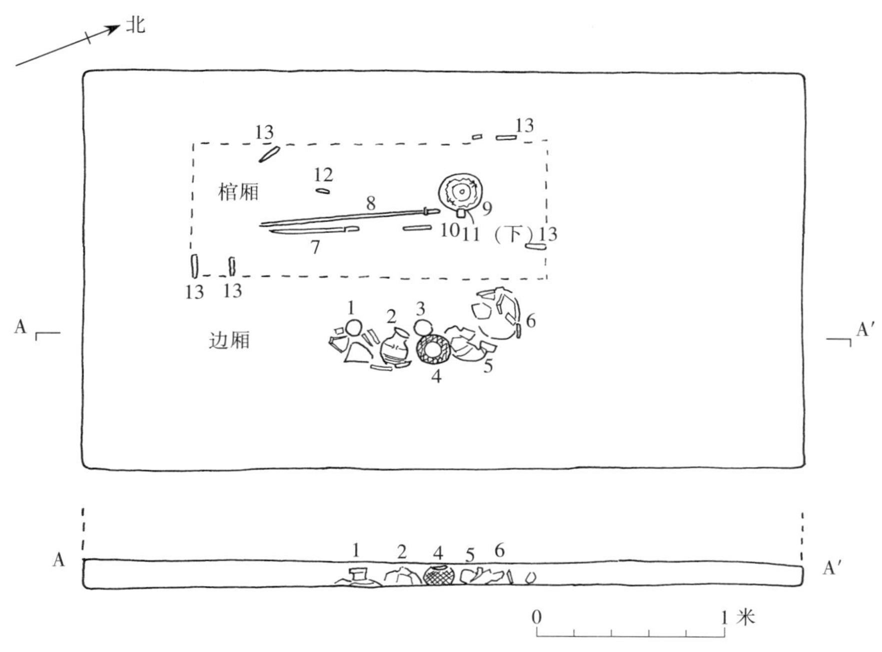

图一二五 89龙·仪M16平、剖面图

1、2、5、6. 硬陶盘口壶 3. 硬陶罐 4. 印纹硬陶坛 7. 铁刀 8. 铁剑 9. 铜博局镜 10. 石研黛器 11. 石黛板 12. 铜带钩 13. 铁棺钉

2. 其他 6件。

铜带钩 1件。M16∶12，残缺。

铜博局镜 1件。M16∶9，圆纽，柿蒂纹纽座，座外方框。内区饰博局纹和八乳八禽，外区环绕一周栉齿纹。宽斜缘，缘面饰两周锯齿纹。高0.7、直径10.9厘米（图一二六，5）。

铁剑 1件。M16∶8，剑锋残缺，双面刃，斜从中脊。有剑格。剑柄较短，截面呈扁平形。通长87厘米，剑身残长77.2、宽3.2厘米，剑柄长9.2、宽1.2厘米（图一二六，6）。

铁刀 1件。M16∶7，无刀格。单面刃，短柄。通残长44.4厘米，刀身长40.8、宽3厘米，刀柄残长3.6、宽1~3.2厘米（图一二六，7）。

石研黛器 1件。M16∶10，磨面呈方形，捉手为圆形。高1.1、磨面宽2.5、捉手直径2.3厘米（图一二六，8）。

石黛板 1件。M16∶11，长条形，正面光滑，背面和侧面较为粗糙。一端有切割痕迹。长12.1、宽3、厚1厘米（图一二六，9）。

4. 89龙·仪M20

（一）概况

墓葬早期遭到严重盗掘。长4.00、宽2.40、深0.95米。墓向350度。墓内回填黄、灰相杂的五花土，结构较为松散。

墓坑下部有残高0.26、厚0.10米的木椁边框板灰，判断墓内原有木椁。椁室长约3.30、宽约1.80米。椁内东部设棺厢，西侧设边厢（图一二七）。

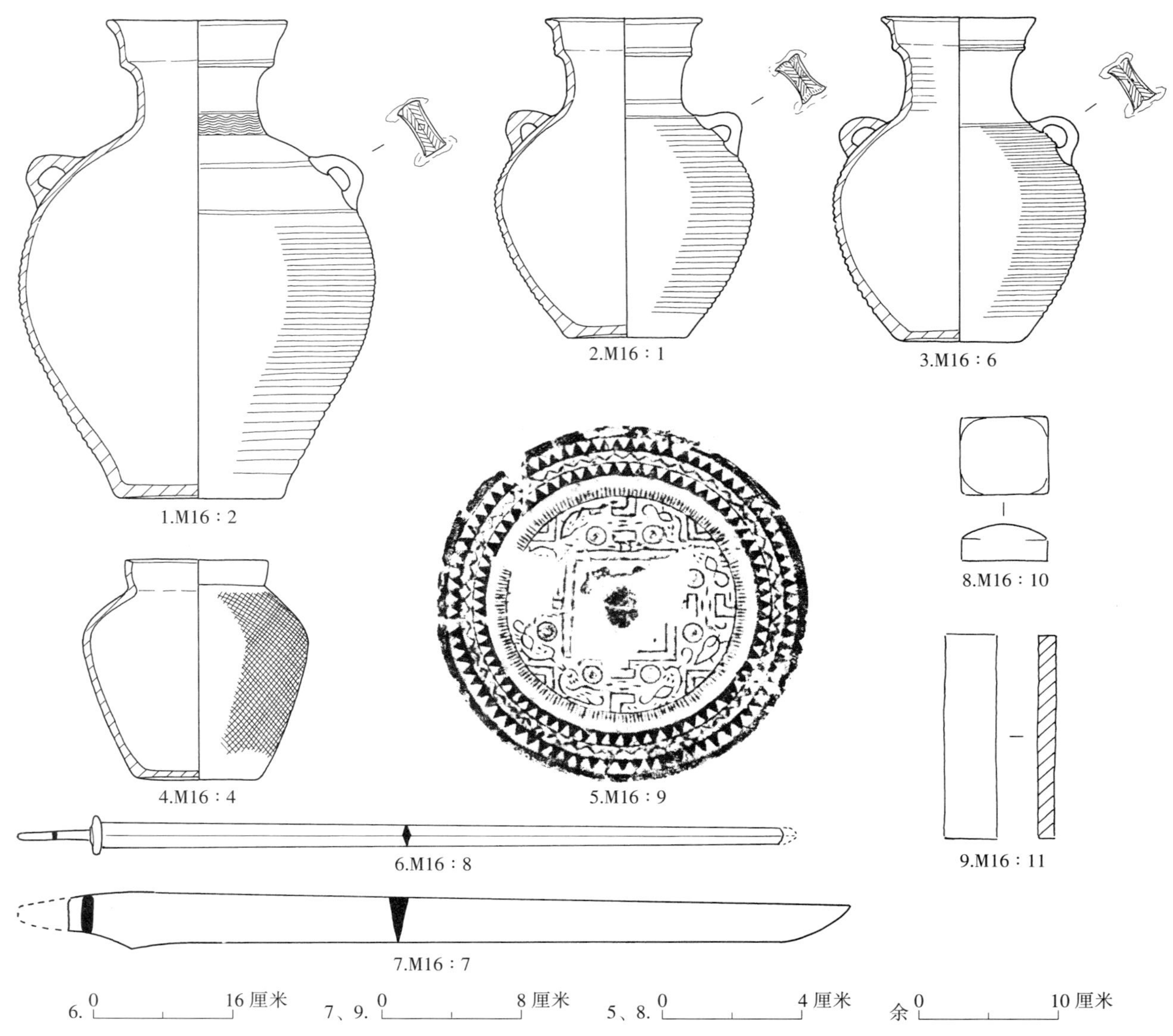

图一二六　89 龙·仪 M16 出土器物

（二）随葬器物

随葬器物仅存4件。均为铁器。

釜　1件。M20:4，残缺。

凿　1件。M20:1，残缺。

矛　1件。M20:3，残缺。

刀　1件。M20:2，残缺。

此外，残留的铁棺钉为“S”形，截面呈长三角形，一面略厚，一面有刃，使用时应横向挖入，扣住棺盖与棺身，作用与木质的元宝榫和铁质的蚂蟥攀相同。同时，不排除此类铁钉用于木椁的可能性。

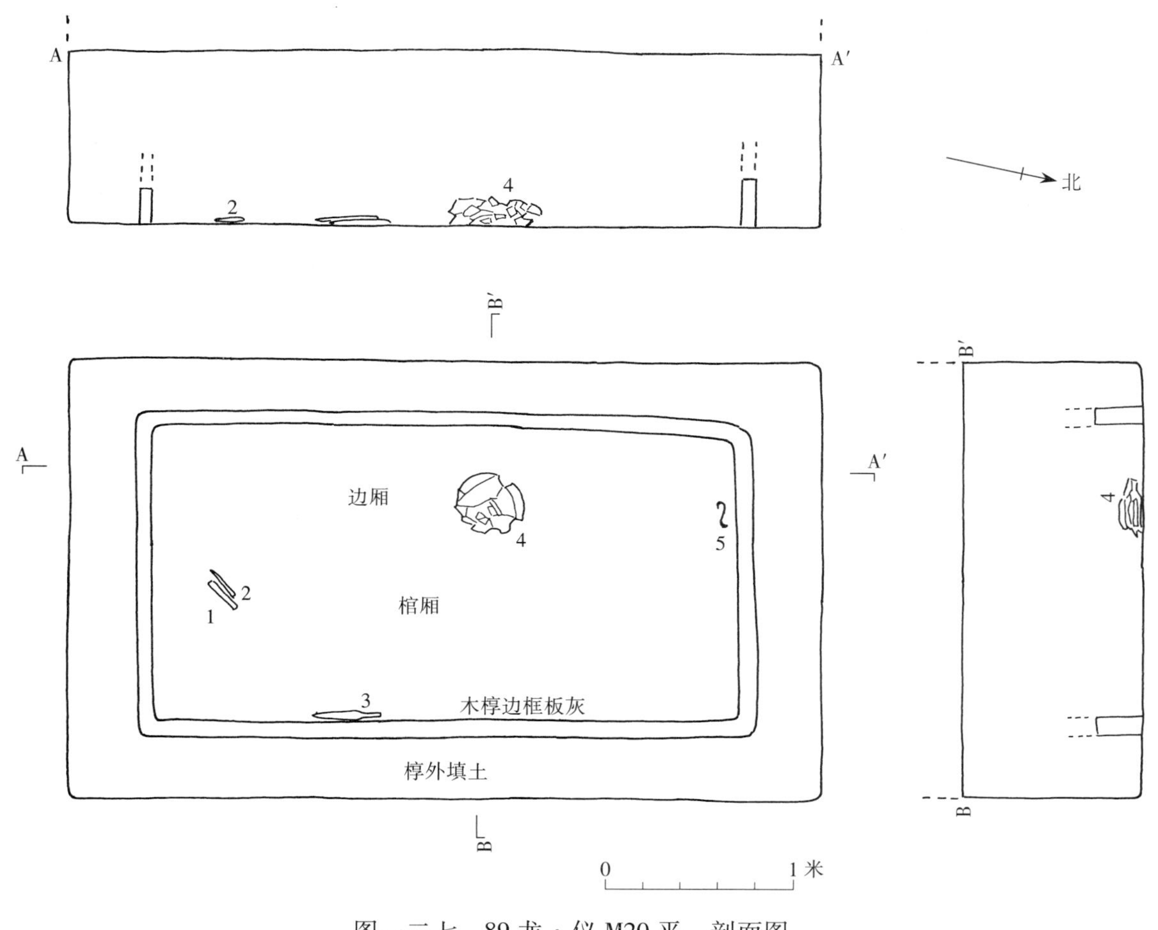

图一二七　89 龙·仪 M20 平、剖面图
1. 铁凿　2. 铁刀　3. 铁矛　4. 铁釜　5. 铁棺钉

5. 89 龙·仪 M21

（一）概况

墓早期遭到盗掘。长 3.60、宽 3.50、深 1.60 米。墓向 20 度。墓内回填红、黄相杂的五花土，结构较为松散。底面挖有两条承接墓内渗水的沟槽，平面呈交叉状，四端分别与墓室四角相接，长 5.00、宽 0.26、深 0.16 米，沟底铺垫卵石。

墓底挖有两条用于摆放椁下垫木的横轴向沟槽，长 3.50、宽分别为 0.22 和 0.34、深 0.10 米，两沟前后相距 1.60 米。结合随葬品的摆放位置，判断墓内原有木椁。椁室东部设棺厢，西侧设边厢（图一二八 A）。

（二）随葬器物

随葬器物共 8 件，以陶罐、罍为基本组合，伴有铁釜、矛、刀。除铁兵器随身入棺，其余均置于边厢内。

1. 陶器　5 件。

罐　4 件。侈口，圆唇，斜弧肩上安双耳，弧腹，腹最大径位于上部，平底内凹。通体切削密集的弧凸粗弦纹，耳面模印叶脉纹。硬陶。露胎上部呈灰色，下部为红灰色，胎质较硬。

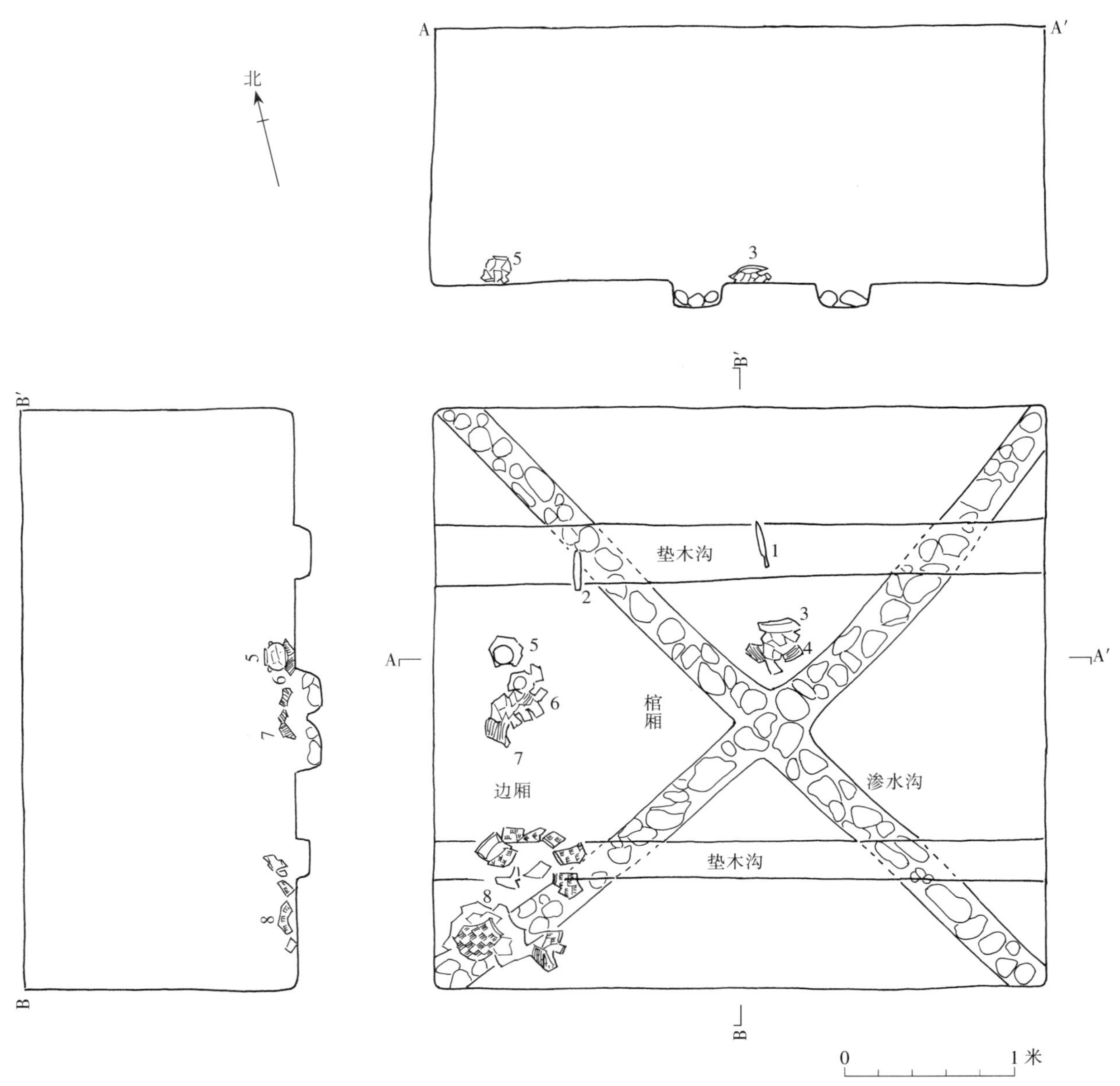

图一二八A 89龙·仪M21平、剖面图

1. 铁矛 2. 铁刀 3. 铁釜 4~7. 硬陶罐 8. 印纹硬陶罍

M21∶5，高10、口径10、腹径13.4、底径8.8厘米（图一二八B，1）。M21∶4、6、7，均残缺。

罍 1件。M21∶8，印纹硬陶。残缺。

2. 其他 3件。

铁釜 1件。M21∶3，残缺。

铁矛 1件。M21∶1，圆弧锋，双面刃，斜从中脊。骹较长，中空，后端呈偃月形内凹，圆銎。通长31.4厘米，矛身长19.6、宽4.2厘米，骹长11.8、銎径2.8厘米（图一二八B，2）。

铁刀 1件。M21∶2，残缺。

6. 89 龙·仪 M22

（一）概况

墓长 3.50、宽 2.20、深 1.60 米。墓向 325 度。墓内回填黄、灰相杂的五花土，结构较为松散。底面挖有一条承接墓内渗水的沟槽，平面呈斜直走向，两端分别与墓坑的东南角和西北角相接，长 4.10、宽 0.30、深 0.20 米，沟底铺垫卵石。

墓坑下部四周有残高 0.20、厚 0.10 米的木椁边框板灰痕迹，墓底挖有两条用于摆放椁下垫木的横轴向沟槽，长 2.20、宽 0.18、深 0.10 米，前后相距 2.30 米。结合铁棺钉的分布和随葬品的摆放位置，判断墓内原有木椁。椁内东部设棺厢，西侧设边厢，北端设脚厢（图一二九）。

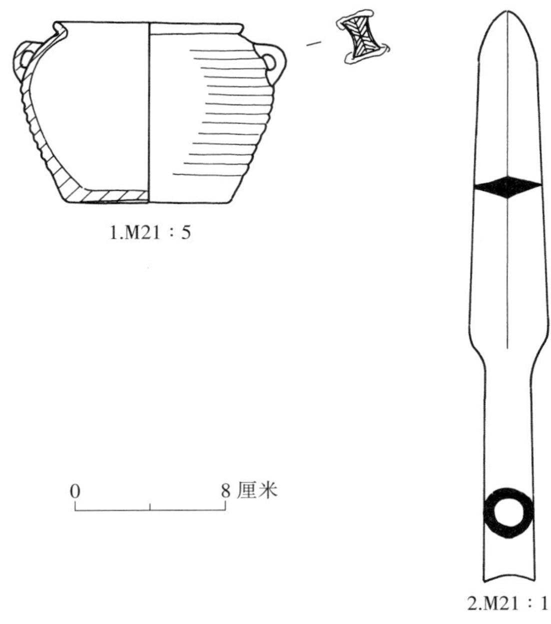

图一二八 B　89 龙·仪 M21 出土器物

（二）随葬器物

随葬器物共 16 件（组），以陶壶、罐、罍为基本组合，并伴有铜“五铢”钱和铁釜、剑等。陶纺轮和铜钱摆放于棺内头部，绞胎玻璃管和玻璃珠位于棺内胸部，其余均置于边厢和脚厢内。

1. 陶器　10 件。

壶　3 件。根据口沿形态的不同分为：

敞口壶　2 件。敞口，平唇，粗短颈内弧，斜肩上安双耳，弧腹，浅卧足。颈下端轮印一周水波纹，肩部划三组平凸的细弦纹。耳面模印叶脉纹，上方贴菱角形堆纹。高温釉陶。釉色泛黄，釉层大部流失。无釉部位露胎呈红灰色，内壁为灰色，胎质坚硬。轮制。M22∶11，腹最大径位于上部。腹部切削密集的弧凸粗弦纹，内壁留有轮旋痕。高 31.4、口径 13.9～14.2、腹径 23.7、足径 12.7～13.3 厘米（图一三〇A，1）。M22∶12，腹最大径位于中部。高 31.2、口径 14、腹径 24、足径 12.6 厘米（图一三〇A，2）。

盘口壶　1 件。M22∶10，器身高大。深盘口较大，内斜唇，粗短颈，斜肩上安衔环双耳，圆鼓腹，腹最大径位于中部，高圈足。口沿外壁和颈下端各轮印一周水波纹，肩部贴三组细泥条状凸弦纹。耳面模印叶脉纹，上方贴菱角形堆纹。高温釉陶。釉层已流失，露胎呈黄灰色。无釉部位露胎呈暗红色，胎质坚硬。内壁经过涂抹，陶拍的抵窝痕隐约可见。高 40.8、口径 17.6、腹径 34.4、底径 16.8 厘米（图一三〇A，3）。

罐　5 件。根据口沿形态的不同分为：

直口罐　1 件。M22∶13，直口，内斜唇，圆弧肩上安双耳，圆弧腹，平底内凹。肩部划两组平凸的细弦纹，耳面模印叶脉纹。高温釉陶。釉层已流失，露胎呈黄红色。无釉部位露胎呈暗红色，内胎为灰色，胎质坚硬。内壁留有轮旋痕。高 21.8、口径 12.3、腹径 24.4、底径 10.9～11.2 厘米（图一三〇A，4）。

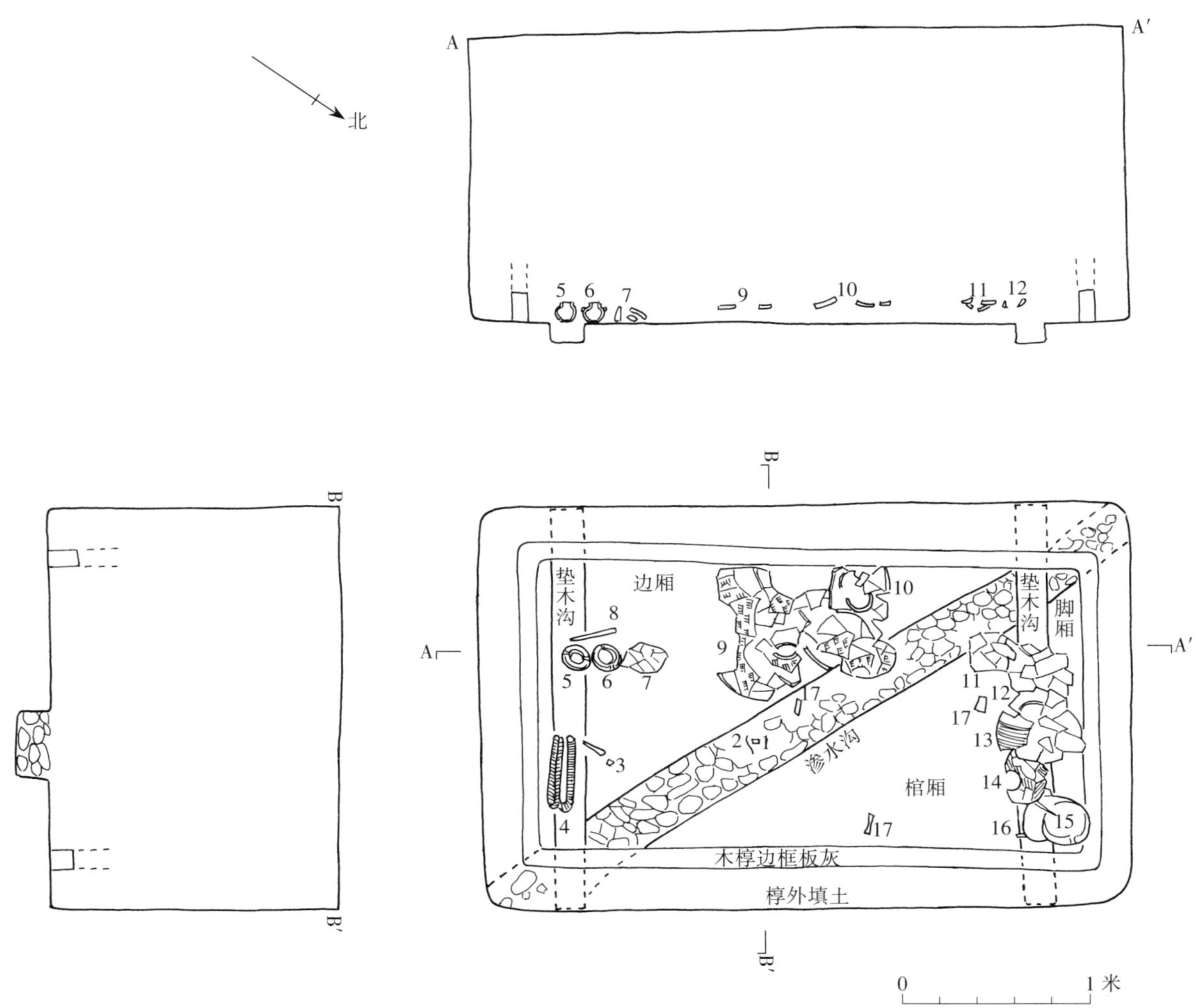

图一二九　89龙·仪M22平、剖面图

1. 绞胎玻璃管　2. 玻璃珠　3. 硬陶纺轮　4. 铜“五铢”钱　5、6. 硬陶弦纹罐　7. 硬陶泡菜罐　8. 铁剑　9. 印纹硬陶罍　10. 高温釉陶盘口壶　11、12. 高温釉陶敞口壶　13. 高温釉陶罐　14. 高温釉陶弦纹罐　15. 铁釜　16. 铁鼎　17. 铁棺钉

侈口罐　3件。器身较小而不甚规整。侈口，圆唇，斜肩上安双耳，圆鼓腹，腹最大径位于上部，平底内凹。通体切削密集的弧凸粗弦纹，耳面模印叶脉纹。轮制。M22∶5，硬陶。露胎呈暗红色，胎质较硬。高11～11.4、口径9.2、腹径14.8、底径7.6厘米（图一三〇A，5）。M22∶14，肩部划两道细弦纹，耳上方贴菱角形堆纹。高温釉陶。釉色黄褐。无釉部位露胎呈暗红色，内胎为灰色，胎质坚硬。内壁有轮旋痕。高17.8、口径11.8、腹径20、底径9.6厘米（图一三〇A，6）。M22∶6，残缺。

双重口罐　1件。M22∶7，圆唇，双重口，内为直口，外为侈口，窄斜肩上安双耳，鼓腹略扁，平底内凹。通体切削弧凸的粗弦纹。硬陶。露胎上部呈灰红色，下部为红灰色，胎质较硬。高15.2、外口径13、内口径7.6、腹径16.6、底径8.2厘米（图一三〇A，7）。

罍　1件。M22∶9，敛口，折唇，宽圆弧肩，圆鼓腹，腹最大径位于中部，平底内凹。通体拍印规整而清晰的梳状纹。印纹硬陶。露胎上部呈灰色，下部呈灰红色，胎质较硬。泥条盘筑，内壁有陶拍的抵窝痕。高28.8、口径17.4、腹径36.5、底径16.6厘米（图一三〇A，8）。

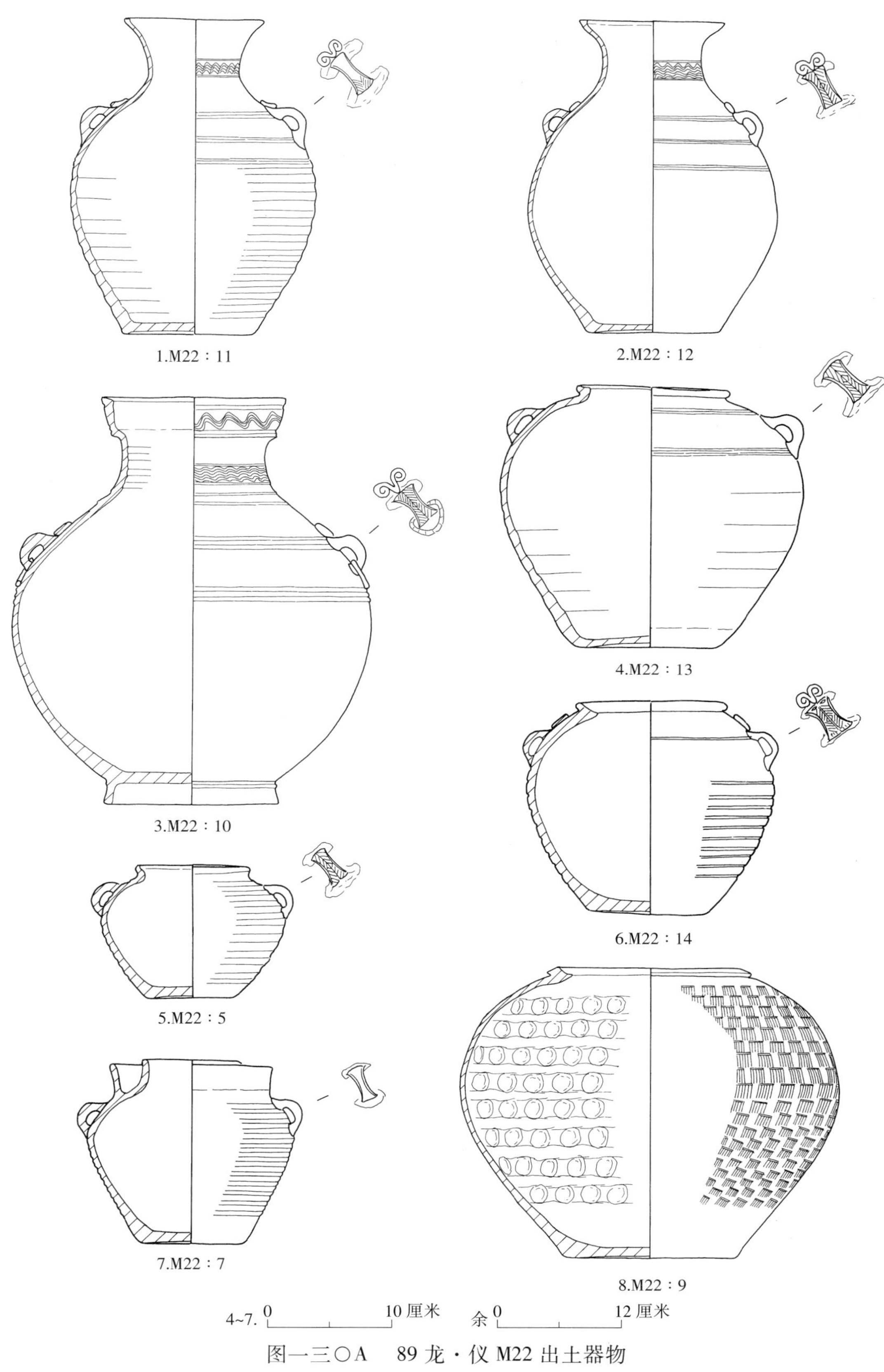

图一三〇A 89龙·仪M22出土器物

纺轮 1件。M22∶3，立面作菱形，中间穿孔。硬陶。露胎呈暗红色，胎质较硬。高3.2、直径4.2、孔径0.4~0.6厘米（图一三〇B，1）。

2. 其他 6件（组）。

铜“五铢”钱 1件（组）。M22∶4，约近百枚，已锈蚀。

铁鼎 1件。M22∶16，弧面顶盖，圆珠形捉纽。鼎口内敛，口外附长方形提耳，扁鼓腹，腹最大径位于上部，圜底，下腹部附立三个较高的蹄形足。盖面和鼎腹各饰有凸弦纹。通高22.4厘米，盖高8.4、盖径21.2厘米，鼎高16、口径17.6、腹径23厘米（图一三〇B，3）。

铁釜 1件。M22∶15，直口，口外附环形提耳，深腹缓收，浅圜底。高22.8、口径27.4厘米（图一三〇B，4）。

铁剑 1件。M22∶8，有剑格。剑锋，双面刃，斜从中脊。残缺。

绞胎玻璃管 1件。M22∶1，中间略粗，贯孔。黑底上饰嫩黄色波纹。长3.6、直径0.9、孔径0.3厘米（图一三〇B，2；图版三二，2）。

玻璃珠 1件（组）。M22∶2，共11颗。圆形，中间穿孔，湖蓝色。高和直径约0.3厘米。

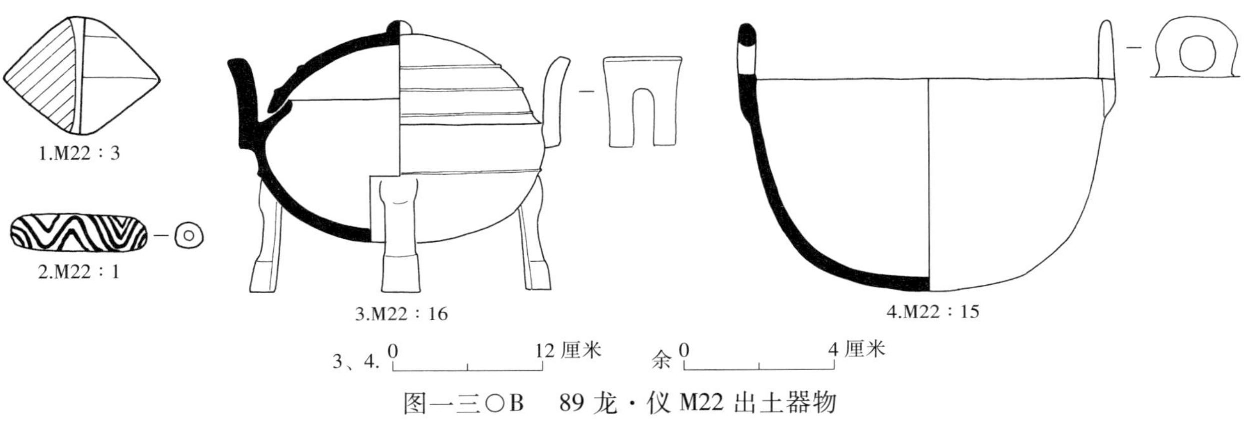

图一三〇B 89龙·仪M22出土器物

7. 89龙·仪M24

（一）概况

墓长3.76、宽3.04、深1.80米。墓向335度。墓内回填红、黄、灰相杂的五花土，结构较为致密。

墓坑下部四周有因木椁外填土形成的“熟土二层台”。底面北端挖有一条用于摆放椁下垫木的横轴向沟槽，长3.00、宽0.22、深0.10米。结合墓底板灰和随葬品的摆放位置，判断墓内原有木椁。椁室长约3.10、宽约2.20米。椁内西部设棺厢，东侧设边厢，南端设头厢。棺厢底面残留有大量的板灰和2枚铁棺钉，推测原棺木长约2.40、宽约1.20米（图一三一）。

（二）随葬器物

随葬器物共9件，以陶瓿、壶、罐、罍为基本组合，分别置于边厢和头厢内。

瓿 2件。M24∶4，直口，平唇，宽斜肩上安衔环铺首，铺首较低，上端外翘并低于口沿，圆鼓腹，腹最大径位于中部，平底内凹。肩部贴三组细泥条状凸弦纹，并贴有两组六块刻有花瓣纹的方形堆纹，其中上组两块前后对称，下组四块作四等分布局。铺首面模印人面纹，上方贴方形

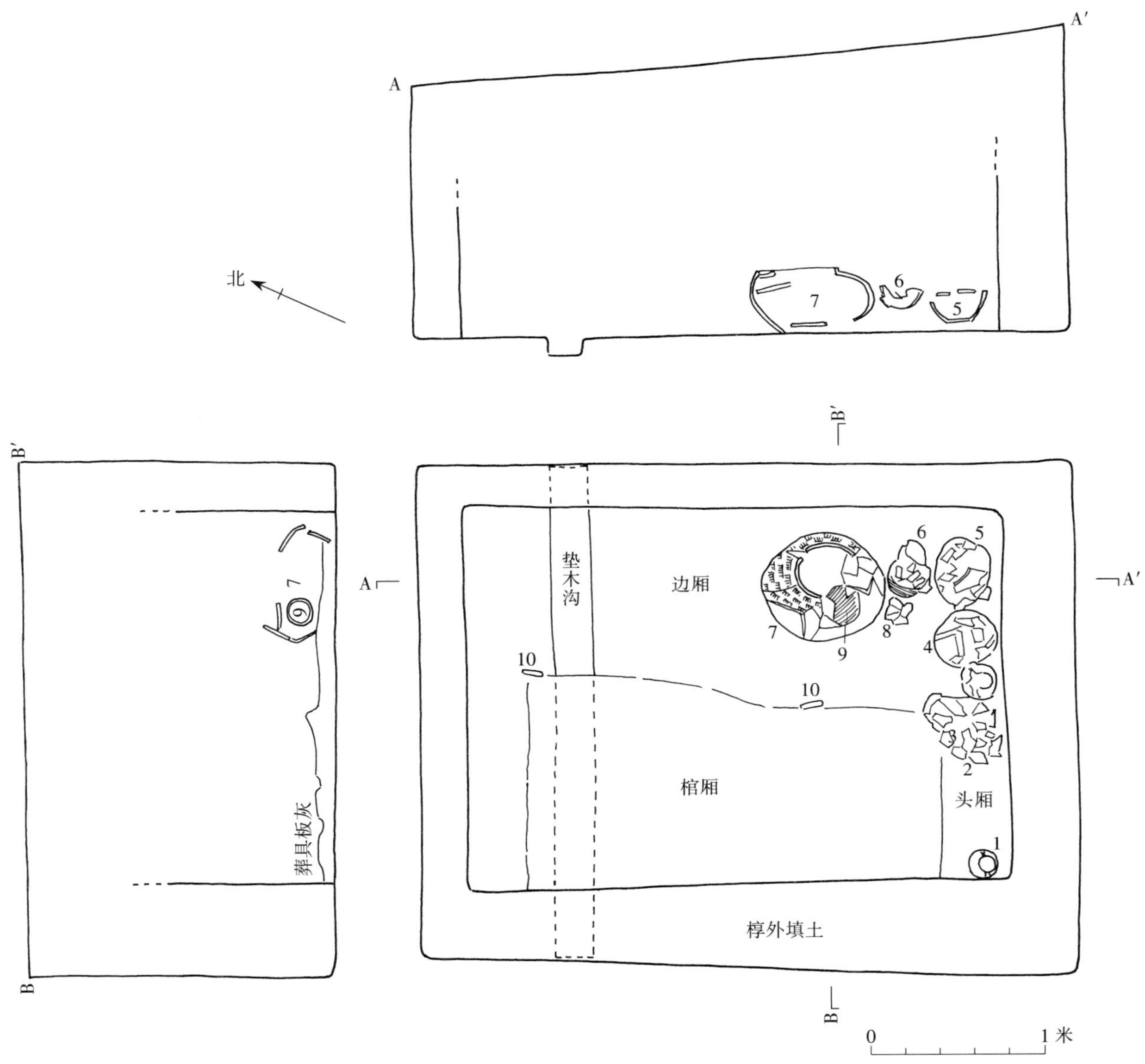

图一三一　89龙·仪M24平、剖面图

1. 高温釉陶敞口壶　2. 高温釉陶盘口壶　3、6、8、9. 硬陶弦纹罐　4、5. 高温釉陶瓿　7. 印纹硬陶罍　10. 铁棺钉

兽面，兽面两角各附一个乳丁。高温釉陶。釉色泛黄。无釉部位露胎呈紫褐色，胎质坚硬。轮制。高30.2、口径12.2、腹径35、底径16厘米（图一三二，1；图版三，4）。M24∶5，残缺。

壶　2件。根据口沿形态分为：

盘口壶　1件。M24∶2，器身高大，不甚规整。深盘口，圆唇下有一周浅凹槽，粗短颈，斜弧肩上安衔环双耳，球腹，腹最大径位于中部，高圈足。口沿外壁和颈下端各轮印一周水波纹。肩部贴三组细泥条状凸弦纹，其间贴上下两组方形饰有乳丁和叉线的堆纹，上组四块作等距分布，下组两块前后对称。耳面模印叶脉纹，上方贴方形兽面，兽面两角各附一个乳丁。高温釉陶。釉色泛黄。无釉部位露胎呈紫褐色，胎质坚硬。颈以上为轮制，内壁有轮旋痕；以下采用泥条盘筑，内壁有陶拍的抵窝痕。高44.2～44.8、口径14.6、腹径33.8、足径14.2厘米（图一三二，2）。

敞口壶　1件。M24∶1，残缺。

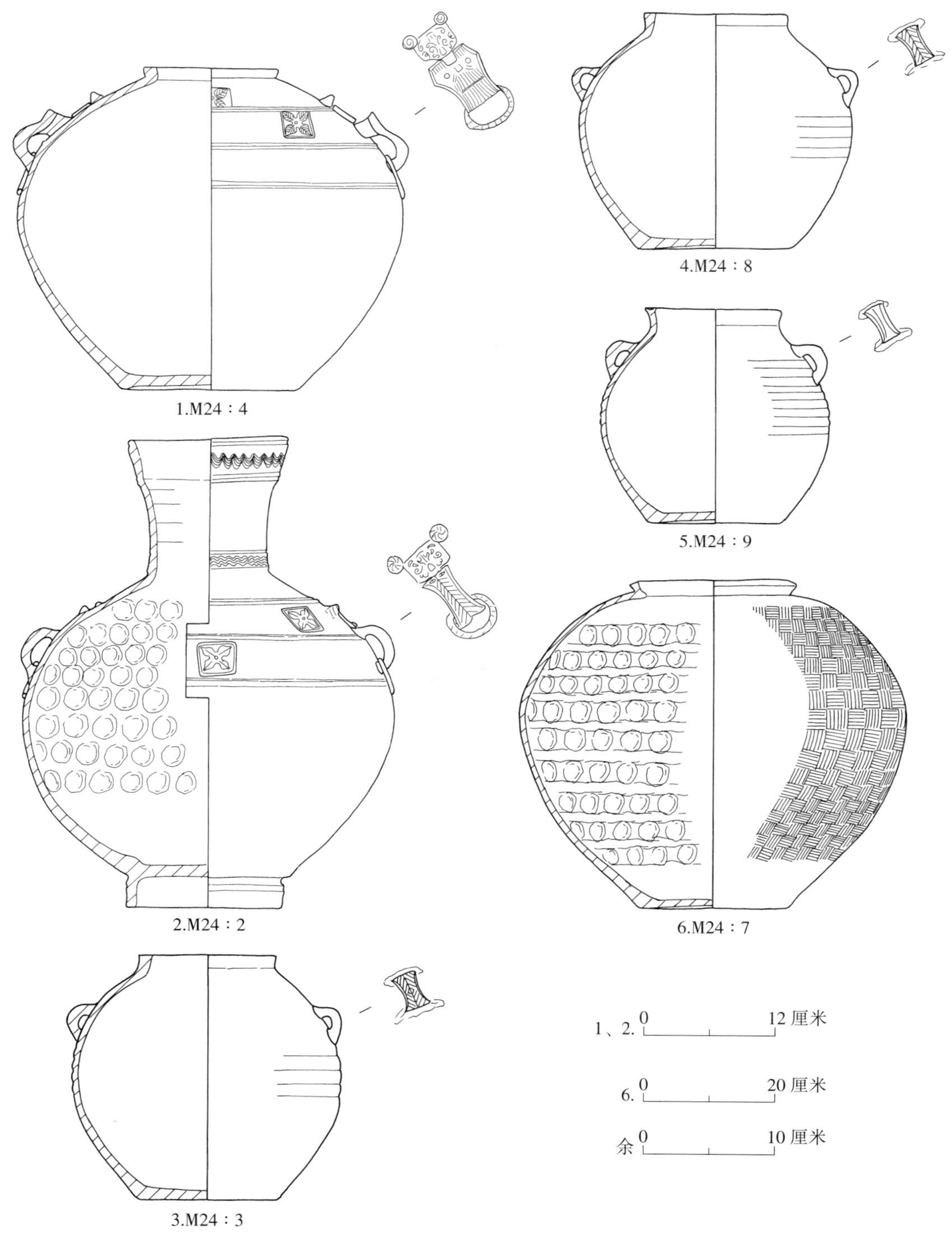

图一三二　89 龙・仪 M24 出土器物

罐　4 件。直口，平唇，斜肩上安双耳，圆鼓腹，腹最大径位于中部，平底内凹。腹部切削数道弧凸的宽弦纹，耳面模印叶脉纹。硬陶。露胎上部呈灰色，下部呈灰红色，胎质较硬。M24∶3，高 19.2、口径 10.4、腹径 20.4、底径 10.4 厘米（图一三二，3）。M24∶8，高 18.4、口径 10.8、腹径 20.7、底径 11.6 厘米（图一三二，4）。M24∶9，唇面内凹，斜腹。肩、腹部切削密集的弧凸粗弦纹。高 16.4、口径 10.4、腹径 17.3、底径 10 厘米（图一三二，5）。M24∶6，残缺。

罍　1件。M24∶7，敞口，折唇，宽斜肩，圆鼓腹，腹最大径位于上部，平底内凹。通体拍印编织纹，部分纹饰重叠。印纹硬陶。露胎呈砖红色，胎质较硬。泥条盘筑，内壁留有陶拍的抵窝痕。高52、口径21.6、腹径58、底径22厘米（图一三二，6）。

8. 89龙·仪M25

（一）概况

墓葬早期遭到盗扰。长3.60、宽1.90、深0.90米。墓向20度。墓内回填黄、灰相杂的五花土，结构较为致密。

墓坑下部四周有因木椁外填土形成的“熟土二层台”。底面前后挖有两条用于摆放木椁垫木的横轴向沟槽，长1.90、宽0.18、深0.06米，前后相距2.06米。结合铁棺钉的分布和随葬品的摆放位置，判断墓内原有木椁。椁内北部设棺厢，南端设头厢（图一三三）。

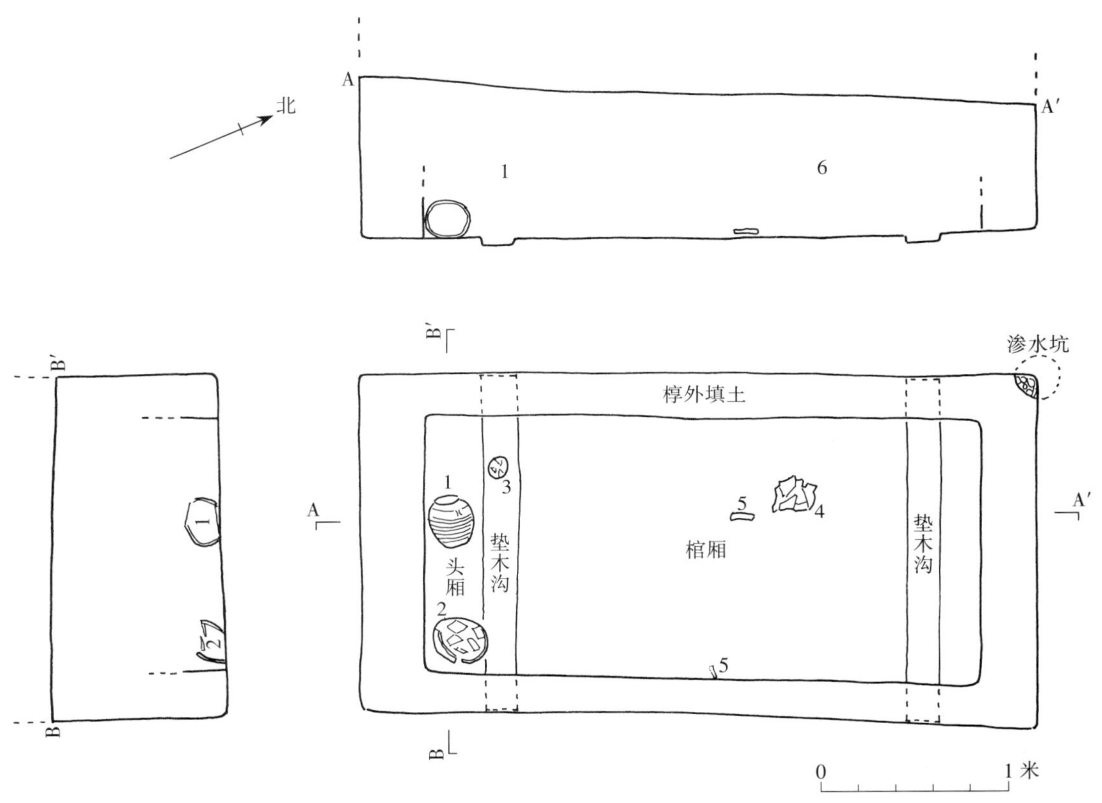

图一三三　89龙·仪M25平、剖面图
1、2. 高温釉陶瓿　3. 硬陶弦纹罐　4. 陶片　5. 铁棺钉

（二）随葬器物

随葬器物仅存3件陶器，以陶瓿、罐为基本组合，均置于头厢内。

瓿　2件。敛口，宽斜唇，斜弧肩上安铺首，铺首低矮，上端紧贴器壁并低于口沿，弧腹，腹最大径位于中部，平底内凹。肩部划三组细泥条状凸弦纹，腹部切削密集的弧凸粗弦纹，铺首上方贴横向“S”形堆纹。高温釉陶。釉呈黄褐色。无釉处露胎呈暗红色，内胎为灰色，胎质坚硬。轮制。M25∶1，器形不甚规整。铺首面刻划短条纹。高21.8～22.2、口径8、腹径24、底径

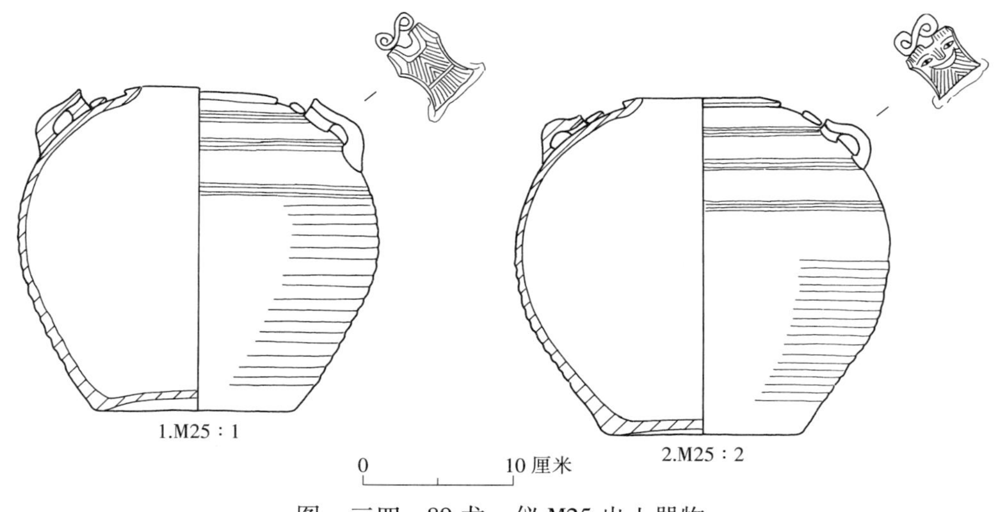

图一三四　89龙·仪M25出土器物

13.6厘米（图一三四，1；图版四，5）。M25∶2，铺首面模印人面纹。高23、口径7.8、腹径24.8、底径13厘米（图一三四，2）。

罐　1件。M25∶3，硬陶。残缺。

9.89龙·仪M26

（一）概况

墓上部被破坏。长3.40、宽2.10、深0.86米。墓向154度。墓内回填红、黄相杂的五花土，结构较为致密。

墓坑下部四周有因木椁外填土形成的“熟土二层台”。底面挖有两条用于摆放椁下垫木的横轴向沟槽，长2.10、宽0.18、深0.10米，前后相距2.20米。结合随葬品的摆放位置，判断墓内原有木椁。椁室长约3.00、宽约1.60米。椁内中部设棺厢，两侧各设一个边厢。棺厢底留有长2、宽0.60米的板灰（图一三五A）。

（二）随葬器物

随葬器物共12件，以陶壶、罐、罍为基本组合，并伴有铁釜、刀及玻璃珠。除铁刀摆放于棺内腰部，其余分别置于两侧边厢内。

1. 陶器　8件。

壶　4件。M26∶5，深盘口，圆唇外翻，粗短颈内弧，斜弧肩上安双耳，弧腹，腹最大径位于上部，平底。肩部划三组细弦纹，腹部切削密集的弧凸侧弦纹，耳面模印叶脉纹。硬陶。露胎呈砖红色，胎质较软。轮制。高29.6、口径12.6、腹径20、底径10.6厘米（图一三五B，1）。M26∶4、8、9，均残缺。

罐　3件。M26∶1～3，均残缺。

罍　1件。M26∶7，残缺。

2. 其他　4件。

铁釜　1件。M26∶6，残缺。

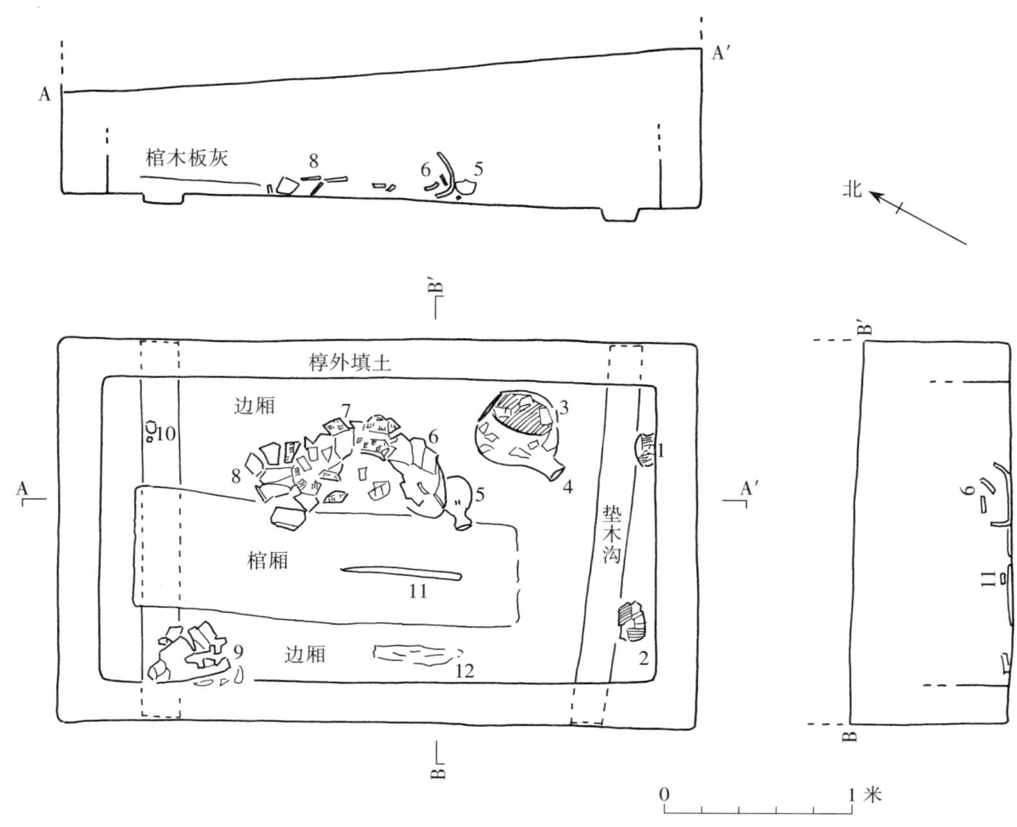

图一三五 A 89 龙·仪 M26 平、剖面图
1~3. 泥质陶罐 4、5、8、9. 硬陶盘口壶 6. 铁釜 7. 印纹陶罍 10. 玻璃珠 11. 铁刀 12. 漆器痕

铁刀 1 件。M26:11，无刀格。单面刃，刀柄较短，前窄后宽，横截面呈扁平形。通长 48 厘米，刀身长 40、宽 4.2 厘米，刀柄长 8、宽 1.4~4.0 厘米（图一三五 B，2）。

玻璃珠 1 件（组）。M26:10，圆形，中间钻孔。残缺。

漆器 1 件。M26:12，仅存痕迹。

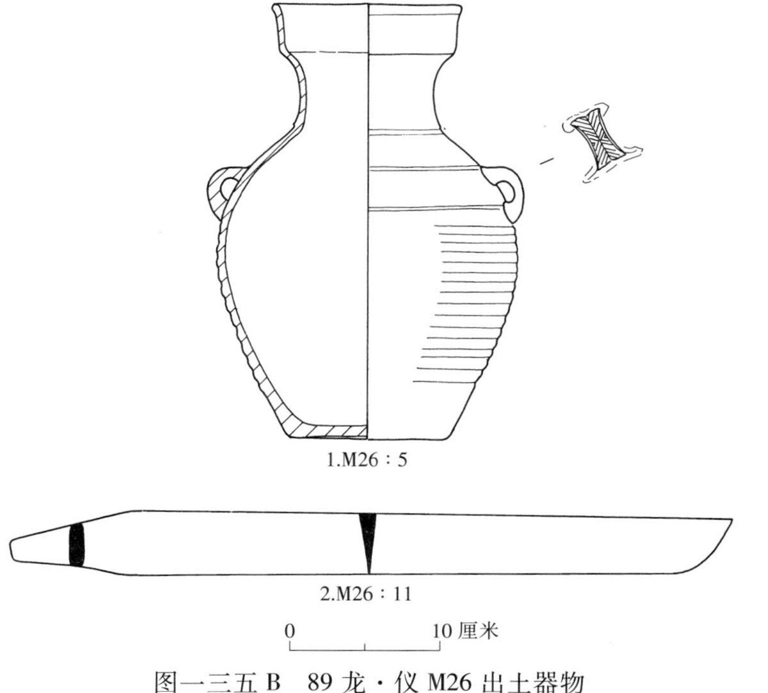

图一三五 B 89 龙·仪 M26 出土器物

10. 89 龙·仪 M27

（一）概况

墓葬上部已遭到较大的破坏。长 3.60、宽 1.70、深残 0.40 米。墓向 325 度。墓内回填灰、黄相杂的五花土，结构松散。

墓坑下部四周有因木椁外填土形成的“熟土二层台”。底面挖有两条用于摆放椁下垫木的纵轴向沟槽，长3.60、宽0.20、深0.08米，左右相距0.90米。结合随葬品的摆放位置，判断墓内原有木椁。椁室长约3.20、宽约1.30米。椁内北部设棺厢，南端设头厢。棺厢底留有排列有序的铁棺钉和零星板灰，推测原棺木长约1.90、宽约0.90米（图一三六A）。

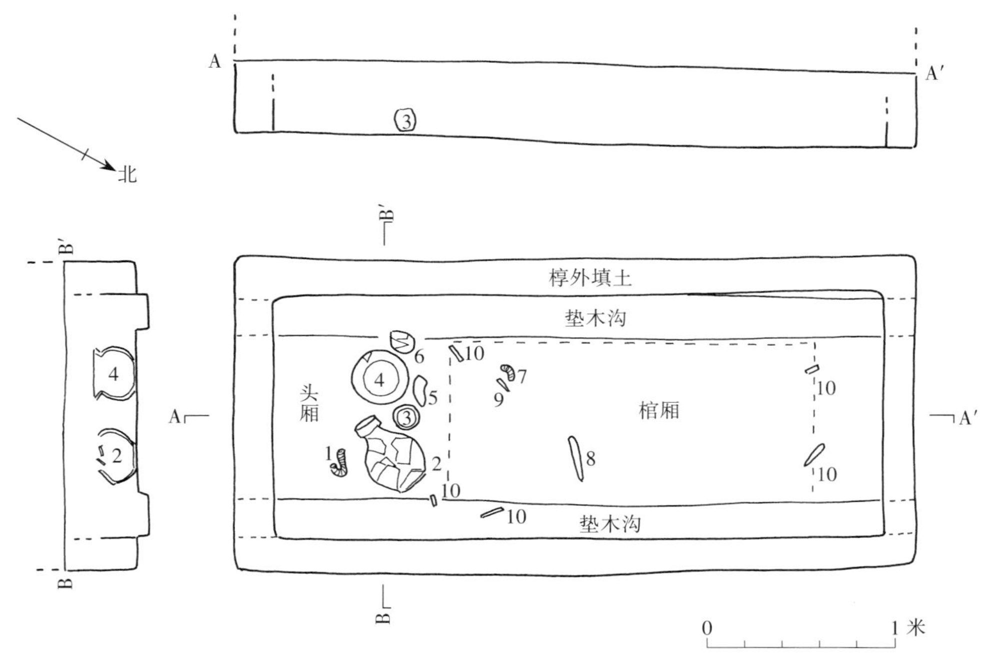

图一三六A　89龙·仪M27平、剖面图

1、7. 铜“五铢”钱　2. 硬陶盘口壶　3、5、6. 泥质陶弦纹罐　4. 铁釜　8. 铁剑　9. 铁削　10. 铁棺钉

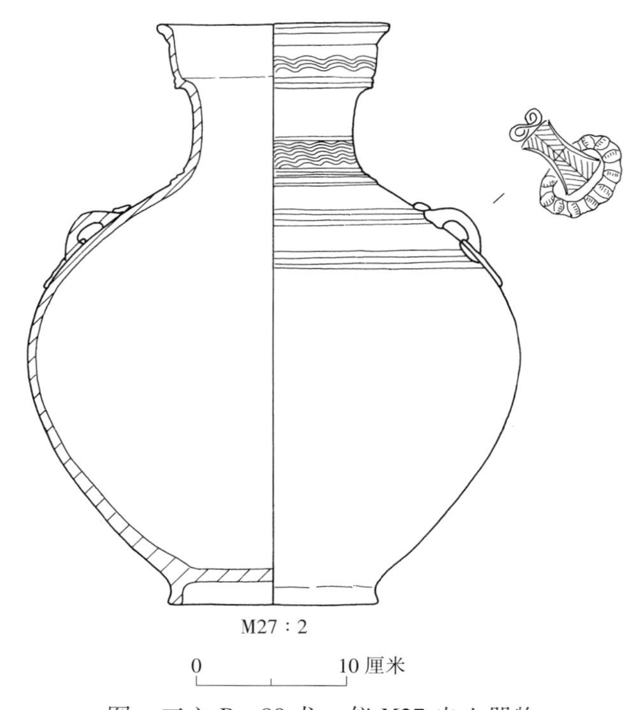

图一三六B　89龙·仪M27出土器物

（二）随葬器物

随葬器物共9件（组），以陶壶、罐为基本组合，并伴有铜“五铢”钱和铁釜、剑等。铜钱和铁剑分别摆放于棺内头部和腰部，其余置于头厢内。

1. 陶器　4件。

壶　1件。M27∶2，器身高大。深盘口，圆唇外翻，粗短颈，斜肩上安衔环双耳，球腹，腹最大径位于中部，高圈足。口沿外壁和颈下端各轮印一周水波纹，肩部贴两组细泥条状凸弦纹。耳面模印叶脉纹，上方贴横向“S”形堆纹。硬陶。露胎和内胎均呈灰色，胎质较硬。内壁有涂抹痕迹。高39.6、口径15.6、腹径32.8、足径14厘米（图一三六B）。

罐　3件。M27∶3、5、6，泥质陶。残缺。

2. 其他　5件（组）

铜“五铢”钱　2件（组）。M27∶1、7，均锈蚀。

铁釜　1件。M27∶4，残缺。

铁剑　1件。M27∶8，残缺。

铁削　1件。M27∶9，残缺。

11. 89龙·仪M28

（一）概况

墓葬早期遭到严重盗扰。长3.85、宽2.40、残深1.08米。墓向100度。墓内回填红、黄相杂的五花土，结构较为致密。底面挖有一条渗水沟和一条排水沟，用以承接并排泄墓内渗水，两沟平面呈交叉状，四端与墓坑四角相接。渗水沟长4.20、宽0.26、深0.12米。排水沟西端呈纵轴向往东1.00米后折而向东南，长4.20、宽0.20、深0.12米，底面铺垫卵石，其上覆盖筒瓦。

墓坑下部四周有因木椁外填土形成的“熟土二层台”。底面挖有两条用于摆放椁下垫木的横轴向沟槽，长2.40、宽0.30、深0.08米，前后相距2.25米。结合随葬品的摆放位置，判断墓内原有木椁。椁室内南部设棺厢，北侧设边厢（图一三七）。

（二）随葬器物

随葬器物共18件（组），以陶壶、罐、罍为基本组合，并伴有铜“五铢”钱和铁釜、矛、刀等。器物均置于边厢内，部分因椁室的坍塌而向内倾倒、散落，并距墓底有高低不等的间距。

1. 陶器　12件。

壶　6件。深盘口，圆唇外翻，粗短颈，斜弧肩上安双耳，弧腹，腹最大径位于上部，平底内凹。腹部切削密集的弧凸窄弦纹，耳面模印叶脉纹。硬陶。露胎上部呈灰色，下部呈红灰色，内胎为暗红色，胎质较硬。轮制。M28∶2，颈下端轮印一周水波纹，肩部划两组三线细弦纹。高31、口径11.8、腹径22.8、底径10厘米（图一三八，1）。M28∶3，肩部划一周细弦纹。高26.8、口径12.6、腹径20.2、底径10厘米（图一三八，2）。M28∶11，圆弧腹，腹最大径位于中部。高25.3、口径10.8、腹径19.6、底径10.4厘米（图一三八，3）。M28∶1、4、13，均为硬陶。残缺。

罐　5件。M28∶8，侈口，内斜唇，圆弧肩上安双耳，圆鼓腹，腹最大径位于上部，平底内凹。通体切削密集的弧凸粗弦纹，耳面模印叶脉纹。硬陶。露胎呈砖红色，胎质较软。高14.4、口径12.4、腹径18、底径8.6厘米（图一三八，4）。M28∶5、9、10、12，均残缺。

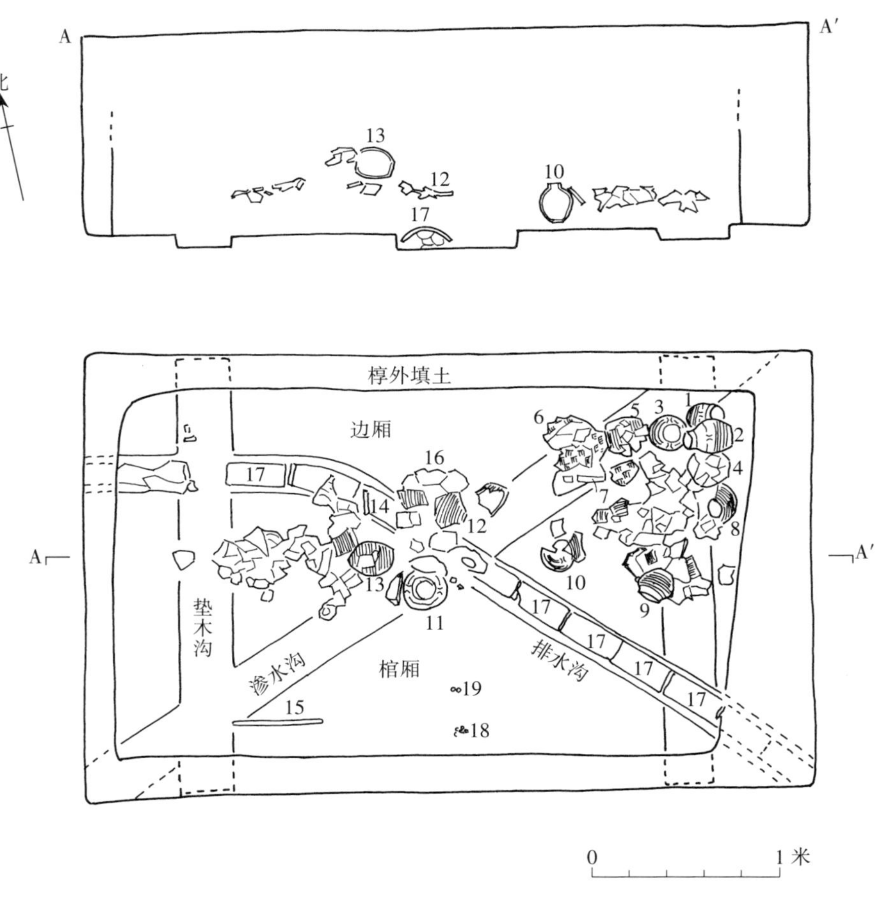

图一三七 89 龙·仪 M28 平、剖面图

1～4、11、13. 硬陶盘口壶 5、9、10、12. 泥质陶罐 6. 印纹硬陶罍 7、14. 铁刀 8. 硬陶弦纹罐 15. 铁矛 16. 铁釜 17. 筒瓦 18. 铜“五铢”钱 19. 鎏金饰件

罍 1 件。M28∶6，印纹硬陶。残缺。

2. 其他 6 件（组）。

铜“五铢”钱 1 件（组）。M28∶18，已锈蚀。

铁釜 1 件。M28∶16，残缺。

铁矛 1 件。M28∶15，圆弧锋，双面刃，斜从中脊。短骹，中空，后端呈偃月形内凹，圆銎。通长 31 厘米。矛刃长 24、宽 2 厘米。骹长 7、銎径 1.6 厘米（图一三八，5）。

铁刀 2 件。M28∶7、14，残缺。

鎏金饰件 1 件。M28∶19，器形不明。

12. 89 龙·仪 M29

（一）概况

墓葬早期被盗扰，上部被破坏。长 3.70、宽 2.20、残深 0.60 米。墓向 105 度。墓内回填黄灰色五花土，结构松散。

墓坑下部四周有因木椁外填土形成的“熟土二层台”。底面西端挖有一条用于摆放椁下垫木的横轴向沟槽，长 2.10、宽 0.20、深 0.06 米。结合随葬品的摆放位置，判断墓内原有木椁。椁室

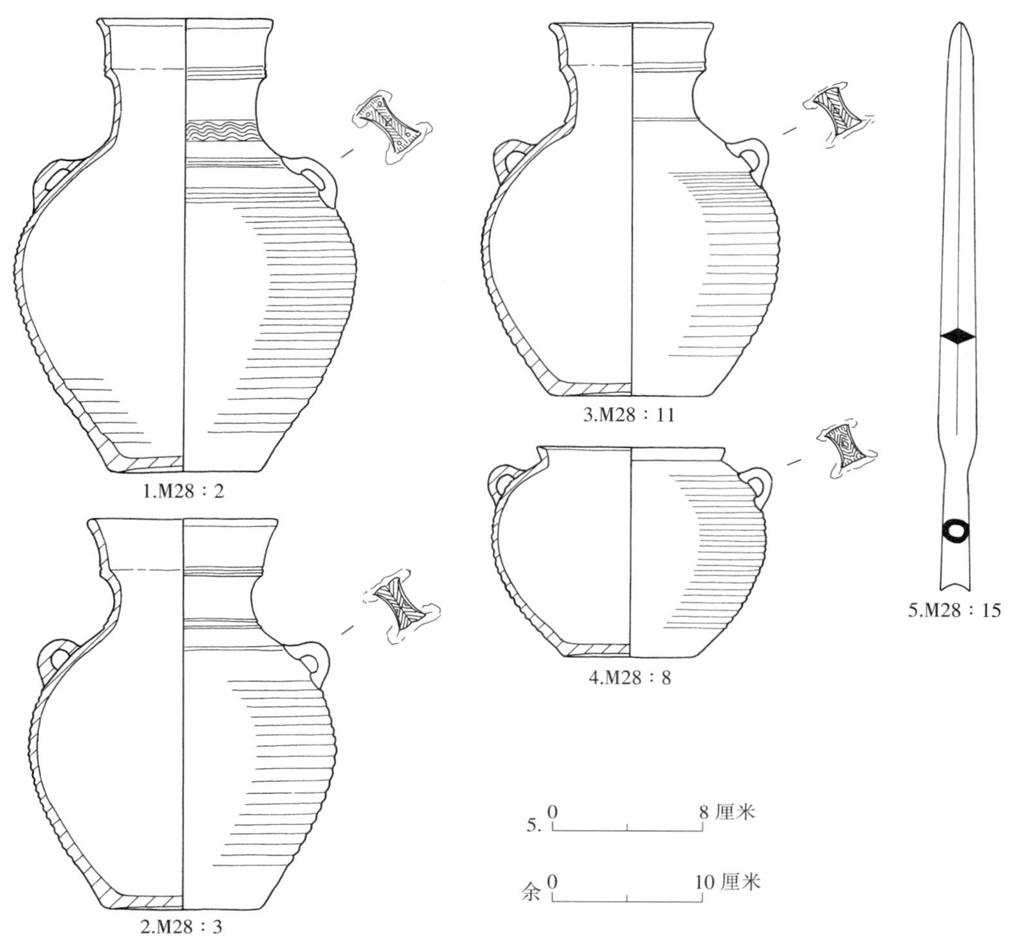

图一三八 89 龙·仪 M28 出土器物

长约 3.00、宽约 1.60 米。椁内北部设棺厢，南侧设边厢，西端设头厢。棺厢底留有 3 枚铁棺钉和零星板灰，推测原棺木长约 2.00、宽约 0.80 米（图一三九）。

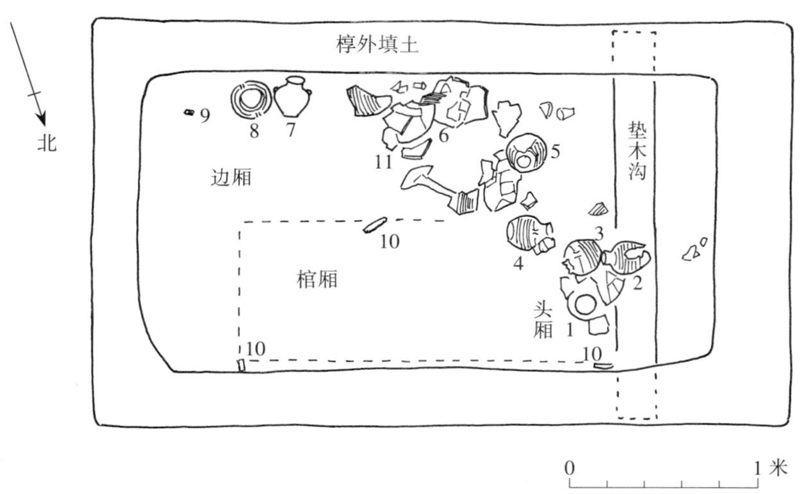

图一三九 89 龙·仪 M29 平面图

1. 泥质陶弦纹罐 2～8. 硬陶盘口壶 9. 铜“五铢”钱 10. 铁棺钉 11. 铁鼎

（二）随葬器物

随葬器物共10件（组），以陶壶、罐为基本组合，并伴有铜“五铢”等，器物分别置于边厢和头厢内。

1. 陶器 8件。

壶 7件。深盘口略大，内斜唇，盘壁外斜，粗短颈，斜肩上安双耳，圆鼓腹，腹最大径位于中部，平底。肩、腹部切削密集的弧凸粗弦纹，耳面模印叶脉纹。硬陶。露胎上部呈灰色，下部呈红灰色，胎质较硬。轮制。M29∶2，高24.8、口径11.2、腹径20.2、底径9厘米（图一四〇，1）。M29∶4，高23、口径10.2、腹径18.2、底径9.8厘米（图一四〇，2）。M29∶7，高23.4、口径10.6、腹径19.6、底径9厘米（图一四〇，3）。M29∶8，器形不甚规整。高23.5、口径11.6～12、腹径19.2、底径9.4～9.8厘米（图一四〇，4）。M29∶3、5、6，均残缺。

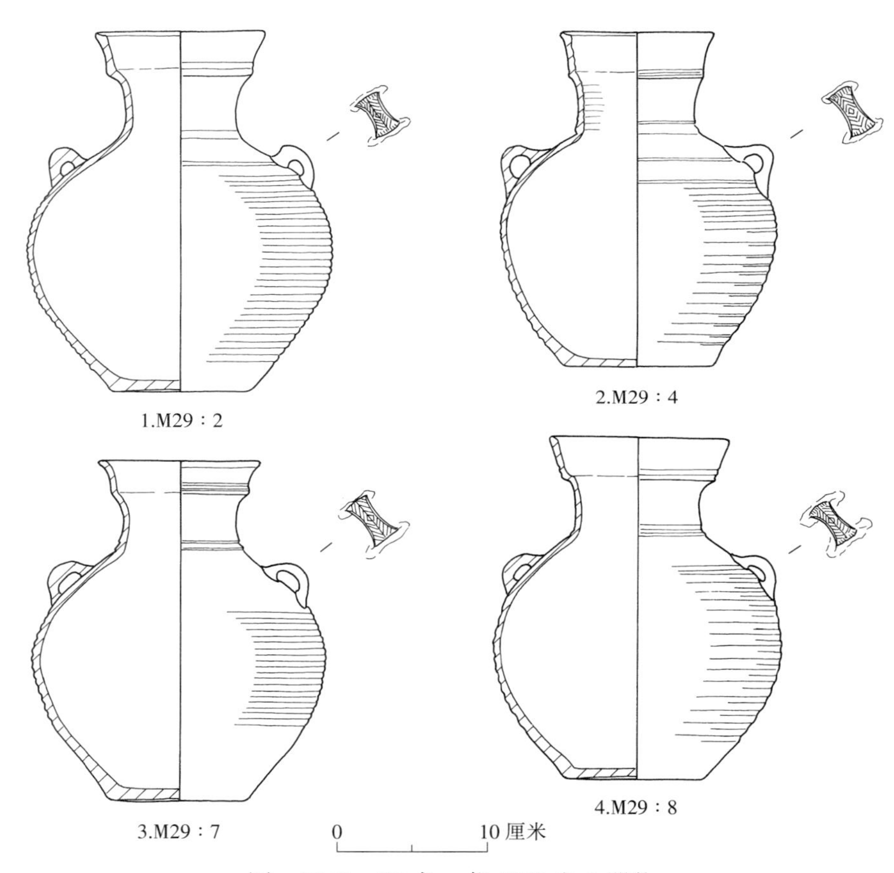

图一四〇 89龙·仪M29出土器物

罐 1件。M29∶1，泥质陶。残缺。

2. 其他 2件。

铜“五铢”钱 1件（组）。M29∶9，已锈蚀。

铁鼎 1件。M29∶11，残缺。

13. 89 龙·仪 M30

（一）概况

墓长3.90、宽2.30、深1.00米。墓向100度。墓内回填黄、灰相杂的五花土，结构较为松散。底面挖有一条承接墓内渗水的沟槽，平面呈斜直走向，两端分别与墓坑的西北和东南角相接，长4.58、宽0.24、深0.10米，沟底铺垫卵石。

墓坑下部四周有因木椁外填土形成的“熟土二层台”。底面挖有两条用于摆放椁下垫木的横轴向沟槽，长2.20、宽0.22、深0.08米，前后相距2.20米。结合铁棺钉的分布和随葬品的摆放位置，判断墓内原有木椁。椁室内南部设棺厢，北侧设边厢（图一四一）。

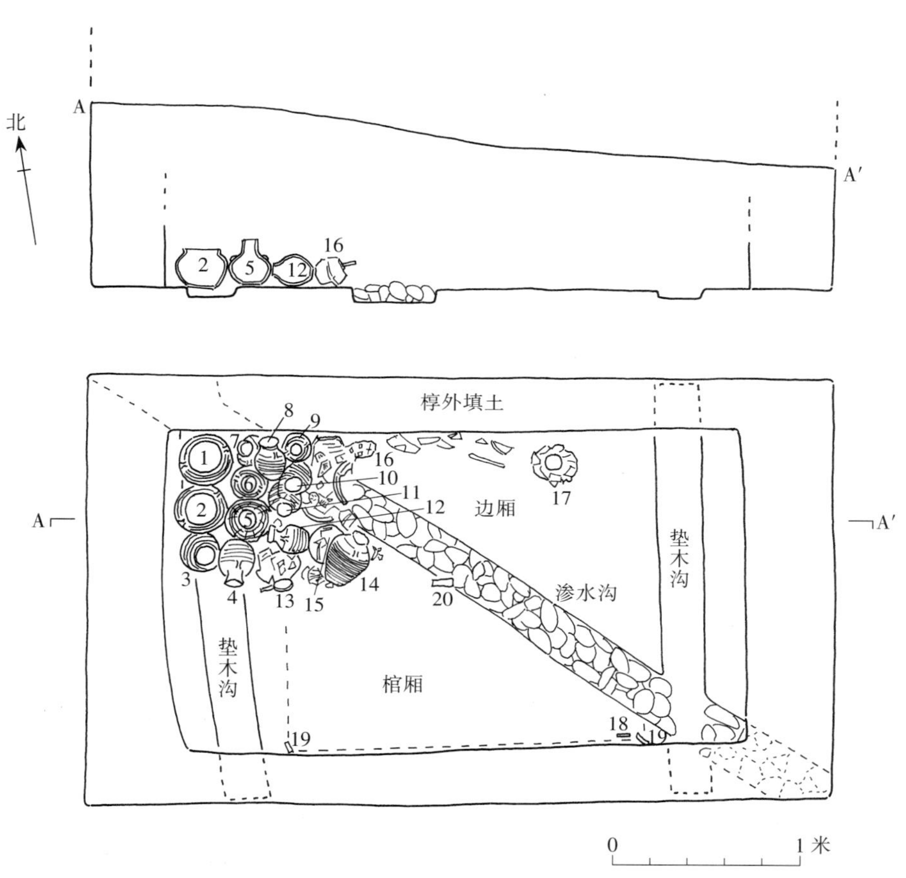

图一四一 89 龙·仪 M30 平、剖面图

1、2. 硬陶弦纹罐 3～12、14、15、17. 硬陶盘口壶 13. 高温釉陶盘口壶 16. 印纹陶罍 18. 玉饰件 19. 铁棺钉 20. 铁釜

（二）随葬器物

随葬器物共19件，以陶壶、罐、罍为基本组合，并伴有铁釜等。除玉饰件摆放于棺内头部，其余均置于边厢内。

1. 陶器 17件。

壶 14件。其中4件为深盘口，圆唇外翻，粗短颈，斜弧肩上安双耳，圆弧腹，腹最大径位于中部，平底。腹部切削密集的弧凸粗弦纹，耳面模印叶脉纹。硬陶。露胎上部呈灰褐色，下部呈暗红色，内胎为灰色，胎内含有较多的白色石英和黑色矿物质的细粒。轮制。M30∶3，高25.4、口径11.2、腹径21、底径9.4厘米（图一四二，1）。M30∶5，高27.1、口径11.2、腹径20.8、底径8.6厘米（图一四二，2）。M30∶8，高26.4、口径12、腹径20.4、底径9.4厘米（图一四二，3）。M30∶10，高21.7、口径10.6、腹径18、底径9厘米（图一四二，4）。5件为深盘口，盘口外撇，粗短颈，圆弧肩上安双耳，圆鼓腹，腹最大径位于中部，平底。颈下端轮印一周水波纹，肩部刻划二或三组水波纹，纹饰随意而流畅，耳面模印叶脉纹。硬陶。露胎和内胎均呈灰色，胎质较硬。M30∶6，高23.2、口径11.4、腹径20.2、底径8厘米（图一四二，5）。M30∶7，高21.7、口径11、腹径19.4、底径8.2厘米（图一四二，6）。M30∶12，高21.4、口径9.4、腹径18、底径8厘米（图一四二，7）。M30∶17，高24.4、口径11.2、腹径20、底径10.4厘米（图一四二，8）。M30∶11，肩部划一道细弦纹，腹部切削细密的凸弦纹。高22.7、口径11.5、腹径19.3、底径9.1厘米（图一四二，9）。另有1件为浅盘口，盘壁较直，平唇，粗颈略长，斜弧肩上安双耳，假圈足。肩部划两组细弦纹，耳面模印叶脉纹。M30∶13，高温釉陶。釉色泛黄。无釉部位露胎呈红褐色，内胎为灰色，胎质坚硬。高26.4、口径12、腹径21.2、底径10.5厘米（图一四二，10；图版九，6）。M30∶4、9、14、15，均为硬陶。均残缺。

罐 2件。器身高大。侈口，平唇，斜弧肩上安双耳，弧腹，腹最大径位于上部，平底。腹部切削密集的弧凸粗弦纹，耳面模印叶脉纹。硬陶。露胎上部呈灰色，下部呈红灰色，胎质较硬。轮制。M30∶1，高21.5、口径21.2、腹径27.6、底径11.8厘米（图一四二，11）。M30∶2，高21.2、口径20.6、腹径27、底径12.8厘米（图一四二，12）。

罍 1件。M30∶16，残缺。

2. 其他 2件。

铁釜 1件。M30∶20，残缺。

玉饰 1件。M30∶18，残缺。

14. 89龙·仪M33

（一）概况

墓长3.60、宽2.90、深1.60米。墓向155度。墓内回填黄灰色五花土，结构较为松散。

墓坑下部四周有因木椁外填土形成的“熟土二层台”。底面挖有两条用于摆放椁下垫木的横轴向沟槽，长2.80、宽0.30、深0.10米，前后相距1.70米。结合随葬品的摆放位置，判断墓内原有木椁。椁室长约2.80、宽约2.20米。椁内中部设棺厢，两侧设边厢（图一四三A）。

（二）随葬器物

随葬器物共6件，以陶瓿、壶、罐为基本组合，分别置于两侧边厢内。

1. 陶器 5件。

瓿 1件。M33∶5，敛口，宽斜唇，宽斜弧肩安铺首，铺首上端外翘并低于口沿，圆鼓腹，腹最大径位于中部，平底内凹。肩部贴三组细泥条状凸弦纹，铺首面模印人面纹，上方贴横方形兽面。高温釉陶。釉色泛黄，釉层较为光亮。无釉部位露胎呈暗红色，胎质坚硬。内壁有涂抹痕。高33、口径8.8、腹径38.2、底径17.6厘米（图一四三B）。

壶 3件。M33∶1～3，敞口。高温釉陶。残缺。

罐 1件。M33∶4，泥质陶。残缺。

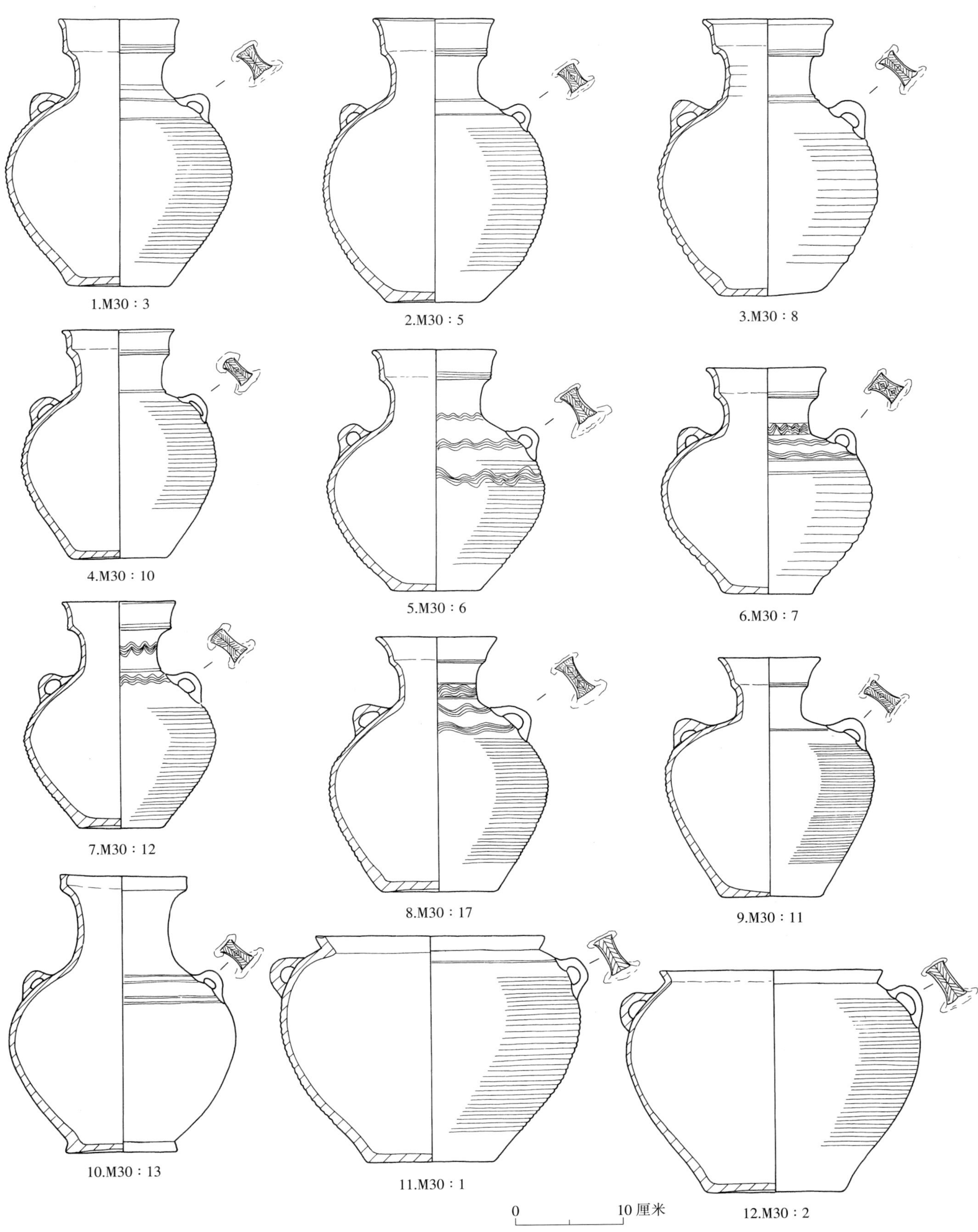

图一四二　89 龙·仪 M30 出土器物

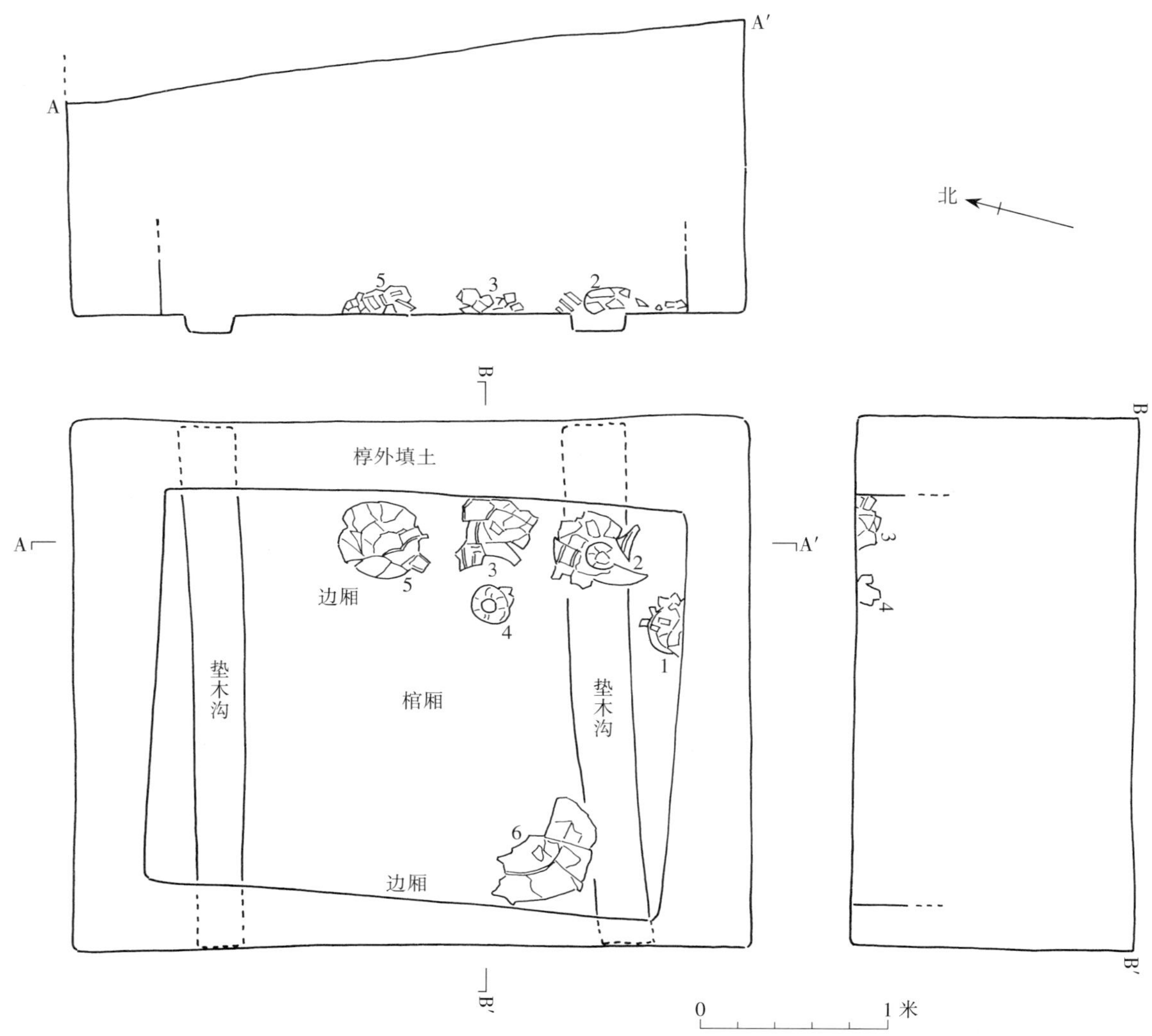

图一四三 A 89 龙·仪 M33 平、剖面图

1～3. 高温釉陶敞口壶 4. 泥质陶弦纹罐 5. 高温釉陶瓿 6. 铁釜

2. 其他 1 件。

铁釜 1 件。M33∶6，残缺。

15. 89 龙·仪 M35

（一）概况

墓长 3.90、宽 2.10、深 1.10 米。墓向 170 度。墓内回填红、黄相杂的五花土，结构较为松散。

墓坑下部四周有因木椁外填土形成的“熟土二层台”。底面挖有两条用于摆放椁下垫木的横轴向沟槽，长 2.05、宽 0.16、深 0.08 米，前后相距 1.70 米。结合随葬品的摆放位置，判断墓内原有木椁。椁室长约 3.20、宽 1.60 米。底面留有 3 枚铁椁钉，可知椁内西部设棺厢，东侧设边厢，南端设头厢（图一四四）。

（二）随葬器物

随葬器物共 6 件，以陶瓿、壶、罐为基本组合，分别置于边厢和头厢内。

瓿 1件。M35∶5，高温釉陶。残缺。

壶 2件。M35∶4，敞口，平唇，粗短颈，斜弧肩上安衔环双耳，圆鼓腹，腹最大径位于中部，浅卧足。颈下端轮印一周水波纹，肩部划三组三线细弦纹，腹部切削密集的弧凸粗弦纹。耳面模印叶脉纹，上方贴菱角形堆纹。高温釉陶。釉色泛黄。无釉部位露胎呈红褐色，胎质坚硬。轮制。高32.1、口径14.7、腹径24.8、足径12.6厘米（图一四五，1）。M35∶2，残缺。

罐 3件。翻沿口，圆唇，斜肩上安双耳，鼓腹略扁，腹最大径位于中部，平底。通体切削密集的弧凸粗弦纹，耳面模印叶脉纹。硬陶。露胎上部呈灰红色，下部呈砖红色，胎质较硬。轮制。M35∶1，高10.5、口径9.3、腹径14、底径

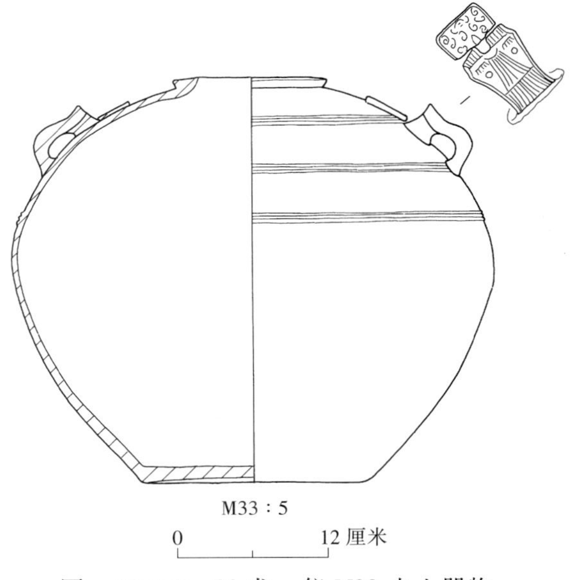

图一四三B 89龙·仪M33出土器物

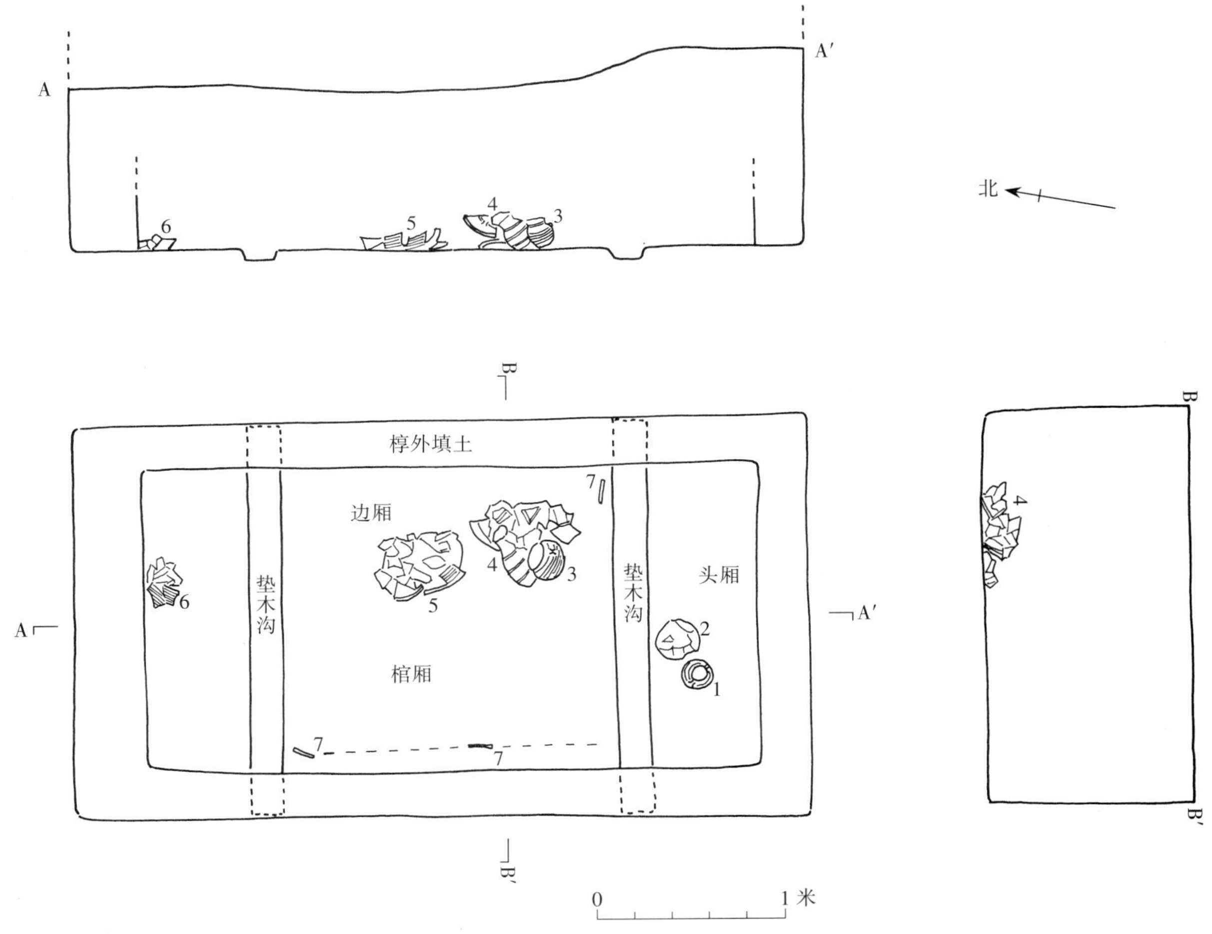

图一四四 89龙·仪M35平、剖面图

1、3、6. 硬陶罐 2、4. 高温釉陶敞口壶 5. 高温釉陶瓿 7. 铁棺钉

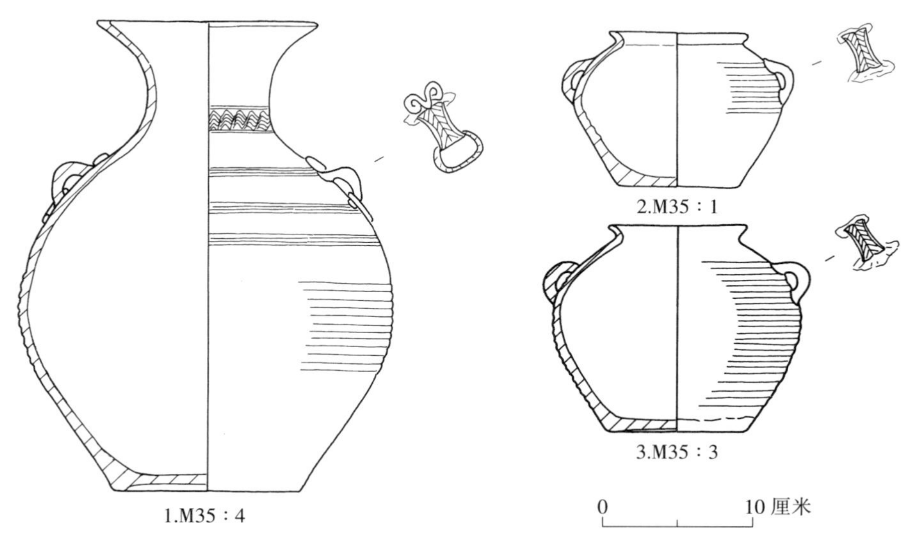

图一四五　89龙·仪M35出土器物

7.8厘米（图一四五，2）。M35∶3，高14.2、口径9.2、腹径16.4、底径9.2厘米（图一四五，3）。M35∶6，残缺。

16.89龙·仪M36

（一）概况

墓长3.50、宽2.10、残深1.08米。墓向160度。墓内回填黄、红、灰相杂的五花土，结构较为致密。

墓坑下部四周有因木椁外填土形成的“熟土二层台”。底面挖有两条用于摆放椁下垫木的横轴向沟槽，长2.02、宽0.20、深0.10米，前后相距2.10米。结合随葬品的摆放位置，判断墓内原有木椁。椁室长约2.80、宽约1.50米。椁内北部设棺厢，南端设头厢（图一四六）。

（二）随葬器物

随葬器物共7件（组），以陶壶、罐为基本组合。铜钱和铁剑随身入棺，其余置于头厢内。

1.陶器　5件。

壶　2件。M36∶4、7，均为硬陶。残缺。

罐　3件。M36∶1～3，均残缺。

2.其他　2件（组）。

铜“五铢”钱　1件（组）。M36∶6，已锈蚀。

铁剑　1件。M36∶5，残缺。

17.89龙·仪M37

（一）概况

墓长3.40、宽2.00、深1.90米。墓向170度。墓内回填黄、灰相杂的五花土，结构较为松散。

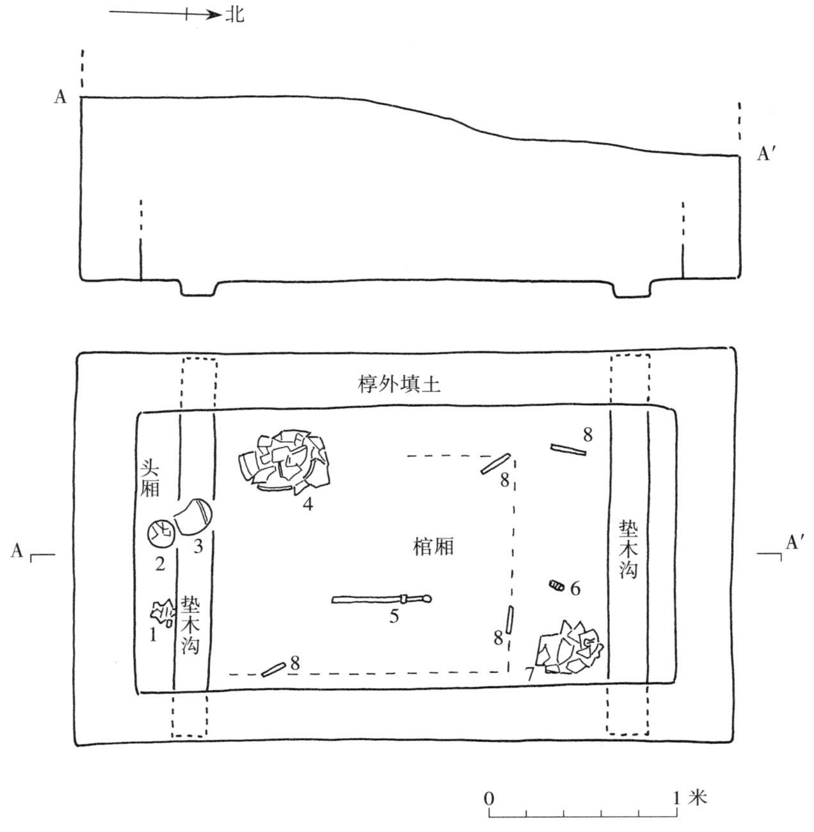

图一四六　89龙·仪M36平、剖面图
1～3. 泥质陶弦纹罐　4、7. 硬陶壶　5. 铁剑　6. 铜“五铢”钱　8. 铁棺钉

墓坑下部四周有因木椁外填土形成的“熟土二层台”。结合随葬品的摆放位置，判断墓内原有木椁。椁室长约2.70、宽约1.50米。椁内西部设棺厢，东侧设边厢（图一四七）。

（二）随葬器物

随葬器物共15件（组），以陶壶、罐、罍为基本组合，并伴有铁釜、矛、剑、刀等。除串珠和铁兵器随身入棺外，其余均置于边厢内。

1. 陶器　7件。

壶　1件。M37∶9，高温釉陶。残缺。

罐　4件。M37∶6，直口，内斜唇，斜弧肩上安双耳，弧腹，腹最大径位于上部，平底内凹。肩部划两道细弦纹，腹部切削密集的弧凸粗弦纹，耳面模印叶脉纹。硬陶。露胎呈灰色，胎质较硬。轮制。高19.2、口径10.6、腹径19.4、底径8.4厘米（图一四八，1）。M37∶2～4，均为硬陶。残缺。

罍　1件。M37∶7，敛口，宽折唇内侧下凹，圆弧肩，圆鼓腹，腹最大径位于中部，平底内凹。通体拍印规整的梳状纹。印纹硬陶。露胎上部呈灰色，下部为灰红色，胎质较硬。泥条盘筑，内壁留有陶拍的抵窝痕。高29.6、口径18.6、腹径35、底径12厘米（图一四八，2）。

残陶器　1件。M37∶8，残缺。

2. 其他　8件（组）。

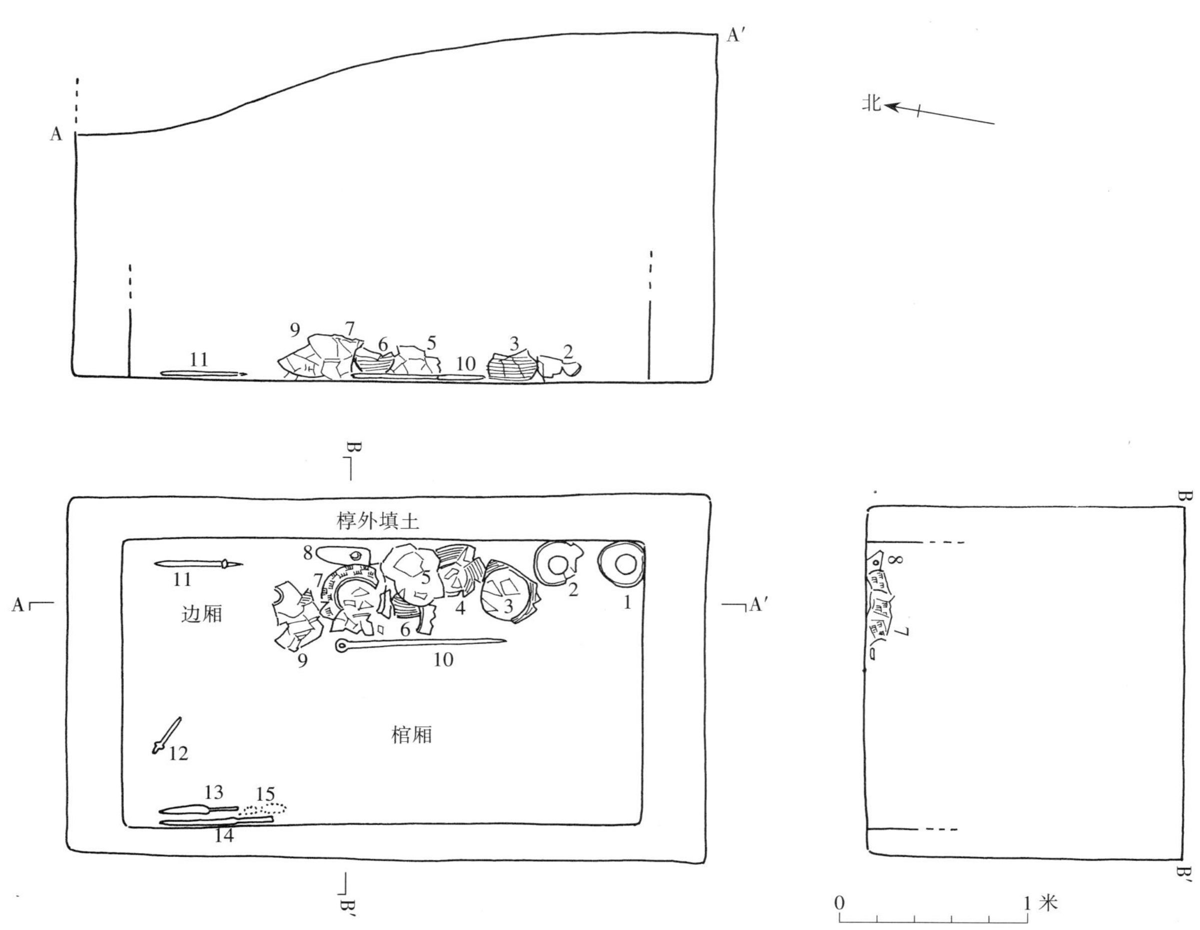

图一四七 89龙·仪M37平、剖面图

1. 铜器 2～4、6. 硬陶罐 5. 铁釜 7. 印纹硬陶罍 8. 残陶器 9. 高温釉陶敞口壶 10、11. 铁刀 13. 铁剑 12. 铁削 14. 铁矛 15. 玻璃珠

残铜器 1件。M37∶1，器形不明。

铁釜 1件。M37∶5，残缺。

铁矛 1件。M37∶14，圆弧锋，双面刃，斜从中脊。骹略长，中空，圆銎，后端呈偃月形内凹。通长62厘米，矛刃长43.6、宽4厘米，骹长18.4、銎径2.8厘米（图一四八，3）。

铁剑 1件。M37∶13，无剑格。圆弧锋，双面刃，斜从中脊。剑柄较长，截面呈扁平形。通长38厘米，剑刃长22.6、宽3.0厘米，柄长19.6、宽2、厚0.8厘米（图一四八，4）。

铁刀 2件。有刀格。单面刃，短把。M37∶11，通长49厘米，刀长39.4、宽3.6厘米，柄长7、宽1.2～3.2厘米（图一四八，5）。M37∶10，残缺。

铁削 1件。M37∶12，残缺。

玻璃珠 1件（组）。M37∶15，共205颗。个体略有大小，圆形，中间穿孔，蓝色。高0.4、直径0.5厘米。

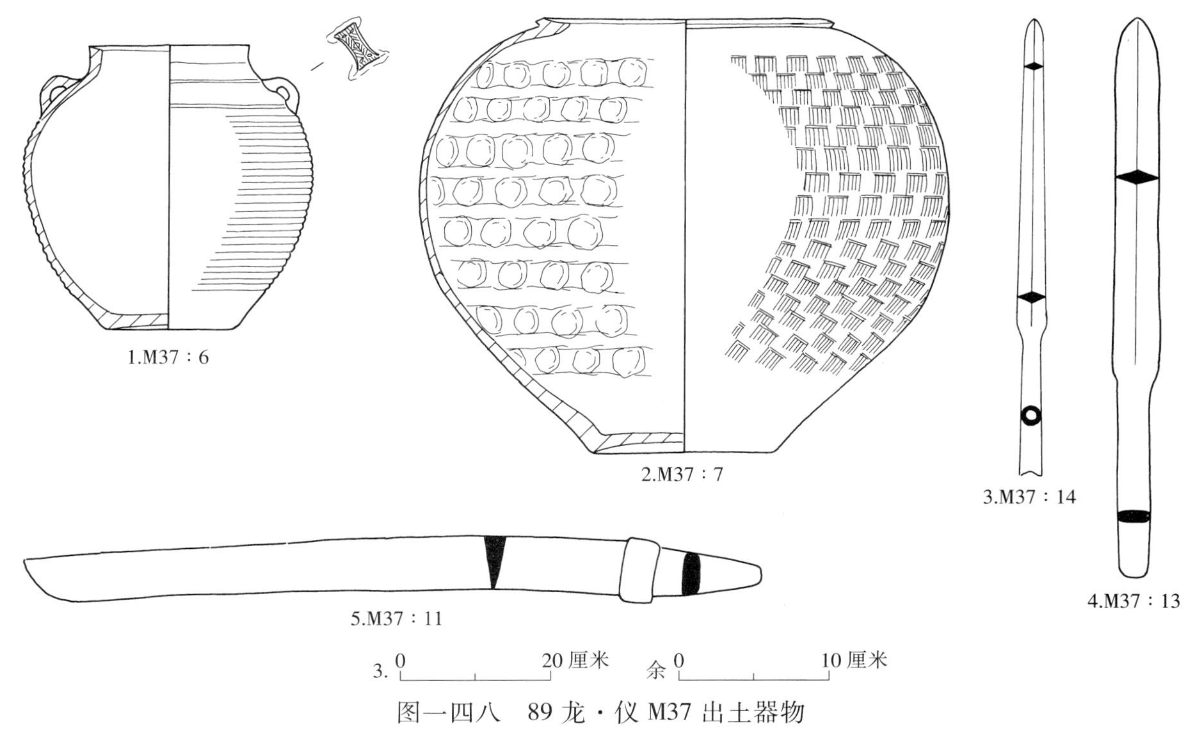

图一四八　89龙·仪M37出土器物

18. 89龙·仪M39

（一）概况

该墓打破M40。长3.60、宽2.30、残深0.60米。墓向15度。墓内回填灰、黄相杂的五花土，结构较为松散。

墓坑下部四周有因木椁外填土形成的“熟土二层台”。墓底挖有两条用于摆放椁下垫木的横轴向沟槽，长2.25、宽0.20、深0.06米，前后相距2.00米。结合随葬品的摆放位置，判断墓内原有木椁。椁室长约2.70、宽约1.80米。椁内东部设棺厢，南端设头厢，西侧设边厢（图一四九）。

（二）随葬器物

随葬器物共7件，以陶壶、罐为基本组合，均置于边厢内。

壶　3件。深盘口，圆唇外撇，盘壁外斜，圆弧肩上安双耳，圆鼓腹，腹最大径位于中部，平底。肩部划一周双线细弦纹，腹部切削密集的弧凸粗弦纹，耳面模印叶脉纹。硬陶。露胎呈砖红色，内胎为灰色，胎质较硬。轮制。M39∶5，高27.2、口径12、腹径22、底径11.7厘米（图一五〇，1）。M39∶6，高33、口径12.8、腹径26、底径10.2厘米（图一五〇，2）。M39∶7，残缺。

罐　3件。根据口沿和器身形态的不同分为：

翻沿口罐　1件。M39∶4，翻沿口，圆唇，斜弧肩上安双耳，圆弧腹，腹最大径位于上部，平底。通体切削密集的弧凸粗弦纹，耳面模印叶脉纹。硬陶。露胎呈砖红色，胎质较硬。轮制。高14.6、口径12.8、腹径18.4、底径10厘米（图一五〇，4）。

侈口罐　2件。M39∶1，侈口，平唇，窄折肩，筒腹上端安双耳，平底。肩部和腹上端各刻划

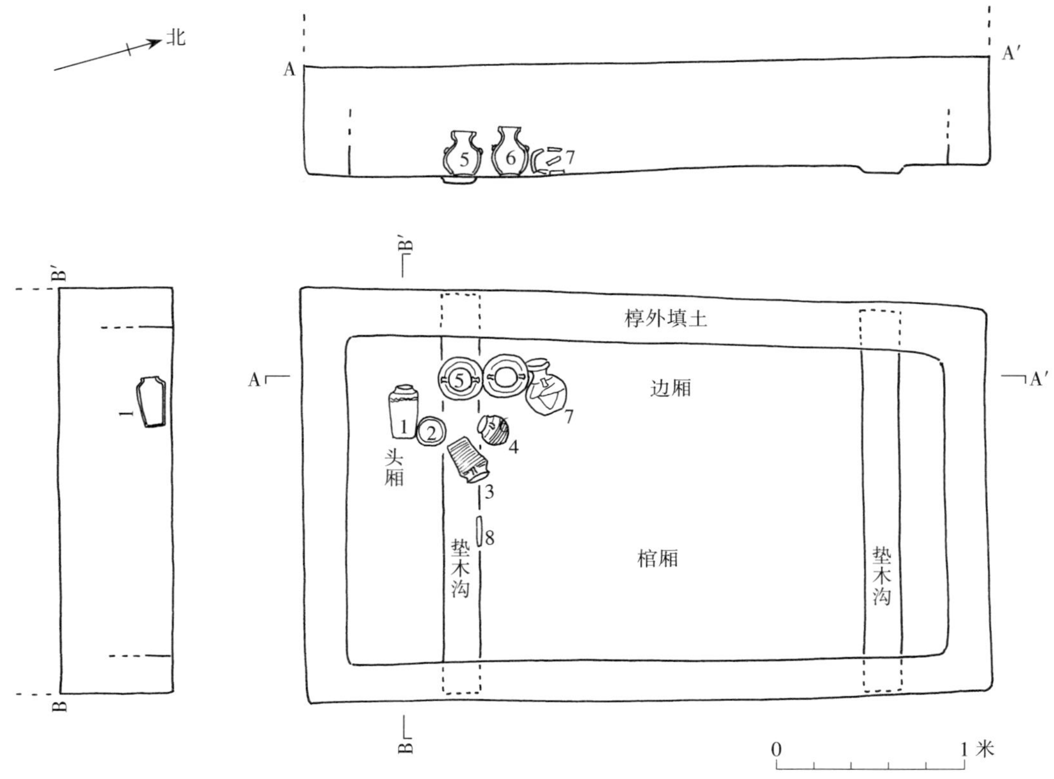

图一四九　89龙·仪M39平、剖面图

1、3. 硬陶筒形罐　2. 泥质陶钵　4. 硬陶弦纹罐　5~7. 硬陶盘口壶

一周水波纹，耳面模印叶脉纹。硬陶。露胎呈红褐色，胎内含有较多的黑色杂质，质地较硬。轮制。高24.8、口径12.6、腹径16.6、底径12.6厘米（图一五〇，3）。M39∶3，残缺。

钵　1件。M39∶2，泥质陶。残缺。

19. 89龙·仪M40

（一）概况

墓坑东壁部分已被破坏。长2.90、宽1.76、残深0.60米。墓向275度。墓内回填红、黄相杂的五花土，结构松散。

墓坑下部四周有因木椁外填土形成的“熟土二层台”。墓底挖有两条用于摆放椁下垫木的横轴向沟槽，长1.45、宽分别为0.20和0.30、深0.10米，前后相距1.20米。结合随葬品的摆放位置，判断墓内原有木椁。椁室长约2.60、宽约1.30米。椁内北部设棺厢，南侧设边厢（图一五一）。

（二）随葬器物

随葬器物共7件，以陶壶、罐为基本组合，并伴有铜四虺四乳镜和铁矛。除铜镜和铁矛随身入棺，余均置于边厢内。

1. 陶器　5件。

壶　1件。M40∶7，深盘口，圆唇下划一道浅凹槽，粗短颈，斜肩上安衔环双耳，圆鼓腹，腹最大径位于上部，高圈足。口沿外壁和颈下端各轮印一周水波纹，肩部贴三组细泥条状凸弦纹。

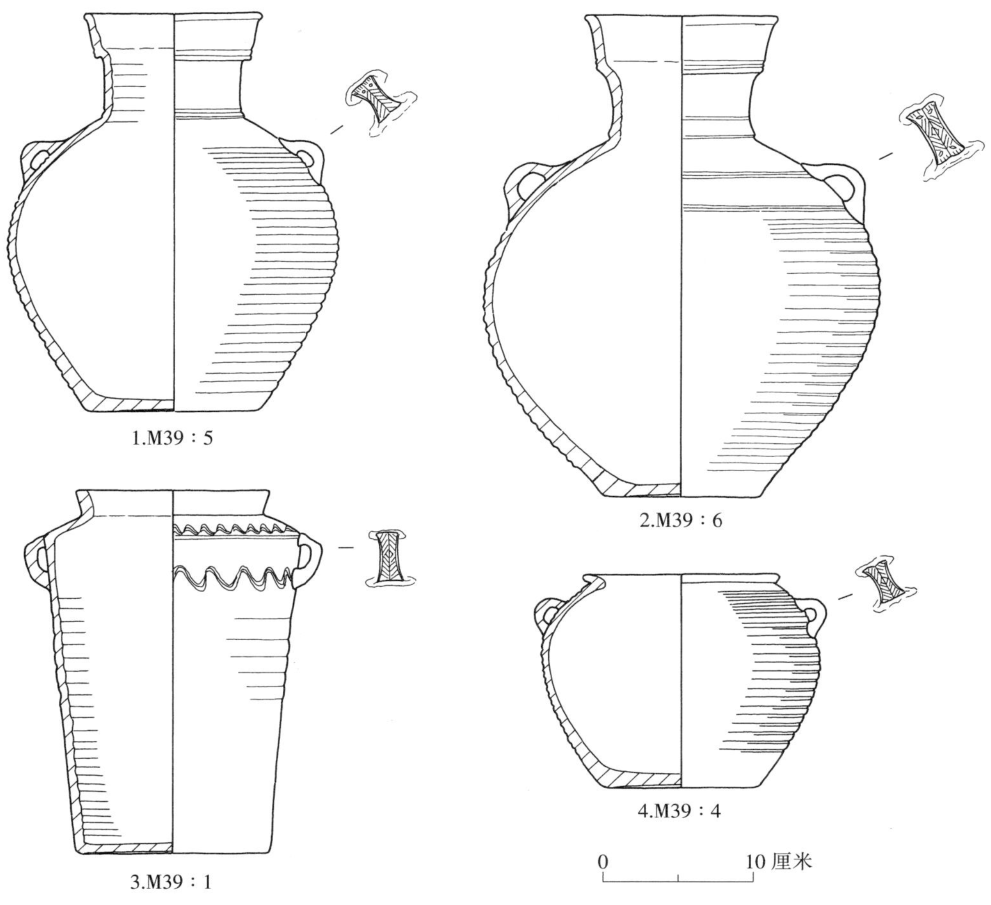

图一五〇 89龙·仪M39出土器物

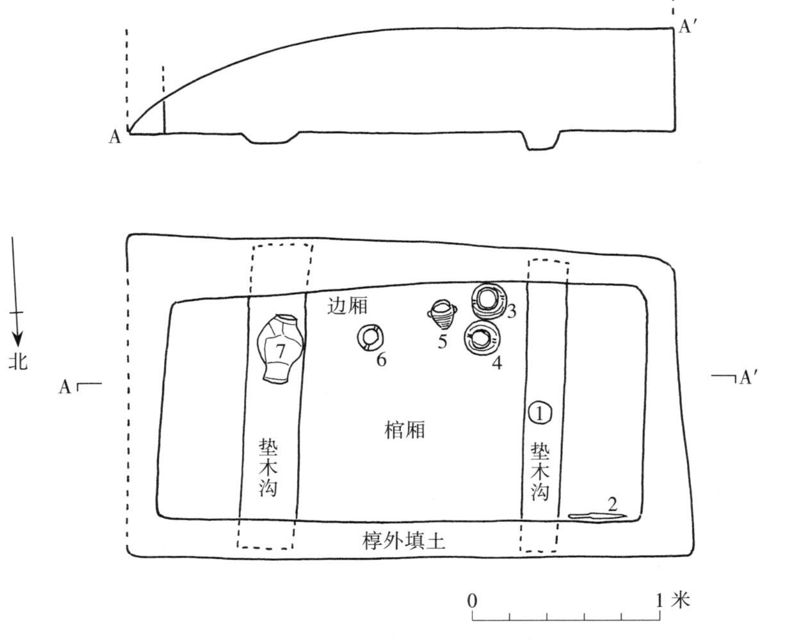

图一五一 89龙·仪M40平、剖面图

1. 铜四虺四乳镜 2. 铁矛 3~6. 硬陶弦纹罐 7. 高温釉陶盘口壶

耳面模印叶脉纹，上方贴菱角形堆纹。高温釉陶。釉色泛黄，釉层部分流失。无釉部位露胎呈暗红色，胎质坚硬。轮制。高 33.6、口径 11.6、腹径 24、底径 12.8 厘米（图一五二，1）。

罐 4 件。根据口沿形态的不同分为：

侈口罐 1 件。M40∶3，侈口，圆唇，圆弧肩上安双耳，圆弧腹，腹最大径位于上部，平底内凹。通体切削密集的弦纹，耳面模印叶脉纹。宽唇内斜，肩部划一道细弦纹。硬陶。露胎呈灰红色，胎质较硬。轮制。高 18.2、口径 12.4、腹径 21、底径 12 厘米（图一五二，2）。

翻沿口罐 3 件。翻沿口，圆唇，斜弧肩上安双耳，平底内凹。通体切削密集的弦纹，耳面模印叶脉纹。硬陶，胎质较硬。M40∶4，圆弧腹，腹最大径位于上部。弦纹宽而弧凸。高 17.2、口径 12.3、腹径 19.2、底径 10 厘米（图一五二，3）。M40∶5，腹最大径位于上部。弦纹粗而弧凸。露胎呈砖红色。高 10.2、口径 9.2、腹径 12、底径 7.6 厘米（图一五二，4）。M40∶6，鼓腹略扁，腹最大径位于中部。弦纹细而弧凸。露胎上部呈灰色，下部呈红灰色。高 9.6、口径 9.2、腹径 12.6、底径 6.8 厘米（图一五二，5）。

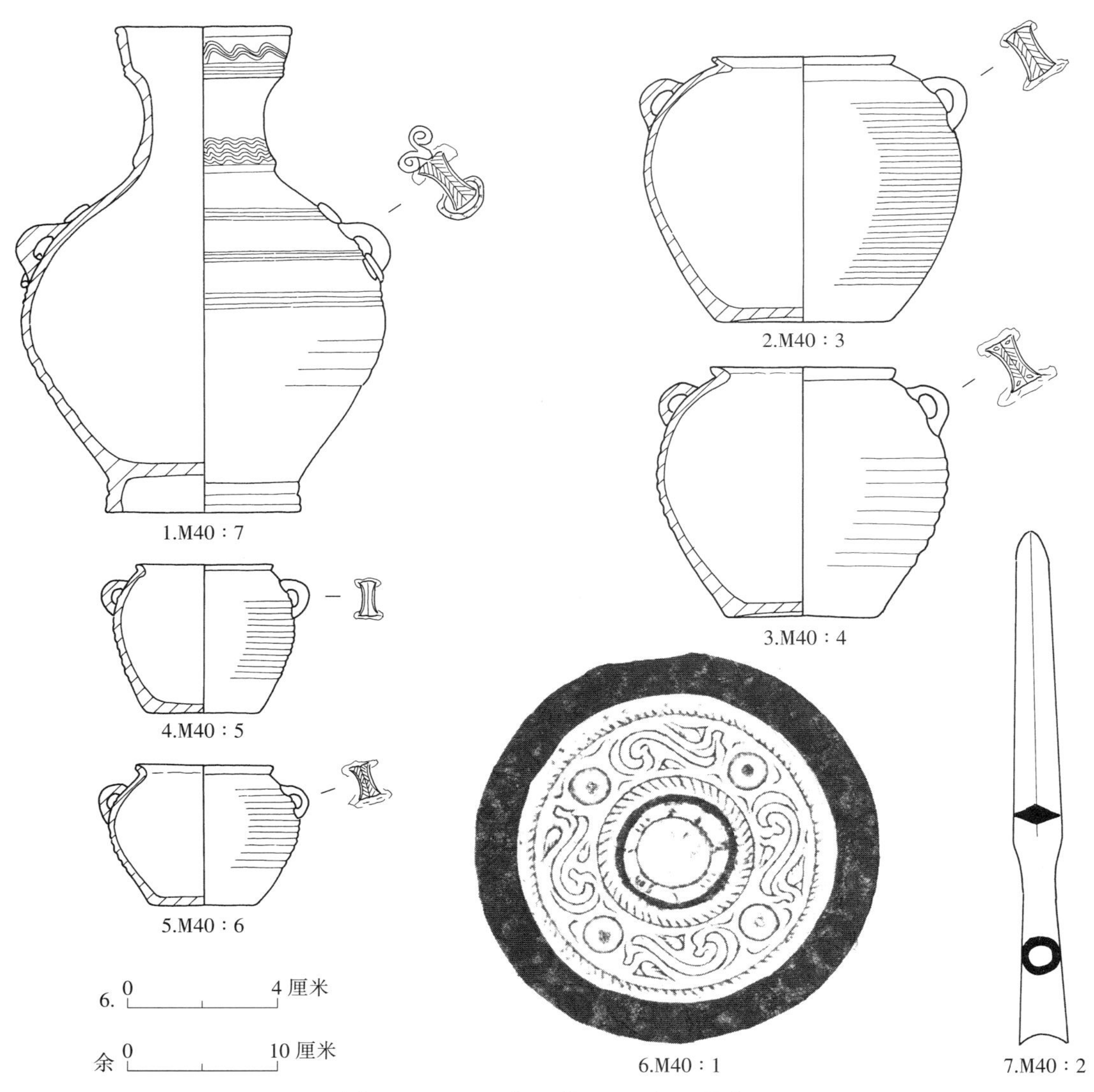

图一五二 89 龙·仪 M40 出土器物

2. 其他　2 件。

铜四虺四乳镜　1 件。M40∶1，圆纽，圆纽座，座外一周栉齿纹。内区饰四虺四乳。素宽平缘。高 1、直径 10.6 厘米（图一五二，6）。

铁矛　1 件。M40∶2，圆弧锋，双面刃，斜从中脊。骹略长，中空，圆銎，后端呈偃月形内凹。通长 34.8 厘米，矛刃长 21.2、宽 32 厘米，骹长 13.6、銎径 3.2 厘米（图一五二，7）。

20. 89 龙·仪 M41

（一）概况

墓长 3.60、宽 2.10～2.20、残深 1.00 米。墓向 274 度。墓内回填红、灰相杂的五花土，结构较为致密。

墓坑下部四周有因木椁外填土形成的“熟土二层台”。结合随葬品的摆放位置，判断墓内原有木椁。椁室长约 3.10、宽约 1.40 米。椁内西部设棺厢，东端设头厢（图一五三）。

（二）随葬器物

随葬器物共 5 件（组），以陶瓿、罐为基本组合，并伴有铜“五铢”钱。除铜钱随身入棺，其余均置于头厢内。

1. 陶器　4 件。

瓿　1 件。M41∶1，高温釉陶。残缺。

壶　1 件。M41∶3，深盘口，圆唇下划一周浅凹槽，粗短颈，斜肩上安衔环双耳，鼓腹，腹最

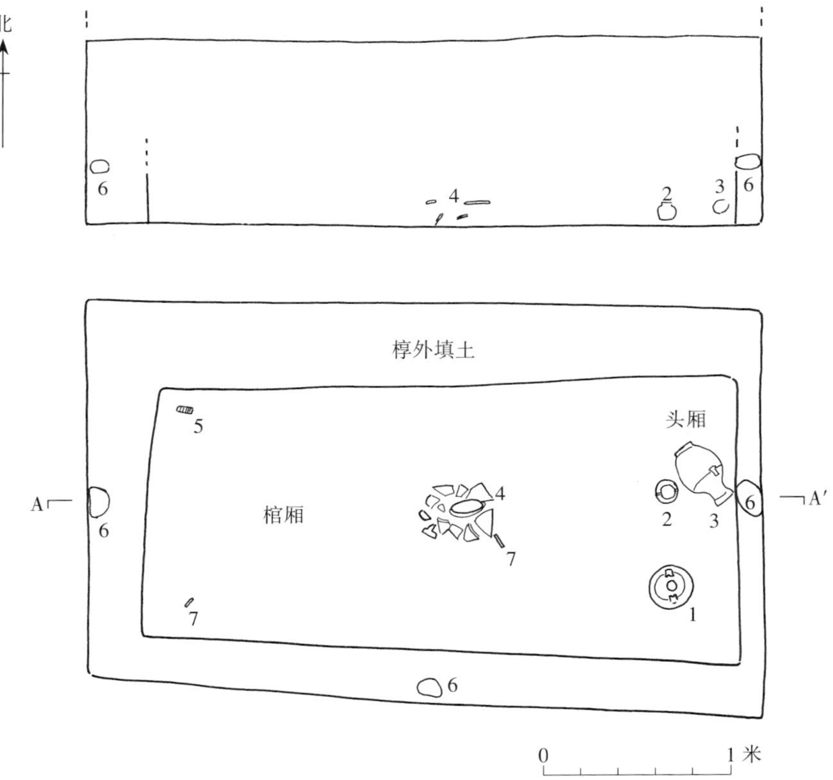

图一五三　89 龙·仪 M41 平、剖面图

1. 高温釉陶瓿　2、4. 硬陶罐　3. 高温釉陶盘口壶　5. 铜“五铢”钱　6. 卵石　7. 铁棺钉

大径位于中部，高圈足。口沿外壁和颈下端各轮印一周水波纹，肩部划三组三线细弦纹。耳面模印叶脉纹，上方贴方形兽面。高温釉陶。釉层已流失，露胎呈灰黄色。无釉部位露胎呈暗红色，胎质坚硬。轮制。肩部有较多的气泡。高 35.6、口径 13、腹径 27.2、底径 13.6 厘米（图一五四，1）。

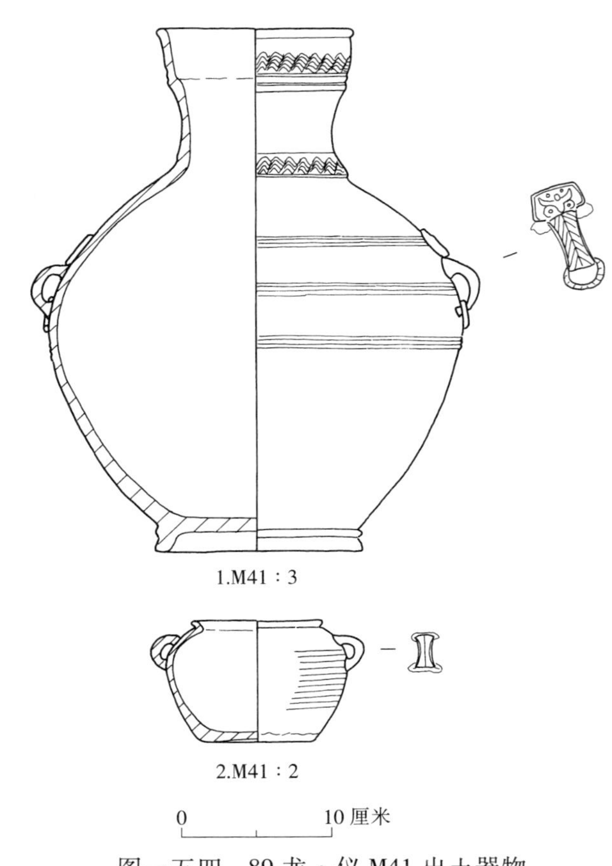

图一五四　89 龙・仪 M41 出土器物

罐　2 件。M41∶2，侈口，圆唇，斜肩上安双耳，弧腹，腹最大径位于上部，平底内凹。通体切削密集的弧凸粗弦纹。硬陶。露胎上部呈灰色，下部为红灰色，胎质较硬。轮制，下部有底与腹的黏结痕。高 8.4、口径 8.8、腹径 12、底径 7.6 厘米（图一五四，2）。M41∶4，残缺。

2. 其他　1 件（组）。

铜“五铢”钱　1 件（组）。M41∶5，已锈蚀。

21. 89 龙・仪 M42

（一）概况

墓长 3.80、宽 2.00、深 1.80 米。墓向 155 度。墓内回填红、灰、黄相杂的五花土，结构较为松散。底面中间挖有一条承接墓内渗水的沟槽，平面呈纵轴走向，长 3.70、宽 0.28、深 0.10 米，沟底南端有数块卵石。

墓坑下部四周有因木椁外填土形成的“熟土二层台”。底面挖有两条放置椁下垫木的横轴向沟槽，长 1.90、宽 0.16、深 0.08 米。结合随葬品的摆放位置，判断墓内原有木椁。椁室长约 3.20、宽 1.40 米。椁内西部设棺厢，东侧设边厢（图一五五）。

（二）随葬器物

随葬器物共 9 件，以陶壶、罐、罍为基本组合。器物主要置于边厢内，个别位于渗水沟中，推测原摆放在木椁之上，随着椁室的腐坏、坍塌而落入沟内。

壶　2 件。深盘口，圆唇，粗短颈，斜肩上安双耳，弧腹，腹最大径位于上部，平底。腹部切削密集的弧凸粗弦纹，耳面模印叶脉纹。高温釉陶。釉色泛绿。无釉部位露胎呈紫红色，胎质坚硬。轮制。M42∶8，肩部划两组双线细弦纹。高 31.4、口径 12.8、腹径 21.6、底径 10.5 厘米（图一五六，1）。M42∶4，肩部划一周双线细弦纹。高 28、口径 12.2、腹径 19.4、底径 9.4 厘米（图一五六，2）。

罐　5 件。M42∶6，平唇，内外口，内为直口，外为敞口，斜弧肩上安双耳，弧腹，腹最大径位于上部，平底。肩、腹部切削密集的弧凸粗弦纹。硬陶。露胎呈灰色，胎质较硬。轮制。高 22.4、内口径 12、外口径 24.3、腹径 22.5、底径 11.6 厘米（图一五六，3；图版一六，2）。

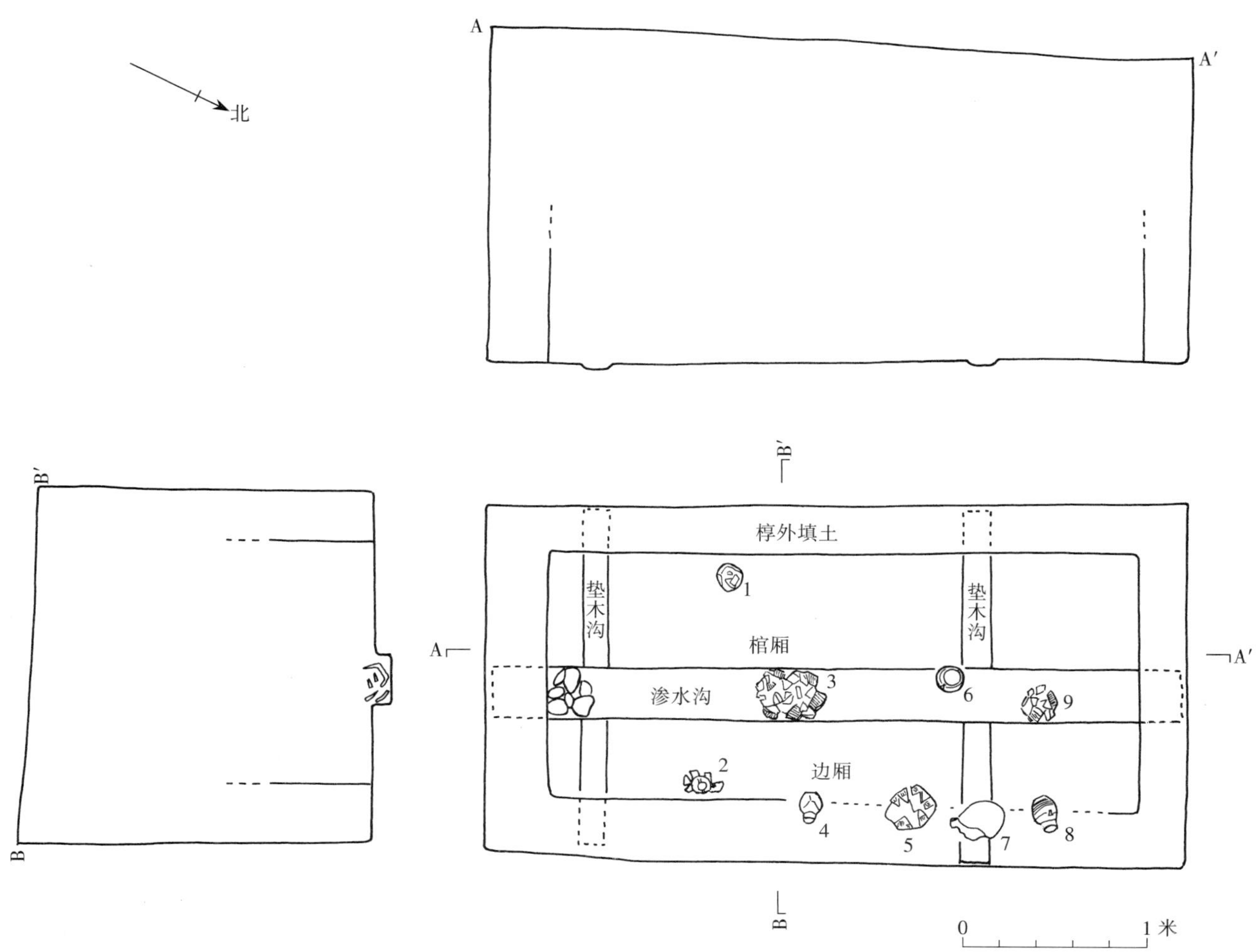

图一五五　89 龙·仪 M42 平、剖面图

1～3、9. 泥质陶罐　4、8. 高温釉陶盘口壶　5. 印纹硬陶罍　6. 硬陶泡菜罐　7. 泥质陶釜

M42∶1～3、9，残缺。

罍　1 件。M42∶5，印纹硬陶。残缺。

釜　1 件。M42∶7，泥质陶。残缺。

22. 89 龙·仪 M43

（一）概况

墓葬已被盗掘。长 3.70、宽 2.40、深 2.30 米。墓向 150 度。墓内回填灰、黄相杂的五花土，结构较为松散。底面挖有三条承接墓内渗水的沟槽，沟底铺垫卵石。其中两条呈纵轴向列于两侧，一条呈西北至东南走向，两端分别连接两条纵轴向渗水沟。

墓坑下部四周有因木椁外填土形成的“熟土二层台”。底面挖有两条放置椁下垫木的横轴向沟槽，长 2.36、宽 0.24、深 0.06 米，前后相距 1.80 米。判断墓内原有木椁。椁室长约 3.10、宽 1.90 米。椁内中部设棺厢（图一五七）。

（二）随葬器物

随葬器物仅存 2 件（组）。

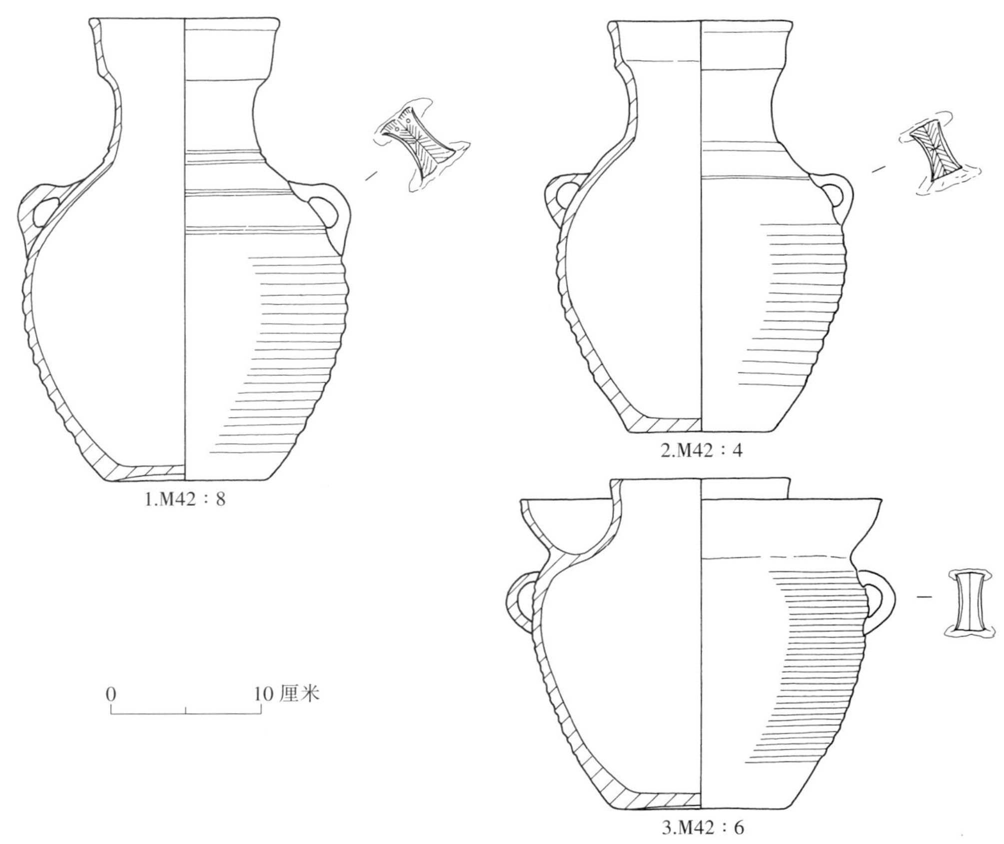

图一五六　89龙·仪M42出土器物

铜“五铢”钱　1件（组）。M43∶1，锈蚀。

铁刀　1件。M43∶2，残缺。

23. 89龙·仪M45

墓长4.00、宽2.00、深2.60米。墓向85度。墓内回填红、黄相杂的五花土，结构松散。墓底挖有一条承接墓内渗水的沟槽，平面呈斜直走向，两端分别与墓坑西北和东南角相接。

底面挖有两条用于摆放椁下垫木的横轴向沟槽，长1.95、宽0.24、深0.10米，前后相距2.84米，判断墓内原有木椁。椁室长约2.80、宽约0.80米。椁外四周填塞厚0.40、宽0.60米的卵石层（图一五八）。

墓内空无一物。

24. 89龙·仪M51

（一）概况

墓长4.00、宽2.00、深1.60米。墓向170度。墓坑北壁自底向上0.96米处有一个宽0.50米的台阶，台面上摆放有一把铁剑。墓内回填红、黄、灰相杂的五花土，结构较为致密。

墓坑下部四周有因木椁外填土形成的“熟土二层台”。底面挖有两条用于摆放椁下垫木的横轴向沟槽，长1.92、宽0.22、深0.10米，前后相距1.90米。结合随葬品的摆放位置，判断墓内

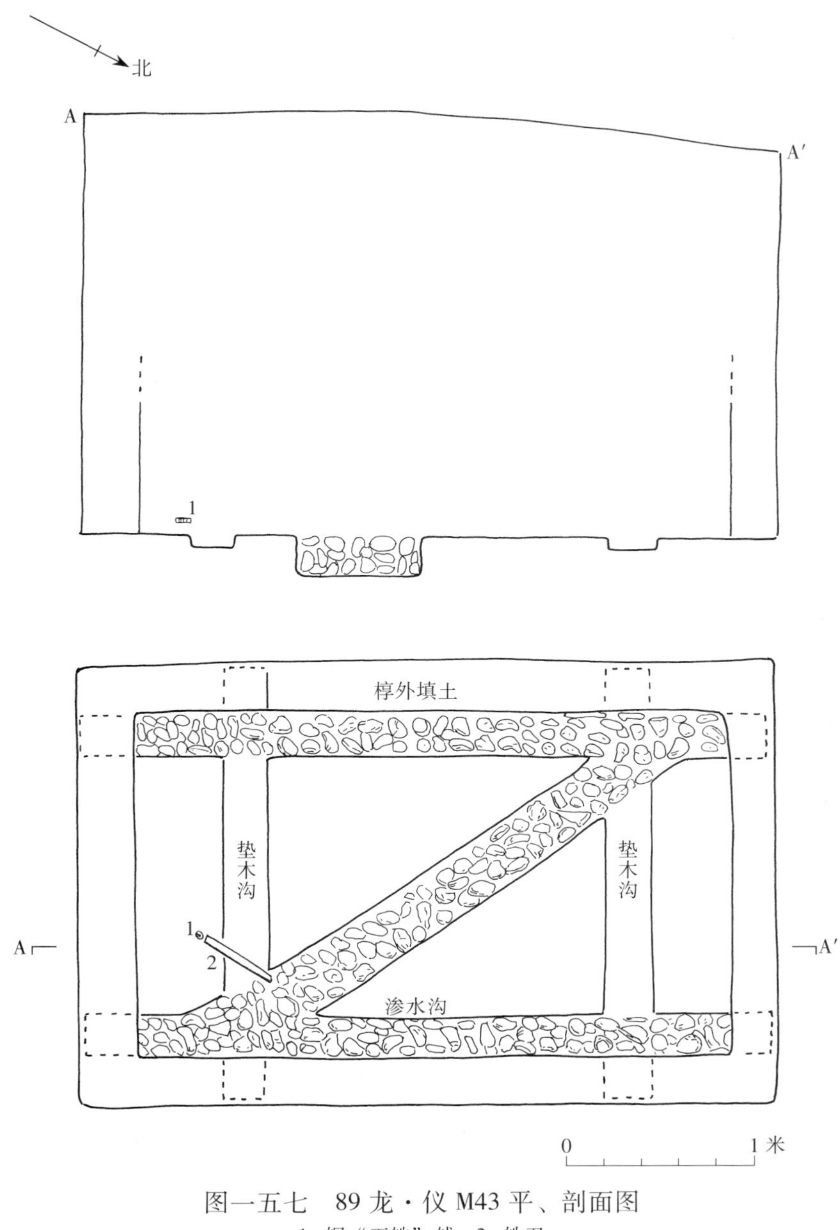

图一五七　89龙·仪M43平、剖面图
1. 铜“五铢”钱　2. 铁刀

原有木椁。椁室长约3.10、宽1.60米。椁内东部设棺厢，西侧设边厢，北端设头厢（图一五九）。

（二）随葬器物

随葬器物共9件，以陶壶、罐、罍为基本组合，并伴有铁矛、剑、刀，分别置于边厢和头厢内。

1. 陶器　4件。

壶　1件。M51∶6，深盘口，圆唇外翻，粗短颈，斜弧肩上安双耳，圆鼓腹，腹最大径位于中部，平底。肩部划两道细弦纹，腹部切削密集的弧凸粗弦纹，耳面模印叶脉纹。硬陶。露胎呈灰色，胎质较硬。轮制。高21.5、口径11、腹径17.2、底径8.6厘米（图一六〇，1）。

罐　2件。侈口，圆唇，斜弧肩上安双耳，弧腹，腹最大径位于上部，平底。通体切削密集的弧凸粗弦纹，耳面模印叶脉纹。硬陶。露胎上部呈灰色，下部为红灰色，胎质较硬。轮制。

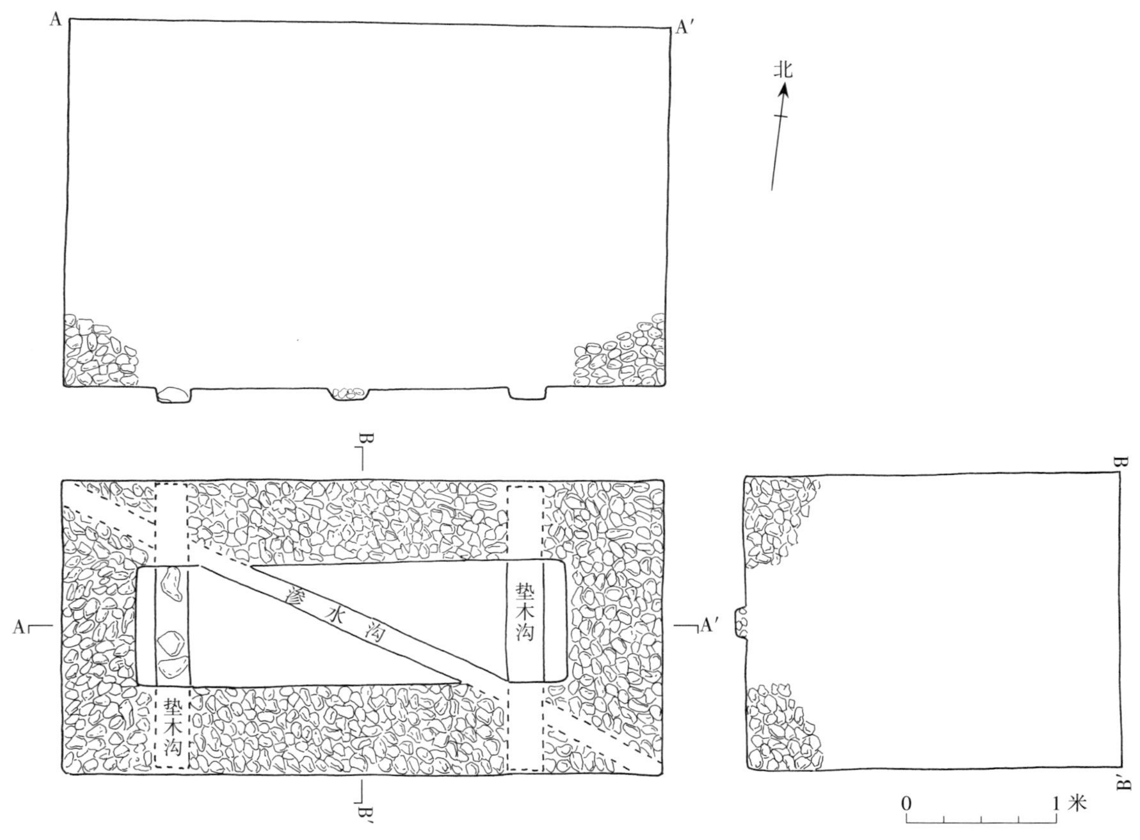

图一五八　89龙·仪M45平、剖面图

M51∶7，高14.2、口径11.6、腹径16.3、底径9.6厘米（图一六○，2）。M51∶5，高14、口径11.6、腹径16、底径8.6厘米（图一六○，3）。

罍　1件。M51∶4，敛口，宽折唇内侧下凹，宽圆弧肩，圆鼓腹，腹最大径位于上部，平底内凹。通体拍印规整、清晰的梳状纹。印纹硬陶。露胎呈灰色，胎质较硬。泥条盘筑，内壁留有陶拍的抵窝痕。高26、口径20、腹径35.4、底径14.6厘米（图一六○，4）。

2. 其他　5件。

铁矛　1件。M51∶9，锋残缺，双面刃，斜从中脊。骹略长，中空，后端呈偃月形内凹，圆銎。残长50.8厘米，刃残长34.2、宽4厘米，骹长16.6、銎径3.4厘米（图一六○，5）。

铁剑　3件。双面刃，圆弧锋，斜从中脊。短柄无格，前宽后窄，截面呈扁平形。M51∶1，通长40.2厘米，剑身长32、宽4.2厘米，柄长36、宽2.8～4.8厘米（图一六○，6）。M51∶2、8，未能复原。

铁刀　1件。M51∶3，残缺。

三　一椁双棺同穴合葬墓

共11座。墓内以一椁二棺为葬具。均为深竖穴土坑结构，平面形式多样。墓坑四壁陡直，底面平整。葬具均已腐坏无存。

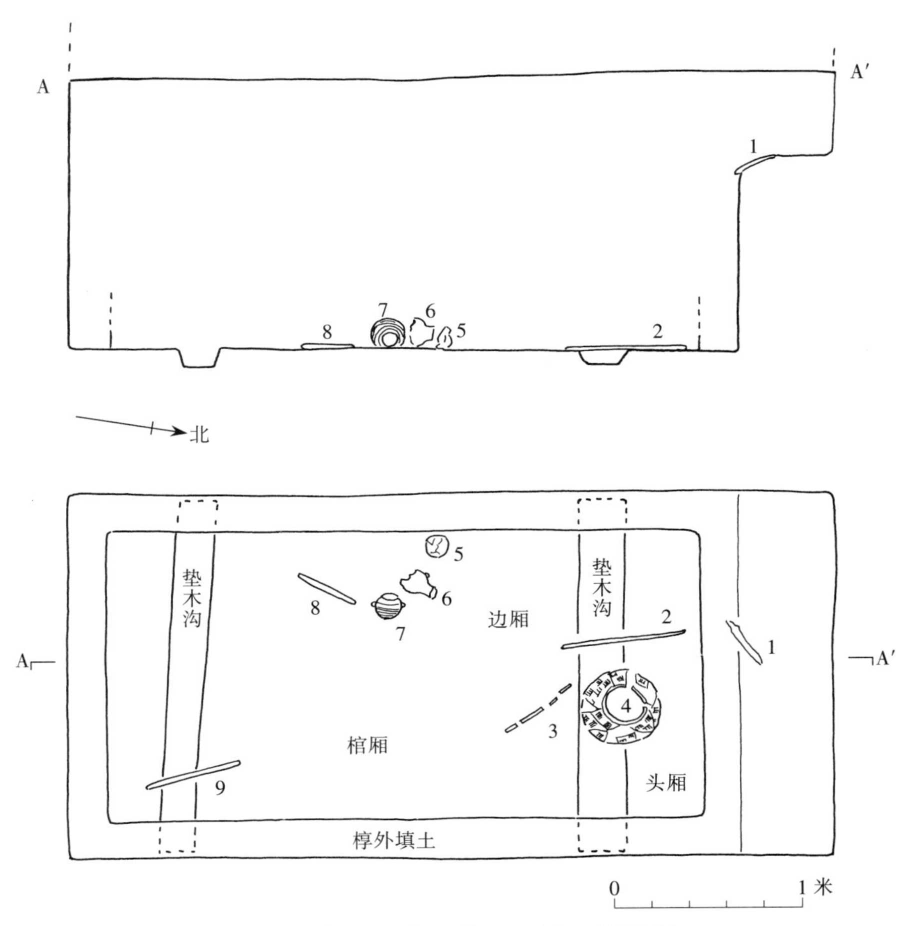

图一五九　89 龙·仪 M51 平、剖面图

1、2、8. 铁剑　3. 铁刀　4. 印纹硬陶罍　5、7. 硬陶罐　6. 硬陶盘口壶　9. 铁矛

1. 89 龙·仪 M10

（一）概况

该墓曾遭到严重盗扰，排水沟被 M15 打破。

平面呈凸字形，总长 6.90 米。墓向 25 度。由墓道和墓室两部分组成。墓内回填红灰色五花土，结构较为松散。

墓道位于墓室前方中央，平面为长方形，长 3.20、宽 1.56～1.66、深 0.40～1.10 米。底面呈 10 度倾斜，终端高于墓室底面 0.30 米。

墓室平面为近方形，长 3.70、宽 3.50、深 1.60 米。底面挖有两条承接墓内渗水的沟槽，平面呈交叉状，长 3.30、宽 0.20、深 0.08 米，四端与墓室四角相接。在距墓室西北角 1.20 米处，设有一条长约 5 米以上的排水沟（实际发掘 2 米），沟宽 0.90、深 1.70 米，沟壁上部陡直，下部内收呈圜底形，底部铺垫厚 0.20 米的卵石层，卵石上覆盖二至三层大型板瓦。在墓外排水沟和墓内渗水沟之间用一条暗沟相连，沟长 1.20、宽 0.40～0.50、深 0.40 米，沟底铺垫厚 0.30 米的卵石，其上覆盖大型板瓦。

墓室底部见有残高 0.10～0.40、厚 0.12 米的木椁边框板灰痕迹。底面挖有两条摆放垫木的横

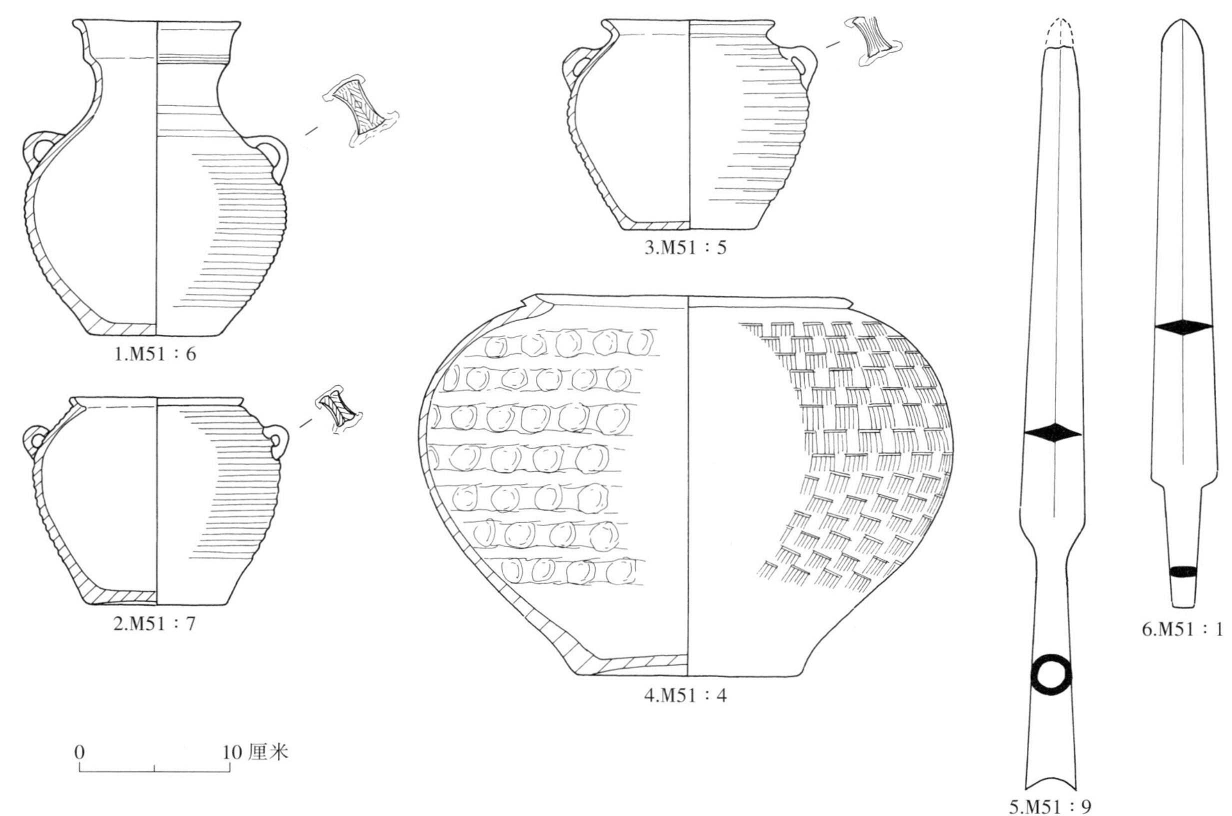

图一六〇 89龙·仪M51出土器物

轴向沟槽，长3.45、宽分别为0.14和0.21、深0.10米，前后相距2.40米。据此可知椁室约长2.94、宽2.80米。椁内东部设棺厢，西侧设边厢。椁外左右和前部铺垫高0.20、宽0.30米的卵石层（图一六一）。

（二）随葬器物

随葬器物共16件（组），以陶瓿、盘口壶、弦纹罐为基本组合，并伴有铁矛、刀等。除兵器和串珠随身入棺外，其余均置于边厢内。墓内所见随葬品具有明显的早晚不同的现象，判断存在着二次葬的可能。

1. 陶器 11件。

瓿 2件。大小不同。敛口，宽斜唇，斜肩上安铺首，铺首低矮，上端紧贴器壁并低于口沿，平底内凹。高温釉陶。釉色泛黄，釉层大部流失。无釉处露胎呈暗红色，内胎为灰色，胎质坚硬。轮制。M10∶10，器身高大。圆鼓腹，腹最大径位于中部。肩部贴三组细泥条状凸弦纹，铺首面模印人面纹，上方贴菱角形堆纹。高27、口径7.8、腹径30.6、底径14.8厘米（图一六二，1）。M10∶2，器身较小。弧腹，腹最大径位于上部。肩部划一周双线细弦纹，腹部切削密集的弧凸粗弦纹。铺首面模印人面纹，上方贴横向“S”形堆纹。高17.8、口径8.6、腹径19.8、底径11.6厘米（图一六二，2）。

壶 4件。大小不等。深盘口，圆唇下划一周浅凹槽，粗短颈，斜肩上安双耳。耳面模印叶脉纹。高温釉陶。釉色泛黄。无釉部位露胎呈红灰色，内胎呈灰色，胎质坚硬。轮制。M10∶3，扁鼓腹，腹最大径位于中部，高圈足外展。颈下端轮印一周水波纹，肩部贴两组细泥条状凸弦纹，

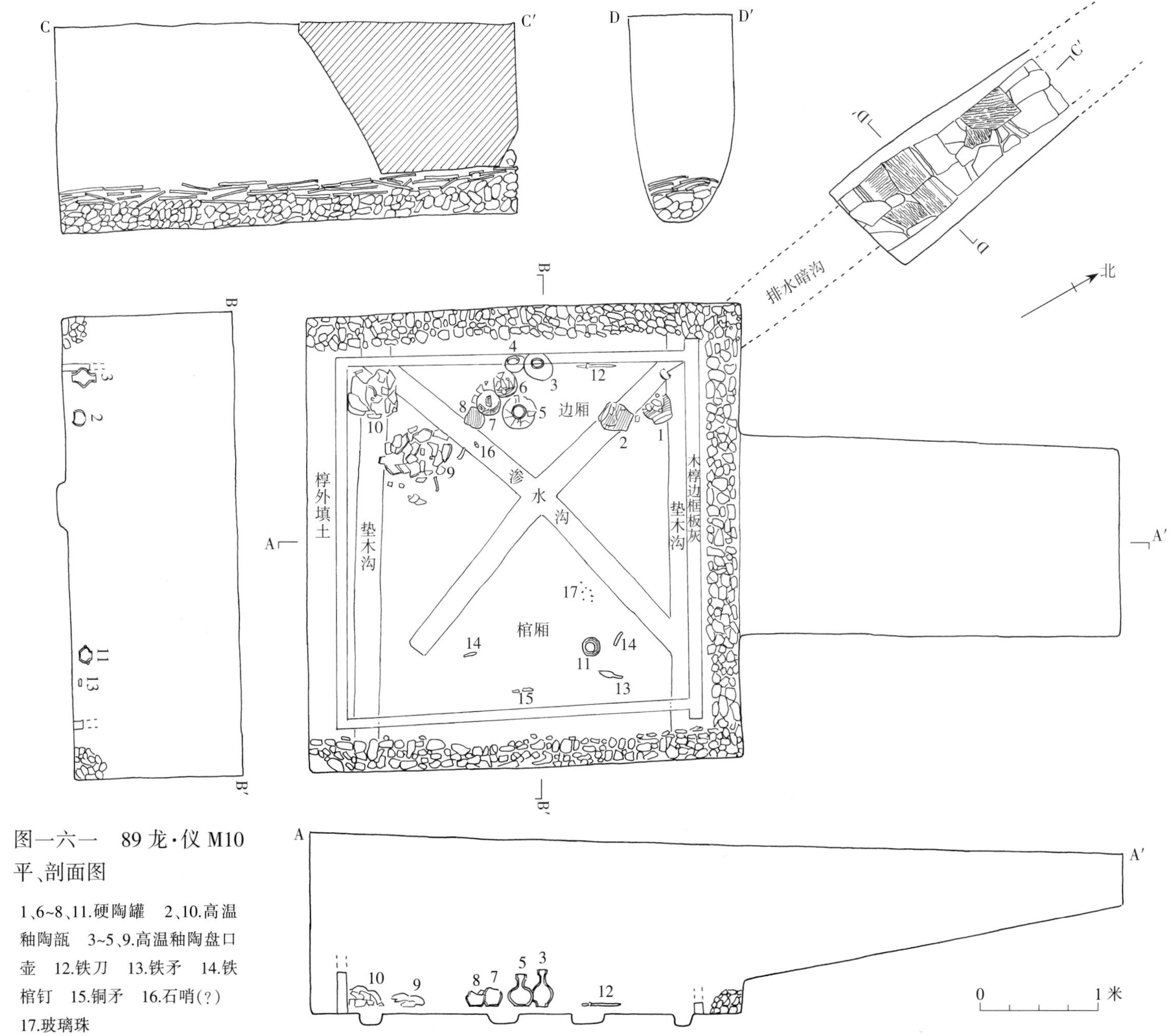

图一六一 89龙·仪M10平、剖面图

1、6~8、11.硬陶罐 2、10.高温釉陶瓿 3~5、9.高温釉陶盘口壶 12.铁刀 13.铁矛 14.铁棺钉 15.铜矛 16.石哨（?） 17.玻璃珠

耳上方贴横向“S”形堆纹。高 26.2、口径 10.2、腹径 21.8、足径 10 厘米（图一六二，3）。M10∶4，弧腹，腹最大径位于上部，浅卧足。肩部划一周细弦纹，腹部切削密集的弧凸宽弦纹。高 21.3、口径 8.4、腹径 15.2、足径 7.8 厘米（图一六二，4）。M10∶5、9，残缺。

罐　5 件。M10∶1，翻沿口，圆唇，斜弧肩上安双耳，弧腹，腹最大径位于上部，平底内凹。通体切削密集的弧凸粗弦纹，耳面模印叶脉纹。硬陶。露胎上部呈灰色，下部为灰红色，胎质较硬。轮制。高 18、口径 12.4、腹径 19.4、底径 12 厘米（图一六二，5）。M10∶6～8、11，均残缺。

2. 其他　5 件。

铜矛　1 件。M10∶15，残缺。

铁矛　1 件。M10∶13，骹与矛刃长度接近。圆弧锋，双面刃，斜从中脊。圆骹，中空，圆銎

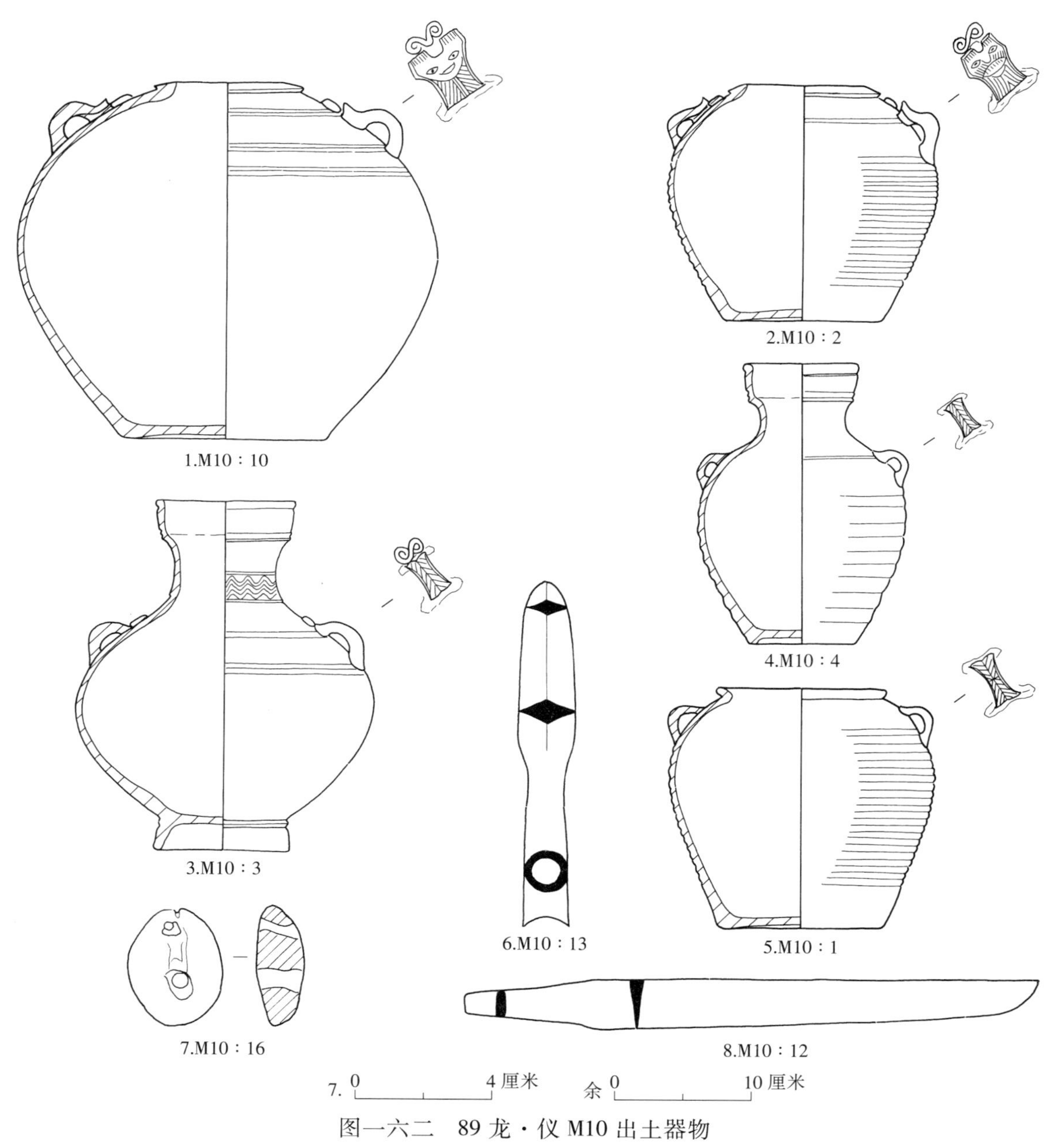

图一六二　89 龙 · 仪 M10 出土器物

端呈偃月形内凹。通长 25.8 厘米，矛刃长 14.4、宽 4 厘米，骹长 11.4、銎径 3.2 厘米（图一六二，6）。

铁刀　1 件。M10∶12，无刀格。单面刃，刀柄前宽后窄，截面呈扁平形。通长 41.8 厘米，刀身长 33、宽 3.8 厘米，柄宽 1.4 ~3、厚 0.6 厘米（图一六二，8）。

石哨（?）　1 件。M10∶16，扁平椭圆形，上下各钻一孔。卵石。长 3.6、宽 2.7、厚 0.6 ~1.5、孔径 0.6 厘米（图一六二，7；图版三二，4）。

玻璃珠　1 件（组）。M10∶17，共 21 颗。圆形，中心穿孔。翠绿色。高 0.4 厘米。

2.89 龙・仪 M11

（一）概况

平面呈凸字形，总长 8.65 米。墓向 23 度。由墓道和墓室两部分组成，底面平整。墓内回填红、黄相杂的五花土，结构较为松散。

墓道位于墓室前方略偏右处，平面呈长方形，长 4.50、宽 1.90 ~2.04 米。墓道前段为五级阶梯，每级高 0.30 米左右；后段呈 12 度斜坡式，终端高于墓室底面 0.40 米。

墓室平面呈近方形，长 4.15、宽 3.76、深 2.70 米。底面挖有两条承接墓内渗水的沟槽，平面呈交叉状，长 5.46、宽 0.22、深 0.26 米，四端与墓室四角相接，沟底铺垫卵石。墓室西北角外 1.00 米处有一条排水沟，并与墓室内的渗水沟以一段暗沟相连通。暗沟顶部呈凹弧形，平底。高 0.60、长 1.00、底宽 0.60 米。排水沟长 10 米以上（实际发掘 5 米），开口略大于底面，平底。口宽 1.00、底宽 0.70、深 0.60 米。沟底铺垫厚 0.54 米的卵石，卵石上覆盖两层大型板瓦。

在距墓室底面 1.00 米的平面上，见有一层椁室盖板的板灰，墓室四周有残高 0.70、厚 0.10 米的木椁边框板灰痕迹，底面椁底前后挖有两条用于摆放椁下垫木的横轴向沟槽，长 3.70、宽 0.20、深 0.10 米，前后相距 2.10 米，由此可知原椁室约高 1.00、长 3.20、宽 3.00 米。椁室内中部设棺厢，两侧设边厢，南端设脚厢。棺厢内残留有两具腐坏的棺木板和数枚铁棺钉，可知棺木长 2.30、宽 0.70 米（图一六三 A、B）。

（二）随葬器物

随葬器物共 53 件（组），以陶瓿、壶、罐、罍为基本组合，并伴有铜洗、四虺四乳镜、日光镜、“五铢”钱和铁釜、矛、剑、刀等。西侧棺内头部摆放铜镜、铜钱、石黛板与研黛器，胸部有一串玻璃珠，腰部左右摆放铜钱与铁剑；东侧棺内头部摆放小杯、纺轮、铜镜、铁削、石哨（?）。其余器物分别置于边厢和脚厢内。

1. 陶器　27 件。

瓿　2 件。M11∶21，敛口，宽斜唇，宽斜肩上安铺首，铺首略高，上端略外翘并低于口沿，圆鼓腹，腹最大径位于上部，平底内凹。肩部贴三组细泥条状的凸弦纹，铺首面模印人面纹，上方贴菱角形堆纹。高温釉陶。釉色泛黄，釉层大部流失。无釉部位露胎呈紫红色，内胎为灰色，胎质坚硬。轮制。高 31.8、口径 9.2、腹径 36、底径 16 厘米（图一六四 A，1）。M11∶38，残缺。

壶　7 件。根据口沿形态的不同分为：

敞口壶　6 件。其中 2 件器身高大。敞口，平唇，粗短颈，宽弧肩上安衔环双耳，圆鼓腹，腹

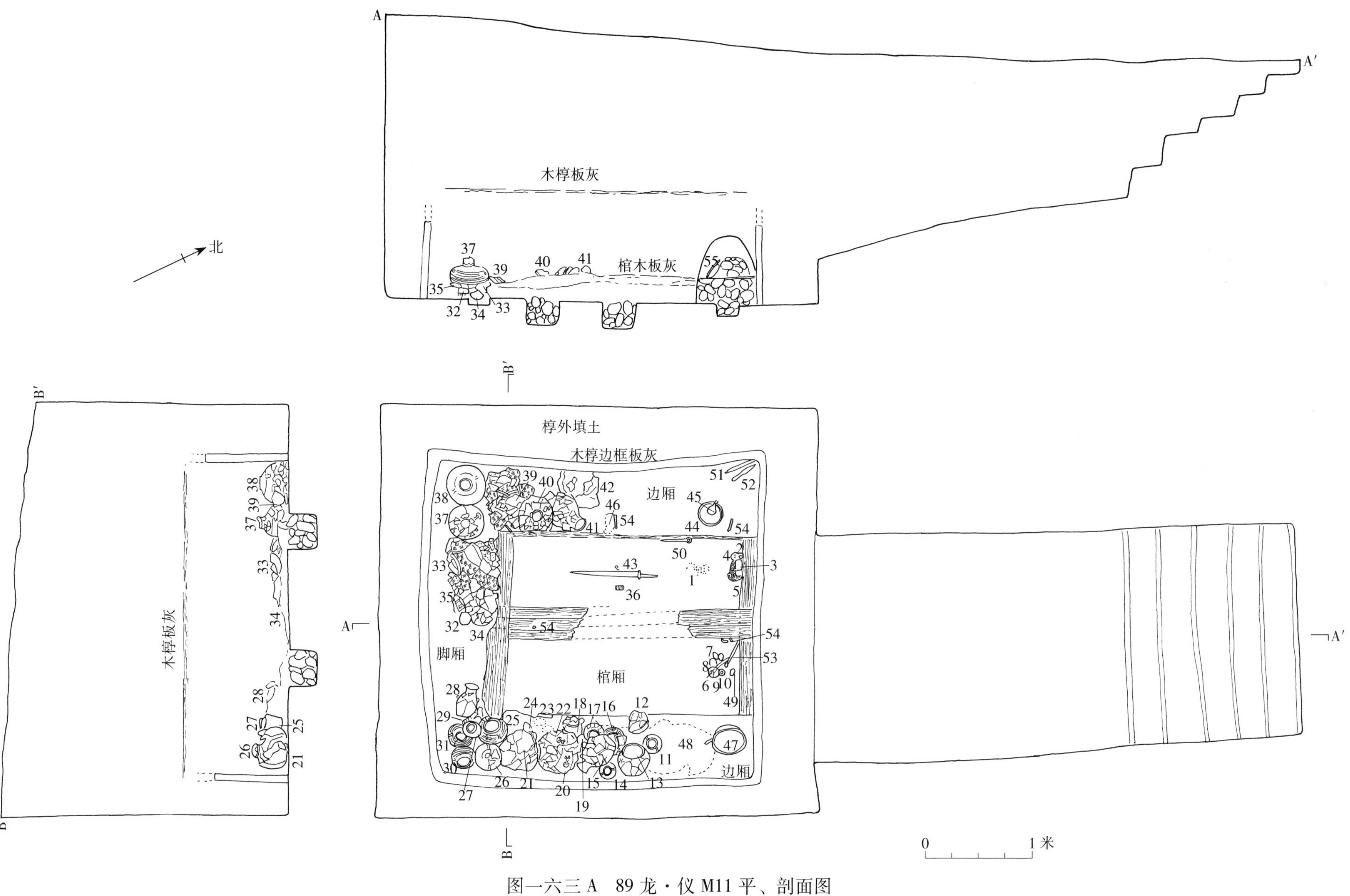

图一六三A　89龙·仪M11平、剖面图

1. 玻璃珠　2. 石研黛器　3. 石黛板　4. 铜日光镜　5、36. 铜“五铢”钱　6. 铜四虺四乳镜　7. 硬陶纺轮　8～10. 原始瓷杯　11、12、14、16～19、27、35. 硬陶弦纹罐　13、25. 高温釉陶罐　15、20、26、28、37、40. 高温釉陶敞口壶　21、38. 高温釉陶瓿　22～24、32、46、48. 漆器痕　29～31、34. 硬陶罐　33、39. 印纹硬陶罍　41. 高温釉陶盘口壶　42. 铁釜　43. 铁剑　44. 铜洗　45. 漆勺　47. 铜盆　49. 石哨（？）　50、51. 铁刀　52. 铁矛　53. 铁器　54. 铁棺钉　55. 板瓦

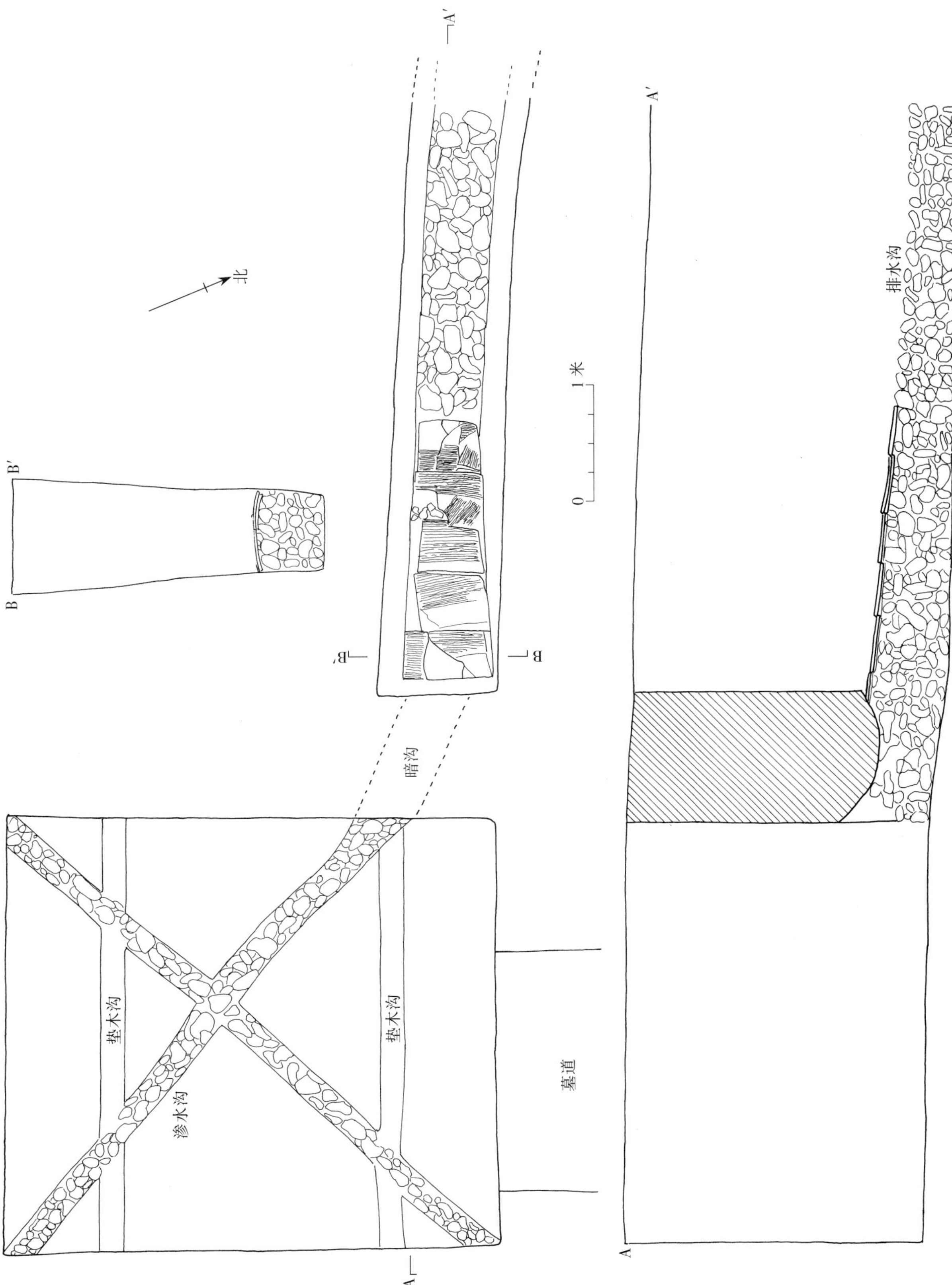

图一六三B 89龙·仪M11排水设施结构图

图一六四A 89龙·仪M11出土器物

最大径位于中部，浅卧足。口沿外壁和颈下端各轮印一周水波纹，肩部贴三组细泥条状的凸弦纹。耳面模印叶脉纹，上方贴菱角形堆纹。高温釉陶。釉色青绿。无釉部位露胎呈暗红色，胎质坚硬。颈以上为轮制，内壁有轮旋痕；以下采用泥条盘筑，内壁有陶拍的抵窝痕。M11∶20，高 40.8、口径 19、腹径 34、足径 17.4 厘米（图一六四 A，2）。M11∶37，高 40.4、口径 17.2、腹径 33.8、足径 17.4 厘米（图一六四 A，3）。3 件器身中等。敞口，平唇，粗短颈，斜肩上安双耳，弧腹，腹最大径位于中部，浅卧足。口沿外壁和颈下端各轮印一周水波纹，肩部贴三组细泥条状的凸弦纹，并刻划两组简化鸟纹，鸟身刺锥点纹。耳面模印叶脉纹，上方贴菱角形堆纹或横向“S”形堆纹。高温釉陶。釉色泛黄。无釉部位露胎呈紫红色，内胎为灰色，胎质坚硬。轮制。M11∶15，内壁有轮旋痕。高 33.1、口径 14.8、腹径 24.1、足径 14 厘米（图一六四 A，4；图版六，5）。M11∶26，高 32.4、口径 14、腹径 23.7、足径 13.6 厘米（图一六四 A，5）。M11∶40，高 35、口径 14.1、腹径 24.4、足径 14.3 厘米（图一六四 A，6）。1 件器身较小。M11∶28，敞口，圆唇，粗短颈内弧，斜肩上安双耳，弧腹，腹最大径位于上部，平底内凹。颈下端轮印一周水波纹，肩部划两组细弦纹，腹部切削密集的弧凸粗弦纹，耳面模印叶脉纹。高温釉陶。釉色泛黄，胎质坚硬。轮制。高 23.8、口径 12.4、腹径 18.2、底径 11.2 厘米（图一六四 A，7）。

盘口壶　1 件。M11∶41，深盘口，盘壁外斜，圆唇下划一道浅凹槽，粗短颈内弧，圆弧肩上安衔环双耳，圆鼓腹，腹最大径位于中部，高圈足外撇。口沿外壁和颈下端各轮印一周水波纹，肩部贴三组细泥条形凸弦纹。耳面模印叶脉纹，上方贴菱角形堆纹。高温釉陶。釉色青黄。无釉部位露胎呈暗红色，胎质坚硬。轮制。高 35.6、口径 12.8、腹径 25.2、足径 13.6 厘米（图一六四 A，8）。

罐　15 件。根据口沿形态的不同分为：

直口罐　2 件。大小不等，轮制。M11∶19，直口，平唇，圆弧肩上安双耳，鼓腹，腹最大径位于中部，平底。通体切削密集的弧凸粗弦纹，耳面模印叶脉纹。硬陶。露胎呈灰色，胎质坚硬。轮制。高 9.7、口径 8.1、腹径 13.2、底径 7.6 厘米（图一六四 B，1；图版一三，4）。M11∶13，直口，内斜唇，斜弧肩上安双耳，弧腹，腹最大径位于上部，平底。肩部划两组三线平凸的细弦纹，腹部切削密集的弧凸粗弦纹，耳面模印叶脉纹。高温釉陶。釉色泛黄。无釉部位露胎呈暗红色，内胎为灰色，胎质坚硬，胎内含有较多的黑色杂质。高 24、口径 13、腹径 24、底径 10.5 厘米（图一六四 B，2）。

侈口罐　9 件。侈口，圆唇，圆弧肩上安双耳，圆鼓腹，腹最大径位于中部，平底内凹。腹部切削密集的弧凸粗弦纹。耳面模印叶脉纹，上方贴横向“S”形堆纹。硬陶。胎质较硬。轮制。其中 4 件肩部划两组平凸的三线细弦纹，M11∶29，露胎呈灰色。高 16.3、口径 10.6、腹径 20、底径 12 厘米（图一六四 B，3）。M11∶30，露胎呈灰色。高 16.4、口径 9.8、腹径 19.6、底径 11.7 厘米（图一六四 B，4；图版一一，1）。M11∶31，露胎呈灰色。高 16.4、口径 10.8、腹径 19.6、底径 12.4 厘米（图一六四 B，5）。1 件腹部无弦纹。M11∶12，高 16.2、口径 11、腹径 19.8、底径 12.5 厘米（图一六四 B，6）。另有 4 件通体切削密集的弧凸粗弦纹。硬陶。露胎上部呈灰色，下部呈红灰色，胎质较硬。M11∶16，高 14.4、口径 11.8、腹径 17.3、底径 10.6 厘米（图一六四 B，7）。M11∶27，高 13.2、口径 9.7、腹径 16、底径 8.8 厘米（图一六四 B，8）。M11∶14，高 10.5、口径 9.3、腹径 14.6、底径 8.2 厘米（图一六四 B，9）。M11∶11，高 10.2、口径 9.2、腹径

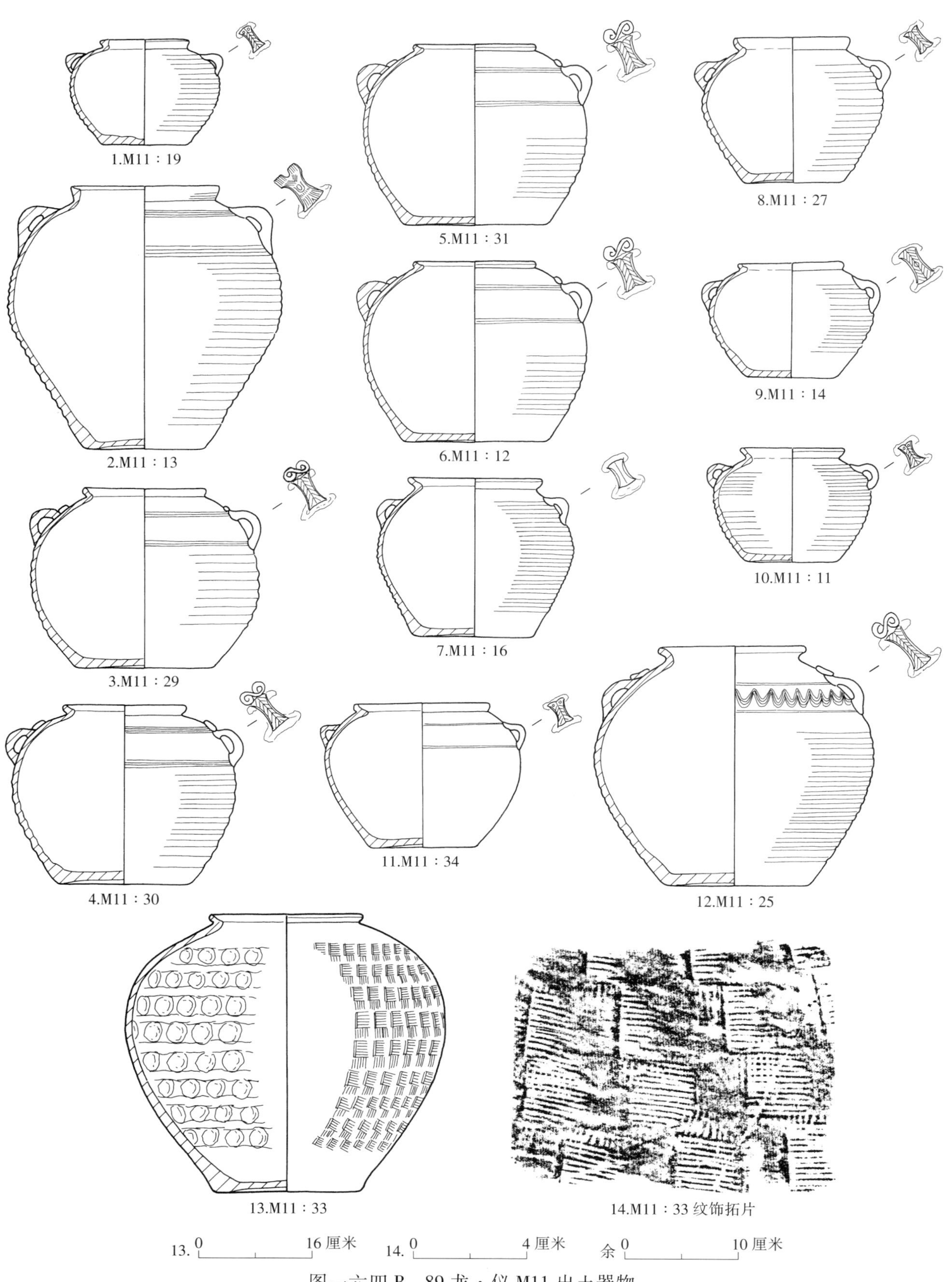

图一六四 B 89 龙·仪 M11 出土器物

14、底径 8 厘米（图一六四 B，10）。另有 1 件仅在肩部划两周双线弦纹。M11∶34，露胎呈灰红色。高 13.2、口径 11.8、腹径 17、底径 9.2 厘米（图一六四 B，11）。

翻沿口罐　1 件。M11∶25，翻沿口，圆唇，斜肩上安双耳，圆鼓腹，腹最大径位于中部，平底。肩部划两道细弦纹，其间刻划水波纹，腹部切削密集的弧凸粗弦纹。耳面模印叶脉纹，上方贴横向“S”形堆纹。高温釉陶。釉色泛黄，釉层大部流失。无釉部位露胎呈暗红色，胎质坚硬。轮制。高 22.1、口径 13.1、腹径 24.6、底径 12.3～12.7 厘米（图一六四 B，12；图版一一，2）。

M11∶17、18、35，残缺。

罍　2 件。M11∶33，敞口，宽斜肩，圆弧腹，腹最大径位于上部，平底内凹。通体拍印编织纹，纹饰模糊且多有重叠。印纹硬陶。露胎肩部呈灰色，下腹部呈红灰色，胎质较硬。泥条盘筑，内壁留有陶拍的抵窝痕。高 40.2、口径 20.2、腹径 44.8、底径 20.8 厘米（图一六四 B，13、14）。M11∶39，残缺。

纺轮　1 件（组）。M11∶7，立面作菱形，中间穿孔。硬陶。露胎呈灰黑色，胎质较硬。高 3.3、直径 4.2、孔径 0.4～0.6 厘米（图一六五 A，1）。

2. 原始瓷　3 件。

杯　3 件。造型与战国时期的同类器无异，应是将早期墓内的物品放入该墓的。侈口，斜腹。原始瓷。釉层已流失，露胎呈灰黄色，质地坚硬。轮制，内壁有轮旋痕，外底有线切割痕。M11∶8，平底。高 4.2、口径 5.8、底径 4 厘米（图一六五 A，2）。M11∶9，假圈足低矮。高 4.1、口径 5.5、底径 3.4 厘米（图一六五 A，3）。M11∶10，平底。高 4、口径 5、底径 3.8 厘米（图一六五 A，4）。

3. 其他　23 件（组）。

铜洗　1 件。M11∶44，残，未能提取。根据野外清理，其形态为：敞口，宽斜沿，浅腹壁略斜收，大平底。高 4、口径 20.8、底径 16.4 厘米（图一六五 A，5）。

铜盆　1 件。M11∶47，残，未能提取。根据野外清理，其形态为：侈口，宽斜沿，腹壁向下缓收，矮圈足。高 14.2、口径 28.2、足径 14.2 厘米（图一六五 A，7）。

铜日光镜　1 件。M11∶4，圆纽，圆纽座，座外一周内向连弧纹。内区一周铭文带：“见日之光，天下大明”，字间以“つ”符号相隔，篆体。铭文内外各饰一周栉齿纹。窄缘。厚 0.6、直径 7.1 厘米（图一六五 B，1）。

铜四虺四乳镜　1 件。M11∶6，圆纽，圆纽座，座外一周栉齿纹。内区饰四虺四乳，虺背点缀小鸟。素宽平缘。直径 8.6 厘米（图一六五 B，2）。

铜“五铢”钱　2 件（组）。圜钱。“五”字的交叉笔画呈弧形，“铢”的金字头呈三角形，“朱”字转笔略呈直角。M11∶5，钱径 2.3、穿径 1.1 厘米（图一六五 B，3）。M11∶36，已锈蚀。

铁釜　1 件。M11∶42，残缺。

铁矛　1 件。M11∶52，骹略短于矛刃。锋残缺，双面刃，斜从中脊。圆骹中空，后端呈偃月形内弧，圆銎。残长 27.6 厘米，矛刃残长 17、宽 3.8 厘米，骹长 10.6、銎径 3 厘米（图一六五 A，9）。

铁剑　1 件。M11∶43，有剑格。锋残缺，双面刃，斜从中脊。剑柄较长，截面呈扁平形。残长 76 厘米，剑身残长 61.6、宽 2.8 厘米，剑柄长 15、宽 0.8～2 厘米（图一六五 A，8）。

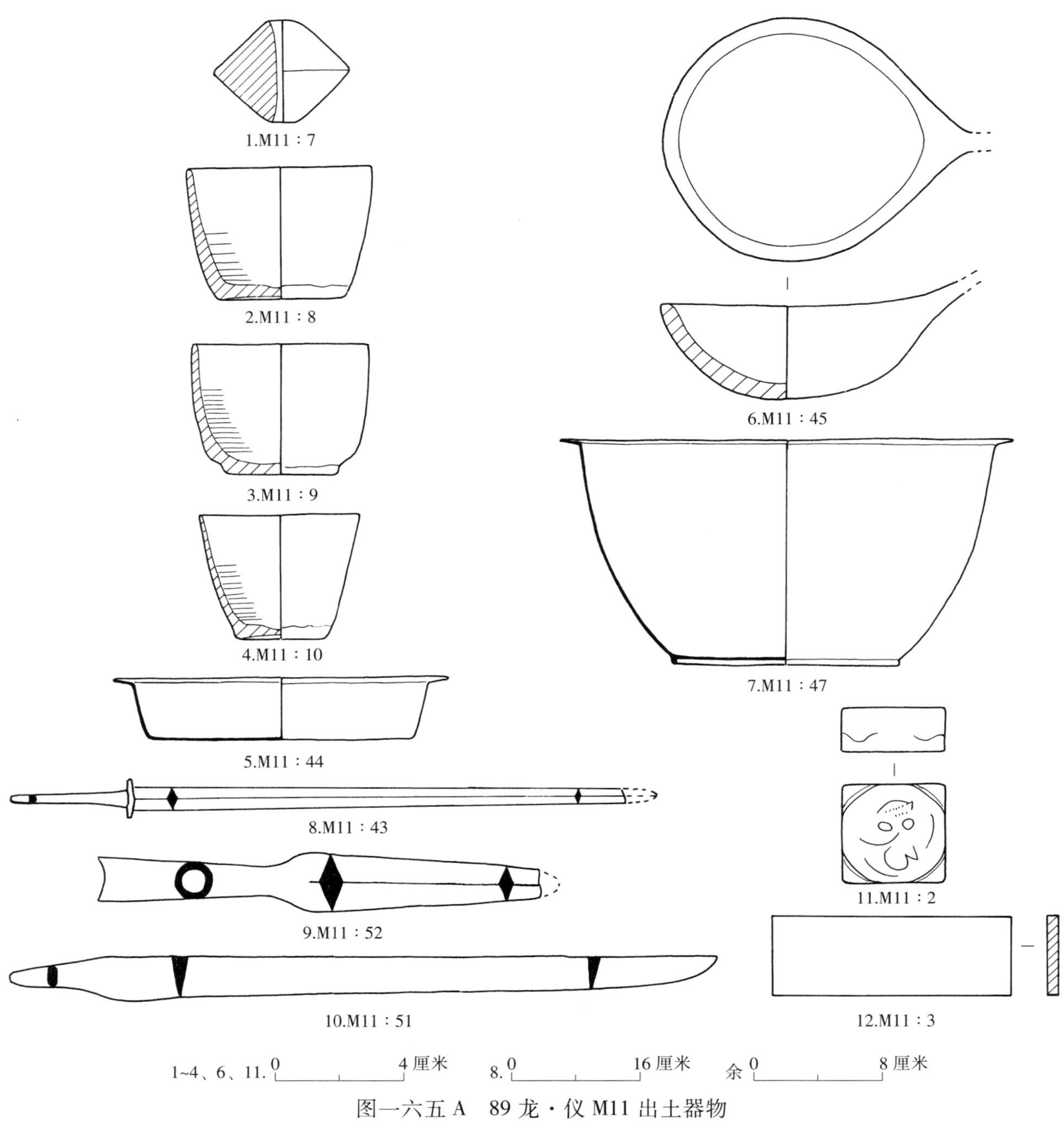

图一六五A 89龙·仪M11出土器物

铁刀 2件。无刀格。刀身为单面刃，刀柄前窄后宽，截面呈扁平形。M11∶51，通长44厘米，刀长37.8、宽2.8厘米，柄长6.2、宽1~2.8厘米（图一六五A，10）。M11∶50，残缺。

铁器 1件。M11∶53，残缺。

石研黛器 1件。M11∶2，磨面呈方形，捉手呈圆形，磨面光滑。捉手面刻划不规则的弧线，并有红色朱砂痕。高1.5、磨面边长3.2、捉手直径3.3厘米（图一六五A，11）。

石黛板 1件。M11∶3，扁平长方形，正面光滑，并留有黑色的颜料痕。背面粗糙。长14.5、宽5.3、厚0.3厘米（图一六五A，12）。

石哨（?） 1件。M11∶49，整体形似卵石，表面光滑。椭圆形，上下均呈斜面，其中一端斜

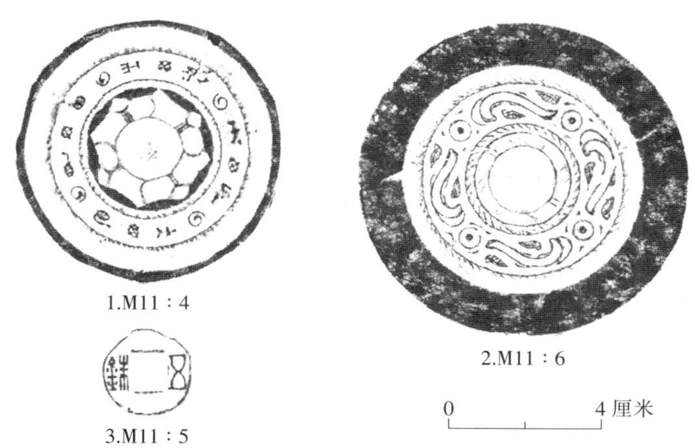

图一六五B　89龙·仪M11出土器物

度较大，中间贯孔。长5.3、宽3.3、孔径1.5厘米（图版三二，6）。

玻璃珠　1串。M11∶1，圆形，中间钻孔。蓝色。高0.6、直径0.5厘米。

漆勺　1件。M11∶45，残，未能提取。根据野外清理，其形态为：侈口，圜底，柄残缺。残高3.5、勺径7.8厘米（图一六五A，6）。

漆器　6件。M11∶22～24、32、46、48，均仅存痕迹。

3. 89龙·仪M12

（一）概况

平面呈凸字形，总长6.05米。墓向15度。由墓道和墓室两部分组成。墓内回填黄、红、灰相杂的五花土，结构较为松散。

墓道位于墓室前方稍偏左处，平面呈凸字形，总长2.50米。墓道口宽0.80米，在向墓室方向延伸0.80米后，分别向左右扩展0.60米和0.20米，然后成直线通向墓室。墓道底面呈不规整的斜坡式，终端高于墓室底面0.30米。墓室平面呈长方形，长3.60、宽3.00、深1.00米。

墓室四周见有残高0.30、厚0.10米的木椁边框板灰痕迹，可知原椁室长约3.00、宽约2.60米。椁内西部设棺厢，东侧设边厢。棺厢内残留有4枚铁棺钉和部分板灰，推测原棺木长约2.30、宽1.50米（图一六六）。

（二）随葬器物

随葬器物共19件，以陶壶、罐、罍为基本组合，并伴有铜“五铢”钱和铁釜、刀等。除石哨和部分铜钱摆放于棺内头部外，其余均置于边厢内。

1. 陶器　14件。

壶　8件。器身大小不等。深盘口略大，盘壁外斜，圆唇外翻，粗短颈，斜肩上安双耳，平底内凹。腹部切削密集的弧凸粗弦纹，耳面模印叶脉纹。轮制。大型1件。M12∶1，器形不甚规整，器身较大。圆弧腹，腹最大径位于中部。颈下端轮印一周水波纹，肩部划两道细弦纹。高温釉陶。釉层基本流失。无釉部位露胎呈紫红色，内胎为灰色，胎质坚硬。轮制，内壁有轮旋痕。高35.6～36、口径13.1～13.8、腹径27.1、底径12.5～12.8厘米（图一六七A，1）。中型4件。弧腹，腹最大径位于近上部。M12∶5，肩部划两道细弦纹。硬陶。露胎呈灰色，胎质较硬。高

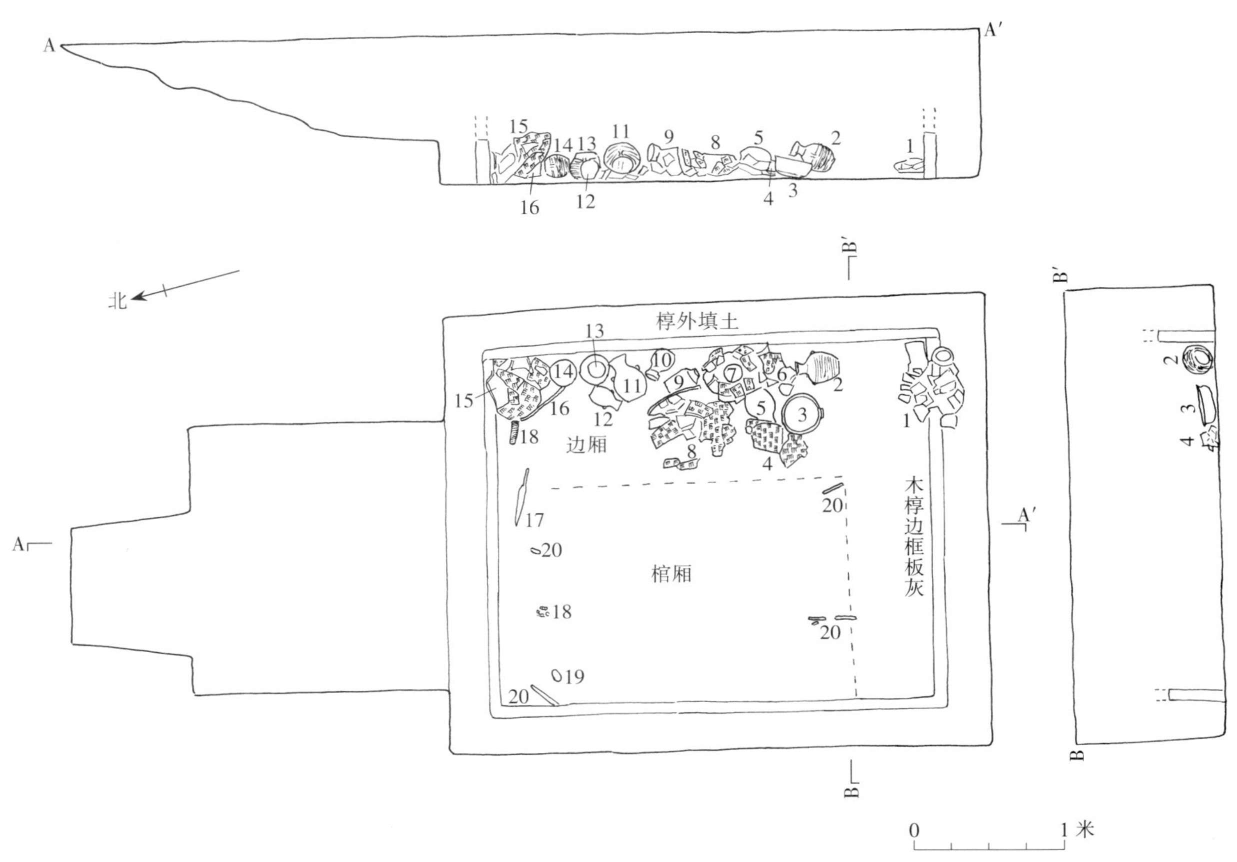

图一六六　89龙·仪M12平、剖面图

1、2、10. 高温釉陶盘口壶　3. 铁釜　4、7、8、15. 印纹硬陶罍　5、6、11、12、14. 硬陶盘口壶　9. 硬陶筒形罐　13. 硬陶弦纹罐　16、17. 铁刀　18. 铜“五铢”钱　19. 石哨（?）　20. 铁棺钉

25.6、口径13.2、腹径19.2、底径9.2厘米（图一六七A，2）。M12∶6，肩部划两道细弦纹。硬陶。露胎上部呈灰色，下部呈黄灰色，内胎为灰色，胎质较硬。高28、口径12.3、腹径21.8、底径10厘米（图一六七A，3）。M12∶10，肩部划一周细弦纹。高温釉陶。釉色泛黄，釉层已流失。无釉部位露胎呈红灰色，胎质坚硬。高25.8、口径12.3、腹径19.5、底径9.4厘米（图一六七A，4）。M12∶14，肩部划一道细弦纹。硬陶。露胎上部呈灰色，下部呈红灰色，内胎为灰色，胎质较硬。高26.7～27.8、口径12、腹径20.9、底径9.7厘米（图一六七A，5）。小型2件。圆鼓腹，腹最大径位于中部。M12∶11，硬陶。露胎上部呈灰红色，下部和内胎均呈红灰色，胎质较硬。高19.4、口径9.6、腹径16、底径8.3厘米（图一六七A，6）。M12∶12，高19.6、口径9.8、腹径16.6、底径8.6厘米（图一六七A，7）。另M12∶2，残缺。

罐　2件。根据口沿形态的不同分为：

翻沿口罐　1件。M12∶13，翻沿口，圆唇，斜弧肩上安双耳，弧腹，腹最大径位于上部，平底内凹。通体切削密集的弧凸粗弦纹，耳面模印叶脉纹。硬陶。露胎上部呈灰红色，下部呈红灰色，内胎为灰色，胎质较硬。轮制。高16.4、口径13.8、腹径18.4、底径9.8厘米（图一六七B，1；图版一四，2）。

侈口罐　1件。M12∶9，器形不甚规整。侈口，内斜唇，窄折肩，筒腹上端安双耳，腹中部内

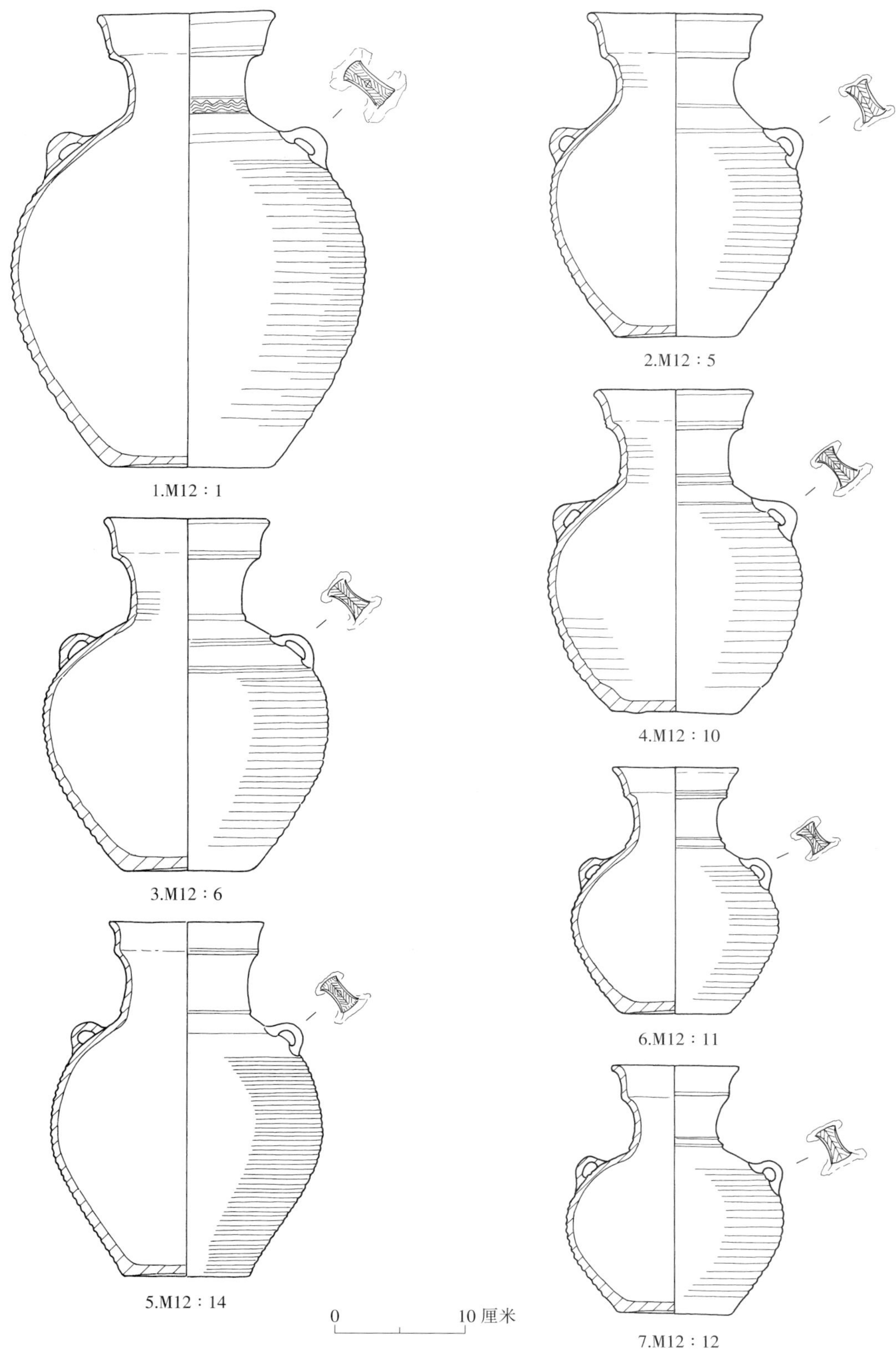

图一六七 A　89 龙·仪 M12 出土器物

弧，平底内凹。肩部和腹上端各刻划一周水波纹，腹部划密集的弧凸宽弦纹，耳面模印叶脉纹。硬陶。露胎呈灰红色，胎质较硬。轮制。高22.9、口径12.1、腹径17、底径13.6厘米（图一六七B，2）。

罍 4件。M12∶7，敞口，折唇，圆弧肩，圆鼓腹，腹最大径位于上部，平底内凹。通体拍印规整、清晰的梳状纹。印纹硬陶。露胎上部呈灰色，下部呈红灰色，胎质较硬。泥条盘筑，内壁留有陶拍的抵窝痕。高29.4、口径21.2、腹径36.8、底径13厘米（图一六七B，3）。M12∶4、8、15，均残缺。

2. 其他 5件（组）。

铜“五铢”钱 1件（组）。M12∶18，已锈蚀。

铁釜 1件。M12∶3，侈口，口上附环形提耳，腹壁缓收，矮圈足。高17.4、口径25.8、足径8厘米（图一六七B，4）。

铁刀 2件。M12∶16、17，残缺。

石哨（？） 1件。M12∶19，整体略呈鸭蛋形，上部穿孔，孔用对钻法钻成。卵石。高5.1、宽4、厚3.2、孔径0.4～1.4厘米（图一六七B，5；图版三二，5）。

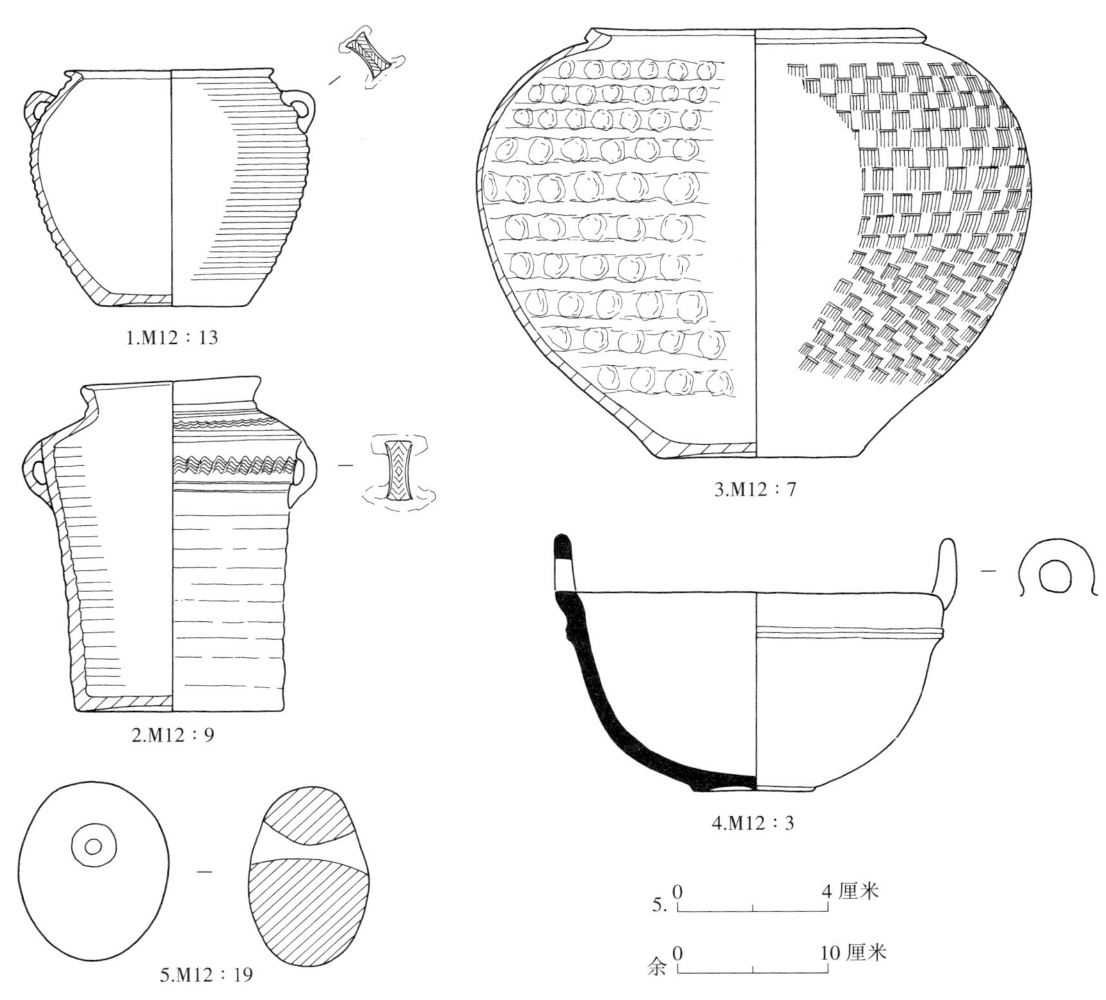

图一六七B 89龙·仪M12出土器物

4. 89 龙 · 仪 M15

（一）概况

该墓打破 M10 墓外排水沟。

平面呈长方形，长 4.40、宽 3.60、深 0.70 米。墓向 15 度。墓内回填红、黄相杂的五花土，结构较为松散。

从东、西两排随葬品均与墓壁有规整的平行距离、墓底有较多葬具板灰等现象判断，墓内原有木椁。椁内中部设棺厢，两侧各设一个边厢。棺厢内留有排列有序的 6 枚铁棺钉，据棺钉的间距推测，棺厢内原摆放有双棺，棺木长约 2.00、宽约 1.00 米（图一六八）。

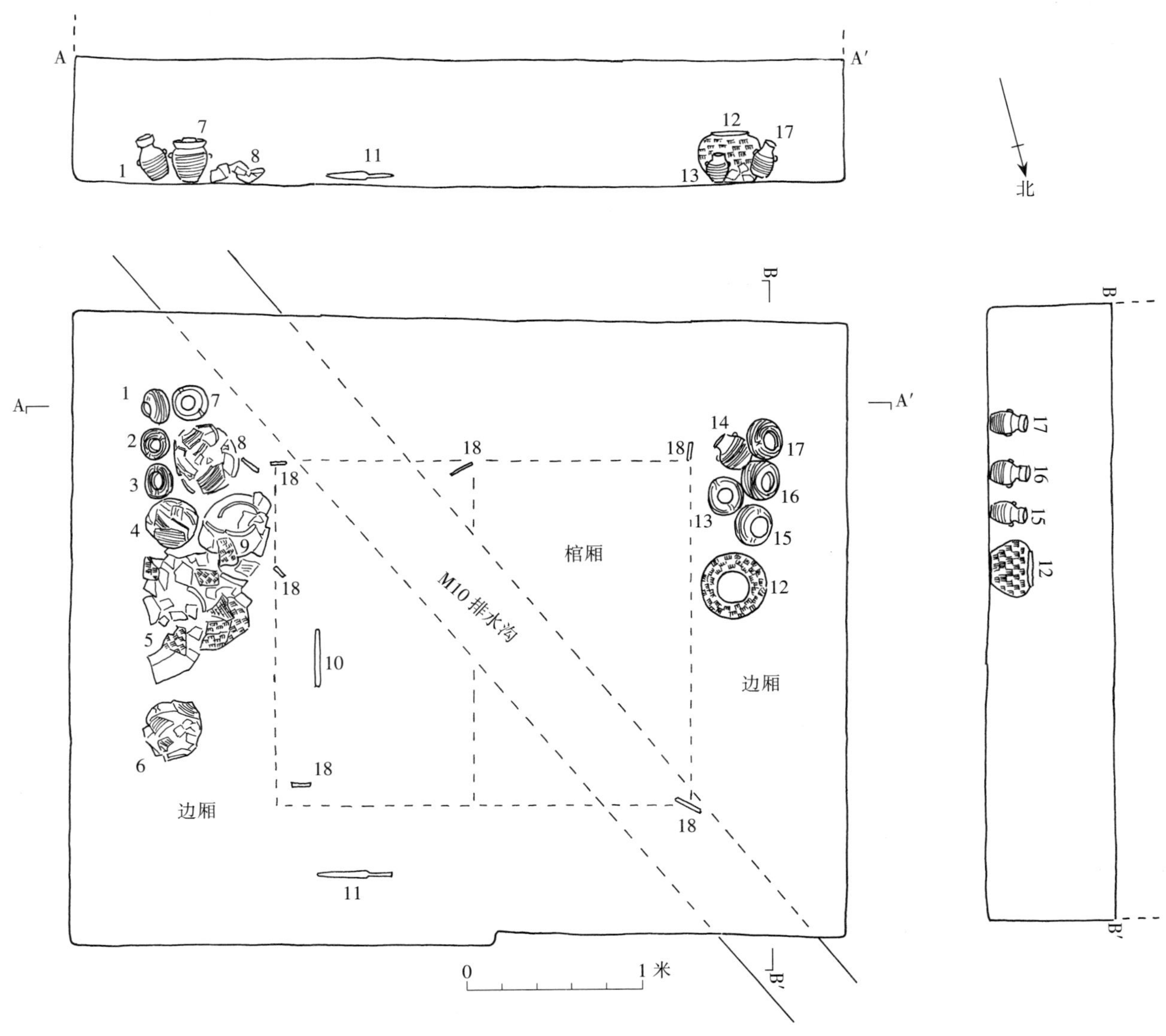

图一六八 89 龙 · 仪 M15 平、剖面图

1、2、15～17. 硬陶盘口壶 3、4、6、8. 硬陶弦纹罐 5、12. 印纹硬陶罍 7. 高温釉陶泡菜罐 9. 铁釜 10. 铁刀 11. 铁矛 13、14. 高温釉陶盘口壶 18. 铁棺钉

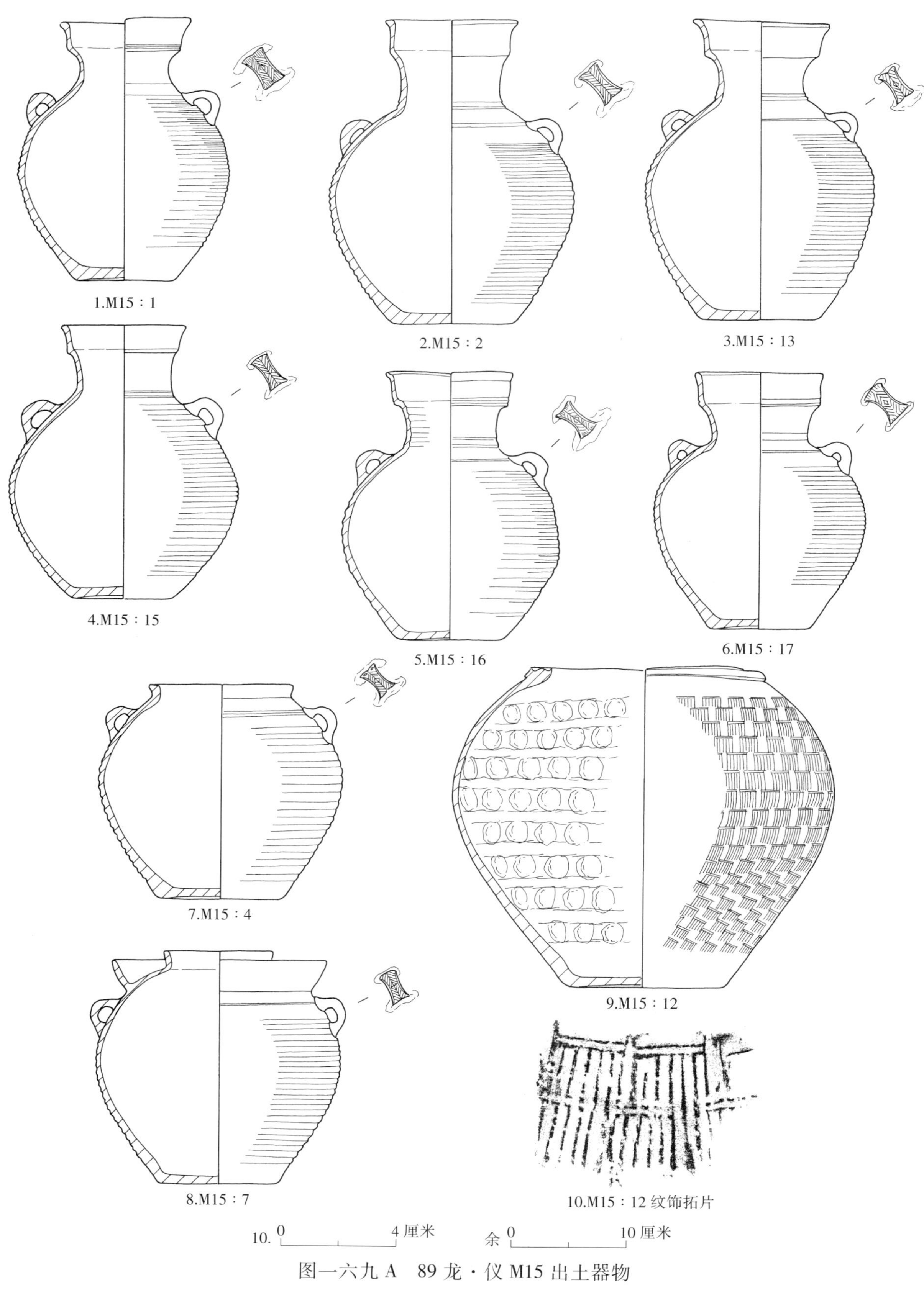

图一六九 A 89 龙·仪 M15 出土器物

（二）随葬器物

随葬器物共17件，以陶壶、罐、罍为基本组合，并伴有铁釜、矛、刀。铁兵器摆放于东侧棺内，其余分别置于两侧边厢中。

1. 陶器　14件。

壶　7件。深盘口，圆唇外翻，粗短颈内弧，斜弧肩上安双耳，圆弧腹，平底内凹。肩部划一道细弦纹，腹部切削密集的弧凸粗弦纹，耳面模印叶脉纹。轮制。其中硬陶5件。露胎呈灰色，胎质较硬。M15∶1，器形不甚规整，腹最大径位于中部。高22.6～23.4、口径11.2、腹径18.2、底径8.2厘米（图一六九A，1）。M15∶2，腹最大径位于中部。高27、口径11.5、腹径21.3、底径10.8厘米（图一六九A，2）。M15∶15，腹最大径位于中部。高24.2、口径10.6、腹径20、底径8.4厘米（图一六九A，4）。M15∶16，器形不甚规整，腹最大径位于中部。高24.1、口径11.1～11.5、腹径18.9、底径9.3厘米（图一六九A，5）。M15∶17，腹最大径位于上部。高22.6、口径11、腹径18.2、底径8.4厘米（图一六九A，6）。高温釉陶2件。M15∶13，腹最大径位于上部。釉色泛黄，釉层大部流失。无釉部位露胎呈浅褐色。高26.2～26.6、口径12、腹径19.9、底径10.3厘米（图一六九A，3）。M15∶14，残缺。

罐　5件。根据口沿形态分为：

侈口罐　1件。M15∶4，侈口，平唇，斜肩上安双耳，圆鼓腹，腹最大径位于上部，平底内凹。通体切削密集的弧凸粗弦纹，耳面模印叶脉纹。硬陶。露胎上部呈灰色，下部呈灰红色，胎质较硬。轮制。高19.2、口径12.4、腹径21.2、底径11.2厘米（图一六九A，7）。

双重口罐　1件。M15∶7，内外口，内为直口，平唇，外为敞口，圆唇，斜肩上安双耳，弧腹，腹最大径位于上部，平底。通体切削密集的弧凸粗弦纹，耳面模印叶脉纹。高温釉陶。外口内壁、肩至腹最大径处施釉，釉层已流失，露胎呈黄灰色。无釉部位露胎呈暗红色，胎质坚硬。轮制。高20.6、内口径9.5、外口径18.7、腹径21、底径10.3厘米（图一六九A，8）。

M15∶3、6、8，硬陶。均残缺。

罍　2件。M15∶12，敛口，宽唇面中间上鼓，圆弧肩，圆弧腹，腹最大径位于上部，平底内凹。通体拍印规整、清晰的梳状纹，纹饰印痕较深，形似浅浮雕。印纹硬陶。露胎和内胎均呈灰色，胎质较硬。泥条盘筑，内壁留有陶拍的抵窝痕。高28.6、口径19.1～19.8、腹径33.1、底径14.1厘米（图一六九A，9、10）。M15∶5，残缺。

2. 其他　3件。

铁釜　1件。M15∶9，残缺。

铁矛　1件。M15∶11，骹短于矛刃。圆弧锋，双面刃，斜从中脊。圆骹中空，后端呈偃月形内凹，圆銎。通长41.6厘米，矛刃长26.6、宽3.6厘米，骹长15、銎径3.2厘米（图一六九B，1）。

铁刀　1件。M15∶10，有刀格。单面刃，刀柄前宽后窄，截面呈扁平形。残长34厘米，刀身长29.4、宽3厘米，柄残长3.4、宽2.4～3厘米（图一六九B，2）。

5.89 龙·仪M17

（一）概况

平面呈凸字形，总残长7.70米。由墓道和墓室两部分组成。墓向20度。墓内回填红、黄相

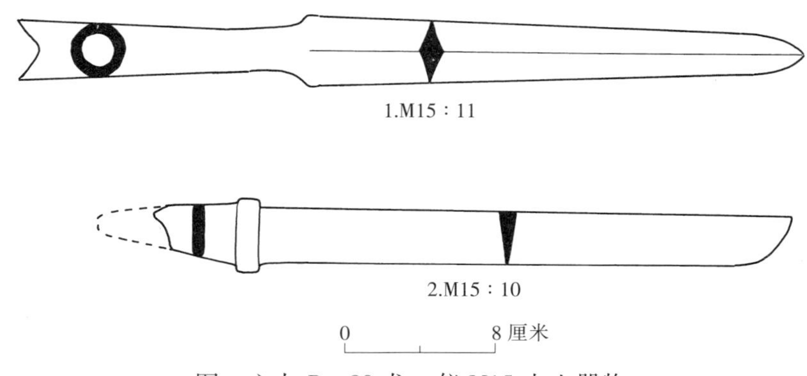

图一六九B 89龙·仪M15出土器物

杂的五花土，结构较为松散。

墓道位于墓室前端偏右处，口端被破坏。平面基本为长方形，残长3.90、宽2.40～2.50、深0～1.40米。终端高于墓室底面0.28米。底面东、西两侧不同，东侧整体呈斜坡式；西面前后坡度不等，前段呈30度陡坡，长1.70米，后段为5度缓坡，长亦为1.70米。两段斜坡的中间，隔有一条横轴向的台阶和小沟槽。台阶长1.20、宽0.34米，沟槽长1.20、宽0.12、深0.08米。

墓室平面呈近方形，长3.80、宽3.60、深1.65米。底面挖有一条承接墓内渗水的沟槽，平面呈斜直走向，长4.90、宽0.26、深0.14米。沟底铺垫卵石，并通过一条长2.15、宽0.34米的暗沟与墓室西北角外的排水沟相连，将墓内渗水排出墓外。

墓室下部四周有因木椁外填土形成的“熟土二层台”。底面挖有两条用于摆放椁下垫木的横轴向沟槽，长3.60、宽分别为0.30和0.35、深0.08米，前后相距2.00米。结合随葬品的摆放位置，判断墓内原有木椁。椁内中部设棺厢，两侧各设一个边厢，南端设脚厢。根据残留的铁棺钉间距，推测棺厢内原放置有双棺，棺木长约2.70、宽约0.70米（图一七〇）。

（二）随葬器物

随葬器物共37件（组），以陶瓿、罐、壶、罍、灶为基本组合，并伴有铜镜、“五铢”钱和铁釜、刀等。铜钱和玻璃珠分别置于两棺内的头部，其余分别摆放于双边厢和脚厢内。

1. 陶器　30件。

瓿　8件。斜弧肩上安铺首，铺首低矮，上端紧贴器壁并低于口沿，平底。肩部饰两组平凸的双线细弦纹，腹部切削密集的弧凸粗弦纹。轮制。M17∶3，直口，宽平唇，弧腹，腹最大径位于上部。铺首面刻划网格纹。硬陶。露胎呈灰红色，内胎为灰色，胎质较硬。高18.6、口径10、腹径21.6、底径11.2厘米（图一七一A，1）。M17∶8，敛口，宽斜唇，圆弧腹，腹最大径位于中部。铺首面模印人面纹。泥质陶。高20.2、口径8.8、腹径22.6、底径9.8厘米（图一七一A，2）。另6件器形如罐。敛口，宽斜唇。肩部划两组双线细弦纹，腹部切削密集的弧凸粗弦纹。M17∶14，鼓腹，腹最大径位于上部。铺首面刻划网格纹。硬陶。高20.6、口径11、腹径23、底径11厘米（图一七一A，3）。M17∶16，弧腹，腹最大径位于上部。铺首面划少量条纹。高温釉陶。釉层已流失，露胎呈灰黄色。无釉部位露胎呈红灰色，内胎为灰色，胎质坚硬。高26.8、口径9.3、腹径26、底径12.4厘米（图一七一A，4；图版四，4）。M17∶17，圆弧腹，腹最大径位

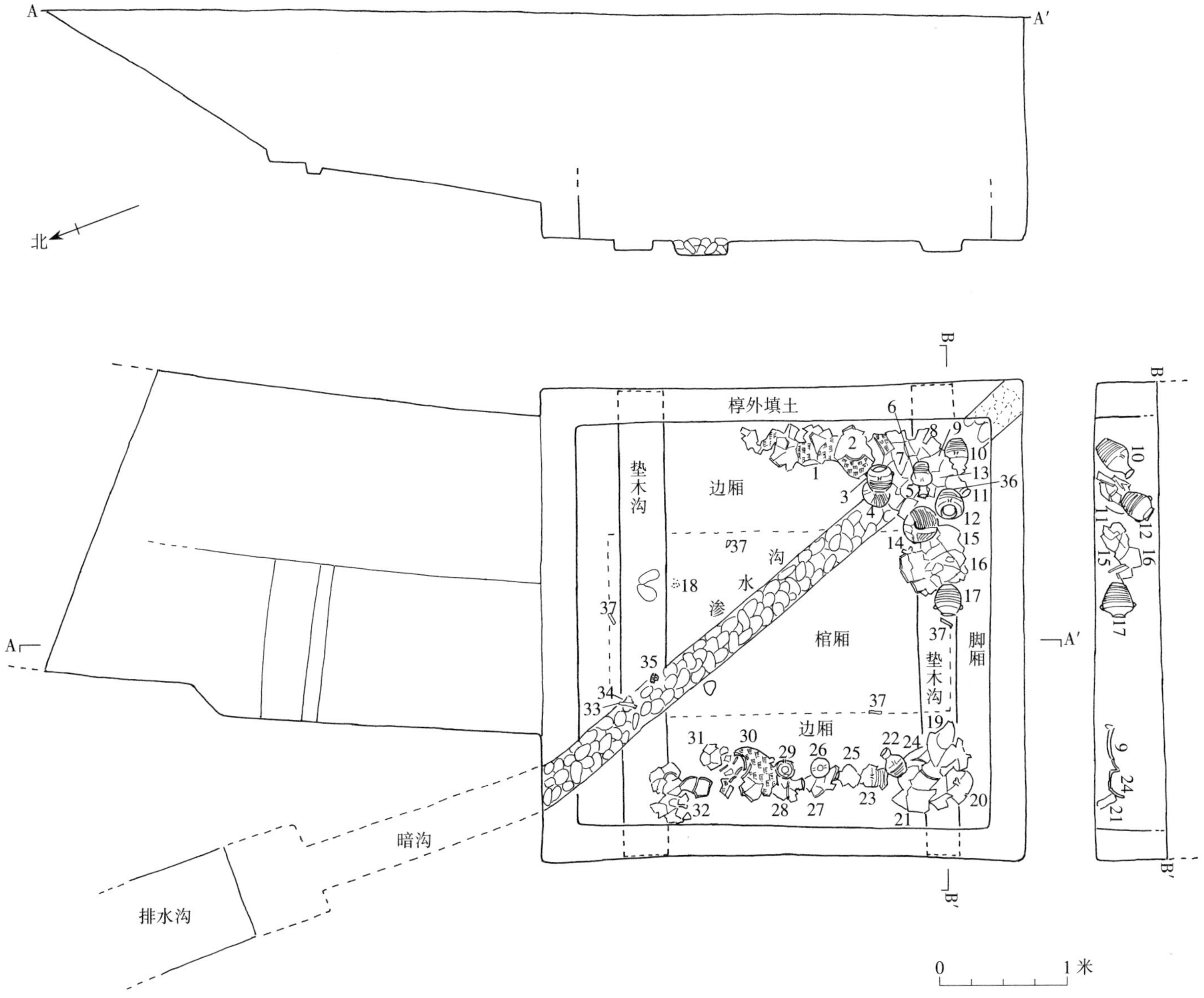

图一七〇　89龙·仪M17平、剖面图

1、2、30. 印纹硬陶罍　3、14、20、36. 硬陶瓿　4、15、23、27、29、31. 泥质陶罐　5~7、9~11、13、22、25、26、28、32. 高温釉陶盘口壶　8. 泥质陶瓿　12、16、17. 高温釉陶瓿　18. 玻璃珠　19、21. 铁釜　24. 泥质陶灶　33. 铁刀　34. 铜镜　35. 铜“五铢”钱　37. 铁棺钉　38. 漆盒

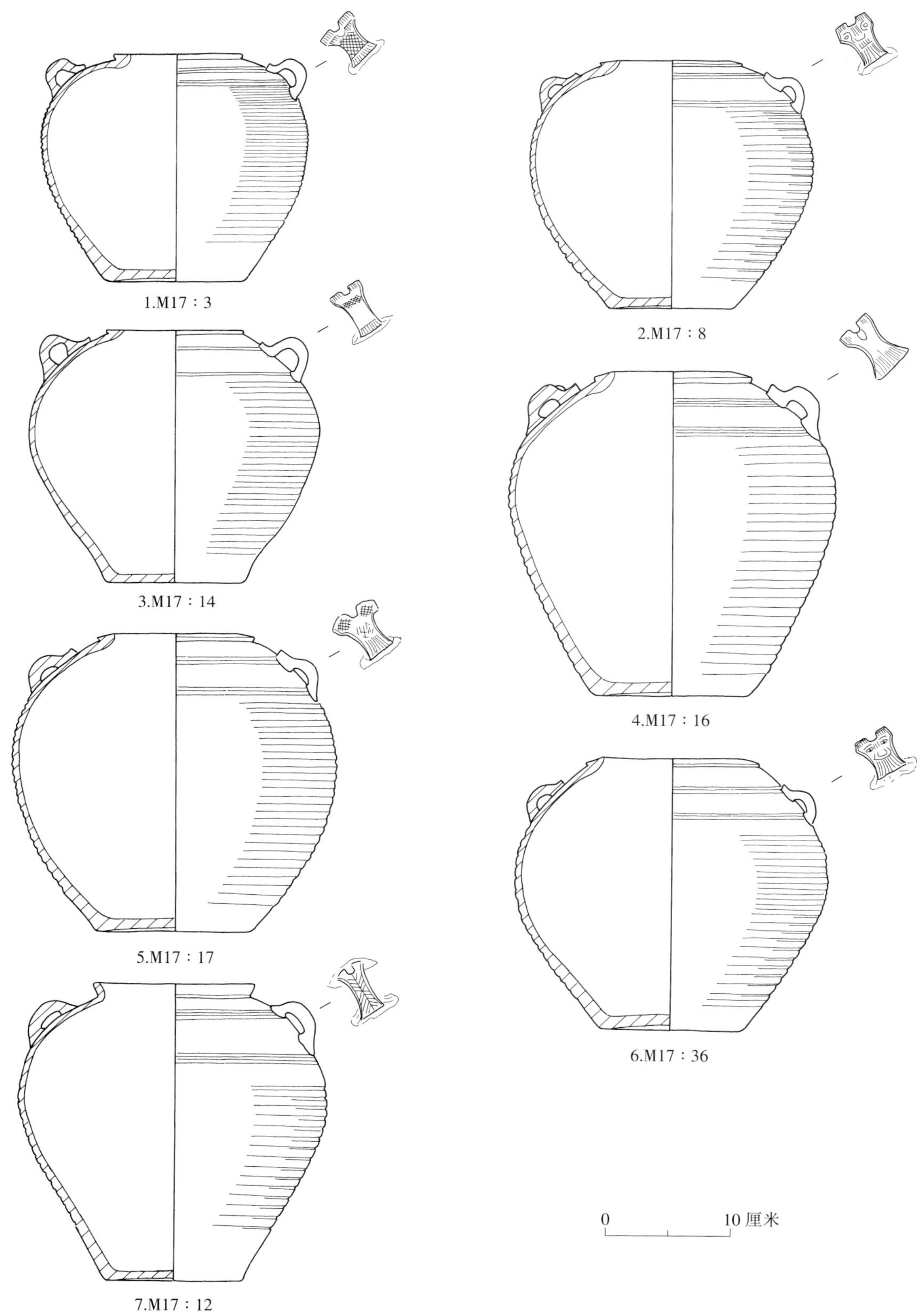

图一七一A 89龙·仪M17出土器物

于中部。铺首面刻划网格纹。高温釉陶。釉层已流失，露胎呈黄灰色。无釉部位露胎呈暗红色，内胎为灰色，胎质坚硬，胎内含有较多的黑色杂质。高24.8、口径12.5、腹径25.8、底径12.2厘米（图一七一A，5）。M17∶36，圆弧腹，腹最大径位于中部。铺首面模印人面纹。硬陶。高22.2、口径11、腹径24.8、底径11.2厘米（图一七一A，6）。M17∶12，弧腹，腹最大径位于上部，平底。肩部划两组平凸的三线细弦纹，腹部切削密集的平凸粗弦纹，铺首面刻划叶脉纹。高温釉陶。釉色泛黄。无釉部位露胎呈灰红色，胎质坚硬。高24.2、口径12.8、腹径24.4、底径10.8厘米（图一七一A，7）。M17∶20，残缺。

壶 12件。深盘口，圆唇外翻，粗短颈，斜弧肩上安双耳，弧腹，腹最大径位于中部，平底内凹。腹部切削密集的弧凸粗弦纹，耳面模印叶脉纹。高温釉陶。釉层已流失，露胎呈黄灰色。无釉部位露胎呈暗红色，胎质坚硬。轮制。M17∶6，盘口较大。肩部划两组双线细弦纹。高27.7、口径12.2、腹径19.9、底径9.8～10.4厘米（图一七一B，1）。M17∶10，高26.6、口径10.4、腹径20、底径9.2厘米（图一七一B，2）。M17∶9，盘口较小。高24.5、口径8.8、腹径17.8、底径8厘米（图一七一B，3）。M17∶22，器形不甚规整。高21.5、口径9.2、腹径16、底径7厘米（图一七一B，4）。M17∶25，高21、口径9.8、腹径16、底径7.2厘米（图一七一B，5）。

M17∶5、7、11、13、26、28、32，高温釉陶。均残缺。

罐 6件。M17∶4、15、23、27、29、31，泥质陶。均残缺。

罍 3件。M17∶30，敛口，宽唇外翻，斜弧肩，圆弧腹，腹最大径位于中部，平底内凹。通体拍印规整、清晰的梳状纹。印纹硬陶。露胎上部呈灰色，下部呈灰红色，胎质较硬。泥条盘筑，内壁留有陶拍的抵窝痕。高30.8、口径18、腹径34.5、底径13厘米（图一七一B，6）。M17∶1、2，残缺。

灶 1件。M17∶24，泥质陶。残缺。

2. 其他 7件（组）。

铜镜 1件。M17∶34，残缺。

铜“五铢”钱 1件（组）。M17∶35，已锈蚀。

铁釜 2件。M17∶19、21，残缺。

铁刀 1件。M17∶33，残缺。

玻璃珠 1件（组）。M17∶18，约103颗。圆形，中间穿孔。蓝色。

漆盒 1件。M17∶38，仅存痕迹。

6.89 龙·仪M31

（一）概况

墓葬东部和北侧被严重破坏，平面形状不明。残长3.00、残宽2.60、深1.50米。墓向80度。墓内回填黄、红、灰相杂的五花土，结构松散。墓底北侧挖有一条横轴向排水沟，残长2.70、宽0.20、深0.08米。沟底铺垫卵石，其上覆盖筒瓦。

墓坑下部两边残存有因木椁外填土形成的“熟土二层台”。底面残存有一条用于摆放木椁垫木的横轴向沟槽，残长2.90、宽0.24、深0.12米。结合随葬品的摆放位置，判断墓内原有木椁。椁室内中部设棺厢，西侧设边厢。从墓坑残存的空间判断，棺厢内应有双棺（图一七二）。

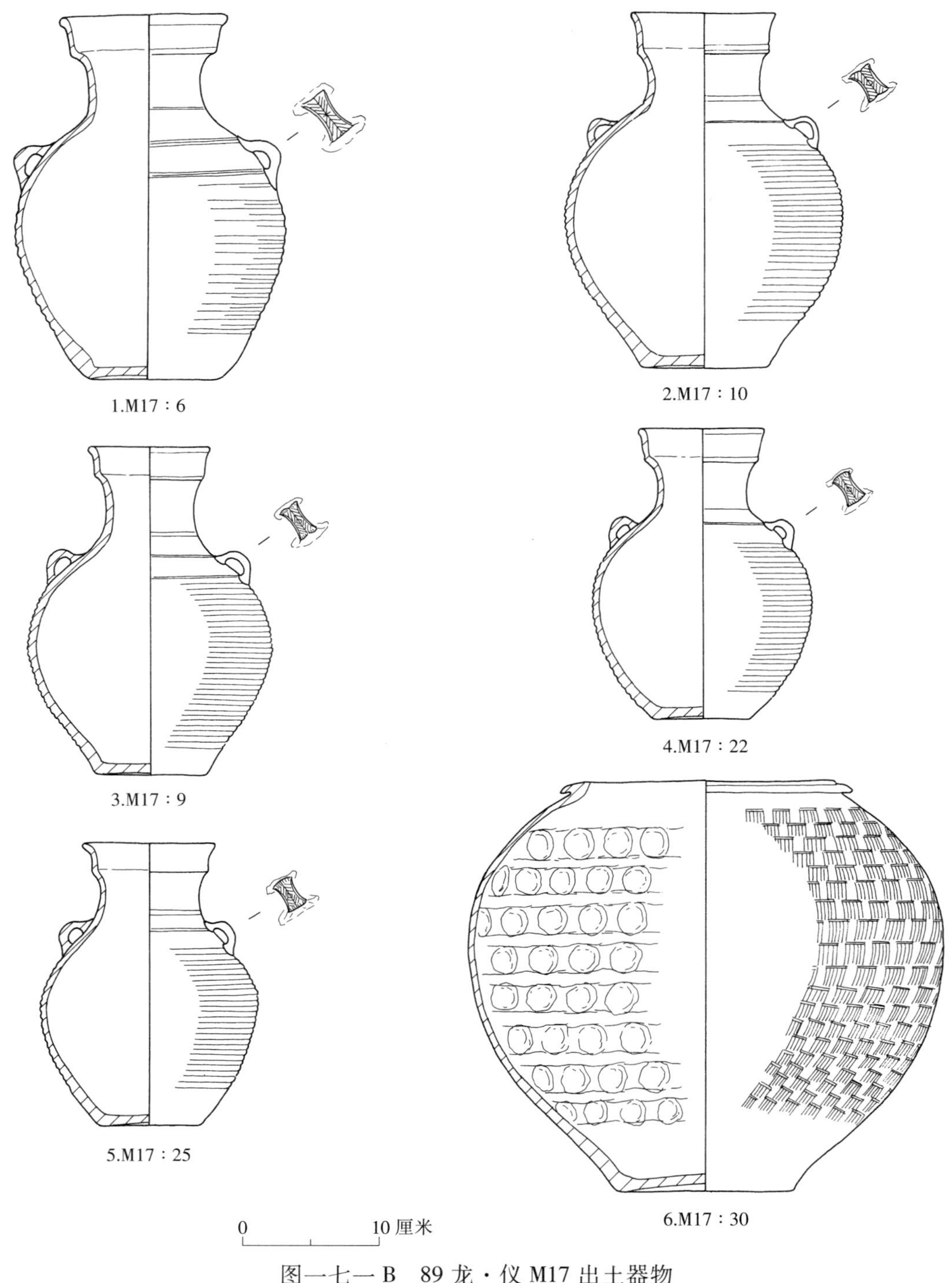

图一七一 B　89 龙·仪 M17 出土器物

（二）随葬器物

随葬器物共 23 件，以陶壶、罐、罍为基本组合，并伴有铁釜、刀等。除铁兵器随身入棺外，其余均置于边厢内。

1. 陶器　18 件。

壶　11 件。大小不等。深盘口，盘壁外展，粗短颈，斜肩上安双耳，圆弧腹，腹最大径位于上部，平底内凹。肩部划一或两道细弦纹，腹部切削密集的弧凸粗弦纹，耳面模印叶脉纹。硬陶。

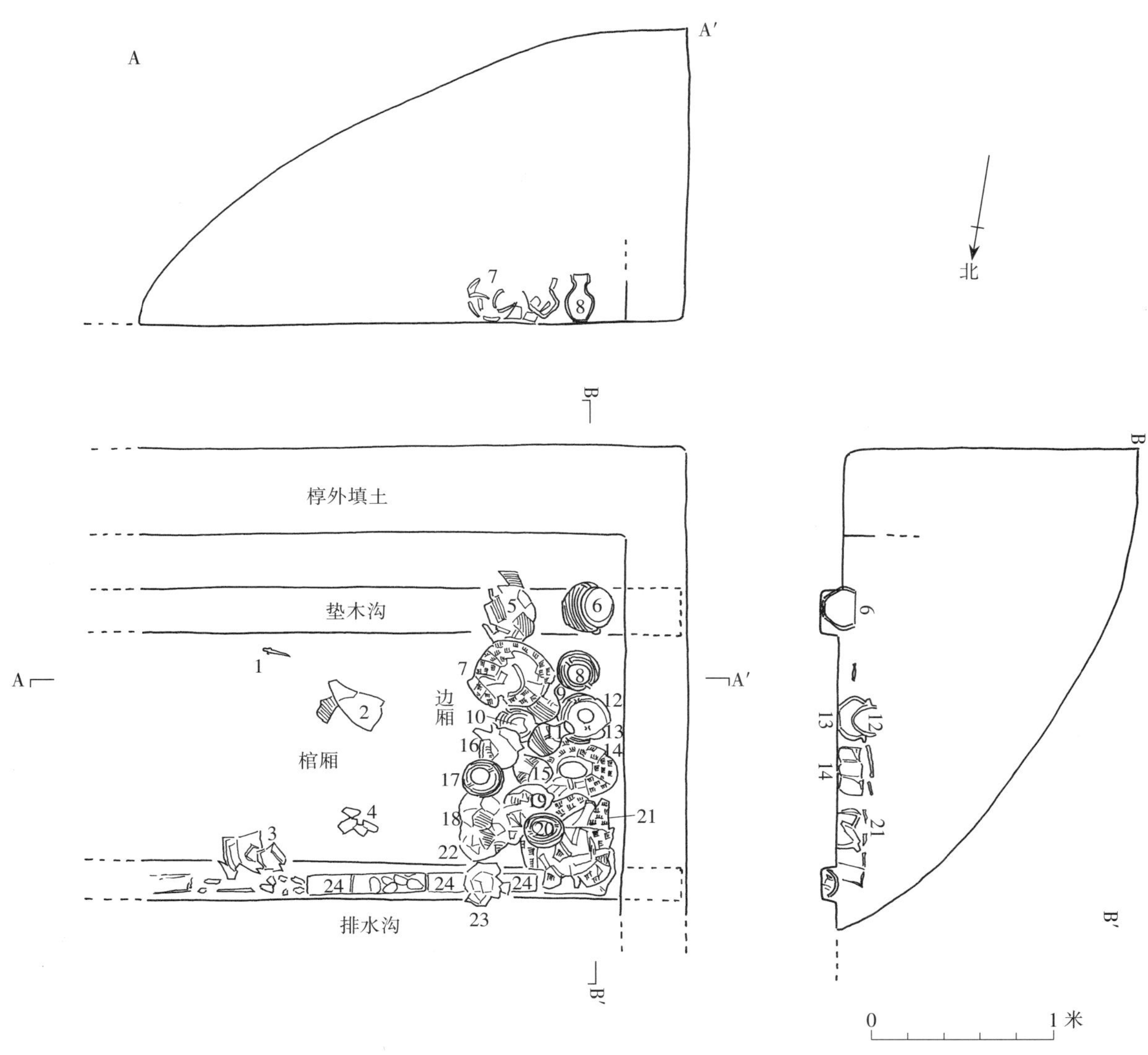

图一七二　89龙·仪M31平、剖面图

1、4. 铁刀　2. 铁器　3. 铁釜　5、6、13、22. 泥质陶弦纹罐　7、14、21. 印纹陶硬罍　8～12、15～19、23. 硬陶盘口壶　20. 铜盘　24. 筒瓦

露胎上部呈灰褐色，下部呈红褐色，内胎为灰色，胎质较硬。轮制。其中2件器身较高，圆唇外撇。M31∶10，高34、口径14.4、腹径26.4、底径12.4厘米（图一七三A，1）。M31∶15，高31.4、口径14.1、腹径23、底径10厘米（图一七三A，2）。4件器身中等。M31∶9，内斜唇。高23.6、口径10.8、腹径18.8、底径10.2厘米（图一七三A，3）。M31∶18，内斜唇。高24.8、口径10.3、腹径20.2、底径10厘米（图一七三A，4）。M31∶23，高26、口径12、腹径20.8、底径10.2厘米（图一七三A，5）。M31∶12，高27.6、口径11.2、腹径22.4、底径10.6厘米（图一七三A，6）。M31∶8、11、16、17、19，其中硬陶3件，高温釉陶2件。均残缺。

罐　4件。M31∶5，翻沿口，斜弧肩上安双耳，圆弧腹，腹最大径位于上部，平底。通体切削密集的平凸粗弦纹，耳面模印上下相对的叶脉纹。泥质陶。露胎呈红灰色，胎质较软。轮制。高24.6、口径23.6、腹径31.4、底径14厘米（图一七三B，1）。M31∶6、13、22，均残缺。

罍　3件。M31∶21，直口，内斜唇，斜弧肩，弧腹，腹最大径位于上部，平底内凹。通体拍印规整、清晰的梳状纹，肩部刻划连线圆圈纹。印纹硬陶。露胎和内胎均呈砖红色，胎质较软。泥条盘筑，内壁留有陶拍的抵窝痕。高 49.2、口径 24、腹径 49.6、底径 22.6 厘米（图一七三 B，2）。M31∶7、14，残缺。

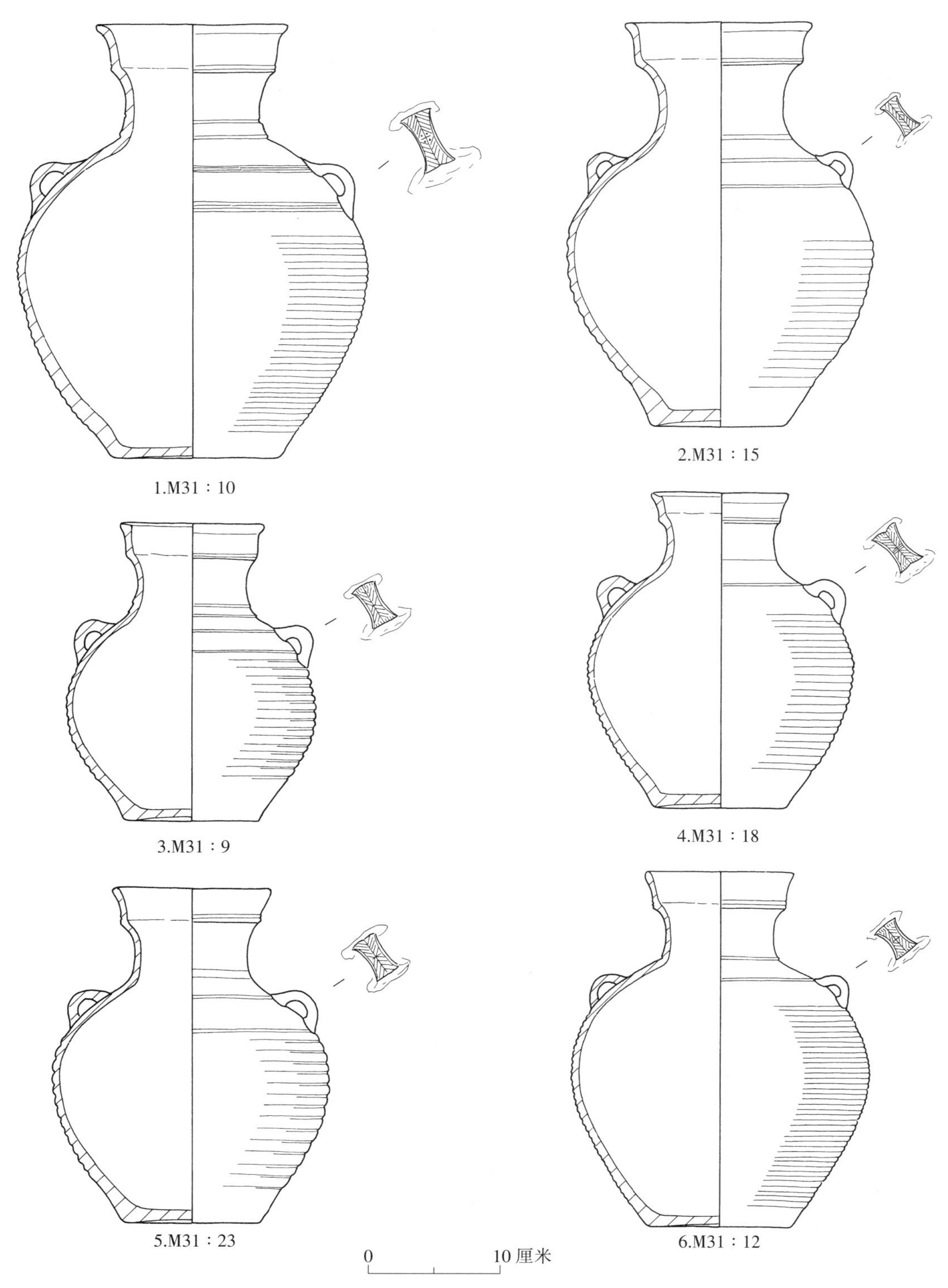

图一七三 A　89 龙・仪 M31 出土器物

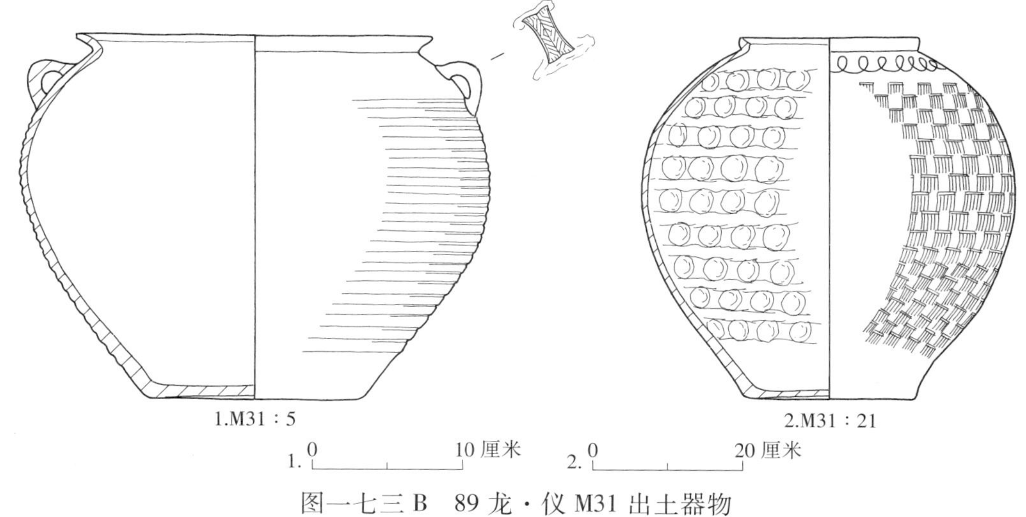

图一七三B 89龙·仪M31出土器物

2. 其他 5件。

铜盘 1件。M31：20，残缺。

铁釜 1件。M31：3，残缺。

铁刀 2件。M31：1、4，残缺。

铁器 1件。M31：2，残缺。

7.89龙·仪M32

（一）概况

平面呈长方形，墓长4.12、宽3.66、深1.28米。墓向154度。墓内回填黄、灰相杂的五花土，结构较为致密。

墓坑下部四周有因木椁外填土形成的“熟土二层台”，结合铁棺钉的分布和随葬品的摆放位置，判断墓内原有木椁。椁室长约3.60、宽约3.10米。椁内中部设棺厢，东侧设边厢，两端设头厢和脚厢（图一七四）。

（二）随葬器物

随葬器物共27件（组），以陶壶、罐、罍为基本组合，并伴有铜洗、“五铢”和“货布”钱及铁釜、矛、刀等。陶纺轮、铜钱、琥珀管、玻璃串珠、铁削及漆奁摆放于西侧棺内头部，铜弩机、铁矛及铁刀摆放于东侧棺内腰部，其余分别置于边厢、头厢及脚厢内。

1. 陶器 16件。

壶 6件。深盘口，盘壁外斜，圆唇外撇，粗短颈内弧，斜肩上安双耳，平底内凹。腹部切削密集的弧凸粗弦纹，耳面模印叶脉纹。轮制。M32：14，弧腹，腹最大径位于上部。肩部划两道细弦纹。高温釉陶。釉色泛黄，釉层已流失，露胎呈黄灰色。无釉部位露胎呈暗红色，胎质坚硬。高28.2、口径12.1、腹径20、底径10.3厘米（图一七五，1）。M32：26，圆鼓腹，腹最大径位于上部。硬陶。露胎上部呈砖红色，胎质较硬。高25.4、口径11.2、腹径20、底径9.6厘米（图一七五，2）。M32：12、13、24、25，硬陶。均残缺。

罐 8件。根据口沿形态的不同分为：

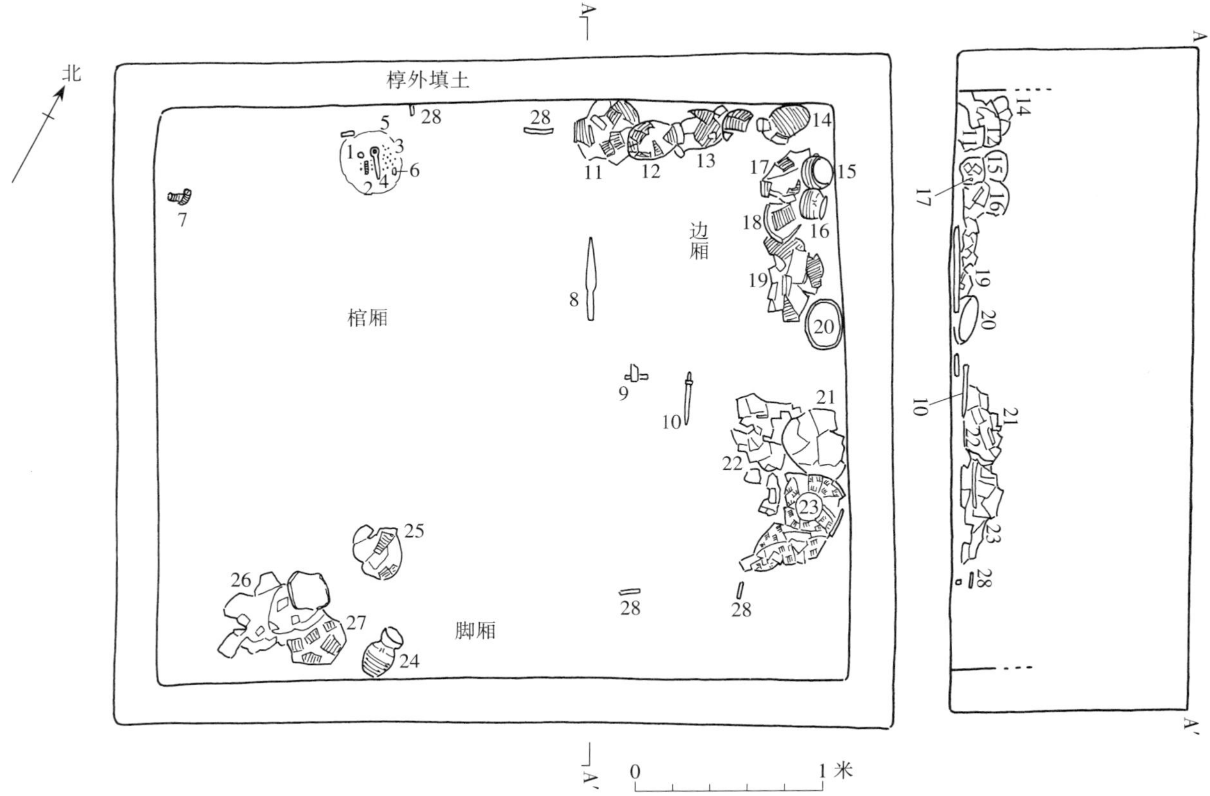

图一七四　89龙·仪M32平、剖面图

1. 硬陶纺轮　2. 琥珀管　3. 玻璃珠　4. 铁削　5. 漆奁痕　6. 铜“货布”　7. 铜“五铢”钱　8. 铁矛　9. 铜弩机　10. 铁刀　11、15～19、22、27. 硬陶罐　12、13、24～26. 硬陶盘口壶　14. 高温釉陶盘口壶　20. 铜洗　21. 铁釜　23. 印纹硬陶罍　28. 铁棺钉

翻沿口罐　1件。M32∶16，翻沿口，圆唇，斜肩上安双耳，弧腹，腹最大径位于上部，平底。通体切削密集的弧凸粗弦纹，耳面模印叶脉纹。硬陶。露胎和内胎均呈砖红色，胎质较软。轮制。高12.9、口径11.5、腹径16、底径8厘米（图一七五，3）。

侈口罐　1件。M32∶11，器身较大。侈口，斜肩上安双耳，弧腹，腹最大径位于上部，平底。肩部划两组双线细弦纹，耳面模印叶脉纹。硬陶，胎质较硬。轮制。高22.2、口径19.3～20.5、腹径26.5、底径13.3厘米（图一七五，4）。

M32∶15、17～19、22、27，硬陶。均残缺。

罍　1件。M32∶23，印纹硬陶。残缺。

纺轮　1件。M32∶1，立面呈菱形，中间贯孔。硬陶。露胎呈灰色，胎质较硬。高3、直径4、孔径0.6厘米（图一七五，5）。

2. 其他　11件（组）。

铜洗　1件。M32∶20，残缺。

铜弩机　1件。M32∶9，由廓、牙、钩心及悬刀组成。凸字形廓面设一道箭槽，廓身有二键穿通，固定牙和悬刀的位置，键一端为六边形帽，另一端横穿径0.2厘米的孔。木构部分已腐坏无存。通高12、长10.8、厚2.6厘米（图一七五，6）。

铜“五铢”钱　1件（组）。M32∶7，已锈蚀。

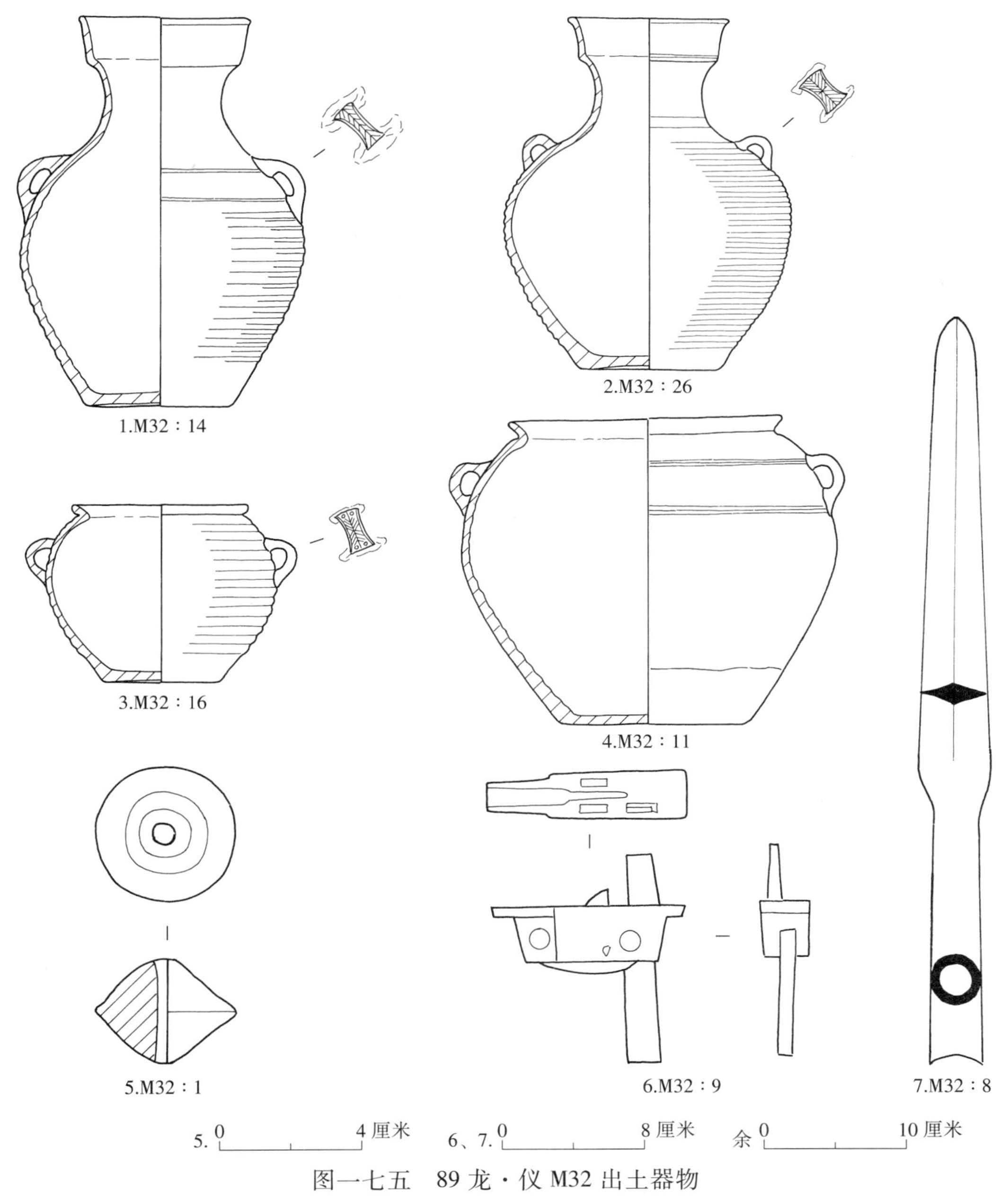

图一七五　89 龙·仪 M32 出土器物

铜“货布”钱　1 件（组）。M32∶6，残缺。

铁釜　1 件。M32∶21，残缺。

铁矛　1 件。M32∶8，圆弧锋，双面刃，斜从中脊。骹略长，中空，后端呈偃月形内凹，圆銎。通长 43.2 厘米，矛锋长 28.2、宽 4 厘米，骹长 15、銎径 3 厘米（图一七五，7）。

铁刀　1 件。M32∶10，残缺。

铁削　1 件。M32∶4，残缺。

琥珀管　1 件。M32∶2，管状，中间钻孔。

玻璃珠　1 件（组）。M32∶3，共 538 颗。圆形，中心钻孔。蓝色。

漆奁　1 件。M32∶5，仅存痕迹。

8. 89 龙·仪 M34

（一）概况

墓葬早期遭到严重盗扰。

平面近方形，长 4.00、宽 3.90、深 1.20 米。墓向 160 度。墓内回填红、灰相杂的五花土，结构较为致密。

墓坑下部四周有因木椁外填土形成的“熟土二层台”。底面挖有两条用于摆放椁下垫木的横轴向沟槽，长 3.86、宽 0.20、深 0.10 米，前后相距 2.70 米。结合随葬品的摆放位置，判断墓内原有木椁。椁内西部设棺厢，东部设边厢。根据棺厢内残留的铁棺钉间距，推测原棺厢内放置有双棺（图一七六）。

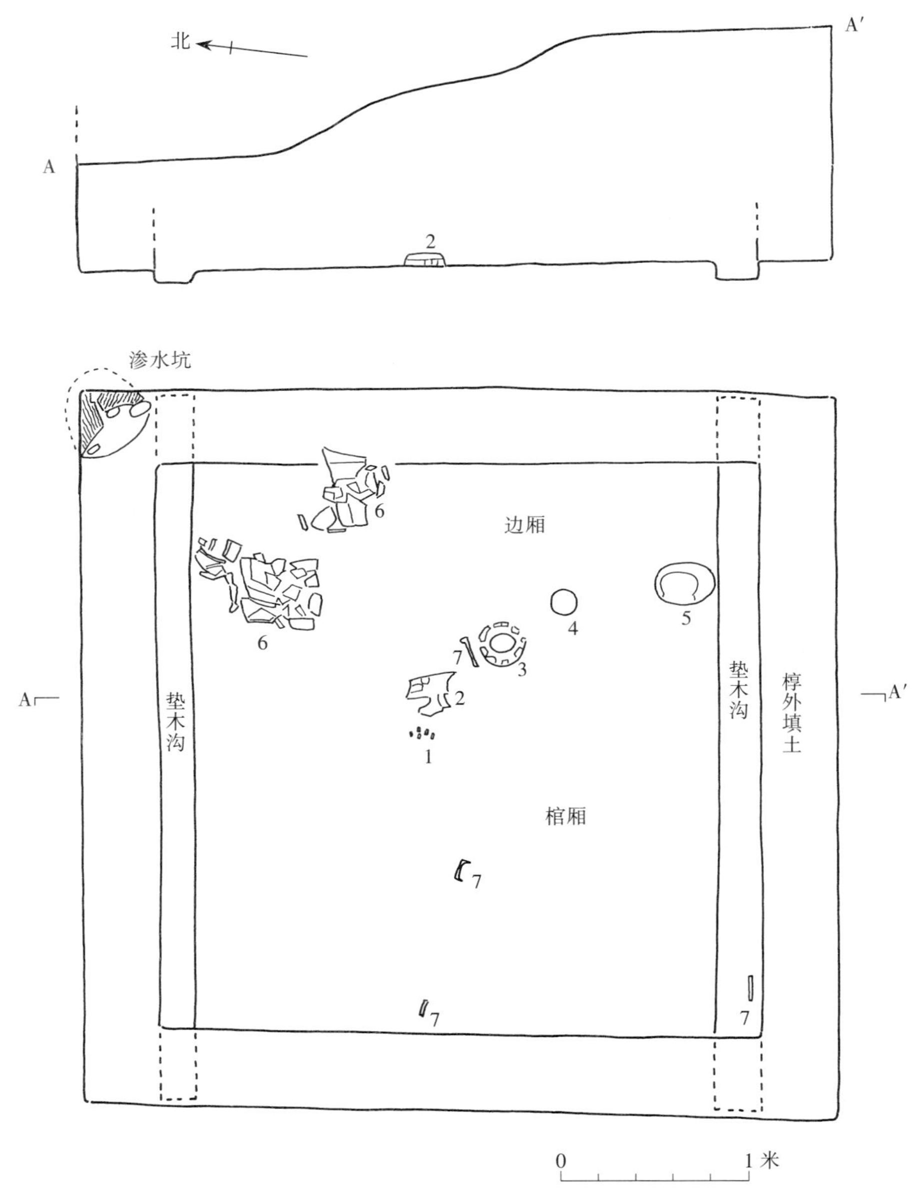

图一七六　89 龙·仪 M34 平、剖面图

1. 玻璃珠　2. 泥质陶灶　3. 泥质陶弦纹罐　4. 泥质陶盘　5. 泥质陶甑　6. 印纹陶罍　7. 铁棺钉

（二）随葬器物

随葬器物仅存6件（组），以陶罐、罍为基本组合。除玻璃珠随身入棺外，其余均置于边厢内。

1. 陶器 5件。

罐 1件。M34∶3，泥质陶。残缺。

罍 1件。M34∶6，印纹陶。残缺。

盘 1件。M34∶4，泥质陶。残缺。

灶 1件。M34∶2，泥质陶。残缺。

甑 1件。M34∶5，泥质陶。残缺。

2. 其他 1件（组）。

玻璃珠 1件（组）。M34∶1，扁椭圆形，中间穿细孔。5颗，其中1颗呈白色，表面不甚光滑，可能为石英质地；另4颗呈咖啡色，质地为水晶。长1.3、宽2.1厘米。

9.89 龙·仪 M38

（一）概况

平面呈长方形，长5.00、宽3.80、深2.50米。墓向240度。墓内回填黄、灰相杂的五花土，结构松散。

墓坑下部四周有因木椁外填土形成的"熟土二层台"，结合随葬品的摆放位置，判断墓内原有木椁。椁室长约4.40、宽约3.10米。椁内中部设棺厢，东、西两侧设边厢，北端设脚厢（图一七七）。

（二）随葬器物

随葬器物共28件，以陶瓿、壶、罐为基本组合，并伴有铜洗和铁釜、矛、刀等。除铁兵器随身入棺外，其余分别置于边厢和头厢内。

1. 陶器 22件。

瓿 5件。M38∶3、17、18、26、27，高温釉陶。均残缺。

壶 9件。深盘口，圆唇下划一周浅凹槽，斜弧肩上安双耳，弧腹，平底。肩部划两道细弦纹，腹部切削密集的弧凸粗弦纹，耳面模印叶脉纹。高温釉陶。釉呈绿褐色。无釉部位露胎呈紫红色，内胎为灰色，胎质坚硬。轮制。M38∶10，腹最大径位于上部，高23.5、口径10.1、腹径16.2、底径9厘米（图一七八，1）。M38∶6，腹最大径位于中部。高28.8、口径11.4、腹径19.2、底径10.2厘米（图一七八，2）。M38∶8、11～16，残，未能复原。已缺失。

罐 8件。大小不等。翻沿口，圆唇，圆弧肩上安双耳，弧腹，腹最大径位于上部，平底内凹。通体切削密集的弧凸粗弦纹。轮制。M38∶20，硬陶。露胎呈砖红色。轮制。高17.6、口径12.3、腹径18.5、底径9.2厘米（图一七八，3）。M38∶5，硬陶。露胎呈灰色，胎质较硬。高22.6、口径12.8、腹径22.8、底径10.6厘米（图一七八，4）。

M38∶4、7、9、19、25、28，均为硬陶。残缺。

2. 其他 6件。

铜洗 2件。M38∶1、2，残缺。

图一七七　89龙·仪M38平、剖面图

1、2. 铜洗　3、17、18、26、27. 高温釉陶瓿　4、5、7、9、19、20、25、28. 硬陶罐　6、8、10～16. 高温釉陶盘口壶　21. 铁矛　22. 铁锸　23. 铁釜　24. 铁刀

铁釜　1件。M38∶23，残缺。

铁锸　1件。M38∶22，残缺。

铁矛　1件。M38∶21，锋残缺。双面刃，斜从中脊。骹略长，后端呈偃月形内凹，圆銎。残通长36.8厘米，矛刃残长21.6、宽3.2厘米，骹长15.2、銎径2.6厘米（图一七八，5）。

铁刀　1件。M38∶24，残缺。

10. 89龙·仪M46

（一）概况

平面呈方形，边长3.60、深3.00米。墓向162度。墓内回填灰、黄相杂的五花土，结构较为松散。墓底挖有三条承接墓内渗水的沟槽，其中两条呈交叉状，四端分别与墓坑四角相接，长

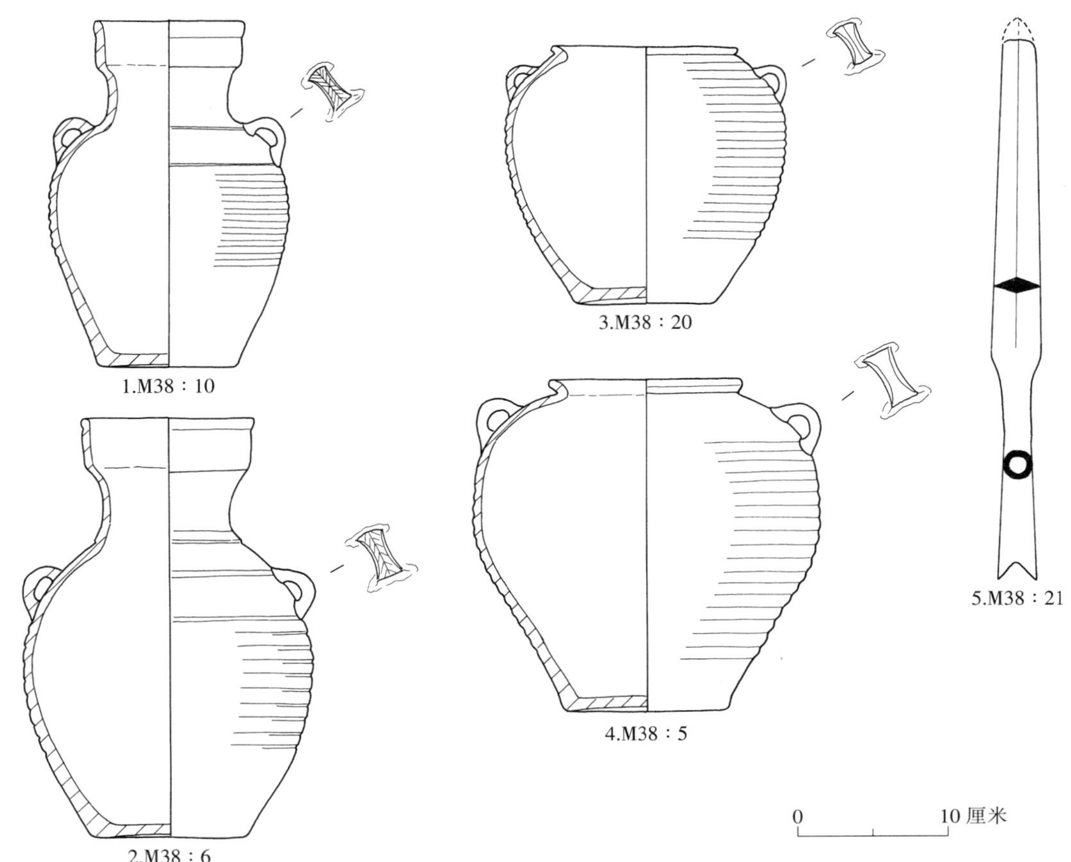

图一七八　89 龙·仪 M38 出土器物

5.00、宽 0.30、深 0.10 米，沟底铺垫卵石。另一条位于近墓坑东壁处，呈横轴走向，长 1.60、宽 0.22、深 0.08 米。

墓底挖有两条用于摆放椁下垫木的纵轴向沟槽，长 3.54、宽 0.24、深 0.10 米，左右相距 2.30 米，结合随葬品的摆放位置，判断墓内原有木椁。椁室呈方形，边长约 2.80 米。椁内中部设双棺厢，两侧设边厢（图一七九）。

（二）随葬器物

随葬器物共 19 件（组），以陶瓿、壶、罐为基本组合，并伴有铜镜、“五铢”钱和铁剑、刀。除铜镜、铜钱及铁刀随身入棺外，其余分别置于边厢和头厢内。

1. 陶器　10 件。

瓿　1 件。M46∶17，敛口，宽斜唇，宽圆弧肩上安铺首，铺首低矮，上端外翘并低于口沿，圆鼓腹，腹最大径位于中部，平底内凹。肩部贴三组细泥条状的凸弦纹，并刻划两组简化鸟纹。铺首面模印人面纹，上方贴菱角形堆纹。高温釉陶。釉色青绿。无釉部位露胎呈紫红色，内壁呈灰色，胎质坚硬。泥条盘筑，内壁留有陶拍的抵窝痕。高 29、口径 9.2、腹径 33.2、底径 17.6 厘米（图一八〇A，1）。

壶　7 件。敞口，圆唇，粗短颈，斜弧肩上安双耳，弧腹，腹最大径位于中部，卧足。口沿外壁和颈下端各轮印一周水波纹，腹部切削密集的弧凸粗弦纹，耳面模印叶脉纹。高温釉陶。釉

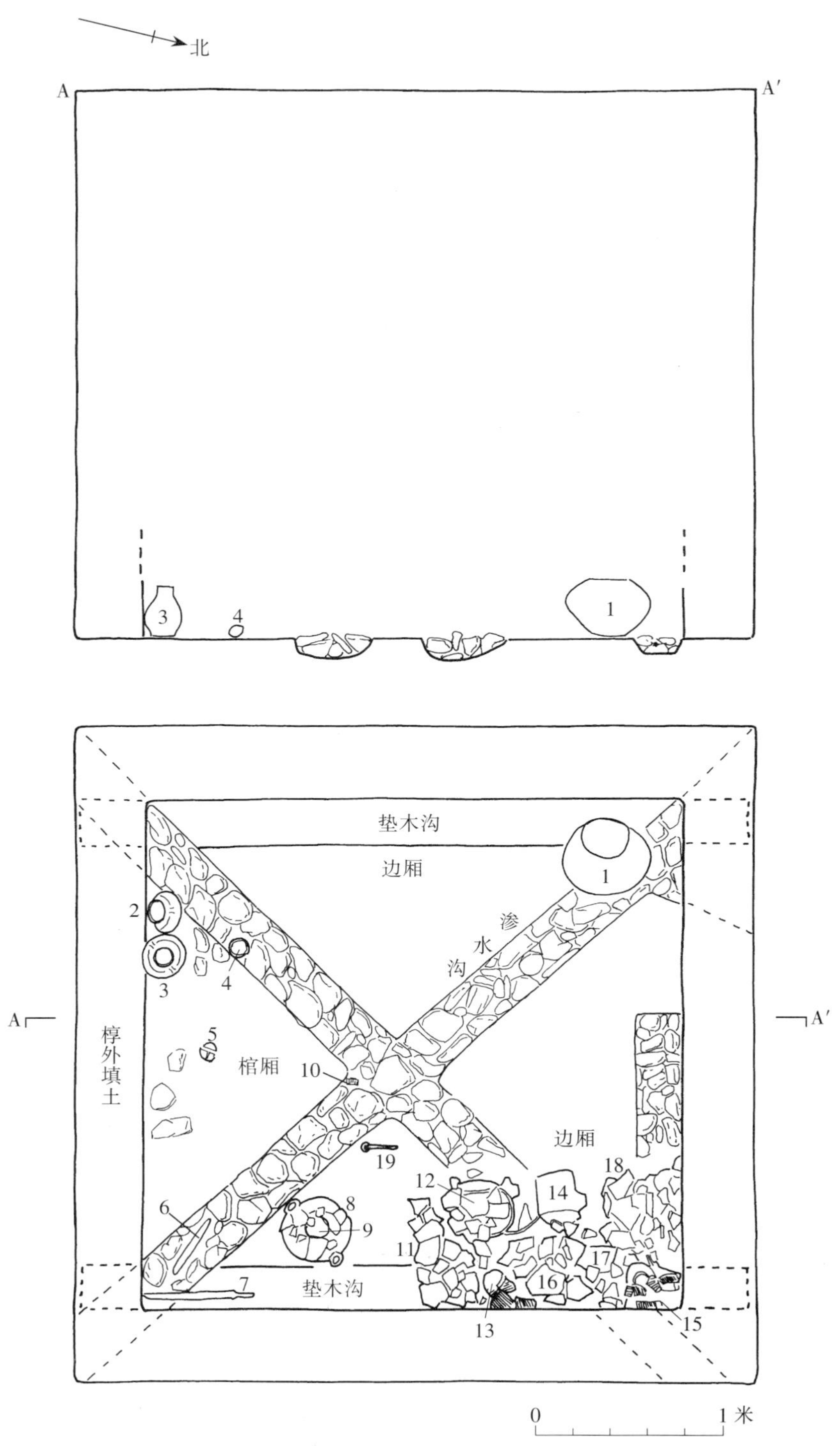

图一七九　89龙·仪M46平、剖面图

1、8. 铁釜　2、3、11、12、14、16、18. 高温釉陶敞口壶　4. 铜蟠螭纹镜　5. 铜镜　6、19. 铁刀　7. 铁剑　9. 铜器　10. 铜“五铢”钱　13、15. 硬陶弦纹罐　17. 高温釉陶瓿

色泛黄，釉层大部流失。无釉部位露胎呈褐色，胎质坚硬。轮制。M46∶2，肩部划两道细弦纹。高27.2、口径12、腹径22.2、足径11.6厘米（图一八○A，2；图版六，3）。M46∶11，肩部刻划三组细弦纹和两组简化鸟纹，衔环耳上方贴模印有菱角形纹的泥片。高34.4、口径14.8、腹径

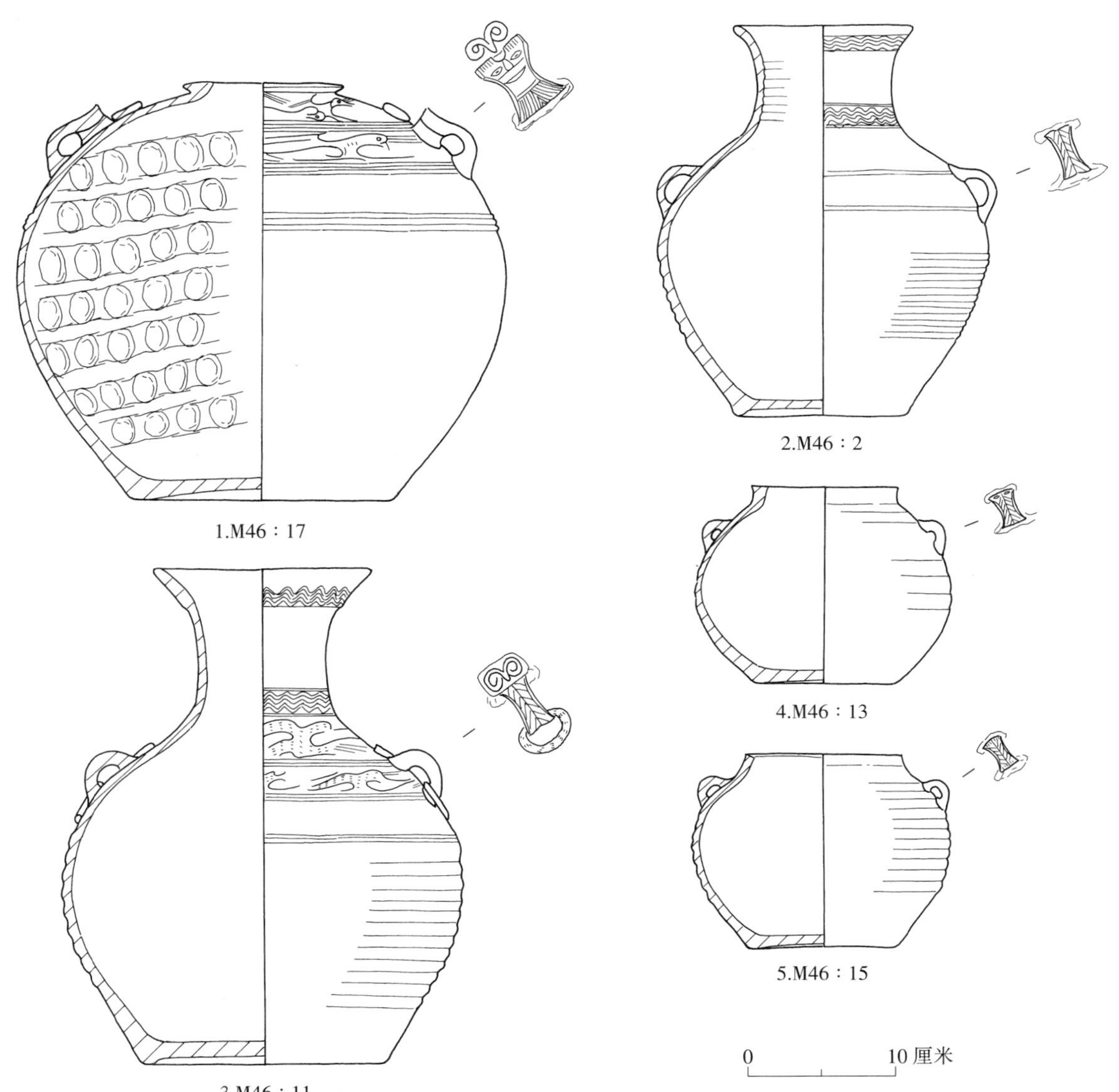

图一八〇A 89龙·仪M46出土器物

27、足径16.2厘米（图一八〇A，3）。M46:3、12、14、16、18，均残缺。

罐 2件。直口，平唇，斜弧肩上安双耳，鼓腹，腹最大径位于中部，平底内凹。耳面模印叶脉纹。硬陶。露胎呈灰色，胎质较硬。轮制。M46:13，腹部划疏朗的宽弦纹。高13.4、口径10.4、腹径17.4、底径9.8厘米（图一八〇A，4）。M46:15，通体切削密集的弧凸粗弦纹。露胎上部呈灰色，下部呈红灰色，胎质较硬。高13.4、口径10.5、腹径17.2、底径9.4厘米（图一八〇A，5）。

2. 其他 9件（组）。

残铜器 1件。M46:9，残缺。

铜蟠螭纹镜 1件。M46:4，小弦纽，圆纽座。座外两周同心圆。内区饰蟠螭纹。窄缘壁较直。直径8.6厘米（图一八〇B，1；图版二六，4）。

铜“五铢”钱 1件（组）。M46:10，已锈蚀。

铁釜 2件。M46:1，敛口，扁鼓腹，小圈足。高28.8、口径23.8、腹径41.4、足径8.4厘米（图一八〇B，2）。M46∶8，残缺。

铁剑 1件。M46∶7，圆弧锋，斜从中脊。剑柄无格，截面呈扁平形。通长55.6厘米，剑身长41、宽4厘米。剑柄长14.6、宽2～2.4厘米（图一八〇B，3）。

铁刀 2件。M46∶6，单面刃，刀柄无格，前宽后窄。残通长45.6厘米，刀身长40、宽3.2厘米，刀柄残长5.6、宽2～3.2厘米（图一八〇B，4）。M46∶19，残缺。

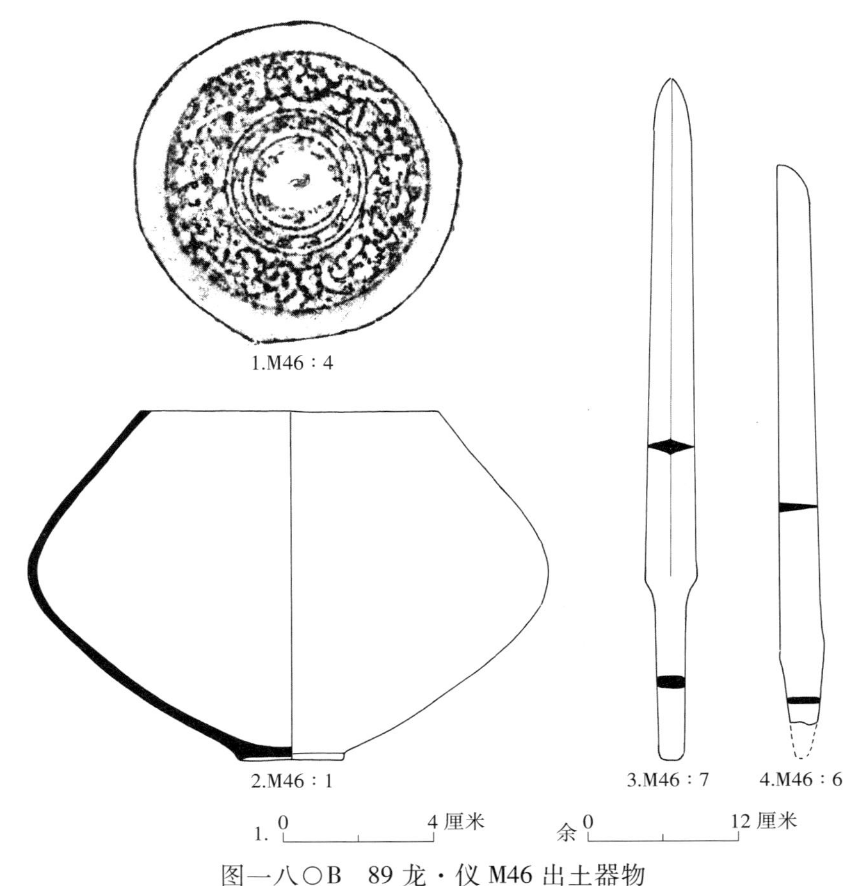

图一八〇B 89龙·仪M46出土器物

11.89龙·仪M48

（一）概况

平面近方形，长3.95、宽3.74、深4.15米。墓向260度。墓内回填红、黄相杂的五花土，结构较为致密。底面挖有两条承接墓内渗水的沟槽，平面呈交叉状，四端与墓室四角相接，长5.70、宽0.25、深0.10米，沟底铺垫卵石。

墓坑下部四周有因木椁外填土形成的"熟土二层台"。底面挖有两条放置椁下垫木的横轴向沟槽，长3.80、宽0.12、深0.10米，前后相距2.60米。结合铁棺钉的分布和随葬品的摆放位置，判断墓内原有木椁。椁室长约3.20、宽约3.00米。椁内中部设双棺厢，两侧设边厢（图一八一）。

（二）随葬器物

随葬器物共13件（组），以陶壶、罐为基本组合，并伴有铜"大泉五十"钱和铁釜等。除铜钱、铁削及串珠随身入棺外，其余分别摆放于边厢内。

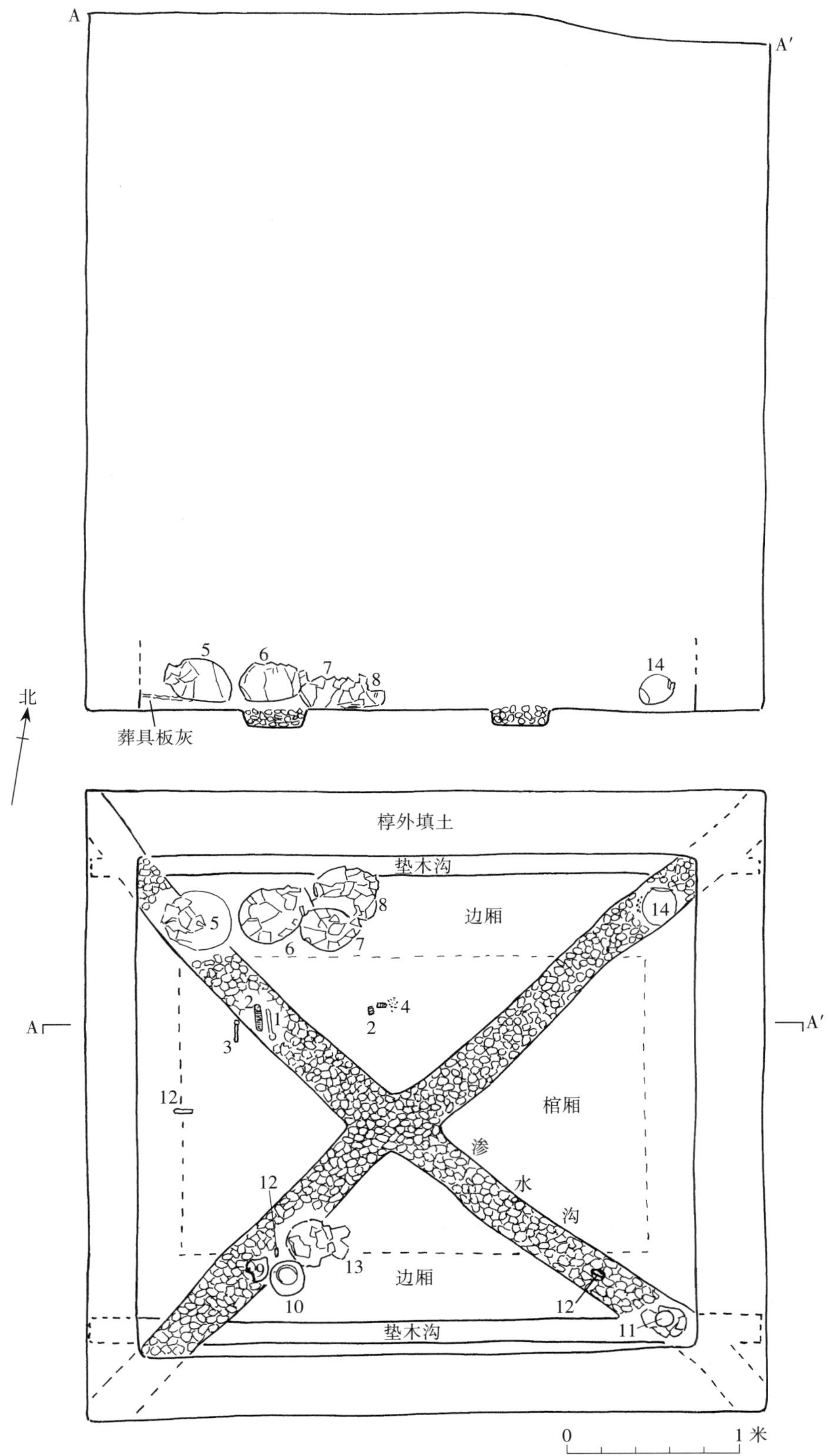

图一八一　89龙·仪M48平、剖面图

1. 铁削　2. 铜“大泉五十”　3. 铁器　4. 玻璃珠　5、6. 高温釉陶敞口壶　7、8、10、13. 硬陶盘口壶　9、14. 硬陶弦纹罐　11. 铁釜　12. 铁棺钉

1. 陶器　7件。

壶　6件。根据口沿形态的不同分为：

敞口壶　2件。M48∶6，敞口，平唇，粗短颈，斜肩上安双耳，鼓腹，腹最大径位于中部，平底内凹。颈下端轮印一周水波纹，肩部划两组双线细弦纹，耳面模印叶脉纹，上方贴横向“S”形堆纹。高温釉陶。釉色青黄。无釉部位露胎呈暗红色，胎质坚硬。轮制，内壁有涂抹痕迹。高39.4、口径18.6、腹径31.9、底径14厘米（图一八二，1）。M48∶5，残缺。

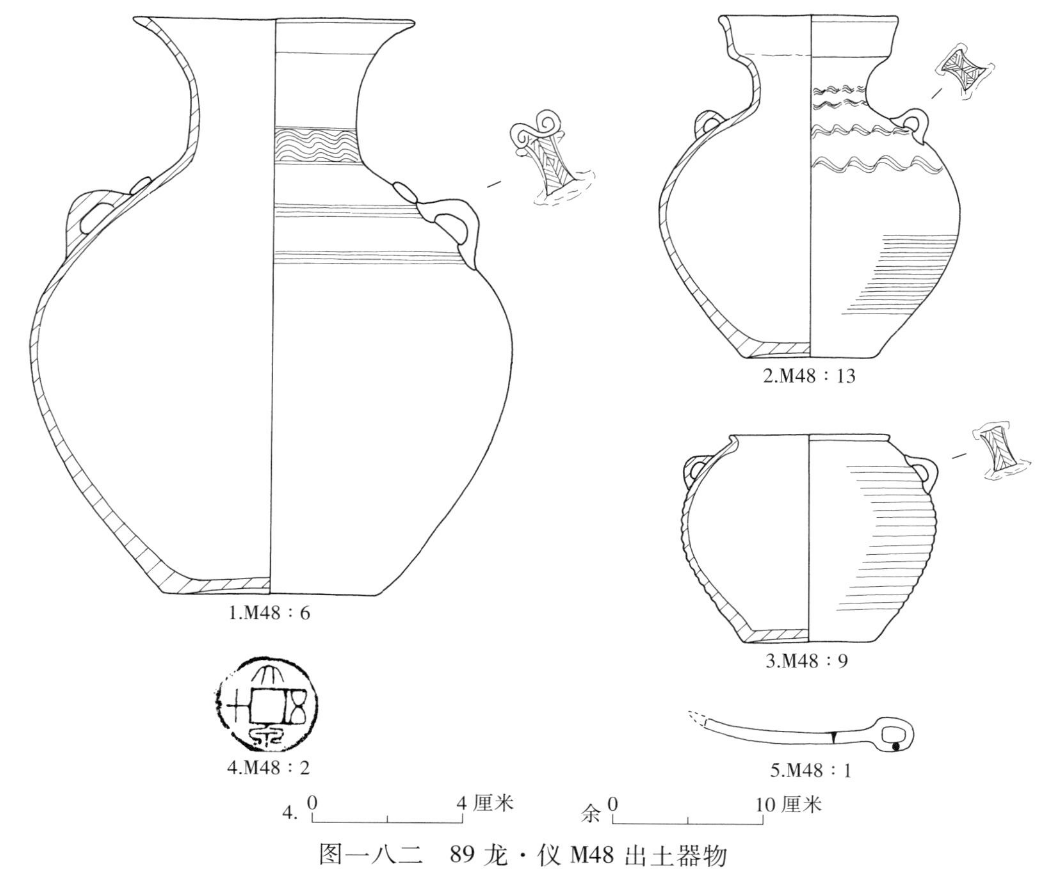

图一八二　89龙·仪M48出土器物

盘口壶　4件。M48∶13，深盘口略大，圆唇外翻，粗短颈内弧，圆弧肩上安双耳，圆鼓腹，腹最大径位于中部，平底内凹。颈下端和肩部各刻划两组随意的水波纹，腹部划密集的细弦纹，耳面模印叶脉纹。硬陶。露胎呈灰色，胎质较硬。轮制。高23.4、口径12、腹径20、底径8.8厘米（图一八二，2；图版八，4）。M48∶7、8、10，均残缺。

罐　2件。M48∶9，翻沿口，圆唇，斜弧肩上安双耳，圆鼓腹，腹最大径位于中部，平底内凹。通体切削密集的弧凸粗弦纹，耳面模印叶脉纹。硬陶。露胎上部呈灰色，下部呈灰红色，胎质较硬。轮制。高14.3、口径10.6、腹径16.8、底径8.6厘米（图一八二，3）。M48∶14，残缺。

2. 其他　5件（组）。

铜“大泉五十”钱　1件（组）。M48∶2，圜钱，钱文为篆体，上下左右阅读。钱径2.6、穿径0.9厘米（图一八二，4）。

铁釜　1件。M48∶11，残缺。

铁削　1件。M48∶1，环首，刀身略弯，单面刃，锋已残。残长13.6、宽0.8厘米（图一八二，5）。

残铁器　1件。M48∶3，器形不明。

玻璃珠　1件（组）。M48∶4，共45颗。圆形，中间穿孔。

四　双椁双棺异穴合葬墓

共6组12座，由两座墓向一致、左右并列、各自拥有一套棺椁、且具有平行打破关系的长方形墓葬所组成。同时，具有打破关系一侧的墓壁均为熟土壁。墓坑四壁陡直，底面平整。葬具均已腐坏无存。

1. 89龙·仪M18南穴、北穴

两墓野外未单独编号，现区分为M18南穴和北穴，其中南穴打破北穴，总宽4.10米。墓向65度（图一八三）。

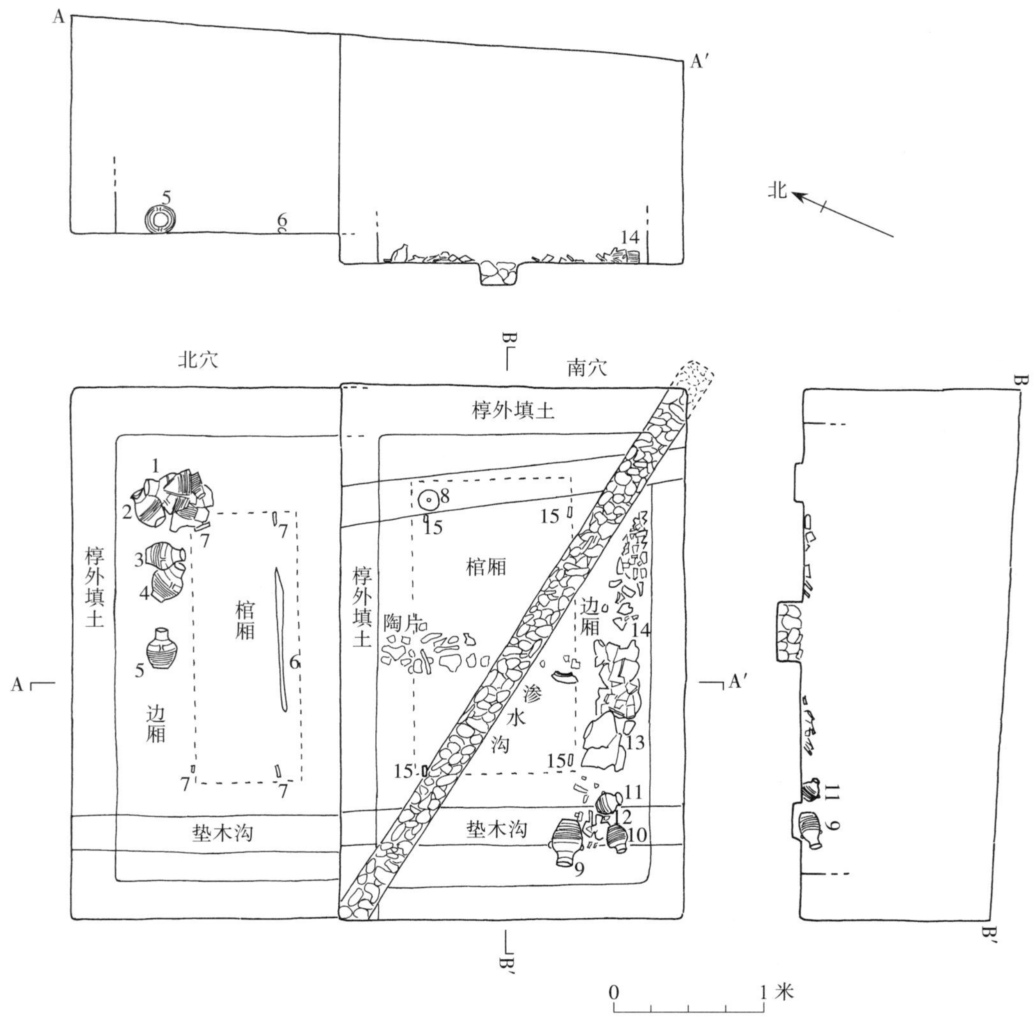

图一八三　89龙·仪M18平、剖面图

北穴：1、5. 高温釉陶盘口壶　2～4. 硬陶盘口壶　6. 铁刀　7. 铁棺钉

南穴：8. 铜镜　9～12、14. 硬陶盘口壶　13. 高温釉陶瓿　15. 铁棺钉

（一）北穴概况

墓长3.60、残宽1.80、深1.48米。底面高于南穴底面0.20米。墓内回填黄、灰相杂的五花土，结构较为松散。

墓坑下部三边有因木椁外填土形成的“熟土二层台”。底面东端挖有一条垫木沟，残长1.80、宽0.22、深0.10米。结合随葬品的摆放位置，判断墓内原有木椁。椁室长约3.00、宽约1.50米。椁内南部设棺厢，北侧设边厢。棺厢内留有排列有序的4枚铁棺钉，推测原棺木长约1.80、宽约0.70米。

（二）北穴随葬器物

随葬器物共6件。除铁刀随身入棺外，其余均置于边厢内。

1. 陶器　5件。

壶　5件。深盘口，圆唇外翻，粗短颈，斜肩上安双耳，平底内凹。肩、腹部切削密集的弧凸粗弦纹，耳面模印叶脉纹。轮制。M18∶1，圆弧腹，腹最大径位于中部。高温釉陶。釉层已流失，露胎呈黄灰色。无釉部位露胎呈灰色，胎质坚硬。高21、口径9.2、腹径16.8、底径8.8厘米（图一八四，1）。M18∶2，弧腹，腹最大径位于上部。硬陶。露胎呈红灰色，胎质坚硬。高23.6、口径10.8、腹径18、底径8.8厘米（图一八四，2）。M18∶3，圆弧腹，腹最大径位于中部。硬陶。露胎呈灰红色，胎质较硬。高22.5、口径10.6、腹径18.4、底径8.8厘米（图一八四，3）。M18∶4，弧腹，腹最大径位于近上部。硬陶。露胎和内胎均呈灰色，胎质坚硬。高24.4、口径10.5、腹径18.4、底径10厘米（图一八四，4）。M18∶5，高温釉陶。残缺。

2. 其他　1件。

铁刀　1件。M18∶6，残缺。

（三）南穴概况

墓长3.66、宽2.30、深1.56米。底面低于北穴底面0.20米。墓内回填红、黄相杂的五花土，结构较为致密。底面挖有一条承接墓内渗水的沟槽，平面呈斜直走向，两端分别与墓坑西北和东南角相接，沟底铺垫卵石，长4.50、宽0.20、深0.16米，其中0.20米深入至墓坑的东南角内。

墓坑下部四周有因木椁外填土形成的“熟土二层台”。底面挖有两条用于摆放椁下垫木的横轴向沟槽，长2.30、宽0.24、深0.08米，前后相距2.00米。结合随葬品的摆放位置，判断墓内原有木椁。椁室长约3.05、宽约1.80米。椁内北部设棺厢，南侧设边厢。边厢底面残留有少量卵石。棺厢内留有排列有序的4枚铁棺钉，推测原棺木长约2.00、宽约1.05米。

（四）南穴随葬器物

随葬器物共7件，以陶瓿、壶为基本组合，并伴有铜镜。除铜镜摆放于棺内头部外，其余均置于边厢内。

1. 陶器　6件。

瓿　1件。M18∶13，高温釉陶。残缺。

壶　5件。深盘口，盘壁外斜，圆唇外翻，粗短颈，斜肩上安双耳，平底内凹。肩、腹部切削密集的弧凸窄弦纹，耳面模印叶脉纹。硬陶。露胎呈灰褐色，胎质较硬。轮制。M18∶9，弧腹，腹最大径位于上部。高24.5、口径11、腹径18.8、底径8.6厘米（图一八四，5）。M18∶10，圆弧腹，腹最大径位于中部。高20.2、口径9.2、腹径15.8、底径7.6厘米（图一八四，6）。

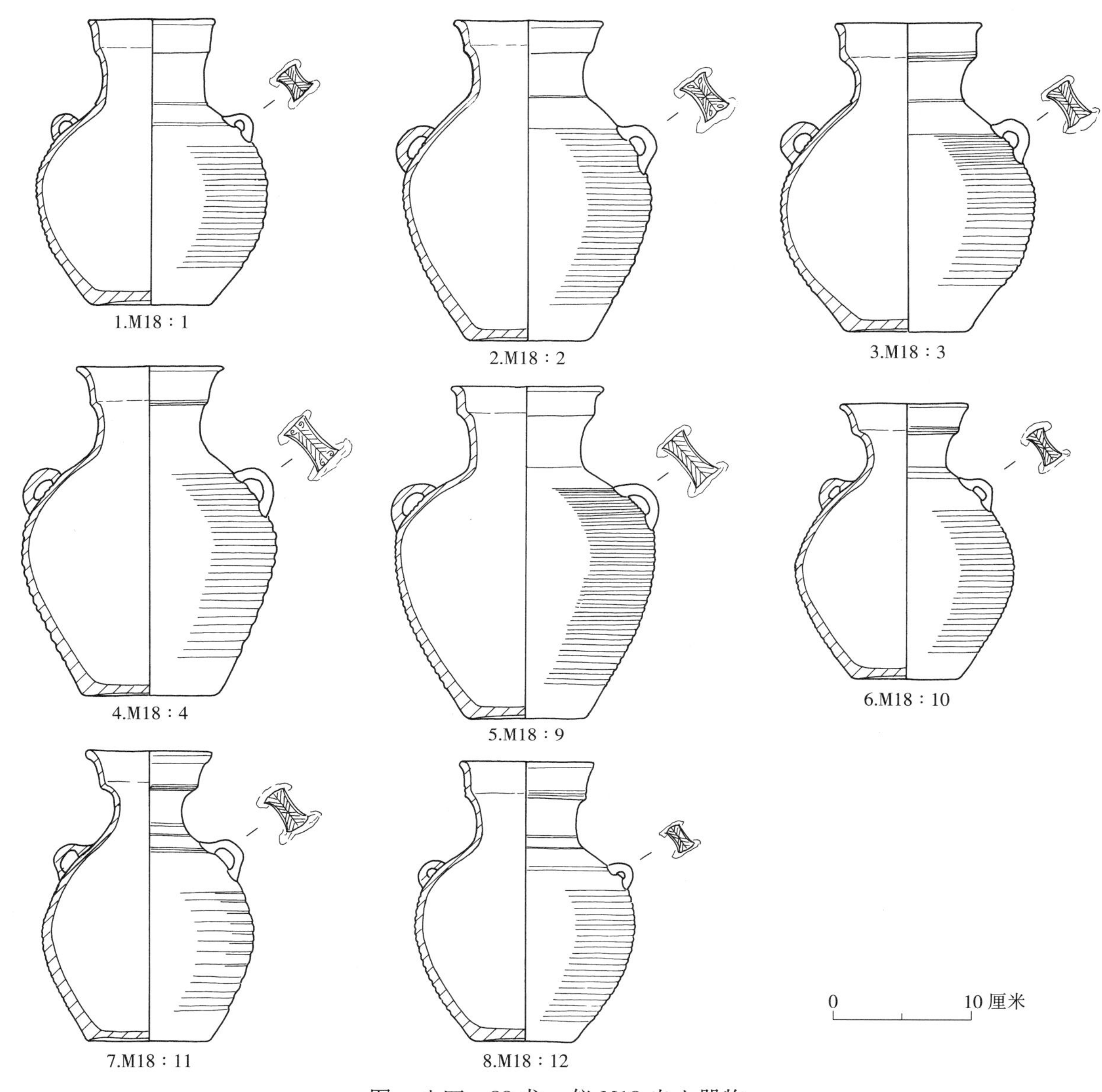

图一八四 89 龙·仪 M18 出土器物

M18∶11，弧腹，腹最大径位于中部。高 21.4、口径 9、腹径 15.2、底径 8.6 厘米（图一八四，7）。M18∶12，弧腹，腹最大径位于上部。高 20.6、口径 9.6、腹径 15.8、底径 7.2 厘米（图一八四，8）。M18∶14，残缺。

2. 其他 1 件。

铜镜 1 件。M18∶8，残缺。

2. 89 龙·仪 M23 东穴、西穴

墓上部被破坏。两墓野外未单独编号，现区分为 M23 东穴和西穴，其中东穴打破西穴，总宽 3.48 米。墓向 325 度（图一八五）。

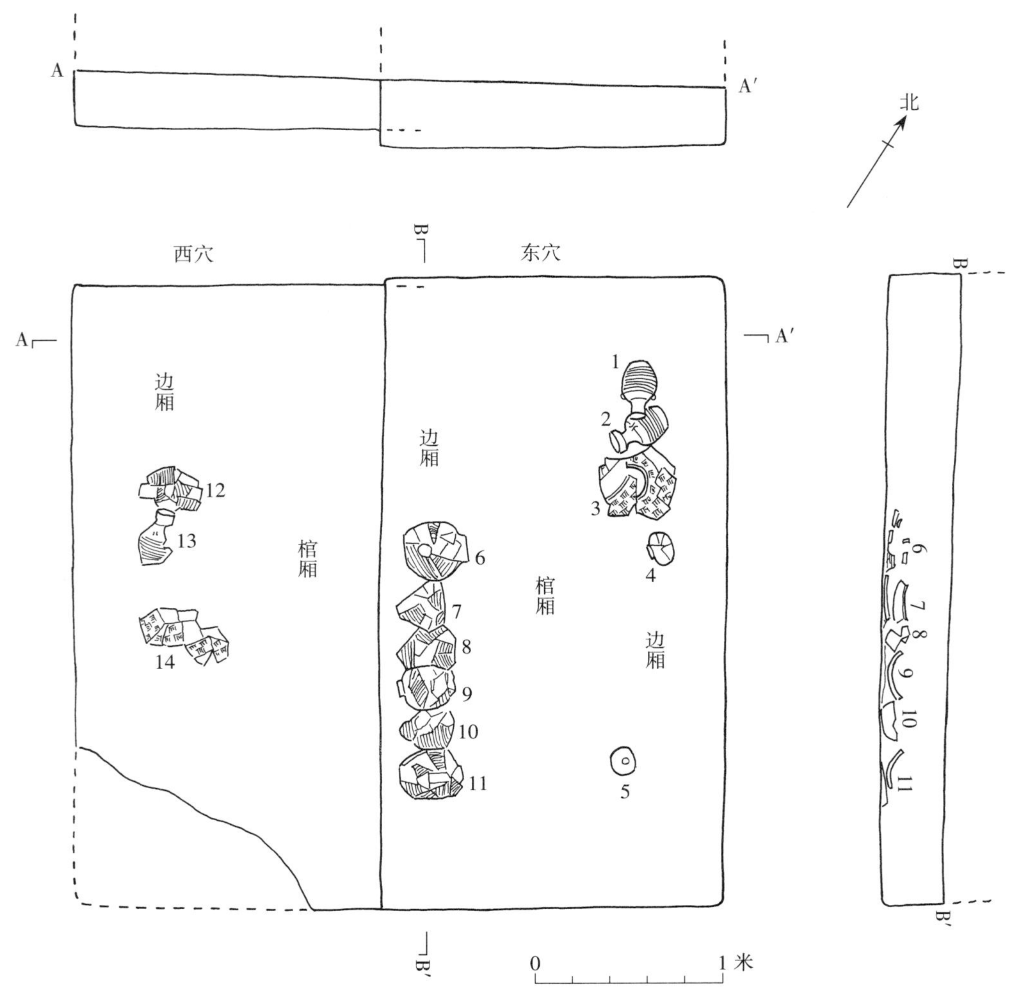

图一八五　89 龙·仪 M23 平、剖面图

东穴：1、2、11. 高温釉陶盘口壶　3. 印纹硬陶罍　4～10. 泥质陶弦纹罐

西穴：12、13. 高温釉陶盘口壶　14. 印纹硬陶罍

（一）东穴概况

墓长 3.44、宽 1.84、残深 0.36 米。底面低于西穴底面 0.10 米。墓内回填灰、黄相杂的五花土，结构松散。

从随葬品的排列情况，判断墓内原有木椁。椁内中部设棺厢，两侧各设一个边厢。

（二）东穴随葬器物

随葬器物共 11 件，以陶壶、罐、罍为基本组合，分别摆放于两侧边厢内。

壶　3 件。深盘口，圆唇外翻，口沿下划一周浅凹槽，粗短颈，斜肩上安双耳，弧腹，腹最大径位于上部，平底内凹。肩部划两组双线细弦纹，腹部切削密集的弧凸粗弦纹。高温釉陶。釉色泛黄，釉层大部流失。无釉部位露胎呈灰色，内胎为灰色，胎质坚硬。轮制。M23∶1，器形不甚规整。高 27.2～28、口径 10.8、腹径 19.6、底径 10 厘米（图一八六，1）。M23∶2，耳面模印叶脉纹。高 30、口径 12、腹径 21.2、底径 11.2 厘米（图一八六，2）。M23∶11，耳面模印叶脉纹。高 34.2、口径 13、腹径 24.2、底径 12.4 厘米（图一八六，3）。

罐　7 件。M23∶4～10，均残缺。

罍　1 件。侈口，折唇，斜弧肩，弧腹，腹最大径位于上部，平底内凹。通体拍印规整的梳状纹。印纹硬陶。露胎呈灰色，胎质较硬。泥条盘筑，内壁有陶拍的抵窝痕。M23∶3，高 31、口径 18.5、腹径 34.5、底径 14.4 厘米（图一八六，4）。

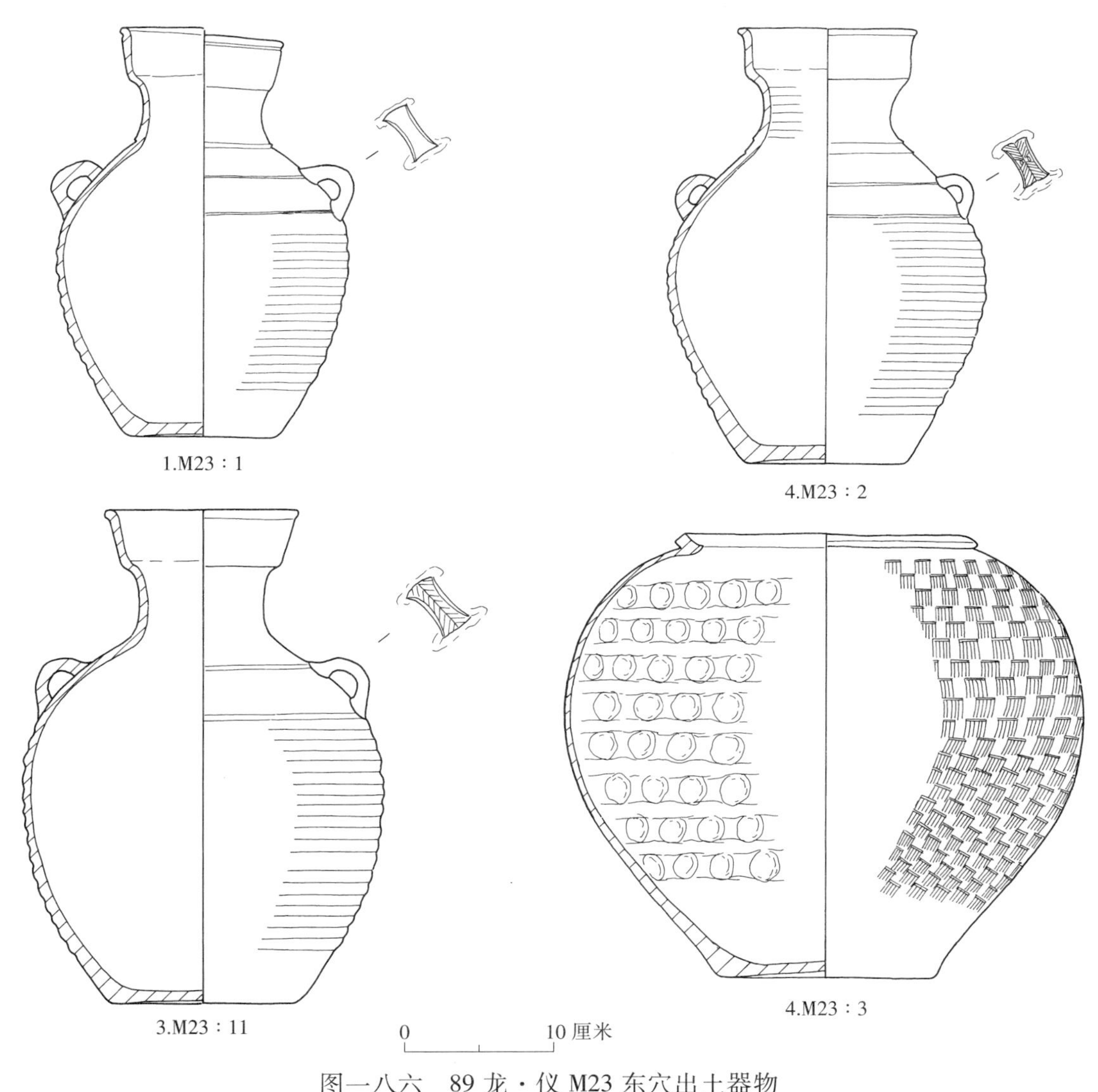

图一八六　89 龙・仪 M23 东穴出土器物

（三）西穴概况

墓坑西南角被破坏。长 3.40、残宽 1.64、深 0.30 米。墓内回填红、黄相杂的五花土，结构松散。

根据随葬品的摆放位置，推测墓内原有椁室。椁内东部设棺厢，西侧设边厢。

（四）西穴随葬器物

随葬器物共 3 件，以陶壶、罍为基本组合。

壶　2 件。M23∶12、13，高温釉陶。残缺。

罍　1 件。M23∶14，印纹硬陶。泥条盘筑。残缺。

3.89 龙·仪 M44 北穴、南穴

两墓野外未单独编号，现区分为 M44 北穴和南穴，其中北穴打破南穴，总宽 3.90 米。墓向 265 度（图一八七）。

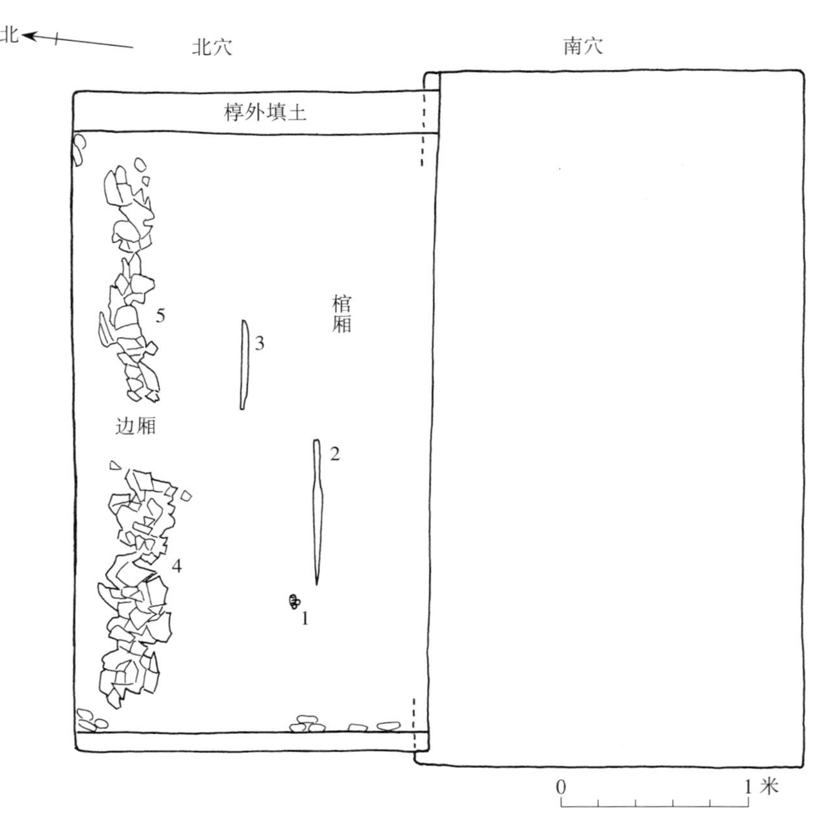

图一八七 89 龙·仪 M44 平面图
北穴：1. 铜“五铢”钱 2. 铁矛 3. 铁刀 4、5. 陶片

（一）北穴概况

墓长 3.60、宽 1.90、深 1.63 米。墓内回填灰、黄色五花土，结构较为松散。

墓坑下部两端有因木椁外填土形成的“熟土二层台”。结合随葬品的摆放位置，判断墓内原有木椁。椁室内南部设棺厢，北侧设边厢。

（二）北穴随葬器物

随葬器物仅 5 件（组），其中铜钱和铁兵器随身入棺，陶器置于边厢内。

1. 陶器 2 件。

M44∶4、5，均为硬陶片。未能复原。

2. 其他 3 件（组）。

铜“五铢”钱 1 件（组）。M44∶1，已锈蚀。

铁矛 1 件。M44∶2，矛锋残缺。双面刃，斜从中脊。短骹中空，后端呈偃月形内凹，圆銎。残通长 40 厘米，刃残长 28.6、宽 2.4 厘米，骹长 11.4、銎直径 1.6 厘米（图一八八，1）。

铁刀 1 件。M44∶3，刀锋残缺。单面刃，刀柄无刀格，前宽后窄，截面呈扁平形。残长 46.4

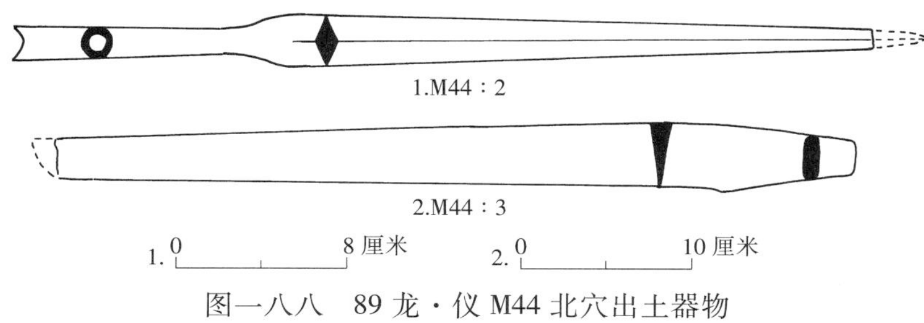

图一八八　89 龙·仪 M44 北穴出土器物

厘米，刀身长 38.6、宽 3.8 厘米，柄长 7.8、宽 2～4 厘米（图一八八，2）。

（三）南穴

墓长 3.80、残宽 2.02、深 1.60 米。

墓坑内空无一物。

4.89 龙·仪 M47 南穴、北穴

两墓野外未单独编号，现区分为 M47 南穴和北穴，其中南穴打破北穴，总宽 3.76 米。墓向 84 度（图一八九）。

（一）南穴概况

墓长 3.50、宽 2.30、残深 1.06 米。底面低于北穴底面 0.22 米。墓内回填红、灰、黄相杂的五花土，结构较为松散。底面挖有两条承接墓内渗水的沟槽，平面呈交叉状，四端分别与墓坑的四角相接，宽 0.20、深 0.10 米，一条长 3.20 米，另一条长 4.00 米。

墓坑下部三边有因木椁外填土形成的“熟土二层台”。底面挖有两条放置椁下垫木的横轴向沟槽，长 2.20、宽 0.20、深 0.06 米，前后相距 2 米。结合随葬品的摆放位置，判断墓内原有木椁。椁室长约 2.80、宽 2.00 米。椁内北部设棺厢，南侧设边厢。

（二）南穴随葬器物

随葬器物共 11 件（组），以陶壶、罐、罍为基本组合，并伴有铜“五铢”等。均摆放于边厢内。

1. 陶器　9 件。

壶　1 件。M47∶17，深盘口，平唇外撇，短颈略细，斜肩上安双耳，圆鼓腹，腹最大径位于中部，平底。肩部划一周双线细弦纹，腹部切削密集的细弦纹，耳面横印叶脉纹。硬陶。露胎呈灰色，胎质较硬。高 17.2、口径 8.4、腹径 14.4、底径 8 厘米（图一九〇，1）。

罐　6 件。根据口沿的形态不同分为：

侈口罐　1 件。M47∶13，侈口，平唇，圆弧肩上安双耳，圆弧腹，腹最大径位于近上部，平底内凹。肩部划一组三线细弦纹，腹部切削密集的平凸粗弦纹，耳面模印带索头的叶脉纹。硬陶。露胎呈灰色，胎质较硬。轮制。高 19.5、口径 15.2、腹径 22.4、底径 10.2 厘米（图一九〇，2）。

盘口罐　5 件。浅盘口，内斜唇外撇，短颈内弧，斜弧肩上安双耳，弧腹，腹最大径位于上部，平底。肩部划一周双线细弦纹，腹部切削密集的弧凸粗弦纹，耳面模印叶脉纹。硬陶。露胎上部呈灰色，下部呈灰褐色，内胎为灰色，胎质较硬。轮制。M47∶12，肩部轮印一周水波纹。高 17.2、口径 12.3、腹径 16.6、底径 8.9 厘米（图一九〇，3）。M47∶14，器身不甚规整。肩部轮印

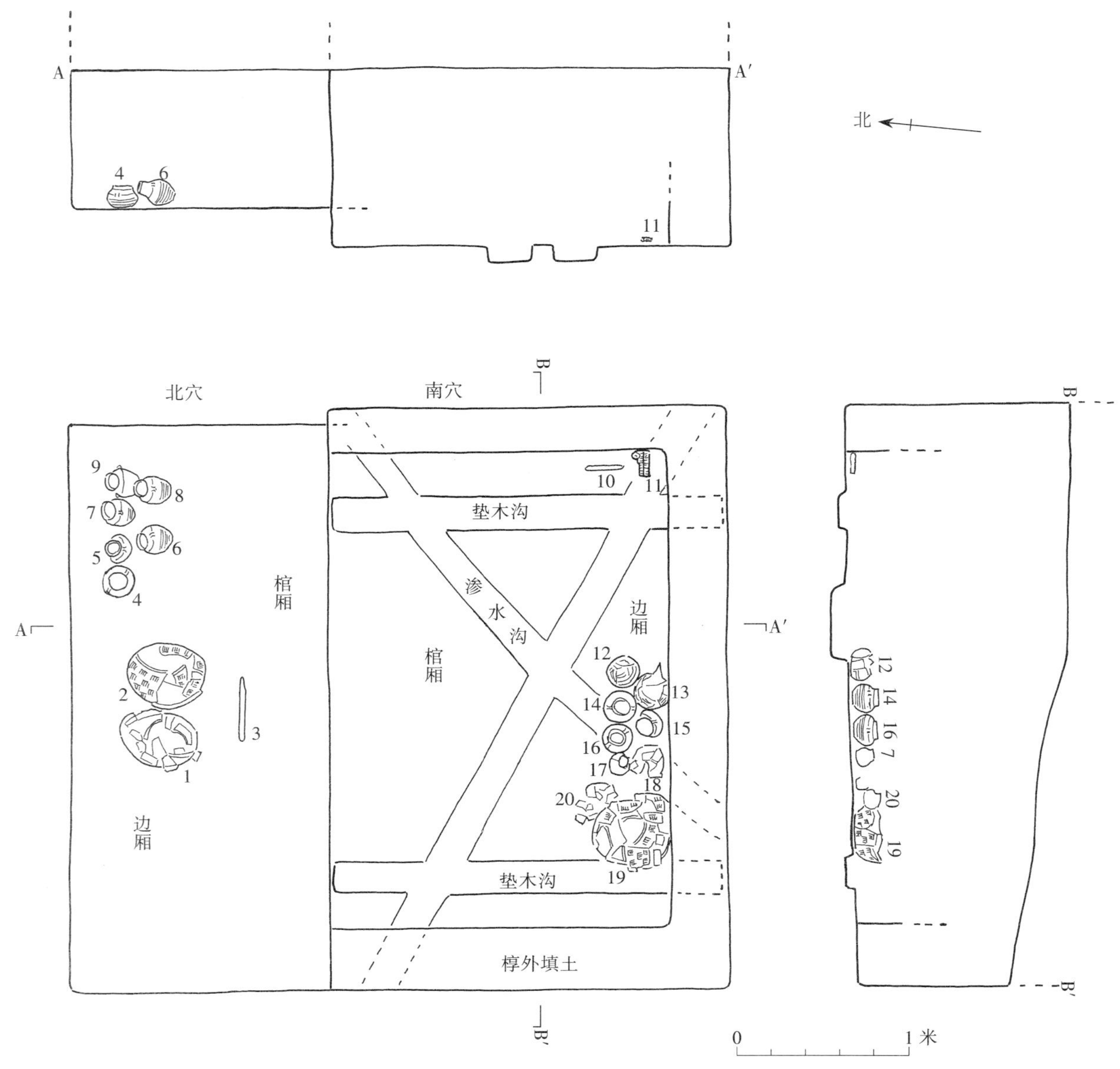

图一八九　89龙·仪M47平、剖面图

北穴：1. 铁釜　2. 印纹硬陶罍　3. 铁刀　4. 硬陶弦纹罐　5、6、8、9. 硬陶盘口壶　7. 高温釉陶盘口壶

南穴：10. 铁刀　11. 铜"五铢"钱　12、14～16、18. 硬陶盘口罐　13. 硬陶弦纹罐　17. 硬陶盘口壶　19. 印纹硬陶罍　20. 泥质陶器

一周水波纹。高18.6、口径12、腹径18.2、底径9.8厘米（图一九○，4）。M47∶15，高18.8、口径12.8、腹径18.2、底径8.7厘米（图一九○，5；图版一四，5）。M47∶16，器身不甚规整。内壁留有轮旋痕。高16.2、口径12.1、腹径17.8、底径8.3厘米（图一九○，6）。M47∶18，高17.5、口径12.4、腹径18.4、底径9.2厘米（图一九○，7）。

罍　1件。M47∶19，敛口，宽斜唇，圆弧肩，圆弧腹，腹最大径位于上部，平底内凹。通体拍印规整、清晰的梳状纹。印纹硬陶。露胎和内胎均呈灰色，胎质较硬。泥条盘筑痕，内壁有陶拍的抵窝痕。高30.4、口径20.2、腹径36、底径15.4厘米（图一九○，8、9）。

残陶器　1件。M47∶20，器形不明。

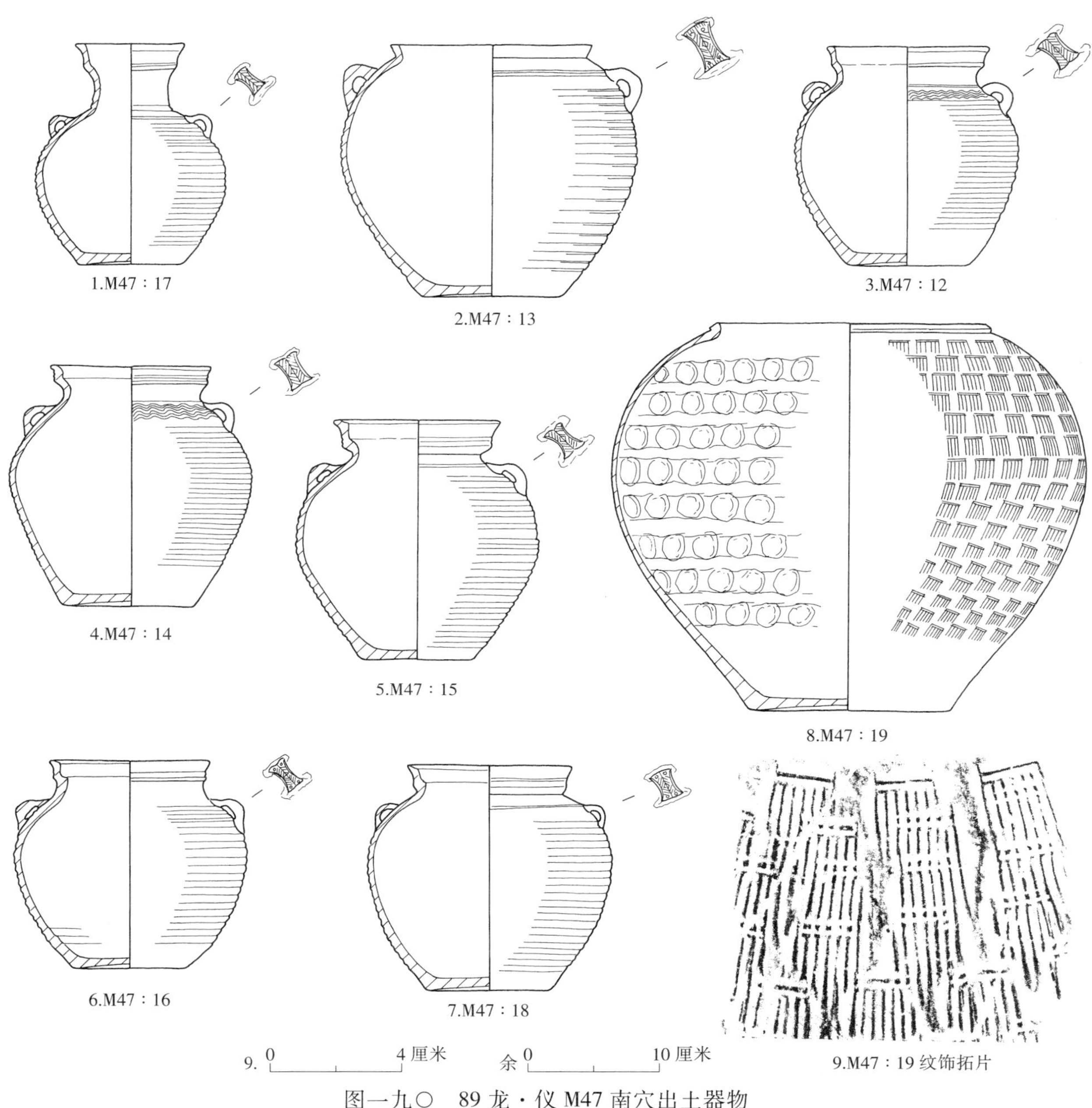

图一九○ 89 龙·仪 M47 南穴出土器物

2. 其他 2 件（组）

铜“五铢”钱 1 件（组）。M47∶11，已锈蚀。

铁刀 1 件。M47∶10，锈蚀。

（三）北穴概况

墓长 3.40、残宽 1.46、残深 0.80 米。墓内回填黄、灰相杂的五花土，结构松散。

根据随葬品的摆放位置，判断墓内原有木椁。椁室内南部设棺厢，北侧设边厢。

（四）北穴随葬器物

随葬器物共 9 件，以陶壶、罐、罍为基本组合，并伴有铁釜、刀。除铁兵器随身入棺外，其余均摆放于边厢内。

1. 陶器　7 件。

壶　5 件。深盘口，圆唇外撇，粗短颈，斜肩上安双耳，圆弧腹，腹最大径位于中部，平底。肩、腹部切削密集的平凸粗弦纹，耳面模印叶脉纹。硬陶。露胎呈灰色，胎质坚硬。轮制。M47:5，高 23、口径 11.2、腹径 17.5、底径 10 厘米（图一九一，1）。M47:6，盘壁较直。高 21.4、口径 11、腹径 19、底径 10 厘米（图一九一，2）。M47:7，高温釉陶。釉层已流失，露胎呈灰红色。无釉部位露胎呈紫红色，胎质坚硬。高 21.4、口径 10.8、腹径 17、底径 9.5 厘米（图一九一，3）。M47:8，高 22.4、口径 11.6、腹径 17.5、底径 10 厘米（图一九一，4）。M47:9，高 23.6、口径 12.2、腹径 19、底径 10.4 厘米（图一九一，5）。

罐　1 件。M47:4，侈口，内斜唇，斜弧肩上双耳，圆鼓腹，腹最大径位于中部，平底内凹。肩部划一道细弦纹，腹部切削密集的弧凸粗弦纹，耳面模印叶脉纹。硬陶。露胎上部呈灰色，下部呈红灰色，胎质较硬。轮制。高 15.4、口径 13.6、腹径 19.2、底径 9.4 厘米（图一九一，6）。

罍　1 件。M47:2，印纹硬陶。残缺。

2. 其他　2 件。

铁釜　1 件。M47:1，残缺。

铁刀　1 件。M47:3，单面刃，刀柄无格，截面呈扁平形。残通长 36.8 厘米，刀身长 32.4、宽 3.2 厘米，柄残长 4.4、宽 3 厘米（图一九一，7）。

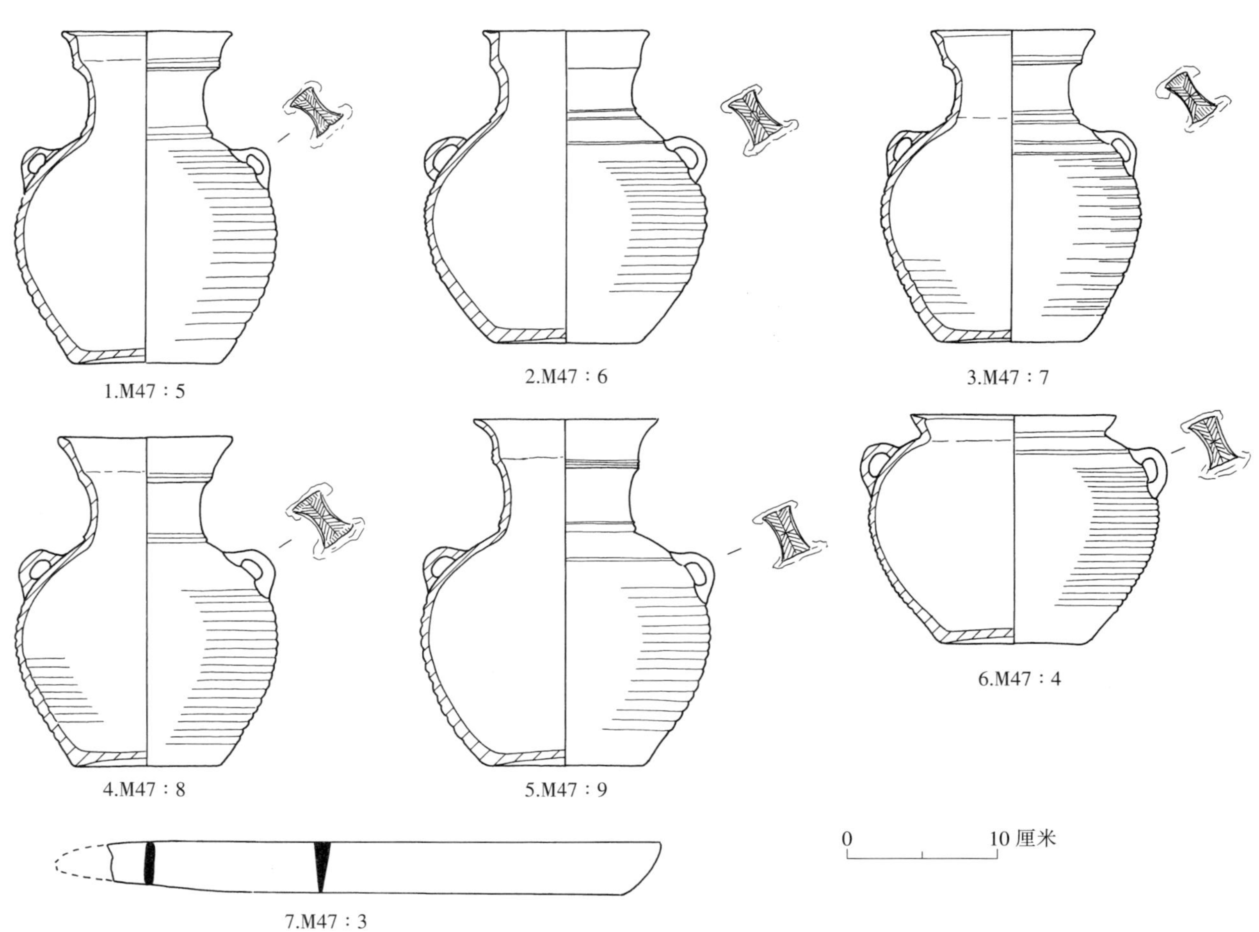

图一九一　89 龙・仪 M47 北穴出土器物

5.89 龙·仪 M49 北穴、南穴

两墓野外未单独编号，现区分为 M49 北穴和南穴，其中北穴打破南穴，总宽 5.40 米。墓向 160 度（图一九二）。

（一）北穴概况

墓长 3.80、宽 2.98、深 3.14 米。底面低于 M49 南穴底面 0.10 米。墓内回填灰、白相杂的五花土，结构较为松散。底面挖有两条承接渗水的沟槽，平面呈交叉状，四端与墓坑的四角相接，沟底铺垫卵石。其中一条长 4.60、宽 0.32、深 0.12 米，另一条长 4.80、宽 0.26、深 0.12 米。

墓坑下部三边有因木椁外填土形成的“熟土二层台”。底面挖有两条用于摆放椁下垫木的横轴向沟槽，长 2.94、宽 0.30、深 0.10 米。结合随葬品的摆放位置，判断墓内原有木椁。椁室长约 3.40、宽约 2.70 米。椁内南部设棺厢，北侧设边厢，西端设头厢。

（二）北穴随葬器物

随葬器物共 11 件（组），以陶瓿、壶为基本组合，并伴有铜“五铢”钱和铁釜等，分别置于边厢和头厢内。

1. 陶器　8 件。

瓿　1 件。M49∶11，敛口，宽斜唇，圆弧肩上安铺首，铺首低矮，上端紧贴器壁并低于口沿，圆鼓腹，腹最大径位于近上部，平底内凹。肩部划两组平凸的三线细弦纹，腹部切削密集的弧凸粗弦纹，铺首面模印人面纹。硬陶。露胎肩部呈灰黑色，腹部呈红灰色，胎质较硬。轮制。高 22.6、口径 10、腹径 25.2、底径 12.6 厘米（图一九三 A，1）。

壶　7 件。盘口较浅，盘壁外斜，圆唇外翻，粗短颈，斜弧肩上安双耳，弧腹，腹最大径位于上部，平底内凹。肩部划一或两道细弦纹，腹部切削密集的弧凸粗弦纹，耳面模印叶脉纹。硬陶。露胎上部呈灰色，下部呈灰红色，胎质较硬。轮制。M49∶7，高 30、口径 14、腹径 22、底径 10.2 厘米（图一九三 A，2）。M49∶12，高 30.4、口径 13.4、腹径 22、底径 10.8 厘米（图一九三 A，3）。M49∶13，高 24.2、口径 11.4、腹径 19.6、底径 11.2 厘米（图一九三 A，4）。M49∶14，高 23、口径 11.2、腹径 17.8、底径 9.8 厘米（图一九三 A，5）。M49∶8～10，硬陶，残缺。

2. 其他　3 件（组）。

铜鼎　1 件。M49∶15，残缺。

铜“五铢”钱　1 件（组）。M49∶17－2，已锈蚀。

铁釜　1 件。M49∶16，残缺。

（三）南穴概况

墓长 3.68、残宽 2.42、深 3.08 米。底面高于北穴底面 0.10 米。墓内回填黄、灰相杂的五花土，结构较为松散。底面挖有两条承接墓内渗水的沟槽，平面呈交叉状，交叉点处挖有一个方形渗水坑。沟的四端与墓坑四角相接，长 4.10、宽 0.30、深 0.10 米，沟底铺垫卵石。

墓坑下部三边有因木椁外填土形成的“熟土二层台”。底面挖有两条用于摆放椁下垫木的横轴向沟槽，残长 2.36、残宽 0.26、深 0.10 米。结合随葬品的摆放位置，判断墓内原有木椁。椁室长约 3.25、宽约 2.20 米。椁内北部设棺厢，南侧设边厢，西端设头厢。

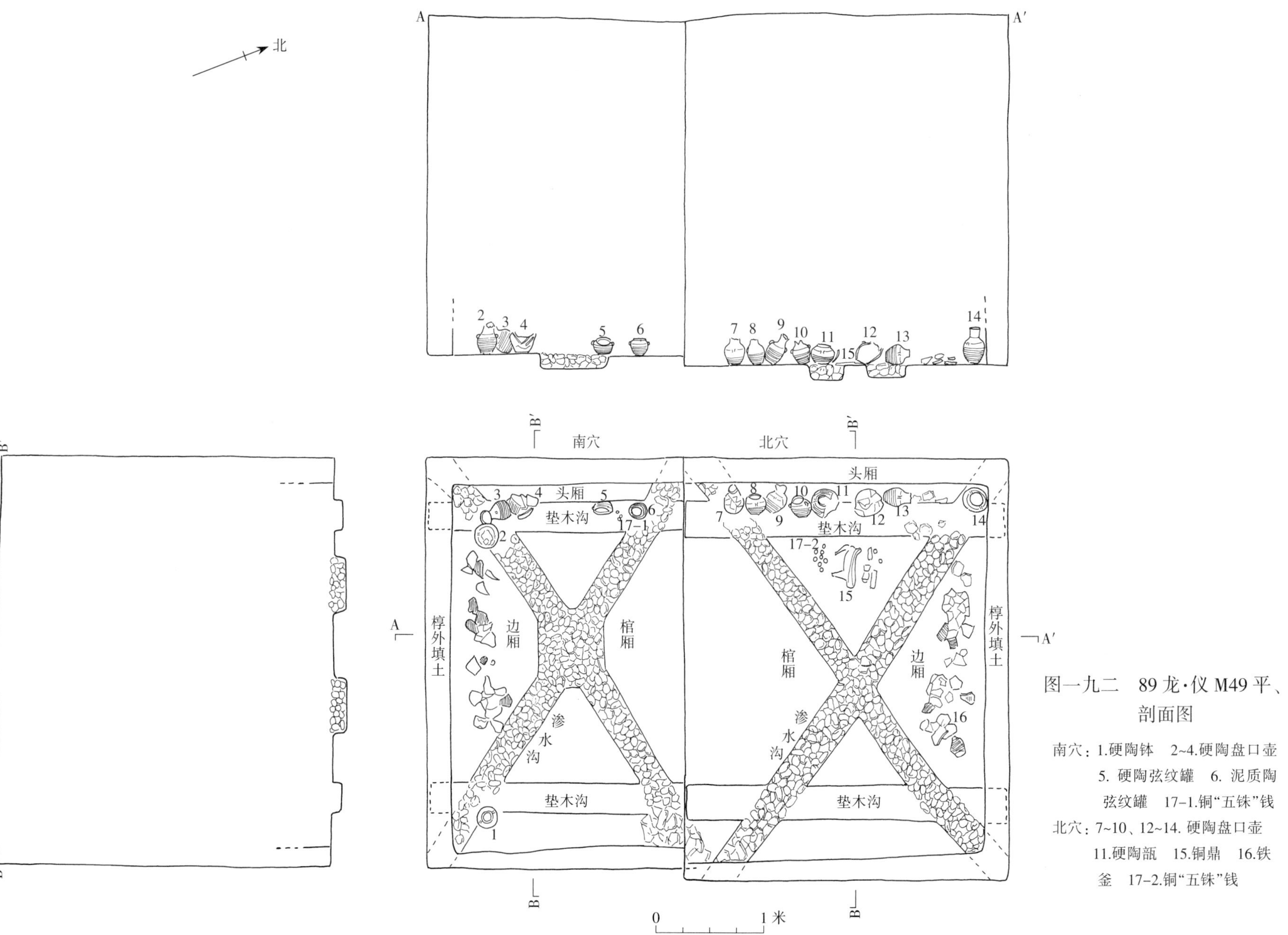

图一九二 89龙·仪M49平、剖面图

南穴：1.硬陶钵 2~4.硬陶盘口壶 5. 硬陶弦纹罐 6. 泥质陶弦纹罐 17-1.铜“五铢”钱

北穴：7~10、12~14. 硬陶盘口壶 11.硬陶瓿 15.铜鼎 16.铁釜 17-2.铜“五铢”钱

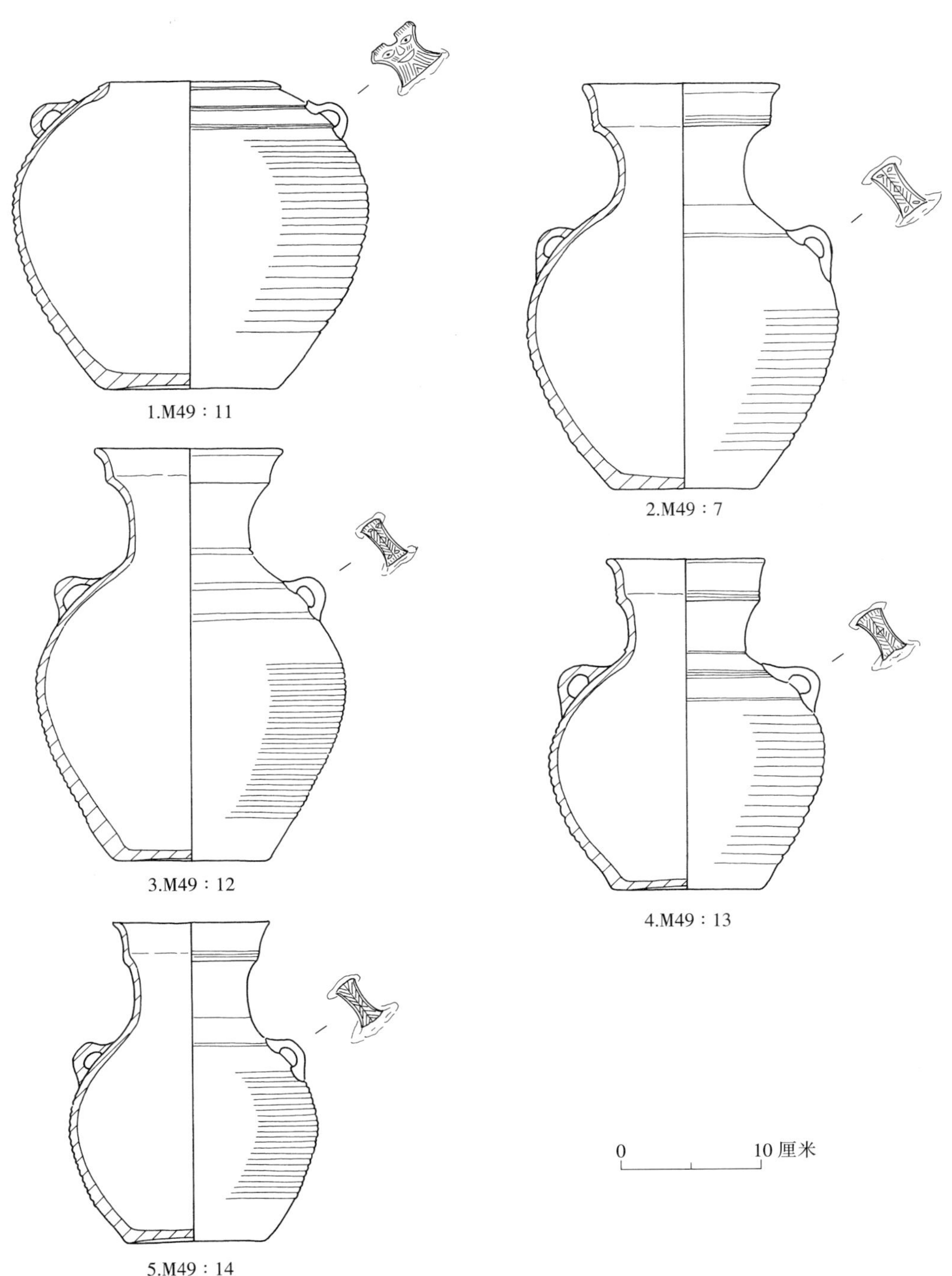

图一九三A 89龙·仪M49北穴出土器物

（四）南穴随葬器物

随葬器物共7件（组），以陶壶、罐为基本组合，并伴有铜"五铢"钱，分别置于边厢和头厢内。

1. 陶器 6件。

壶 3件。M49：3，深盘口，盘壁外斜，圆唇外翻，粗短颈，斜弧肩上安双耳，弧腹，腹最大径位于上部，平底内凹。肩部划两组细弦纹，腹部切削密集的弧凸粗弦纹，耳面模印叶脉纹。硬陶。露胎呈灰色，胎质较硬。轮制。高30、口径13.2、腹径20.8、底径11.6厘米（图一九三B，1）。M49∶2、4，硬陶。残缺。

罐 2件。M49∶5，翻沿口，圆唇，圆弧肩上安双耳，弧腹，腹最大径位于上部，平底内凹。通体切削密集的弧凸粗弦纹，耳面模印叶脉纹。硬陶。露胎呈砖红色，内胎为灰色，胎质较软。轮制。高11.5、口径11.1、腹径14.5、底径7.5厘米（图一九三B，2）。M49∶6，泥质陶。残缺。

钵 1件。M49∶1，敛口，斜肩，鼓腹，腹最大径位于上部，平底。通体划密集的弧凸粗弦纹。硬陶。露胎上部呈灰色，下部呈红灰色，胎质较硬。轮制。高8.5、口径12.3、腹径14.8、底径9.2厘米（图一九三B，3；图版一九，4）。

2. 其他 1件（组）。

铜"五铢"钱 1件（组）。M49∶17－1，锈蚀。

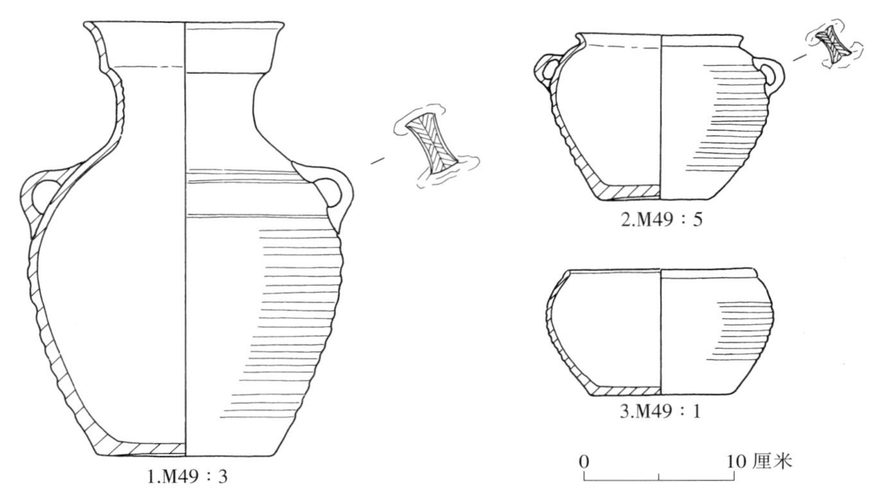

图一九三B 89龙·仪M49南穴出土器物

6. 89龙·仪M50东穴、西穴

两墓野外未单独编号，现区分为M50西穴和东穴，其中西穴打破东穴，总宽4.20米。墓向340度（图一九四）。

（一）西穴概况

墓长3.54、宽2.20、深1.40米。墓坑四壁陡直，底面平整。墓内回填黄、红相杂的五花土，结构较为致密。墓底挖有一条承接墓内渗水的沟槽，平面呈斜直走向，长3、宽0.36、深0.10米，沟底铺垫卵石。

墓底南端挖有一条用于摆放椁下垫木的横轴向沟槽，长2.00、宽0.30、深0.08米。结合随葬品的摆放位置，判断墓内原有木椁。椁室内东部设棺厢，西侧设边厢。

（二）西穴随葬器物

随葬器物共6件（组），以陶壶、罐、罍为基本组合，并伴有铁刀等。除铁刀和玻璃珠随身入棺外，其余均置于边厢内。

1. 陶器 4件。

壶 1件。M50∶24，盘口，圆唇外翻，粗短颈，肩以下残缺。硬陶。未能复原。

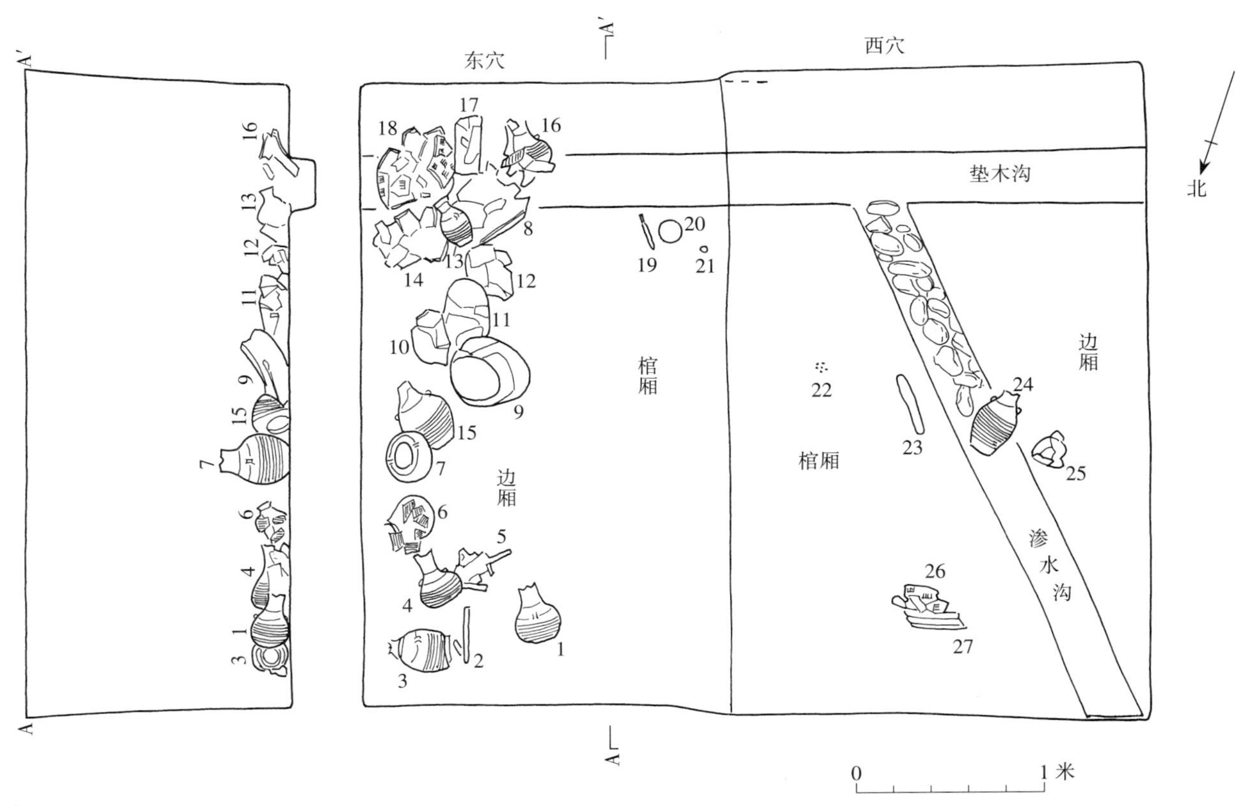

图一九四　89龙·仪M50平、剖面图

东穴：1、3、4、7、8、10～16. 高温釉陶盘口壶　2、19. 铁削　5. 铁鐎斗　6. 高温釉陶弦纹罐　9. 铁釜　17. 硬陶筒形罐　18. 印纹硬陶罍　20. 铜重圈日光镜　21. 硬陶弦纹罐

西穴：22. 玻璃珠　23. 铁刀　24. 硬陶盘口壶　25、27. 泥质陶弦纹罐　26. 印纹陶硬罍

罐　2件。M50∶25、27，残缺。

罍　1件。M50∶26，印纹硬陶。残缺。

2. 其他　2件（组）。

铁刀　1件。M50∶23，残缺。

玻璃珠　1件（组）。M50∶22，圆形，中心穿孔。

（三）东穴概况

墓长3.38、残宽1.94、深1.40米。墓坑四壁陡直，底面平整。墓内回填红、黄、灰相杂的五花土，结构较为松散。

墓底南端挖有一条用于摆放椁下垫木的横轴向沟槽，残长1.94、宽0.20、深0.10米。结合随葬品的摆放位置，判断墓内原有木椁。椁室内西部设棺厢，东侧设边厢。

（四）东穴随葬器物

随葬器物共21件（组），以陶壶、罐、罍为基本组合，并伴有铜重圈日光镜和铁釜等。除铜镜、铁削和1件小陶罐摆放于棺内头部外，其余均置于边厢内。

1. 陶器　16件。

壶　12件。深盘口，圆唇外翻，粗短颈，斜弧肩上安双耳，弧腹，平底内凹。口沿下部划一组平凸的双线细弦纹，腹部切削密集的弧凸粗弦纹，耳面模印叶脉纹。高温釉陶。釉色泛黄。无

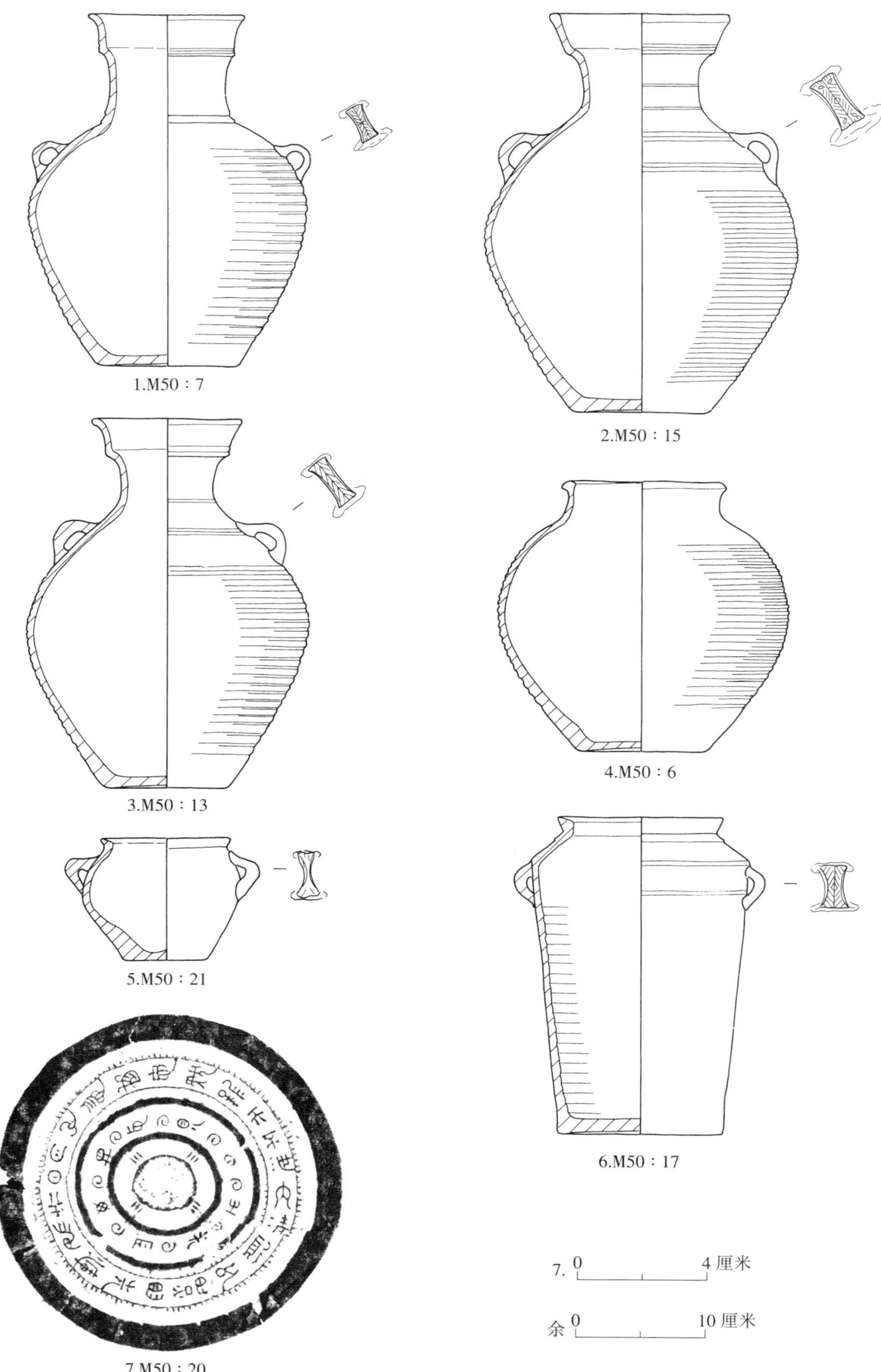

图一九五　89 龙·仪 M50 东穴出土器物

釉部位呈红灰色，胎质坚硬。轮制。M50∶7，腹最大径位于上部。高28、口径12、腹径22.8、底径10.6厘米（图一九五，1）。M50∶15，腹最大径位于中部。高31.6、口径13.8、腹径24、底径10.4厘米（图一九五，2）。M50∶13，腹最大径位于中部。高29.4、口径11.6、腹径21.6、底径9.4厘米（图一九五，3）。M50∶1、3、4、8、10～12、14、16，高温釉陶。均残缺。

罐　3件。根据口沿形态的不同分为：

直口罐　1件。M50∶6，直口，圆唇外翻，斜弧肩，圆弧腹，腹最大径位于中部，平底内凹。通体切削密集的平凸窄弦纹。高温釉陶。釉色泛青。无釉部位露胎呈浅褐色，内胎为灰色，胎质较硬。轮制。高21.5、口径12.7、腹径22.3、底径9.8厘米（图一九五，4）。

翻沿口罐　1件。M50∶21，翻沿口，圆唇，斜腹上安双耳，腹最大径位于上部，平底。硬陶。露胎呈灰色，胎质较硬。轮制。高9.8、口径10.4、腹径12.2、底径6.6厘米（图一九五，5）。

侈口罐　1件。M50∶17，侈口，内斜唇，斜直肩，筒形腹上端安双耳，平底内凹。肩、腹部划两组细弦纹，耳面模印叶脉纹。硬陶。露胎呈灰色，胎质较硬。高25.3、口径12.8、腹径16.4、底径12.6厘米（图一九五，6）。

罍　1件。M50∶18，印纹硬陶。残缺。

2. 其他　5件。

铜重圈日光镜　1件。M50∶20，圆纽，圆纽座。座外两周凸弦纹，弦纹内外各有一周铭文。外周铭文为："内清质以昭明，光辉象夫日月，心忽扬忠，然雍而不泄"；内周铭文为："见日之光，长毋相忘"，字间以"つ"形符号相隔。素平缘。厚0.9、直径10.9厘米（图一九五，7）。

铁鐎斗　1件。M50∶5，残缺。

铁釜　1件。M50∶9，残缺。

铁削　2件。M50∶2、19，残缺。

第三节　龙游石塔头墓地

石塔头位于龙游县城东郊0.6千米处，北与东华山相连，东和仪冢山相望（见图二）。1980年，为配合亚伦公司石塔生活区的基建项目，在石塔头南部发掘和清理了7座汉墓。分述如下。

一　无椁单棺单葬墓

仅1座。

80龙·石M29

（一）概况

墓坑东南角已被破坏，部分器物严重受损。平面呈长方形，长3.80、宽2.30、深1.45米。墓向88度。墓内回填黄、灰相杂的五花土，结构较为致密。

葬具已腐坏无存。在墓坑北部残留有3枚铁棺钉，纵向相距1.40米（图一九六）。

（二）随葬器物

随葬器物共11件（组），以陶壶、罐、罍为基本组合，并伴有铜"五铢"钱和铁刀。分别摆

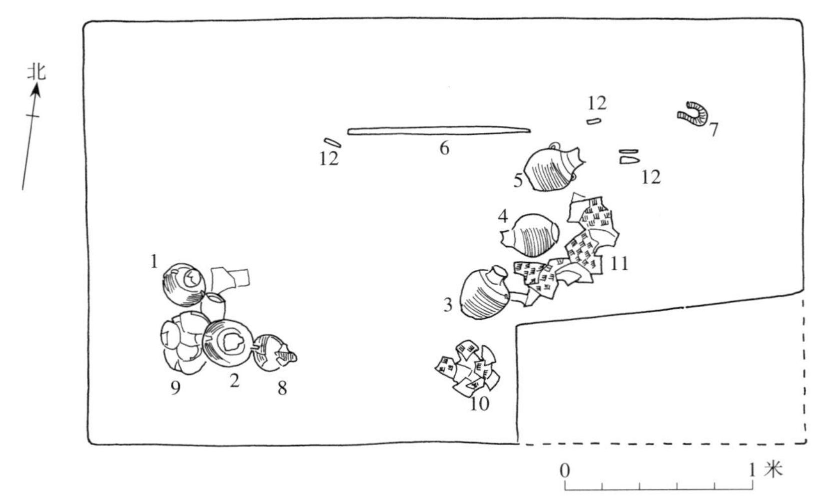

图一九六 80龙·石M29平面图
1～5、9. 高温釉陶盘口壶 6. 铁刀 7. 铜“五铢”钱 8. 硬陶筒形罐 10、11. 印纹硬陶罍 12. 铁棺钉

放于墓坑西南角和东端。

1 陶器 9件。

壶 6件。深盘口，圆唇外翻，粗短颈，斜肩上安双耳，圆鼓腹，腹最大径位于中部，平底。肩部划一道细弦纹，腹部切削密集的弧凸粗弦纹，耳面模印叶脉纹。高温釉陶。釉层已流失，露胎呈灰色。无釉部位露胎呈灰色和灰褐色，内胎为灰色，胎质较硬。轮制，内壁留有轮旋痕。M29∶1，高28.2、口径13.1、腹径22、底径10.1厘米（图一九七，1）。M29∶9，高28.8、口径13、腹径22.2、底径12.8厘米（图一九七，2）。另4件颈以上均残缺。M29∶2，残高25.2、腹径21.2、底径11.4厘米（图一九七，3）。M29∶3，残高25.2、腹径21.6、底径9.2厘米（图一九七，4）。M29∶4，残高23.3、腹径22.4、底径10厘米（图一九七，5）。M29∶5，残高24.6、腹径21.4、底径10.8厘米（图一九七，6）。

罐 1件。M29∶8，侈口，平唇，斜折肩，筒腹上端安双耳，腹最大径位于上端，平底内凹。肩部划两组细弦纹，腹上端划两道细弦纹，其间刻划水波纹，腹部切削密集的宽弦纹，耳面模印叶脉纹。硬陶。露胎呈砖红色，内胎为红灰色，胎质较硬。轮制，内壁留有轮旋痕。高23.8、口径12、腹径17.4、底径14厘米（图一九七，7；图版一五，3）。

罍 2件。大小不等。敛口，宽折唇内侧下凹，圆弧肩，圆弧腹，腹最大径位于近上部，平底内凹。通体拍印规整、清晰的梳状纹。印纹硬陶。露胎上部呈灰红色，下部为砖红色，内胎呈红灰色，胎质较硬。泥条盘筑，内壁留有陶拍的抵窝痕。M29∶10，器身较大。高44、口径28、腹径48.6、底径21.6厘米（图一九七，8）。M29∶11，器身较小。高30.4、口径20.6、腹径35.3、底径14.4厘米（图一九七，9）。

2. 其他 2件（组）。

铜“五铢”钱 1件（组）。M29∶7，圜钱。“五”字两条交叉线较直。

铁刀 1件。M29∶6，残缺。

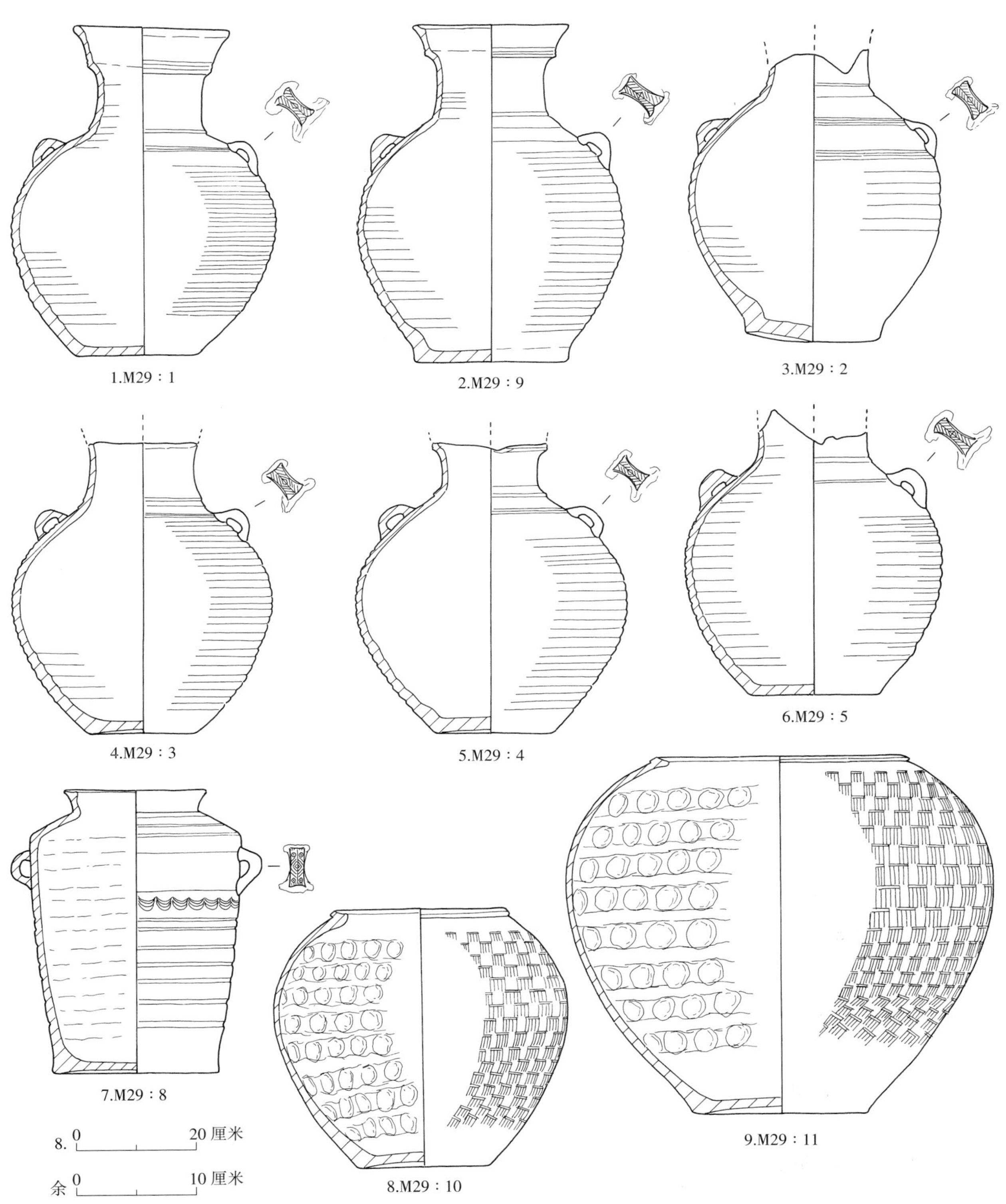

图一九七　80 龙·石 M29 出土器物

二　一椁一棺单葬墓

共6座。墓内以一椁一棺为葬具。1座平面为凸字形，其余均为长方形深竖穴土坑结构。墓坑四壁陡直，底面平整。葬具均已腐坏无存。

1. 80龙·石M25

（一）概况

墓葬已遭到破坏。平面呈长方形，长3.50、宽2.00、深1.20米。墓向90度。墓坑开凿于红砂岩内，墓内回填红、黄相杂的五花土，结构较为松散。墓坑东壁南端挖有一条用于排水的暗沟，残长0.50、宽0.50米。沟底铺垫卵石，其上覆盖板瓦。

墓底挖有两条用于放置椁下垫木的横轴向沟槽，长1.96、宽0.20和0.30、深0.10米，前后相距1.70米。结合随葬品的摆放位置，判断墓内原有木椁。椁内南部设棺厢，北侧设边厢（图一九八）。

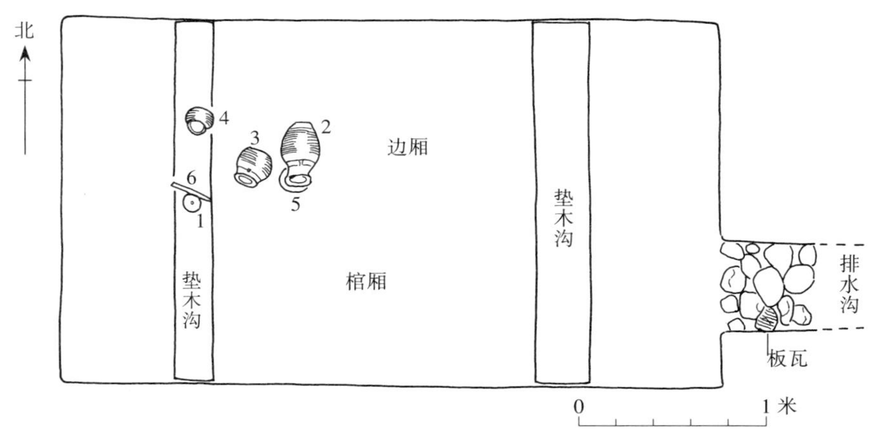

图一九八　80龙·石M25平面图

1. 铜四虺四乳镜　2. 高温釉陶盘口壶　3、5. 硬陶弦纹罐　4. 高温釉陶弦纹罐　6. 铁刀

（二）随葬器物

随葬器物共9件（组），以陶壶、罐为基本组合，并伴有铜四虺四乳镜和“五铢”钱及铁刀。除铜镜和铁刀摆放于棺内头部外，其余均置于边厢内。

1. 陶器　7件。

盘口壶　1件。M25∶2，深盘口，圆唇，粗短颈，斜肩上安双耳，弧腹，腹最大径位于中部，浅卧足。口下端、颈、肩部各饰一周细弦纹，腹部切削密集的弧凸粗弦纹，耳面模印叶脉纹。高温釉陶。釉色青黄，釉层光亮。无釉部位露胎呈紫红色，胎质坚硬。轮制，内壁留有轮旋痕。高30.1、口径12.4、腹径21.6、足径11.3厘米（图一九九，1）。

罐　3件。侈口，圆唇，斜弧肩上安双耳，弧腹，平底。耳面模印叶脉纹。M25∶3，弧腹，腹最大径位于上部。肩部划两组细弦纹，腹部切削密集的弧凸粗弦纹。硬陶。露胎肩部呈灰色，腹部为红灰色，内胎呈灰色，胎质较硬。轮制，内壁留有轮旋痕。高16、口径11.3、腹径18.2、底径9.5厘米（图一九九，2）。M25∶5，圆鼓腹，腹最大径位于中部。硬陶。露胎呈灰红色。高

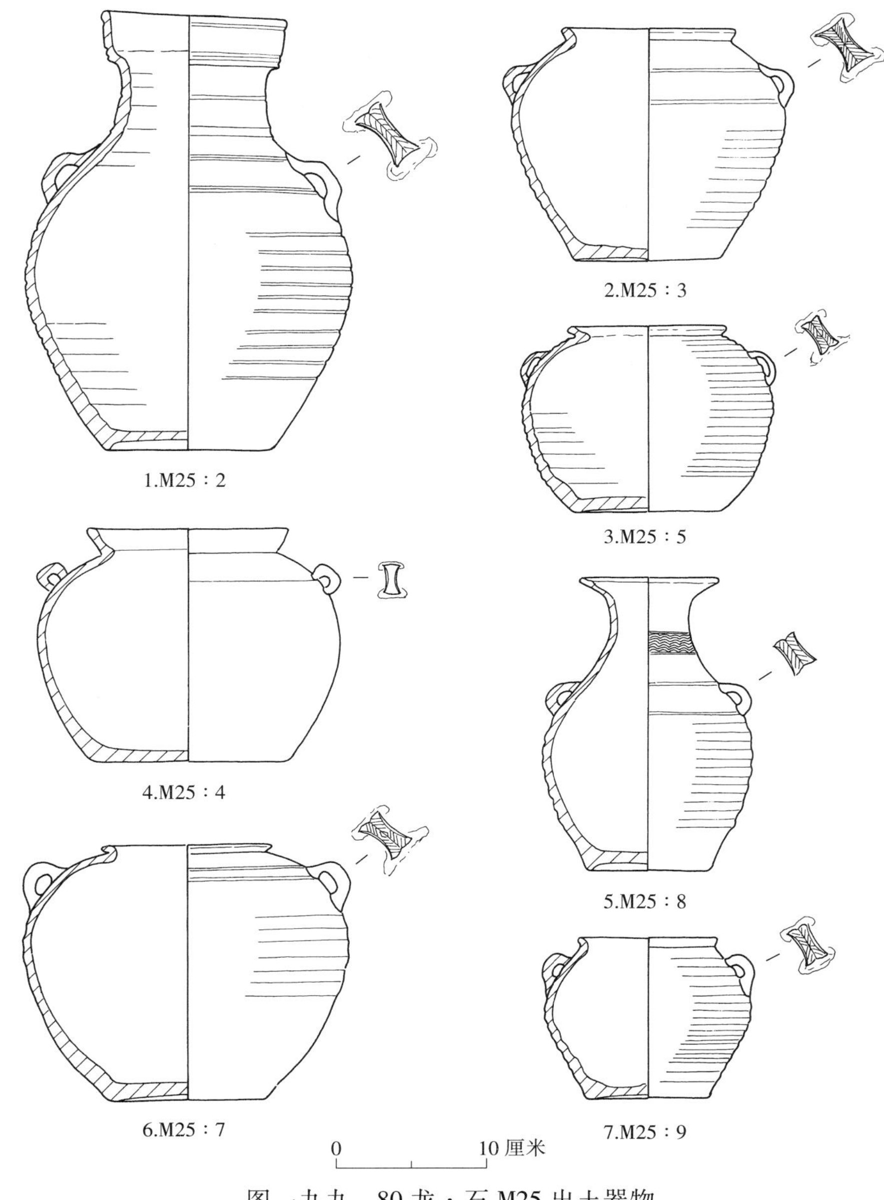

图一九九　80 龙·石 M25 出土器物

12.8、口径 10.6、腹径 16.6、底径 10 厘米（图一九九，3）。M25∶4，圆鼓腹，腹最大径位于中部。肩部划一道细弦纹。高温釉陶。釉层已流失，露胎呈黄灰色。无釉部位露胎呈红灰色，内胎为灰色，胎质坚硬。高 16、口径 13.2、腹径 20、底径 12.8 厘米（图一九九，4）。

另有 3 件在发掘前已被取出，其中壶 1、罐 2。

壶　1 件。M25∶8，敞口，平唇，细短颈，斜肩上安双耳，鼓腹略显扁，腹最大径位于中部，浅卧足。颈下端轮印一周水波纹，肩部划两道细弦纹，腹部切削密集的弧凸粗弦纹，耳面模印叶脉纹。高温釉陶。釉色泛绿。无釉部位露胎呈暗红色，胎质坚硬。轮制，内壁留有轮旋痕。高 20.2、口径 9.2、腹径 13.9、足径 8.4 厘米（图一九九，5）。

罐　2 件。根据口沿形态的不同分为：

翻沿口罐　1 件。M25∶7，翻沿口，圆唇，圆弧肩上安双耳，圆鼓腹，腹最大径位于上部，平底内凹。通体切削密集的弧凸粗弦纹，耳面模印叶脉纹。硬陶。露胎呈灰色，胎质较硬。轮制。高17.6、口径11.3、腹径21.4、底径10.4厘米（图一九九，6）。

侈口罐 1件。M25∶9，侈口，圆唇，斜肩上安双耳，鼓腹略扁，腹最大径位于中部，平底。通体切削密集的弧凸窄弦纹，耳面模印叶脉纹。硬陶。露胎呈灰红色，胎质较硬。轮制。高11、口径9.2、腹径13.6、底径8.2厘米（图一九九，7）。

2. 其他 2件（组）。

铜四虺四乳镜 1件。M25∶1，圆纽，圆纽座。外区饰四虺四乳。素宽缘。残缺。

铁刀 1件。M25∶6，单面刃。残缺。

2.80 龙·石 M26

（一）概况

墓葬已遭到严重破坏，部分随葬品残碎。平面呈长方形，长3.80、宽2.00、深2.50米。墓向90度。

底面挖有两条用于放置椁下垫木的横轴向沟槽，长1.96、宽0.24、深0.10米，前后相距2.10米。结合随葬品的摆放位置，判断墓内原有木椁。椁内北部设棺厢，南侧设边厢（图二〇〇）。

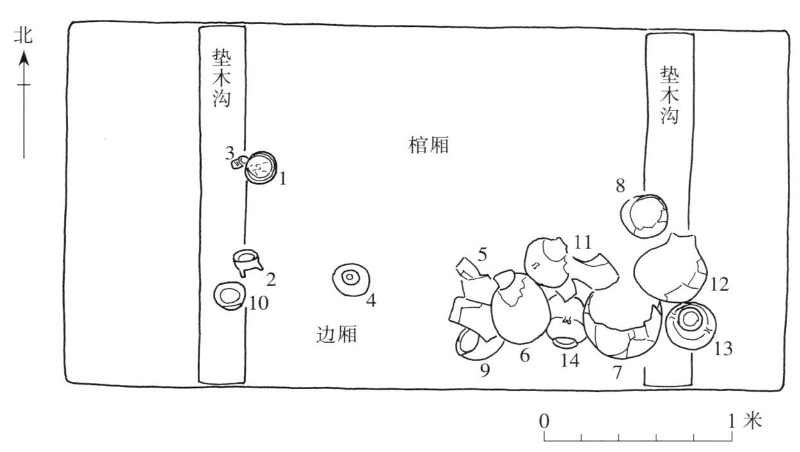

图二〇〇 80龙·石 M26平面图

1. 铜昭明镜 2. 铜鼎 3. 铜“五铢”钱 4、10. 硬陶弦纹罐 5. 硬陶瓿式罐 6、7、11、12. 高温釉陶敞口壶 8. 泥质陶弦纹罐 9. 铁釜 13、14. 高温釉陶瓿

（二）随葬器物

随葬器物共14件（组），以陶瓿、壶、罐为基本组合，并伴有铜昭明镜、“五铢”钱和铁釜等。除铜镜和铜钱摆放于棺内头部外，其余均置于边厢内。

1. 陶器 10件。

瓿 2件。M26∶13、14，残缺。

壶 4件。M26∶6，敞口，圆唇，粗短颈，斜肩上安双耳，圆鼓腹，腹最大径位于中部，浅卧足。颈下端轮印一周水波纹，肩部划两组双线细弦纹，腹部划有不甚明显的粗弦纹，耳面模印叶脉纹。高温釉陶。釉色泛黄。无釉部位露胎暗红色，内胎为灰色，胎质坚硬。轮制。高 27.6、口径 12.8、腹径 22.8、底径 12 厘米。M26∶7、11、12，均残缺。

罐　4 件。根据口沿的形态分为：

侈口罐　1 件。M26∶4，侈口，圆唇，斜弧肩上安双耳，圆鼓腹，腹最大径位于中部，平底内凹。通体切削密集的弧凸粗弦纹，耳面模印叶脉纹。硬陶。露胎呈灰色，胎质较硬。轮制。内沿下凹。高 11.8、口径 9.2、腹径 14.6、底径 8 厘米（图二〇一，1）。

翻沿口罐　3 件。翻沿口，圆唇，斜肩上安双耳，鼓腹，腹最大径位于中部，平底内凹。通体切削密集的弧凸粗弦纹，耳面模印叶脉纹。硬陶，胎质较硬。轮制。M26∶5，露胎呈灰色。内壁留有轮制痕。高 17.6、口径 12.4、腹径 21.6、底径 12.4 厘米（图二〇一，2）。M26∶10，露胎呈砖红色。高 17.4、口径 10.2、腹径 20.4、底径 10.5 厘米（图二〇一，3）。M26∶8，泥质陶。露胎呈砖红色，胎质较软。残缺。

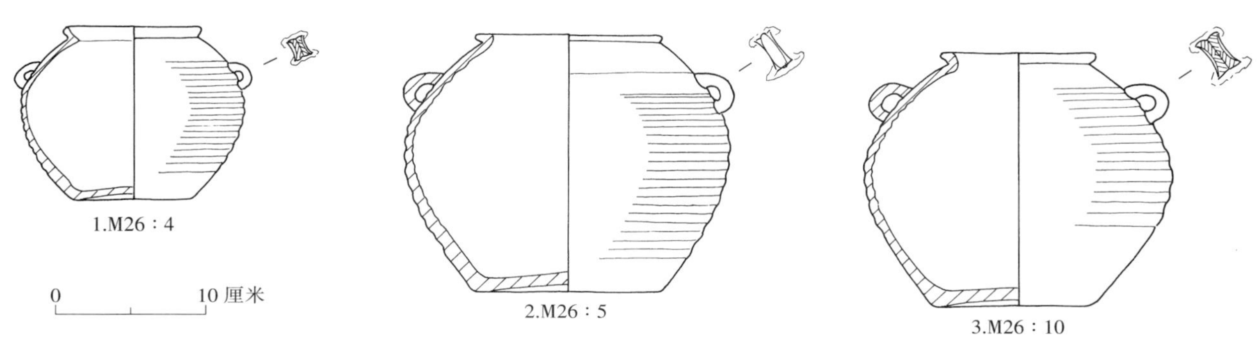

图二〇一　80 龙・石 M26 出土器物

2. 其他　4 件（组）。

铜鼎　1 件。M26∶2，残缺。

铜昭明镜　1 件。M26∶1，残缺。

铜“五铢”钱　1 件（组）。M26∶3，已锈蚀。

铁釜　1 件。M26∶9，敛口，扁鼓腹，圜底。残缺。

3. 80 龙・石 M27

（一）概况

墓坑上部被一座六朝墓叠压。

墓坑平面呈长方形，长 3.70、东宽 1.70、西宽 1.84、深 1.60 米。墓向 90 度。墓内用红、黄相杂的五花土原土回填，结构较为松散。在墓坑东壁南端，挖有一条用于排水的暗沟，残长 0.30、宽 0.30 米，沟底铺垫卵石。

根据铁棺钉的分布、随葬品的摆放位置与墓坑壁的间距，判断墓内原有木椁。椁室内东部设棺厢，西端设头厢（图二〇二）。

（二）随葬器物

随葬器物共 12 件（组），以陶壶、罐为基本组合，并伴有铜日光镜和“五铢”钱等。除铜镜、铜钱、陶纺轮、琉璃珠摆放于棺内头部外，其余均置于头厢内。

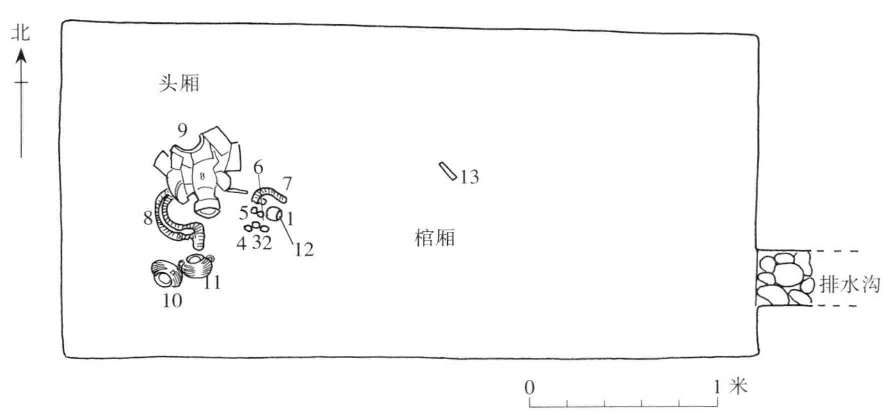

图二〇二 80 龙·石 M27 平面图

1. 铜日光镜 2～6. 硬陶纺轮 7.8. 铜“五铢”钱 9. 高温釉陶盘口壶 10、11. 硬陶弦纹罐 12. 琉璃珠 13. 铁棺钉

1. 陶器 8 件。

壶 1 件。M27∶9，深盘口，圆唇，粗短颈，斜弧肩上安衔环双耳，圆鼓腹，腹最大径位于中部，圈足较高。口沿外壁和颈下端各轮印一周水波纹，肩部划三组双线细弦纹，腹部有数道弧凸的粗弦纹。耳面模印叶脉纹，上方贴方形兽面。高温釉陶。釉色青绿，釉层光亮。无釉部位露胎呈暗红色，胎质坚硬。轮制，内壁留有轮旋痕。高 36.8、口径 12.2、腹径 26.5、足径 12.2 厘米。

罐 2 件。根据口沿形态分为：

侈口罐 1 件。M27∶10，侈口，圆唇，圆弧肩上安双耳，圆鼓腹，腹最大径位于中部，平底内凹。通体切削密集的平凸宽弦纹，耳面模印叶脉纹。硬陶。露胎和内胎均呈砖红色，胎质较硬。高 11.1、口径 10.5、腹径 15.4、底径 8.7 厘米（图二〇三，1）。

翻沿口罐 1 件。M27∶11，翻沿口，圆弧肩上安双耳，圆鼓腹，腹最大径位于中部，平底内凹。通体切削密集的弧凸粗弦纹，耳面模印叶脉纹。硬陶。露胎呈灰红色，胎质较硬。高 12、口径 10、腹径 15.6、底径 8.4 厘米（图二〇三，2）。

纺轮 5 件。立面呈菱形，中间贯孔。硬陶。露胎呈灰色，胎质坚硬。M27∶2，高 2.9、直径

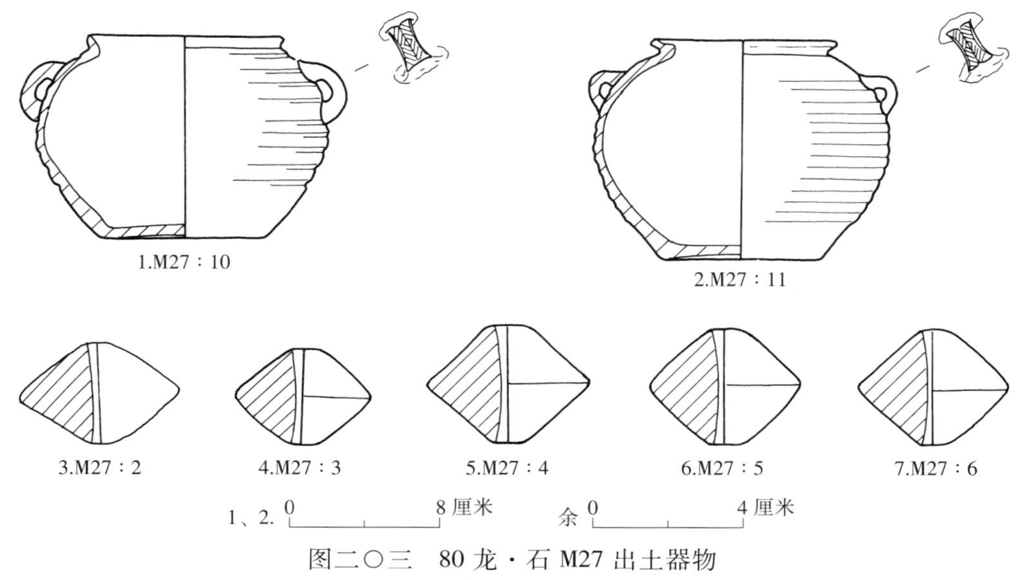

图二〇三 80 龙·石 M27 出土器物

4.2、孔径0.5厘米（图二〇三，3）。M27∶3，高2.6、直径3.6、孔径0.5厘米（图二〇三，4）。M27∶4，高3.2、直径4.2、孔径0.5厘米（图二〇三，5）。M27∶5，高3.2、直径4、孔径0.5厘米（图二〇三，6）。M27∶6，高3.1、直径4、孔径0.5厘米（图二〇三，7）。

2. 其他　4件（组）。

铜日光镜　1件。M27∶1，残缺。

铜“五铢”钱　2件（组）。M27∶7、8，锈蚀。

琉璃珠　1件（组）。M27∶12，共6颗。圆形，中心穿孔。绿色。直径0.3厘米。

4.80龙·石M28

（一）概况

平面呈长方形，长3.80、宽1.80、深1.90米。墓向85度。墓内回填红、黄相杂的五花土，结构较为松散。底面挖有一条承接墓内渗水的沟槽，平面呈斜直走向，两端分别与墓坑东南、西北角相接，长约4.00、宽0.20、深0.20米，沟底铺垫卵石。

墓坑下部两边有因木椁外填土形成的“熟土二层台”，另两边堆叠卵石。结合随葬品的摆放位置，判断墓内原有木椁。椁外两边填塞高0.60、宽0.30米的卵石层。椁室长约3.30、宽约1.30米。椁内北部设棺厢，南侧设边厢，西端设头厢。棺厢残留有排列有序的3枚铁棺钉，棺钉纵向相距2米，横向相距0.70米，推测原棺木长约1.90、宽约0.90米（图二〇四）。

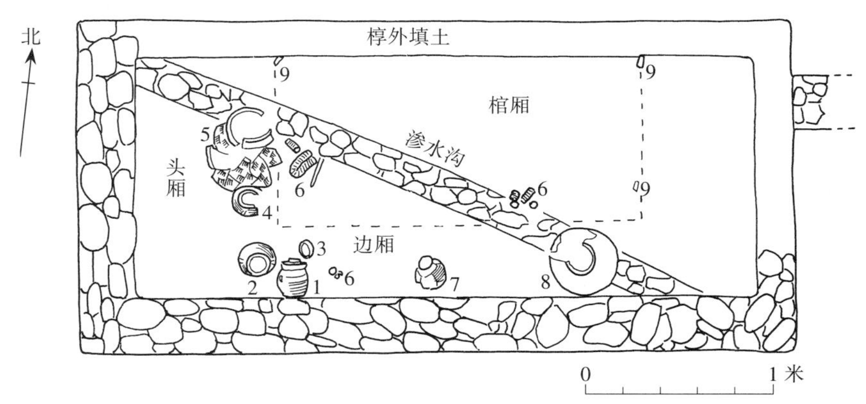

图二〇四　80龙·石M28平面图

1. 高温釉陶泡菜罐　2. 高温釉陶弦纹罐　3. 硬陶器盖　4、7. 硬陶弦纹罐　5. 高温釉陶印纹罍　6. 铜“五铢”钱　8. 铁釜　9. 铁棺钉

（二）随葬器物

随葬器物共8件。器物以陶罐、罍为基本组合，并伴有铜“五铢”钱和铁釜。除铜钱随身入棺外，其余分别置于边厢和头厢内。

1. 陶器　6件。

罐　4件。根据口沿形态分为：

侈口罐　1件。M28∶2，侈口，斜肩上安双耳，弧腹，腹最大径位于上部，平底。通体切削密集的弧凸粗弦纹，耳面模印叶脉纹。高温釉陶。釉层已流失，露胎呈黄红色。无釉部位露胎呈红灰色，胎质坚硬。轮制。残缺。

翻沿口罐 2件。翻沿口，圆唇，斜弧肩上安双耳，弧腹，腹最大径位于上部，平底内凹。通体切削密集的粗弦纹，耳面模印叶脉纹。M28:4，硬陶。露胎和内胎均呈灰色，胎质较硬。高13.8、口径9.4、腹径14.7、底径8.6厘米（图二〇五，1）。M28:7，泥质陶，露胎呈砖红色。未能复原。

双重口罐 1件。M28:1（罐）、3（盖），覆钵形盖，平顶中心附环形纽。罐为内外口，内口直而高于外口，平唇，外口为侈口，圆弧肩上安双耳，圆弧腹，腹最大径位于中部，平底内凹。通体切削密集的弧凸粗弦纹，耳面模印叶脉纹。盖为泥质硬陶，露胎呈灰色，胎质较硬。罐为高温釉陶。内外口之间、肩至腹最大径处施釉，釉色泛黄。无釉部位露胎呈暗红色，胎质坚硬。近底处局部有不规则的划线。轮制，内壁留有轮旋痕。通高22、罐高18.6、内口径8.8、外口径14.6、腹径17.6、底径10.4厘米（图二〇五，2；图版一六，1）。

罍 1件。M28:5，侈口。窄平唇，圆弧肩，圆鼓腹，腹最大径位于上部，平底内凹。通体拍印规整的梳状纹。高温釉陶。釉色泛黄。无釉部位露胎呈褐色，胎质坚硬。泥条盘筑，内壁留有陶拍的抵窝痕。高28.6、口径18.4、腹径35、底径16厘米（图二〇五，3）。

2. 其他 2件（组）。

铜“五铢”钱 1件（组）。M28:6，圜钱。“五”字的交叉线呈弧形。

铁釜 1件。M28:8，敛口，扁鼓腹，圜底。未能修复。

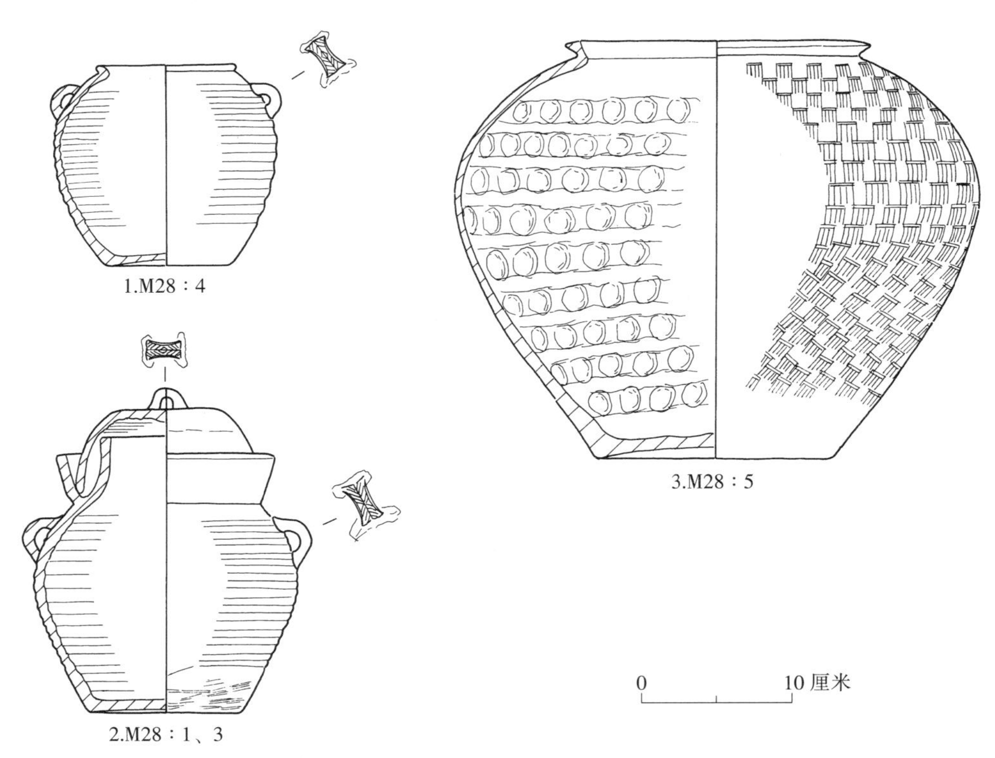

图二〇五 80龙·石M28出土器物

5. 80龙·石M30

（一）概况

平面呈凸字形，由墓道和墓室两部分组成，总长8.40米。墓向90度。墓内回填红、黄、灰相杂的五花土，结构较为紧密。

墓道位于墓室前方偏左处，平面呈长方形，长 4.80（实际发掘 1.20 米）、宽 1.15、深 1.40 米。中间挖有一条排水暗沟通向墓外，沟底铺垫卵石，长 4.80 米以上，宽 0.40 米。墓室平面呈长方形，长 3.60、宽 2、深 2.30 米。

底面挖有两条用于放置椁下垫木的横轴向沟槽，长 1.94、宽 0.28、深 0.10 米，前后相距 1.90 米。结合铁棺钉的分布和随葬品的摆放位置，判断墓内原有木椁。椁室内南部设棺厢，北侧设边厢，东端设脚厢。棺厢内残留有 3 枚铁棺钉，前后相距 0.70 米（图二〇六）。

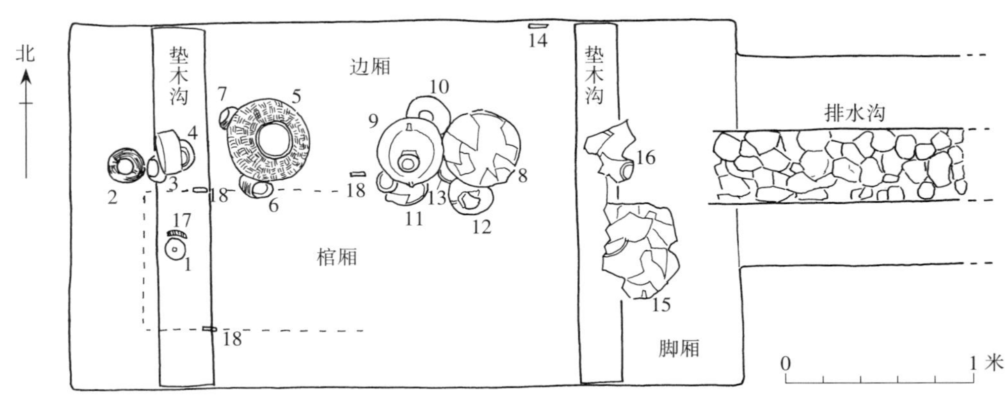

图二〇六　80 龙・石 M30 平面图

1. 铜昭明镜　2～4、6、7. 硬陶弦纹罐　5. 泥质印纹陶罍　8、15. 高温釉陶瓿　9～11. 高温釉陶敞口壶　12、16. 硬陶敞口壶　13. 铁釜　14. 铁锸　17. 铜"五铢"钱　18. 铁棺钉

（二）随葬器物

随葬器物共 17 件（组），以陶瓿、壶、罐、罍为基本组合，并伴有铜昭明镜、"五铢"钱和铁釜等。除铜镜、铜钱摆放于棺厢头部外，其余分别置于边厢和脚厢内。

1. 陶器　13 件。

瓿　2 件。直口，宽平唇，宽斜肩上安衔环铺首，铺首低矮，上端外撇并低于口沿，鼓腹，腹最大径位于中部，平底内凹。肩部粘附三组细泥条状凸弦纹，并刻划两组简化鸟纹，鸟身饰锥点纹。铺首面模印人面纹，上方贴方形兽面。高温釉陶。釉色泛绿，釉层较光亮。无釉部位露胎呈紫红色，胎质坚硬。内壁经过涂抹。M30∶8，高 32、口径 9.3、腹径 37.8、底径 16.4 厘米（图二〇七 A，1）。M30∶15，高 31.6、口径 12、腹径 36、底径 15 厘米（图二〇七 A，2）。

壶　5 件。敞口，平唇，粗短颈，斜弧肩上安双耳，圆鼓腹，腹最大径位于中部，矮圈足。耳面模印叶脉纹。高温釉陶。釉色泛绿，釉层光亮。无釉部位露胎呈暗红色，胎质坚硬。M30∶9，器身高大而规整。口沿外壁和颈下端各轮印一周水波纹，肩部贴三组泥条状凸弦纹，并刻划上下两组简化鸟纹，鸟身饰锥点纹，衔环耳上方贴方形兽面。泥条盘筑，内壁有涂抹痕迹。高 41.6、口径 16.2、腹径 34.8、足径 15.2 厘米（图二〇七 B，1）。另 4 件器身中等。颈下端轮印一周水波纹，肩部划两组双线细弦纹，腹部切削密集的弧凸粗弦纹。轮制，内壁留有轮旋痕。M30∶10，高温釉陶。釉色青绿。高 28.2、口径 14、腹径 23.4、底径 12.6 厘米（图二〇七 B，2）。M30∶11，高温釉陶。釉色泛黄。近底处局部有不规则的划痕。高 29.6、口径 13.2、腹径 24.3、底径 13.2

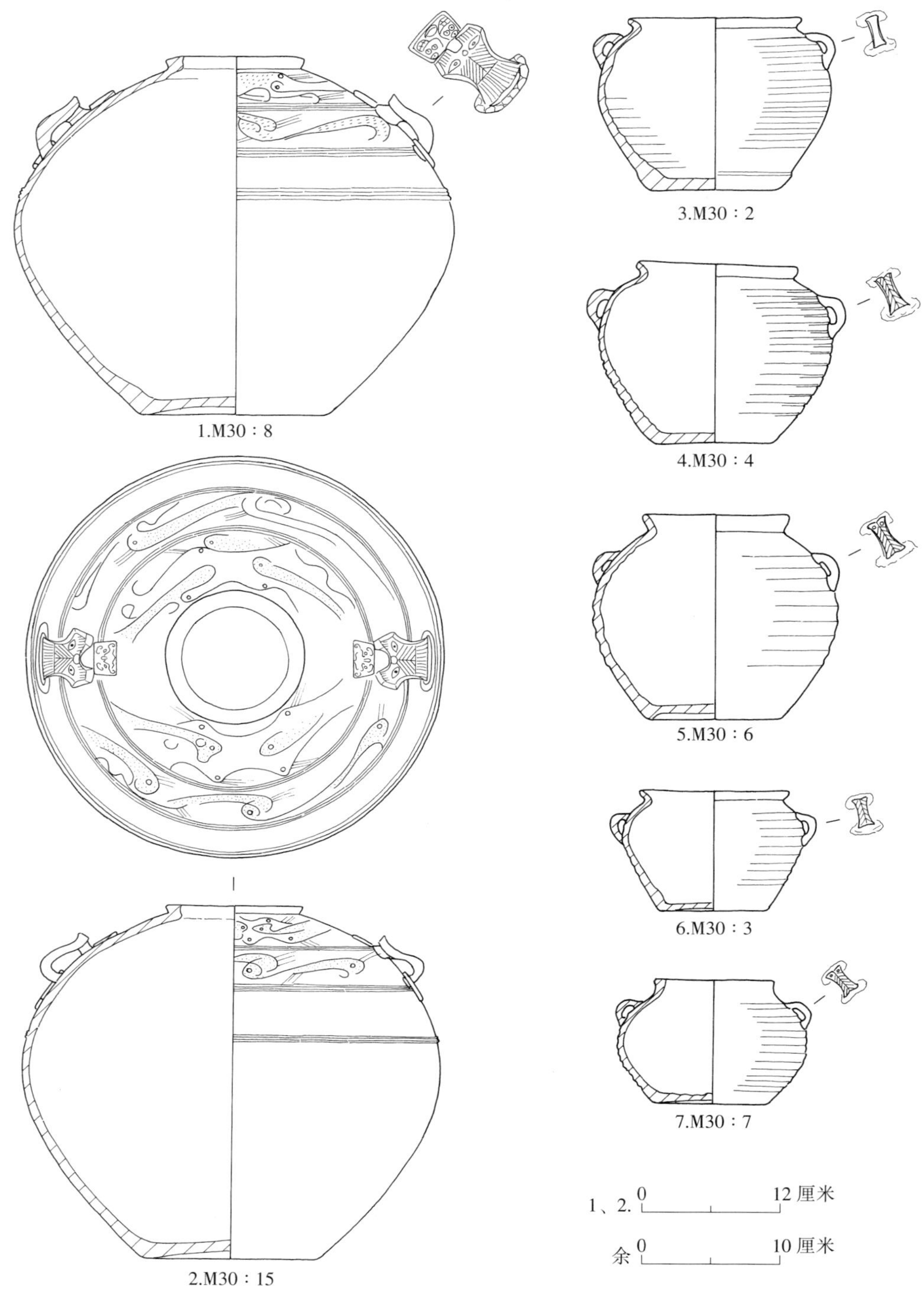

图二〇七 A 80 龙·石 M30 出土器物

厘米（图二〇七 B，3）。M30∶12，硬陶。露胎肩部呈灰色，腹部为红灰色，胎质较硬。高 26.6、口径 12.2、腹径 22、底径 11.8 厘米（图二〇七 B，4）。M30∶16，硬陶。露胎上部呈灰红色，下部为砖红色，胎质较硬。高 27、口径 13、腹径 22.4、足径 11.4 厘米（图二〇七 B，5）。

罐 5 件。根据口沿形态的不同分为：

侈口罐 4 件。翻沿口，斜弧肩上安双耳，圆弧腹，腹最大径位于中部，平底内凹。通体切

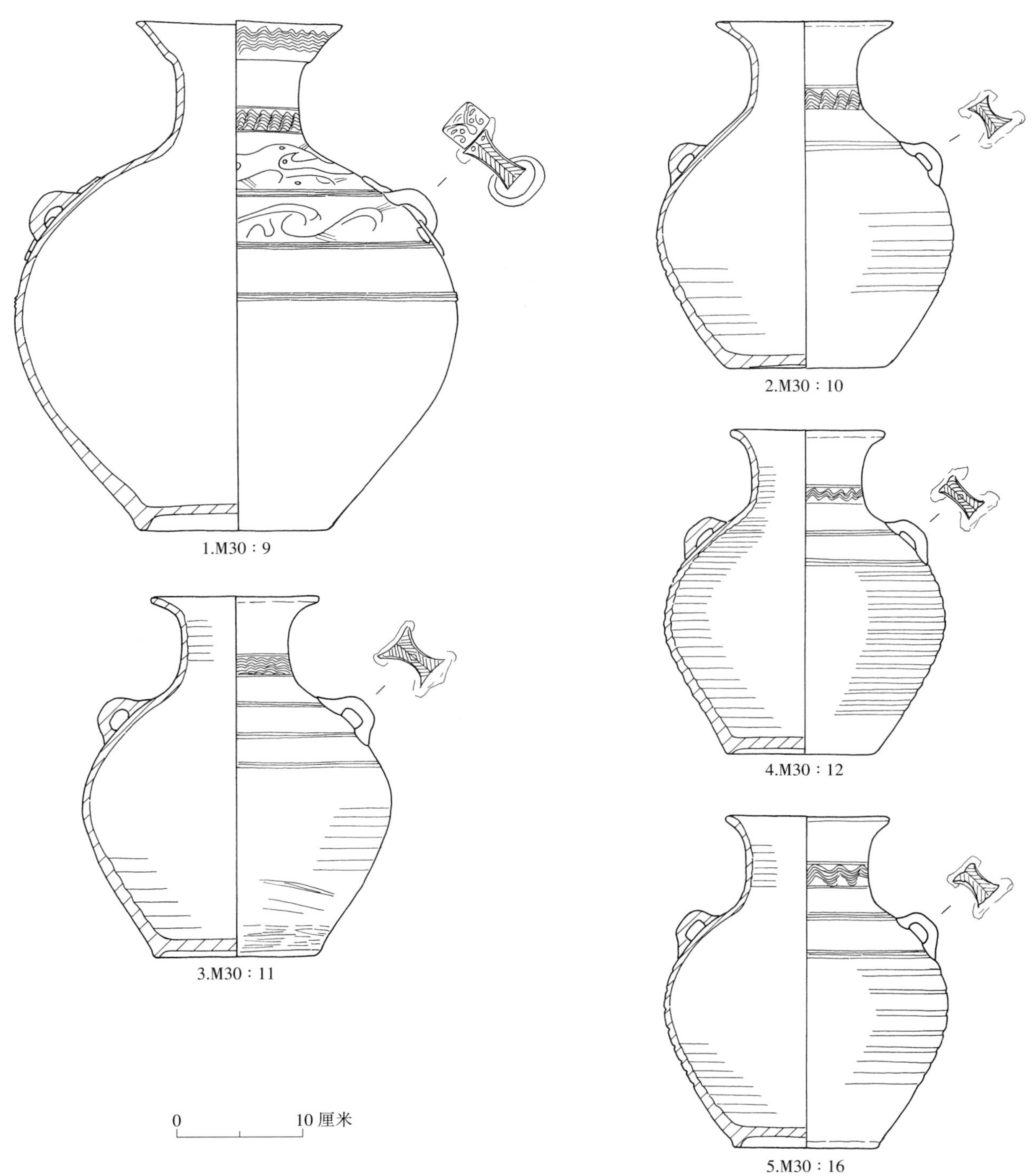

图二〇七B　80龙·石M30出土器物

削密集的粗凸弦纹，耳面模印叶脉纹。硬陶。露胎上部呈红灰色，下部为砖红色，胎质较硬。内壁留有轮制痕。M30：2，高12.8、口径12.6、腹径16.6、底径9.3厘米（图二〇七A，3）。M30：4，高13.6、口径11.6、腹径16.7、底径8.8厘米（图二〇七A，4）。M30：6，高15.2、口径10.4、腹径17.6、底径9.6厘米（图二〇七A，5；图版一三，5）。M30：3，高9、口径10.8、腹径 12.8、底径 8 厘米（图二〇七 A，6；图版一三，6）。

直口罐 1 件。M30∶7，直口，平唇，斜肩上安双耳，扁鼓腹，腹最大径位于中部，平底。通体切削密集的凸弦纹，耳面模印叶脉纹。高 9.2、口径 8.4、腹径 13.6、底径 8.2 厘米（图二〇七 A，7）。

罍 1 件。M30∶5，泥质印纹陶。残缺。

2. 其他 4 件。

铜昭明镜 1 件。M30∶1，圆纽，圆纽座。座外饰内连弧纹和栉齿纹各一周。外区环绕一周铭文和一周栉齿纹。素宽平缘。残，未能复原。

铜“五铢”钱 1 件（组）。M30∶17，已锈蚀。

铁釜 1 件。M30∶13，残缺。

铁锸 1 件。M30∶14，已锈蚀。

6. 80 龙 · 石 M33

（一）概况

墓已被扰乱。长 3.50、宽 2.00、深 1.10 米。墓向 273 度。墓内回填黄、灰相杂的五花土，结构较为松散。

墓坑下部四周有因木椁外填土形成的“熟土二层台”。底面挖有两条摆放椁下垫木的横轴向沟槽，长 1.94、宽 0.20、深 0.10 米，前后相距 2.30 米。结合随葬品的摆放位置，判断墓内原有木椁。椁内北部设棺厢，南侧设边厢，西端设脚厢。棺厢内留有排列有序的 4 枚铁棺钉，推测原棺木长约 2.10、宽 1.00 米（图二〇八）。

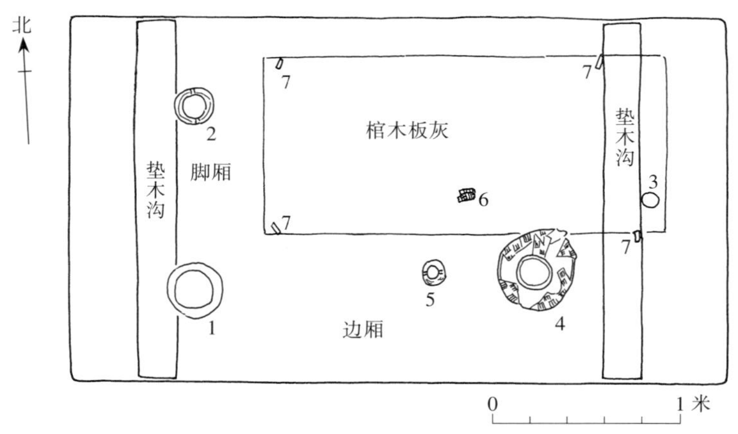

图二〇八 80 龙 · 石 M33 平面图

1. 铁釜 2. 高温釉陶敞口壶 3. 铜昭明镜 4. 印纹硬陶罍 5. 硬陶弦纹罐 6. 铜“五铢”钱 7. 铁棺钉

（二）随葬器物

随葬器物仅存 6 件（组），以陶壶、罐、罍为基本组合，并伴有铜昭明镜、“五铢”钱及铁釜。除铜镜和铜钱分别摆放于棺内头部和腰部外，其余分别置于边厢和脚厢内。

1. 陶器 3 件。

壶 1 件。M33∶2，敞口，圆唇，粗短颈，斜肩上安双耳，圆弧腹，腹最大径位于中部，卧足。颈下端轮印一周水波纹，肩部划两组双线细弦纹，腹部切削密集的弧凸粗弦纹，耳面模印叶脉纹。高温釉陶。釉色泛黄，釉层已流失，露胎呈黄灰色。无釉部位露胎呈灰褐色，内胎为灰色，内含较多的黑色杂质，胎质坚硬。轮制。高 24.6、口径 12.2、腹径 19.5、足径 10.5 厘米（图二〇九，1）。

罐 1 件。M33∶5，侈口，圆唇，斜肩上安双耳，平底。通体切削密集的弧凸粗弦纹，耳面模印叶脉纹。硬陶。露胎呈砖红色，内胎呈紫红色，胎质较硬。轮制。高 9.5、口径 9.5、腹径 12.8、底径 7.2 厘米（图二〇九，2）。

罍 1 件。M33∶4，敛口，宽折唇内壁下凹圆弧肩，圆鼓腹，腹最大径位于中部，平底内凹。通体拍印规整、清晰的梳状纹。印纹硬陶。露胎和内胎均呈灰色，胎质较硬。泥条盘筑，内壁留有陶拍的抵窝痕。高 28.3、口径 18.2、腹径 37.5、底径 18 厘米（图二〇九，3）。

2. 其他 3 件（组）。

铜昭明镜 1 件。M33∶3，圆纽，圆纽座。座外饰一周连弧纹，外区有一周铭文带。铭文外饰一周栉齿纹，宽平素缘。残。高 1.2、直径 10 厘米。

铜“五铢”钱 1 件（组）。M33∶6，已锈蚀。

铁釜 1 件。M33∶1，敛口，斜肩，鼓腹，腹最大径位于上部，小平底。肩腹交接处有一道合范痕。高 23、口径 20、腹径 31.5、底径 7.2 厘米（图二〇九，4）。

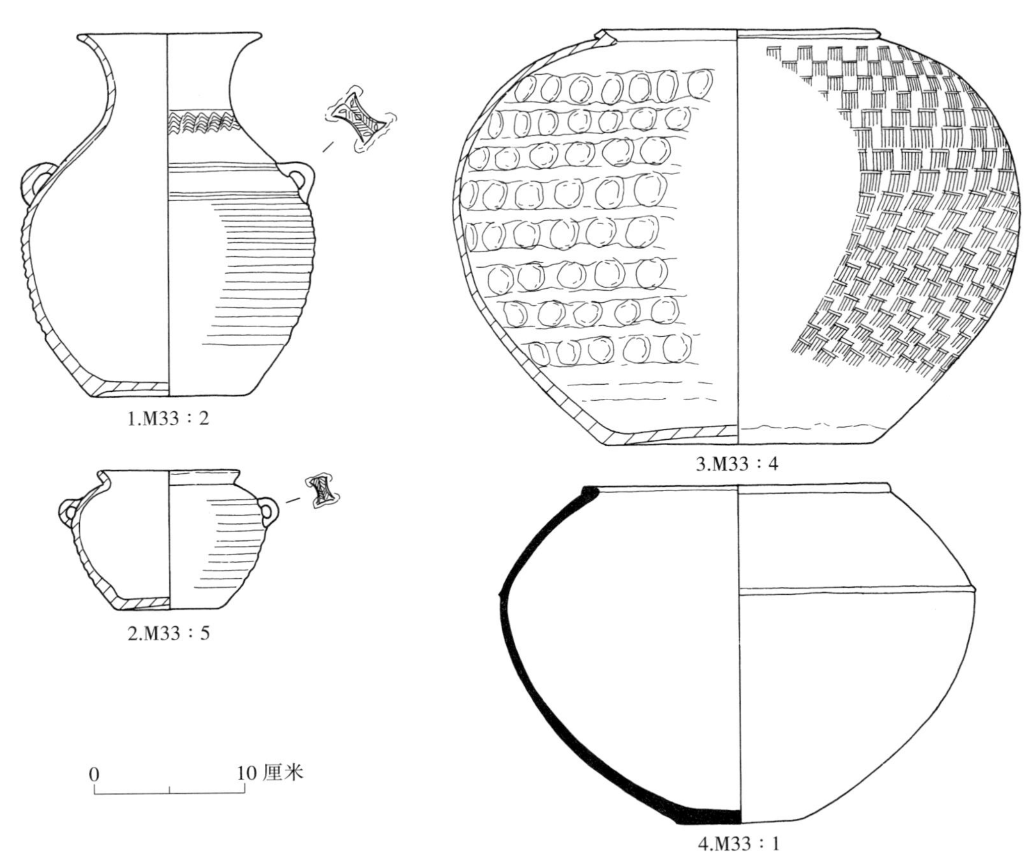

图二〇九 80 龙·石 M33 出土器物

第四节 其他地点墓葬

共6座。

一 券顶砖室单葬墓

共3座。形状和结构各有不同。

1. 72衢·前M1

（一）概况

中字形券顶多室墓。墓向314度。墓葬整体由甬道、前室、过道和后室四部分组成，总长8.10米。

甬道平面呈八字形，长0.90、前宽1.60、后宽1.50米。前室平面呈横向长方形，长2.60、宽5.25米。前室被近代墓破坏。南面有高出一砖的平台（祭台）。后室平面呈长方形，长4.70、宽3.00、高2.70米。过道位于前后室之间，长0.70、宽1.50米。墓壁采用内外双层平起错缝砌筑。墓室四周有宽0.15米的排水沟，沟底呈15度倾斜（图二一〇）。

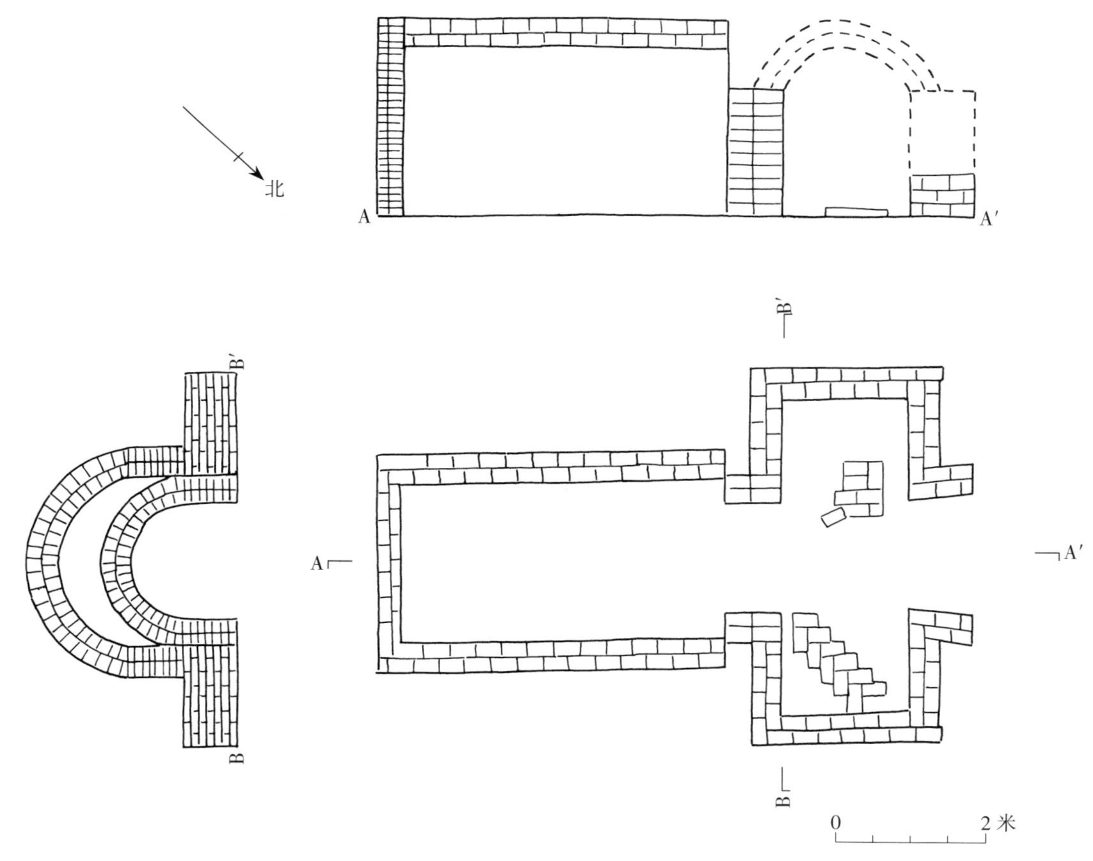

图二一〇 72衢·前M1平、剖面图

葬具已无存，墓内残留有“S”形和方锥形铁棺钉。

（二）随葬器物

随葬品共18件，以陶锺、罐、簋、耳杯为基本组合，并伴有铁刀等。摆放位置因形制图中未能显示而不明。

1. 陶器　15件。

锺　1件。M1∶12，仅存圈足。圈足较高，中间起脊。硬陶。

罐　9件。根据口沿形态的不同分为：

束口罐　3件。束口，圆唇，圆弧肩上安双耳，圆鼓腹，腹最大径位于上部，平底。肩部划两道细弦纹，耳面模印叶脉纹。低温釉陶。釉色泛黄，施釉不及底，釉迹线明显，露胎呈灰色。无釉部位露胎呈红灰色，胎质坚硬。轮制。M1∶4，高25.1、口径20、腹径31.2、底径15.4厘米（图二一一，1；图版一一，6）。M1∶5，高21、口径17.8、腹径25.2、底径12.2厘米（图二一一，2）。M1∶16，仅存口沿。硬陶。

直口罐　2件。直口，平唇，筒形腹上端安双耳，下端稍内收，平底。口沿下划二或三道弦纹，耳面模印叶脉纹。低温釉陶。釉色泛褐，施釉不及底，釉迹线明显，露胎呈灰色。无釉部位露胎呈灰红色，胎质较硬。轮制，内壁留有轮旋痕。M1∶6－1，高16、口径13.2、底径10厘米（图二一一，3；图版一五，2）。M1∶6－2，高16、口径12.7、底径10.2厘米（图二一一，4）。

双重口罐　1件。M1∶10，仅存口沿。硬陶。

敛口罐　3件。敛口，口与肩平，窄弧肩上安双耳，圆弧腹，腹最大径位于上部，平底。肩部划两组双线细弦纹，耳面模印上下相对的叶脉纹。低温釉陶。酱色釉，釉层已流失，釉迹线明显，施釉不及底，露胎呈灰色。无釉部位露胎呈灰红色，胎质较硬。内壁有轮制痕。M1∶7－1，高11.8、口径7.8、腹径16.2、底径8.2厘米（图二一一，5；图版一六，3）。M1∶7－2，高12.4、口径8.1、腹径16.8、底径9厘米（图二一一，6）。M1∶8，耳残缺。高9.6、口径7.2、腹径14.3、底径8厘米（图二一一，7）。

罍　1件。M1∶1，器形庞大。敛口，宽唇，沿面外缘起折，圆弧肩上安四个对称的小耳，弧腹，腹最大径位于上部，平底内凹。通体拍印规整的梳状纹，耳面模印上下相对的叶脉纹。印纹硬陶。露胎呈红灰色，胎质较硬。泥条盘筑，内壁留有轮旋痕。高56.8、口径44.4、腹径65.2、底径30厘米（图二一一，9）。

簋　1件。M1∶3，直口，腹上部较直，下部弧收，高圈足下端外撇。腹上部刻划两组水波纹和细弦纹。低温釉陶。釉色泛绿，内壁满釉，外壁施釉至圈足中部。无釉部位露胎呈灰红色，胎质较硬。内壁留有轮制痕。高14.6、口径19、足径13.4厘米（图二一一，8；图版一九，3）。

盅　1件。M1∶9，敛口，宽平唇，窄斜肩上安双耳，弧腹下部骤收，腹最大径位于上部，假圈足较高。肩部划两道弦纹，耳面模印叶脉纹。低温釉陶。釉迹线明显，施釉不及底，釉层已流失，露胎呈灰色。无釉部位露胎呈红灰色，胎质较硬。高13.3、口径10.8、腹径14.6、底径8.2厘米（图二一一，10；图版二〇，5）。

盏　1件。M1∶11，侈口，圆唇，腹略斜收，平底。硬陶。露胎内壁呈灰色，外壁为红灰色，胎质较硬。高6.8、口径17.2、底径11.2厘米（图二一一，11）。

耳杯　1件。M1∶2，平面呈椭圆形，侈口，两侧附月牙形耳，斜腹，平底。低温釉陶。釉色

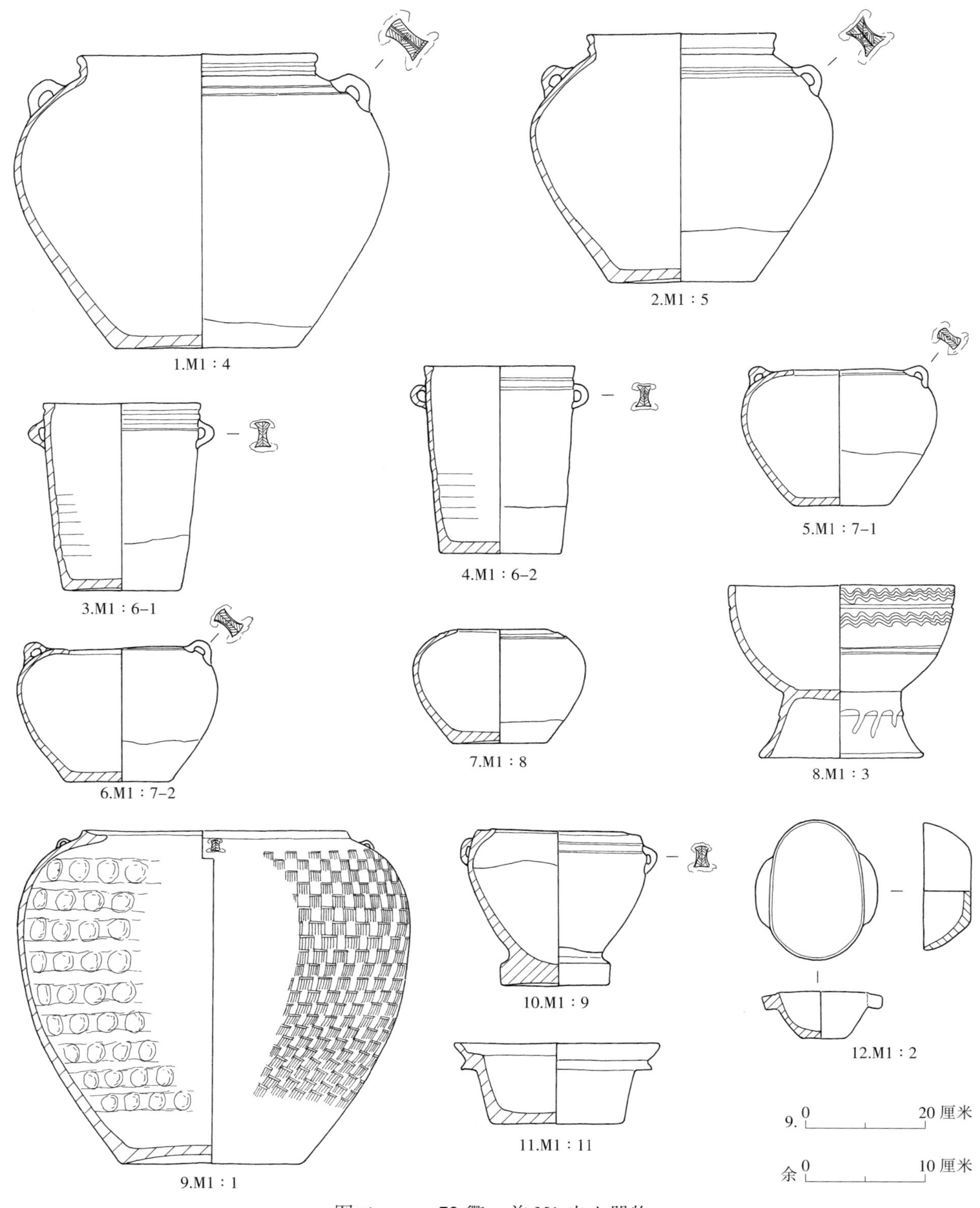

图二一一　72衢·前M1出土器物

泛绿，内壁满釉，外壁施釉不及底，釉迹线明显。内模制作，外壁留有修刮痕迹。高4.1、口长12、宽10.2、底长12.5、宽7.6厘米（图二一一，12；图版二〇，2）。

2. 其他　2件。

铁刀　2件。M1∶14、15，残缺。

2.78 衢・上 M9

（一）概况

凸字形券顶砖室墓。墓向 180 度。由甬道和墓室两部分组成，总长 6.18 米。甬道平面呈近方形，长 1.15、宽 1.10、高 1.45 米。墓门两侧各有一个向外侧凸出的砖柱。墓室平面呈长方形，长 4.85、宽 2.20、高 2.50 米。墓壁采用平起错缝砌结构，铺底砖为横向错缝平铺。墓砖长 36、宽 18、厚 6 厘米，砖面模印三组叶脉纹。

葬具已无存。从随葬品的分布位置判断，棺木应摆放于墓室后部（图二一二）。

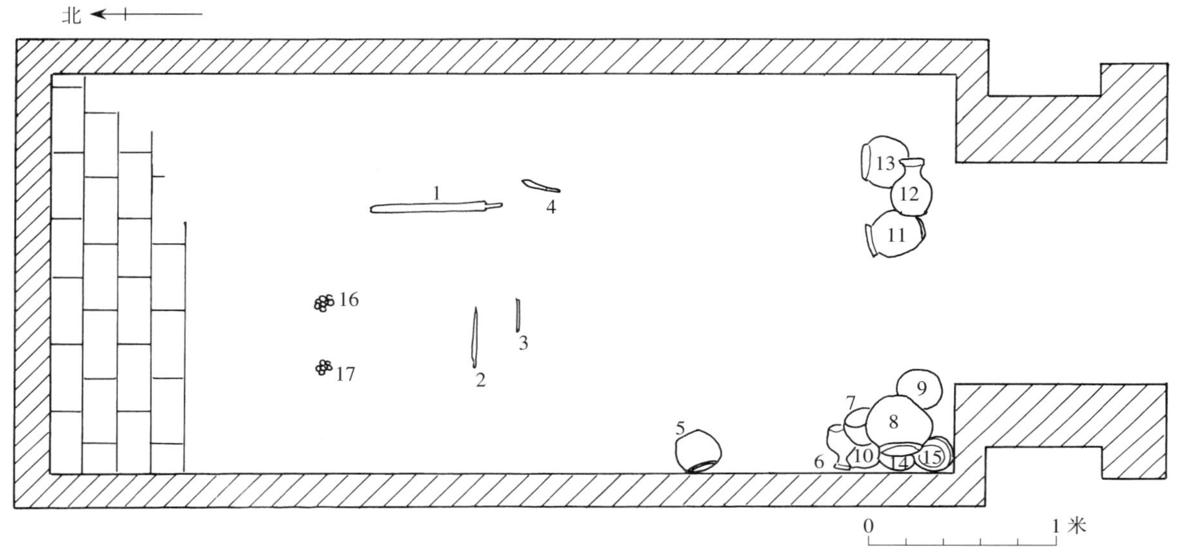

图二一二　78 衢・上 M9 平面图

1、2. 铁刀　3、4. 铁削　5、13. 青瓷束口罐　6. 低温釉陶盘口壶　7、15. 硬陶束口罐　8. 印纹硬陶罍　9. 泥质陶罐　10、12、14. 硬陶盘口壶　11. 青瓷罐　16、17. 铜“五铢”钱

（二）随葬器物

随葬器物共 17 件（组），以陶壶、罐、罍为基本组合，并伴有铜“五铢”和铁刀、削等。除铜钱和铁刀、削摆放于棺内外，其余分别摆放于墓室前端两侧。

1. 陶瓷器　11 件。

壶　4 件。器身大小不等。其中 2 件为浅盘口，圆唇，粗长颈下端内弧，斜肩上安双耳，弧腹，腹最大径位于上部，平底。口沿外壁划两道细弦纹，肩部划一道细弦纹，耳面模印叶脉纹。M9∶6，低温釉陶。下腹部有明显的釉迹线，釉层已流失，露胎呈灰色，内含较多的褐色杂质。无釉部位露胎呈红灰色，胎质坚硬。高 22、口径 10.8、腹径 15.4、底径 8 厘米（图二一三，1；图版一〇，2）。M9∶10，鼓腹，腹最大径位于中部。硬陶。露胎呈灰色，胎内含有较多的褐色杂质，胎质较硬。高 21.3、口径 11.6、腹径 15.8、底径 7.6 厘米（图二一三，2）。另 2 件盘口略深，圆唇外撇而内侧上凸，粗短颈，圆鼓腹，腹最大径位于中部，平底内凹。腹部切削密集的平凸窄弦纹。硬陶。露胎呈灰红色，胎质坚硬。内壁留有轮旋痕。M9∶12，颈下端轮印一周水波纹。高 32、口径 12.8、腹径 24.9、底径 12 厘米（图二一三，3）。M9∶14，高 29.2、口径 12、腹径 21.9、底径 9.7 厘米（图二一三，4；图版八，1）。

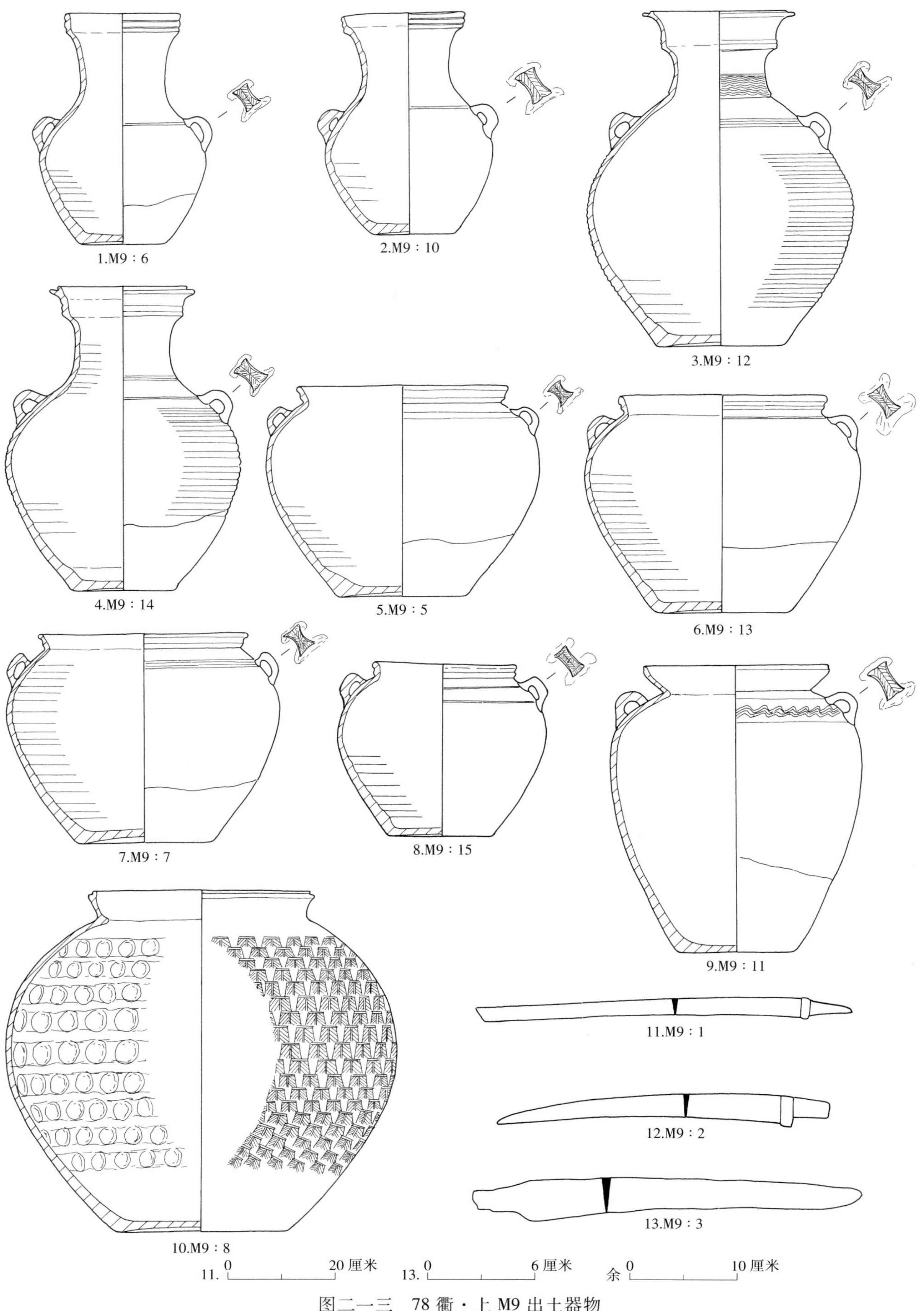

图二一三　78衢·上M9出土器物

罐　6 件。根据口沿形态的不同分为：

束口罐　4 件。束口外侈，圆唇，斜弧肩上安双耳，圆弧腹，腹最大径位于近上部，平底。肩部划一周三线细弦纹，耳面模印上下相对的叶脉纹。器物下腹部有明显的釉迹线，釉层已流失，露胎呈灰黄色。无釉部位露胎呈暗红色，胎质坚硬。内壁留有轮制痕。其中 2 件为青瓷。M9∶5，高 20.1、口径 19.6、腹径 25.6、底径 12 厘米（图二一三，5）。M9∶13，高 21.2、口径 19.8、腹径 25.7、底径 12.6 厘米（图二一三，6）。另 2 件为硬陶。M9∶7，露胎呈红灰色。高 20.2、口径 19.6、腹径 25.5、底径 12.6 厘米（图二一三，7）。M9∶15，露胎呈灰色，内含较多褐色杂质。高 16.9、口径 13.8、腹径 19.5、底径 9.6 厘米（图二一三，8；图版一二，1）。

敞口罐　2 件。敞口，口沿外划一道浅凹槽，弧肩上安双耳，弧腹，腹最大径位于上部，平底。肩部划两道细弦纹，其间刻划水波纹，耳面模印叶脉纹。M9∶11，青瓷。釉色青黄，外壁施釉至下腹部，内壁至口沿下端，釉层有光亮感，部分已流失。无釉部位露胎呈暗红色，胎质坚硬。轮制。高 27.5、口径 17.3、腹径 23.5、底径 10.8 厘米（图二一三，9；图版一五，4）。M9∶9，泥质陶。露胎呈砖红色，质地较软。未能复原。

罍　1 件。M9∶8，直口，平唇内侧上凸，斜弧肩，圆鼓腹，腹最大径位于中部，平底内凹。通体拍印规整的块状叶脉纹，每块大小约 2.2 厘米见方。印纹硬陶。露胎上部呈灰色，下部呈砖红色。泥条盘筑，内壁留有陶拍的抵窝痕。高 32.5、口径 20.3、腹径 36.4、底径 16 厘米（图二一三，10；图版一七，4）。

2. 其他　6 件（组）。

铜“五铢”钱　2 件（组）。M9∶16、17，均已锈蚀。

铁刀　2 件。短柄前宽后窄，有刀格，单面刃。M9∶1，长 70.7、刀长 60.9、宽 3 厘米（图二一三，11）。M9∶2，刀背微弧。残长 31.2、刀身宽 2.5 厘米（图二一三，12）。

铁削　2 件。短柄无格，单面刃。M9∶3，残长 22.2、宽 1.5 厘米（图二一三，13）。M9∶4，残长 21.9 厘米，柄长 5.9、上宽 2.2、下宽 0.5 厘米，刀身宽 1.9 厘米。

3.10 龙·方 M1

（一）概况

中字形券顶砖室单葬墓。

墓葬坐落在黄土岗上，据村民反映，20 世纪 50 年代墓上尚存有形似小山包的封土堆。墓葬构建于深竖穴土坑内，由白膏泥围墙和砖砌墓室两部分所组成。墓向 355 度（图二一四）。

土坑平面呈“T”形，长 15.30、深 4 米，前部宽 8.80、后部宽 6.50 米。白膏泥围墙围绕整个墓室及墓道，高 2.70、上宽 0.45、下宽约 1.00 米。自底向上经过七层夯筑，结构致密，颗粒细腻，具有阻隔外来渗水和抵挡山体压力的作用。

墓葬总长 12.30 米，由墓道、甬道、前室、过道、后室所组成。墓道大部被破坏，残长 3.00、宽 2.30 米，底面平整，并与甬道口相接。

甬道平面呈长方形，长 2.40、宽 1.45、高 1.90 米。两壁采用“三顺一丁”的方式砌筑，厚 0.35 米，两组后改用楔形砖内收成券。铺底砖采用人字形铺设，共三层。甬道口用四道平砖错缝相砌封堵墓门，厚 0.6 米。

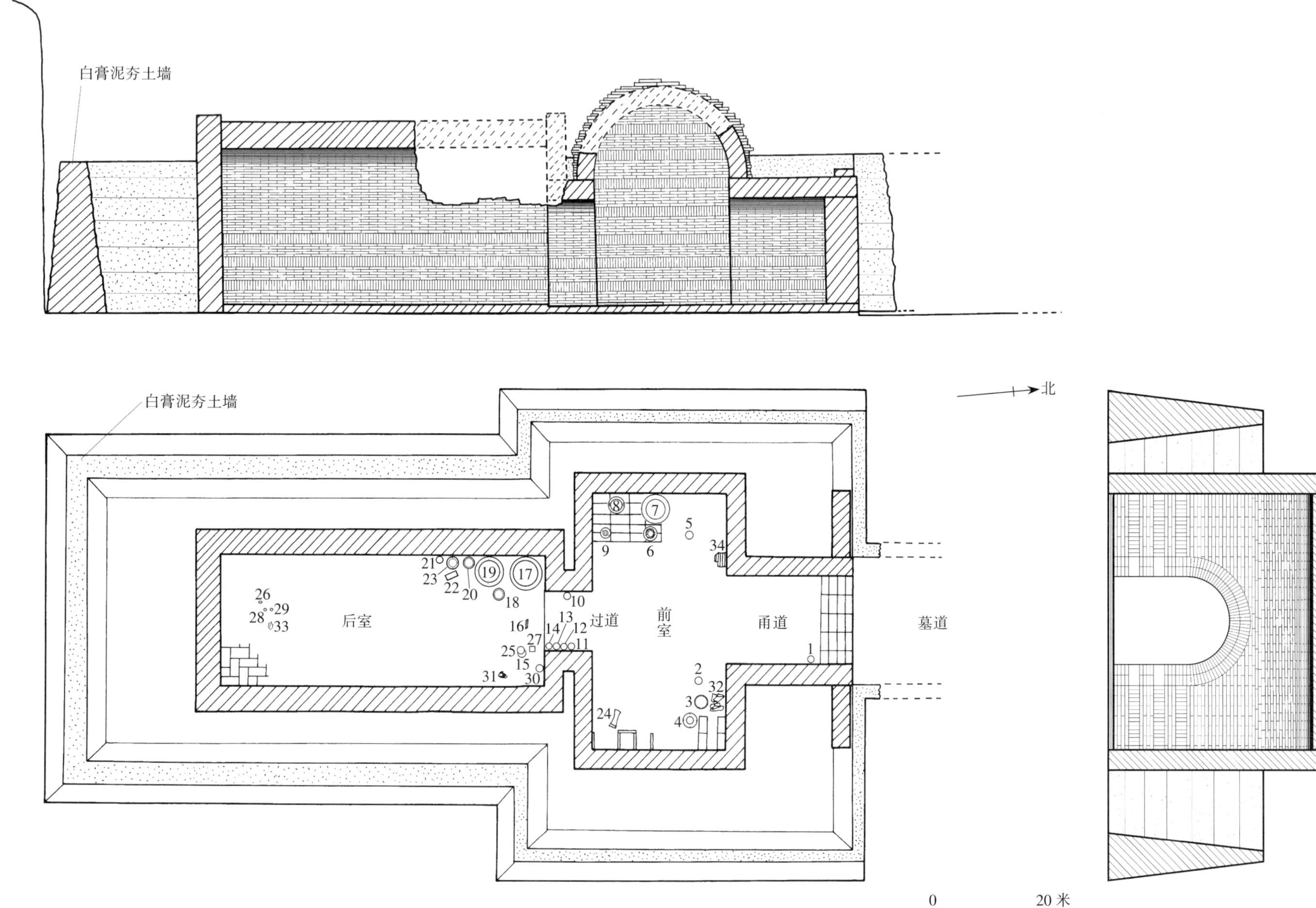

图二一四　10 龙·方 M1 平、剖面图

1、2、5、10～15、21、25、30. 青瓷钵　3. 铜洗　4、8、20、23. 青瓷罐　6. 青瓷五管瓶　7、17、19. 印纹硬陶罍　9. 青瓷盘口壶　16. 铁削　18. 硬陶罐　22. 石黛板　24. 泥质陶灯盏　26、28、29. 金珠　27. 铜印　31. 铜“五铢”钱　32. 铁釜　33. 铜镜　34. 木炭

前室平面呈横向长方形，长2.50、宽4.80米。左、右两壁在采用“五顺一丁”和“六顺一丁”结构各三组后，改以“平铺错缝”的砌法，高4.00米；前、后两壁在三组“五顺一丁”后，改用楔形砖“平起错缝”内收成券，高3.80米。铺底砖呈人字形结构，共三层，并低于后室0.05米（即一砖厚度）。前室的西南隅设有一个砖砌祭台，高0.05、长1.30、宽0.90米，其上摆放有部分器物；东北角沿墓壁用砖两块竖向纵联平叠四层，共两组并列，疑似灶台，上置铁釜；另有三处用一块砖竖向侧立，其上横向平放一砖，可能用于放置灯盏（旁有倒地的陶灯盏）。

过道平面呈长方形，长0.90、宽1.40、高1.90米。

后室平面呈长方形，长6.00、宽2.60、高2.70米。墓壁下部用“三顺一丁”结构三组后，改以三层并列的楔形砖“平起错缝”内收成券。铺底砖为人字形，共三层，并高于过道0.05米。底面中部略高于两侧，以利于排出墓内渗水。

墓葬用砖较为单一，正面模印叶脉纹，一侧为几何长方形和对顶三角形。其中墓壁、底砖及部分券顶砖采用32×16×5厘米的长方形砖。券顶砖有楔形砖和长方形两种，楔形砖规格为31×15.5厘米，大端宽5、小端宽3厘米。

（二）随葬器物

随葬器物共33件（组）。以陶（瓷）壶、罐、罍、五管瓶为基本组合，并伴有铜钱、石黛板等。器物主要摆放于前室两侧和后室的前端两侧，部分置于过道及后室后部。

1. 陶瓷器 23件（组）

壶 1件。M1:9，盘口外翻，圆唇，粗短颈下端内弧，斜弧肩上安双耳，弧腹，腹最大径位于上部，平底内凹。颈下端轮印一周水波纹，肩、腹部切削密集的粗弦纹，耳面模印叶脉纹。青瓷。淡青色釉，施釉部位内壁至颈下端，外壁至下腹部。无釉部位露胎呈灰白色，内胎灰白，胎质坚硬。轮制。高25.3、口径13、腹径22、底径9.6厘米（图二一五A，1；图版八，6）。

罐 5件。根据口沿形态的不同分为：

侈口罐 2件。侈口，平唇，斜弧肩上安双耳，平底内凹。M1:18，器形不规整。弧腹，腹最大径位于上部。肩部划两道细弦纹，耳面模印叶脉纹。硬陶。露胎呈灰红色，内胎为灰色，胎质较硬。轮制。高15.4、口径15、腹径22.2、底径11.7厘米（图二一五A，2；图版一二，4）。M1:8，斜肩上安环形提耳，扁鼓腹，腹最大径位于中部。通体拍印细小的编织纹。青瓷。外壁施釉至近底部，内壁至肩部，釉面布满落沙，釉色青绿而有玻质感。无釉部位露胎呈灰白色，胎质坚硬。泥条盘筑，内壁留有陶拍的抵窝痕。高21.7、口径21.1、腹径32.6、底径13.8厘米（图二一五A，3；图版一二，3）。

直口罐 3件。直口，圆鼓腹，平底。轮制。M1:20，尖唇，圆弧肩上安双耳，腹最大径位于上部。耳面模印菱形纹。青瓷。生烧，釉迹线清晰。胎质较硬。高17.4、口径14.1、腹径23.4、底径11.4厘米（图二一五A，4）。M1:23，圆唇，斜弧肩上安四个横系，腹最大径位于上部。肩部划两道细弦纹，其间刻划水波纹。高15.4、口径13.7、腹径22.9、底径11.2厘米（图二一五A，5；图版一二，5）。M1:4，斜弧肩上安四个横系。肩部划一周双线细弦纹。青瓷。施釉部位外壁至近底处，内壁至口沿下端，釉色青黄不一。内胎为黄灰色，胎质坚硬。高19.4、口径11.6、腹径24.3、底径10.8厘米。

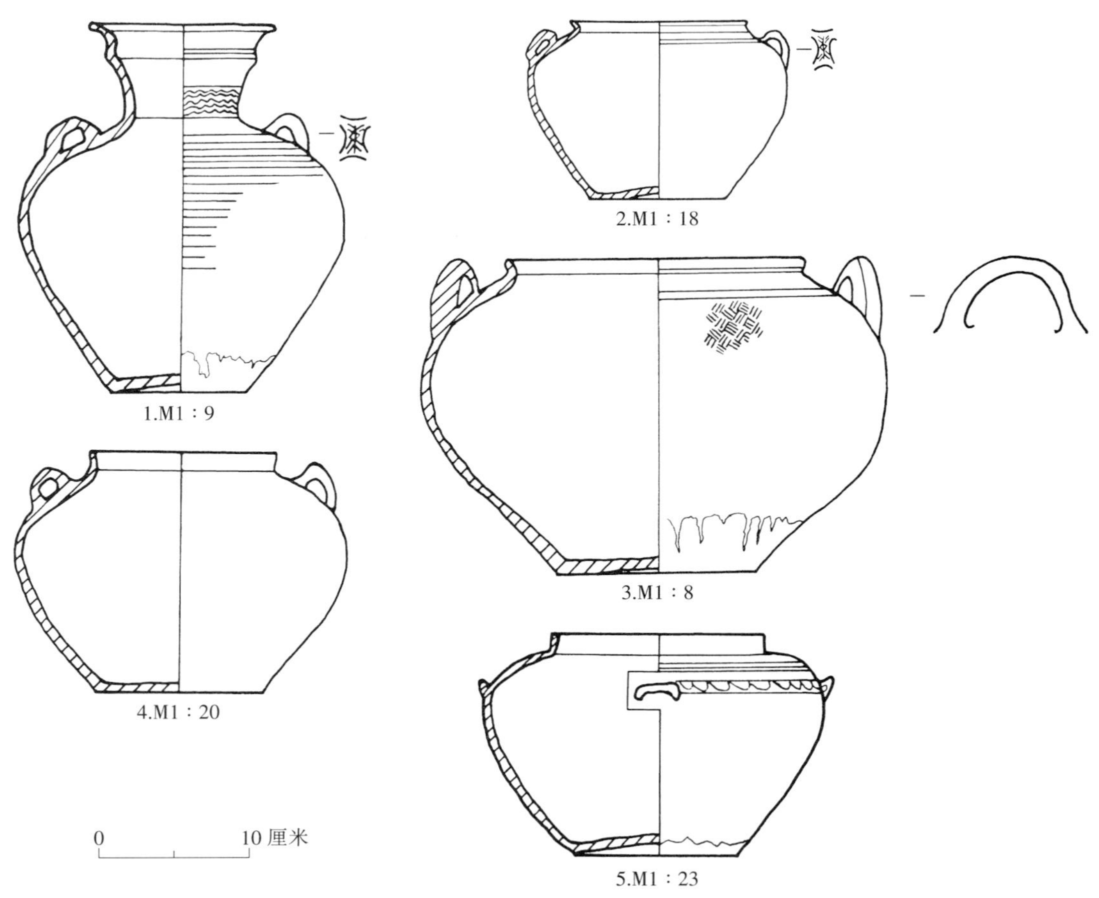

图二一五 A 10 龙·方 M1 出土器物

罍 3 件。器形高大。侈口，窄平唇，腹最大径位于上端，平底内凹。印纹硬陶。泥条盘筑，内壁留有陶拍的抵窝痕。M1∶7，窄弧肩，鼓腹。通体拍印规整的方块状斜方格纹。高 42.8、口径 37.2、腹径 56、底径 20.8 厘米（图二一五 B，1、2；图版一七，5）。M1∶17，窄弧肩，斜腹。通体拍印规整的方格填线纹。露胎上部呈紫红色，下端呈灰色和砖红色，内胎为暗红色，胎质坚硬。高 41.4、口径 39.1～40、腹径 56.8、底径 20.4 厘米（图二一五 B，3、4；图版一七，6）。M1∶19，敛口，圆唇，斜弧肩上安四个小耳，弧腹，腹最大径位于上部。通体拍印规整的窗帘纹。露胎上部呈黄灰色，中部呈灰色，下部呈红灰色，内胎为紫红色，胎质较硬。高 44.8、口径 35.6～36.9、腹径 55、底径 22.6～22.9 厘米（图二一五 B，5；图版一八，2）。

钵 12 件。器身较小。口微敛，斜腹，平底内凹。青瓷。内壁满釉，外壁施釉至近底部，釉呈淡青色。无釉部位露胎呈灰色，胎质坚硬。M1∶1，青黄色釉，无釉部位露胎呈灰色。高 3.7、口径 9.9、底径 5.2 厘米。M1∶2，高 3.1、口径 9.1、底径 5 厘米（图二一六，1）。M1∶10，高 3、口径 9.4、底径厘 5.5 米。M1∶11，外底有垫珠痕。高 3.1、口径 9.1、底径 5.3 厘米。M1∶12，黄灰色釉，无釉部位露胎呈灰色。高 3.1、口径 9、底径 4.8 厘米。M1∶13，高 3.4、口径 9.4、底径 5.2 厘米。M1∶14，高 3.4、口径 9.1、底径 5.4 厘米。M1∶15，胎质坚硬。高 3.1、口径 8.7、底径 5 厘米。M1∶5、21、25、30，残缺。

灯盏 1 件。M1∶24，盏已残缺。筒形承柱较高，中空，浅承盘，平底。泥质陶。露胎呈红灰

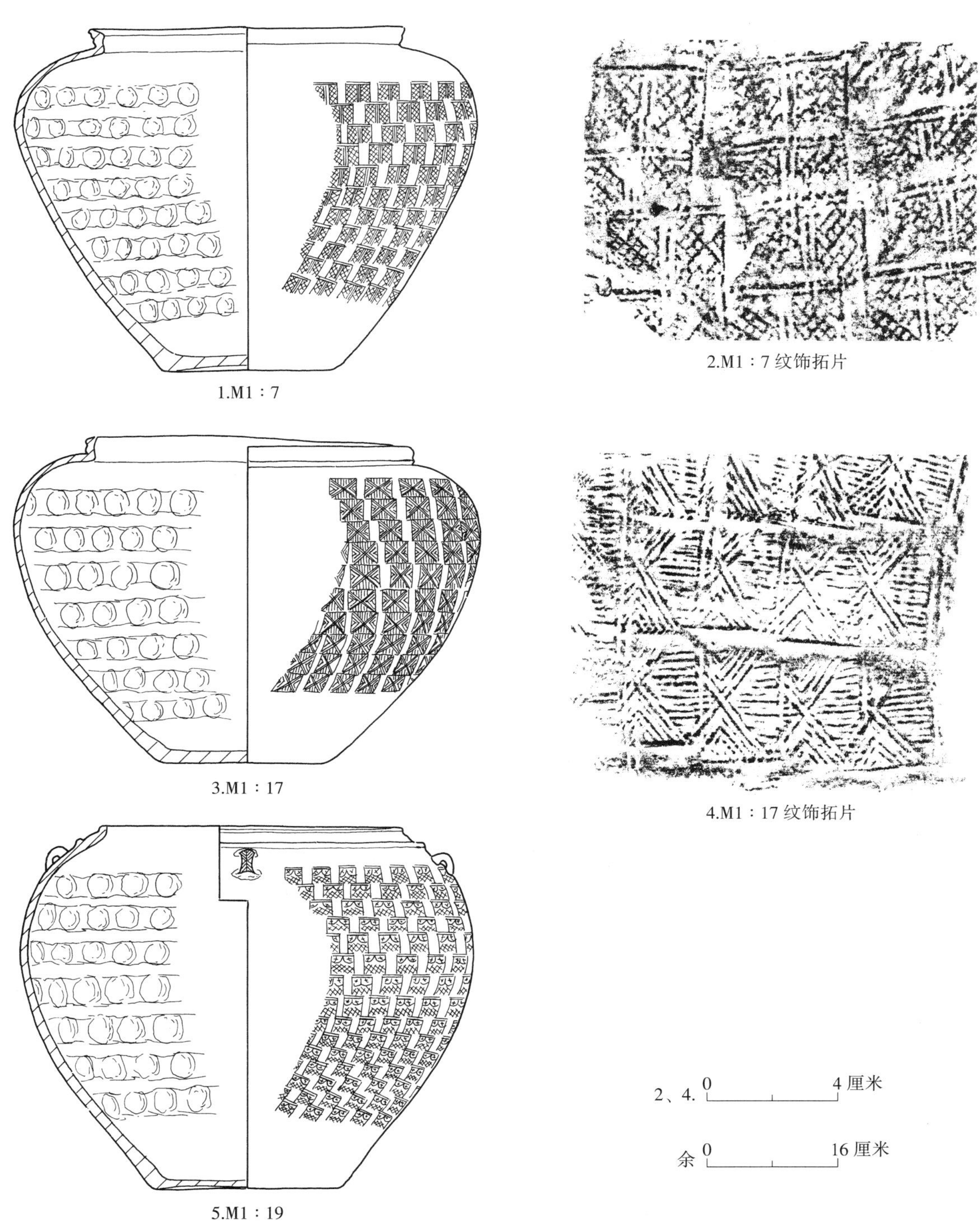

图二一五 B 10 龙·方 M1 出土器物

色，质地较软。承柱中间有一个高 1.2、宽 1.6 厘米的通气孔。轮制。残高 27.4、柱径 7.1、底径 12.5 厘米（图二一六，2）。

五管瓶 1 件。M1∶6，上部残缺。下部作罐形，深弧腹，斜弧肩，腹最大径位于上部，平底内凹。肩部正面堆塑双层楼阁，两侧各立一只公鸡，另有四个端坐状的人物、一个骑羊者、一只

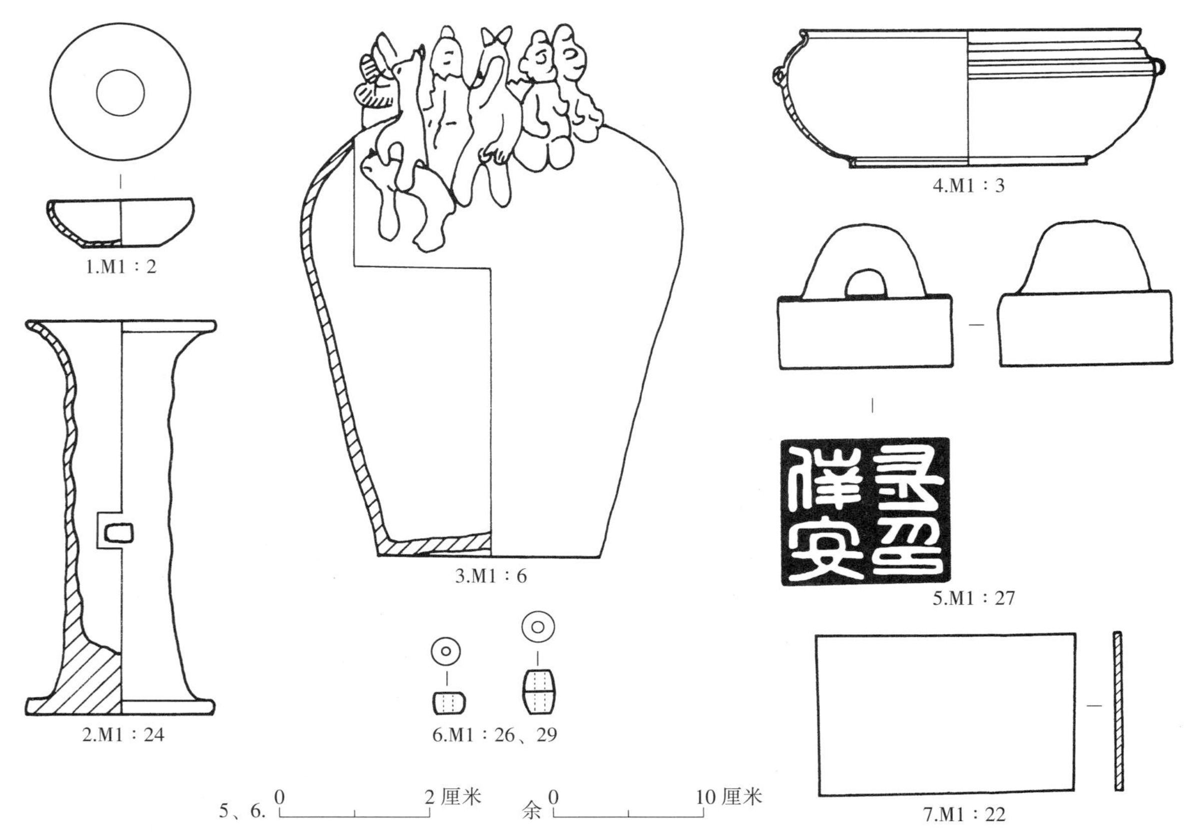

图二一六　10 龙·方 M1 出土器物

熊形兽。青瓷。外壁施釉至下腹部，釉迹线明显，釉面布满细碎的开片，釉呈青色。无釉部位露胎呈红灰色，内胎为灰色，胎质坚硬。轮制。残高 29.7、腹径 25、底径 15 厘米（图二一六，3；图版二三，1～3）。

2. 其他　10 件。

铜洗　1 件。M1∶3，敞口，圆鼓腹，腹最大径位于中部，矮圈足。腹中部安小纽。残高 8.6、腹径 25.1、底径 15.5 厘米（图二一六，4）。

铜镜　1 件。M1∶33，残碎。

铜印　1 件。M1∶27，宽环纽，方形章，印面阴刻“新安长印”。高 2、边长 2.3 厘米（图二一六，5；图版三〇，5、6）。

铜“五铢”钱　1 件（组）。M1∶31，已锈蚀。

铁釜　1 件。M1∶32，敛口，扁鼓腹，圜底。未能复原。

铁削　1 件。M1∶16，已残碎，锈蚀。

金珠　3 颗。个体细小，两端平整，中间穿孔。M1∶26，高 0.3 厘米。M1∶28，高 0.7 厘米。M1∶29，高 0.6 厘米（图二一六，6）。

石黛板　1 件。M1∶22，扁平长方形。正面光滑，面上留有黑色的颜料痕。背面粗糙。长 17.4、宽 10.6、厚 0.4 厘米（图二一六，7）。

二 葬俗不明墓

仅3座。发掘资料已缺失。

1. 87 江·庵 M1

（一）概况

竖穴土坑墓，宽1.80、深4.00米。

（二）随葬器物

随葬器物共10件，以陶（瓷）壶、罐、坛为基本组合，并伴有铜矛、铁釜等。

1. 陶瓷器 6件。

壶 2件。深盘口，圆唇外翻，粗短颈，斜弧肩上安双耳，鼓腹，腹最大径位于上部，平底。青瓷，青褐色釉。露胎呈灰褐色，内胎为灰色，内含黑色颗粒，结构略显疏松。轮制。M1∶1，盘壁内弧。肩部拍印斜网格纹，其间划两组水波纹和四组双线弦纹。高28、口径14.5、腹径25.2、底径10.4厘米（图二一七A，1、6）。M1∶2，肩部拍印斜网格纹，腹部划双线线弦纹。高26.2、口径13.6、腹径23.2、底径10.2厘米（图二一七A，2、7）。

罐 2件。根据口沿形态的不同分为：

翻沿口罐 1件。M1∶5，翻沿口，斜肩上安双耳，圆鼓腹，腹最大径位于上部，平底。通体切削弧凸的宽弦纹。硬陶。露胎和内胎均呈砖红色，胎质较硬。高15、口径12.5、腹径19、底径7.5厘米（图二一七A，3）。

双重口罐 1件。M1∶3，双重口，内外口均微敛，平唇，圆弧肩，圆鼓腹，腹最大径位于中部，平底。通体拍印斜方格纹，肩部划两道细弦纹。青瓷，釉色青褐。无釉部位露胎呈黄褐色，胎质坚硬，胎内含有黑色颗粒。高25.2、外口径18.6、内口径11.6、腹径25.7、底径11.2厘米（图二一七A，4、8）。

坛 2件。翻沿口，圆唇，窄斜肩，弧腹，腹最大径位于上端，平底。通体拍印斜方格纹。印纹硬陶。外壁施釉，釉呈黄褐色。露胎呈灰红色，胎质坚硬。胎壁较薄，内含黑褐色沙粒。泥条盘筑，内壁留有陶拍的抵窝痕。M1∶4，高25.5、口径11.5、腹径22.5、底径11厘米（图二一七A，5）。M1∶10，残缺。

2. 其他 4件。

铜矛 1件。M1∶8，锋略残，双面刃，中脊。长骹，中空，后端呈偃月形内凹，圆銎。残长33、刃宽5、骹长15厘米（图二一七B，1）。

铁釜与釜架 2件。M1∶7，釜为直口，口外附环形提耳，腹上部较直，下部弧收，矮圈足。外壁布满乳丁，口沿内壁分别两排乳丁。高23、口径36、足径10.5厘米（图二一七B，2）。M1∶6，釜架由圆箍和三扁平足组合而成，其中三足上端附有一个穿孔，铁箍穿入其内，穿孔下有一个钩形托。高20、直径25、足宽2.5厘米（图二一七B，3）。

铁刀 1件。M1∶9，单面刃，两端残缺。残长50、宽3.5厘米（图二一七B，4）。

2. 97 龙·城 M1

现存陶器2件。

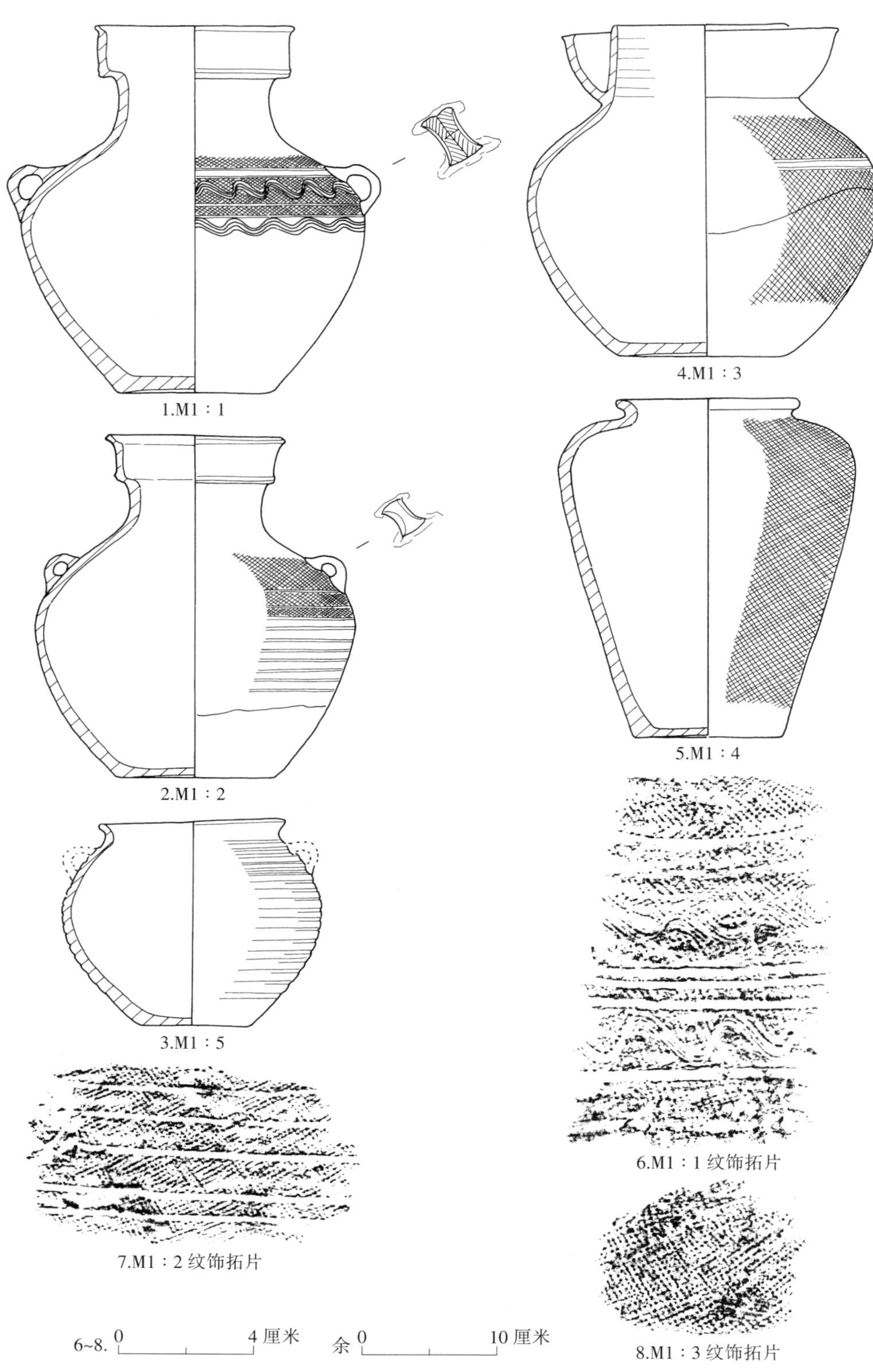

图二一七 A　80 江·庵 M1 出土器物

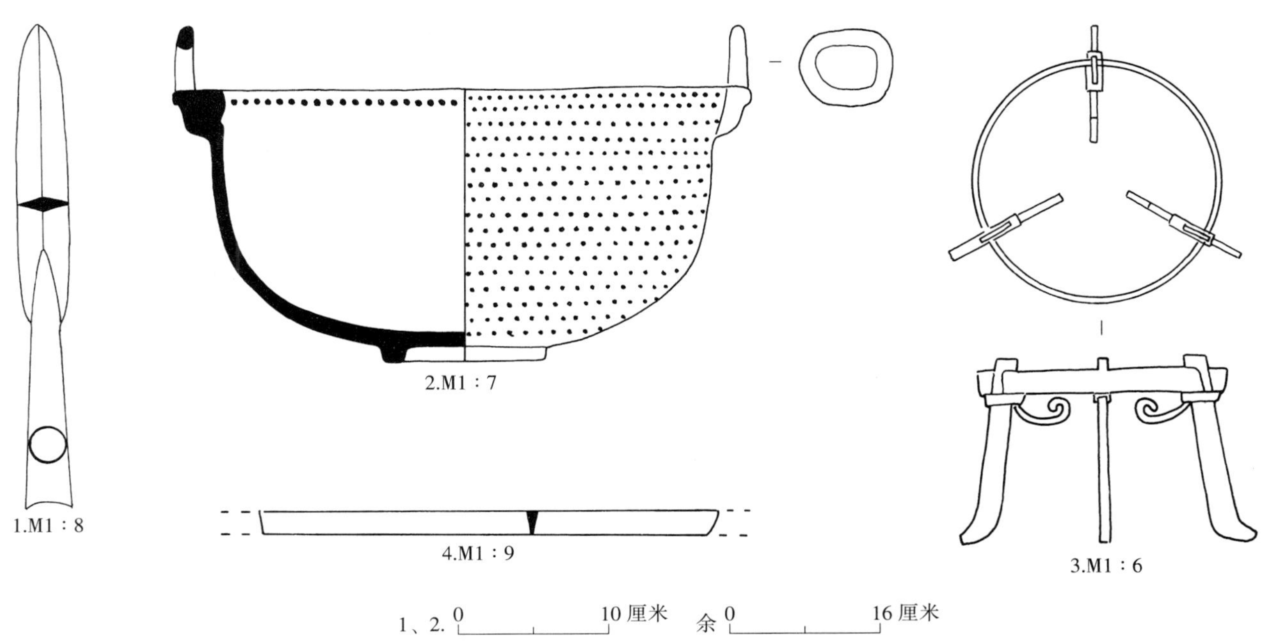

图二一七 B　80 江・庵 M1 出土器物

灶　1 件。M1∶2，器身高大。平面呈船形，灶面前低后高，上设大小两个圆形灶眼，后端设圆形出烟孔。硬陶。露胎呈灰黄色，质地较硬。手制。高 23.6、长 63.2、宽 34.4 厘米（图二一八 A，1；图版二三，6）。

井　1 件。M1∶1，器形高大。折敛口，宽斜唇，筒腹下收，平底内凹。口下按四等分各饰一个圆形镂孔，上腹部粘附上、下两组粗短柱状乳丁，每组八个，各乳丁上、下以篦纹相连。硬陶。露胎呈砖红色，胎质较硬。轮制。高 44.8、口径 29.4、底径 23.4 厘米（图二一八 A，2；图版二四，5）。

3. 78 江・长 M1

现存随葬器物 5 件，并以陶瓷罐、罍、灶为基本组合。

罐　1 件。M1∶1，口微敛，深筒腹中部微弧，平底。青瓷。外壁施釉至近底处，内壁仅为口沿部分。轮制，质地坚硬。高 20.8、口径 15.7、底径 12.5 厘米（图二一八 B，1）。

罍　1 件。M1∶3，器形不甚规整。敛口，宽唇面下凹，弧肩，弧腹，腹最大径位于中部，平底。通体拍印规整、清晰的梳状纹。印纹硬陶。露胎上部呈灰色，近底部呈砖红色，胎质较硬。高 28.2 ~ 29、口径 21、腹径 33、底径 12.5 厘米（图二一八 B，3、4）。

灶　3 件（含釜、甑）。M1∶2，灶身前低后高，两侧呈弧形，面上设两个圆形灶眼，并各置一釜。后端设一个圆形出烟孔。灶前壁呈半圆形，中部设低矮的方形灶门。高 11 ~ 22、长 34.4、前宽 27 厘米。釜 1 件为直口，平唇，扁鼓腹，腹最大径位于中部，平底。高 7、口径 16.8、腹径 12.6、底径 6.6 厘米；另 1 件口微侈，平唇，口沿外附环形双耳，腹壁缓收，平底。高 4.6、口径 13.2、腹径 12、底径 8 厘米（图二一八 B，2）。均为硬陶。露胎呈红灰色，胎质较硬。

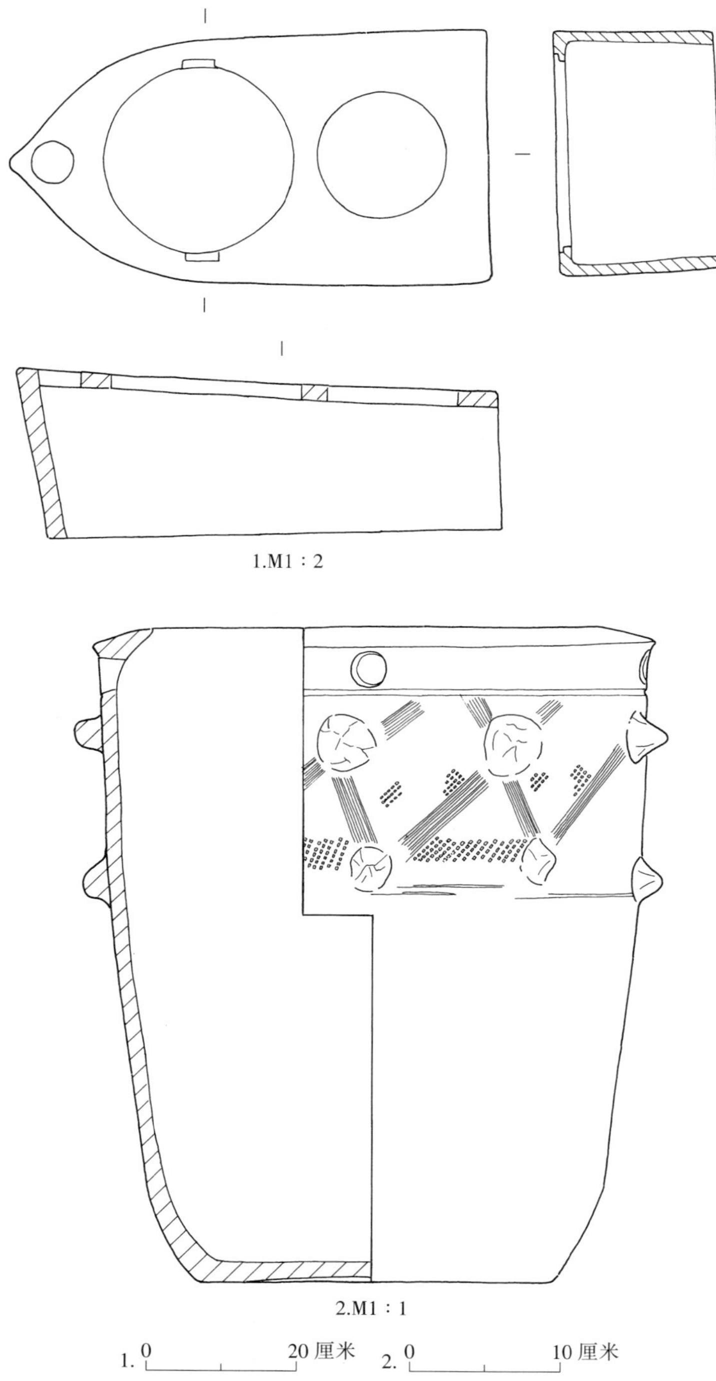

图二一八 A 97 龙·城 M1 出土器物

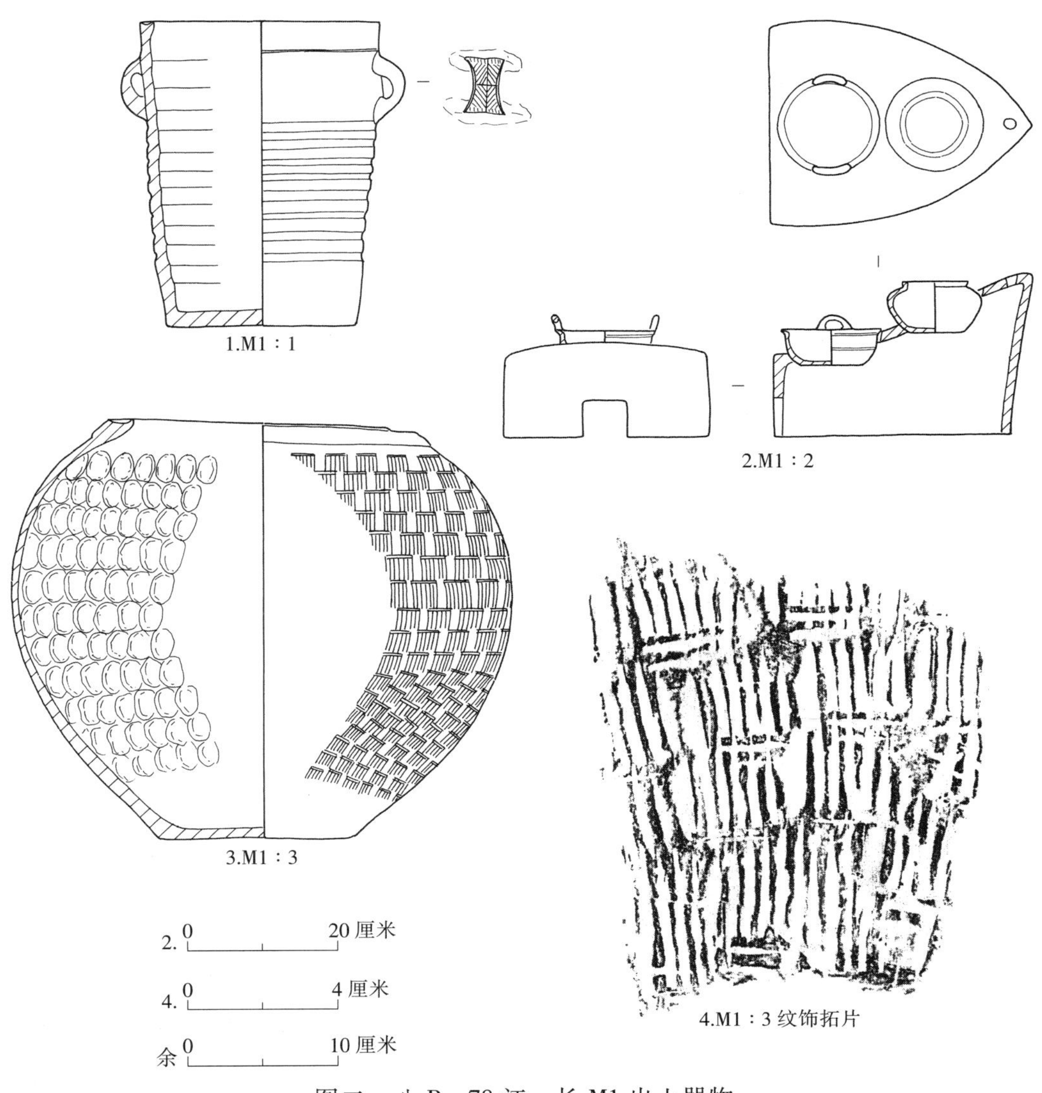

图二一八 B　78 江・长 M1 出土器物

第三章 综 述

第一节 墓葬分类

本次整理的汉墓共计 149 座（附表一、二）。墓坑普遍深入红色的粉砂岩层中，结构较为单一，墓壁陡直，底面平整。墓内采用原土回填，土质结构往往较为松散。

根据各墓营造方式和结构及葬具不同，可分为土坑木棺墓、土坑棺椁墓、券顶砖室墓三大类。同时，根据葬俗的不同，土坑棺椁墓中又可细分为单葬、同穴合葬及异穴合葬三个小类。此外，有 35 座墓葬因野外资料的缺失而无法分类，根据发掘者的回忆，结合现存的随葬器物，这部分墓葬绝大部分为土坑木棺墓或土坑棺椁墓。

一 土坑木棺墓（一类墓）

共 14 座。墓形的基本特征为：墓内葬具仅为单一的木棺而无椁室，单葬。

由于墓内只需摆放一具棺木和少量的随葬品，故墓坑相对较小，平面往往呈较为狭长的长方形，墓长 2.75 ~ 4、宽 1.3 ~ 2.3、深 3.5 米。最大者长 4、宽 2.2、深 3.50 米，最小者长 2.75、宽 1.48、残深 0.65 米。

葬具均已腐朽，部分墓底残留有大小不等的棺木漆皮和排列有序的铁棺钉，据此推测原棺木长 1.20 ~ 2.00、宽 0.70 ~ 0.90 米。最大者长 2.00、宽 0.90 米，最小者长 1.20、宽 0.70 米。个别墓底挖有承接墓内渗水的沟槽。

墓内随葬器物普遍较少，在 1（墓被盗）~ 13 件之间，其中 10 件以上的 4 座，5 ~ 10 件的 1 座，5 件以下的 9 座。器物多摆放于棺外一端，少量置于棺外一侧。

此类墓形以 79 龙・东 M18 为典型。该墓长 3.50、宽 2.00、深 1.75 米。墓向 333 度。墓壁陡直，底面平整。墓内回填红、黄相杂的沙性五花土，结构较为松散。墓底北部残留有 4 枚排列有序的铁棺钉，推测原棺木约长 2.00、宽 0.90 米。墓内随葬品共 3 件，以陶壶、罐、罍为基本组合，分别摆放于原棺木的南端和东侧（图二一九）。

二 土坑棺椁墓（二类墓）

共 96 座，是本次整理的汉墓中最为普遍的类型。按葬俗的不同，可细分为三个单独的亚型。

（一）土坑木椁单葬墓（二类 A 型墓）

共 56 座。墓形的基本特征为：墓内葬具为一椁一棺配套使用，单葬。

由于墓内需要摆放体积较大的椁室，造成墓坑的宽度增大和长宽比的缩小，平面以长方形最为普遍，共 54 座。墓葬长 2.66 ~ 4.00、宽 1.30 ~ 3.90、深 3.72 米，最大者长 4.00、宽 2.00、深

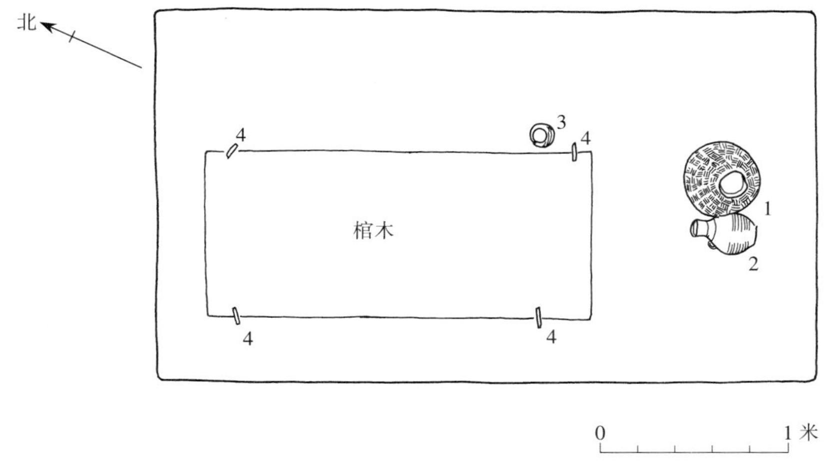

图二一九　衢州汉墓一类墓（79 龙·东 M18）

1.60 米，最小者长 2.66、宽 1.30、深 2.30 米。另有方形 1 座，边长 3.70、深 2.40 米。凸字形 1 座，总长 9.60、墓道长 4.80、宽 1.15、深 2.30 米，墓室长 3.80、宽 2.00 米。

葬具均已腐坏无存，墓底普遍残留有大小不等的葬具板灰和排列有序的铁棺钉，大多墓坑下部有因椁外填土形成的“熟土二层台”现象。底面普遍挖有两条放置椁下垫木的沟槽，沟槽以横轴向为主，个别呈纵轴向，沟的长度基本与墓的宽度相等，宽 0.20、深 0.10 米左右。根据“熟土二层台”、垫木沟等迹象，结合板灰、棺钉及随葬品的分布位置，可判断墓内原有木椁。椁室普遍置于墓坑中央，四周与墓壁具有一定的间隔，仅有个别摆放于一侧。椁内均间隔成不同的空间（厢），形式以棺厢与单边厢的组合最为普遍，共 22 座。棺厢与头厢居次，共 13 座。其余依次为棺厢与边厢及头厢 9 座，棺厢与边厢及脚厢 4 座，棺厢与双边厢 2 座，棺厢与脚厢 2 座，棺厢与头厢及脚厢 1 座，另有 3 座组合不明。

葬具均已腐朽，根据“熟土二层台”内的空间大小、墓底残留的棺木漆皮、排列有序的铁棺钉，推测原木椁约长 2.60 ~ 3.70 米，宽 1.20 ~ 3.10 米。棺木长 1.20 ~ 2.50、宽 0.60 ~ 1.30 米。个别墓底挖有承接墓内渗水的沟槽。

墓内随葬器物略多于一类墓，在 0（被盗） ~ 32 件之间，其中 15 件以上的 20 座，5 ~ 15 件的 30 座，5 件以下的 6 座。器物的摆放位置除钱币、兵器及服饰器随身入棺，其余分别置于各厢内。

此类墓形以 87 龙·东 M11 为典型。该墓平面呈长方形，长 3.58、宽 2.34、深 1.20 ~ 2.10 米。墓向 332 度。墓坑四壁陡直，底面平整。墓内填土上部为五花土，下部为红色砂岩，结构较松散。墓内葬具已腐坏，下部四周有因木椁外填土形成的“熟土二层台”，底面前后挖有两条放置木椁垫木的横轴向沟槽。结合随葬品的摆放位置，判断墓内原有木椁，椁室约长 2.80、宽 1.70 米。椁室内北部设棺厢，南侧设边厢。随葬品共 17 件（组），以陶鼎、盒、瓿、壶、弦纹罐为基本组合，并伴有铜日光镜、“五铢”钱、漆奁等。其中铜镜、漆奁置于棺内头部，铜“五铢”摆放于足部，其余置于边厢内（图二二〇）。

（二）土坑木椁同穴合葬墓（二类 B 型墓）

共 18 座，内有 2 座（93 龙·东 M77、M82）根据原始记录判定。墓形的基本特征为：墓内葬

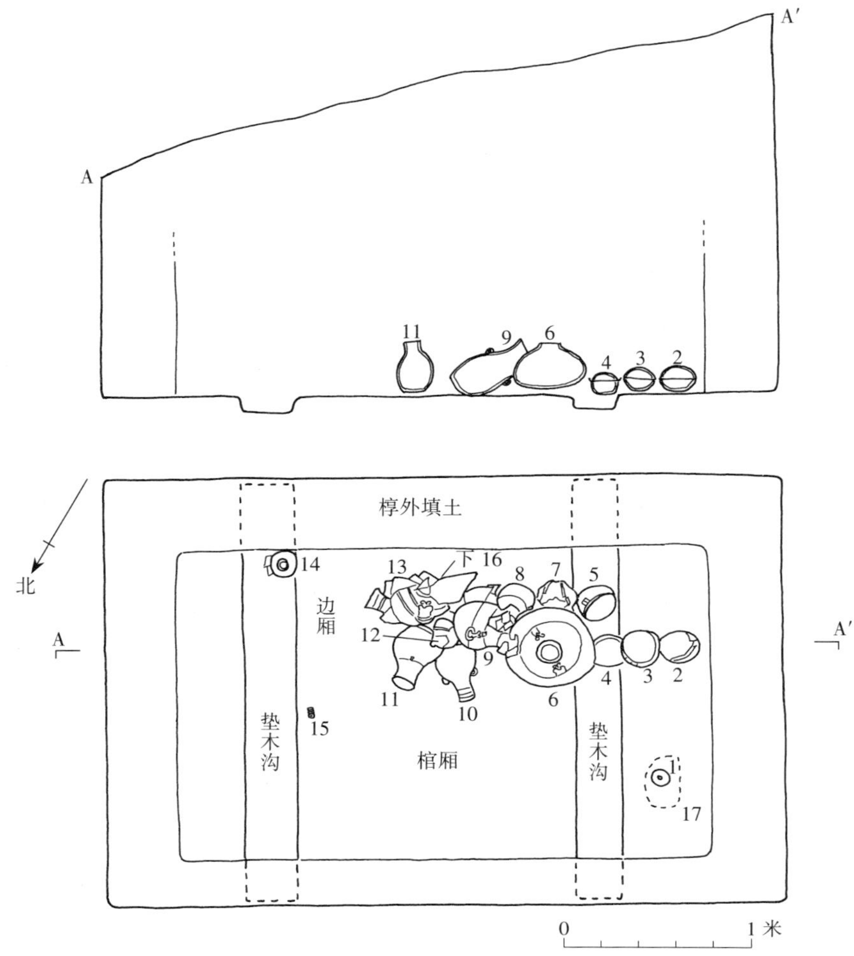

图二二〇　衢州汉墓二类A型墓（87龙·东M11）

具为一椁二棺，合葬。

由于墓内需要摆放能容纳双棺的椁室，故墓坑规模普遍较大。平面形状以凸字形为主，共8座，总长6.05～8.65米，墓道长2.50～4.50、宽0.8～2.50、墓室长3.60～4.15、宽3.50～4.20、深3.10米。最大者总长8.65米，墓道长4.50、宽2.04米，墓室长4.15、宽3.76米。最小者总长6.05米，墓道长2.50、宽0.80米，墓室长3.60、宽3.00米。其次为长方形，共5座，长3.50～5.00、宽2.80～3.90、深3.00米。最大者长5.00、宽3.80、深2.50米。最小者长3.50、宽2.80、深3.00米。另有方形2座，边长3.60～3.74、深3.00米。近方形2座，长3.95～4.00、宽3.74～3.90、深4.15米。另有残墓1座，残长2.70、宽2.60、深1.50米。

葬具均已腐坏无存，墓底普遍残留有面积大小不等的葬具板灰和排列有序的铁棺钉，大多墓坑下部有因椁外填土形成的“熟土二层台”现象。底面普遍前后挖有两条放置椁下垫木的沟槽，沟槽以横轴向为主，个别呈纵轴向，沟的长度基本与墓的宽度相等，宽0.20、深0.10米左右。根据“熟土二层台”、垫木沟等迹象，结合板灰、棺钉及随葬品的分布位置，可判断墓内原有木椁。椁室多置于墓坑中间，四周与墓壁具有一定的间隔，仅有个别摆放于一侧。椁内均间隔成不同的空间（厢），形式以双棺厢与边厢为多，共6座。其次为双棺厢与边厢及头厢、双棺厢与边厢及脚厢，各3座。其余有双棺厢与双边厢及脚厢2座，双棺厢与脚厢、双棺厢与双边厢及头厢、双棺厢与边厢及头厢、脚厢各 1 座。另有 1 座不明。

墓内随葬器物多于二类 A 型墓，在 2（墓被盗）~58 件之间，其中 15 件以上的 14 座，5 ~ 15 件的 3 座，5 件以下的仅 1 座。器物的摆放位置除钱币、兵器及服饰器随身入棺，其余分别置于各厢内。

此类墓形以 92 龙・东 M47 为典型。该墓平面呈凸字形，由墓道和墓室两部分组成，总长 7.10 米。墓向 60 度。墓道平面呈矩形，长 2.90、宽 2.00 ~ 2.15 米。底面呈斜坡式，终端高于墓室底面 0.47 米。墓室平面近方形，长 3.80 ~ 4.00、宽 4.00 ~ 4.20、深 1.85 米。墓壁陡直，底面平整，并挖有两条呈交叉状的渗水沟，长 5.20、宽 0.22 ~ 0.50、深 0.10 米，沟的四端分别与墓室四角相接。沟底铺垫卵石。墓内回填红黄相杂的五花土，并经过夯筑，结构致密而坚硬。葬具已腐坏无存。墓室下部四周有因椁外填土而形成的"熟土二层台"，墓底有两具棺木的木纤维残痕和板灰及铁棺钉，并挖有两条垫木沟，结合随葬品的摆放位置，判断墓内原有木椁。椁室长约 3.40、宽约 2.70 米。椁内北部设双棺厢，长约 2.40、宽约 1.80 米，其中左棺内见有竹席印纹痕。南侧设边厢，西端设脚厢。随葬品共 20 件，以陶瓿、壶、罐、罍为基本组合，并伴有铜洗、昭明镜、"五铢"钱和铁削等。其中北侧棺内头部摆放铜镜；南侧棺内头部摆放铜镜、铁削，其余置于边厢和脚厢内（图二二一）。

（三）土坑木椁异穴合葬墓（二类 C 型墓）

共 11 组 22 座。墓形的基本特征为：由两座方向一致、大小近同、各自拥有一套棺椁且具有平行打破关系的墓葬组成，异穴合葬。

在此类墓中，有 10 组系由并列的 2 座长方形墓组成，总平面呈横向长方形，总宽 4.80 ~ 7.60 米。单座墓长 2.10 ~ 3.80、宽 1.70 ~ 3.02、深 3.14 米，最大者长 3.80、宽 1.90 米，最小者长 2.10、宽 2.20 米。另 1 组由 1 座不规则的长方形墓和 1 座不规则的凸字形墓前后相连组成。

葬具均已腐坏无存，墓底普遍残留有大小不等的葬具板灰和排列有序的铁棺钉，大多墓坑下部有因椁外填土形成的"熟土二层台"现象。底面前后大多挖有两条放置椁下垫木的横轴向沟槽。沟的长度基本与墓的宽度相等，宽 0.20、深 0.10 米左右。根据"熟土二层台"、垫木沟等迹象，结合板灰、棺钉及随葬品的分布位置，可判断墓内原有木椁。椁室普遍置于墓坑中央，四周与墓壁具有一定的间隔。椁内均分割成不同的空间（厢），形式以棺厢与边厢为主，共 11 座。其余分别为棺厢与头厢 4 座，棺厢与边厢及脚厢 2 座，棺厢与头厢、棺厢与双边厢、棺厢与脚厢、棺厢与双边厢及脚厢各 1 座。另有 1 座不明。

墓内随葬器物与一类墓大致相同，除 1 座空墓外，其余在 3 ~ 35 件，其中 10 件以上的 13 座，5 ~ 10 件的 6 座，5 件以下的 2 座。器物的摆放位置除钱币、兵器及服饰器随身入棺，其余分别置于各厢内。

此类墓以 92 龙・东 M39、M40 为典型。该墓总宽 5.36 米。墓向 240 度。整体由墓向一致、左右错位并列、且具有平行打破关系的两座墓葬组成（图二二二）。

M39　南侧被 M40 打破。墓长 3.80、宽 2.34、深 3.00 米。墓坑北壁为熟土壁，其余为生土壁，壁面较为陡直，底面平整，并高于 M40 墓底 1.02 米。墓内回填红、黄、白相杂的五花土，结构较为致密。葬具已腐坏无存。墓坑下部四周有因木椁外填土形成的"熟土二层台"，墓底前后挖有两条用于摆放木椁垫木的横轴向沟槽，并留有部分板灰。结合随葬品的摆放位置，判断墓内原

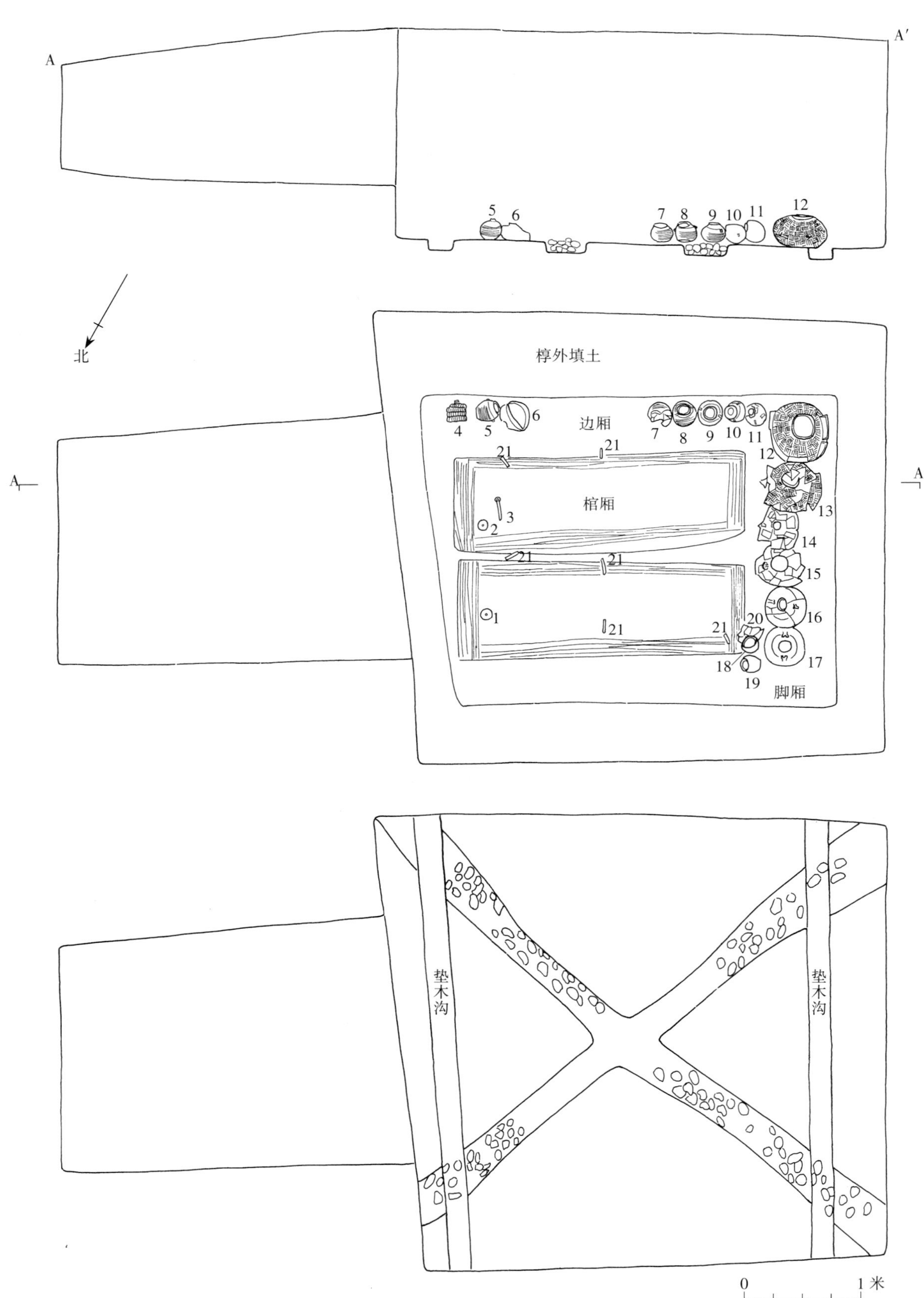

图二二一　衢州汉墓二类 B 型墓（92 龙·东 M47）

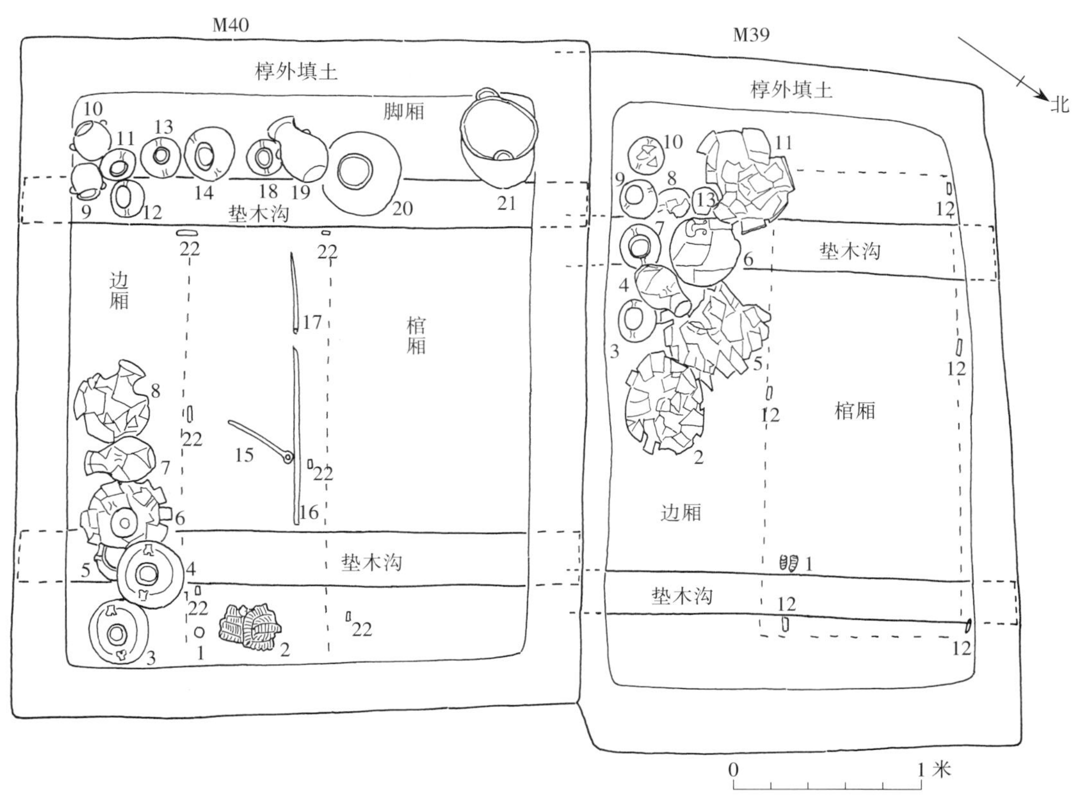

图二二二 衢州汉墓二类 C 型墓（92 龙·东 M39、M40）

有木椁，椁内北部设棺厢，南部设边厢。棺厢内留有排列有序的铁棺钉，棺钉纵向相距 2.40、横向相距 0.90 米。垫木沟长 2.28、宽 0.22、深 0.14 米，前后相距 1.60 米。随葬器物共 12 件（组）。除铜钱摆放于棺内头部，其余均置于边厢内。

M40 北侧打破 M39。墓长 3.70、宽 3.02、深 4.00 米。墓坑北壁为熟土壁，其余三壁为生土壁，壁面较为陡直，底面平整，并低于 M39 墓底 1.02 米。墓内采用原土回填，系红、黄相杂的五花土，结构较为致密。葬具已腐坏无存。墓坑下部四周有因木椁外填土形成的“熟土二层台”，底面留有铁棺钉和部分板灰，并挖有两条横轴向垫木沟，结合随葬品的摆放位置，判断墓内原有木椁，椁内北部设双棺厢，南侧设边厢，西端设脚厢。垫木沟分别为宽 0.30、深 0.12 米和宽 0.24、深 0.15 米，长与墓宽相等，前后相距 1.66 米。随葬器物共 21 件（组）。其中铜镜和铜“五铢”钱摆放于棺内头部，铁刀、削位于腰部，其余置于边厢和脚厢内。此外，边厢内发现有大量丰厚的朱砂红漆皮，判断原置有多件漆器。

三 券顶砖室墓（三类墓）

共 4 座。墓形的基本特征为：券顶砖室结构，单葬。

平面形状有 2 座呈中字形，另 2 座分别为长方形和凸字形。

87 龙·东 M2 为长方形，长 4.46、宽 2.5、残高 1.32 米。墓向 20 度。墓室四壁采用平起错缝结构砌筑，铺底砖呈单层人字形，自底向上 0.94 米处起内收起券。墓门位于前壁中间，宽 1.46 米。在墓门东侧的墓室前壁中部，有一个小壁龛，立面呈凸字形，高 0.22、上宽 0.04、下 0.10

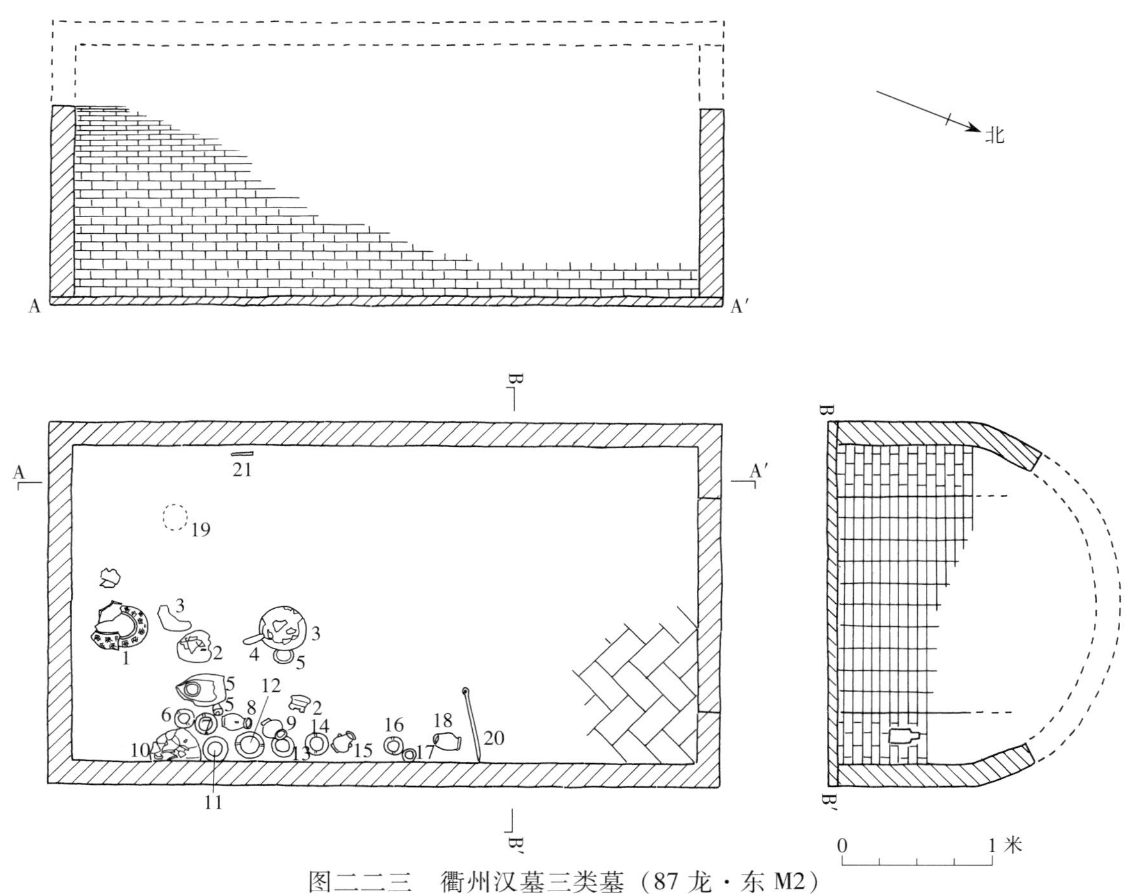

图二二三　衢州汉墓三类墓（87龙·东M2）

宽、进深0.10米。葬具已腐坏无存。从棺钉和随葬品的位置判断，原棺木摆放于墓室后部西侧。随葬器物共20件，大部分呈纵向摆放于墓室后部东侧（图二二三）。

10龙·方M1为中字形，整体由白膏泥围墙和砖砌墓室两部分所组成，总长15.30米。墓向355度。白膏泥围墙围绕整个墓室及墓道，高2.70、上宽0.45、下宽约1.00米。自底向上经过七层夯筑，结构致密。墓室总长12.30米，由墓道、甬道、前室、过道、后室所组成。墓道大部被破坏，残长3.00、宽2.30米，底面平整，并与甬道口相接。甬道平面呈长方形，长2.40、宽1.45、高1.90米。两壁采用“三顺一丁”的方式砌筑，厚0.35米，两组后改用楔形砖内收成券。铺底砖采用人字形铺设，共三层。甬道口用四道平砖错缝相砌封堵墓门，厚0.6米。前室平面呈横向长方形，长2.50、宽4.80米，左右两壁在采用“五顺一丁”和“六顺一丁”结构各三组后，改以“平铺错缝”的砌法，高4.00米；前后两壁在三组“五顺一丁”后，改用楔形砖“平起错缝”内收成券，高3.80米。铺底砖呈人字形结构，共三层，并低于后室0.05米（即一砖厚度）。前室的西南隅设有一个砖砌祭台，高0.05、长1.30、宽0.90米，其上摆放有部分器物；东北角沿墓壁用砖两块竖向纵联平叠四层，共两组并列，疑似灶台，上置铁釜；另有三处用一块砖竖向侧立，其上横向平放一砖，可能用于放置灯盏（旁有倒地的陶灯盏）。过道平面呈长方形，长0.90、宽1.40、高1.90米。后室平面呈纵向长方形，长6.00、宽2.60、高2.70米。墓壁下部用“三顺一丁”结构，三组后改以三层并列的楔形砖“平起错缝”内收成券。铺底砖为人字形，共三层，并高于过道0.05米。底面中部略高于两侧，以利于排出墓内渗水。随葬器物共33件（组），主要摆放于前室两侧和后室的前端两侧，部分置于过道及后室后部（图二二四）。

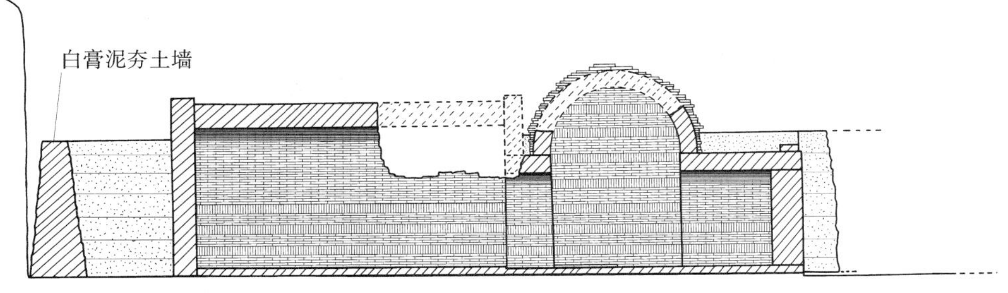

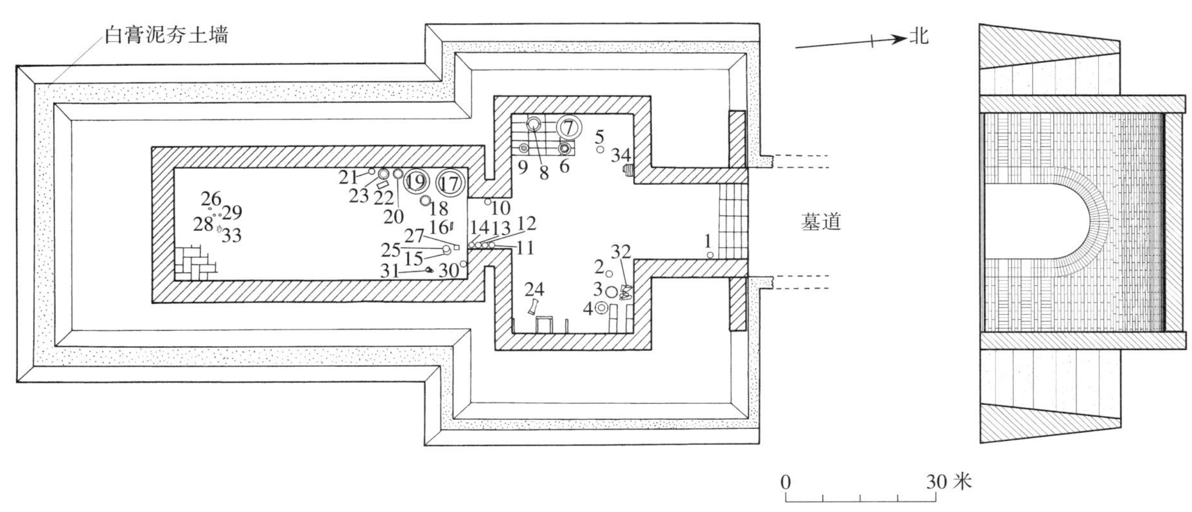

图二二四　衢州汉墓三类墓（10龙·东M1）

第二节　器物分类

随葬器物总计1830件（组）。计有陶瓷器1411件，内有高温釉陶612件，低温釉陶7件，硬陶620件，印文硬陶86件，泥质陶62件，青瓷21件，原始瓷3件。另有铜器165件（组），铁器192件，金器4件，石器18件，玉料器24件（组），漆器15件，其他1件（附表三）。

一　陶瓷器

（一）礼器

共338件，器物质地以高温釉陶为主，另有部分为硬陶。种类和数量有：

1. 钫

4件。均为高温釉陶。盝式顶子口方盖。方口，平唇，短颈内弧，斜肩，弧腹上安双耳，假圈足。盖面模印四组对称的勾连纹；耳面模印叶脉纹，上方贴兽面。釉色泛黄。如79龙·东M11∶1（图二二五，1；图版一，1），79龙·东M22∶6（图二二二五，2；图版一，2）。

2. 鼎

31件，内有2件（硬陶）因未能复原而型式不明（以下型式不明者均为此因）。按耳面弧凹

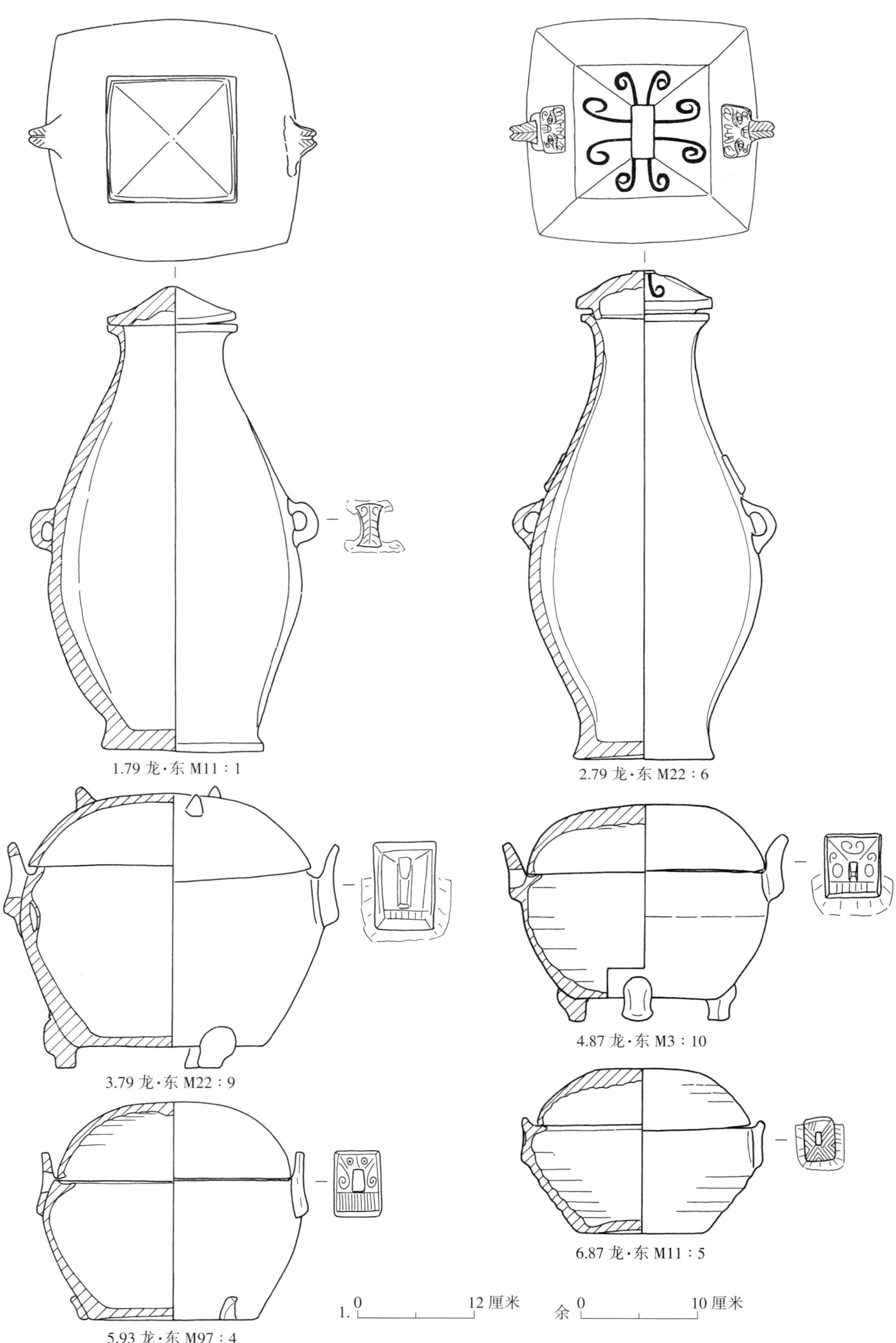

图二二五　衢州汉墓出土陶瓷礼器（钫、A 型鼎）

1、2. 钫　3. AⅠ式鼎　4. AⅡ式鼎　5、6. AⅢ式鼎

的程度不同分为两型。

A 型　平耳面型，腹壁弧斜。24 件。覆钵形盖。鼎口内敛，唇面宽而下凹形成子母口，口外附长方形立耳，腹壁上部微弧，下部斜收，平底外缘附三个蹄形矮足。耳面模印几何纹。按耳的外撇程度、足的高低和有无分 3 式：

AⅠ式　5 件。均为高温釉陶。鼎高 14～19.6 厘米。盖上附三个乳丁，耳端外撇，三足较高。如 79 龙·东 M22∶9（图二二五，3；图版一，3）。

AⅡ式　7 件。其中高温釉陶 6 件，硬陶 1 件。鼎高 11.6～14 厘米。盖面无乳丁，耳端略外撇，三足稍低。如 87 龙·东 M3∶10（图二二五，4；图版一，4）。

AⅢ式　12 件。其中高温釉陶 4 件，硬陶 8 件。鼎高 10～14.6 厘米。盖面无乳丁，耳端较直，平底。如 93 龙·东 M97∶4，三足与底齐平（图二二五，5；图版一，5）。87 龙·东M11∶5，耳端略高于口沿（图二二五，6；图版二，1）。

B 型　凹耳面型，腹壁扁鼓。5 件。浅覆钵形盖，敛口外附立耳，耳面中部凹折，扁鼓腹。按足的有无分为 2 式：

BⅠ式　3 件。其中高温釉陶 1 件，硬陶 2 件。器高相近。下腹部附三足。如 79 龙·东 M10 北穴∶15（图二二六，1；图版二，2）。

BⅡ式　2 件。高温釉陶。器高相同。平底无足。如 88 龙·东 M27∶12（图二二六，2；图版二，3）。

3. 盒

26 件，内有 6 件型式不明（高温釉陶 4 件，硬陶 2 件）。覆钵形盖，盒口内敛，宽唇面下凹形成子母口，斜腹缓收，平底。按盖面乳丁的有无、器身的高矮分为 3 式：

Ⅰ式　2 件。高温釉陶。器高相近，盖面附三个乳丁。如 79 龙·东 M11∶14（图二二六，3）、79 龙·东 M11∶19（图版二，4）。

Ⅱ式　11 件。其中高温釉陶 10 件，硬陶 1 件。盒高 10～14.4 厘米，以中等者居多。器身较为瘦高。如 79 龙·东 M11∶28（图二二六，4；图版二，5）。

Ⅲ式　7 件。其中高温釉陶 1 件，硬陶 6 件。盒高 9～11.8 厘米。器身较为宽矮。如 87 龙·东 M11∶2（图二二六，5；图版二，6）。

4. 瓿

91 件，内有 23 件（高温釉陶 22 件，硬陶 1 件）型式不明。小口，斜弧肩上安铺首，平底。铺首面模印人面纹。按腹部的不同、铺首上端外撇程度及与器口的高差分为 5 式：

Ⅰ式　16 件。其中高温釉陶 14 件，硬陶 2 件。器高 19.4～34 厘米，以中小型居多。扁鼓腹，铺首上端外撇并略低于口沿。如 79 龙·东 M11∶10（图二二七，1；图版三，1），79 龙·东 M10 北穴∶11（图二二七，2；图版三，2）。

Ⅱ式　19 件。均为高温釉陶。器高 28.4～35.8 厘米，以中型居多。圆鼓腹，铺首上端外撇并低于口沿。如 92 龙·东 M43∶1（图二二七，3；图版三，3），89 龙·仪 M24∶4（图二二七，4；图版三，4），88 龙·东 M27∶8（图二二七，5；图版三，5），87 龙·东 M12∶13（图二二七，6；图版三，6）。

Ⅲ式　16 件。均为高温釉陶。器高 26.4～32 厘米，以大型居多。圆弧腹，铺首上端贴近器壁并低于口沿。如 79 龙·东 M23∶10（图二二八，1；图版四，1），79 龙·东 M14∶5（图二二八，

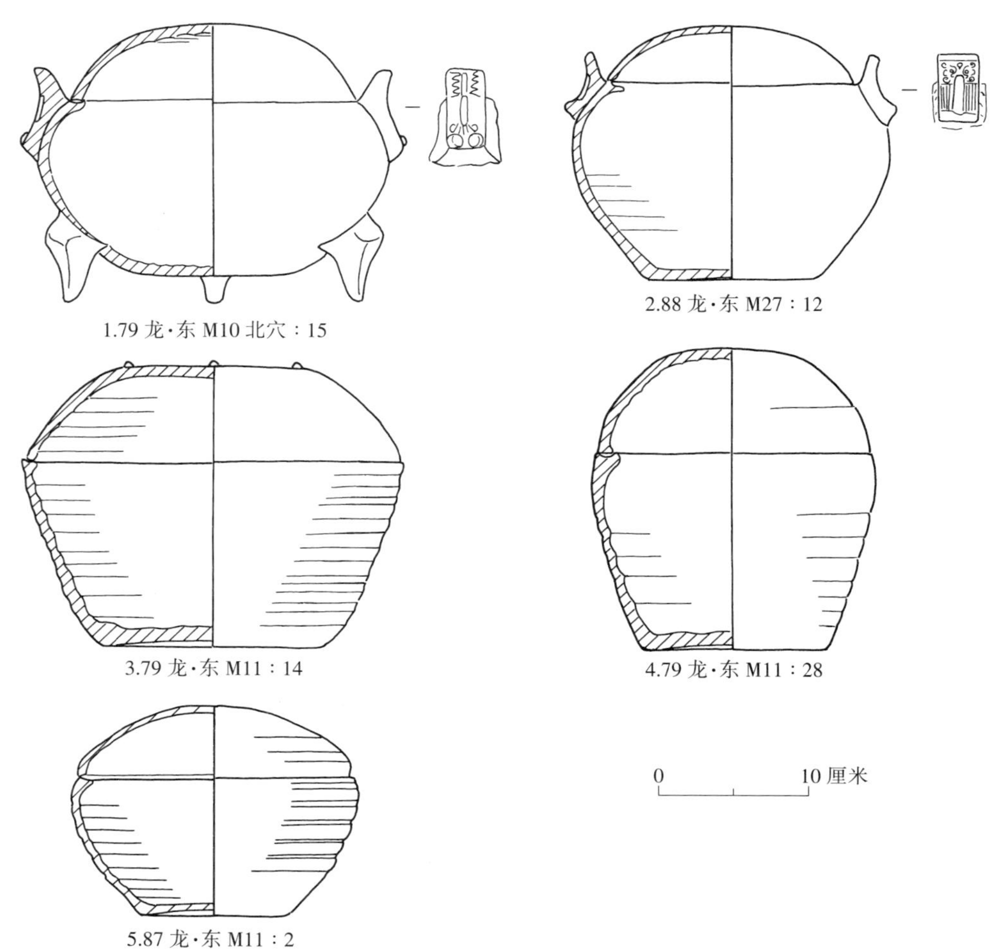

图二二六　衢州汉墓出土陶瓷礼器（B 型鼎、盒）
1. BⅠ式鼎　2. BⅡ式鼎　3. Ⅰ式盒　4. Ⅱ式盒　5. Ⅲ式盒

2；图版四，2）。

Ⅳ式　6 件。均为高温釉陶。器高 23.5～30.8 厘米，大小型各半。弧腹，铺首上端贴近器壁并低于口沿。如 93 龙・东 M94∶1（图二二八，3，图版四，3）。

Ⅴ式　11 件。其中高温釉陶 3 件，硬陶 8 件。器高 17.8～26.8，以中型居多。弧腹，铺首上端紧贴器壁，腹部切削密集的弦纹。如 89 龙・仪 M17∶16（图二二八，4；图版四，4），89 龙・仪 M25∶1（图二二八，5；图版四，5）。

5. 敞口壶

186 件，内有 28 件（高温釉陶）型式不明，其中 16 件为中型。口微侈或外敞，粗短颈，斜弧肩上安双耳，卧足或平底内凹。颈下端轮印水波纹，肩部划两组细弦纹，耳面模印叶脉纹。高温釉陶，质地坚硬。器物有大小不同的三种规格，其中：

（1）大型敞口壶　36 件。均为高温釉陶。高 40～50 厘米，器物普遍采用泥条盘筑（肩、腹部分）和轮制（口、颈部分）相结合的方法制成，内壁留有陶拍的抵窝痕。按口沿外展程度和腹部的不同分为 4 式：

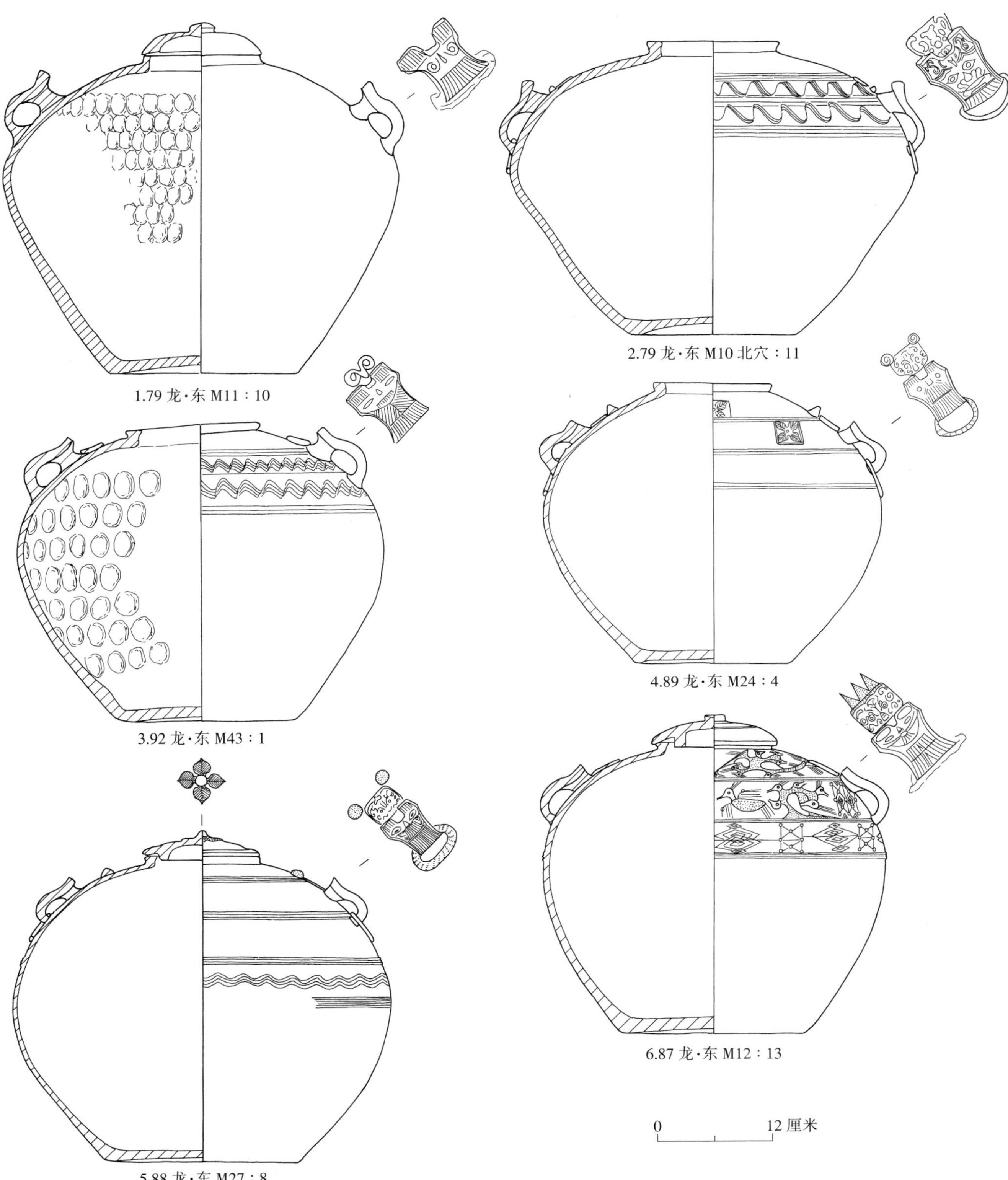

图二二七 衢州汉墓出土陶瓷礼器（瓿）

1、2. Ⅰ式 3～6. Ⅱ式

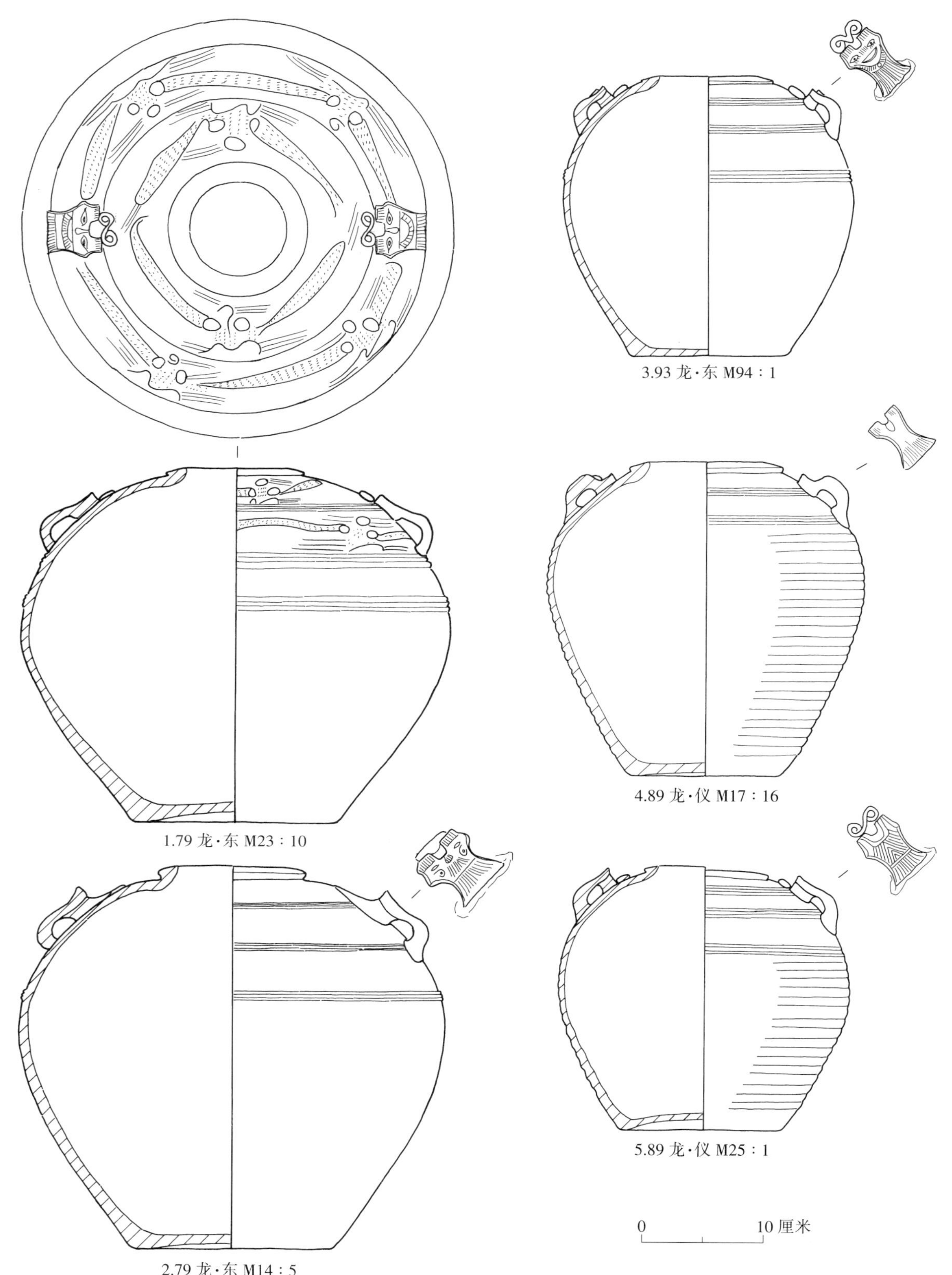

图二二八　衢州汉墓出土陶瓷礼器（瓿）
1、2. Ⅲ式　3. Ⅳ式　4、5. Ⅴ式

Ⅰ式 2件。带盖，口微侈，扁鼓腹，平底内凹。如79龙·东M11:2（图二二九，1；图版五，1）。

Ⅱ式 7件。侈口，鼓腹稍扁，深卧足。如92龙·东M43:5（图二二九，2；图版五，2）。

Ⅲ式 21件。敞口，圆鼓腹，浅卧足。如87龙·东M12:9（图二二九，3；图版五，3）和92龙·东M55西穴:26（图二二九，4；图版五，4）。

Ⅳ式 6件。敞口，弧腹，浅卧足。如89龙·东M28:15（图二二九，5；图版五，5）。

（2）中型敞口壶 112件，其中16件型式不明。器高在24～36厘米之间。按口沿的外展程度分为4式：

Ⅰ式 13件。均为高温釉陶。口微侈，扁鼓腹。高26～28厘米。如87龙·东M3:12（图二三〇，1；图版六，1）。

Ⅱ式 27件。均为硬陶。侈口，圆鼓腹。有大小两类，大者10件，高33～36厘米；小者13件，高24～28厘米。如87龙·东M12:12（图二三〇，2；图版六，2），89龙·仪M46:2（图二三〇，3；图版六，3）。

Ⅲ式 56件。均为高温釉陶。敞口，圆鼓腹。有大小两类，大者22件，高31～34厘米之间；小者34件，高26～28厘米之间。其中小者口沿外壁均无水波纹，少量为弧腹。如79龙·东M23:3（图二三〇，4；图版六，4）。

Ⅳ式 16件。均为高温釉陶。敞口，弧腹。器物大小不同，大者高32～36厘米，小者高26～28厘米，以大者略多。如89龙·仪M11:15（图二三〇，5；图版六，5）。

（3）小型敞口壶 10件。按口沿的外展程度和腹的形态分为2式：

Ⅰ式 1件，高温釉陶。侈口，折腹。硬陶。如93龙·东M97:18（图二三〇，6；图版六，6）。

Ⅱ式 9件。其中高温釉陶8件，硬陶1件。敞口，圆鼓腹。高度在21厘米左右。如89龙·东M29:5（图二三〇，7；图版六，7）。

（二）日用器

共936件。器物质地多样，以硬陶为主，高温釉陶次之，另有部分印纹陶、泥质陶和个别的低温釉陶、青瓷。种类和数量有：

1. 盘口壶

331件，内有113件（高温釉陶54件，硬陶27件，泥质陶2件）未能分型。盘口，粗短颈，斜弧肩上安双耳，卧足或平底内凹。按盘口的深浅不同分为两型。

A型 深盘口型。194件。器物有大小不同的三种规格。

（1）大A型盘口壶 7件。均为高温釉陶。器高在36厘米以上，器物普遍采用泥条盘筑（肩、腹部分）和轮制（口、颈部分）相结合的方法制成，按盘口的明显与否分为3式：

AⅠ式 2件。盘口不甚明显，盘壁外斜而介于侈口和盘口之间，鼓腹略显扁，矮圈足外撇。如92龙·东M43:4（图二三一，1；图版七，1）。

AⅡ式 2件。盘口较为明显，盘壁略斜，球腹，高圈足。如87龙·东M11:9（图二三一，2；图版七，2）。

AⅢ式 3件。盘口明显，盘壁陡直，圆鼓腹，高圈足。如93龙·东M94:9（图二三一，3；图版七，3）。

（2）中A型盘口壶 124件。器物均采用轮制。按盘口的明显程度、腹部与底部的变化分为4式：

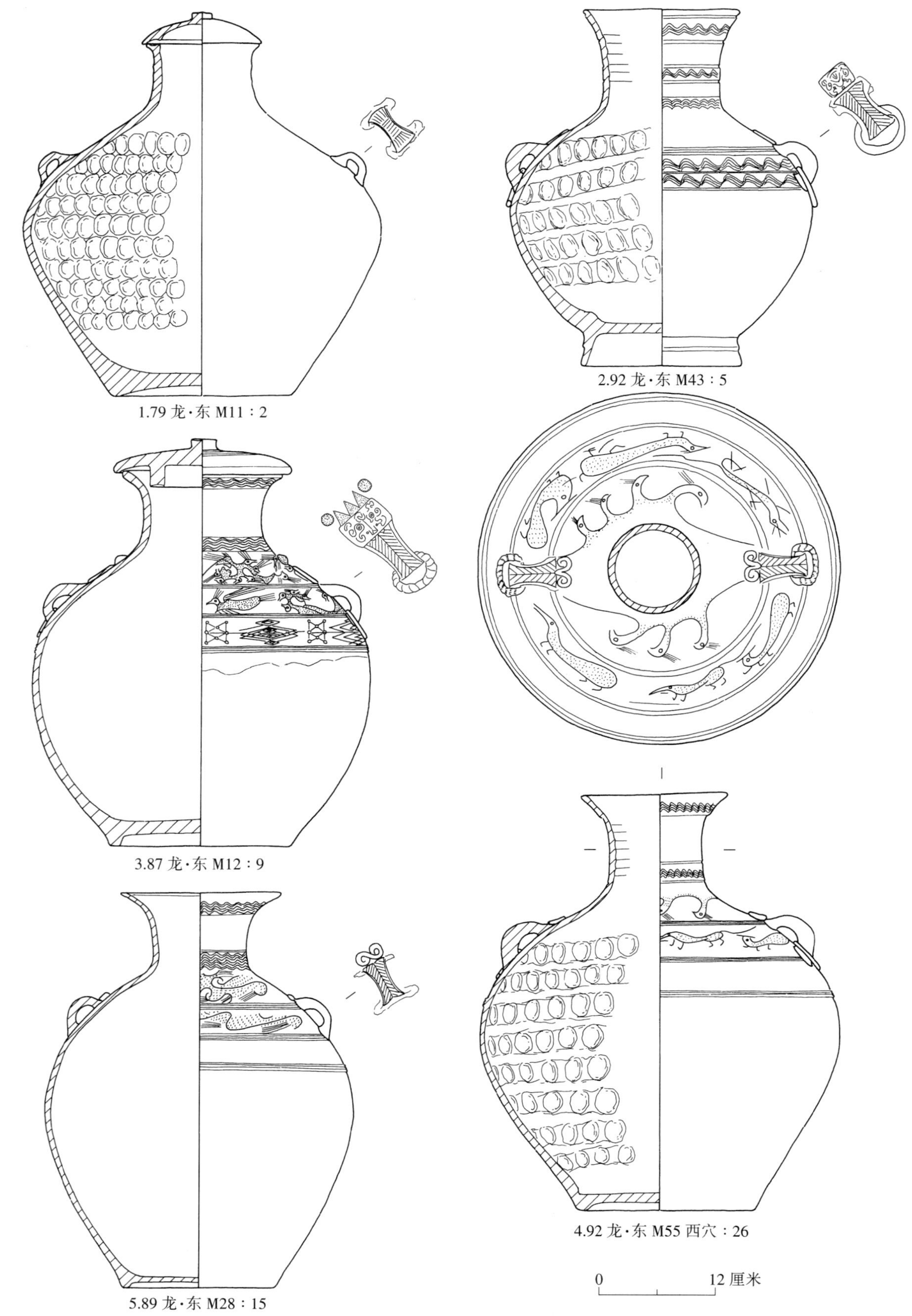

图二二九　衢州汉墓出土陶瓷礼器（大型敞口壶）

1. Ⅰ式　2. Ⅱ式　3、4. Ⅲ式　5. Ⅳ式

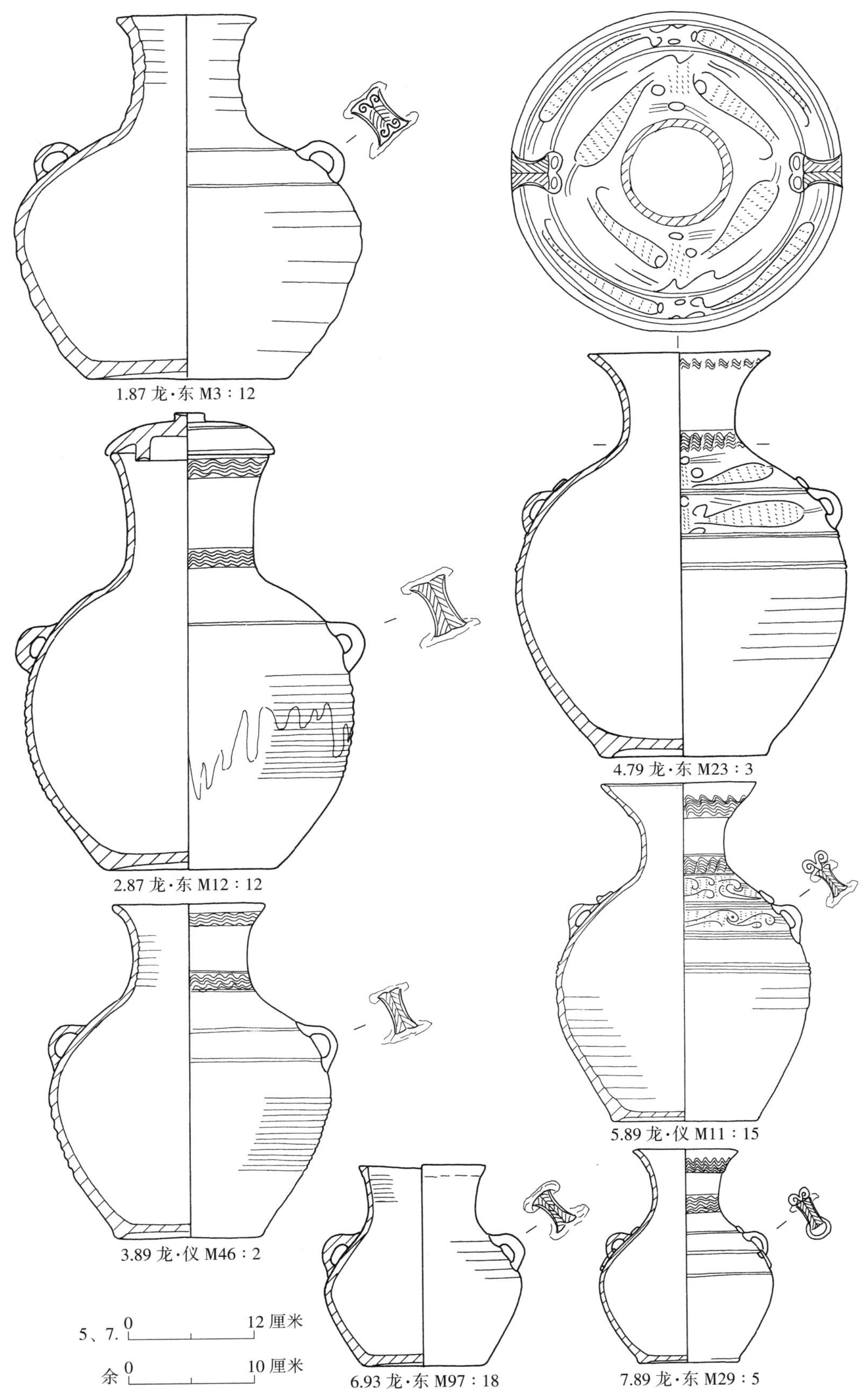

图二三〇　衢州汉墓出土陶瓷礼器（中、小型敞口壶）

1. 中型Ⅰ式　2、3. 中型Ⅱ式　4. 中型Ⅲ式　5. 中型Ⅳ式　6. 小型Ⅰ式　7. 小型Ⅱ式

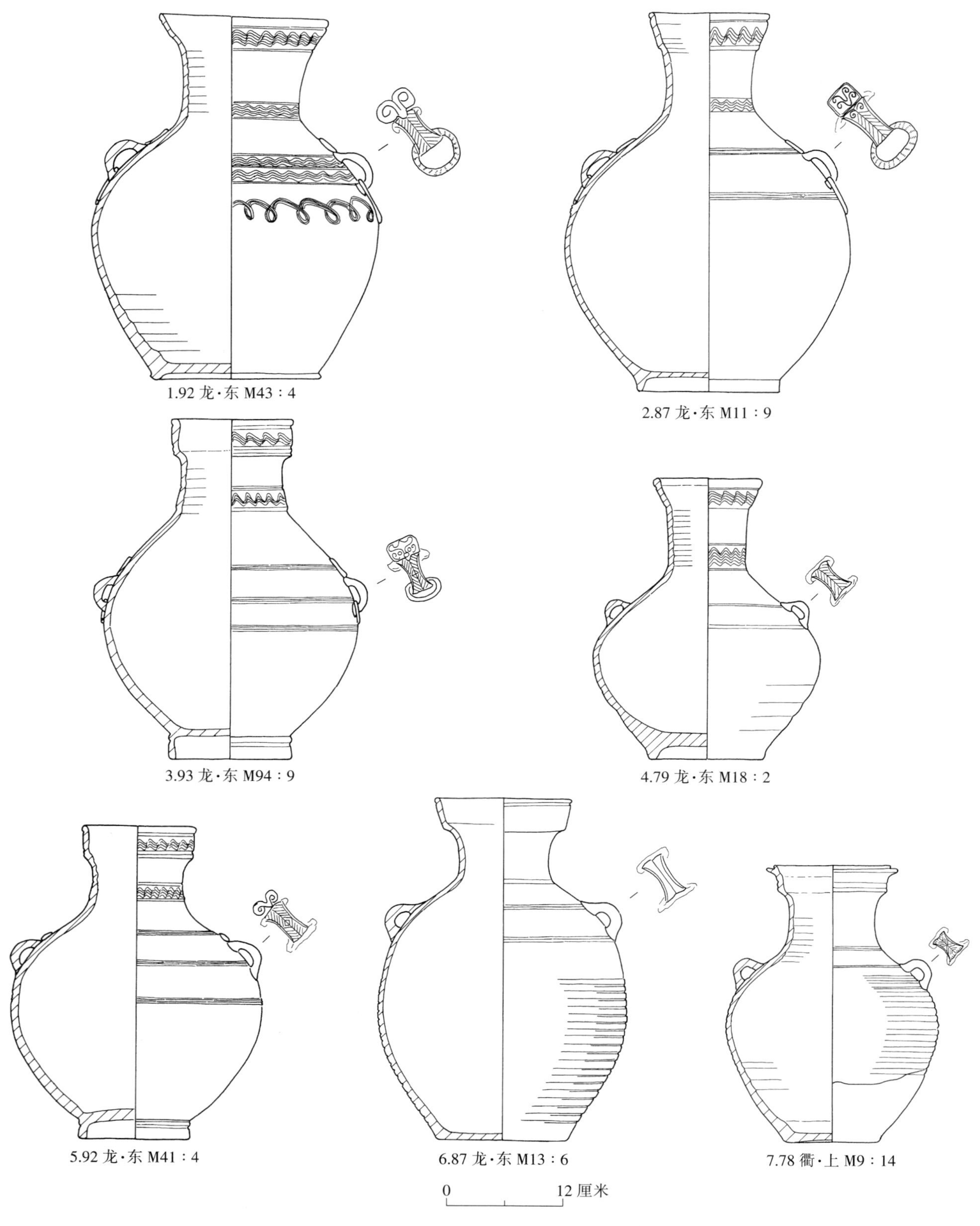

图二三一　衢州汉墓出土陶瓷日用器（大、中 A 型盘口壶）

1. 大 A Ⅰ式　2. 大 A Ⅱ式　3. 大 A Ⅲ式　4. 中 A Ⅰ式　5. 中 A Ⅱ式　6. 中 A Ⅲ式　7. 中 A Ⅳ式

AⅠ式 14件。高温釉陶。盘口不甚明显，盘壁外斜而介于侈口和盘口之间，鼓腹稍显扁，圈足低矮。器物大小不同，大者32～35厘米，小者28～30厘米，以小者为主。如79龙·东M18∶2（图二三一，4；图版七，4）。

AⅡ式 30件。其中高温釉陶27件，硬陶3件。盘口明显，盘壁陡直，球腹，大部为高圈足，个别为浅卧足。口沿外壁和颈下端均轮印水波纹，肩部饰三组细弦纹。器物大小不同，大者34～36厘米，小者26～31厘米。如92龙·东M41∶4（图二三一，5；图版七，5）。

AⅢ式 73件。其中高温釉陶46件，硬陶27件。盘口壁稍外斜，圆唇外翻，圆弧腹，平底。肩部刻划两组双线细弦纹，腹部切削密集的粗弦纹。器物大小不同，大者32～36厘米，小者26～28厘米，两者数量接近。如87龙·东M13∶6（图二三一，6；图版七，6）。

AⅣ式 7件。其中高温釉陶2件，硬陶2件，青瓷3件。盘口唇面内侧上凸，圆鼓腹。如78衢·上M9∶14（图二三一，7；图版八，1）。

（3）小A型盘口壶 63件。盘口，圆唇，斜肩上安双耳。根据盘口的明显程度、腹部与底的形态不同分为4式：

AⅠ式 33件。高温釉陶5件，硬陶28件。盘口不甚明显，鼓腹略扁，腹最大径位于中部，高圈足。口沿外壁和颈下端各轮印一周水波纹，耳面模印叶脉纹。器高在23～25厘米之间。如92龙·东M39∶10（图二三二，1；图版八，2），93龙·东M104∶4（图二三二，2；图版八，3）。

AⅡ式 20件。其中高温釉陶18件，硬陶2件。盘口明显，盘壁略外斜，圆唇外翻，圆鼓腹，腹最大径位于中部，平底。腹部切削密集的粗弦纹。器物大小不等，大者24厘米左右，小者21厘米左右，以大者居多。如89龙·仪M31∶23（图二三二，3），89龙·仪M48∶13（图二三二，4；图版八，4）。

AⅢ式 9件。其中高温釉陶7件，硬陶2件。盘口明显，盘壁略外斜，圆唇外翻，弧腹，腹最大径位于上部。腹部切削密集的粗弦纹。器物大小在21～25厘米之间。如87龙·东M13∶13（图二三二，5；图版八，5）。

AⅣ式 1件。青瓷。盘口外翻，弧腹，腹最大径位于上部，平底内凹。颈下端轮印一周水波纹，肩、腹部切削密集的粗弦纹，耳面模印叶脉纹。淡青色釉，施釉部位内壁至颈下端，外壁至下腹部。无釉部位露胎呈灰白色，内胎灰白，胎质坚硬。如10龙·方M1∶9（图二三二，6；图版八，6）。

B型 浅盘口型。24件。器物有大小不同的三种规格。

（1）大B型盘口壶 2件。高温釉陶。浅盘口，平唇，肩上安衔环双耳，腹最大径位于中部，卧足。口沿外壁和颈下端各轮印一周水波纹，肩部贴三组细泥条状的凸弦纹，耳上方贴兽面，耳面模印叶脉纹。釉色青黄，胎质坚硬。器物采用泥条盘筑（肩、腹部分）和轮制（口、颈部分）相结合的方法制成，内壁留有陶拍的抵窝痕。按口沿外展程度和腹部的不同分2式：

BⅠ式 1件。盘口不甚明显，盘壁外斜，颈略细长，斜弧肩，鼓腹略扁。79龙·东M14∶12（图二三三，1；图版九，1）。

BⅡ式 1件。盘口明显，圆弧肩，圆鼓腹。耳上方兽面两侧各有一枚乳丁。92龙·东M39∶6（图二三三，2；图版九，2）。

（2）中B型盘口壶 6件。盘口，粗短颈，斜弧肩上安双耳。按腹与底部形态的不同分为3式：

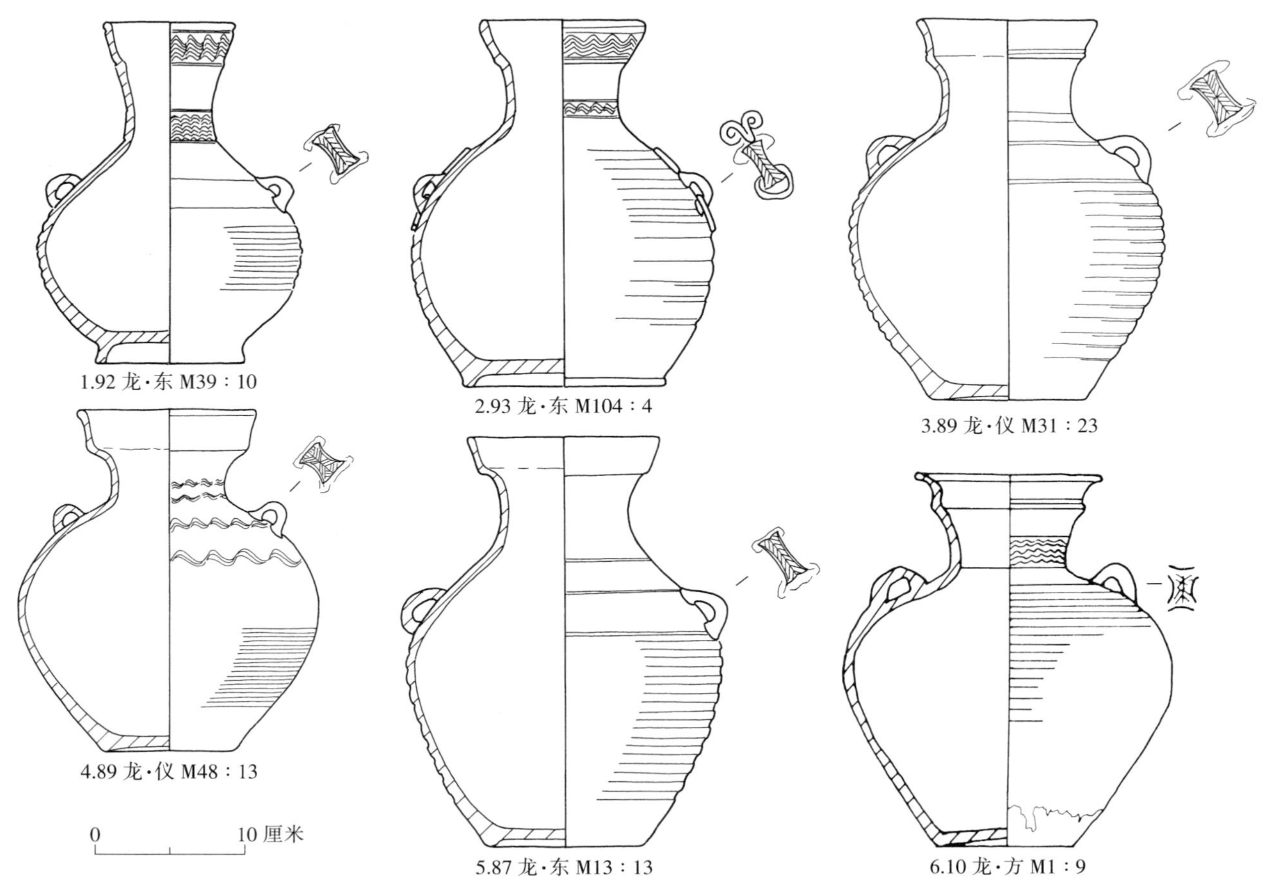

图二三二　衢州汉墓出土陶瓷日用器（小 A 型盘口壶）

1、2. Ⅰ式　3、4. Ⅱ式　5. Ⅲ式　6. Ⅳ式

BⅠ式　1 件。高温釉陶。盘口不甚明显，圆唇，鼓腹微扁，深卧足。釉色青黄，釉层光亮，胎质坚硬。79 龙・东 M22∶2（图二三三，3；图版九，3）。

BⅡ式　4 件。其中高温釉陶 3 件，硬陶 1 件。盘口明显，平唇，粗短颈，圆弧肩上安衔环双耳，腹最大径位于中部。其中 4 件为弧腹，平底。耳面模印叶脉纹。胎质坚硬。器高 31～36 厘米不等。如 92 龙・东 M48∶53（图二三三，4；图版九，4），91 龙・东 M37∶8（图二三三，5；图版九，5）。

BⅢ式　1 件。高温釉陶。浅盘口，粗短颈，斜弧肩上安双耳，鼓腹，腹最大径位于中部，假圈足。釉色泛黄，内胎为灰色，胎质坚硬。89 龙・仪 M30∶13（图二三三，6；图版九，6）。

（3）小 B 型盘口壶　16 件。均为硬陶。浅盘口，粗短颈，斜肩上安双耳，鼓腹，腹最大径位于中部。根据腹与底部形态的不同分为 2 式：

BⅠ式　9 件。鼓腹略扁，平底。器高 19～22 厘米。如 91 龙・东 M36∶7（图二三四，1），91 龙・东 M36∶3（图二三四，2；图版一〇，1），78 衢・上 M9∶6（图二三四，3；图版一〇，2）。

BⅡ式　7 件。扁鼓腹，假圈足。肩部划两组双线细弦纹，其间饰水波纹。硬陶，胎质较硬。器高在 18 厘米左右。如 87 龙・东 M2∶9（图二三四，4；图版一〇，3），87 龙・东 M2∶16（图二三四，5；图版一〇，4）。

此外，尚有 102 件壶的型式不明，其中高温釉陶 43 件，硬陶 57 件，泥质陶 2 件。

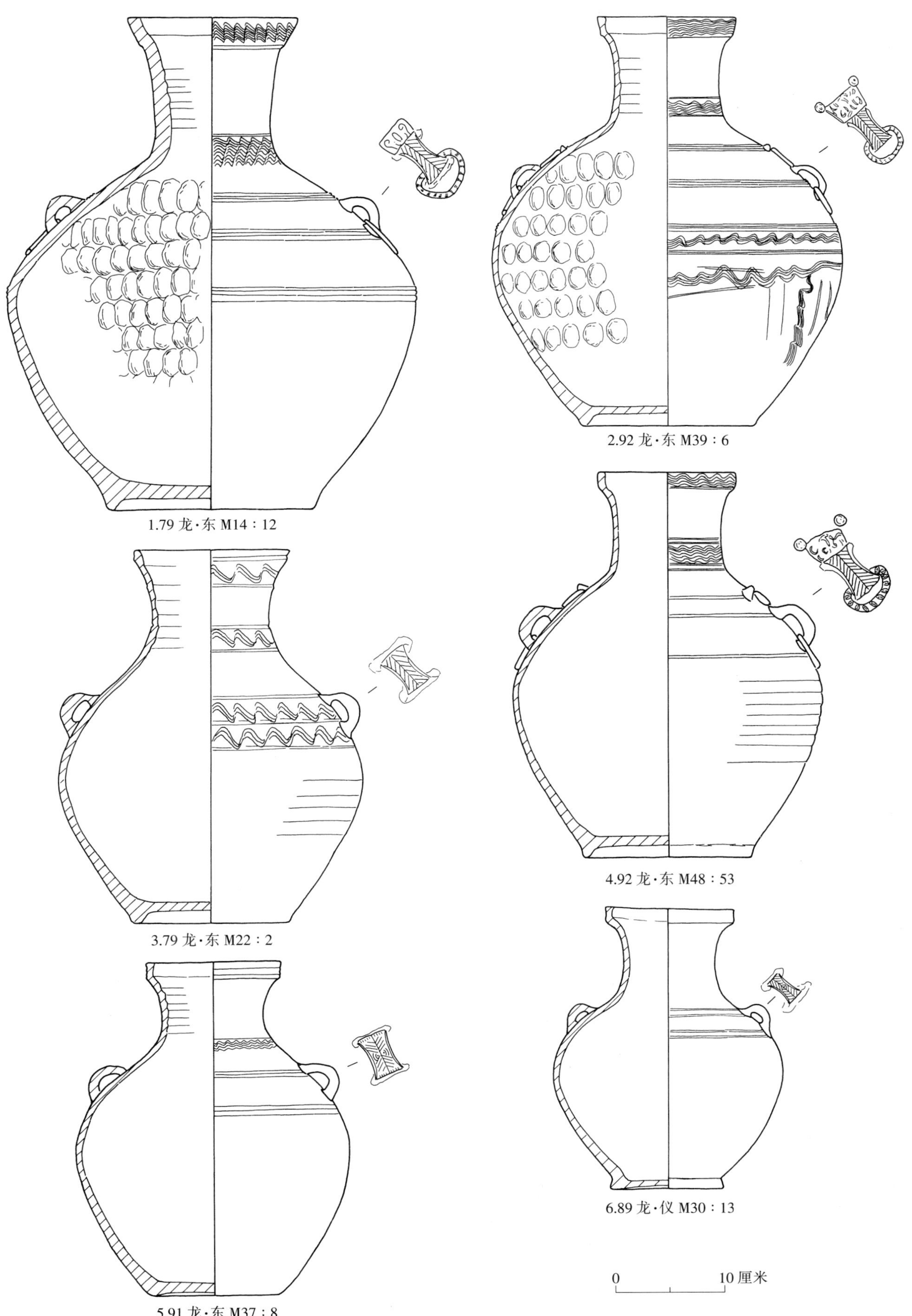

图二三三　衢州汉墓出土陶瓷日用器（大、中 B 型盘口壶）

1. 大 BⅠ式　2. 大 BⅡ式　3. 中 BⅠ式　4、5. 中 BⅡ式　6. 中 BⅢ式

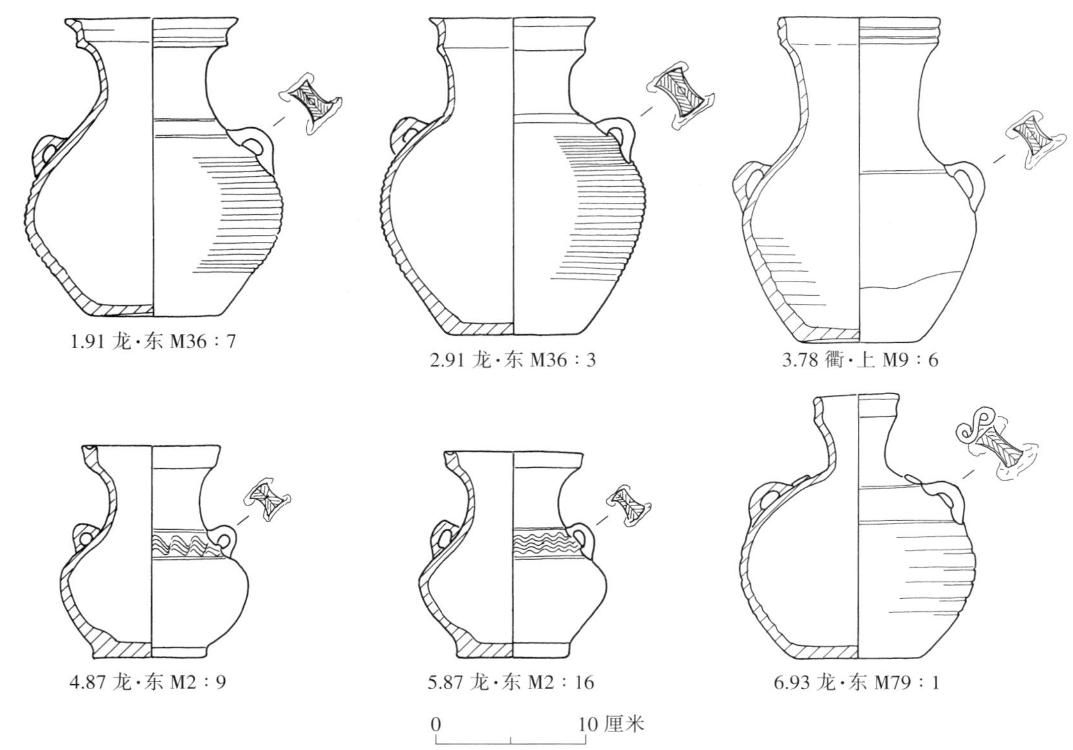

图二三四 衢州汉墓出土陶瓷日用器（小 B 型盘口壶、投壶）

1～3. 小 BⅠ式盘口壶 4、5. 小 BⅡ式盘口壶 6. 投壶

2. 投壶

1 件。高温釉陶。小盘口内束，圆唇，细短颈，斜弧肩上安双耳，圆鼓腹，腹最大径位于中部，平底。肩部划两道细弦纹，腹部切削密集的宽弦纹，耳上方贴横向“S”形堆纹，耳面模印叶脉纹。釉色泛黄，胎质坚硬。93 龙·东 M79∶1（图二三四，6；图版一〇，5）。

3. 罐

54 件，内有 23 件未能分式（高温釉陶 13 件，硬陶 9 件，低温釉陶 1 件）。根据口沿和腹部形态的不同，分为 4 式：

Ⅰ式 8 件，其中高温釉陶 5 件，硬陶 3 件。侈口，圆唇，斜弧肩上安双耳，鼓腹，腹最大径位于中部，平底。肩部划两组双线细弦纹，腹部切削密集的粗弦纹，耳面模印叶脉纹，其中 5 件耳上方贴横向“S”形堆纹。器高 10～22 厘米，以 16 厘米左右为多。如 89 龙·仪 M11∶30（图二三五，1；图版一一，1），89 龙·仪 M11∶25（图二三五，2；图版一一，2），79 龙·东 M10 北穴∶18（图二三五，3；图版一一，3）。

Ⅱ式 9 件，其中高温釉陶 5 件，硬陶 3 件，低温釉陶 1 件。侈口，圆唇，圆弧肩上安双耳，圆弧腹，腹最大径位于近上部，平底。耳面模印叶脉纹。器高 13～22 厘米，以中等者居多。如 89 龙·东M28∶26（图二三五，4；图版一一，4），93 龙·东 M96∶1（图二三五，5；图版一一，5），89 龙·仪 M11∶34（图二三五，6）。

Ⅲ式 11 件，其中硬陶 7 件，低温釉陶、青瓷各 2 件。束口，圆唇，圆弧肩上安双耳，弧腹，腹最大径位于上部，平底内凹。肩部划两道细弦纹，耳面模印叶脉纹。器高 16～21 厘米，以中等者为多。如 72 衢·前 M1∶4（图二三六，1；图版一一，6），78 衢·上 M9∶15（图二三六，2；图

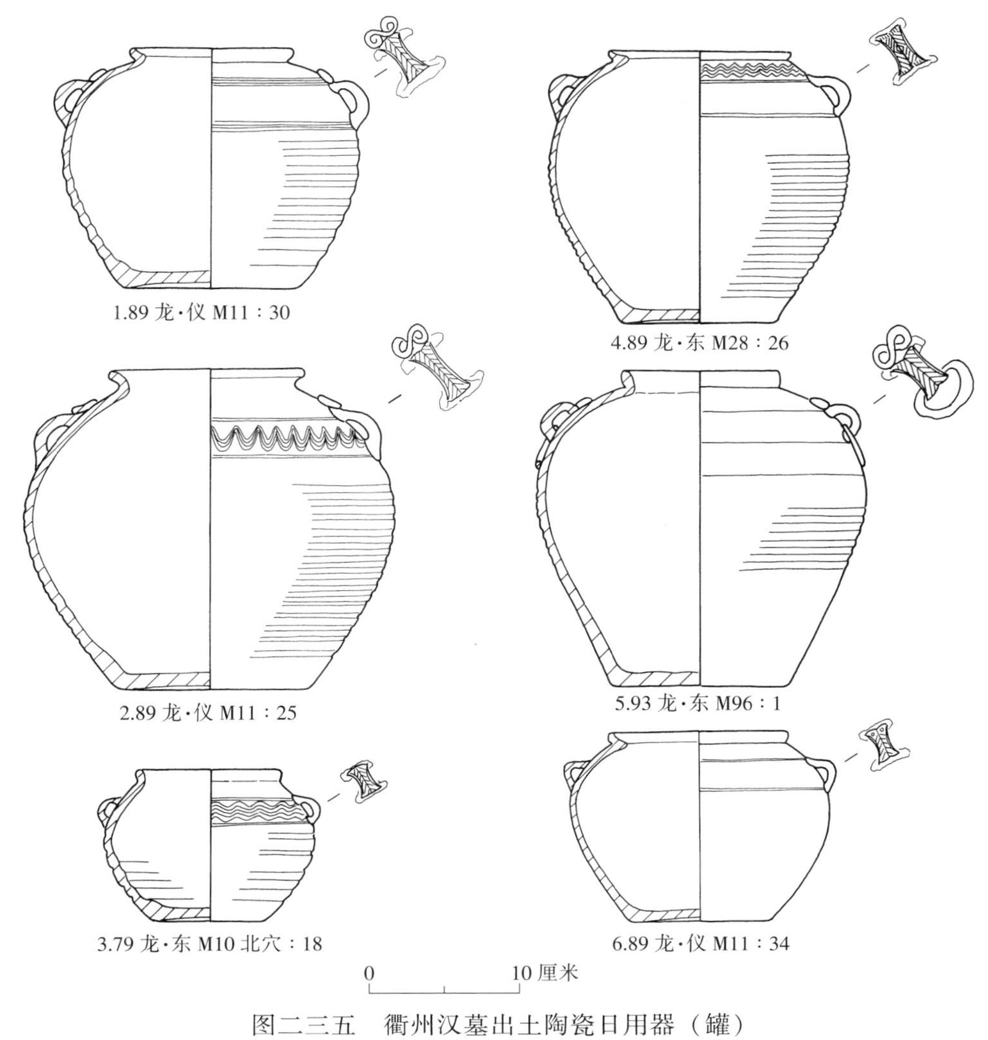

图二三五　衢州汉墓出土陶瓷日用器（罐）
1～3. Ⅰ式　4～6. Ⅱ式

版一二，1），87 龙・东 M2∶6（图二三六，3；图版一二，2）。

Ⅳ式　3 件，均为青瓷。侈口，平唇，圆弧肩，鼓腹，腹最大径位于上端，平底内凹。如 10 龙・方 M1∶8（图二三六，4；图版一二，3），10 龙・方 M1∶18（图二三六，5；图版一二，4），10 龙・方 M1∶23（图二三六，6；图版一二，5）。

4. 弦纹罐

248 件，内有 46 件（高温釉陶 3 件，硬陶 9 件，泥质陶 34 件）型式不明。通体切削密集的粗弦纹。根据口沿形态的不同，分为四型。

A 型　直口，平唇。67 件。直口，平唇，斜肩上安双耳，鼓腹略扁，平底。通体切削密集的粗弦纹，耳面模印叶脉纹。根据腹部形态的不同分 2 式：

AⅠ式　扁鼓腹。41 件，其中高温釉陶 8 件，硬陶 33 件。器高 10～17 厘米，以中等者居多。如 79 龙・东 M11∶30（图二三七，1；图版一三，1），92 龙・东 M56∶8（图二三七，2；图版一三，2）。

AⅡ式　圆鼓腹。26 件，其中高温釉陶 6 件，硬陶 20 件。器高 10～19 厘米，以中等者居多。如 93 龙・东 M75∶3（图二三七，3；图版一三，3），89 龙・仪 M11∶19（图二三七，4；图版一三，4）。

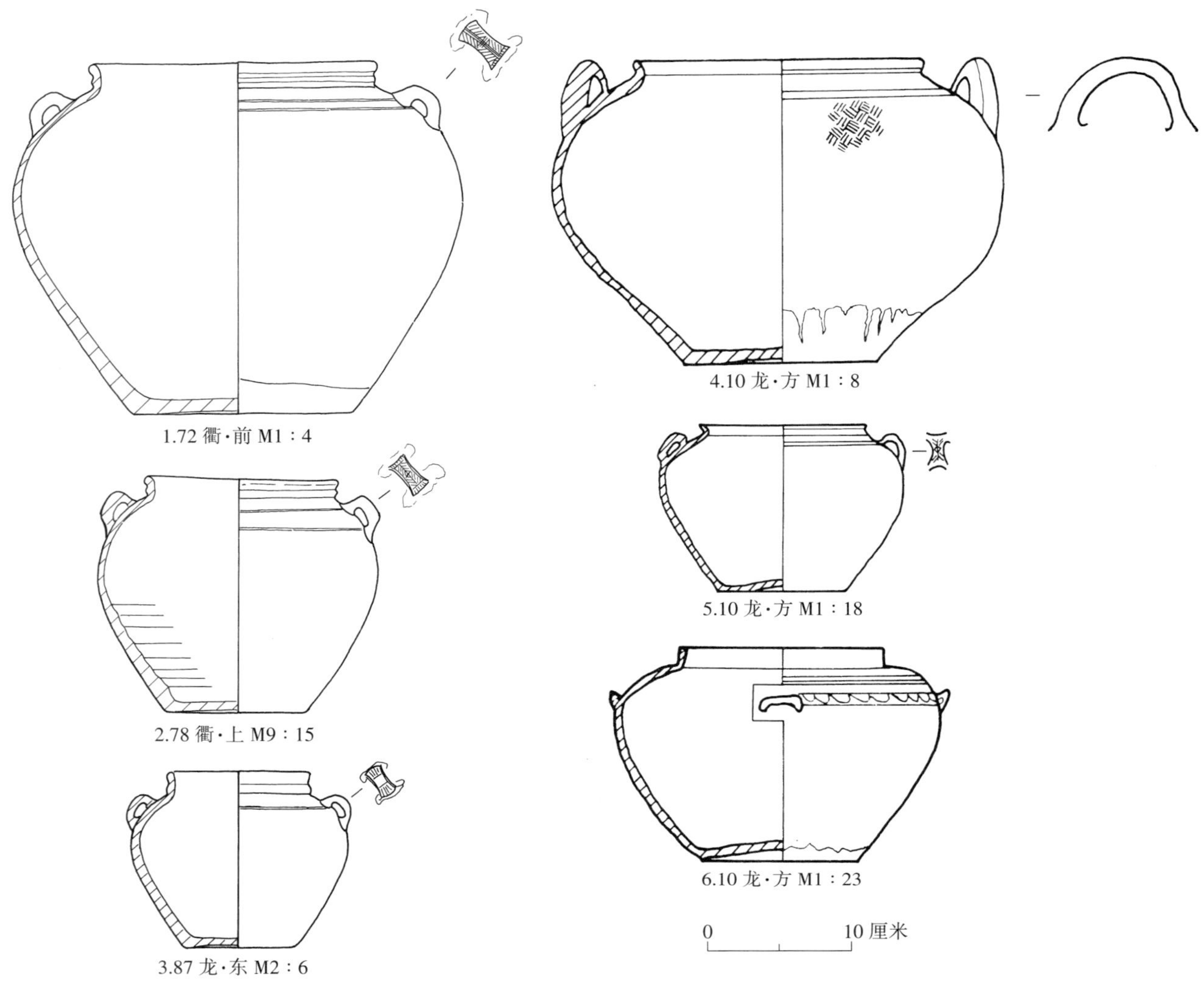

图二三六　衢州汉墓出土陶瓷日用器（罐）

1～3. Ⅲ式　4～6. Ⅳ式

B 型　侈口，圆唇。88 件。根据腹部形态的不同分为 2 式：

BⅠ式　圆鼓腹。28 件，其中高温釉陶 6 件，硬陶 21 件，泥质陶 1 件。侈口，圆唇，圆弧肩上安双耳，圆鼓腹，腹最大径位于中部，平底内凹。通体饰密集的粗弦纹，耳面模印叶脉纹。器高 12～17 厘米，以中等者居多。如 80 龙·石 M30∶6（图二三七，5；图版一三，5）。

BⅡ式　圆弧腹。60 件，其中高温釉陶 10 件，硬陶 47 件，泥质陶 3 件。侈口，圆唇，圆弧肩上安双耳，圆弧腹，腹最大径位于上部，平底内凹。器高 10～18 厘米，以大者居多。如 80 龙·石 M30∶3（图二三七，6；图版一三，6）。

C 型　翻沿口，圆唇。37 件。按腹部形态的不同分为 2 式：

CⅠ式　圆鼓腹。11 件，其中高温釉陶 2 件，硬陶 9 件。翻沿口，圆唇，斜弧肩上安双耳，圆鼓腹，腹最大径位于中部，平底内凹。通体饰密集的粗弦纹，耳面模印叶脉纹。器高 9～18 厘米，以大者居多。露胎呈灰色，胎质较硬。如 87 龙·东 M7∶1（图二三七，7；图版一四，1）。

CⅡ式　弧腹。26 件，其中高温釉陶 7 件，硬陶 18 件，泥质陶 1 件。翻沿口，圆唇，圆弧肩

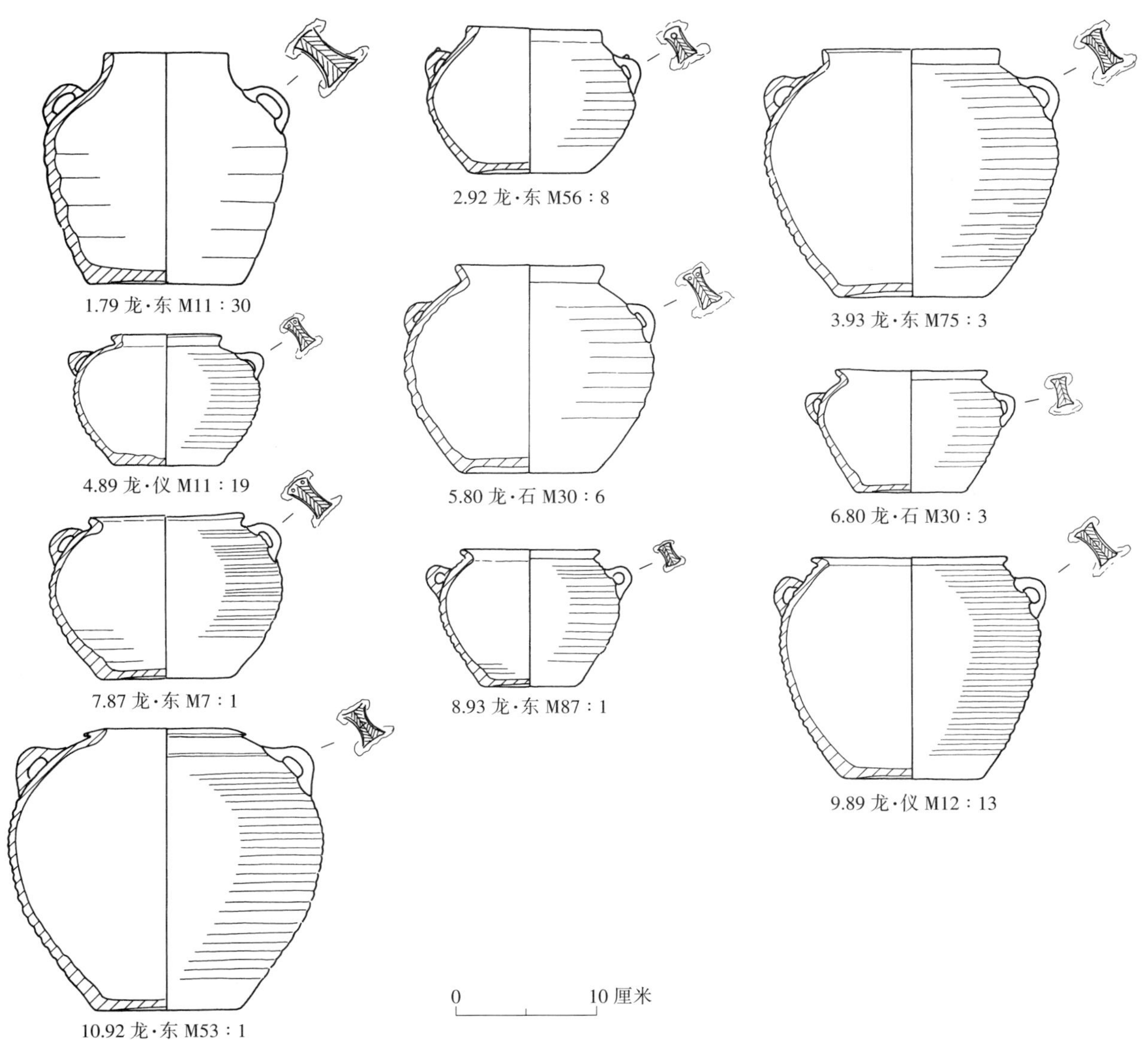

图二三七　衢州汉墓出土陶瓷日用器（弦纹罐）

1、2. AⅠ式　3、4. AⅡ式　5. BⅠ式　6. BⅡ式　7. CⅠ式　8、9. CⅡ式　10. D型

上安双耳，弧腹，腹最大径位于上部，平底。器高 10～18 厘米，以大者居多。如 89 龙・仪M12：13（图二三七，8；图版一四，2），93 龙・东 M87：1（图二三七，9；图版一四，3）。

D 型　敛口。造型与瓿相近。10 件。其中高温釉陶 2 件，硬陶 8 件。小敛口，圆弧肩上安双耳，圆弧腹，平底。肩部划一周细弦纹，腹部切削密集的弧凸粗弦纹，耳面模印叶脉纹。如 92 龙・东 M53：1（图二三七，10；图版一四，4）。

5. 筒形罐

24 件，内有 4 件（硬陶）型式不明。按形状的不同分为两型。

A 型　直筒型。12 件。直口，筒腹，平底。按耳的有无分为两个亚型。

Aa 型　无耳型。10 件，均为硬陶。大小相同。如 87 龙・东 M9：2（图二三八，1；图版一五，1）。

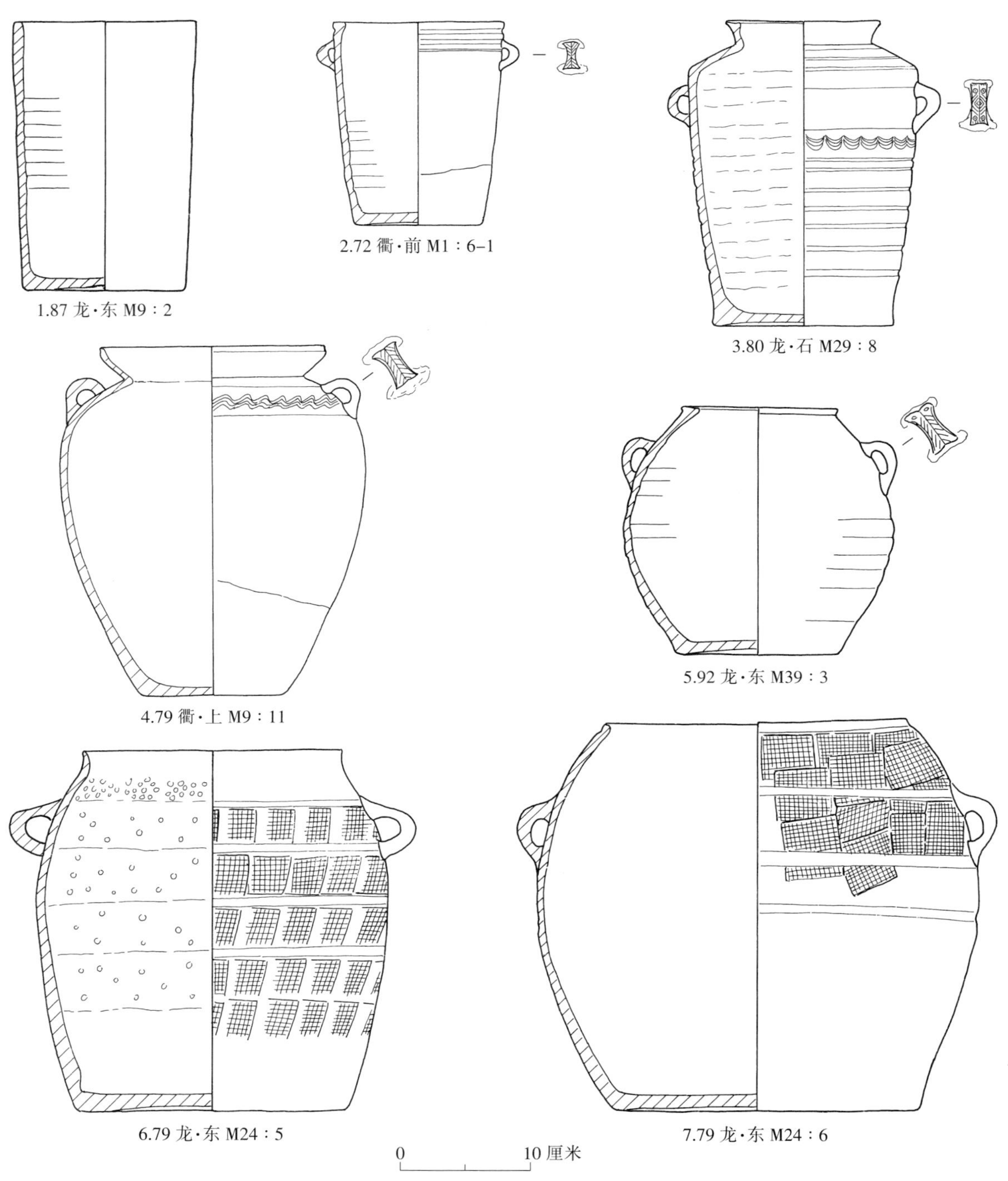

图二三八　衢州汉墓出土陶瓷日用器（筒形罐、印纹罐）
1. Aa 型筒形罐　2. Ab 型筒形罐 3. Ba 型筒形罐　4. Bb 型筒形罐　5. C 型筒形罐　6、7. 印纹陶罐

Ab 型　双耳型。2 件，硬陶。大小相同。如 72 衢 · 前 M1∶6－1（图二三八，2；图版一五，2）。

B 型　有肩型。5 件。窄肩，筒腹上端安双耳，平底。按肩部的不同分为两个亚型。

Ba 型　折肩型。4 件，其中高温釉陶 1 件，硬陶 3 件。高 22. 9 ~25. 3 厘米。口微侈，窄折肩。如 80 龙 · 石 M29∶8（图二三八，3；图版一五，3）。

Bb 型　弧肩型。1 件，高温釉陶。敞口，弧肩，弧腹。肩部饰细弦纹和水波纹，耳面模印叶脉纹。青瓷，釉色青黄而光亮。如 78 衢·上 M9∶11（图二三八，4；图版一五，4）。

C 型　橄榄型。3 件，其中高温釉陶 1 件，印纹陶 2 件。平唇，斜肩上安双耳，筒形腹，腹最大径位于中部，平底。耳面模印叶脉纹。如 92 龙·东 M39∶3（图二三八，5；图版一五，5）。

6. 印纹硬陶罐

2 件。斜肩上安双耳，弧腹，平底。通体拍印块状小方格纹，腹部抹三道宽弦纹。如 79 龙·东 M24∶5（图二三八，6；图版一五，6），79 龙·东 M24∶6（图二三八，7）。

7. 盘口罐

7 件，均为硬陶。浅盘口，短颈内束，斜弧肩，弧腹，平底。腹部饰密集的弧凸粗弦纹，耳面模印上下相对的叶脉纹。如 89 龙·仪 M47∶15（图二三九，1；图版一四，5），87 龙·东 M5∶21（图二三九，2；图版一四，6）。

8. 泡菜罐

7 件，内有 3 件（高温釉陶、硬陶和印纹陶各 1 件）型式不明。双重口，内为直口，外为侈口，斜肩上安双耳，平底。通体饰粗弦纹。按腹的不同分为 3 式：

Ⅰ式　1 件。硬陶。扁鼓腹。89 龙·仪 M22∶7（图二三九，3）。

Ⅱ式　2 件。高温釉陶和硬陶各 1 件。圆鼓腹。如 80 龙·石 M28∶1（图二三九，4；图版一六，1）。

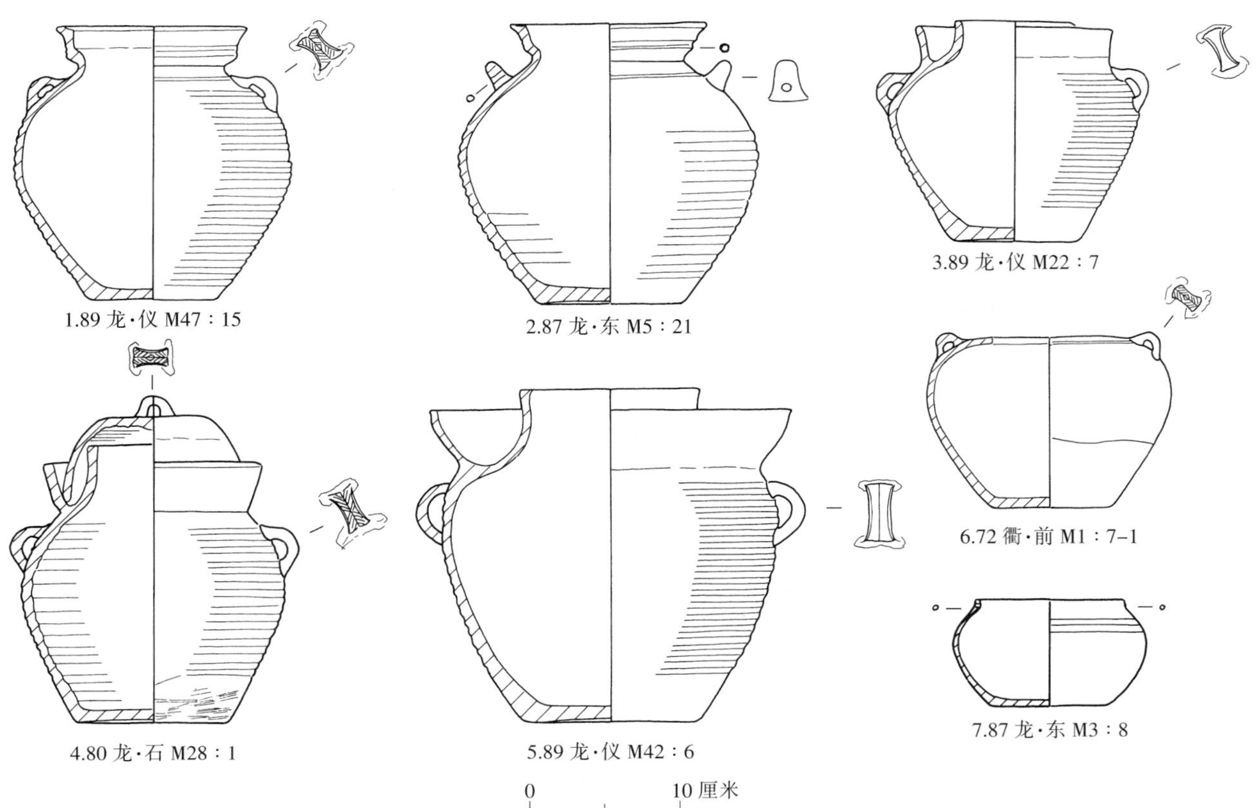

图二三九　衢州汉墓出土陶瓷日用器（盘口罐、泡菜罐、钵形罐和双孔罐）

1、2. 盘口罐　3. Ⅰ式泡菜罐　4. Ⅱ式泡菜罐　5. Ⅲ式泡菜罐　6. 钵形罐　7. 双孔罐

Ⅲ式 1件。硬陶。弧腹。89龙·仪M42:6（图二三九，5；图版一六，2）。

9. 钵形罐

3件。硬陶。弧敛口，圆弧肩上安双耳，弧腹，平底。肩部划两组双线细弦纹，耳面模印上下相对的叶脉纹。如72衢·前M1:7-1（图二三九，6；图版一六，3）。

10. 双孔罐

1件。高温釉陶。87龙·东M3:8（图二三九，7；图版一六，4）。

此外，尚有不明型式的罐80件，其中硬陶78件，泥质陶2件。

11. 罍

76件，内有23件（硬陶22件，泥质陶1件）型式不明。器身较大，宽弧肩，平底。通体拍印几何纹。泥条盘筑。按耳的有无分为两型。

A型 无耳型。50件。按纹饰和腹部的不同分为5式：

AⅠ式 3件。均为印纹硬陶。扁鼓腹，腹最大径位于近中部。通体拍印编织纹。器高28.8~35.6厘米。如79龙·东M10:4（图二四〇，1；图版一六，5）。

AⅡ式 12件。均为印纹硬陶。圆鼓腹，腹最大径位于中部。通体拍印编织纹。器高30~53.2厘米，以中型者居多。如79龙·东M10北穴:12（图二四〇，2；图版一六，6）。

AⅢ式 27件。其中高温釉陶1件，印纹硬陶23件，泥质陶3件。鼓腹，腹最大径位于上部。通体拍印梳状纹，个别为网格纹。如92龙·东M46:5（图二四〇，3；图版一七，1），87龙·东M5:34（图二四〇，4；图版一七，2）。

AⅣ式 6件。均为印纹硬陶。其中3件通体拍印宽网格纹，2件拍印粗麻布纹，1件为羽毛纹。圆弧腹，腹最大径位于上部。如87龙·东M2:1（图二四〇，5；图版一七，3），78衢·上M9:8（图二四〇，6；图版一七，4）。

AⅤ式 2件。均为印纹硬陶。折肩，斜腹，腹最大径位于上端。如10龙·方M1:7（图二四〇，7；图版一七，5），10龙·方M1:17（图二四〇，8；图版一七，6）。

B型 有耳型。3件。斜弧肩，弧腹，平底内凹。印纹硬陶。按纹饰的不同分为2式：

BⅠ式 1件。通体拍印梳状纹。79龙·东M16:10（图二四一，1；图版一八，1）。

BⅡ式 2件。通体拍印窗帘纹。10龙·方M1:19（图二四一，2；图版一八，2）。

12. 坛

5件。均为印纹硬陶，胎质坚硬。侈口，高领，窄弧肩，深弧腹，腹最大径位于上端，平底内凹。通体拍印麻布纹。如87龙·东M5:29（图二四一，3；图版一八，3），89龙·仪M16:4（图二四一，4；图版一八，4）。

13. 锺

2件。硬陶和低温釉陶各1件。1件仅存圈，另一件为91龙·东M36:22（图二四一，5；图版一八，5）。

14. 尊

1件。高温釉陶。92龙·东M50:9，大敞口两侧各有一个小圆孔，粗短颈，斜肩上安双耳，扁鼓腹，高圈足。肩部划两道细弦纹，耳面模印叶脉纹。釉色泛黄（图二四一，6；图版一八，6）。

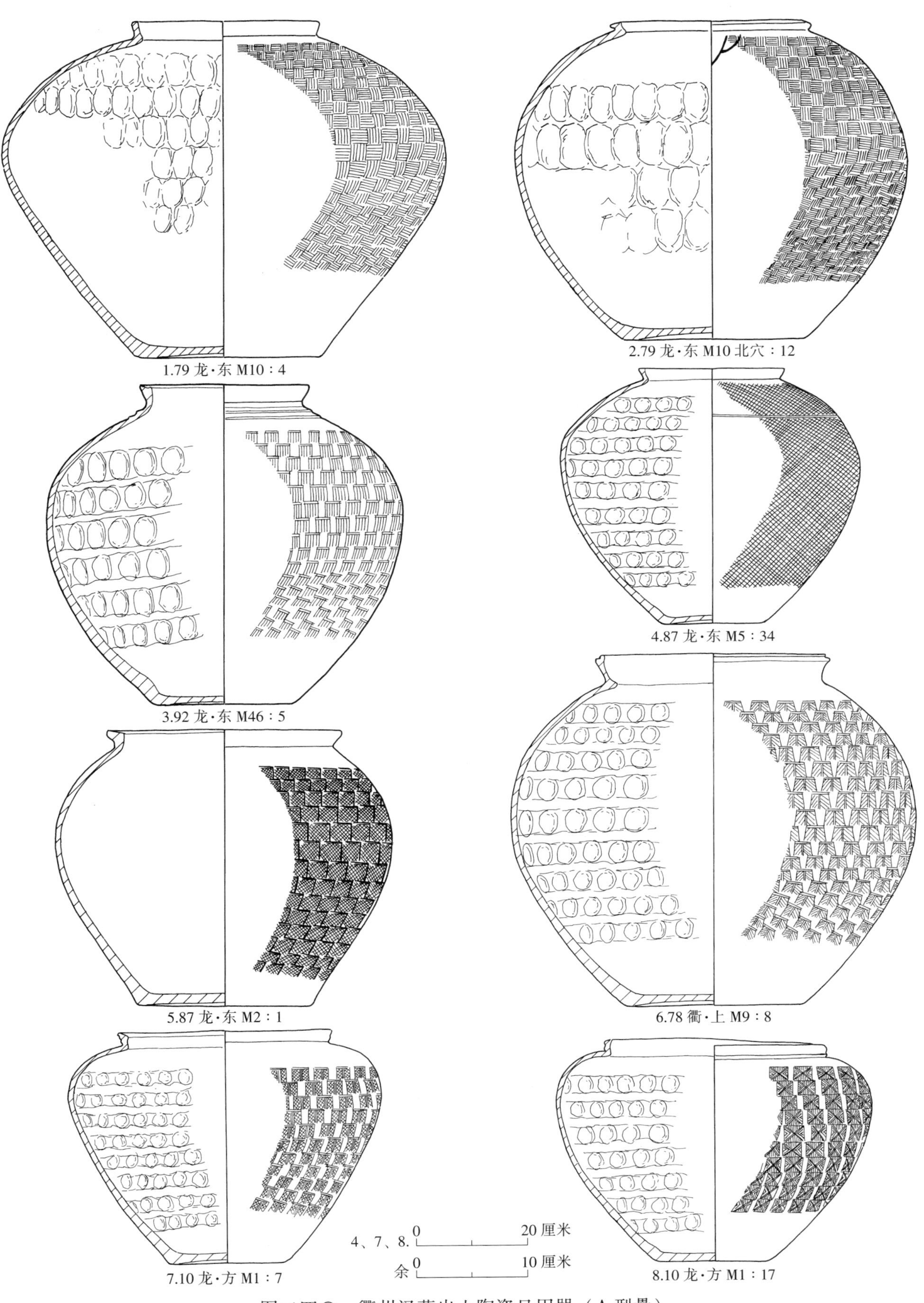

图二四〇　衢州汉墓出土陶瓷日用器（A 型罍）

1. AⅠ式　2. AⅡ式　3、4. AⅢ式　5、6. AⅣ式　7、8. AⅤ式

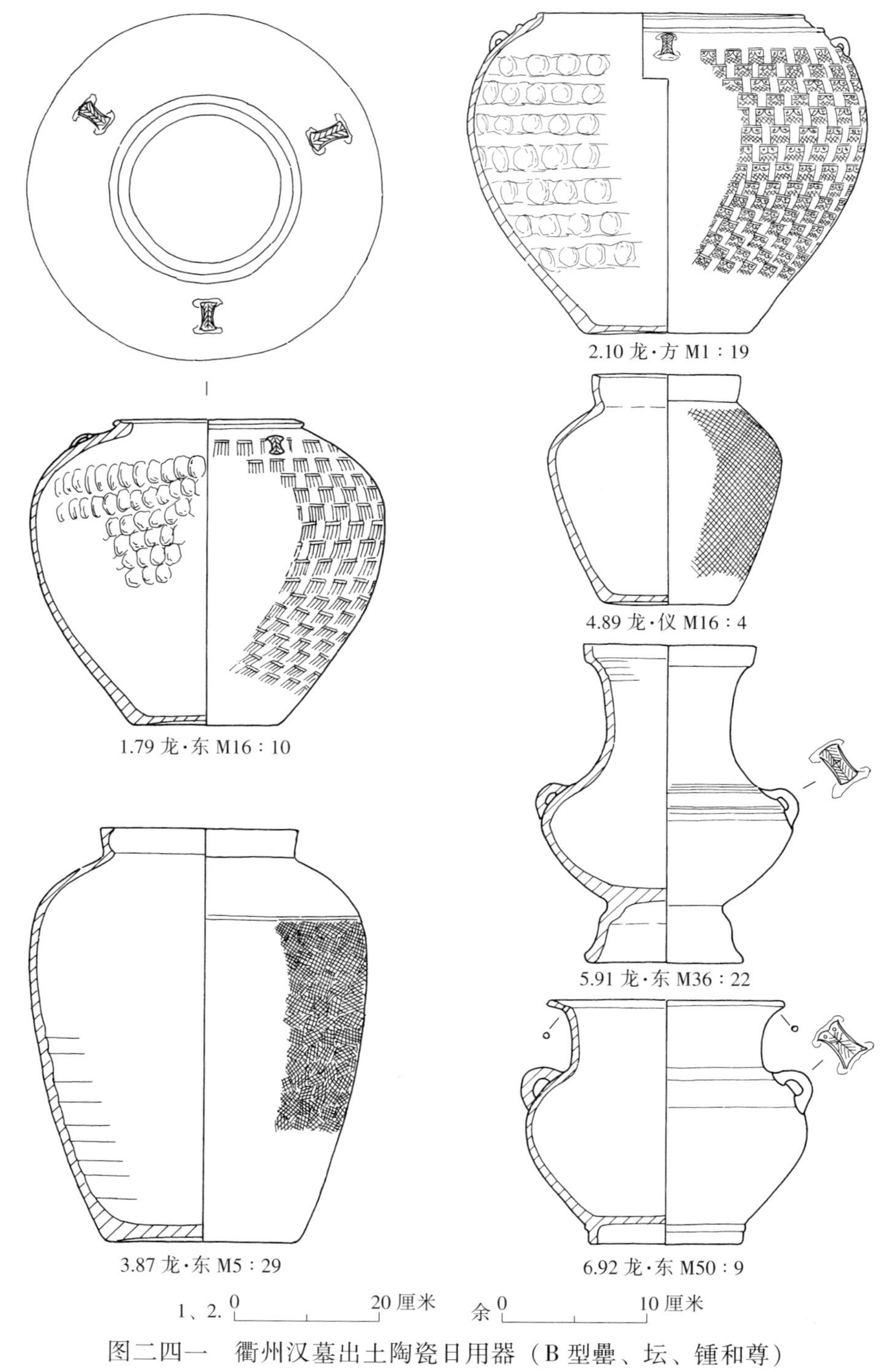

图二四一　衢州汉墓出土陶瓷日用器（B 型罍、坛、锺和尊）

1. BⅠ式罍　2. BⅡ式罍　3、4. 坛　5. 锺　6. 尊

15. 盆

3 件。其中高温釉陶 2 件，硬陶 1 件。如 88 龙・东 M29∶9（图二四二，1；图版一九，1），79 龙・东 M11∶20（图二四二，2；图版一九，2）。

16. 簋

1 件。72 衢・前 M1∶3，直口，斜弧腹，高圈足外撇。腹上部饰两组水波纹，其间用一道细弦

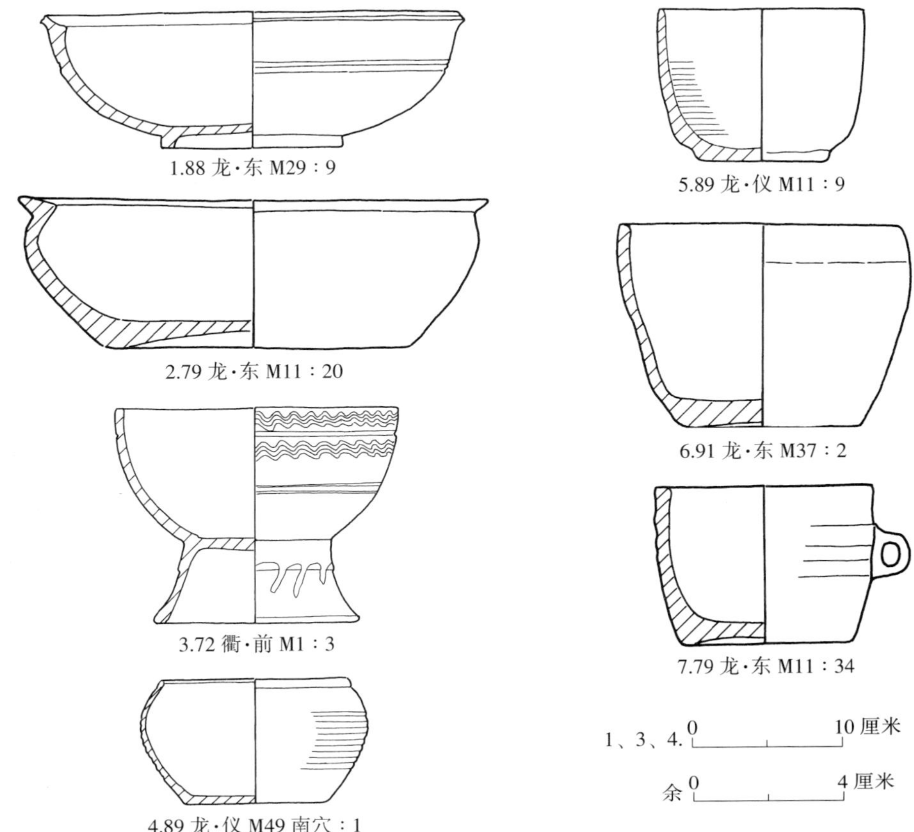

图二四二　衢州汉墓出土陶瓷日用器（盆、簋、钵、杯和单把杯）
1、2. 盆　3. 簋　4. 钵　5、6. 杯　7. 单把杯

纹相隔；下部划两道细弦纹。低温釉陶，釉色泛绿（图二四二，3；图版一九，3）。

17. 钵

3 件。其中硬陶 2 件，泥质陶 1 件。微敛口。斜肩，鼓腹，腹最大径位于中部，平底。通体饰密集的弧凸粗弦纹。如 89 龙 · 仪 M49 南穴∶1（图二四二，4；图版一九，4）。

18. 杯

3 件，均为原始瓷。如 89 龙 · 仪 M11∶9（图二四二，5），91 龙 · 东 M37∶2（图二四二，6；图版一九，5）。

19. 单把杯

3 件。高温釉陶，造型相同。直口，窄平沿，筒形腹，一侧附耳，平底。如 79 龙 · 东 M11∶34（图二四二，7；图版一九，6）。

20. 耳杯

6 件。平面呈椭圆形，侈口两侧附月牙形执耳，斜腹，椭圆形平底。按制作工艺和质地分为 2 式：

Ⅰ式　5 件。外壁切削。高温釉陶，釉色泛黄。有大小两种。如 79 龙 · 东 M10 南穴∶6，大型（图二四三，1；图版二○，1）。79 龙 · 东 M11∶56，小型（图二四三，2）。

Ⅱ式　1 件。制作规整。低温釉陶。72 衢 · 前 M1∶2（图二四三，3；图版二○，2）。

21. 奁

2 件。硬陶，造型相同。直口，筒腹中部附双耳，平底外缘附三个蹄形足。如 79 龙·东 M22∶10（图二四三，4；图版二〇，3）。

22. 盅

1 件。72 衢·前 M1∶9，形如奖杯。敛口，口外安双耳，斜腹，饼状假圈足。肩部划两道弦纹，耳面饰叶脉纹。低温釉陶，釉层已流失（图二四三，5；图版二〇，5）。

23. 碟

3 件。其中高温釉陶 2 件，泥质陶 1 件。造型相同。敞口，宽平沿，斜折腹较浅，平底内凹。高温釉陶，釉色泛黄。如 79 龙·东 M11∶11（图二四三，6；图版二〇，4）。

24. 熏

2 件。高温釉陶。造型基本相同。弧面顶盖，双层塔形捉纽，纽上立一飞鸟。盖面有上下两组三角形熏孔。熏作钵形，子母口，宽沿面内凹，上腹较直，下腹斜收，圈足略高而外展。如 79 龙·东 M10 南穴∶20（图二四四，1；图版二〇，6），79 龙·东 M11∶33（图二四四，2；图版二

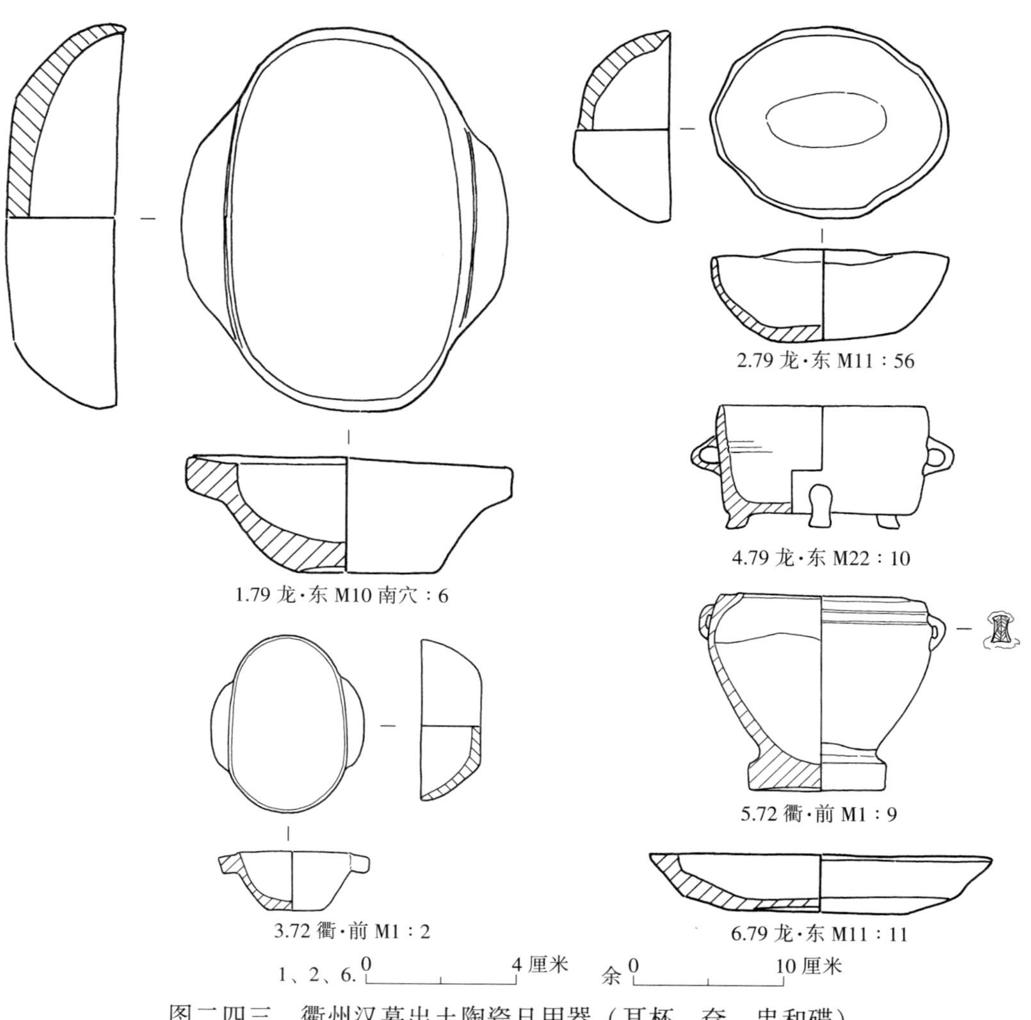

图二四三 衢州汉墓出土陶瓷日用器（耳杯、奁、盅和碟）

1、2. Ⅰ式耳杯 3. Ⅱ式耳杯 4. 奁 5. 盅 6. 碟

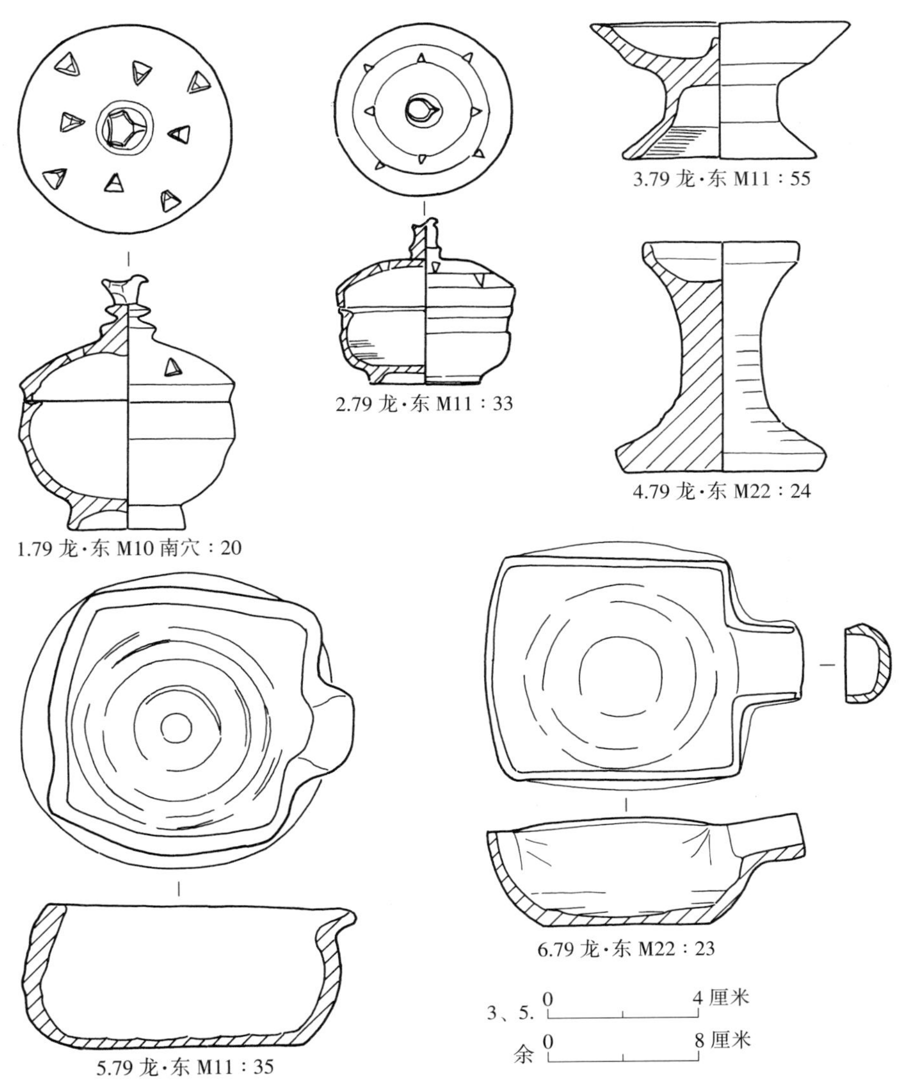

图二四四 衢州汉墓出土陶瓷日用器（熏、灯盏和匜）
1、2. 熏 3. A 型灯盏 4. B 型灯盏 5、6. 匜

○，7）。

25. 灯盏

3 件。分为两型。

A 型 豆型。1 件，硬陶。撇口浅盘盏，高把外撇。盏内心有搁灯芯的乳突。79 龙 · 东 M11∶55（图二四四，3；图版二一，1）。

B 型 柱型。2 件，高温釉陶和泥质陶各 1 件。碟形盏，直筒柱，平底座。高温釉陶，青黄色釉。如 79 龙 · 东 M22∶24（图二四四，4；图版二一，2）。

26. 匜

2 件。均为高温釉陶。方口微敛，一侧带有略宽的弧形底短流，腹壁微弧，平底。腹部饰密集的窄弦纹。如 79 龙 · 东 M11∶35（图二四四，5；图版二一，3），79 龙 · 东 M22∶23（图二四四，6；图版二一，4）。

27. 勺

7 件。分为两型。

A 型　瓢型。5 件，其中高温釉陶 3 件，硬陶 2 件。其中 3 件较大，2 件较小。整体形似剖开的半个葫芦。如 79 龙・东 M10 南穴:8（图二四五，1；图版二一，5），79 龙・东 M11:58（图二四五，2）。

B 型　烟斗型。2 件，硬陶。勺身呈筒形，一侧附柄。如 79 龙・东 M10 南穴:5（图二四五，3；图版二一，6）。

28. 匙

2 件。均为高温釉陶。长柄，圆勺。如 79 龙・东 M11:60（图二四五，4；图版二二，1），79 龙・东 M22:27（图二四五，5；图版二二，2）。

29. 提子

1 件。高温釉陶。长弧柄下端连勺。79 龙・东 M10:7（图二四五，6；图版二二，3）。

30. 纺轮

25 件。均为硬陶。立面呈菱形，上下端略平，中间贯孔。高 2.6～3.3 厘米，直径 3.6～4.1 厘米。如 93 龙・东 M66:5（图二四五，7；图版二二，4）。

31. 器盖

5 件。高温釉陶 4 件，硬陶 1 件。其中 2 件为覆钵形，1 件为子母口。如 79 龙・东 M10 南穴:1（图二四五，8；图版二二，5），88 龙・东 M27:7（图二四五，9，图版二二，6）。

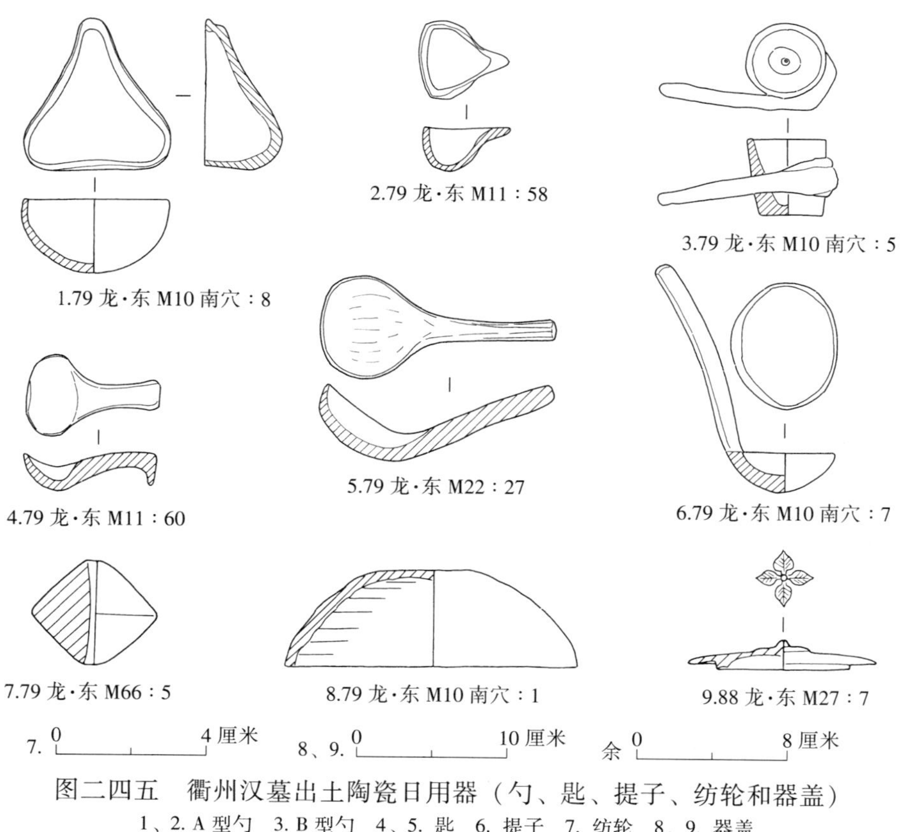

图二四五　衢州汉墓出土陶瓷日用器（勺、匙、提子、纺轮和器盖）

1、2. A 型勺　3. B 型勺　4、5. 匙　6. 提子　7. 纺轮　8、9. 器盖

32. 残陶器

5件。其中硬陶2件，泥质陶3件。

此外，另有青瓷碗12件，硬陶盏2件，泥质陶洗1件。

（三）明器

共37件，器物质地以硬陶为主，泥质陶居次。种类有：

1. 五管瓶

1件。青瓷。10龙·方M1∶6（图二四六，1；图版二三，1～3）。

2. 灶

6件。分为两型。

A型 烟囱型。2件，均为硬陶。灶后端设上翘的柱状烟囱，圆弧形壁，平底呈封闭状。按灶眼的多少分为2式：

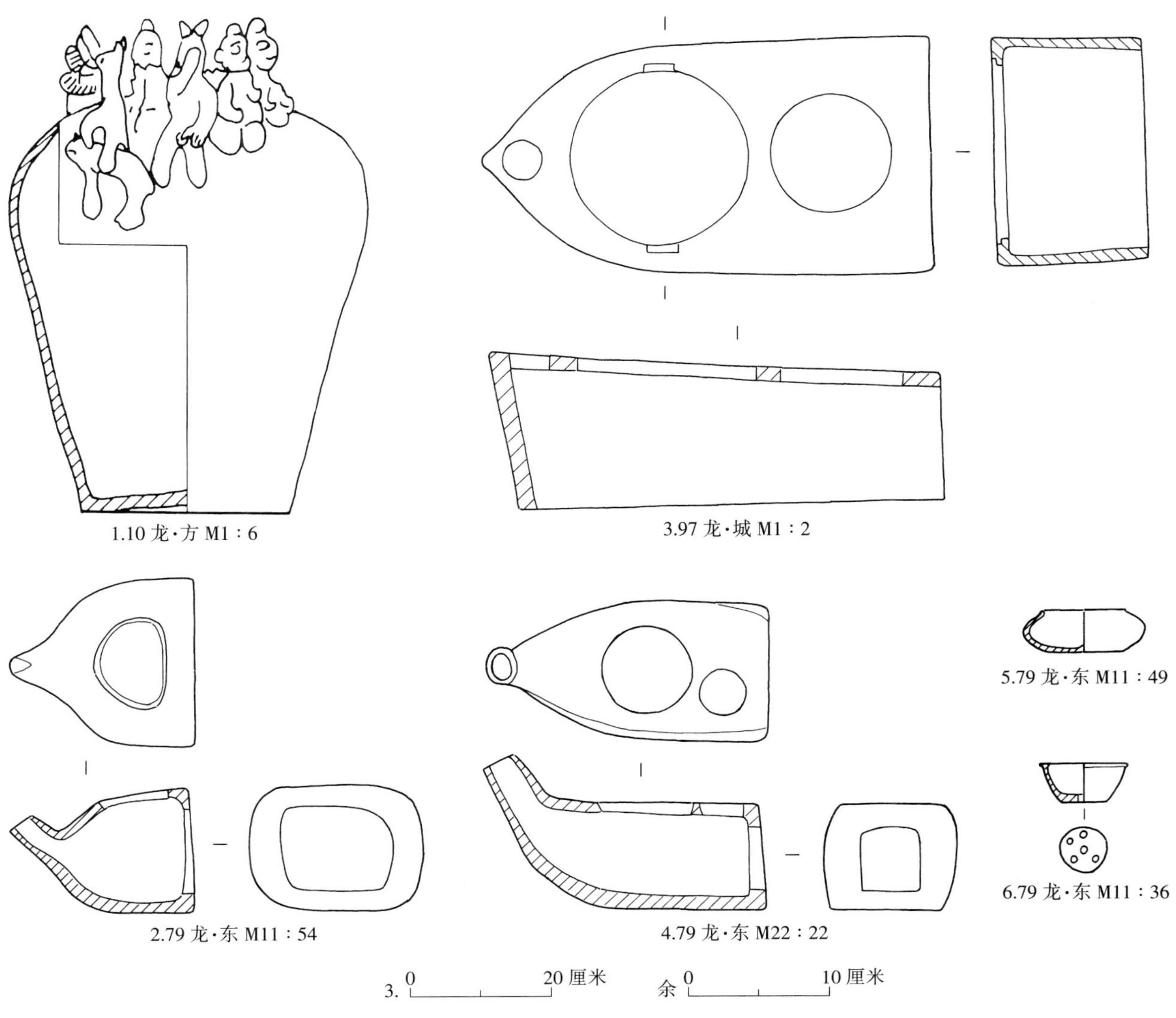

图二四六 衢州汉墓出土陶瓷明器（五管瓶、灶和釜、甑）

1. 五管瓶 2. AⅠ式灶 3. B型灶 4. AⅡ式灶 5. 釜 6. 甑

Ⅰ式　单眼。1件。平面略呈三角形，灶面设一个灶眼，釉层已流失。79龙·东M11∶54，（图二四六，2；图版二三，4）。

Ⅱ式　双眼。1件。平面作酒瓶形，灶面设两个灶眼。79龙·东M22∶22（图二四六，4；图版二三，5）。

B型　烟孔型。4件。其中硬陶1件，泥质陶3件。灶后端设三角状出烟孔。如97龙·城M1∶2（图二四六，3；图版二三，6）。

3. 釜

5件。其中硬陶1件，泥质陶4件。敛口，扁鼓腹，腹最大径位于中部，平底。高温釉陶，釉层已流失。如79龙·东M11∶49（图二四六，5；图版二四，1）。

4. 甑

3件。其中硬陶2件，泥质陶1件。侈口，斜腹，平底，甑眼呈梅花状分布。如79龙·东M11∶36（图二四六，6；图版二四，2）。

5. 井

5件。其中硬陶3件，泥质陶2件。造型各异。如79龙·东M11∶48，直口，囊形腹，平底（图二四七，1；图版二四，3）。79龙·东M22∶21，直口，宽翻沿，折腹，平底（图二四七，2；图版二四，4）。97龙·城M1∶1，敛口，筒腹，平底（图二四七，3；图版二四，5）。91龙·东M36∶12，敛口，筒腹，平底（图二四七，4；图版二四，6）。

6. 房屋模型

3件。其中高温釉陶1件，硬陶2件。干栏式，两面坡顶，单开间，屋外设廊檐。如79龙·东M11∶39（图二四七，5；图版二五，1）。

7. 猪舍

1件。硬陶。79龙·东M11∶45，双面坡顶。右墙后侧设门，后墙设窗。内有隔墙分为前后室，隔墙左下侧设门洞（图二四七，6；图版二五，2）。

8. 牛

2件。硬陶。造型相同。四肢站立，牛身滚圆。如79龙·东M11∶42（图二四八，1；图版二五，3）。

9. 马

4件。硬陶。造型相同。四肢站立。如79龙·东M11∶38（图二四八，2；图版二五，4）。

10. 羊

2件。硬陶。造型相同。四肢站立，头上长角。如79龙·东M11∶40－1（图二四八，3；图版二五，5）。

11. 狗

2件。硬陶。造型相同。四肢站立，尾部上卷。如79龙·东M11∶46（图二四八，4；图版二五，6）。

12. 鸡

2件。硬陶。

13. 麟趾金

1件。硬陶。79龙·东M22∶31，圆饼形，面上模印勾连纹（图二四八，5；图版二五，7）。

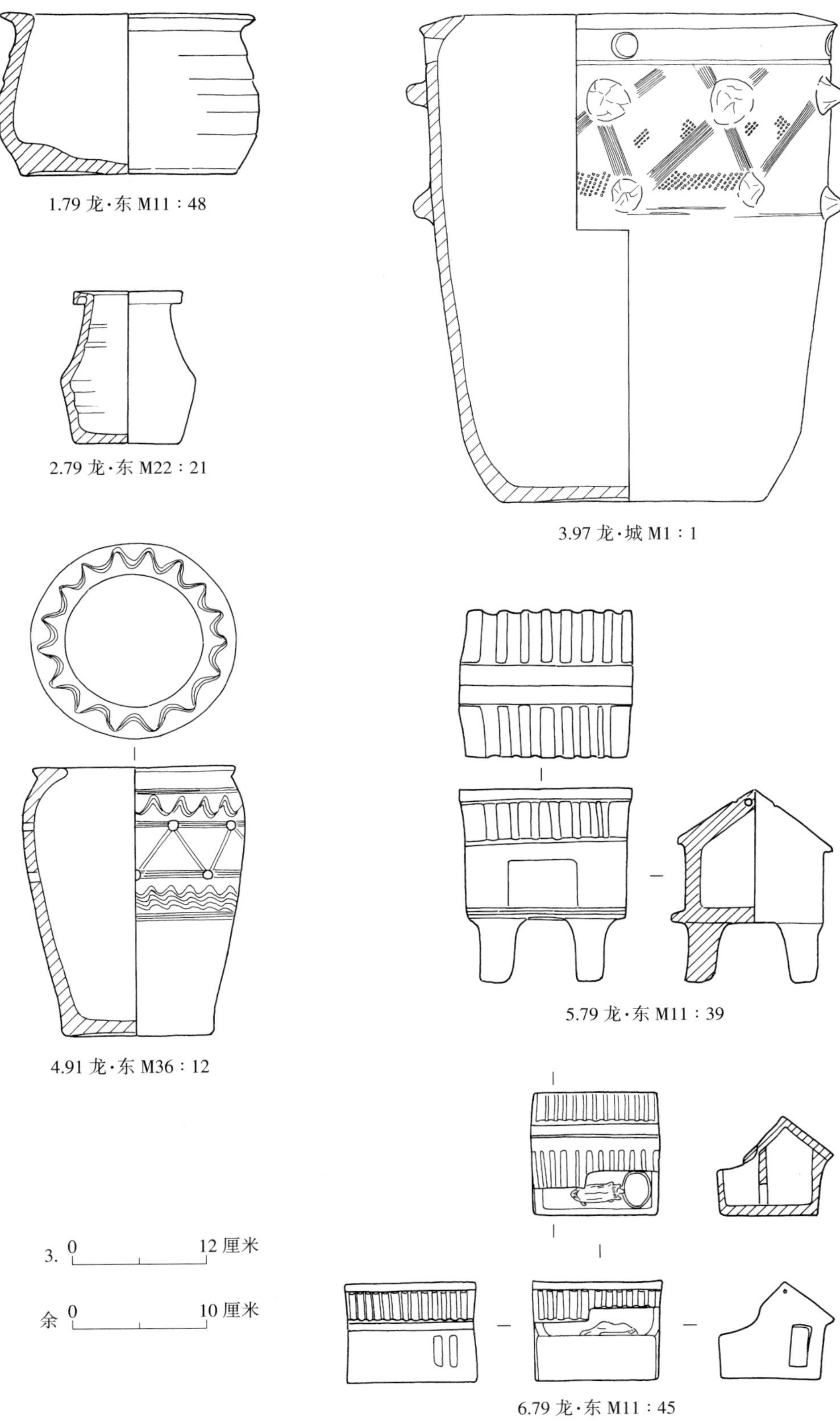

图二四七 衢州汉墓出土陶瓷明器（井、房屋模型和猪舍）

1～4. 井 5. 房屋模型 6. 猪舍

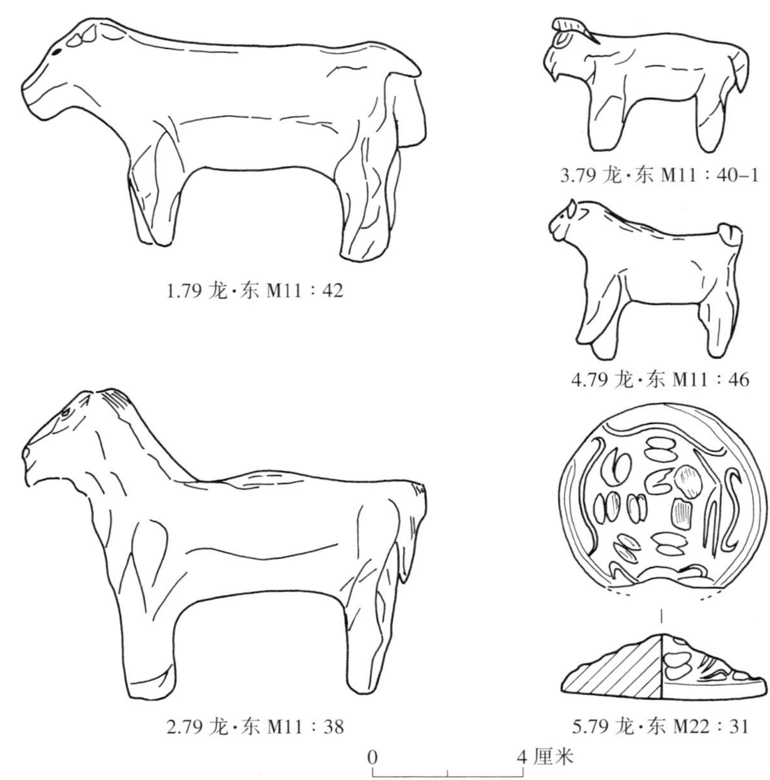

图二四八　衢州汉墓出土陶瓷明器（动物模型和麟趾金）
1. 牛　2. 马　3. 羊　4. 狗　5. 麟趾金

二　铜器

（一）礼器

共 7 件。

1. 钫

2 件。造型相同。方口，束颈，弧腹上安衔环小纽，高圈足稍外展。纽上贴兽面纹。如 79 龙 · 东 M22∶17（图二四九，1；图版二六，1）。

2. 鼎

4 件。其中 2 件残缺，另 2 件造型相同。盖面安三个锺形纽。鼎作子口，肩上附立耳，鼓腹，圜底，三足。如 79 龙 · 东 M22∶19（图二四九，2；图版二六，2）。

3. 簋

1 件。87 龙 · 东 M5∶1，口略外撇，腹壁弧收，高圈足外展。腹中部有一道凸弦纹，下安一对衔环小纽，纽上贴方形兽面（图二四九，3；图版二六，3）。

（二）日用器

共 16 件。

1. 洗

10 件。其中 8 件残缺，另两件为 93 龙 · 东 M82∶15 和 10 龙 · 方 M1∶3（图二四九，4）。

2. 盆

2 件。口略外撇，腹壁斜收，矮圈足。腹中部饰一周弦纹。如 87 龙 · 东 M9∶20（图二四九，5）。

3. 盘

1 件。残，未能复原。

4. 鐎斗

2 件。1 件残缺。另一件为 93 龙 · 东 M70∶1（图二四九，6）。

5. 釜

1 件。残缺。

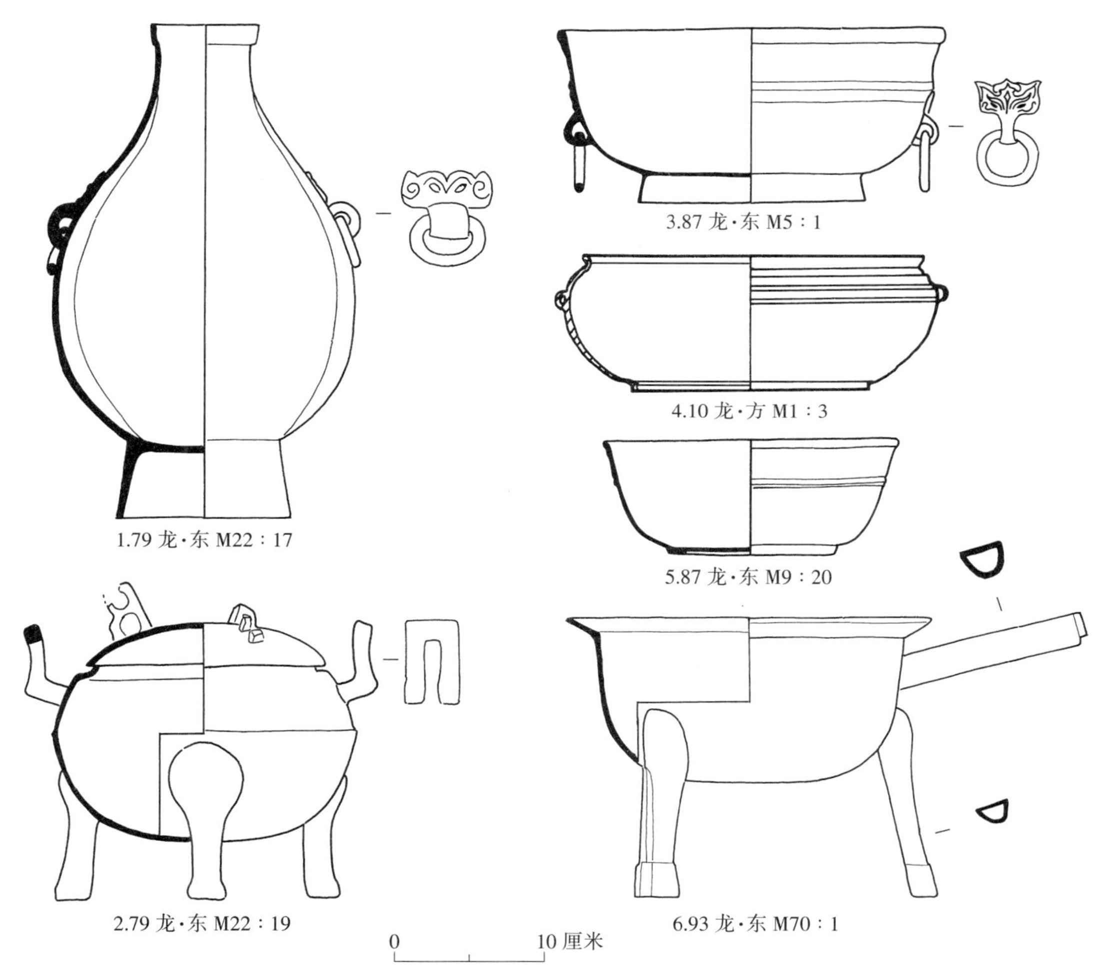

图二四九 衢州汉墓出土铜礼器、日用器（钫、鼎、簋等）

1. 钫 2. 鼎 3. 簋 4. 洗 5. 盆 6. 鐎斗

（三）梳妆服饰器

1. 镜

57 件，内有 8 件型式不明。

蟠螭纹镜 3 件。弦纽，圆纽座，座外一周铭文带。外区饰双线蟠螭纹。如 89 龙 · 仪 M46∶4（图二五〇，1；图版二六，4），87 龙 · 东 M3∶14（图二五〇，2）。

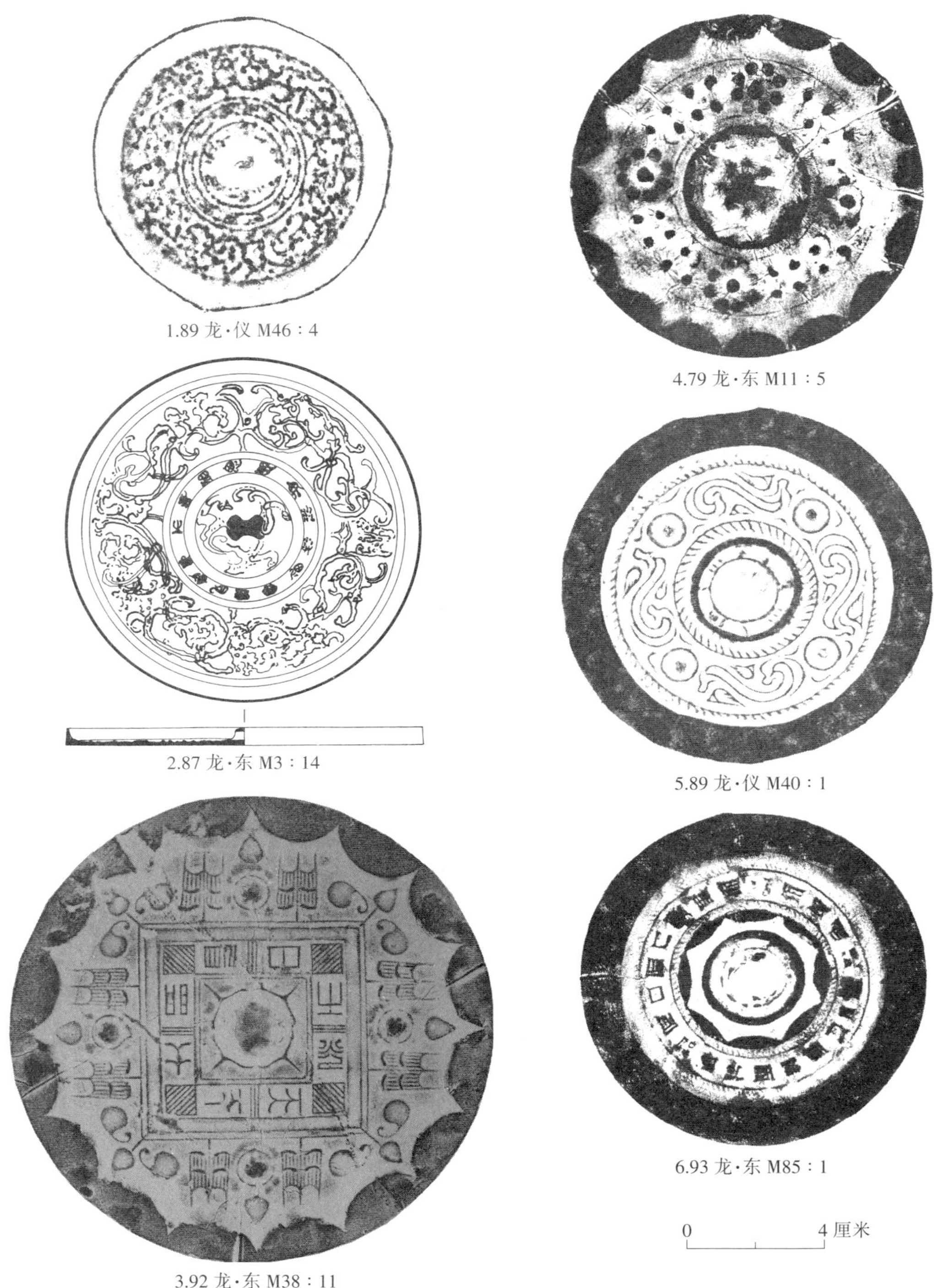

图二五〇 衢州汉墓出土铜梳妆服饰器（镜）

1、2. 蟠螭纹镜 3. 草叶纹镜 4. 星云镜 5. 四虺四乳镜 6. 昭明镜

草叶纹镜 2件。圆纽，柿蒂纹纽座。座外方框，框内有“天下大明，见日之光”铭文。内区饰四乳八组草叶纹。镜缘饰内连弧纹。如92龙·东M38∶11（图二五〇，3；图版二六，5）。

星云镜 3件。博山纽，连弧纹纽座。外区作四等分各饰一组七星图，其间以乳丁相隔，乳丁外围绕一周连珠纹。宽缘面上饰连弧纹。如79龙·东M11∶5（图二五〇，4；图版二六，6）。

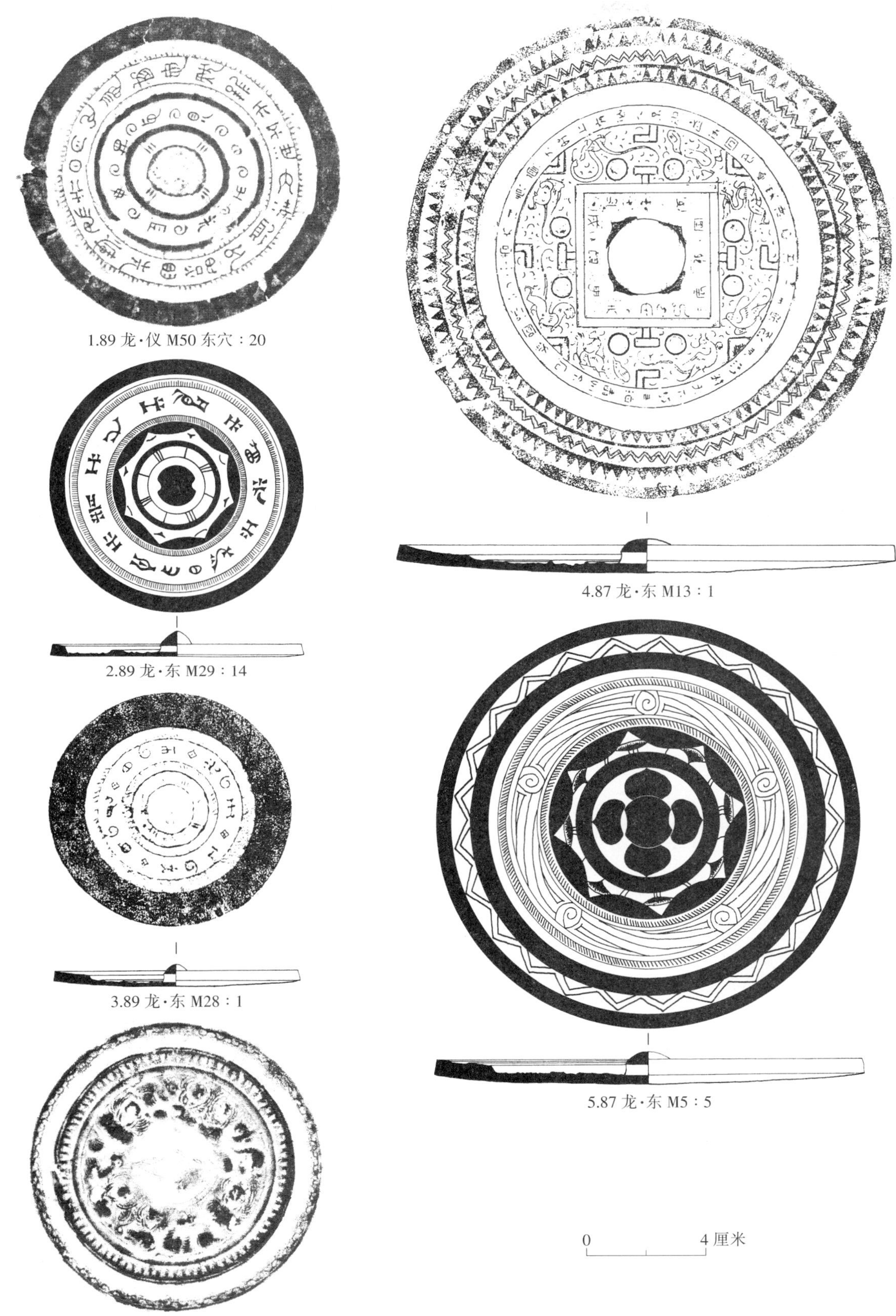

图二五一 衢州汉墓出土铜梳妆服饰器（镜）

1. Ⅰ式日光镜 2、3. Ⅱ式日光镜 4. 博局镜 5. 云雷纹镜 6. 龙纹镜

四虺四乳镜 7件。圆纽，圆纽座外饰一周栉齿纹。内区饰四虺四乳，素宽平缘。如89龙·仪M40∶1（图二五〇，5；图版二七，1）。

日光镜 12件。分为2式：

Ⅰ式 1件。圆纽，圆纽座。座外饰两周凸弦纹，弦纹内、外各有一周铭文。外周铭文为："内清质以昭明，光辉象夫日月，心忽扬忠，然雍而不泄"；内周铭文为："见日之光，长毋相忘"。素平缘。89龙·仪M50东穴∶20（图二五一，1；图版二七，2）。

Ⅱ式 11件。圆纽，圆纽座。外区铭文为："见日之光，天下大明"，篆体。如89龙·东M29∶14（图二五一，2；图版二七，3）、89龙·东M28∶1（图二五一，3；图版二七，4）。

昭明镜 12件。圆纽，圆纽座，座外饰一周内连弧纹。外区有"内清以昭明，光象日夫"铭文带，楷书，字间以"而"形符号相隔。素宽缘。如93龙·东M85∶1（图二五〇，6；图版二七，5）。

博局镜 7件。圆纽，柿蒂纹纽座。座外方框，框内一周干支铭，字间以乳丁相隔。内区饰八乳八禽，外区有一周铭文带和栉齿纹。宽镜缘面饰两组锯齿纹，其间饰双线水波纹。如87龙·东M13∶1（图二五一，4；图版二八，1）。

云雷纹镜 1件。圆纽，柿蒂纹纽，圆纽座外饰一周内连弧纹。内区饰云雷纹，其外一周栉齿纹。宽缘面饰三角形双线水波纹。87龙·东M5∶5（图二五一，5；图版二九，1）。

龙纹镜 1件。高圆纽，圆纽座，内区浮雕龙纹。外区有一周铭文带，铭文为"四夷服贺国家"等。铭文外饰一周栉齿纹。三角镜缘，缘面饰一周锯齿纹。92龙·东M57∶9（图二五一，6；图版二九，2）。

神兽镜 1件。高圆纽，圆纽座。座外浮雕神兽，其外环绕十二个半圆方枚和栉齿纹。镜缘面浅浮雕一周兽纹和阴刻一周涡纹。91龙·东M36∶25（图版二八，2）。

2. 带钩

6件，内有3件型式不明。

A型 1件。鹅首形。如87龙·东M13∶3（图二五二，1）。

B型 2件。琵琶形。如87龙·东M12∶16（图二五二，2）。

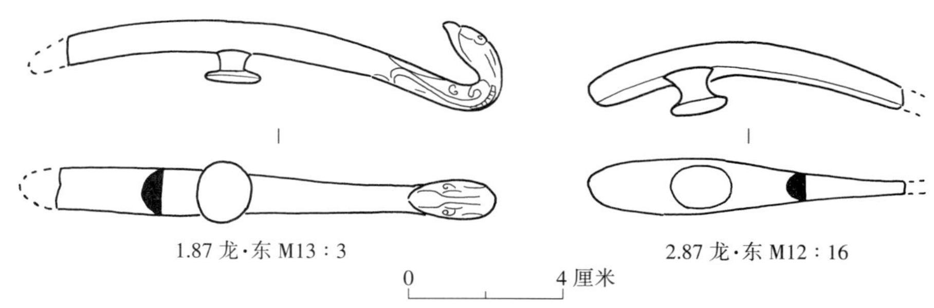

图二五二 衢州汉墓出土铜梳妆服饰器（带钩）
1. A型 2. B型

（四）兵器

1. 弩机

2件。由廓、牙、钩心及悬刀组成。凸字形廓面设一道箭槽，廓身有二键穿通，固定牙和悬刀的位置，键一端为六边形帽，另一端横穿径0.2厘米的孔。木构部分已腐坏无存。如87龙·东

M5∶2（图二五三，1；图版二九，3）。

2. 矛

9件。其中1件残缺。双翼型。柲已腐坏，矛锋残缺，双翼中有凸脊，圆銎。镦作圆柱形，中空。中间饰弦纹，上端有钉孔。矛銎和镦内均残留有木柲，柲外缠绕麻索。如79龙·东M11∶7、8（图二五三，2、3；图版二九，4）。

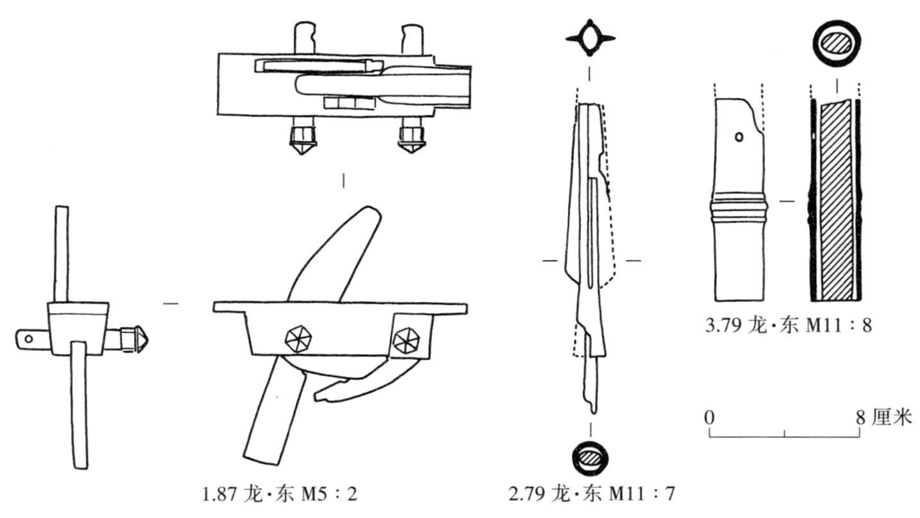

图二五三 衢州汉墓出土铜兵器（弩机、矛）
1. 弩机 2、3. 矛

（五）钱币

共62件（组）。种类有：

1. "半两"

1件（组）。

2. "五铢"

55件（组）。圜钱，"五"字的交叉笔画呈弧形，"铢"字的金字头略呈三角形，"朱"字的转角呈直角。如79龙·东M12∶3（图版二九，5）。

3. 剪边"五铢"

1件（组）。

4. "大布黄千"

1件（组）。

5. "大泉五十"

3件（组）。圜钱，"大"字呈弧背形，"五"字交叉笔画呈弧形。如89龙·仪M48∶2。

6. "货布"

1件（组）

（六）其他

印章

4件。如92龙·东M52∶1（图版三〇，1）。92龙·东M48东穴∶3，套印，正方形，龟背纽，子印套入母印中。子印篆刻"鲁尊"二字，母印篆刻"鲁伯之印"四字（图版三〇，2～4）。10

龙·方 M1:27，方形章，宽环纽，印面阴刻“新安长印”（图版三〇，5、6）。

另有辨认不清的残铜器6件。

三 铁器

（一）日用器

1. 鼎

2件。1件残缺，另一件为89龙·仪 M22:16，弧面顶盖，珠形捉纽。鼎口内敛，口外附方形提耳，扁鼓腹，三足较高，圜底。盖面和鼎腹各饰有凸弦纹（图二五四，1）。

2. 釜

56件，其中48件型式不明。分为两型。

A型 无耳型。4件。高13～28.8厘米。敛口，斜肩，小平底。如80龙·石 M33:1（图二五四，2）、89龙·东 M28:20（图二五四，3）。

B型 双耳型。4件。口外附环形耳。如87龙·东 M4:12（图二五四，4）、89龙·仪 M22:15

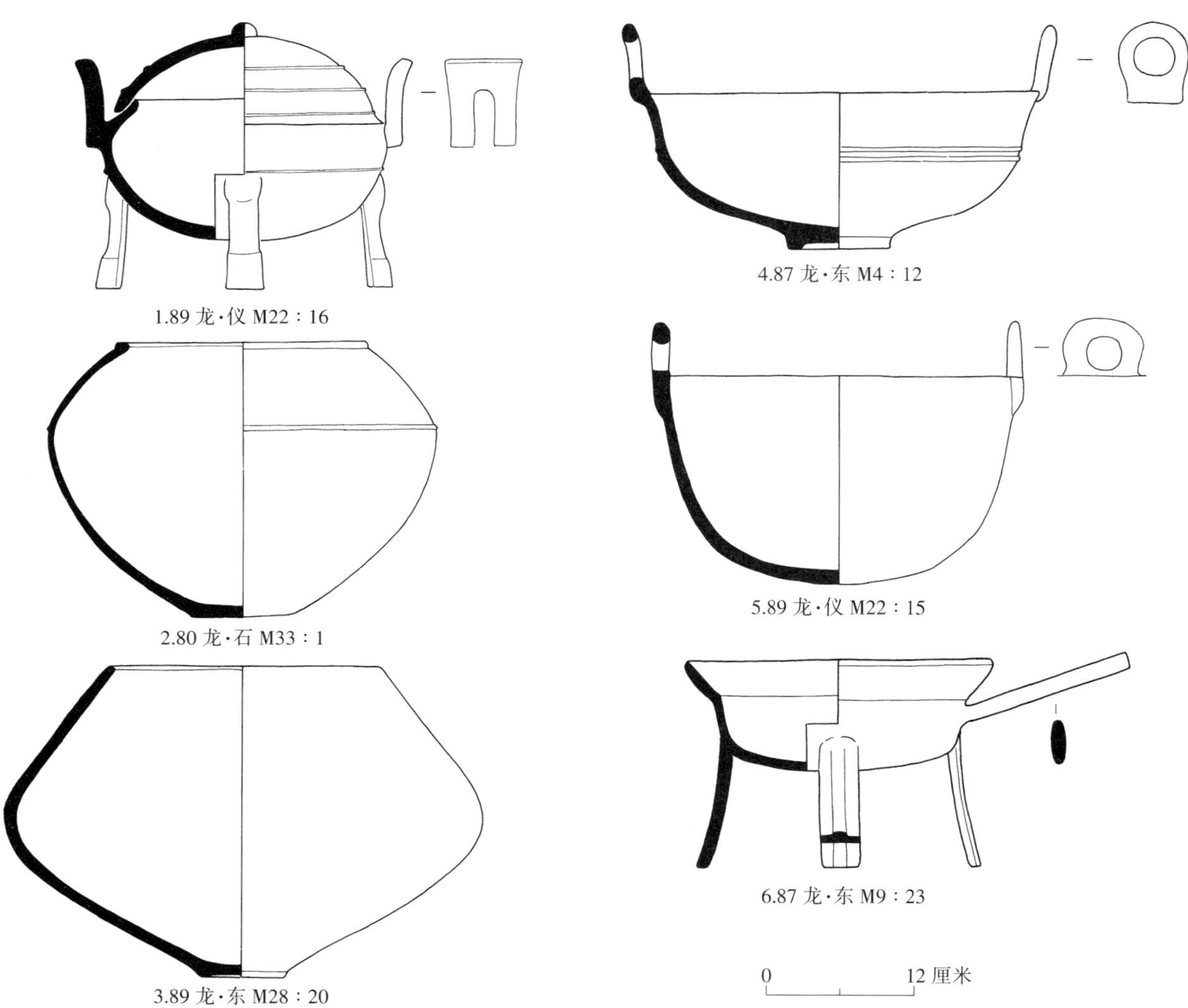

图二五四 衢州汉墓出土铁日用器（鼎、釜、鐎斗）

1. 鼎 2、3. A型釜 4、5. B型釜 6. 鐎斗

（图二五四，5）。

3. 鐎斗

2件。1件残缺。另一件为87龙·东M9∶23，敞口，斜腹一侧安长柄，圜底外缘附三足（图二五四，6）。

4. 尊

1件。残，未能复原。

（二）工具

共8件。

1. 锸

3件。一字形，横向长方形銎，双面刃。如89龙·东M28填∶01（图二五五，1）。

2. 锤头

1件。87龙·东M13∶2，长方形，中间有一个长方形柄孔（图二五五，2）。

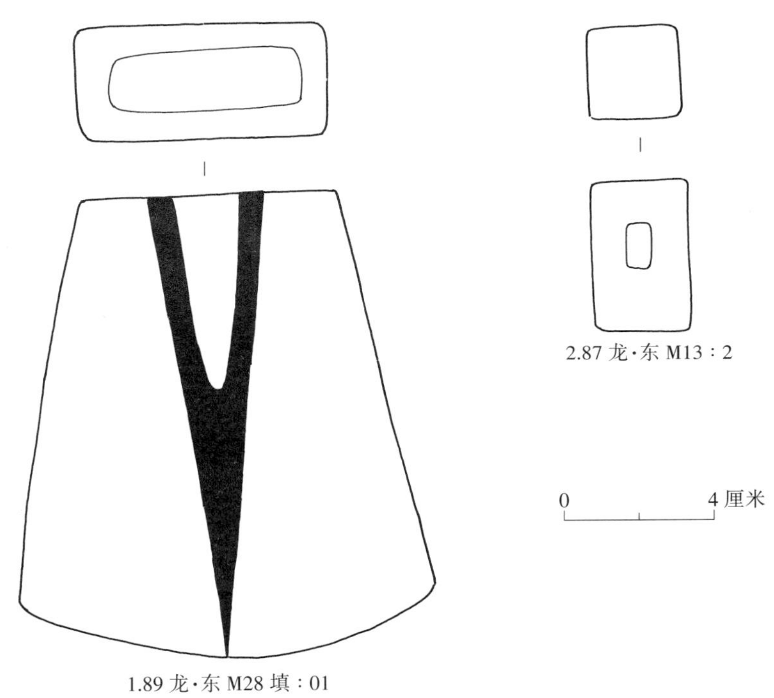

图二五五 衢州汉墓出土铁工具（锸、锤头）
1. 锸 2. 锤头

3. 棍

1件。残，未能复原。

4. 凿

2件。残，未能复原。

5. 叉

1件。残，未能复原。

（三）兵器

1. 戟

1 件。89 龙·仪 M13:6，刺作弯镰形，双面刃，截面呈菱形。枝呈斜直形，锋残，双面刃，截面呈枣核形（图二五六，1）。

2. 矛

19 件，内有 16 件型式不明。无翼型。弧尖锋，双面刃，斜从中脊。短骹，中空，后端呈偃月形内凹，圆銎。按骹与刃的比例分为两型。

A 型　短骹型。1 件。骹约占矛身的三分之一。如 89 龙·仪M28:15（图二五六，2）。

B 型　长骹型。2 件。骹约占矛身的二分之一。如 89 龙·仪M10:13（图二五六，3）。

3. 剑

11 件，内有 4 件型式不明。尖锋，双面刃，斜从中脊，剑柄前宽后窄。分为两型。

A 型　有格型。3 件。通长 62～102 厘米。如 87 龙·东 M13:4（图二五六，4）。

B 型　无格型。4 件。通长 38～59.2 厘米。如 89 龙·仪 M37:13（图二五六，5）、87 龙·东

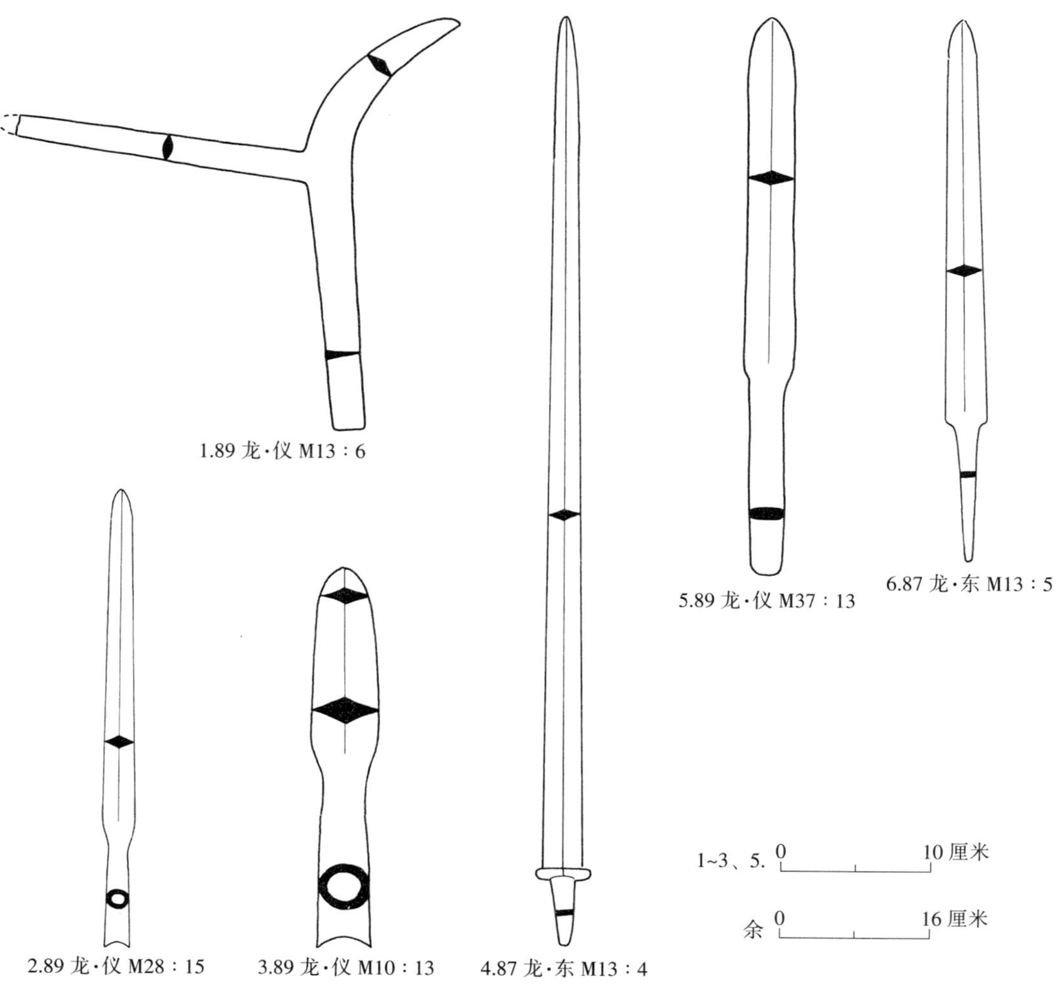

图二五六　衢州汉墓出土铁兵器（戟、矛、剑）

1. 戟　2. A 型矛　2. B 型矛　4. A 型剑　5、6. B 型剑

M13∶5（图二五六，6）。

4. 刀

59 件，内有 40 件型式不明。单面刃。余 19 件分为两型。

A 型 有格型。5 件。通长 31.2～58.4 厘米。如 87 龙·东 M9∶5（图二五七，1）、89 龙·仪 M37∶11（图二五七，2）。

B 型 无格型。14 件。按环首的有无细分为两个亚型。

Ba 型 柄端有环首（图版三一，1）。2 件。通长 73.2～90 厘米。如 87 龙·东 M2∶20（图二五七，3）。

Bb 型 柄端无环首（图版三一，2）。12 件。通长 41.8～54 厘米。如 89 龙·仪 M10∶12（图二五七，4）、87 龙·东 M9∶10（图二五七，5）。

5. 削

21 件，内有 16 件型式不明。单面刃。余分为两型。

A 型 环首。3 件，均残。如 79 龙·东 M11∶6（图二五七，6）。

B 型 无环首。2 件。如 78 衢·上 M9∶3（图二五七，7）。

另有辨认不清的残铁器 8 件。

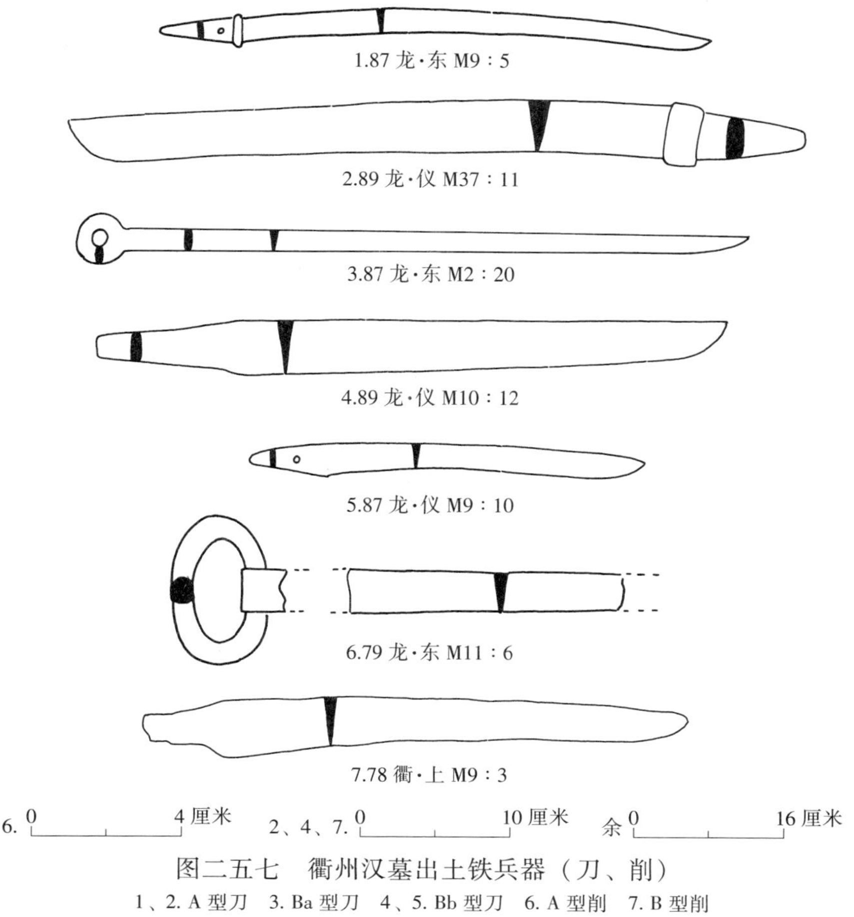

图二五七 衢州汉墓出土铁兵器（刀、削）

1、2. A 型刀 3. Ba 型刀 4、5. Bb 型刀 6. A 型削 7. B 型削

四 漆器

均为日用器。共15件。其中10件不辨器形。

1. 盒

1件。仅存痕迹。

2. 奁

3件。仅存痕迹。

3. 勺

1件。89龙·仪M11:45（见图一六五B，6）。

五 玉石玻璃料器等其他

（一）梳妆服饰器

1. 石研黛器

5件。上圆下方，方形磨面，圆形捉手。如92龙·东M58:15（图二五八，1）、87龙·东M7:5－1（图二五八，2；图版三一，3）。

2. 石黛板

9件。扁平长方形，正面光滑，并有黑色颜料痕，背面略粗糙。如92龙·东M58:14（图二五八，3；图版三一，4）。

3. 琉璃璧

1件。88龙·东M29:18（图二五八，4）。

4. 水晶环

1件。92龙·东M38:13（图二五八，5；图版三二，1）。

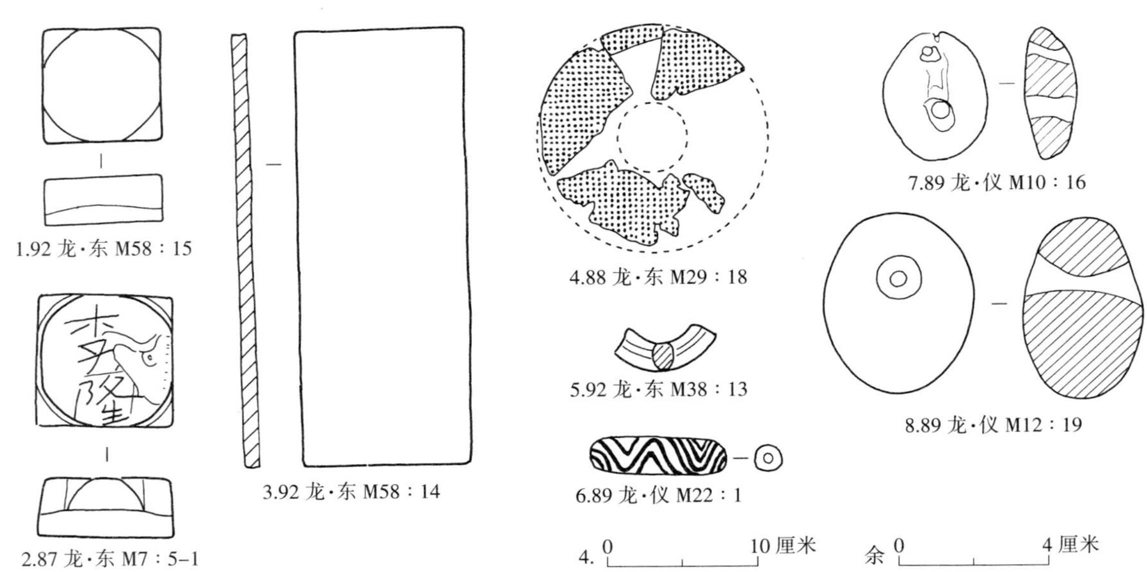

图二五八 衢州汉墓出土其他器物

1、2. 石研黛器 3. 石黛板 4. 琉璃璧 5. 水晶环 6. 绞胎玻璃管 7、8. 石哨（?）

5. 绞胎玻璃管

1件。89龙・仪M22∶1（图二五八，6；图版三二，2）。

6. 琥珀管

1件。M32∶2。

7. 玻璃珠

19件（组）。如93龙・东M81∶3（图版三二，3）。

8. 水晶珠

1件（组）。

9. 金珠

3件。个体细小，两端平整，中间穿孔。如10龙・方M1∶26、10龙・方M1∶29。

10. 玉饰

1件。残缺。

11. 鎏金饰件

1件。残缺。

（二）其他

1. 石哨（?）

3件。形如卵石。如89龙・仪M10∶16（图二五八，7；图版三二，4）、89龙・仪M12∶19（图二五八，8；图版三二，5）、89龙・仪M11∶49（图版三二，6）。

2. 鹿角

1件。

第四章　衢州汉墓全貌

第一节　发展轨迹

一　墓葬分期

通过第二章的分述，本次整理的汉墓随葬品具有五个不同组合，据此可将衢州汉墓分为五期（图二五九）。

（一）第一期

墓葬共9座，均为深竖穴结构的土坑类墓葬。葬俗以合葬为主，其中异穴合葬（二类C型墓）3座，同穴合葬（二类B型墓）1座。单葬（一类墓）2座。另有3座葬俗不明。

随葬品以陶器为主流，铜器次之，另有零星的铁器。其中陶器由礼器、日用器及明器三部分组成，并以日用器为主，占陶器总数的46%，礼器占35%，明器占19%。器物质地以高温釉陶为主流，硬陶次之，另有零星的印纹陶和泥质陶。

随葬器物的基本组合为钫，A型Ⅰ、Ⅱ式和B型Ⅰ式鼎，Ⅰ、Ⅱ式盒，Ⅰ式瓿，大型Ⅰ式和中型Ⅰ、Ⅱ式敞口壶，大、中型AⅠ式盘口壶，Ⅰ式罐，A型Ⅰ式弦纹罐，A型Ⅰ、Ⅱ式罍，AⅠ式灶，井。并伴出有铜蟠螭纹镜、草叶纹镜、星云纹镜和“五铢”钱。同时，在一些规模较大的墓葬中，往往伴出有房屋、猪舍、家畜、麟趾金等明器。

器物的造型变化表现为：鼎足较高，双耳上端外撇，盖面三个乳丁捉纽从有到无。盒由宽矮趋向瘦高，盖面捉纽逐渐消失。瓿的器身高大，铺首较高而上端外撇，器身普遍采用泥条盘筑法制成。不同规格的敞口壶均为口沿近直，腹部扁鼓，平底或卧足。其中大型敞口壶均采用泥条盘筑和轮制相结合的方法制成。A型盘口壶口沿介于侈口和盘口之间，扁鼓腹，卧足。罐均为高温釉陶质地，腹部圆鼓，下腹部切削密集的宽弦纹。A型弦纹罐为直口，斜肩，折腹。A型罍由扁鼓腹转向圆鼓腹。A型灶为单眼，弧背。

器物装饰题材主要有弦纹、叶脉纹、编织纹、人面纹、水波纹、勾连纹、几何纹等，部分器耳上方贴方形兽面，下端衔环。其中瓿、壶类器物肩、腹部的弦纹往往有三组，并呈细泥条状；部分叶脉纹的上、下端带有逗号状或圈形索头遗痕；人面纹采用写实手法，眉、眼、鼻、须俱全。

（二）第二期

墓葬共12座，仍盛行深竖穴结构的土坑类墓葬。葬俗以单葬为主，共7座，其中葬具采用棺椁配套的（二类A型墓）6座，仅用棺木的（一类墓）1座。异穴合葬的（二类C型墓）3座。另有2座葬俗不明。

随葬器物以陶器为主流，铜器次之，另有个别的铁器。陶器仍由礼器、日用器和明器三部分组成，其中日用器略多于礼器，明器较少。器物质地以高温釉陶为主，硬陶次之，另有零星的印纹陶和泥质陶。

此期器物的组合为：A 型Ⅱ、Ⅲ式和 B 型Ⅱ式鼎，Ⅱ、Ⅲ式盒，Ⅱ、Ⅲ式瓿，大型Ⅱ、Ⅲ式和中、小型Ⅰ、Ⅱ式敞口壶，大型 AⅡ式和 BⅠ式、中型 AⅡ式和 BⅠ、BⅡ式、小型 AⅠ式盘口壶，Ⅰ式罐，A 型Ⅰ、Ⅱ式和 B、C 型Ⅰ式及 D 型弦纹罐，A 型Ⅱ式罍，A 型Ⅱ式灶或 B 型灶。其中一期中的钫，A 型Ⅰ式和 B 型Ⅰ式鼎，Ⅰ式瓿，大型Ⅰ式敞口壶，大、中型 AⅠ式盘口壶，A 型Ⅰ式罍，A 型Ⅰ式灶相继消失。而 A 型Ⅱ式鼎，Ⅱ式盒，中型Ⅰ、Ⅱ式敞口壶，Ⅰ式罐，A 型Ⅰ式弦纹罐，A 型Ⅱ式罍则继续流行。同时，新出现了 A 型Ⅲ式和 B 型Ⅱ式鼎，Ⅲ式盒，Ⅱ、Ⅲ式瓿，大型Ⅱ、Ⅲ式和小型Ⅰ、Ⅱ式敞口壶，大型 AⅡ式和 BⅠ式、中型 AⅡ和 BⅠ、BⅡ式、小型 AⅠ式盘口壶，A 型Ⅱ式和 B、C 型Ⅰ式及 D 型弦纹罐，A 型Ⅱ式和 B 型灶。伴出器物中的铜蟠螭纹镜、草叶纹镜、星云镜和“半两”、“五铢”钱继续流行，新出现昭明镜和日光镜。

器物的造型变化表现为：A 型鼎双耳低矮而耳壁趋直，鼎足从实用性演变为装饰性，进而消失；B 型鼎器腹由扁鼓转向圆弧，三足改为平底。盒身趋向宽矮，下腹部瘦削而骤收。瓿的铺首降低，上端略外撇，器腹由扁鼓转为圆鼓。敞口壶口沿逐渐外展，出现部分圈足底。新出现的小型敞口壶为侈口，扁鼓腹。A 型盘口壶盘壁外斜，下端转折模糊；B 型盘口壶盘口浅而不甚明显，扁鼓腹，深卧足，其中大型者采用轮制和泥条盘筑相结合的方法制成。各型弦纹罐的腹部有所不同，其中 A 型从上期的折腹转为扁鼓腹，新出现的 B 型为圆鼓腹，C 型则腹部略扁，腹最大径均位于中部。A 型罍从扁鼓腹演变为圆鼓腹，腹最大径位于中部。A 型灶从单眼发展为双眼。

在器物的装饰方面，上期中的各类纹饰基本继续流行。同时，部分瓿、壶、罐类器物的耳或铺首上方开始出现附加堆纹，如横向“S”形纹、菱角形纹。瓿和壶的肩部出现上、下两组鸟纹，所见鸟纹多为一颈多首，部分下面一组呈单体奔跑状，鸟身布满锥点纹。个别器物的鸟纹趋向写意形式，鸟身呈圆头尖尾的鱼形。此外，泥条状的弦纹逐渐被刻划技法的浅凹弦纹所替代。

（三）第三期

墓葬共 31 座，结构与前期相同。葬俗仍以单葬为主流，共 21 座，其内采用棺椁葬具的（二类 A 型墓）19 座，无木椁的（一类墓）2 座。6 座为合葬，异穴合葬（二类 C 型墓）和同穴合葬（二类 B 型墓）各 3 座。另有 4 座葬俗不明。

随葬器物仍以陶器为主流，铁器次之，另有零星的铜器和石器等。陶器仍由礼器、日用器和明器三部分组成，其中礼器略多于日用器。器物质地以高温釉陶略居优势，硬陶次之，另有零星的印纹陶和泥质陶。

此期器物的基本组合为：Ⅲ、Ⅳ式瓿，大、中型Ⅱ、Ⅲ式和小型Ⅱ式敞口壶，大型 AⅡ、AⅢ式和 BⅠ、中型 AⅢ式和 BⅡ、BⅢ式、小型 AⅡ式盘口壶，Ⅱ式罐，各类弦纹罐，AⅡ、AⅢ式罍，B 型灶。其中二期中的鼎，盒，Ⅱ式瓿，中型Ⅰ、Ⅱ式和小型Ⅰ式敞口壶，大型 BⅠ式、中型 AⅡ式和 BⅠ式、小型 AⅠ式盘口壶，Ⅰ式罐，A 型Ⅱ式灶相继消失。而Ⅲ式瓿，大小各型Ⅱ式和大型Ⅲ式敞口壶，大型 AⅡ、中型 BⅡ式盘口壶，Ⅱ式罐，A 型、B、C 型Ⅰ

式和D型弦纹罐，A型Ⅱ式罍，B型灶则继续流行。同时，新出现了Ⅲ、Ⅳ式瓿，中型Ⅲ、Ⅳ式敞口壶，中型AⅣ、小型AⅢ式盘口壶，A型Ⅳ式罍。此外，伴出器物中的铜草叶纹镜、星云镜和“半两”钱消失，铜蟠螭纹镜、日光镜、昭明镜、“五铢”钱继续流行，新出现四虺四乳镜。

器物的造型变化表现为：瓿身趋小，铺首上端贴近器壁。敞口壶口沿进一步外展，敞口呈喇叭状，其中大型者器腹略显扁鼓，腹最大径位于上部，器物仍采用轮制和泥条盘筑相结合的方式制成；中型者为球形腹，腹最大径位于中部，小型者为扁鼓腹，腹最大径位于中部。A型盘口壶中的大、中型，盘口较深，盘壁垂直，球腹，圈足；而小型者则盘口略外斜，弧腹，平底。B型盘口壶盘口浅而鲜明，圆鼓腹，深卧足。罐的腹最大径位置上移，腹部纹饰消失。各型弦纹罐则无明显变化。A型罍的腹最大径从中部移至上部。

在装饰方面，鸟纹普遍从鱼形演变为横向“S”形状的所谓云气纹，鸟首上的羽冠和鸟身的锥点纹均已消失。瓿铺首面上的人面纹逐步简化，有的仅存鼻、须，有的消失而改饰网格纹。截面呈城垛形的弦纹普遍被呈水波形的弦纹所替代，而重叠模糊的编织纹则被清晰规整的梳状纹所取代。此外，壶、瓿类器物的腹部出现切削形成的密集宽弦纹。

（四）第四期

墓葬共91座，深竖穴结构的土坑类墓继续盛行。葬俗以单葬占据主流，共40座，其内葬具棺椁配套的（二类A型墓）31座，只用单具棺木的（一类墓）9座。合葬形式进一步增多，共27座，其中同穴合葬的（二类B型墓）14座，异穴合葬的（二类C型墓）13座。另有24座葬俗不明。

随葬器物仍以陶器为主流，铜器和铁器的数量基本相当，另有个别玉石料器等。陶器仍由礼器、日用器和明器三部分组成，其中日用器上升为主流，礼器锐减，另有零星的明器。器物质地以硬陶居多，高温釉陶次之，另有部分泥质陶和印纹陶。

此期器物的基本组合为：Ⅴ式瓿，大型Ⅲ、Ⅳ式和中型Ⅲ、Ⅳ式及小型Ⅱ式敞口壶，大型AⅢ式、中型AⅣ式和BⅡ、BⅢ式、小型AⅢ式盘口壶，Ⅱ式罐，A型Ⅱ和B型、C型及D型弦纹罐，A型Ⅲ、Ⅳ式和B型Ⅰ式罍，B型灶。其中三期内的Ⅲ、Ⅳ式瓿，大、中型Ⅱ式敞口壶，大型AⅡ、BⅡ式、中型AⅢ、小型AⅡ式盘口壶，A型Ⅰ式弦纹罐，A型Ⅱ式罍，A型灶相继消失。而大型Ⅲ式、Ⅳ式中型Ⅲ、Ⅳ式及小型Ⅱ式敞口壶，大型AⅢ式、中型BⅡ、Ⅲ式盘口壶，A型Ⅱ式罐，A型Ⅱ式和B型、C型、D型弦纹罐，A型Ⅲ式罍，B型灶则继续流行。同时，新出现Ⅴ式瓿，大型Ⅳ式敞口壶，中型AⅣ式、小型Ⅲ式盘口壶，A型Ⅳ式和B型Ⅰ式罍。此外，伴出的铜蟠螭纹镜消失，铜日光镜、昭明镜、四虺四乳镜和“五铢”钱继续流行，新出现铜龙纹镜、博局镜、云雷纹镜和剪边“五铢”、“大泉五十”、“大布黄千”等铜钱。

器物的造型变化表现为：瓿身更小，铺首紧贴器壁，腹部转弧，腹最大径位于上端，腹部逐渐出现密集的弦纹。敞口壶由鼓腹转向弧腹，腹最大径逐渐上移。A型盘口壶盘口渐趋外斜，腹部由圆转弧，圈足消失改为平底，腹部出现密集的弦纹。B型盘口壶出现假圈足。罐由侈口演变为束口，腹最大径上移至上端。B、C型弦纹罐下部逐渐收缩，腹最大径位于上端。

在器物装饰方面，横向“S”形和菱角形堆纹、兽面、乳丁、山字纹、鸟纹等均已消失。同时，梳状纹逐渐演变为块状的斜方格纹。

（五）第五期

墓葬共6座。前几期流行的土坑类墓基本消失，盛行的券顶砖室墓从单室（三类Ⅰ式墓2座）逐步转向前堂后寝的多室（三类Ⅱ式墓2座），另有土坑类墓和结构不明墓各1座。葬俗普遍为单葬。

随葬器物仍以陶器为主流，铁器次之，铜器较少。陶器仅由日用器和明器两部分组成，并以日用器为主，有少量的明器。器物质地丰富，以硬陶居多，其余依次为青瓷、印纹陶、高温釉陶及低温釉陶。

器物的基本组合为：小型AⅣ式、BⅠ、Ⅱ式盘口壶，锺，Ⅲ、Ⅳ式罐，B型和C型Ⅱ式弦纹罐，A型Ⅳ、Ⅴ式和B型Ⅱ式罍，五管瓶，B型灶，井。其中各型敞口壶，大、中型和小型AⅢ式盘口壶，Ⅱ式罐，A型和B、C型Ⅰ式及D型弦纹罐，A型Ⅲ式和B型Ⅰ式罍相继消失。而B、C型Ⅱ式弦纹罐，A型Ⅳ式罍，B型灶则继续流行。同时，新出现小型AⅣ式和BⅠ、BⅡ式盘口壶，Ⅲ、Ⅳ式罐，A型Ⅴ式和B型Ⅱ式罍，锺，五管瓶。此外，伴出器物中的“大泉五十”、“大布黄千”等铜钱消失，“五铢”钱继续流行。

器物的造型变化表现为：A型盘口壶唇沿外凸，腹最大径位于上端；新出现的小B型盘口壶从弧腹转向扁鼓腹，平底变为假圈足。罐耳由竖向的双耳转为横向的四系。B型罍腹部骤收。

器物的装饰以截面呈水波形的弦纹为主，采用刻划技法的水波纹开始盛行，梳状纹逐渐演变为窗帘纹或方格填线纹。

二　各期年代

上述各期汉墓虽无明确的纪年，但墓内随葬的钱币仍为各期提供了可靠的年代依据；两组具有打破关系的墓葬则为各期的早晚关系提供了地层依据；结合《浙江汉墓》的分期，我们将上述五期墓葬的年代判定如下：

根据第一期中所出的“五铢”钱判断，该期的年代上限不会早于西汉武帝元狩五年（公元前118年）。而第四期伴出的“大泉五十”和“大布黄千”等钱币，证明其年代上限不早于新莽，下限约在东汉光武帝废除王莽钱币之前。同时，该期中的89龙·仪M39打破了三期的89龙·仪M40。第五期中的10龙·方M1为“新安长令”墓。据文献记载，东汉初平三年（公元192年）分太末县置新安县，为衢县建县之始。此外，该期中的89龙·仪M15打破了四期中的89龙·仪M10。据此我们认为，本次整理的衢州地区汉墓年代，第一期为西汉中期前段，第二期为西汉中期后段，第三期为西汉晚期，第四期为新莽至东汉早期，第五期为东汉中期至晚期。

第二节　丧葬习俗

一　墓地选择

“择高而葬”是两汉时期人们的丧葬观念之一，而衢州地区境内众多低矮的岗地则为这种观念的实现提供了有利的自然条件，因此，将墓地选择在低矮岗地顶部较为平缓的坡地上，成为衢州乃至整个浙西地区汉墓的择葬特点。发掘和调查发现，在龙游县城附近、相对高度在10米左右的山丘顶部，往往分布有数量不一的两汉时期墓葬，如东华山、仪冢山、石塔头、五爪垅等汉代墓地。

墓葬的朝向普遍以开阔的视野为标准，即面朝山脚方向的开阔地带。但部分家族墓地中的墓葬则往往朝向地位较高、规模较大的中心墓。

二 墓室营建

衢州汉墓墓室结构的营建基本分为土坑和砖室两大类。其中土坑类均为深竖穴形式，墓室挖于当地的红砂岩层中，形状以长方形为主，少量墓室前方带有墓道。墓室四壁垂直，转角基本呈直角，可能用铁锸之类的工具进行过二次修整。底面较为平整，部分以木椁为葬具的墓内，底面两端往往挖有两条沟槽，用于放置和稳固抬高椁室的垫木。墓内往往采用原土回填，形成红、黄相杂的五花土，土层结构较为松散。仅有个别墓葬内的填土取自别处，并经过逐层夯筑，土层结构十分致密，如 92 龙・东 M48。部分墓室前方带有墓道，终端高于墓室底面 0.2～0.4 米不等。墓道底面有斜坡式、阶梯式及斜坡和阶梯相组合三种形式，以斜坡式居多。

较多的土坑类墓葬底面构建有蓄水坑或渗水沟或排水沟，以起到一定的防潮作用。其中蓄水坑普遍位于墓坑四角，个别居中，以连接渗水沟端并承接渗水。坑的平面呈圆形，一半深入至墓壁外，以尽量减少墓坑内的渗水。坑的直径 30～40 厘米，深 10～20 厘米，部分底面铺垫卵石。渗水沟均挖于墓坑底面，起到承接上部渗水、并将其导入蓄水坑或排水沟的作用，沟宽 15 厘米左右，深约 10 厘米，沟内铺设大小 5～10 厘米不等的卵石。沟的数量一或两条不等，以后者居多。单条者平面呈斜直向，两端分别对接墓坑的两个转角。双条者平面呈交叉状，四端对接墓坑四角。排水沟普遍位于墓外，在靠近墓室的一端采用构建洞穴式暗沟的方式与渗水沟相通，将墓内渗水导出墓外。沟壁多为生土，底部铺垫卵石，卵石上覆盖两或三层大型板瓦，其上填土。少量排水沟筑自墓坑前端并通向墓外，下部用块石筑壁和顶，横截面呈方形。

砖室墓的营建过程大致为：根据墓室大小的需要先横向挖一个前低后高的土圹，然后在底面平铺一层底砖，其上用长方形平砖砌筑墓壁，至自底向上 0.8～1 米处，改用两面砖侧厚薄不同的楔形砖逐层错缝并内收成券顶。墓葬的平面形状有长方形、凸字形、中字形及“T”形多种。其中长方形仅有单一的墓室，墓壁多采用平起错缝方式，个别墓内设有壁龛，如 87 龙・东 M2；凸字形的则由甬道和墓室两部分组成，墓壁结构与长方形墓室相同，铺底砖为横向错缝平铺形式；中字形和“T”形结构更趋复杂，分别由甬道、前室、过道及后室四部分组成，个别墓室的外围砌有白膏泥围墙，如 10 龙・方 M1。墓壁普遍采用平铺的顺砖和侧立的丁砖相结合的方式砌筑，个别墓内设有砖砌的祭台，如 72 衢・前 M1。

三 葬俗葬具

（一）葬俗

衢州汉墓的葬俗分为单葬、合葬及族葬三类。

单葬是最为流行的一种葬俗，墓坑相对较小，平面普遍呈长方形。葬具或仅用木棺，或棺椁配套。

合葬有同穴合葬和异穴合葬两种不同的形式。同穴合葬是将双棺摆放于同一墓坑或椁室内，墓坑往往较大，有的带有墓道，平面往往呈凸字形或近方形。根据墓内随葬品种类及其用途，可判断基本为夫妻合葬。由于两者同时去世的概率极低，推测此类合葬墓存在两种可能，一是先去世的有一个二次葬的过程；二是将原有的墓葬挖开后埋入后死者，89 龙・仪 M10 中的瓿和盘口壶明显不属于同一时段的现象，为此种可能提供了一定的线索。

异穴合葬普遍由两座墓向一致、左右并列且具有平行打破关系、各自拥有自身的一套棺椁和随葬品的墓葬组成。两墓的年代往往十分接近，墓内随葬品互有早晚而不具有分期的意义。墓葬的单体规模一般较小。

族葬亦分为两种形式。一种以仪冢山墓地为代表，整个墓群分为三个大小不同的区域，其中规模较大、身份较高的墓葬位居各区的中心处，其余墓葬则环绕四周。以其中的 A 区为例，中间部位的四座墓葬均带有墓道，并以位居中心的 M11 规模最大，其他墓葬以其为中心呈辐射状有序排列。另一种以东华山鲁氏家族墓为代表（图二六〇），墓地由 15 座单葬和异穴合葬的墓葬组成，位居中心、前后相连、异穴合葬的 92 龙・东 M48 规模最大的，其余各墓环绕四周，其中 M48、M52、M55 分别出有“鲁伯”、“鲁毋害”、“鲁奉世”铜印，为判定家族墓地提供了有力的佐证。

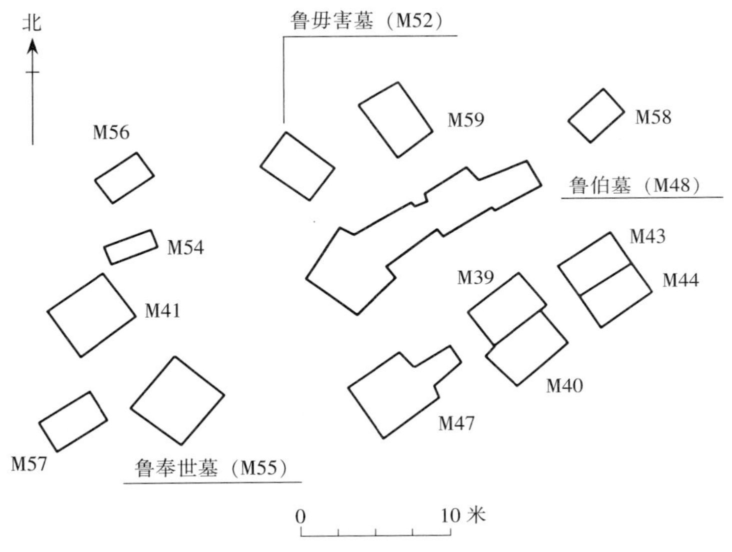

图二六〇　衢州东华山鲁氏家族墓地平面分布图

（二）葬具

由于气候和土壤性质的原因，各墓中的葬具均未能得以完整的保存。根据土坑类墓葬中残存的木板、板灰、漆皮、棺钉及“熟土二层台”现象判断，汉墓中的葬具有木棺和木椁两类（附表二）。其中木椁摆放于墓室中央，一般长 3.2、宽 1.5 米左右。椁内间隔成不同的空间，如棺厢、边厢、头厢、脚厢等。木棺均呈长方形，一般长 2、宽 1 米左右。内外髹漆，内红外黑。棺近四角各用一枚铁钉钉死。

第三节　随葬器物

陶瓷器不仅是衢州汉墓中的随葬器物主流，其变化更能体现这一区域两汉时期墓葬的风格和特点。因此，我们将上述汉墓中陶瓷器的造型、装饰、釉色、质地及制作工艺作一个全面的总结，以利进一步的探索和研究。

一　种类与造型

衢州汉墓中的陶瓷器种类以盘口壶、罐、罍等日用器为主，鼎、盒、瓿、敞口壶等礼器为辅，伴有少量的灶、井、房屋、家畜等明器。造型以平底的圆器占主流，如瓿、罐等；部分为卧足或矮圈足，如壶等；个别附有三足，如鼎。另有少量的异形器，如房屋、猪舍、家畜等。

二　装饰与技法

（一）装饰

由于汉代是席地而坐的生活习俗，因此，出于审美视觉的需要，陶瓷器的装饰部位主要位于器物的腹最大径以上。各部位装饰纹样分述如下：

1. 盖面纹饰

盖面的纹饰较少，其中钫盖面均为勾连纹，瓿的盖面为花瓣纹。熏因实用的需要，均有形状不同的镂孔。此外，麟趾金的背面普遍饰勾连纹。

2. 口唇与颈部纹饰

口唇与颈部的装饰题材均为不同形态的水波纹，其中唇面纹饰仅有井 1 件，口沿的装饰均位于口外壁，颈则为下端。

3. 肩部装饰

肩部是主要的装饰部位。几乎每件器物的肩部均装饰有技法不同的弦纹，其中形似细泥条的弦纹年代较早，均为上下三组，每组三条；略显平凸的弦纹年代趋中，一般二至三组不等；阴刻的细弦纹普遍较晚，一般一至二组不等。水波纹和鸟纹的数量仅次于弦纹，水波纹有单线和双线之分，纹饰采用刻划技法，流畅而随意。鸟纹均采用刻划技法，饰于瓿、壶类器物上，一般分上、下两组，布局对称，个别下面一组为作奔跑状的兽纹。鸟纹形态从写实转向写意，早期呈一颈多首状，鸟身布满锥点纹；中期呈圆首尖尾的鱼形；晚期仅为单线的“S”形。此外，个别瓿的肩部或贴有块状的花瓣纹，或刻划重叠的菱形纹。

4. 肩与腹壁装饰

肩、腹部的装饰分为两类。一类为组合纹饰，并普遍采用刻划技法。纹饰题材多为水波纹与弦纹的组合，个别为水波纹与弦纹及镂孔，或条纹和乳丁及镂孔的组合。另一类为单一纹饰，且布满全身。纹饰题材分为两种，一种为宽窄不等的弦纹，采用刻划或切削技法形成；一种为几何纹，基本装饰于罍和坛上，个别罐、壶类器物亦有所见。纹饰题材主要有编织纹、梳状纹、方格纹、窗帘纹等，装饰技法均采用拍印。

5. 耳与铺首面装饰

耳与铺首的装饰题材各有不同。其中耳分为立耳（鼎耳）和环耳两种，立耳面纹饰均采用模印技法，题材主要为各种短直线组成的几何纹，部分为勾连纹；个别或为圆圈纹，或为曲折纹。纹饰纤细，布局对称。环耳的装饰较为丰富，耳面均模印大同小异的叶脉纹，部分耳的上方贴有横向“S”形、菱角形、兽面纹等堆纹，个别兽面上方另饰有山形纹和乳丁。铺首面普遍模印人面纹，纹饰由写实转向写意，个别为叶脉纹。部分铺首上方或贴兽面，或贴菱角形堆纹；个别或刻划山字纹，或下端衔环。

6. 足面装饰

汉代的三足器主要是鼎足，足面多模印或刻划兽面纹，个别的为划纹。

7. 陶塑

陶塑分为两类。一类为单体形状，如房屋、猪舍及各种家畜等。另一类为器物的装饰，即将捏塑后的人物与动物粘附于器物上，如五管瓶上的堆塑。

（二）技法

陶瓷器的装饰技法主要有：

1. 刻划

刻划是汉代陶瓷器中最常用的一种装饰技法。从纹饰的工艺特征推测，很可能采用既有韧性又轻便灵活，既能就地取材又可轻易制作的竹片一类的工具。此类纹饰主要有弦纹、水波纹、鸟纹、山形纹、锥点纹等。

2. 切削

切削是汉代陶瓷器中较为常用的一种装饰技法。采用的工具可能与刻划工具相似，纹饰题材主要为宽凸的弦纹，另有少量的圆形或三角形镂孔。

3. 模印

模印也是汉代陶瓷器中较为常见的一种装饰技法。从纹饰的形态推测，模板可能有两种：一种呈圆轮形，将需要的纹饰刻印在轮子上，轮孔间安一横轴，轴的两端各连一把，装饰时沿着器物的部位周转一圈即成，如口沿外壁和颈下端的水波纹即用此技法；另一种则用刻有纹饰的模板压印在器物的装饰部位上，如叶脉纹、人面纹、几何纹、勾连纹等。

4. 拍印

拍印技法仅用于泥条盘筑的印纹陶器上，如罍、坛及零星的罐等。与模印技法不同是，此类技法为将刻有纹饰的陶拍直接拍印在器表上，同时，在拍印的过程中起到将泥条盘筑的器物压实的本意。其纹饰主要有编织纹、梳状纹、网格纹、窗帘纹、方格填线纹等。

5. 堆贴

堆贴技法运用较少，一般是将捏塑或模印成型后的纹饰贴附在需要装饰的部位。纹饰主要有横向“S”形纹、菱角形纹、方形兽面、乳丁、花瓣纹等。

三　釉色与施釉

汉墓中的着釉器有高温釉陶、低温釉陶、青瓷三大类。

高温釉陶的釉层是烧成过程中自然形成还是人工施釉，在学界尚有不同看法，对施釉方法更是一无所知。器物的着釉部位均为阳面，以壶为例，口沿内壁、颈下端至腹最大径处、内底中间部位均见釉，而口沿外壁、颈部、腹最大径以下则无釉。器物的釉色大部泛黄，部分釉层呈橘皮状凝聚，少量流失，露胎呈黄灰色；部分釉色呈青绿色，釉层光亮，个别局部有挂釉现象。

低温釉陶采用浸釉法上釉，釉迹线即施釉部位和无釉部位界限明确。器物外壁施釉往往不及底，盛食类器物内壁满釉，罐类器物施釉至口沿下。釉色以青绿为主，少量泛黄。釉层略厚，胎与釉的结合度相对较差，部分器物的釉层易剥落。

青瓷的上釉方法、釉迹线、施釉部位均与低温釉陶相同。釉色以青色为主，少量泛黄，釉层薄而光亮，部分有玻质感。

四 胎色与胎质

陶瓷器的胎色、胎质与原料和烧成温度具有密切的关系。在各类陶瓷器中，高温釉陶的质地坚硬，胎色以灰色为主，内含零星的细沙或石英细粒，胎内有少量的空隙，无釉部位的露胎多呈暗红色；少量胎色呈灰白或乳白色，胎料较为纯净，结构致密，无釉部位的露胎多呈紫红色，部分为红褐色。

印纹陶普遍无釉，质地坚硬，露胎以浅灰为主，内胎多呈深灰色，并含有较多的细沙，结构不甚致密，胎壁较薄。

泥质陶普遍无釉，因烧制温度高低的不同分为泥质硬陶和软陶两种。前者质地较硬，胎的结构较为致密。胎色中用还原焰烧成的多呈深浅不一的灰色，用氧化焰烧成的则呈不同程度的红色。后者普遍呈黑灰色，质地酥软。

低温釉陶无釉部位露胎和内胎普遍呈砖红色，胎质较为酥软，结构致密。

青瓷无釉部位的露胎多呈程度不同的灰色，内胎以灰色为主，部分呈乳白色，胎料纯净，质地坚硬，结构致密。

五 制作与工艺

陶瓷器的制作步骤大致可分为：主体成型→装饰纹样→安装双耳→上釉→装烧。

成型方法有轮制、泥条盘筑、轮制与泥条盘筑相结合、手制、模制五种。其中轮制是最为广泛的一种方法，采用此类方式制成的器物内壁往往留有轮旋痕。泥条盘筑法主要用于罍、坛类器的制作，器物成型后，内外用陶拍进行拍打，以压实和提高上下泥条间的紧密度，因此内壁均留有浅浅的陶拍抵窝痕。轮制和泥条盘筑相结合的制法主要用于大型瓿、壶类制品，器物的颈以下用泥条盘筑而成，以上则用轮制，最后上下黏结成型。同时，部分器物的内壁经过挖磨，使陶拍的抵窝痕迹若隐若现。手制多用于制作房屋、猪舍、家畜一类的器物，有的直接成型，有的分块黏结而成。模制主要用于耳杯、麟趾金及器耳、铺首的制作。

装烧方法均采用明火烧制，其中大型器直接摆放于垫具之上，由于器物距窑床底面较近且火焰上串的因素，故下部胎质往往不如上部坚硬；小型器则叠烧而成，胎的硬度上下较为一致。

第四节 文化因素

浙江原为于越之地，并形成了以土墩为墓形、以印纹陶和原始瓷为随葬品质地的丧葬特色。

此后虽经历了越被楚灭、秦汉一统，但传统文化并未因为政权的更替和军事的占领而瞬间烟飞云散，在东渐的楚风和南下的汉俗影响和冲击下，传统的越文化仍然顽强地存在并发展着。在此背景下，衢州汉墓中存在着多种的文化因素。

一　越文化因素

越文化因素主要表现在：其一，墓内注重防潮设施的构建，这种以卵石承接或导出墓内渗水的做法，与浙江先秦时期的土墩墓具有深厚的渊源关系；其二，随葬品中的瓿、罍、坛等，或与战国时期的同类器造型相同，或具有明显的继承和发展关系；其三，部分器物的制作工艺与先秦时期具有鲜明的继承关系，如泥条盘筑的成型方法、用陶拍拍印的装饰技法、高温釉陶与原始瓷的关系等等。

除传统的越文化因素以外，这一地区还存在着某些土著因素，如盘口浅而直的B型盘口壶和Aa型筒形罐等。

二　楚文化因素

楚文化因素主要表现在土坑类墓的营建方式和装殓逝者的葬具两大方面。大约从战国中期以后，浙江境内开始出现了受楚文化影响的浅土坑墓，随着时间的推移，土坑逐渐加深并形成深竖穴土坑模式。同时，墓内独木舟形式的葬具逐渐被箱式的楚式棺椁所替代。衢州地区广泛应用的土坑类结构和葬具充分体现了汉墓内的楚文化遗风。

三　汉文化因素

汉文化因素的表现较为广泛。首先是丧葬观念，如“事死如事生”的厚葬之风、择高而葬的墓地选择标准；其次是埋葬习俗，如合葬和族葬；第三是礼制的体现，如墓内普遍随葬鼎、盒、壶、钫一套既代表等级制度又具有浓郁中原风格的陶制礼器。

附　表

附表一

衢州汉墓墓葬形制统计表

墓号	墓向	类型	形状	规格（米）	防潮设施	备注
一期（西汉中期前段）9座						
79龙·东M10南穴	235	二C	长方形	2.4×1.7－1.4		
79龙·东M10北穴	235	二C	长方形	2.4×1.9－1.6		
79龙·东M11	152	二B	长方形	3.5×2.8－3		
79龙·东M22	240	土坑类	不明	7×3.9－3.1		根据原始记录
87龙·东M1	360	一类	长方形	3×1.5－2.6		墓被破坏
91龙·东M35	不明	土坑类	不明	不明		资料缺失
92龙·东M38	不明	土坑类	不明	不明		资料缺失
92龙·东M44	355	二C	长方形	2.1×2.2－1.8		墓被破坏
93龙·东M104	56	一类	长方形	2.94×1.48－0.65		上部破坏
二期（西汉中期后段）11座						
79龙·东M24	327	土坑类	不明	3.6×2.5－3.1		墓被破坏， 根据原始记录
87龙·东M3	70	二A	长方形	2.66×1.3－2.3		墓被破坏
87龙·东M11	58	二A	长方形	3.58×2.34－2.1		
87龙·东M12	239	二A	长方形	3.7×3.78－3.72		
88龙·东M27	250	二A	长方形	3.6×2.5－2.2		
92龙·东M43	355	二C	长方形	3.48×1.86－2		墓被破坏
92龙·东M48东穴	60	二C	不规则刀形	总长7.3 前室3.8×2.4 后室3.5×3.3		被西穴打破
92龙·东M48西穴	33	二C	不规则凸字形	总长7.3、深3.4 墓道4.1×2.7 墓室4.8×4.1		打破东穴
93龙·东M90	90	二A	长方形	3.92×2.3－1.65		
93龙·东M92	70	一类	长方形	3.40×1.54－1.60		
93龙·东M97	50	二A	长方形	3.9×2.35－1.2		
三期（西汉晚期）31座						
79龙·东M14	148	二A	长方形	4×2.5－2.6		
79龙·东M18	333	一类	长方形	3.5×2－1.75		

续附表一

墓号	墓向	类型	形状	规格（米）	防潮设施	备注
79 龙・东 M23	不明	土坑类	不明	3.4×2.5－3.1		严重破坏
80 龙・石 M25	90	二 A	长方形	3.5×2－1.2	有一条排水暗沟	墓被破坏
80 龙・石 M26	90	二 A	长方形	3.8×2－2.5		墓被破坏
80 龙・石 M27	90	二 A	长方形	3.7×1.84－1.6	有一条排水暗沟	被六朝墓叠压
80 龙・石 M30	90	二 A	凸字形	总长 8.4、深 2.3 墓道 4.8×1.15－1.15 墓室 3.6×2－2.3	墓室内设排水暗沟	
80 龙・石 M33	273	二 A	长方形	3.5×2－1.1		墓已扰乱
88 龙・东 M26	160	二 A	长方形	3.4×1.96－2.1		
88 龙・东 M29	240	二 A	方形	边长 3.7、深 2.4		
89 龙・仪 M11	23	二 B	凸字形	总长 8.65、深 2.7 墓道 4.5×2.04 墓室 4.15×3.76		
89 龙・仪 M22	325	二 A	长方形	3.5×2.2－1.6	墓内一条斜向渗水沟	
89 龙・仪 M24	335	二 A	长方形	3.76×3.04－1.8		
89 龙・仪 M33	155	二 A	长方形	3.6×2.9－1.6		
89 龙・仪 M35	170	二 A	长方形	3.9×2.1－1.1		
89 龙・仪 M37	170	二 A	长方形	3.4×2－1.9		
89 龙・仪 M40	275	二 A	长方形	2.9×1.76－0.6		
89 龙・仪 M41	274	二 A	长方形	3.6×2.1－1		上部破坏
89 龙・仪 M46	162	二 B	方形	边长 3.6、深 3	两条交叉形、一条横轴形渗水沟	
91 龙・东 M37	不明	土坑类	不明	不明		资料缺失
92 龙・东 M39	240	二 C	长方形	3.8×2.34－3		被 92 龙・东 M40 打破
92 龙・东 M47	60	二 B	凸字形	总长 7.1、深 1.85 墓道 2.9×2.1 墓室 3.8×4.2	墓室内设两条交叉形渗水沟	
92 龙・东 M52	300	二 A	长方形	4×2.4－1.1		
92 龙・东 M54	70	二 A	长方形	3.7×2.26－0.5		上部破坏
92 龙・东 M55 东穴	220	二 C	长方形	3.8×1.9－1		与西穴间有宽 0.3 米的隔墙
92 龙・东 M55 西穴	220	二 C	长方形	3.8×2.1－1		与西穴间有宽 0.3 米的隔墙
92 龙・东 M56	50	二 A	长方形	3.2×1.88－1.84		
93 龙・东 M65	215	二 A	长方形	3.48×1.8－1.2		
93 龙・东 M69	不明	土坑类	不明	不明		资料缺失
93 龙・东 M79	250	一类	长方形	2.8×1.3－2.7		
93 龙・东 M94	不明	土坑类	不明	不明		资料缺失

续附表一

墓号	墓向	类型	形状	规格（米）	防潮设施	备注
四期（王莽至东汉早期）91座						
79龙·东M12	330	一类	长方形	3×1.4–2.6	一条“厂”形渗水沟	
79龙·东M13	339	二A	长方形	3×1.6–2.4		
79龙·东M15	135	二B	长方形	4.6×3.9–3.3		严重被盗
79龙·东M16	132	二A	长方形	3.8×2.3–3.2	墓内一条斜向渗水沟	墓被破坏
79龙·东M17	337	一类	长方形	3.6×2–1.6		
80龙·石M28	85	二A	长方形	3.8×1.8–1.9	墓内一条斜向渗水沟	
80龙·石M29	88	一类	长方形	3.8×2.3–1.45		墓被破坏
87龙·东M4	340	二A	长方形	3.6×2.2–0.9		上部破坏
87龙·东M5	70	二B	方形	3.74×3.72–1.8		
87龙·东M6	160	二A	长方形	3.5×3.9–0.3		上部破坏
87龙·东M7	350	土坑类	不明	3.3×2.1–1.2		资料缺失
87龙·东M9	169	二A	长方形	3.9×1.68–1.5		
87龙·东M13	80	一类	长方形	4×2.2–3.5		
89龙·东M15	不明	不明	不明	不明		资料缺失
89龙·东M28	255	二B	凸字形	总长6.4、深3.1 墓道2.7×1.75 墓室3.7×3.63		
89龙·仪M10	25	二B	凸字形	总长6.9、深1.6 墓道3.2×1.66 墓室3.7×3.5	墓内两条渗水沟，墓外一条排水沟	被M15打破
89龙·仪M12	15	二B	凸字形	总长6.05、深1 墓道2.5×0.8 墓室3.6×3		
89龙·仪M13	260	二A	长方形	3.55×1.84～2–1.05		
89龙·仪M14	275	二A	长方形	3.55×2.2–1.8		
89龙·仪M15	15	二B	长方形	4.4×3.6–0.7		打破M10
89龙·仪M16	200	二A	长方形	3.8×2.2–0.2		上部破坏
89龙·仪M17	20	二B	凸字形	总长7.7、深1.65 墓道3.9×2.5 墓室3.8×3.6		
89龙·仪M18南穴	65	二C	长方形	3.66×2.3–1.56		打破南穴
89龙·仪M18北穴	65	二C	长方形	3.6×1.8–1.48		被南穴打破
89龙·仪M19	62	一类	长方形	4.2×1.9–0.6		严重被盗
89龙·仪M20	20	二A	长方形	4×2.4–0.95		严重被盗
89龙·仪M21	20	二A	长方形	3.6×3.5–1.6	墓内两条交叉状渗水沟	
89龙·仪M23东穴	325	二C	长方形	3.44×1.84–0.36		上部破坏； 打破西穴
89龙·仪M23西穴	325	二C	长方形	3.4×1.64–0.3		被东穴打破
89龙·仪M25	20	二A	长方形	3.6×1.9–0.9		上部破坏

续附表一

墓号	墓向	类型	形状	规格（米）	防潮设施	备注
89 龙·仪 M26	154	二 A	长方形	3.4×2.1－0.86		上部破坏
89 龙·仪 M27	325	二 A	长方形	3.6×1.7－0.4		上部破坏
89 龙·仪 M28	100	二 A	长方形	3.85×2.4－1.08	渗水沟和排水沟各一条	
89 龙·仪 M29	105	二 A	长方形	3.7×2.2－0.6		早期被盗
89 龙·仪 M30	100	二 A	长方形	3.9×2.3－1	斜向渗水沟一条	
89 龙·仪 M31	80	二 B	不明	3×2.6－1.5		墓被破坏
89 龙·仪 M32	154	二 B	长方形	4.12×3.66－1.28		
89 龙·仪 M34	160	二 B	近方形	4×3.9－1.2		严重被盗
89 龙·仪 M36	160	二 A	长方形	3.5×2.1－1.08		上部破坏
89 龙·仪 M38	240	二 B	长方形	5×3.8－2.5		
89 龙·仪 M39	15	二 A	长方形	3.6×2.3－0.6		打破 M40
89 龙·仪 M42	155	二 A	长方形	3.8×2－1.8	墓内一条纵向渗水沟	
89 龙·仪 M43	150	二 A	长方形	3.7×2.4－2.3		被盗
89 龙·仪 M44 南穴	265	二 C	长方形	3.8×2.02－1.6		
89 龙·仪 M44 北穴	265	二 C	长方形	3.6×1.9－1.63		
89 龙·仪 M45	85	二 A	长方形	4×2－2.6		
89 龙·仪 M47 南穴	84	二 C	长方形	3.5×2.3－1.06	墓内两条交叉状渗水沟	打破北穴
89 龙·仪 M47 北穴	84	二 C	长方形	3.40×1.46－0.8		被南穴打破
89 龙·仪 M48	260	二 B	近方形	3.95×3.74－4.15	两条交叉状渗水沟	
89 龙·仪 M49 南穴	160	二 C	长方形	3.68×2.42－3.08	墓内两条交叉状渗水沟	被北穴打破
89 龙·仪 M49 北穴	160	二 C	长方形	3.8×2.98－3.14	墓内两条交叉状渗水沟	打破南穴
89 龙·仪 M50 东穴	340	二 C	长方形	3.38×1.94－1.4		
89 龙·仪 M50 西穴	340	二 C	长方形	3.54×2.2－1.4	斜向渗水沟一条	
89 龙·仪 M51	170	二 A	长方形	4×2－1.6		
92 龙·东 M40	240	二 C	长方形	3.7×3.02－4		打破 92 龙·东 M39
92 龙·东 M41	不明	土坑类	不明	不明		资料缺失
92 龙·东 M42	不明	土坑类	不明	不明		资料缺失
92 龙·东 M45	不明	土坑类	不明	不明		资料缺失
92 龙·东 M46	不明	土坑类	不明	不明		资料缺失
92 龙·东 M50	不明	土坑类	不明	不明		资料缺失
92 龙·东 M51	不明	土坑类	不明	不明		资料缺失
92 龙·东 M53	不明	土坑类	不明	不明		资料缺失
92 龙·东 M57	不明	土坑类	不明	不明		资料缺失
92 龙·东 M58	不明	土坑类	不明	不明		资料缺失
92 龙·东 M59	不明	土坑类	不明	不明		资料缺失
93 龙·东 M64	不明	土坑类	不明	不明		资料缺失
93 龙·东 M66	325	二 A	长方形	3.52×1.78－1.6		
93 龙·东 M70	60	一类	长方形	3.62×1.6－0.3		上部破坏
93 龙·东 M71	70	一类	长方形	3.34×1.1－1.1		
93 龙·东 M72	265	二 A	长方形	3.64×2.08－1.6		

续附表一

墓号	墓向	类型	形状	规格（米）	防潮设施	备注
93 龙·东 M73	255	二 A	长方形	3.3×1.6－1.15		
93 龙·东 M74	159	二 A	长方形	3.78×1.96－0.8		上部破坏
93 龙·东 M75	不明	土坑类	不明	不明		资料缺失
93 龙·东 M76	不明	土坑类	不明	不明		资料缺失
93 龙·东 M77	265	二 B	凸字形	4.1×3.8－2.5		依据记录
93 龙·东 M78	不明	土坑类	不明	不明		资料缺失
93 龙·东 M81	85	一类	长方形	3.7×1.8－0.4		上部破坏
93 龙·东 M82	263	二 B	凸字形	3.9×3.8－1.4	斜向渗水沟一条	资料缺失
93 龙·东 M85	240	一类	长方形	3.6×1.75－1.2		
93 龙·东 M86	不明	土坑类	不明	不明		资料缺失
93 龙·东 M87	不明	土坑类	不明	不明		资料缺失
93 龙·东 M88	270	二 A	长方形	3.5×1.7－1		上部破坏
93 龙·东 M89	190	二 A	长方形	3.6×2.4－1.6		
93 龙·东 M95	不明	土坑类	不明	不明		资料缺失
93 龙·东 M96	260	二 A	长方形	3.54×2.12－0.9		上部破坏
93 龙·东 M98	不明	土坑类	不明	不明		资料缺失
93 龙·东 M99	不明	不明	不明	不明		资料缺失
93 龙·东 M100	260	二 A	长方形	3.55×1.90－0.6		上部破坏
93 龙·东 M102	不明	土坑类	不明	不明		资料缺失
93 龙·东 M103	不明	不明	不明	不明		资料缺失
97 龙·城 M1	不明	土坑类	不明	不明		资料缺失
五期（东汉中期至晚期）7 座						
72 衢·前 M1	314	三Ⅱ	中字形	总长 8.1 甬道 0.9×1.6 前室 2.6×5.25 过道 0.7×2.5 后室 4.7×3－2.7	墓室四周设 0.15 米宽的排水暗沟	
78 江·长 M1	不明	土坑类	不明	不明		采集
78 衢·上 M9	180	三Ⅰ	凸字形	总长 6.18、高 2.5 甬道 1.15×1.1－1.45 墓室 4.85×2.2－2.5		
87 江·庵 M1	不明	土坑类	不明	1.8－4		源自简报
87 龙·东 M2	340	三Ⅰ	长方形	4.46×2.5－1.32		
91 龙·东 M36	不明	不明	不明	不明		资料缺失
10 龙·方 M1	355	三Ⅱ	中字形	总长 15.3、高 2.7 墓道 3×2.3 甬道 2.4×1.45 前室 2.5×4.8 过道 0.9×1.4 后室 6×2.6		

附表二

衢州汉墓葬俗、葬具参考表

（尺寸单位：米）

墓号	葬俗	椁室		垫木沟	棺木规格
		规格	椁内间隔		
一期（西汉中期前段）9座					
79龙·东M10南穴	异穴合葬	不明	棺厢、边厢	无	1.6×0.6
79龙·东M10北穴	异穴合葬	不明	棺厢、边厢、头厢	无	1.4×0.7
79龙·东M11	同穴合葬	不明	棺厢、边厢、头厢	3.4×0.2-0.1	1.2×0.6
79龙·东M22	不明	不明	不明	不明	不明
87龙·东M1	单葬	无	无	无	1.2×0.7
91龙·东M35	不明	不明	不明	不明	不明
92龙·东M38	不明	不明	不明	不明	不明
92龙·东M44	异穴合葬	不明	不明		
93龙·东M104	单葬	无	无	无	不明
二期（西汉中期后段）11座					
79龙·东M24	不明	不明	不明	不明	不明
87龙·东M3	单葬	不明	不明	无	2.3×0.6
87龙·东M11	单葬	2.8×1.7	棺厢、边厢	2.3×0.28-0.12	不明
87龙·东M12	单葬	3.3×2.6	棺厢、边厢	3.7×0.34-0.1	2.4×1.1
88龙·东M27	单葬	3×1.9	棺厢、双边厢	2.46×0.26-0.2	2.4×1
92龙·东M43	异穴合葬	3×1.55	棺厢、边厢、脚厢	无	1.8×0.7
92龙·东M48东穴	异穴合葬	不明	棺厢、边厢、头厢	3.3×0.2-0.1	不明
92龙·东M48西穴	异穴合葬	3.6×3.5	双棺厢、双边厢、脚厢	4.02×0.24-0.08	2.8×0.9 3×1.1
93龙·东M90	单葬	3.7×2	棺厢、边厢、头厢	无	不明
93龙·东M92	单葬	不明	不明	无	不明
93龙·东M97	单葬	3.1×2	棺厢、边厢、头厢	无	1.9×0.1
三期（西汉晚期）31座					
79龙·东M14	单葬	不明	棺厢、边厢	一条2.45×0.2-0.1	1.3×0.7
79龙·东M18	单葬	无	无	无	2×0.9
79龙·东M23	不明	不明	不明	不明	不明
80龙·石M25	单葬	不明	棺厢、边厢	1.96×0.3-0.1	不明
80龙·石M26	单葬	不明	棺厢、边厢	1.96×0.24-0.1	不明
80龙·石M27	单葬	不明	棺厢、头厢	无	不明
80龙·石M30	单葬	不明	棺厢、边厢、脚厢	1.94×0.28-0.1	不明
80龙·石M33	单葬	不明	棺厢、边厢、脚厢	1.94×0.2-0.1	2.1×1
88龙·东M26	单葬	不明	棺厢、边厢、脚厢	无	2×0.7
88龙·东M29	单葬	3.2×3.1	棺厢、双边厢	3.6×0.14-0.1	不明
89龙·仪M11	同穴合葬	3.2×3	棺厢、边厢、脚厢	3.7×0.2-0.1	
89龙·仪M22	单葬		棺厢、边厢、脚厢	2.2×0.18-0.1	不明
89龙·仪M24	单葬	3.1×2.2	棺厢、边厢、头厢	一条3×0.22-0.1	2.4×1.2

续附表二

墓号	葬俗	椁室		垫木沟	棺木规格
		规格	椁内间隔		
89 龙 · 仪 M33	单葬	2.8×2.2	棺厢、边厢	2.8×0.3－0.1	不明
89 龙 · 仪 M35	单葬	3.2×1.6	棺厢、边厢、头厢	2.05×0.16－0.08	不明
89 龙 · 仪 M37	单葬	2.7×1.5	棺厢、边厢	无	不明
89 龙 · 仪 M40	单葬	2.6×1.3	棺厢、边厢	1.45×0.3－0.1	不明
89 龙 · 仪 M41	单葬	3.1×1.4	棺厢、头厢	无	不明
89 龙 · 仪 M46	同穴合葬	边长 2.8	双棺厢、双边厢	3.54×0.24－0.1	
91 龙 · 东 M37	不明	不明	不明	不明	不明
92 龙 · 东 M39	异穴合葬	3.1×1.9	棺厢、边厢	2.28×0.22－0.14	2.5×1
92 龙 · 东 M47	同穴合葬	3.4×2.7	棺厢、边厢、脚厢	2×0.2－0.08	2.4×0.9
92 龙 · 东 M52	单葬	3.4×1.8	棺厢、边厢	2.35×0.2－0.08	2.5×0.8
92 龙 · 东 M54	单葬	3.3×1.9	棺厢、边厢、脚厢	无	2.3×0.8
92 龙 · 东 M55 东穴	异穴合葬	3.5×1.7	棺厢、边厢	无	不明
92 龙 · 东 M55 西穴	异穴合葬	3.5×1.8	棺厢、边厢、脚厢	无	不明
92 龙 · 东 M56	单葬	不明	棺厢、边厢、头厢	无	不明
93 龙 · 东 M65	单葬	3.1×1.4	棺厢、头厢	无	2.3×0.9
93 龙 · 东 M69	不明	不明	不明	不明	不明
93 龙 · 东 M79	单葬	无	无	无	1.7×0.9
93 龙 · 东 M94	不明	不明	不明	不明	不明
四期（王莽至东汉初期）91 座					
79 龙 · 东 M12	单葬	无	无	无	1.9×0.7
79 龙 · 东 M13	单葬	不明	棺厢、头厢	一条 1.5×0.2－0.1	不明
79 龙 · 东 M15	同穴合葬	不明	棺厢	4.5×0.2－0.1	不明
79 龙 · 东 M16	单葬	不明	棺厢、边厢	一条 2.25×0.26－0.1	不明
79 龙 · 东 M17	单葬	无	无	无	2×1.8
80 龙 · 石 M28	单葬	3.3×1.3	棺厢、边厢、头厢		1.9×0.9
80 龙 · 石 M29	单葬	无	无	无	长 1.4
87 龙 · 东 M4	单葬	3×1.7	棺厢、边厢	无	不明
87 龙 · 东 M5	同穴合葬	边长 3	双棺厢、边厢	无	不明
87 龙 · 东 M6	单葬	3.3×3	棺厢、边厢	无	1.4×1.3
87 龙 · 东 M7	不明	不明	不明	不明	不明
87 龙 · 东 M9	单葬	3.3×1.2	棺厢、头厢	无	2.2×0.8
87 龙 · 东 M13	单葬	无	无	无	不明
89 龙 · 东 M15	不明	不明	不明	不明	不明
89 龙 · 东 M28	同穴合葬	3.2×2.9	双棺厢、双边厢、头厢	3.55×0.2－0.16	2×0.9
89 龙 · 仪 M10	同穴合葬	2.94×2.8	棺厢、边厢	3.45×0.21－0.1	
89 龙 · 仪 M12	同穴合葬	3×2.6	棺厢、边厢	无	2.3×1.5
89 龙 · 仪 M13	单葬	3.2×1.5	棺厢、头厢	无	不明
89 龙 · 仪 M14	单葬	3.1×1.6	棺厢、头厢	2.2×0.14－0.1	

续附表二

墓号	葬俗	椁室		垫木沟	棺木规格
		规格	椁内间隔		
89龙·仪M15	同穴合葬	不明	双棺厢、边厢	无	2×1
89龙·仪M16	单葬	不明	棺厢、边厢	无	1.9×0.7
89龙·仪M17	同穴合葬	不明	棺厢、双边厢、脚厢	3.6×0.3－0.08	2.7×0.7
89龙·仪M18南穴	异穴合葬	3.05×1.8	棺厢、边厢	2.3×0.24－0.08	2×1.05
89龙·仪M18北穴	异穴合葬	3×1.5	棺厢、边厢	一条1.8×0.22－0.1	1.8×0.7
89龙·仪M19	单葬	无	无	无	不明
89龙·仪M20	单葬	3.3×1.8	棺厢、边厢	无	不明
89龙·仪M21	单葬	不明	棺厢、边厢	3.5×0.34－0.1	不明
89龙·仪M23西穴	异穴合葬	不明	棺厢、边厢	无	不明
89龙·仪M23东穴	异穴合葬	不明	棺厢、双边厢	无	不明
89龙·仪M25	单葬	不明	棺厢、头厢	1.9×0.18－0.06	不明
89龙·仪M26	单葬	3×1.6	棺厢、边厢	2.1×0.18－0.1	2×0.6
89龙·仪M27	单葬	3.2×1.3	棺厢、头厢	3.6×0.2－0.08	1.9×0.9
89龙·仪M28	单葬	不明	棺厢、边厢	2.4×0.3－0.08	不明
89龙·仪M29	单葬	3×1.6	棺厢、边厢、头厢	一条2.1×0.2－0.06	2×0.8
89龙·仪M30	单葬	不明	棺厢、边厢	2.2×0.22－0.08	
89龙·仪M31	同穴合葬	不明	双棺厢、边厢	一条2.9×0.24－0.12	不明
89龙·仪M32	同穴合葬	3.6×3.1	棺厢、边厢、头厢、脚厢	无	不明
89龙·仪M34	同穴合葬	不明	双棺厢、边厢	3.86×0.2－0.1	不明
89龙·仪M36	单葬	2.8×1.5	棺厢、头厢	2.02×0.2－0.1	不明
89龙·仪M38	同穴合葬	4.4×3.1	棺厢、双边厢、脚厢	无	不明
89龙·仪M39	单葬	2.7×1.8	棺厢、边厢、头厢	2.25×0.2－0.06	
89龙·仪M42	单葬			1.9×0.16－0.08	
89龙·仪M43	单葬	3.1×1.9	棺厢	2.36×0.24－0.06	不明
89龙·仪M44南穴	异穴合葬	不明	不明	无	不明
89龙·仪M44北穴	异穴合葬	不明	棺厢、边厢	无	不明
89龙·仪M45	单葬	2.8×0.8	不明	1.95×0.24－0.1	不明
89龙·仪M47南穴	异穴合葬	2.8×2	棺厢、边厢	2.2×0.2－0.06	不明
89龙·仪M47北穴	异穴合葬	不明	棺厢、边厢	无	不明
89龙·仪M48	同穴合葬	3.2×3	双棺厢、双边厢	3.8×0.12－0.1	不明
89龙·仪M49南穴	异穴合葬	2.3×2.2	棺厢、边厢、头厢	2.36×0.26－0.1	不明
89龙·仪M49北穴	异穴合葬	3.4×2.7	棺厢、边厢、头厢	2.94×0.3－0.1	不明
89龙·仪M50东穴	异穴合葬	不明	棺厢、边厢		不明
89龙·仪M50西穴	异穴合葬	不明	棺厢、边厢	一条？×0.3－0.08	不明
89龙·仪M51	单葬	3.1×1.6	棺厢、边厢、头厢	1.92×0.22－0.1	不明
92龙·东M40	异穴合葬	3.1×2.4	双棺厢、边厢、脚厢	2.96×0.3－0.15	2.2×0.8
92龙·东M41	不明	不明	不明	不明	不明
92龙·东M42	不明	不明	不明	不明	不明
92龙·东M45	不明	不明	不明	不明	不明

续附表二

墓号	葬俗	椁室		垫木沟	棺木规格
		规格	椁内间隔		
92 龙・东 M46	不明	不明	不明	不明	不明
92 龙・东 M50	不明	不明	不明	不明	不明
92 龙・东 M51	不明	不明	不明	不明	不明
92 龙・东 M53	不明	不明	不明	不明	不明
92 龙・东 M57	不明	不明	不明	不明	不明
92 龙・东 M58	不明	不明	不明	不明	不明
92 龙・东 M59	不明	不明	不明	不明	不明
93 龙・东 M64	不明	不明	不明	不明	不明
93 龙・东 M66	单葬	不明	棺厢、脚厢	无	1.9×0.8
93 龙・东 M70	单葬	无	无	无	不明
93 龙・东 M71	单葬	无	无	无	不明
93 龙・东 M72	单葬	不明	棺厢、脚厢	无	2.6×0.8
93 龙・东 M73	单葬	2.8×1.2	棺厢、头厢	无	1.8×1.1
93 龙・东 M74	单葬	3×1.3	棺厢、边厢、头厢	无	不明
93 龙・东 M75	不明	不明	不明	不明	不明
93 龙・东 M76	不明	不明	不明	不明	不明
93 龙・东 M77	同穴合葬		双棺厢、脚厢	3.7×0.3－0.1	不明
93 龙・东 M78	不明	不明	不明	不明	不明
93 龙・东 M81	单葬	无	无	无	不明
93 龙・东 M82	同穴合葬	不明	双棺厢、边厢、脚厢	无	不明
93 龙・东 M85	单葬	无	无	无	不明
93 龙・东 M86	不明	不明	不明	不明	不明
93 龙・东 M87	不明	不明	不明	不明	不明
93 龙・东 M88	单葬	3.2×1.3	棺厢、头厢	无	不明
93 龙・东 M89	单葬	不明	棺厢、边厢、脚厢	无	不明
93 龙・东 M95	不明	不明	不明	不明	不明
93 龙・东 M96	单葬	3.2×1.9	棺厢、边厢	无	不明
93 龙・东 M98	不明	不明	不明	不明	不明
93 龙・东 M99	不明	不明	不明	不明	不明
93 龙・东 M100	单葬	3×1.4	棺厢、边厢	无	2.1×0.8
93 龙・东 M102	不明	不明	不明	不明	不明
93 龙・东 M103	不明	不明	不明	不明	不明
97 龙・城 M1	不明	不明	不明	不明	不明

续附表二

墓号	葬俗	椁室		垫木沟	棺木规格
		规格	椁内间隔		
五期（东汉中期至晚期）7座					
72衢·前M1	单葬	砖室	无	无	不明
78江·长M1	不明	不明	不明	不明	不明
78衢·上M9	单葬	砖室	无	无	不明
87江·庵M1	不明	不明	不明	不明	不明
87龙·东M2	单葬	砖室	无	无	不明
91龙·东M36	不明	不明	不明	不明	不明
10龙·方M1	单葬	砖室	无	无	不明

注：表中葬具规格均根据墓内残留的板灰和漆皮痕迹、铁棺钉的分布位置、“熟土二层台”的范围推测而来，仅供参考。

附表三

衢州汉墓随葬器物统计表

墓号	墓型	基本组合	伴出器物	备注
一期（西汉中期前段）9座				
79龙·东M10南穴	二C	高温釉陶瓿Ⅰ2；印纹硬陶罍AⅠ1	高温釉陶熏1，器盖1，耳杯1，勺A2、B1；硬陶提子1	
79龙·东M10北穴	二C	硬陶鼎BⅠ2；高温釉陶瓿Ⅰ1，中型敞口壶Ⅰ1，罐1，罐Ⅰ1；印纹硬陶罍AⅠ1、AⅡ2	铜洗1	
79龙·东M11	二B	高温釉陶钫2，鼎AⅠ2、Ⅱ2，盒Ⅰ2、Ⅱ2，瓿Ⅰ2，敞口壶大型Ⅰ2、中型Ⅰ1，弦纹罐AⅠ3（硬陶1）、CⅠ1；硬陶灶AⅠ1，釜1，甑2，井1	高温釉陶器盖2（硬陶1），盆1，杯1，耳杯Ⅰ4，碟2，匜1，勺A1，匙1，熏1；硬陶奁1，灯盏1，房屋模型2，猪舍1，牛2，马2，羊2，狗2，鸡2；铜星云镜2，矛1，鐓1；铁削1	
79龙·东M22	土坑类	高温釉陶钫2，鼎AⅠ1、Ⅱ1，盒Ⅱ1，瓿Ⅰ1，敞口壶大型Ⅱ1、中型Ⅱ2，中型盘口壶BⅠ1，罐AⅠ5（硬陶3）；硬陶灶AⅡ1，井1	高温釉陶盆1，杯1，匜1，勺B1，匙1，灯盏1，房屋模型1；硬陶奁1，勺A2，马2，麟趾金1；铜钫2，鼎2；铁剑1	
87龙·东M1	一类	高温釉陶鼎AⅡ2（硬陶1），瓿Ⅰ2，中型敞口壶Ⅰ2；硬陶盒2；泥质陶不明罐1	泥质陶釜1	墓被破坏
91龙·东M35	土坑类	硬陶瓿Ⅰ1		资料缺失
92龙·东M38	土坑类	高温釉陶鼎AⅠ1，盒Ⅱ1，中型敞口壶Ⅱ1，罐AⅡ1，印纹罍AⅠ2（硬陶1）；硬陶瓿Ⅰ1，罐AⅠ1	铜蟠螭纹镜1、草叶纹镜1；水晶环1	资料缺失
92龙·东M44	二C	高温釉陶鼎AⅠ1、BⅠ1；硬陶弦纹罐AⅠ2，盆2，罐1		墓被破坏
93龙·东M104	一类	高温釉陶瓿Ⅰ2，中型敞口壶Ⅰ1，小型盘口壶AⅠ1；硬陶弦纹罐AⅠ2、不明2	铜"五铢"钱1组；铁矛1	上部破坏
二期（西汉中期后段）11座				
79龙·东M24	土坑类	硬陶鼎AⅢ2；高温釉陶中型敞口壶Ⅰ3、Ⅱ1	印纹硬陶筒形罐C2；铁釜1，棍1	墓被破坏
87龙·东M3	二A	高温釉陶鼎AⅡ2，盒Ⅱ1、Ⅲ1，瓿Ⅰ2，中型敞口壶Ⅰ2，弦纹罐AⅡ1	硬陶双孔罐1；泥质陶釜1；铜器1，蟠螭纹镜1，"半两"1，"五铢"1；铁削1；漆奁1	墓被破坏
87龙·东M11	二A	硬陶鼎AⅢ2，盒Ⅲ2，弦纹罐AⅠ2，不明罐1；高温釉陶瓿Ⅱ2，弦纹罐1，中型敞口壶Ⅱ1，大型盘口壶AⅡ1、中型AⅠ1、AⅡ1	铜日光镜Ⅱ1，"五铢"1；漆奁1	
87龙·东M12	二A	高温釉陶鼎AⅢ2，盒Ⅱ2，瓿Ⅰ2，敞口壶大型Ⅲ1、中型Ⅱ2、小型Ⅱ1，不明壶1；硬陶弦纹罐AⅠ1，不明罐1；印纹硬陶罍AⅡ1	铜带钩B1，"五铢"1，残铜器1；铁釜2，残铁器1；玻璃珠1	

续附表三

墓号	墓型	基本组合	伴出器物	备注
88 龙・东 M27	二 A	高温釉陶鼎 BⅡ2，瓿Ⅱ1，敞口壶大型Ⅱ1、中型Ⅱ1，中型盘口壶 AⅠ1、AⅡ1，壶 1；硬陶盒Ⅲ2，弦纹罐 1	硬陶器盖 1，纺轮 1；铜昭明镜 1，“五铢”1	
92 龙・东 M43	二 C	高温釉陶瓿Ⅱ2，大型敞口壶Ⅱ1，大型盘口壶 AⅠ1；硬陶鼎 AⅢ1、不明 1，盒Ⅱ1、不明 1，弦纹罐 AⅠ3（高温釉陶 1）、不明 1	铜星云镜 1；铁釜 1	墓被破坏
92 龙・东 M48 东穴	二 C	高温釉陶瓿Ⅲ1，敞口壶大型Ⅲ3、中型Ⅱ2、Ⅲ1；硬陶弦纹罐 AⅠ2、BⅠ1，不明罐 2；泥质陶盏 1；印纹硬陶罍 AⅡ2	铜昭明镜 2，套印 1，“五铢”1 组；铁尊 1，剑 1，刀 1；漆器 1	被西穴打破
92 龙・东 M48 西穴	二 C	高温釉陶鼎 AⅢ2（硬陶 1）、盒Ⅱ2，瓿Ⅱ3、不明 1，敞口壶大型Ⅱ2、Ⅲ1、中型Ⅰ1、Ⅱ3，中型盘口壶 AⅠ3、BⅡ2、不明 2；硬陶弦纹罐 AⅠ3、BⅠ1、D2、不明 1，印纹硬陶罍 AⅡ2	铜器 1，日光镜Ⅱ1；铁釜 2	打破东穴
93 龙・东 M90	二 A	硬陶鼎 AⅢ2，盒Ⅲ2，弦纹罐 AⅠ1，不明罐 1；高温釉陶瓿Ⅱ1、不明 1，敞口壶大型Ⅱ1、中型Ⅰ1，中型盘口壶 AⅠ1，罐Ⅰ		
93 龙・东 M92	一类	高温釉陶中型盘口壶 AⅡ1	铜“五铢”1 组；铁刀 1	资料缺失
93 龙・东 M97	二 A	高温釉陶瓿 2，敞口壶中型Ⅱ2、小型Ⅰ1，大型盘口壶 AⅠ1，壶 2；硬陶鼎 AⅢ1、不明 1，盒Ⅱ1、不明 1，弦纹罐 AⅠ1，不明 2；印纹硬陶罍 1	铜草叶纹镜 1；铁釜 1	
三期（西汉晚期）31 座				
79 龙・东 M14	二 A	高温釉陶瓿Ⅲ1，敞口壶大型Ⅲ1、中型Ⅲ2，盘口壶大型 BⅠ1、中型 AⅠ2；硬陶弦纹罐 AⅠ1、AⅡ2；印纹硬陶罍 AⅡ1	铜洗 1，日光镜Ⅱ1，“五铢”2；铁釜 1，刀 2；漆器 1	
79 龙・东 M18	一类	高温釉陶中型敞口壶Ⅰ1；硬陶弦纹罐 AⅡ1；印纹硬陶罍 AⅡ1		
79 龙・东 M23	土坑类	高温釉陶瓿Ⅲ2，敞口壶大型Ⅲ2、中型Ⅲ5、小型Ⅱ1	铁釜 1	严重破坏
80 龙・石 M25	二 A	高温釉陶中型盘口壶 AⅣ1；硬陶弦纹罐 BⅠ2（高温釉陶 1）、BⅡ1	铜四虺四乳镜 1；铁刀 1	墓被破坏；采集高温釉陶敞口壶 1、硬陶弦纹罐 2
80 龙・石 M26	二 A	高温釉陶瓿 2，中型敞口壶Ⅱ1、不明 3；硬陶弦纹罐 BⅠ1、CⅠ1、D1；泥质陶罐 1	铜鼎 1，昭明镜 1，“五铢”1 组；铁釜 1	墓被破坏

续附表三

墓号	墓型	基本组合	伴出器物	备注
80 龙・石 M27	二 A	高温釉陶中型盘口壶 AⅢ1；硬陶弦纹罐 BⅠ2	硬陶纺轮 5；铜日光镜Ⅱ1，"五铢" 2 组；琉璃珠 1 组	被六朝墓叠压
80 龙・石 M30	二 A	高温釉陶瓿Ⅱ1、Ⅲ1，敞口壶大型Ⅲ1、中型Ⅲ2；硬陶中型敞口壶Ⅱ2，弦纹罐 AⅠ1、BⅠ2、Ⅱ2；泥质印纹陶罍 1	铜昭明镜 1，"五铢" 1 组；铁釜 1，锸 1	
80 龙・石 M33	二 A	高温釉陶中型敞口壶Ⅲ1；硬陶弦纹罐 BⅡ1；印纹硬陶罍 AⅢ1	铜昭明镜 1，"五铢" 1 组；铁釜 A1	墓已被扰乱
88 龙・东 M26	二 A	高温釉陶瓿Ⅲ2，大型敞口壶Ⅲ1，中型敞口壶Ⅱ2、Ⅲ1，不明壶 1，弦纹罐 AⅠ4（硬陶 3），不明罐 1，印纹罍 AⅡ1	铜日光镜Ⅱ1，"五铢" 1 组	
88 龙・东 M29	二 A	高温釉陶敞口壶大型Ⅲ1、中型Ⅲ6、小型Ⅱ1、不明 3；硬陶弦纹罐 AⅡ1、不明 2；印纹硬陶罍 1	高温釉陶盆 1；铜日光镜Ⅱ1，"五铢" 1 组；铁釜 1；琉璃璧 1	
89 龙・仪 M11	二 B	高温釉陶瓿Ⅱ2，大型敞口壶Ⅲ2、中型Ⅳ4，中型盘口壶 AⅠ1；硬陶罐Ⅰ4（高温釉陶 2）、Ⅱ1，弦纹罐 AⅡ2、BⅠ4、BⅡ1、不明 3，印纹硬陶罍 AⅡ1、不明 1	硬陶纺轮 3；原始瓷杯 3；铜洗 1，盆 1，日光镜Ⅱ1，四虺四乳镜 1，"五铢" 2 组；铁釜 1，矛 B1，剑 A1，刀 Bb2，铁器 1；石研黛器 1，黛板 1，哨（？）1；玻璃珠 1 串；漆勺 1，漆器 6	
89 龙・仪 M22	二 A	高温釉陶中型敞口壶Ⅲ1、Ⅳ1，大型盘口壶 AⅢ1，罐Ⅱ1，弦纹罐 BⅡ1；硬陶弦纹罐 BⅡ1、不明 1；印纹硬陶罍 AⅢ1	硬陶泡菜罐Ⅰ1，纺轮 1；铜"五铢"钱 1 组；铁鼎 1，釜 B1，剑 1；绞胎玻璃管 1；玻璃珠 1 组	
89 龙・仪 M24	二 A	高温釉陶瓿Ⅱ1、不明 1，敞口壶 1，大型盘口壶 AⅡ1；硬陶弦纹罐 AⅡ3、不明 1；印纹硬陶罍 AⅡ1		
89 龙・仪 M33	二 A	高温釉陶瓿Ⅱ1，敞口壶 3；泥质陶罐 1	铁釜 1	
89 龙・仪 M35	二 A	高温釉陶瓿 1，中型敞口壶Ⅲ1、不明 1，硬陶弦纹罐 BⅠ1、BⅡ1、不明 1		
89 龙・仪 M37	二 A	高温釉陶敞口壶 1；硬陶弦纹罐 AⅡ1、不明 3；印纹硬陶罍 AⅢ1	残陶器 1；铜器 1；铁釜 1，矛 A1，剑 B1，刀 A1、不明 1，削 1；玻璃珠 1 组	
89 龙・仪 M40	二 A	高温釉陶中型盘口壶 AⅠ1；硬陶弦纹罐 BⅠ1、CⅠ2、CⅡ1	铜四虺四乳镜 1；铁矛 A1	被龙・仪 M39 打破
89 龙・仪 M41	二 A	高温釉陶瓿 1，中型盘口壶 AⅠ1，硬陶弦纹罐 CⅡ1、不明 1	铜"五铢" 1 组	上部破坏
89 龙・仪 M46	二 B	高温釉陶瓿Ⅲ1，中型敞口壶Ⅱ2，不明 5；硬陶弦纹罐 AⅡ2	铜器 1，蟠螭纹镜 1，"五铢" 1 组；铁釜 2，剑 B1，刀 Bb1、不明 1	
91 龙・东 M37	土坑类	硬陶中型盘口壶 BⅡ1	硬陶筒形罐 Aa 2，钵 1	资料缺失
92 龙・东 M39	二 C	高温釉陶瓿 2，盘口壶大型 BⅡ1、中型 AⅠ1、小型 AⅠ2，不明 1，筒形罐 C1；硬陶弦纹罐 AⅠ1、不明 2	铜"五铢" 1 组	被 92 龙・东 M40 打破

续附表三

墓号	墓型	基本组合	伴出器物	备注
92龙·东M47	二B	高温釉陶瓿Ⅱ2，敞口壶大型Ⅲ1、中型Ⅲ3，弦纹罐BⅡ2；硬陶弦纹罐AⅠ1、CⅡ3、不明1；印纹硬陶罍2	铜洗1，昭明镜2，"五铢"1组；铁削1	
92龙·东M52	二A	高温釉陶中型敞口壶Ⅲ4，弦纹罐CⅡ1；硬陶弦纹罐BⅡ2；印纹硬陶罍AⅢ1	铜带钩1，印章1；铁釜1，矛1，刀1	
92龙·东M54	二A	高温釉陶瓿Ⅳ2（硬陶1），中型敞口壶Ⅲ3，中型盘口壶AⅠ1，硬陶弦纹罐BⅠ3（高温釉陶1）、BⅡ2、不明罐1	铜"五铢"1；铁矛1，叉1，刀1，削1；玻璃珠1组	上部破坏
92龙·东M55东穴	二C	高温釉陶瓿Ⅱ2，敞口壶大型Ⅲ1、中型Ⅲ1；硬陶弦纹罐AⅠ3	铜"五铢"1组；铁釜1；玻璃珠1	与西穴间有宽0.3米的隔墙
92龙·东M55西穴	二C	高温釉陶瓿Ⅲ2，大型敞口壶Ⅲ2，中型敞口壶Ⅲ1、不明1，中型盘口壶AⅠ1、小型AⅠ1；硬陶弦纹罐AⅠ2	铜日光镜Ⅱ1，印章1，"五铢"1组；铁釜1，矛1，刀1，削2；石黛板1	与西穴间有宽0.3米的隔墙
92龙·东M56	二A	高温釉陶中型敞口壶Ⅱ2，硬陶弦纹罐AⅠ3（高温釉陶1）；印纹硬陶罍AⅡ1；泥质陶灶B1	铁釜1	
93龙·东M65	二A	高温釉陶敞口壶中型Ⅱ2	硬陶纺轮6；铜日光镜1，"五铢"1组；铁削1	
93龙·东M69	土坑类	高温釉陶瓿Ⅱ1，中型敞口壶Ⅲ1，弦纹罐AⅡ2		资料缺失
93龙·东M79	一类	高温釉陶中型敞口壶Ⅲ1；硬陶弦纹罐AⅠ1	高温釉陶投壶1；铜镜1	
93龙·东M94	土坑类	高温釉陶瓿Ⅳ1，敞口壶中型Ⅲ2，盘口壶大型AⅢ1、中型AⅡ1，罐Ⅱ1；硬陶敞口壶小型Ⅲ1，弦纹罐BⅡ3、CⅠ1	铜四虺四乳镜1；石黛板1	资料被缺失
四期（王莽至东汉早期）91座				
79龙·东M12	一类	高温釉陶残壶1	铜昭明镜1，"五铢"1；铁刀1	
79龙·东M13	二A	高温釉陶中型敞口壶Ⅲ1		
79龙·东M15	二B		铁矛1、刀1	严重被盗
79龙·东M16	二A	硬陶中型盘口壶AⅢ4（高温釉陶1），残壶4（高温釉陶3）；硬陶弦纹罐AⅡ2；泥质陶弦纹罐BⅡ1，不明罐1；印纹硬陶罍BⅠ1		墓被破坏
79龙·东M17	一类	高温釉陶敞口壶大型Ⅳ1、中型Ⅲ2，弦纹罐D型1；泥质陶弦纹罐BⅠ1、BⅡ2		
80龙·石M28	二A	高温釉陶印纹罍AⅢ1，弦纹罐CⅡ2（硬陶1）	高温釉陶泡菜罐Ⅱ1，器盖1；泥质陶罐1；铜"五铢"1组；铁釜1	

续附表三

墓号	墓型	基本组合	伴出器物	备注
80龙·石M29	一类	高温釉陶中型盘口壶AⅢ2、残壶4；印纹硬陶罍AⅢ2	硬陶筒形罐Ba1；铜“五铢”1组；铁刀1	墓被破坏
87龙·东M4	二A	高温釉陶中型敞口壶Ⅲ4、Ⅳ1，壶2；硬陶弦纹罐2；印纹硬陶罍AⅢ1	高温釉陶筒形罐Ba1；铜“五铢”1；铁釜B1，刀1，削1	上部破坏
87龙·东M5	二B	硬陶中型盘口壶BⅡ1，不明12，弦纹罐CⅠ1、不明3；高温釉陶弦纹罐D1，印纹硬陶罍AⅣ2，不明罍1	硬陶盘口罐2；印纹硬陶坛2；铜篮1，博局镜1，云雷纹镜1，弩机1，“五铢”1；铁釜2，矛2，剑1，刀Ba1、Bb2，铁器1	
87龙·东M6	二A	硬陶小型盘口壶AⅡ1，不明12，弦纹罐BⅡ2，罐7；印纹硬陶罍AⅢ1，不明1	铜洗1，釜1，昭明镜1，“五铢”1，“大泉五十”1；铁釜1，矛A1，刀1	上部破坏
87龙·东M7	土坑类	硬陶盘口壶1，弦纹罐CⅠ1	铜剪边“五铢”1，“大泉五十”1；铁矛1，削1；石研黛器1，黛板1	资料缺失
87龙·东M9	二A	高温釉陶盘口壶1	硬陶筒形罐Aa8、不明4；铜盆1，日光镜Ⅱ1，“五铢”1；铁鐎斗1，矛A1、不明1，刀A1、Ba1、Bb1	
87龙·东M13	一类	高温釉陶盘口壶中型AⅢ5、小型AⅢ2，弦纹罐BⅡ1	铜带钩A1，博局镜1；铁锤头1，剑A1、B1	
89龙·东M15	不明	硬陶弦纹罐BⅡ1		资料缺失
89龙·东M28	二B	高温釉陶瓿Ⅳ2，敞口壶大型Ⅳ2、中型Ⅳ2，中型盘口壶BⅡ1、AⅢ3，小型盘口壶AⅡ3，罐Ⅱ3（硬陶2），弦纹罐BⅠ3（硬陶2）、BⅡ2（硬陶1）、不明3	铜带钩1，日光镜Ⅱ1，削1，“五铢”1组，“大布黄千”1组；铁锸1，釜A1，刀1；玻璃珠1组	
89龙·仪M10	二B	高温釉陶瓿Ⅲ1、Ⅴ1，盘口壶中型AⅡ1、小型AⅢ1、不明2；硬陶弦纹罐CⅡ1、不明罐4	铜矛1；铁矛B1、刀Bb1；石哨（？）1；玻璃珠1组	被龙·仪M15打破
89龙·仪M12	二B	高温釉陶盘口壶中型AⅢ3；硬陶盘口壶中型AⅢ1、小型AⅡ4，弦纹罐CⅡ1；印纹硬陶罍AⅢ1、不明3	硬陶筒形罐Ba1；铜“五铢”1组；铁釜B1，刀2；石哨（？）1	
89龙·仪M13	二A	高温釉陶中型盘口壶AⅢ2，弦纹罐BⅠ1、CⅡ1	铁戟1、刀1	
89龙·仪M14	二A	高温釉陶瓿Ⅲ2，中型敞口壶Ⅲ2、Ⅳ1、不明2；硬陶弦纹罐BⅠ1、BⅡ5、CⅡ2	硬陶纺轮2；铜镜1，“五铢”1组；残铁器1	
89龙·仪M15	二B	硬陶盘口壶中型AⅢ2（高温釉陶1）、小型AⅡ4、不明1，弦纹罐AⅡ1、不明3；印纹硬陶罍AⅢ1、不明1	高温釉陶泡菜罐1；铁釜1，矛A1，刀A1	打破89龙·仪M10
89龙·仪M16	二A	硬陶盘口壶中型AⅢ1、小型AⅡ2，不明1，罐1	印纹硬陶坛1；铜带钩1，博局镜1；铁剑A1，刀Bb1；石研黛器1，黛板1	上部破坏

续附表三

墓号	墓型	基本组合	伴出器物	备注
89 龙 · 仪 M17	二 B	高温釉陶盘口壶中型 AⅢ2、小型 AⅡ1、AⅢ2、不明 7，弦纹罐 BⅡ1；硬陶瓿Ⅴ7（高温釉陶 3）、不明 1；泥质陶罐 6，灶 1；印纹硬陶罍 AⅢ1、不明 2	铜镜 1，"五铢" 1 组；铁釜 2，刀 1；漆盒 1；玻璃珠 1 组	
89 龙 · 仪 M18 南穴	二 C	高温釉陶瓿 1；硬陶小型盘口壶 AⅡ3、AⅢ1、不明 1	铜镜 1	打破北穴
89 龙 · 仪 M18 北穴	二 C	硬陶小型盘口壶 AⅡ3（高温釉陶 1）、AⅢ1、不明 1	铁刀 1	被南穴打破
89 龙 · 仪 M19	一类		铁凿 1，釜 1，矛 1，削 1	严重被盗
89 龙 · 仪 M20	二 A		铁釜 1，凿 1，矛 1，刀 1	严重被盗
89 龙 · 仪 M21	二 A	硬陶弦纹罐 BⅡ1、不明 3；印纹硬陶罍 1	铁釜 1，矛 B1，刀 1	
89 龙 · 仪 M23 东穴	二 C	高温釉陶中型盘口壶 AⅢ3；泥质陶弦纹罐 7；印纹硬陶罍 AⅢ1		上部破坏；打破西穴
89 龙 · 东 M23 西穴	二 C	高温釉陶盘口壶 2；印纹硬陶罍 1		被东穴打破
89 龙 · 仪 M25	二 A	高温釉陶瓿Ⅴ2；硬陶弦纹罐 1		上部破坏
89 龙 · 仪 M26	二 A	硬陶中型盘口壶 AⅢ1、不明 3；泥质陶弦纹罐 3；印纹陶罍 AⅢ1	铁釜 1，刀 Bb1；玻璃珠 1 组；漆器 1	上部破坏
89 龙 · 仪 M27	二 A	硬陶中型盘口壶 AⅡ1；泥质陶弦纹罐 3	铜"五铢" 2 组；铁釜 1，剑 1，削 1	上部破坏
89 龙 · 仪 M28	二 A	硬陶盘口壶中型 AⅢ2、小型 AⅡ1，不明 3，弦纹罐 BⅠ1；泥质陶弦纹罐 4；印纹硬陶罍 AⅢ1	铜"五铢" 1 组；铁釜 1，矛 A1，刀 Bb2；鎏金饰件 1	
89 龙 · 仪 M29	二 A	硬陶小型盘口壶 AⅡ4、不明 3；泥质陶弦纹罐 1	铜"五铢" 1 组；铁鼎 1	早期被盗
89 龙 · 仪 M30	二 A	硬陶中型盘口壶 AⅢ2、BⅢ1（高温釉陶），小型盘口壶 AⅡ7，不明 4，弦纹罐 BⅡ2；泥质印纹陶罍 AⅢ1	铁釜 1；玉饰 1	
89 龙 · 仪 M31	二 B	硬陶盘口壶中型 AⅢ5（高温釉陶 2）、小型 AⅡ2、AⅢ1、不明 3；泥质陶弦纹罐 CⅡ1，不明 3；印纹硬陶罍 AⅢ1、不明 2	铜盘 1；铁釜 1，刀 2，铁器 1	墓被破坏
89 龙 · 仪 M32	二 B	高温釉陶中型盘口壶 AⅢ1；硬陶小型盘口壶 AⅡ1，不明 4，弦纹罐 BⅡ2、不明 6；印纹硬陶罍 AⅢ1	硬陶纺轮 1；铜洗 1，弩机 1，"五铢" 1 组，"货布" 1 组；铁釜 1，矛 A1，刀 1，削 1；琥珀管 1；玻璃珠 1 组；漆奁 1	
89 龙 · 仪 M34	二 B	泥质陶弦纹罐 1，印纹陶罍 AⅢ1，灶 B1，甑 1	泥质陶盘 1；玻璃（水晶）珠 1 组	严重被盗
89 龙 · 仪 M36	二 A	硬陶壶 2；泥质陶弦纹罐 3	铜"五铢" 1 组；铁剑 1	上部破坏
89 龙 · 仪 M38	二 B	高温釉陶瓿 5，盘口壶中型 AⅢ1、小型 AⅢ1、不明 7；泥质陶弦纹罐 CⅡ2（硬陶 1）；硬陶罐 6	铜洗 2；铁釜 1，锸 1，矛 A1，刀 1	

续附表三

墓号	墓型	基本组合	伴出器物	备注
89龙·仪M39	二A	硬陶中型盘口壶AⅢ2、不明1，弦纹罐CⅡ1	硬陶筒形罐C1、不明1，泥质陶钵1	打破89龙·仪M40
89龙·仪M42	二A	高温釉陶中型盘口壶AⅢ2；泥质陶弦纹罐4；印纹硬陶罍AⅢ1	硬陶泡菜罐Ⅲ1；泥质陶釜1	
89龙·仪M43	二A		铜“五铢”钱1组；铁刀1	被盗
89龙·仪M44南穴	二C	无	无	被北穴打破
89龙·仪M44北穴	二C	硬陶器2	铜“五铢”1组；铁矛A1，刀Bb1	打破南穴
89龙·仪M45	二A			
89龙·仪M47南穴	二C	硬陶小型盘口壶AⅡ1，弦纹罐BⅡ1；印纹硬陶罍AⅢ1；	硬陶盘口罐5；泥质陶器1；铜“五铢”1组；铁刀1	打破北穴
89龙·仪M47北穴	二C	硬陶小型盘口壶AⅡ5（高温釉陶1），弦纹罐BⅡ1；印纹硬陶罍AⅢ1	铁釜1，刀Bb1	被南穴打破
89龙·仪M48	二B	高温釉陶大型敞口壶Ⅲ1、不明1；硬陶小型盘口壶AⅡ1、不明3，弦纹罐CⅠ1，不明1	铜“大泉五十”1组；铁釜1，削1，铁器1；玻璃珠1组	
89龙·仪M49南穴	二C	硬陶中型盘口壶AⅢ1、不明2，弦纹罐BⅡ1、不明1，钵1	铜“五铢”1组	被北穴打破
89龙·仪M49北穴	二C	硬陶瓿Ⅴ1，盘口壶中型AⅢ2、小型AⅡ2、不明3	铜鼎1，“五铢”1组；铁釜1	打破南穴
89龙·仪M50东穴	二C	高温釉陶中型盘口壶AⅢ3、不明9，弦纹罐AⅡ1、CⅡ1；印纹硬陶罍AⅢ1	硬陶筒形罐Ba1；铜日光镜Ⅰ1；铁鐎斗1，釜1，削2	
89龙·仪M50西穴	二C	硬陶盘口壶1；泥质陶弦纹罐2；印纹硬陶AⅢ1	铁刀1；玻璃珠1组	
89龙·仪M51	二A	硬陶小型盘口壶AⅡ1，弦纹罐BⅡ2；印纹硬陶罍AⅢ1	铁矛A1，剑B1、不明2，刀1	
92龙·东M40	二C	高温釉陶瓿Ⅲ2，大型敞口壶Ⅲ1，中型敞口壶Ⅱ1、Ⅲ2，中型盘口壶AⅡ1；硬陶弦纹罐BⅡ3、D1，不明3	铜镜1，“五铢”1组；铁釜2，刀Ba2、不明1	打破92龙·东M39
92龙·东M41	土坑类	高温釉陶小型敞口壶Ⅱ2，中型盘口壶AⅡ2；硬陶弦纹罐BⅡ1		资料缺失
92龙·东M42	土坑类	硬陶小型盘口壶AⅡ1、AⅢ1，弦纹罐BⅡ2		资料缺失
92龙·东M45	土坑类	高温釉陶小型敞口壶Ⅱ1，中型盘口壶AⅡ2（硬陶1）；硬陶弦纹罐AⅡ1、BⅡ1、CⅡ1		资料缺失
92龙·东M46	土坑类	硬陶盘口壶中型AⅢ3（高温釉陶1）、小型AⅡ1，弦纹罐D1；印纹硬陶罍AⅢ3		资料缺失
92龙·东M50	土坑类	高温釉陶盘口壶中型AⅡ2、小型AⅡ3；硬陶敞口壶中型Ⅱ1、小型AⅡ2	高温釉陶尊1	资料缺失

续附表三

墓号	墓型	基本组合	伴出器物	备注
92 龙・东 M51	土坑类	高温釉陶中型敞口壶Ⅲ1，中型盘口壶 AⅡ1、AⅢ2；硬陶弦纹罐 CⅡ1		资料缺失
92 龙・东 M53	不明	高温釉陶中型盘口壶 AⅢ4（硬陶 1）；硬陶弦纹罐 D2		资料缺失
92 龙・东 M57	土坑类	高温釉陶弦纹罐 BⅡ1	铜龙纹镜 1	资料缺失
92 龙・东 M58	土坑类	高温釉陶瓿Ⅳ1，中型敞口壶Ⅳ1，盘口壶大型 AⅢ1，残壶 1，弦纹罐 AⅡ1；硬陶弦纹罐 BⅡ2，盘口壶中型 AⅡ2、小型 AⅠ1	石黛板 1，研黛器 1	资料缺失
92 龙・东 M59	不明	高温釉陶盘口壶中型 AⅢ2（硬陶 1）、小型 AⅢ1	铜博局镜 1；石黛板 1，研黛器 1	资料缺失
93 龙・东 M64	土坑类	高温釉陶中型敞口壶Ⅲ1；硬陶弦纹罐 BⅡ1		资料缺失
93 龙・东 M66	二 A	高温釉陶中型敞口壶Ⅲ1	硬陶纺轮 5；铜四虺四乳镜 1	
93 龙・东 M70	一类	高温釉陶中型敞口壶Ⅲ1；硬陶弦纹罐 2	铜鐎斗 1	上部破坏
93 龙・东 M71	一类	高温釉陶壶 1		
93 龙・东 M72	二 A	高温釉陶敞口壶大型Ⅲ1、小型Ⅱ1，小型盘口壶 AⅡ2；硬陶中型盘口壶 AⅢ6，残壶 1，弦纹罐 BⅡ2（高温釉陶 1）、CⅡ1、罐 3；印纹硬陶罍 1	铜鐎斗 1，四虺四乳镜 1，“五铢” 1 组，残铜器 1；铁釜 1；玻璃珠 1 组	
93 龙・东 M73	二 A	高温釉陶中型盘口壶 AⅡ1	铜“五铢” 1 组	
93 龙・东 M74	二 A	高温釉陶壶 2；硬陶弦纹罐 7；印纹硬陶罍 1		上部破坏
93 龙・东 M75	不明	高温釉陶中型盘口壶 AⅢ1；硬陶弦纹罐 AⅡ1、BⅡ1		资料缺失
93 龙・东 M76	土坑类	硬陶弦纹罐 BⅡ1	硬陶泡菜罐Ⅱ1	资料缺失
93 龙・东 M77	二 B		铜四虺四乳镜 1，博局镜 1；铁刀 3	依据记录
93 龙・东 M78	不明	高温釉陶中型盘口壶 AⅢ1		资料缺失
93 龙・东 M81	一类	高温釉陶中型敞口壶Ⅲ1，弦纹罐 CⅡ1	铜“五铢” 1 组；玻璃珠 1 组	上部破坏
93 龙・东 M82	二 B	高温釉陶瓿Ⅲ1、不明 3，大型敞口壶Ⅳ1、中型Ⅳ3、不明 2，中型盘口壶 AⅢ1、不明 3，弦纹罐 CⅠ2（硬陶 1）、不明 4；印纹硬陶罍 1	铜洗 1，带钩 1，昭明镜 1，博局镜 1，“五铢” 1 组；铁釜 1，矛 1，刀 1；石黛板 1；玻璃珠 1 组	依据原始记录
93 龙・东 M85	一类	高温釉陶中型盘口壶 AⅡ1	铜昭明镜 1，“五铢” 1 组	
93 龙・东 M86	土坑类	高温釉陶中型敞口壶Ⅲ3		资料缺失
93 龙・东 M87	土坑类	硬陶弦纹罐 CⅡ1		资料缺失
93 龙・东 M88	二 A	高温釉陶中型盘口壶 AⅡ1；硬陶小型敞口壶Ⅱ1，罐 1	铜“五铢” 1 组；铁刀 2	上部破坏

续附表三

墓号	墓型	基本组合	伴出器物	备注
93 龙・东 M89	二 A	高温釉陶瓿 1，中型敞口壶Ⅳ1，中型盘口壶 AⅡ1，壶 2；硬陶弦纹罐 AⅡ1、BⅡ2、CⅡ1（高温釉陶），不明罐 1；印纹硬陶罍 1	硬陶纺轮 1；铁刀 1，削 1；玻璃珠 1 组	
93 龙・东 M95	土坑类	硬陶盘口壶中型 AⅢ1		资料缺失
93 龙・东 M96	二 A	高温釉陶敞口壶大型Ⅳ2，中型Ⅳ2，罐Ⅱ1、不明 1，弦纹罐 BⅠ2，不明 1，罐 2	铁釜 1；鹿角 1	上部破坏
93 龙・东 M98	不明	硬陶弦纹罐 AⅡ1、BⅠ1、BⅡ1、D1		资料缺失
93 龙・东 M99	不明		铜博局镜 1	资料缺失
93 龙・东 M100	二 A	高温釉陶瓿 1，中型敞口壶Ⅲ2、不明 1，弦纹罐 AⅠ1，不明罐 5	铁釜 1	上部破坏
93 龙・东 M102	不明	高温釉陶小型盘口壶 AⅡ1，弦纹罐 BⅡ1		资料缺失
93 龙・东 M103	不明	硬陶小型盘口壶 BⅠ1		资料缺失
97 龙・城 M1	土坑类	硬陶灶 B1，井 1		资料缺失
五期（东汉中期至晚期）7 座				
72 衢・前 M1	三Ⅱ	硬陶锺 1，低温釉陶罐Ⅲ2、不明 1，印纹硬陶罍 BⅡ1	硬陶泡菜罐 1；低温釉陶筒形罐 Ab2，钵形罐 3，簋 1，盅 1，耳杯 1，盏 1；铁刀 2；不明 1（待查）	
78 江・长 M1	不明	青瓷罐 1，印纹硬陶罍 1，硬陶灶 1		采集
78 衢・上 M9	三Ⅰ	硬陶盘口壶中型 AⅣ2、小型 BⅠ2，罐Ⅲ5；印纹硬陶罍 AⅣ1	高温釉陶筒形罐 Bb1；铜“五铢”2 组；铁刀 A2，削 2	
87 江・庵 M1	土坑类	硬陶弦纹罐 CⅡ1，青瓷中型盘口壶 AⅣ2，印纹泡菜罐 1，印纹硬陶坛 2	铜矛 1；铁釜 B（含釜架）1，刀 1	源自简报
87 龙・东 M2	三Ⅰ	高温釉陶中型盘口壶 AⅣ1；硬陶小型盘口壶 BⅡ7，罐Ⅲ2，不明罐 2；印纹硬陶罍 AⅣ1；泥质陶灶 B1（釜 1），井 1	泥质陶洗 1；铁刀 1，削 1；漆器 1	
91 龙・东 M36	不明	硬陶小型盘口壶 BⅠ7，弦纹罐 BⅡ1，井 1；印纹硬陶罍 AⅣ2；低温釉陶锺 1，罐 BⅡ1	铜神兽镜 1	资料缺失
10 龙・方 M1	三Ⅱ	青瓷中型盘口壶 AⅣ1，罐Ⅲ2（硬陶 1）、Ⅳ3，五管瓶 1；印纹硬陶罍 AⅤ2、BⅡ1	青瓷钵 12；泥质陶灯盏 1；铜洗 1，镜 1，印章 1，“五铢”1 组；铁釜 1，削 1；金珠 3；石黛板 1	

后　记

通过工作站全体工作人员的共同努力，《衢州汉墓研究》终于结集成册出版与读者见面了。这是衢州市博物馆与龙游县博物馆在胡继根站长带领下取得的一项科研成果，可喜可贺。衢州地区早在上世纪70年代初，文物部门就发现并发掘过汉墓。40多年来已先后抢救发掘两汉时期墓葬150余座，虽部分墓葬当时清理完毕，经整理公开发表过简报或报告，但系统进行整理、研究，并将成果汇编成册还是一直没人去完成。在中共衢州市委人才工作领导小组的关心重视下，借成立胡继根专家工作站的机会，我馆组织专业人员开展此项研究和编撰工作，历时三年，如今终于开花结果。

衢州地区汉代墓葬研究项目暨《衢州汉墓研究》一书的编辑出版，得到了中共衢州市委人才工作领导小组、浙江省文物考古研究所、衢州市人力资源和社会保障局、衢州市文化广电新闻出版局的大力支持，龙游县博物馆、江山市博物馆在项目开展过程中也为我们提供工作上的方便。在此，向上述部门和单位表示衷心地感谢。

在该书资料整理编辑期间，工作站对全体人员作了具体安排与分工：胡继根、柴福有负责第三章、第四章和全书通稿及前言、后记；童丽娟、周毅、徐云良负责第一章中的概况部分；汤春山负责第二章第一节中的1979年发掘的龙游县东华山汉墓部分；朱土生负责第二章第一节中的1987年至1993年发掘的龙游县东华山汉墓部分，及2010年龙游县方家山“信安长令”墓部分；雷栋荣负责第二章第二节中的1989年发掘的龙游县仪冢山汉墓部分；叶四虎负责第二章第三节中的1972年衢县后溪、1978年衢县上圩头、1979年江山县长台塔山、1980年龙游县石塔头、1980年江山县赵家庵前等地汉墓部分；张云土负责有关出土文物拓片；徐云良、朱土生、张云土负责收录文物的照片拍摄；浙江省文物考古研究所马竹山、盛文嘉应邀帮助绘制墓葬平、剖面图和器物线图；衢州市博物馆杜靖帮助打印资料，邱赛芬帮助书稿校对；龙游县博物馆陈兰军、陈荣祺、翁倩琳、郑晖、吴先锋，江山市博物馆毛华卿、钱华、朱丹青、江小健在资料整理过程中提供帮助。正是有上述同志们的辛勤劳动，才使本书得以顺利完成，在此一并谢过。

在本书的编写过程中，还引用了龙游县博物馆、江山市博物馆的汉墓发掘原始资料和我省文博部门前辈、同仁们曾经公开发表的部分汉墓清理报告、简报；该书的出版，还得到文物出版社黄曲女士鼎力相助，在此向他们表示诚挚的谢意。

《衢州汉墓研究》一书虽已出版，由于发掘资料的积累跨度已有40多年，加之好多汉墓并非工作站人员直接参与清理，虽然在整理编写过程中每位同志都做了最大努力，但还是难免有舛误疏漏之处，还望文博界同仁、广大读者批评指正。

2015年11月11日于衢州博物馆

图 版

1. 钫（79龙·东M11：1）

2. 钫（79龙·东M22：6）

3. A型Ⅰ式鼎（79龙·东M22：9）

4. A型Ⅱ式鼎（87龙·东M3：10）

5. A型Ⅲ式鼎（93龙·东M97：4）

图版一　衢州汉墓出土陶钫、鼎

1. A型Ⅲ式鼎（87龙·东M11：5）

4. Ⅰ式盒（79龙·东M11：19）

2. B型Ⅰ式鼎（79龙·东M10北穴：15）

5. Ⅱ式盒（79龙·东M11：28）

3. B型Ⅱ式鼎（88龙·东M27：12）

6. Ⅲ式盒（87龙·东M11：2）

图版二　衢州汉墓出土陶鼎、盒

1. Ⅰ式（79龙·东M11：10）

2. Ⅰ式（79龙·东M10北穴：11）

3. Ⅱ式（92龙·东M43：1）

4. Ⅱ式（89龙·仪M24：4）

5. Ⅱ式（88龙·东M27：8）

6. Ⅱ式（87龙·东M12：13）

图版三　衢州汉墓出土陶瓿

1. Ⅲ式（79龙·东M23：10）

2. Ⅲ式（79龙·东M14：5）

3. Ⅳ式（93龙·东M94：1）

4. Ⅴ式（89龙·仪M17：16）

5. Ⅴ式（89龙·仪M25：1）

图版四　衢州汉墓出土陶瓿

1. 大型Ⅰ式（79龙·东M11：2）

2. 大型Ⅱ式（92龙·东M43：5）

3. 大型Ⅲ式（87龙·东M12：9）

4. 大型Ⅲ式（92龙·东M55西穴：26）

5. 大型Ⅳ式（89龙·东M28：15）

图版五　衢州汉墓出土陶敞口壶（大型）

1. 中型Ⅰ式（87龙・东M3：12）

2. 中型Ⅱ式（87龙・东M12：12）

3. 中型Ⅱ式（89龙・仪M46：2）

4. 中型Ⅲ式（79龙・东M23：3）

5. 中型Ⅳ式（89龙・仪M11：15）

6. 小型Ⅰ式（93龙・东M97：18）

7. 小型Ⅱ式（88龙・东M29：5）

图版六　衢州汉墓出土陶敞口壶（中、小型）

1. 大A型Ⅰ式（92龙·东M43：4）

2. 大A型Ⅱ式（87龙·东M11：9）

3. 大A型Ⅲ式（93龙·东M94：9）

4. 中A型Ⅰ式（79龙·东M18：2）

5. 中A型Ⅱ式（92龙·东M41：4）

6. 中A型Ⅲ式（87龙·东M13：6）

图版七　衢州汉墓出土A型陶盘口壶

1. 中A型Ⅳ式（78衢・上M9：14）

2. 小A型Ⅰ式（92龙・东M39：10）

3. 小A型Ⅰ式（93龙・东M104：4）

4. 小A型Ⅱ式（89龙・仪M48：13）

5. 小A型Ⅲ式（87龙・东M13：13）

6. 小A型Ⅳ式（10龙・方M1：9）

图版八　衢州汉墓出土A型陶（瓷）盘口壶

1. 大B型Ⅰ式（79龙·东M14：12）

2. 大B型Ⅱ式（92. 龙·东M39：6）

3. 中B型Ⅰ式（79龙·东M22：2）

4. 中B型Ⅱ式（92龙·东M48：53）

5. 中B型Ⅱ式（91龙·东M37：8）

6. 中B型Ⅲ式（89龙·仪M30：13）

图版九　衢州汉墓出土B型陶盘口壶

1. 小B型Ⅰ式盘口壶（91龙·东M36：3）

3. 小B型Ⅱ式盘口壶（87龙·东M2：9）

4. 小B型Ⅱ式盘口壶（87龙·东M2：16）

2. 小B型Ⅰ式盘口壶（78衢·上M9：6）

5. 投壶（93龙·东M79：1）

图版一〇　衢州汉墓出土B型陶盘口壶、投壶

1. Ⅰ式（89龙·仪M11：30）

2. Ⅰ式（89龙·仪M11：25）

3. Ⅰ式（79龙·东M10北穴：18）

4. Ⅱ式（89龙·东M28：26）

5. Ⅱ式（93龙·东M96：1）

6. Ⅲ式（72衢·前M1：4）

图版一一　衢州汉墓出土陶罐

1. Ⅲ式（78衢・上M9：15）

2. Ⅲ式（87龙・东M2：6）

3. Ⅳ式（10龙・方M1：8）

4. Ⅳ式（10龙・方M1：18）

5. Ⅳ式（10龙・方M1：23）

图版一二　衢州汉墓出土陶（瓷）罐

1. A型Ⅰ式（79龙・东M11：30）

4. A型Ⅱ式（89龙・仪M11：19）

2. A型Ⅰ式（92龙・东・M56：8）

5. B型Ⅰ式（80龙・石M30：6）

3. A型Ⅱ式（93龙・东M75：3）

6. B型Ⅱ式（80龙・石M30：3）

图版一三　衢州汉墓出土陶弦纹罐

1. C型Ⅰ式弦纹罐（87龙・东M7：1）

2. C型Ⅱ式弦纹罐（89龙・仪M12：13）

3. C型Ⅱ式弦纹罐（93龙・东M87：1）

4. D型弦纹罐（92龙・东M53：1）

5. 盘口罐（89龙・仪M47：15）

6. 盘口罐（87龙・东M5：21）

图版一四　衢州汉墓出土陶弦纹罐、盘口罐

1. Aa型筒形罐（87龙・东M9：2）

2. Ab型筒形罐（72衢・前M1：6–1）

3. Ba型筒形罐（80龙・石M29：8）

4. Bb型筒形罐（78衢・上M9：11）

5. C型筒形罐（92龙・东M39：3）

6. 印纹罐（79龙・东M24：5）

图版一五　衢州汉墓出土陶筒形罐、印纹罐

1. Ⅱ式泡菜罐（80龙・石M28：1）

2. Ⅲ式泡菜罐（89龙・仪M42：6）

3. 钵形罐（72衢・前M1：7-1）

4. 双孔罐（87龙・东M3：8）

5. A型Ⅰ式罍（79龙・东M10南穴：4）

6. A型Ⅱ式罍（79龙・东M10北穴：12）

图版一六　衢州汉墓出土陶罐、A型罍

1. A型Ⅲ式（92龙·东M46：5）

2. A型Ⅲ式（87龙·东M5：34）

3. A型Ⅳ式（87龙·东M2：1）

4. A型Ⅳ式（78衢·上M9：8）

5. A型Ⅴ式（10龙·方M1：7）

6. A型Ⅴ式（10龙·方M1：17）

图版一七　衢州汉墓出土A型陶罍

1. B型Ⅰ式罍（79龙·东M16：10）

2. B型Ⅱ式罍（10龙·方M1：19）

3. 坛（87龙·东M5：29）

4. 坛（89龙·仪M16：4）

5. 锺（91龙·东M36：22）

6. 尊（92龙·东M50：9）

图版一八　衢州汉墓出土B型陶罍、坛、锺、尊

1. 盆（88龙・东M29：9）

2. 盆（79龙・东M11：20）

3. 簋（72衢・前M1：3）

4. 钵（89龙・仪M49南穴：1）

5. 杯（91龙・东M37：2）

6. 单把杯（79龙・东M11：34）

图版一九　衢州汉墓出土陶盆、簋、钵、杯

1. Ⅰ式耳杯（79龙·东M10南穴：6）

2. Ⅱ式耳杯（72衢·前M1：2）

3. 奁（79龙·东M22：10）

4. 碟（79龙·东M11：11）

5. 盅（72衢·前M1：9）

6. 熏（79龙·东M10南穴：20）

7. 熏（79龙·东M11：33）

图版二〇　衢州汉墓出土陶耳杯、奁、盅、碟、熏

1. A型灯盏（79龙・东M11：55）

2. B型灯盏（79龙・东M22：24）

3. 匜（79龙・东M11：35）

4. 匜（79龙・东M22：23）

5. A型勺（79龙・东M10南穴：8）

6. B型勺（79龙・东M10南穴：5）

图版二一　衢州汉墓出土陶灯盏、匜、勺

1. 匙与盆（79龙·东M11：60、20）

2. 匙（79龙·东M22：27）

3. 提子（79龙·东M10南穴：7）

4. 纺轮（93龙·东M66：5）

5. 器盖（79龙·东M10南穴：1）

6. 器盖（88龙·东M27：7）

图版二二　衢州汉墓出土陶匙、提子、纺轮、器盖

1. 五管瓶（10龙・方M1：6）

2. 五管瓶细部（10龙・方M1：6）

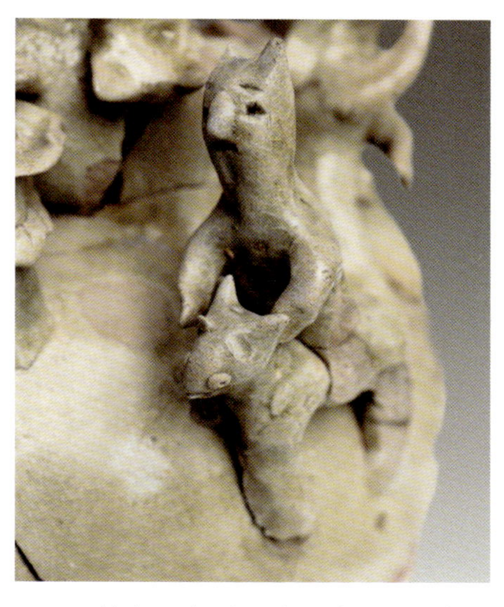

3. 五管瓶细部（10龙・方M1：6）

4. A型Ⅰ式灶（79龙・东M11：54）

5. A型Ⅱ式灶（79龙・东M22：22）

6. B型灶（97龙・城M1：2）

图版二三　衢州汉墓出土瓷五管瓶、陶灶

1. 釜（79龙・东M11：49）

2. 甑（79龙・东M11：36）

3. 井（79龙・东M11：48）

4. 井（79龙・东M22：21）

5. 井（97龙・城M1：1）

6. 井（91龙・东M36：12）

图版二四　衢州汉墓出土陶釜、甑、井

1. 房屋模型（79龙 · 东M11：39）

2. 猪舍（79龙 · 东M11：45）

3. 牛（79龙 · 东M11：43、42）

4. 马（79龙 · 东M11：38、50）

5. 羊（79龙 · 东M11：40–1、2）

6. 狗（79龙 · 东M11：46）

7. 麟趾金（79龙 · 东M22：31）

图版二五　衢州汉墓出土陶房屋模型、猪舍、家畜、麟趾金

1. 钫（79龙・东M22：17）

2. 鼎（79龙・东M22：19）

3. 簋（87龙・东M5：1）

4. 蟠螭纹镜（89龙・仪M46：4）

5. 草叶纹镜（92龙・东M38：11）

6. 星云镜（79龙・东M11：5）

图版二六　衢州汉墓出土铜钫、鼎、簋、镜

1. 四虺四乳镜（89龙・仪M40：1）

2. Ⅰ式日光镜（89龙・仪M50东穴：20）

3. Ⅱ式日光镜（89龙・东M29：14）

4. Ⅱ式日光镜（89龙・东M28：1）

5. 昭明镜（93龙・东M85：1）

图版二七　衢州汉墓出土铜镜

1. 博局镜（87龙·东M13：1）

2. 神兽镜（91龙·东M36：25）

图版二八　衢州汉墓出土铜镜

1. 云雷纹镜（87龙·东M5：5）

2. 龙纹镜（92龙·东M57：9）

3. 弩机（87龙·东M5：2）

4. 矛与镦（79龙·东M11：7、8）

5. “五铢”钱（79龙·东M12：3）

图版二九　衢州汉墓出土铜镜、兵器与铜钱

1. 铜“鲁毋害印”（92龙·东M52：1）

2. 铜套印（92龙·东M48东穴：3）

3. 母印印纹“鲁伯之印”（92龙·东M48东穴：3）

4. 子印印纹“鲁尊”（92龙·东M48东穴：3）

5. 方印（10龙·方M1：27）

6. 方印印文“新安长印”（10龙·方M1：27）

图版三〇　衢州汉墓出土铜印

1. Ba型铁刀
（79龙・东M14：14、16）

2. Bb型铁刀
（79龙・东M12：2）

3. 石研黛器、黛板（87龙・东M7：5）

4. 石研黛器、黛板（92龙・东M58：14、15）

图版三一　衢州汉墓出土铁刀与石研黛器、黛板

1. 水晶环（92龙・东M38：13）

2. 绞胎玻璃管（89龙・仪M22：1）

3. 玻璃珠（93龙・东M81：3）

4. 石哨（89龙・仪M10：16）

5. 石哨（89龙・仪M12：19）

6. 石哨（89龙・仪M11：49）

图版三二　衢州汉墓出土水晶环、玻璃管、珠与石哨